Steck-Vaughn

GED

MATEMÁTICAS

ASESORES DEL PROGRAMA

Liz Anderson, Director of Adult Education/Skills Training
Northwest Shoals Community College
Muscle Shoals, Alabama

Mary Ann Corley, Ph.D., Director
Lindy Boggs National Center for Community Literacy
Loyola University New Orleans
New Orleans, Louisiana

Nancy Dunlap, Adult Education Coordinator
Northside Independent School District
San Antonio, Texas

Roger M. Hansard, Director of Adult Education
CCARE Learning Center
Tazewell, Tennessee

Nancy Lawrence, M.A.
Education and Curriculum Consultant
Butler, Pennsylvania

Pat L. Taylor, STARS Consultant for GEDTS
Adult Education/GED Programs
Mesa, Arizona

Steck Vaughn™

HOUGHTON MIFFLIN HARCOURT
Supplemental Publishers

www.SteckVaughn.com
800-531-5015

Agradecimientos

Desarrollo editorial: Learning Unlimited, Oak Park, Illinois

Traducción: The GTS Companies, Boston, Massachusetts

Desarrollo de producción: The GTS Companies, Los Angeles, California

Fotografía: Carátula ©Photodisc/Getty Images; p.32 ©CORBIS; p.162 ©Superstock; p.208 ©Sissie Brimberg/National Geographic/Getty Images; p.272 ©Aaron Haupt/Photo Researchers, Inc.

Revisor

Joaquín Padovani Vargas, Profesor de Matemáticas
Departamento de Matemáticas y Ciencias Aplicadas
Universidad Interamericana de Puerto Rico
Campus de San Germán

Contenidos

Al estudiante

¿Qué son las Pruebas de GED?

Al decidir tomar las Pruebas de GED, ha dado un paso muy importante en su vida. Al momento de abrir este libro, habrá tomado ya la segunda decisión más importante: dedicar su tiempo y esfuerzo a prepararse para las pruebas. Es posible que se sienta nervioso por lo que está por venir, lo cual es totalmente normal. Relájese y lea las siguientes páginas que le darán más información acerca de las Pruebas de GED en general y de la Prueba de Matemáticas en particular.

Las Pruebas de GED son las cinco pruebas que conforman el programa de Desarrollo Educativo General, GED (*General Educational Development*). El Servicio de Pruebas de GED del *American Council on Education* pone estas pruebas al alcance de todos aquellos adultos que no terminaron la escuela superior. Si pasa las Pruebas de GED, recibirá un certificado que se considera como el equivalente a un diploma de escuela superior. Los patrones de la industria privada y del gobierno, así como el personal de admisiones de instituciones de estudios superiores y universidades, aceptan el certificado de GED como si fuera un diploma de escuela superior.

Las Pruebas de GED abarcan cinco asignaturas que se estudian en escuela superior. Estas cinco asignaturas son: Lenguaje y Redacción, Lenguaje y Lectura (estas dos asignaturas, en conjunto, equivalen al Español de escuela superior), Estudios Sociales, Ciencias y Matemáticas. No es necesario que usted sepa toda la información que normalmente se enseña en la escuela superior; sin embargo, en las cinco pruebas se evaluará su capacidad para leer y procesar información, resolver problemas y comunicarse eficazmente.

Cada año, más de 800,000 personas toman las Pruebas de GED. De las personas que terminan todas las pruebas, el 70 por ciento recibe su certificado de GED. La *Serie GED de Steck-Vaughn* le ayudará a pasar las Pruebas de GED, ya que le proporciona instrucción y práctica de las destrezas que necesita aprobar, práctica en preguntas de evaluación parecidas a las que encontrará en la Prueba de GED, sugerencias para tomar las pruebas, práctica para cronometrar las pruebas, así como tablas de evaluación que le ayudarán a llevar un control de su progreso.

Hay cinco Pruebas distintas de GED. La tabla que aparece en la página 2 le da información sobre el contenido, el número de preguntas y el límite de tiempo para cada prueba. Debido a que cada estado tiene requisitos distintos en cuanto al número de pruebas que se pueden tomar en un mismo día o período, consulte con su centro local de educación para adultos para averiguar los requisitos de su estado, provincia o territorio.

Prueba	Áreas temáticas	Preguntas	Límite de tiempo
Lenguaje y Redacción, Parte I	Organización 15% Estructura de las oraciones 30% Uso 30% Mecánica 25%	50 preguntas	80 minutos
Lenguaje y Redacción, Parte II	Composición		45 minutos
Estudios Sociales	Historia de Estados Unidos 25% Historia del mundo 15% Educación cívica y gobierno 25% Geografía 15% Economía 20%	50 preguntas	75 minutos
Ciencias	Ciencias Biológicas 45% Ciencias de la Tierra y del espacio 20% Ciencias Físicas 35%	50 preguntas	85 minutos
Lenguaje y Lectura	Textos de no ficción 25% Textos literarios 75% • Ficción en prosa • Poesía • Obra dramática	40 preguntas	70 minutos
Matemáticas	Operaciones numéricas y sentido numérico 25% Medidas y Geometría 25% Análisis de datos, Estadística y probabilidad 25% Álgebra 25%	Parte I: 25 preguntas con uso opcional de una calculadora	50 minutos
		Parte II: 25 preguntas sin uso de calculadora	50 minutos

Además de estas áreas temáticas, en las cinco pruebas se le pedirá que responda a preguntas extraídas de textos relacionados con el campo laboral o de consumo. Estas preguntas no requieren poseer conocimientos especializados, pero sí exigen que recurra a sus propias observaciones y experiencias personales.

En las Pruebas de Lenguaje y Lectura, Estudios Sociales y Ciencias se le pedirá que responda a preguntas mediante la interpretación de textos de lectura, diagramas, tablas, gráficas, mapas, caricaturas y documentos prácticos e históricos.

En la Prueba de Lenguaje y Redacción se le pedirá detectar y corregir errores comunes dentro de un texto publicado en español y decidir la mejor manera de organizar un texto. En la sección de composición de la Prueba de Redacción, deberá redactar una composición en la que dé su opinión o una explicación acerca de un solo tema de cultura general.

En la Prueba de Matemáticas, tendrá que resolver una serie de problemas (muchos de ellos con gráficas) mediante el uso de destrezas básicas de cálculo, análisis y razonamiento.

Calificación en las Pruebas de GED

Después de terminar cada una las Pruebas de GED, recibirá la calificación correspondiente a esa prueba. Una vez que presente las cinco pruebas, se le dará su calificación total, la cual se obtendrá promediando todas las demás calificaciones. La calificación máxima que puede obtenerse en una prueba es de 800. La calificación que debe obtener para aprobar la Prueba de GED varía dependiendo del lugar donde viva. Consulte con su centro local de educación para adultos para averiguar la calificación mínima para aprobar la Prueba de GED en su estado, provincia o territorio.

¿Adónde puede acudir para tomar las Pruebas de GED?

Las Pruebas de GED se ofrecen durante todo el año en Estados Unidos, en sus posesiones, en bases militares estadounidenses del mundo entero y en Canadá. Si desea obtener mayor información sobre las fechas y los lugares en que puede tomar estas pruebas cerca de su domicilio, comuníquese a la línea de ayuda de GED al 1-800-626-9433 o diríjase a una de las siguientes instituciones en su área:

* Centro de educación para adultos
* Centro de educación continua
* Institución de estudios superiores de su comunidad
* Biblioteca pública
* Escuela privada comercial o técnica
* Consejo de educación pública de su localidad

Además, tanto la línea de ayuda de GED como las instituciones antes mencionadas, pueden darle información acerca de las identificaciones que deberá presentar, las cuotas que deberá pagar para tomar la prueba, los materiales que necesitará para escribir y la calculadora científica que usará en la Prueba de Matemáticas de GED. Asimismo, revise las fechas en que cada institución ofrece las pruebas, ya que, aunque hay algunos centros de evaluación que abren varios días a la semana, hay otros que sólo abren los fines de semana.

Otros recursos de GED

* www.acenet.edu Éste es el sitio oficial del Servicio de Pruebas de GED, GEDTS. Para obtener información sobre las Pruebas de GED, simplemente seleccione los enlaces que hagan referencia a "GED" en este sitio.

* www.steckvaughn.com Seleccione el enlace *"Adult Learners"* (Estudiantes en la edad adulta) con el fin de aprender más sobre los materiales que están disponibles para prepararse para las Pruebas de GED. Este sitio también proporciona otros recursos relacionados con la educación para adultos.

* www.nifl.gov/nifl/ Éste es el sitio del Instituto Nacional de Alfabetismo de Estados Unidos, NIL (*National Institute for Literacy*) y en él se proporciona información acerca de la enseñanza, las políticas federales y las iniciativas nacionales que afectan la educación para adultos.

* www.doleta.gov El sitio de la Administración para el Empleo y la Capacitación del Departamento del Trabajo de Estados Unidos (*Department of Labor Employment and Training Administration*) ofrece información sobre programas de capacitación para adultos.

¿Por qué debe tomar las Pruebas de GED?

Un certificado de GED se reconoce ampliamente como equivalente de un diploma de escuela superior y puede ayudarle de las siguientes maneras:

Empleo

Las personas que han obtenido un certificado de GED han demostrado que están decididas a triunfar al seguir adelante con su educación. Generalmente, estas personas tienen menos dificultades para conseguir un mejor trabajo o para ascender dentro de la compañía en que trabajan. En muchos casos, los patronos no contratan a personas que no cuenten con un diploma de escuela superior superiores o su equivalente.

Educación

Es posible que en muchas escuelas técnicas, vocacionales o en otros programas educativos le pidan un diploma de escuela superior o su equivalente para poder matricularse. Sin embargo, si desea ingresar a una institución de estudios superiores o a una universidad, usted debe contar con un diploma de escuela superior o su equivalente.

Superación personal

Lo más importante es cómo se siente consigo mismo. Ahora tiene la oportunidad única de lograr una meta importante. Con un poco de esfuerzo, puede obtener un certificado de GED que le servirá en el futuro y que le hará sentirse orgulloso de sí mismo en el presente.

Cómo prepararse para las Pruebas de GED

Cualquier persona que desee prepararse para tomar las Pruebas de GED puede asistir a las clases que se imparten con este fin. La mayoría de los programas de preparación ofrecen instrucción individualizada y asesores que pueden ayudarle a identificar las áreas en las que puede necesitar apoyo. También hay muchos centros de educación para adultos que ofrecen clases gratuitas en horarios matutinos y vespertinos. Estas clases por lo general son informales y le permiten trabajar a su propio ritmo y en compañía de otros adultos que también están estudiando para tomar las Pruebas de GED.

Si prefiere estudiar por su cuenta, la *Serie GED de Steck-Vaughn* se ha diseñado para guiar sus estudios a través de la enseñanza de destrezas y de ejercicios de práctica. Además de trabajar con destrezas específicas, podrá hacer las Pruebas de práctica de GED (como las que aparecen en este libro) para verificar su progreso. Si desea obtener mayor información sobre clases que se impartan cerca de su domicilio, consulte con alguno de los recursos mencionados en la lista de la página 3.

Lo que debe saber para aprobar la Prueba de Matemáticas

La Prueba de Matemáticas de GED se centra en las áreas temáticas siguientes: uso práctico del sentido numérico y de las operaciones, medidas y análisis de datos, Estadística y probabilidad, Álgebra, funciones y patrones, y Geometría. Cada una de estas áreas de contenido representa aproximadamente el 25 por ciento de las preguntas de la prueba, que evaluará sus conocimientos acerca de cómo se resuelve un problema y también su capacidad de realizar cálculos matemáticos para hallar una solución.

La prueba tiene una duración de 90 minutos y contiene 50 problemas que se dividen en dos partes con 25 problemas cada una. Ambas partes incluyen problemas relacionados con las cuatro áreas temáticas mencionadas arriba. Para la Parte I podrá usar una calculadora que se le proporcionará en el centro de evaluación mientras se encuentre en el centro. Una vez que complete la Parte I deberá regresar la calculadora y continuará contestando las preguntas del resto de la prueba (la Parte II) sin utilizarla.

Aproximadamente el 20 por ciento de la prueba consistirá en registrar su respuesta en uno de los dos formatos de respuesta alternativos: en una cuadrícula estándar o en una cuadrícula de coordenadas. En ambas partes de la prueba se incluyen instrucciones para el uso de estos formatos, que tienen círculos para rellenar.

Además de las preguntas en las que se le pedirá que resuelva un problema, en la prueba hay otras preguntas en las que se le pedirá que muestre *qué pasos* seguiría para resolverlo (le preguntarán cuál es el planteamiento del problema). Estas preguntas de planteamiento evalúan hasta dónde es capaz de utilizar el método correcto para resolver un problema.

Algunas de las preguntas servirán para probar su capacidad de realizar las operaciones matemáticas elementales: suma, resta, multiplicación y división. Otras evaluarán conceptos matemáticos tales como razones y proporciones, estimaciones o fórmulas. Se le dará una hoja de fórmulas para cada parte de la prueba. Esa hoja contiene todas las fórmulas necesarias para realizar la prueba.

En esta Prueba de Matemáticas de GED se le pide que use y que aplique sus conocimientos de matemáticas a problemas matemáticos y a situaciones de la vida real que reflejan tareas prácticas cotidianas. También se esperará de usted que demuestre sus destrezas de análisis y de razonamiento, y que pueda leer e interpretar contextos matemáticos tanto en enunciados escritos como en gráficas. En aproximadamente el 50 por ciento de las preguntas de las dos partes de la prueba los problemas incorporarán ilustraciones en forma de dibujos, diagramas, tablas y gráficas.

La información que se presenta a continuación presenta un resumen de las áreas temáticas y de los conceptos que se evaluarán en la Prueba de Matemáticas de GED.

Operaciones numéricas y sentido numérico

Las preguntas relativas a esta área temática evaluarán su capacidad de trabajar con problemas que impliquen el uso de números enteros, fracciones, decimales y porcentajes, y razones y proporciones. Se le pide que pueda representar y usar los números en diversas formas equivalentes, que pueda compararlos y sacar conclusiones, que relacione entre sí las operaciones aritméticas elementales, que realice estas operaciones en el orden adecuado y que sepa también hacer cálculos con la ayuda de la calculadora y sin ella.

Medidas y análisis de datos, Estadística y probabilidad

Las preguntas relacionadas con el área temática de medidas evalúan su capacidad de usar las destrezas matemáticas básicas necesarias para hacer mediciones de longitud, perímetro, circunferencia, área, volumen y tiempo. Se le pedirá que conozca el sistema tradicional de medidas de Estados Unidos y el sistema métrico decimal y que sepa hacer conversiones entre un sistema y el otro. Algunas preguntas relacionadas con esta área evaluarán también otros conceptos menos utilizados como son los de raíz cuadrada, potencia y notación científica.

Las preguntas relacionadas con el análisis de datos miden su capacidad de utilizar la información presentada en tablas, en cuadros y en gráficas de barras, lineales y circulares. Se le pedirá que decida cuáles son los datos necesarios para resolver un problema, que los localice y que luego resuelva el problema. También se le puede pedir que calcule la media aritmética (promedio), la mediana, la moda o el rango de un conjunto de datos, así como la probabilidad de que ocurra un suceso.

Álgebra, funciones y patrones

Las preguntas de Álgebra evalúan su comprensión de las variables que aparecen en tablas, ecuaciones y enunciados, así como su capacidad de utilizar símbolos y expresiones algebraicas y de plantear y resolver ecuaciones.

Para algunas preguntas tendrá que utilizar la hoja de fórmulas. Se le pedirá que muestre cómo se despeja una variable dentro de una fórmula. Las preguntas de Álgebra incluirán también los conceptos de porcentaje, razones y proporciones. Ciertas preguntas pueden incluir también las potencias y raíces, la factorización, la resolución de desigualdades, la realización de gráficas de ecuaciones y el cálculo de la pendiente de una recta.

En las preguntas de Álgebra también se valora su conocimiento del plano de coordenadas y de los pares ordenados. En el nuevo formato alternativo de respuestas en forma de cuadrícula de plano de coordenadas debe indicar sus respuestas rellenando los círculos correspondientes a la posición en la que se ubica un par ordenado.

Geometría

Las preguntas de Geometría evalúan su conocimiento de las rectas y de los ángulos, de los triángulos y cuadriláteros, y de la medición indirecta. Utilizará las operaciones aritméticas elementales para calcular los valores de ángulos y de segmentos de recta en figuras comunes y en figuras irregulares. Para las preguntas relacionadas con medidas indirectas es necesario comprender los conceptos de congruencia y semejanza y el teorema de Pitágoras, y pueden implicar también los conceptos de perímetro, circunferencia, área y volumen.

Preguntas de la Prueba de Matemáticas

1. ¿Cuál de las siguientes expresiones puede utilizarse para calcular el área de un rectángulo que mide 8 pies de largo y 5 pies de ancho?

   (1) $A = 2(8) - 2(5)$
   (2) $A = 2(8) + 2(5)$
   (3) $A = 8^2$
   (4) $A = \frac{1}{2}(8)(5)$
   (5) $A = (8)(5)$

Respuesta: **(5) $A = (8)(5)$**

Explicación: Éste es un ejemplo de pregunta que evalúa el tema de medidas. Para resolver este tipo de preguntas tiene que saber qué fórmula hay que seleccionar en la hoja de fórmulas que se anexa a la prueba. Luego tiene que escoger la opción en la que se aplique correctamente a la información la fórmula contenida en el problema. Puesto que la fórmula para calcular el área de un rectángulo es $A = l \times a$, en donde l = largo y a = ancho, la opción (5), $A = (8)(5)$, es la correcta.

2. ¿Entre cuál de los siguientes pares de números se encuentra la raíz cuadrada de 150?

   (1) entre 10 y 11
   (2) entre 11 y 12
   (3) entre 12 y 13
   (4) entre 13 y 14
   (5) entre 14 y 15

Respuesta: **(3) entre 12 y 13**

Explicación: Esta pregunta es un ejemplo de pregunta que evalúa las relaciones numéricas y la comprensión de las raíces cuadradas. Observe que en la pregunta no se le pide que calcule cuál es el valor exacto de la raíz cuadrada de 150 sino se valora su capacidad de realizar el cálculo aproximado.

3. ¿Aproximadamente en cuántas veces supera la cantidad de dinero que gasta la familia Cortéz en entretenimiento a la que gasta en servicios públicos?

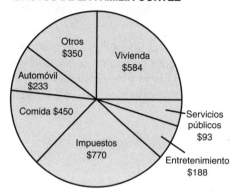

GASTOS DE LA FAMILIA CORTÉZ

   (1) 2
   (2) 3
   (3) 5
   (4) 6
   (5) 8

Respuesta: **(1) 2**

Explicación: Éste es un ejemplo de pregunta que evalúa el tema de análisis de datos. Para encontrar la información necesaria para contestar la pregunta tiene que ser capaz de interpretar la gráfica circular. Después puede comparar las cantidades que aparecen en ella o los sectores en que está dividida la gráfica. El sector de entretenimiento es aproximadamente dos veces más grande que el de servicios públicos: $188 es aproximadamente el doble de $93.

4. ¿Cuánto costarán 60 cajas de fresas si 3 cajas cuestan $1.00?

   (1) $15
   (2) $18
   (3) $20
   (4) $40
   (5) $60

Respuesta: **(3) $20**

Explicación: Éste es un ejemplo de pregunta de Álgebra. La pregunta evalúa su capacidad de aplicar los conceptos de razón y de proporción. Para hallar la respuesta correcta debe plantear una ecuación y luego resolverla.

$$\frac{3}{\$1} = \frac{60}{x}$$

$$3x = \$60$$

$$x = \frac{\$60}{3}$$

$$x = \$20$$

5. Una compañía de seguros calcula que 75 de cada 100 inquilinos no disponen de un seguro para cubrir sus bienes personales. ¿Cuál es la fracción que representa estos datos?

   Marque su respuesta en los círculos de la cuadrícula de su hoja de respuestas.

Respuesta: No olvide reducir su respuesta a la mínima expresión. $\frac{75}{100} = \frac{3}{4}$

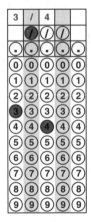

6. Si los ángulos 1 y 2 del triángulo *ABC* miden 60 grados cada uno, ¿cuánto mide el ángulo 3?

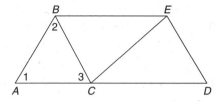

   (1) 180 grados
   (2) 120 grados
   (3) 90 grados
   (4) 60 grados
   (5) 45 grados

Respuesta: **(4) 60 grados**

Explicación: Éste es un ejemplo de pregunta de Geometría. Para poder responder esta pregunta necesita saber que la suma de los ángulos de un triángulo es 180 grados. Sume los dos ángulos conocidos (60 + 60 = 120) y reste el resultado a 180: 180 − 120 = 60 grados.

7. Muestre la ubicación del punto cuyas coordenadas son (5,3).

   Marque su respuesta en la cuadrícula del plano de coordenadas de su hoja de respuestas.

Respuesta: No olvide que en un par ordenado se escribe siempre primero el valor para la coordenada de las *x* y después el valor para la coordenada de las *y*. Empiece por el origen, (0,0). Desplácese 5 unidades hacia la derecha en el eje de las abscisas (*x*) y luego suba 3 unidades en el eje de las ordenadas (*y*).

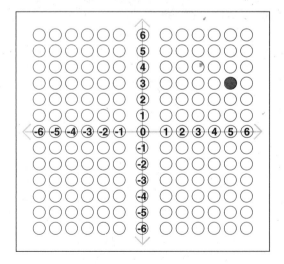

Destrezas para tomar la prueba

La Prueba de Matemáticas de GED evaluará su capacidad de aplicar sus destrezas matemáticas en relación con conceptos y cálculos. Este libro le servirá de ayuda para prepararse para la prueba. Además, hay algunas maneras específicas en las que puede mejorar su desempeño en ella.

Cómo responder a las preguntas de la prueba

- Nunca vea superficialmente las instrucciones. Léalas con detenimiento para que sepa exactamente qué es lo que tiene que hacer. Si no está seguro, pregúntele al examinador si le puede explicar las instrucciones.

- Lea todas las preguntas detenidamente para cerciorarse de que entiende lo que se le está preguntando.

- Lea todas las opciones de respuesta con mucha atención, aun cuando piense que ya sabe cuál es la respuesta correcta. Es posible que algunas de las respuestas no parezcan incorrectas a primera vista, pero sólo una será la correcta.

- Antes de responder a una pregunta, asegúrese de que el problema planteado contenga la información necesaria para sustentar la respuesta que elija. No se base en conocimientos que no estén relacionados con el contexto del problema.

- Conteste todas las preguntas. Si no puede encontrar la respuesta correcta, reduzca el número de respuestas posibles eliminando todas las que sepa que son incorrectas. Luego, vuelva a leer la pregunta para deducir cuál es la respuesta correcta. Si aun así no puede decidir cuál es, escoja la que le parezca más acertada.

- Llene la hoja de respuestas con cuidado. Para registrar sus respuestas, rellene uno de los círculos numerados que se encuentran a la derecha del número que corresponde a la pregunta. Marque solamente un círculo como respuesta a cada pregunta. Si marca más de una respuesta, ésta se considerará incorrecta.

- Recuerde que la Prueba de GED tiene un límite de tiempo. Cuando empiece la prueba, anote el tiempo que tiene para terminarla. Después, vea la hora de vez en cuando y no se detenga demasiado en una sola pregunta. Responda cada una lo mejor que pueda y continúe. Si se está tardando demasiado en una pregunta, pase a la siguiente y ponga una marca muy discreta junto al número que corresponda a esa pregunta en la hoja de respuestas. Si termina antes de que acabe el tiempo, regrese a las preguntas que se saltó o de cuya respuesta no estaba seguro y piense un poco más en la respuesta. No olvide borrar cualquier marca extra que haya hecho.

- No cambie ninguna respuesta a menos que esté completamente seguro de que la que había marcado está mal. Generalmente, la primera respuesta que se elige es la correcta.

- Si siente que se está poniendo nervioso, deje de trabajar por un momento. Respire profundamente unas cuantas veces y relájese. Luego, empiece de nuevo.

Destrezas de estudio

Estudie con regularidad

- Si puede, dedique una hora diaria a estudiar. Si no tiene tiempo de estudiar todos los días, haga un horario en el que incluya los días en que sí pueda estudiar. Asegúrese de escoger horas en las que sepa que estará más tranquilo que será menos probable que lo molesten distracciones externas.

- Comunique a los demás cuáles serán sus horas de estudio. Pídales que no lo interrumpan a esas horas. Es conveniente explicarles el motivo por el cual esto es importante para usted.

- Cuando estudie debe sentirse tranquilo, por lo que deberá hacerlo en un lugar donde se sienta cómodo. Si no puede estudiar en su casa, vaya a una biblioteca. Casi todas las bibliotecas públicas cuentan con áreas de lectura y de estudio. Si hay alguna institución de educación superior o una universidad cerca de su domicilio, averigüe si puede usar la biblioteca. Todas las bibliotecas tienen diccionarios, enciclopedias y otros recursos que puede utilizar en caso de que necesite más información cuando esté estudiando.

Organice sus materiales de estudio

- Asegúrese de tener bolígrafos, lápices con punta y papel por si desea tomar apuntes.

- Guarde todos sus libros en el mismo sitio. Si está tomando una clase de educación para adultos, es probable que pueda pedir prestados algunos libros u otros materiales de estudio.

- Asigne una libreta o carpeta para cada asignatura que esté estudiando. Las carpetas con funda son muy útiles para guardar hojas sueltas.

- Guarde todos sus materiales en un solo lugar para que no pierda tiempo buscándolos cada vez que vaya a estudiar.

Tome apuntes

- Tome apuntes de las cosas que le interesen o de las que crea que pueden resultarle útiles.

- Cuando tome apuntes, no copie el texto directamente del libro; vuelva a plantear la misma información, pero con sus propias palabras.

- Tome apuntes del modo que usted desee. No es necesario que use oraciones completas, siempre y cuando pueda entender sus notas después.

- Use cuadros sinópticos, tablas o diagramas que le ayuden a organizar la información y a facilitar su aprendizaje.

- Si lo desea, puede tomar apuntes en forma de preguntas y respuestas, como por ejemplo: *¿Cuál es la idea principal? La idea principal es…*

Enriquezca su vocabulario

- Al leer, no se salte ninguna palabra desconocida. Mejor, trate de deducir el significado de esa palabra aislándola primero del resto de la oración. Lea la oración sin la palabra y trate de colocar otra palabra en su lugar. ¿El significado de la oración es el mismo?

- Haga una lista de palabras desconocidas, búsquelas en un diccionario y escriba su significado.

- Como una misma palabra puede tener varios significados, es mejor que busque la palabra mientras tenga el texto frente a usted. De esta manera, podrá probar los distintos significados de una misma palabra dentro del contexto.

- Cuando lea la definición de una palabra, vuelva a expresarla en sus propias palabras y haga una o dos oraciones con ella.

- Utilice el glosario que aparece al final de este libro para repasar el significado de algunos términos clave. Todas las palabras que vea en **negritas** se definen en el glosario, el cual también incluye las definiciones de otras palabras importantes. Utilice el glosario para repasar el vocabulario importante relacionado con el área temática que esté estudiando.

Haga una lista de sus áreas problemáticas

A medida que avance en este libro, tome apuntes cada vez que no entienda algo. Pida a su instructor o a otra persona que se lo explique y, luego, vuelva al tema y repáselo.

Tomar la prueba

Antes de la prueba

- Si nunca ha estado en el centro de evaluación, vaya un día antes de tomar la prueba. Si va a ir manejando, busque dónde estacionar el auto.

- Prepare todo lo que necesite para la prueba: su pase de admisión (en caso necesario), identificación válida, lápices No. 2 con punta y goma de borrar, reloj, anteojos, chaqueta o suéter (por si hace frío) y algunos refrigerios para comer durante los recesos.

- Duerma bien. Si la prueba va a empezar temprano en la mañana, ponga el despertador.

El día de la prueba

- Desayune bien, vístase con ropa cómoda y asegúrese de tener todos los materiales que necesita.

- Trate de llegar al centro de evaluación 20 minutos antes de la prueba. De esta manera, tendrá tiempo adicional en caso de que, por ejemplo, haya un cambio de salón de último minuto.

- Si sabe que va a estar en el centro de evaluación todo el día, puede llevarse algo para comer. Si se ve en la necesidad de buscar un restaurante o esperar mucho tiempo a que lo atiendan, podría llegar tarde a la parte restante de la prueba.

Cómo usar este libro

- Empiece por hacer la Prueba preliminar. Esta prueba es idéntica a la prueba verdadera tanto en formato como en duración y le dará una idea de cómo es la Prueba de Matemáticas de GED. Luego, con la ayuda de la Tabla de análisis del desempeño en la Prueba preliminar que se encuentra al final de la prueba, identifique las áreas en las que salió bien y las que necesita repasar. La tabla le dirá a qué unidades y números de página dirigirse para estudiar. Asimismo, puede usar el Plan de estudio de la página 31 para planificar su trabajo después de hacer la Prueba preliminar y también después de hacer la Prueba final.

- Al estudiar, use el Repaso acumulativo y su respectiva Tabla de análisis del desempeño que aparecen al final de cada unidad para determinar si necesita repasar alguna de las lecciones antes de seguir adelante.

- Una vez que haya terminado el repaso, use la Prueba final para decidir si ya está listo para presentar la verdadera Prueba de GED. La Tabla de análisis del desempeño le dirá si necesita un repaso adicional. Finalmente, utilice la Prueba simulada y su respectiva Tabla de análisis del desempeño como una última evaluación para saber si está listo para hacer la prueba verdadera.

MATEMÁTICAS
Parte I

Instrucciones

La Prueba preliminar de Matemáticas consta de una serie de preguntas de selección múltiple y formato alternativo, destinadas a medir las aptitudes matemáticas generales y la capacidad de resolver problemas. Las preguntas se basan en lecturas breves que con frecuencia incluyen una gráfica, un cuadro o un diagrama.

Se le darán 45 minutos para contestar las 25 preguntas de la Parte I. Trabaje con cuidado, pero no dedique demasiado tiempo a una sola pregunta. Asegúrese de haber contestado todas las preguntas. No se descontarán puntos por respuestas incorrectas. Cuando se agote el tiempo, ponga una marca en la última pregunta que haya contestado. Esto le servirá de guía para calcular si podrá terminar la verdadera Prueba de GED dentro del tiempo permitido. A continuación, termine la prueba.

En la página 16 se proporcionan las fórmulas que podrían necesitar. Solamente algunas de las preguntas necesitarán que utilice una fórmula. No todas las fórmulas que se dan serán necesarias.

Algunas preguntas contienen más información de la que usted necesita para resolver el problema; otras preguntas no dan suficiente información. Si la pregunta no da suficiente información para resolver el problema, la respuesta correcta es "No se cuenta con suficiente información".

En la Parte I se le permitirá el uso de la calculadora. En la página 15 encontrará las instrucciones necesarias para utilizar la calculadora científica CASIO modelo *fx-260SOLAR*.

Registre sus respuestas en la hoja de respuestas separada en la página 473. Asegúrese de incluir toda la información requerida en la hoja de respuestas.

Para marcar sus respuestas, en la hoja de respuestas rellene el círculo con el número de la respuesta que considere correcta para cada una de las preguntas de la prueba.

Ejemplo: Si una cuenta de mercado por valor total de $15.75 se paga con un billete de $20.00, ¿cuánto cambio debe devolverse?

(1) $5.25
(2) $4.75
(3) $4.25
(4) $3.75
(5) $3.25

La respuesta correcta es $4.25; Por tanto, en la hoja de respuestas debería haber rellenado el círculo con el número 3 adentro.

No apoye la punta del lápiz en la hoja de respuestas mientras piensa en la respuesta. No haga marcas innecesarias en la hoja. Si decide cambiar una respuesta, borre completamente la primera marca. Rellene un solo círculo por cada respuesta: si señala más de un círculo, la respuesta se considerará incorrecta. No doble ni arrugue la hoja de respuestas.

Una vez terminada esta prueba, utilice la Tabla de análisis del desempeño en la página 30 para determinar si está listo para tomar la verdadera Prueba de GED. Si no lo está, use la tabla para identificar las destrezas que debe repasar de nuevo.

Adaptado con el permiso del *American Council on Education*.

MATEMÁTICAS

Los números mixtos, como $3\frac{1}{2}$, no pueden anotarse en la cuadrícula del formato alterno. En lugar de ello, represéntelos como números decimales (en este caso, 3.5) o en fracciones (en este caso 7/2). Ninguna respuesta podrá ser un número negativo, como -8.

Para registrar su respuesta a una pregunta en el formato alternativo:

- empiece en cualquier columna que le permita anotar su respuesta;
- escriba su respuesta en los recuadros en la fila superior;
- en la columna que esté debajo de una barra de fracción o de un punto decimal (si la hubiere) y cada número de su respuesta, rellene el círculo que representa ese signo o número;
- deje en blanco las columnas no utilizadas.

Ejemplo:

En un mapa, la escala indica que $\frac{1}{2}$ pulgada representa una distancia real de 120 millas, ¿a qué distancia en el mapa están las dos ciudades si la distancia real entre ellas es 180 millas?

La respuesta al ejemplo anterior es de 3/4 ó 0.75 pulgadas. A continuación se presentan algunos ejemplos de cómo podría anotarse la respuesta en la cuadrícula.

Puntos que es preciso recordar:

- La hoja de respuestas será calificada a máquina. **Los círculos deben rellenarse correctamente.**
- No marque más de un círculo en una columna.
- Anote una sola respuesta en la cuadrícula aunque haya más de una respuesta correcta.
- Los números mixtos como $3\frac{1}{2}$ deben escribirse en la cuadrícula como 3.5 ó 7/2.
- Ninguna respuesta podrá ser un número negativo.

Adaptado con el permiso del *American Council on Education*.

INSTRUCCIONES PARA EL USO DE LA CALCULADORA

Presione la tecla (ON) (situada en la esquina superior derecha) cuando utilice la calculadora por **primera** vez. En la parte superior central de la pantalla aparecerán las letras "DEG" y a la derecha el número "0". Esto indica que la calculadora se encuentra en el formato adecuado para que usted pueda realizar sus cálculos.

Para volver a utilizar la calculadora para **otra** pregunta, presione la tecla (ON) o la tecla roja (AC). De esta forma se borrará toda entrada anterior.

Introduzca la expresión tal como está escrita para realizar una operación. Presione (=) (el signo de "es igual a") cuando termine de introducir los datos.

EJEMPLO A: $8 - 3 + 9$

> Presione primero (ON) o (AC).
> Introduzca lo siguiente:
>
> 8 (−) 3 (+) 9 (=)
>
> La respuesta correcta es 14.

Si tiene que multiplicar una expresión entre paréntesis por cierto número, presione (X) (el signo de multiplicación) entre el número y el signo de paréntesis.

EJEMPLO B: $6(8 + 5)$

> Presione primero (ON) o (AC).
> Introduzca lo siguiente:
>
> 6 (X) (((---) 8 (+) 5 (---)) (=)
>
> La respuesta correcta es 78.

Para calcular la raíz cuadrada de un número:

- Introduzca el número,
- Presione la tecla (SHIFT) (situada en la esquina superior izquierda). (En la parte superior izquierda de la pantalla, aparecerá la palabra "SHIFT"),
- Presione (x^2) (la tercera tecla empezando por la izquierda en la fila superior) para poder utilizar la segunda función de la tecla: la raíz cuadrada. **NO** presione (SHIFT) y (x^2) a la vez.

EJEMPLO C: $\sqrt{64}$

> Presione primero (ON) o (AC).
> Introduzca lo siguiente:
>
> 64 (SHIFT) (x^2)
>
> La respuesta correcta es 8.

Para introducir un número negativo, como por ejemplo -8:

- Introduzca el número sin el signo negativo (introduzca 8),
- Presione la tecla de cambio de signo ((+/−)) que se ubica justo encima de la tecla del número 7.

Puede realizar cualquier operación con números negativos y/o positivos.

EJEMPLO D: $-8 - -5$

> Presione primero (ON) o (AC).
> Introduzca lo siguiente:
>
> 8 (+/−) (−) 5 (+/−) (=)
>
> La respuesta correcta es -3.

Adaptado con el permiso del *American Council on Education*.

FÓRMULAS

ÁREA de un:

cuadrado	Área = lado^2
rectángulo	Área = largo $\times$ ancho
paralelogramo	Área = base $\times$ altura
triángulo	Área = $\frac{1}{2} \times$ base $\times$ altura
trapecio	Área = $\frac{1}{2} \times$ (base mayor + base menor) $\times$ altura
círculo	Área = $\pi \times$ radio^2; donde π equivale aproximadamente a 3.14

PERÍMETRO de un:

cuadrado	Perímetro = 4 $\times$ lado
rectángulo	Perímetro = 2 $\times$ largo + 2 $\times$ ancho
triángulo	Perímetro = lado$_1$ + lado$_2$ + lado$_3$

PERÍMETRO DE LA CIRCUNFERENCIA

Circunferencia = $\pi \times$ diámetro; donde π equivale aproximadamente a 3.14

VOLUMEN de:

un cubo	Volumen = arista^3
un objeto rectangular	Volumen = largo $\times$ ancho $\times$ altura
una pirámide cuadrangular	Volumen = $\frac{1}{3} \times$ (arista de la base)^2 $\times$ altura
un cilindro	Volumen = $\pi \times$ radio^2 $\times$ altura; donde π equivale aproximadamente a 3.14
un cono	Volumen = $\frac{1}{3} \times \pi \times$ radio^2 $\times$ altura; donde π equivale aproximadamente a 3.14

GEOMETRÍA ANALÍTICA

Distancia entre dos puntos = $\sqrt{(x_2 - x_1)^2 + (y_2 - y_1)^2}$; donde (x_1, y_1) y (x_2, y_2) son dos puntos en un plano.

Pendiente de una recta = $\frac{y_2 - y_1}{x_2 - x_1}$; donde (x_1, y_1) y (x_2, y_2) son dos puntos en un recta.

TEOREMA DE PITÁGORAS

$a^2 + b^2 = c^2$, donde a y b son los catetos y c la hipotenusa de un triángulo rectángulo.

MEDIDAS DE TENDENCIA CENTRAL

Media aritmética = $\frac{x_1 + x_2 + \ldots + x_n}{n}$; donde las x son los valores para los cuales se desea encontrar la media y n es el número total de valores de x.

Mediana = Es el valor situado en el centro en un número impar de datos _ordenados_ y la media aritmética de los dos valores más próximos al centro en un número par de datos _ordenados._

INTERÉS SIMPLE

interés = capital $\times$ tasa $\times$ tiempo

DISTANCIA

distancia = velocidad $\times$ tiempo

COSTO TOTAL

costo total = (número de unidades) $\times$ (precio de cada unidad)

Adaptado con el permiso del _American Council on Education._

Parte I

Instrucciones: Dispone de 45 minutos para responder las preguntas 1 a 25. Elija la respuesta que mejor responda a cada pregunta. PUEDE usar la calculadora.

Las preguntas 1 y 2 se refieren a la siguiente información:

PROMEDIO DIARIO DE ASISTENCIA AL PARQUE

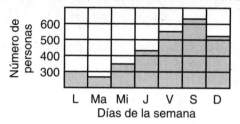

1. ¿Aproximadamente cuántas personas más van al parque los sábados que los domingos?

   (1) 210

   (2) 320

   (3) 410

   (4) 620

   (5) 920

2. El reglamento del parque establece que debe haber un guardia de seguridad en servicio por cada 50 personas que acudan al parque. ¿Cuántos guardias debe haber en servicio los viernes?

   (1) 5

   (2) 11

   (3) 15

   (4) 18

   (5) No se cuenta con suficiente información.

3. La familia Álvarez paga 9.4 centavos por cada kilovatio-hora de energía eléctrica que consume. Su recibo de luz de un mes fue de $42.30. ¿Aproximadamente cuántos kilovatios-hora de energía eléctrica consumió la familia Álvarez durante ese mes?

   (1) menos de 360 kw/h

   (2) entre 360 kw/h y 420 kw/h

   (3) entre 420 kw/h y 480 kw/h

   (4) entre 480 kw/h y 540 kw/h

   (5) más de 540 kw/h

La pregunta 4 se refiere al siguiente diagrama:

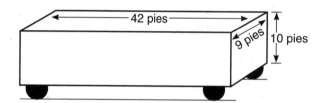

4. La carga que lleva este vagón de carga ocupa un volumen de 3,000 pies cúbicos. ¿Cuántos pies cúbicos de espacio desocupado hay dentro del vagón?

   Marque su respuesta en los círculos de la cuadrícula de su hoja de respuestas.

5. ¿Cuál es el valor de la siguiente expresión?

   $6 + 27 \div (5 - 2)$

   Marque su respuesta en los círculos de la cuadrícula de su hoja de respuestas.

Las preguntas 6 y 7 se refieren a la siguiente información:

Una tienda de muebles tiene a la venta cinco estilos diferentes de lámparas de mesa. La tabla que se muestra a continuación refleja el precio de venta al por mayor (lo que le cuesta a la tienda) y el precio de venta al por menor (lo que le cuesta al consumidor).

Estilo	Precio de venta al por mayor	Precio de venta al por menor
A	$32.00	$45.00
B	$16.80	$24.90
C	$34.00	$41.80
D	$23.00	$28.90
E	$56.50	$74.50

6. ¿En qué estilo de lámpara existe el mayor porcentaje de incremento entre el precio de venta al por mayor y el precio de venta al por menor?

(1) A

(2) B

(3) C

(4) D

(5) E

7. El beneficio que obtiene la tienda de muebles (B) puede calcularse utilizando la función $B = n(pm - pM)$, donde n = número de artículos, pm = precio de venta al por menor del artículo y pM = precio de venta al por mayor del artículo.

Si un hotel compra ocho lámparas del estilo D, ¿cuál es el beneficio que obtuvo la tienda de muebles con la venta de esas lámparas?

(1) $231.20

(2) $184.00

(3) $ 51.90

(4) $ 47.20

(5) $ 5.90

8. En una tienda de electrodomésticos los empleados que logran hacer un promedio de 20 ventas diarias durante 5 días reciben una bonificación. José ha realizado las siguientes ventas en un período de cuatro días:

Día 1: 15 ventas
Día 2: 22 ventas
Día 3: 18 ventas
Día 4: 26 ventas

¿Cuál es la cantidad mínima de ventas que debe hacer José el día 5 para poder recibir la bonificación?

(1) 31

(2) 24

(3) 19

(4) 17

(5) No se cuenta con suficiente información.

9. Un equipo de béisbol ha ganado 22 de los primeros 40 partidos en los que ha participado. Si el equipo mantiene esta racha de partidos ganados y perdidos, ¿cuántos partidos ganará durante una temporada de 162 partidos?

(1) 55

(2) 68

(3) 81

(4) 89

(5) 111

10. Vanesa necesita $3\frac{3}{8}$ yardas de tela para hacer un chaleco. ¿Cuál es el número máximo de chalecos que puede hacer con $17\frac{1}{2}$ yardas de tela?

(1) 4

(2) 5

(3) 6

(4) 7

(5) No se cuenta con suficiente información.

La pregunta 11 se refiere a la siguiente figura:

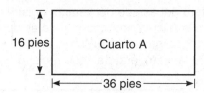

16 pies

Cuarto A

|← 36 pies →|

11. El área del cuarto B es la misma que la del cuarto A que se muestra arriba. Si el cuarto B es cuadrado, ¿cuánto mide en pies cada uno de sus lados?

(1) 16
(2) 23
(3) 24
(4) 26
(5) 36

---

12. En las reparaciones del automóvil, Bárbara tendrá que pagar $875 en concepto de mano de obra y $1,400 en piezas nuevas. Las piezas usadas cuestan un 60 por ciento menos que las nuevas. ¿Cuál será el costo total de las reparaciones del automóvil si Bárbara elige las piezas usadas?

Marque su respuesta en los círculos de la cuadrícula de su hoja de respuestas.

La pregunta 13 se refiere a la siguiente ilustración:

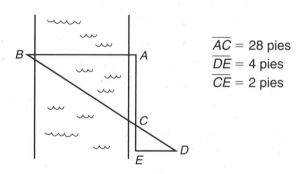

$\overline{AC}$ = 28 pies
$\overline{DE}$ = 4 pies
$\overline{CE}$ = 2 pies

13. Un topógrafo tomó las medidas mostradas en el diagrama para calcular el ancho de un río. Las rectas AB y DE son paralelas. ¿Cuál es el ancho en pies de $\overline{AB}$, la distancia más corta para atravesar el río?

Marque su respuesta en los círculos de la cuadrícula de su hoja de respuestas.

14. La compañía Construcciones Ramírez pidió a sus 48 empleados que eligieran entre tres planes diferentes de ahorro para la jubilación. Si los empleados que escogieron el plan A fueron el doble de los que escogieron el plan B, ¿cuántos empleados escogieron el plan B?

(1) 12
(2) 16
(3) 24
(4) 32
(5) No se cuenta con suficiente información.

15. La empresa Gráficos Especializados utiliza 3 cajas de papel de fotocopiadora cada 5 días. ¿Cuál de las siguientes ecuaciones podría utilizarse para calcular cuántos días tardará la empresa en terminar 18 cajas de papel?

(1) $\dfrac{5(18)}{3} = d$

(2) $\dfrac{3(5)}{18} = d$

(3) $5(3d) = 18$

(4) $\dfrac{3(18)}{d} = 5$

(5) $5(18)(3) = d$

16. El taller en el que trabaja Rafael le exige que registre la hora exacta en la que empieza y la hora exacta en la que termina cada trabajo de reparación. Rafael trabajó en una reparación desde las 10:50 a.m. a las 11:26 a.m. ¿Qué fracción de una hora tardó Rafael en completar la reparación?

(1) $\dfrac{1}{36}$

(2) $\dfrac{1}{10}$

(3) $\dfrac{3}{5}$

(4) $\dfrac{5}{8}$

(5) $\dfrac{2}{3}$

17. Dos rectas se cruzan en un punto cuyas coordenadas son (−4,2). Muestre la ubicación de ese punto.

Marque su respuesta en la cuadrícula del plano de coordenadas de su hoja de respuestas.

18. Dos cajas A y B tienen forma de cubo. Cada uno de los lados de la caja A mide 2 pies. Los lados de la caja B tienen el doble de longitud que los lados de la caja A. ¿Cuál de los siguientes enunciados sobre el volumen de las cajas es verdadero?

(1) El volumen de la caja A es $\frac{1}{6}$ del volumen de la caja B.

(2) El volumen de la caja A es $\frac{1}{2}$ del volumen de la caja B.

(3) Los volúmenes de las dos cajas son iguales.

(4) El volumen de la caja B es cuatro veces mayor que el volumen de la caja A.

(5) El volumen de la caja B es ocho veces mayor que el volumen de la caja A.

19. Ezequiel piensa hacer un viaje desde San Francisco a Kansas City. Entre ambas ciudades hay una distancia de 1,860 millas. ¿Cuál es el número promedio (la media aritmética) de millas que tiene que conducir Ezequiel cada día para completar el viaje en 5 días?

(1) 304

(2) 310

(3) 372

(4) 426

(5) 460

20. ¿Cuál de las siguientes desigualdades se representa por la gráfica que se indica a continuación?

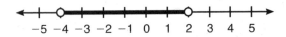

(1) $x > -4$

(2) $x < 2$

(3) $-4 < x < 2$

(4) $-4 < x > 2$

(5) $-4 > x > 2$

La pregunta 21 se refiere a la siguiente información:

Un reportero del estado del tiempo registró la temperatura a la misma hora todos los días durante dos semanas. La siguiente gráfica muestra la distribución de las temperaturas que registró.

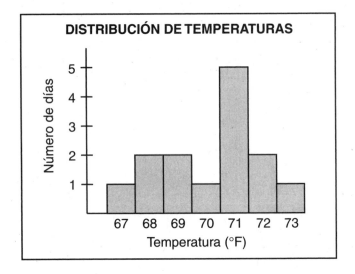

21. ¿Cuál es la mediana de la temperatura en grados para ese período de 14 días?

Marque su respuesta en los círculos de la cuadrícula de su hoja de respuestas.

22. La ruleta que se muestra a continuación contiene ocho sectores iguales.

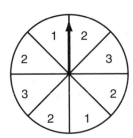

¿Cuál es la probabilidad de que la flecha caiga en el número 2?

Marque su respuesta en los círculos de la cuadrícula de su hoja de respuestas.

Las preguntas 23 y 24 se refieren a la siguiente figura.

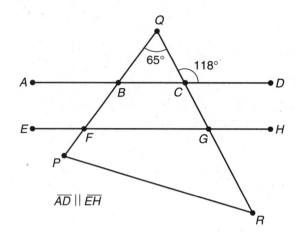

$$\overline{AD} \parallel \overline{EH}$$

23. ¿Cuánto mide el ángulo ∠QBC?

    (1) 53°
    (2) 62°
    (3) 65°
    (4) 127°
    (5) No se cuenta con suficiente información.

24. ¿Cuál de los siguientes ángulos es el suplementario del ángulo ∠QGH?

    (1) ∠GRP
    (2) ∠QCD
    (3) ∠DCG
    (4) ∠BFG
    (5) ∠QBA

25. La superficie de Australia es de aproximadamente 2,940,000 millas cuadradas. ¿Cómo se escribiría este número en notación científica?

    (1) 2.94×10^5
    (2) 2.94×10^6
    (3) 2.94×10^7
    (4) 29.4×10^5
    (5) 29.4×10^6

Las respuestas comienzan en la página 368.

MATEMÁTICAS
Parte II

Instrucciones

La Prueba preliminar de Matemáticas consta de una serie de preguntas de selección múltiple y formato alternativo, destinadas a medir las aptitudes matemáticas generales y la capacidad de resolver problemas. Las preguntas se basan en lecturas breves que con frecuencia incluyen una gráfica, un cuadro o un diagrama.

Se le darán 45 minutos para contestar las 25 preguntas de la Parte II. Trabaje con cuidado, pero no dedique demasiado tiempo a una sola pregunta. Asegúrese de haber contestado todas las preguntas. No se descontarán puntos por respuestas incorrectas. Cuando se agote el tiempo, ponga una marca en la última pregunta que haya contestado. Esto le servirá de guía para calcular si podrá terminar la verdadera Prueba de GED dentro del tiempo permitido. A continuación, termine la prueba.

En la página 24 se proporcionan las fórmulas que podrían necesitar. Solamente algunas de las preguntas necesitarán que utilice una fórmula. No todas las fórmulas que se dan serán necesarias.

Algunas preguntas contienen más información de la que usted necesita para resolver el problema; otras preguntas no dan suficiente información. Si la pregunta no da suficiente información para resolver el problema, la respuesta correcta es "No se cuenta con suficiente información".

En la Parte II no se permite utilizar la calculadora.

Registre sus respuestas en la hoja de respuestas separada en la página 474. Asegúrese de incluir toda la información requerida en la hoja de respuestas.

Para marcar sus respuestas, en la hoja de respuestas rellene el círculo con el número de la respuesta que considere correcta para cada una de las preguntas de la prueba.

Ejemplo: Si una cuenta de mercado por valor total de $15.75 se paga con un billete de $20.00, ¿cuánto cambio debe devolverse?

(1) $5.25
(2) $4.75
(3) $4.25
(4) $3.75
(5) $3.25

La respuesta correcta es $4.25; por lo tanto, en la hoja de respuestas debería haber rellenado el círculo con el número 3 adentro.

No apoye la punta del lápiz en la hoja de respuestas mientras piensa en la respuesta. No haga marcas innecesarias en la hoja. Si decide cambiar una respuesta, borre completamente la primera marca. Rellene un solo círculo por cada respuesta: si señala más de un círculo, la respuesta se considerará incorrecta. No doble ni arrugue la hoja de respuestas.

Una vez terminada esta prueba, utilice la Tabla de análisis del desempeño en la página 30 para determinar si está listo para tomar la verdadera Prueba de GED. Si no lo está, use la tabla para identificar las destrezas que debe repasar de nuevo.

Adaptado con el permiso del *American Council on Education*.

MATEMÁTICAS

Los números mixtos, como $3\frac{1}{2}$, no pueden anotarse en la cuadrícula del formato alterno. En lugar de ello, represéntelos como números decimales (en este caso, 3.5) o en fracciones (en este caso 7/2). Ninguna respuesta podrá ser un número negativo, como -8.

Para registrar su respuesta a una pregunta en el formato alternativo:

- empiece en cualquier columna que le permita anotar su respuesta;
- escriba su respuesta en los recuadros en la fila superior;
- en la columna que esté debajo de una barra de fracción o de un punto decimal (si la hubiere) y cada número de su respuesta, rellene el círculo que representa ese signo o número;
- deje en blanco las columnas no utilizadas.

Ejemplo:

En un mapa, la escala indica que $\frac{1}{2}$ pulgada representa una distancia real de 120 millas, ¿a qué distancia en el mapa están las dos ciudades si la distancia real entre ellas es 180 millas?

La respuesta al ejemplo anterior es de 3/4 ó 0.75 pulgadas. A continuación se presentan algunos ejemplos de cómo podría anotarse la respuesta en la cuadrícula.

Puntos que es preciso recordar:

- La hoja de respuestas será calificada a máquina. **Los círculos deben rellenarse correctamente.**
- No marque más de un círculo en una columna.
- Anote una sola respuesta en la cuadrícula aunque haya más de una respuesta correcta.
- Los números mixtos como $3\frac{1}{2}$ deben escribirse en la cuadrícula como 3.5 ó 7/2.
- Ninguna respuesta podrá ser un número negativo.

Adaptado con el permiso del *American Council on Education*.

FÓRMULAS

ÁREA de un:

cuadrado	Área = lado^2
rectángulo	Área = largo $\times$ ancho
paralelogramo	Área = base $\times$ altura
triángulo	Área = $\frac{1}{2} \times$ base $\times$ altura
trapecio	Área = $\frac{1}{2} \times$ (base mayor + base menor) $\times$ altura
círculo	Área = $\pi \times$ radio^2; donde π equivale aproximadamente a 3.14

PERÍMETRO de un:

cuadrado	Perímetro = 4 $\times$ lado
rectángulo	Perímetro = 2 $\times$ largo + 2 $\times$ ancho
triángulo	Perímetro = lado$_1$ + lado$_2$ + lado$_3$

PERÍMETRO DE LA CIRCUNFERENCIA Circunferencia = $\pi \times$ diámetro; donde π equivale aproximadamente a 3.14

VOLUMEN de:

un cubo	Volumen = arista^3
un objeto rectangular	Volumen = largo $\times$ ancho $\times$ altura
una pirámide cuadrangular	Volumen = $\frac{1}{3} \times$ (arista de la base)$^2 \times$ altura
un cilindro	Volumen = $\pi \times$ radio$^2 \times$ altura; donde π equivale aproximadamente a 3.14
un cono	Volumen = $\frac{1}{3} \times \pi \times$ radio$^2 \times$ altura; donde π equivale aproximadamente a 3.14

GEOMETRÍA ANALÍTICA

Distancia entre dos puntos = $\sqrt{(x_2 - x_1)^2 + (y_2 - y_1)^2}$; donde (x_1, y_1) y (x_2, y_2) son dos puntos en un plano.

Pendiente de una recta = $\frac{y_2 - y_1}{x_2 - x_1}$; donde (x_1, y_1) y (x_2, y_2) son dos puntos en un recta.

TEOREMA DE PITÁGORAS

$a^2 + b^2 = c^2$, donde a y b son los catetos y c la hipotenusa de un triángulo rectángulo.

MEDIDAS DE TENDENCIA CENTRAL

Media aritmética = $\frac{x_1 + x_2 + \ldots + x_n}{n}$; donde las x son los valores para los cuales se desea encontrar la media y n es el número total de valores de x.

Mediana = Es el valor situado en el centro en un número impar de datos _ordenados_ y la media aritmética de los dos valores más próximos al centro en un número par de datos _ordenados_.

INTERÉS SIMPLE   interés = capital $\times$ tasa $\times$ tiempo

DISTANCIA   distancia = velocidad $\times$ tiempo

COSTO TOTAL   costo total = (número de unidades) $\times$ (precio de cada unidad)

Adaptado con el permiso del *American Council on Education*.

PARTE II

Instrucciones: Dispone de 45 minutos para responder las preguntas 26 a 50. Elija la respuesta que mejor responda a cada pregunta. **NO** puede usar la calculadora.

26. ¿De cuál de los siguientes números son factores el 6 y el 15?

    (1)   3
    (2) 15
    (3) 24
    (4) 45
    (5) 60

La pregunta 27 se refiere a la siguiente figura:

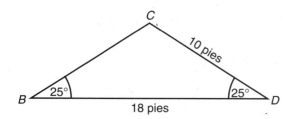

27. ¿Cuál es la longitud en pies del lado *BC*?

    (1)   10
    (2)   18
    (3)   25
    (4)   28
    (5) 130

28. El 75% de los empleados de Empresas Indeco respondió a una encuesta que llevó a cabo la empresa. Si 120 empleados contestaron a la encuesta, ¿cuántos empleados tiene la compañía en total?

    (1)   90
    (2) 150
    (3) 160
    (4) 175
    (5) 210

29. ¿Cuánto mide el perímetro de la siguiente figura?

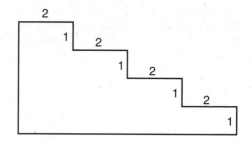

    (1) 10
    (2) 12
    (3) 20
    (4) 24
    (5) 30

30. ¿Cuál de los puntos señalados en la recta numérica que se indica abajo representa el valor $\frac{19}{8}$?

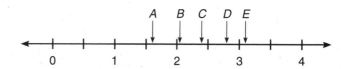

    (1) A
    (2) B
    (3) C
    (4) D
    (5) E

31. Karina tiene una fotografía que mide 2 pies de ancho y 3 pies de largo y quiere reducirla para que mida 16 pulgadas de ancho. Calcule cuánto medirá la fotografía de largo en pulgadas una vez que Karina la reduzca de tamaño.

Marque su respuesta en los círculos de la cuadrícula de su hoja de respuestas.

Las preguntas 32 y 33 se refieren a la siguiente información:

El cóndor es un ave que se encuentra en peligro de extinción. El Departamento de Pesca y Caza de Estados Unidos está intentando proteger esta especie y para ello cría a los cóndores en cautiverio y luego los incorpora a la naturaleza. En la siguiente gráfica se muestran los cambios que sufrió la población de cóndores entre los años 1990 y 2000.

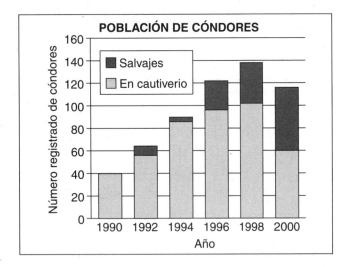

32. ¿En cuál de los años de la gráfica el número de cóndores en cautiverio fue de entre 90 y 100?

(1) 1994

(2) 1996

(3) 1998

(4) 2000

(5) No se cuenta con suficiente información.

33. ¿Cuál de las siguientes conclusiones puede deducirse de la información de la gráfica?

(1) La cantidad de cóndores salvajes disminuyó entre 1998 y 2000.

(2) La cantidad de cóndores salvajes aumentó entre 1994 y 2000.

(3) La cantidad de cóndores en cautiverio se duplicó entre 1996 y 1998.

(4) La cantidad de cóndores en cautiverio se duplicó entre 1990 y 2000.

(5) La cantidad de cóndores salvajes se duplicó entre 1992 y 1994.

34. 8 de cada 400 aparatos de radio producidos por una fábrica tienen defectos. ¿Cuál es la probabilidad de que un aparato de radio producido por dicha fábrica salga defectuoso?

(1) $\dfrac{1}{8}$

(2) $\dfrac{1}{40}$

(3) $\dfrac{1}{50}$

(4) $\dfrac{1}{80}$

(5) $\dfrac{1}{150}$

La pregunta 35 se refiere al siguiente diagrama:

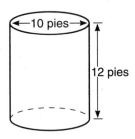

35. El tanque de agua que se indica en la figura tiene forma cilíndrica. ¿Cuál de las siguientes expresiones podría usarse para calcular el volumen aproximado del tanque en pies cúbicos?

(1) $3.14 \times 5^2 \times 12$

(2) $3.14 \times 10^2 \times 12$

(3) $3.14 \times 5 \times 12$

(4) $3.14 \times 12 \div 5^2$

(5) 3.14×10

36. ¿A cuál de las siguientes expresiones equivale $x - (2y - 3z)$?

(1) $x - 2y - 3z$

(2) $x - 2y + 3z$

(3) $x + 2y - 3z$

(4) $x + yz$

(5) $-2xy - 3xz$

37. ¿Cuáles son las coordenadas del punto en el que la recta cruza el eje de las *y* para la ecuación $y = 3x + 4$?

Marque su respuesta en la cuadrícula del plano de coordenadas de su hoja de respuestas.

Las preguntas 38 y 39 se refieren a la siguiente gráfica.

DISTRIBUCIÓN DEL GASTO DEL SALARIO NETO

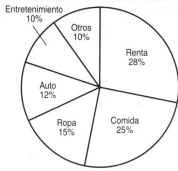

Entretenimiento 10%
Otros 10%
Renta 28%
Auto 12%
Ropa 15%
Comida 25%

38. La gráfica anterior muestra el presupuesto de la familia Enríquez. De acuerdo con la gráfica, ¿cuáles son las dos áreas en las que, en conjunto, la familia gasta más de la mitad del salario percibido?

   (1) auto y renta

   (2) ropa y renta

   (3) auto y comida

   (4) ropa y comida

   (5) comida y renta

39. Si el salario neto mensual que percibe la familia es de $1680, ¿cuánto dinero gasta al mes en comida y en ropa?

   (1) $ 252

   (2) $ 420

   (3) $ 672

   (4) $1260

   (5) No se cuenta con suficiente información.

40. Si se conocen el área *A* y la base *b* de un triángulo, ¿cuál de las siguientes expresiones puede usarse para calcular la altura?

   (1) $\dfrac{2A}{b}$

   (2) $\dfrac{2b}{A}$

   (3) $\dfrac{b}{2A}$

   (4) $\dfrac{Ab}{2}$

   (5) $\dfrac{A}{2b}$

41. La Pizzería La Bella Italia abre a las 10:00 a.m. y atiende a un promedio de 120 clientes por hora. A ese ritmo, ¿a cuántos clientes habrá atendido el restaurante a las 3:30 p.m.?

   (1) 396

   (2) 540

   (3) 600

   (4) 660

   (5) 780

42. Alicia obtuvo un préstamo de $900 a dos años y pagó $252 en interés simple. ¿Cuál de las siguientes expresiones podría usarse para calcular la tasa de interés anual que le cobraron?

   (1) $\dfrac{252(2)}{900}$

   (2) $\dfrac{252}{900(2)}$

   (3) $\dfrac{252(900)}{2}$

   (4) $252(900)(2)$

   (5) $\dfrac{(900)(2)}{252}$

43. Samuel compró dos discos compactos a $12.98 cada uno y pagó $2.14 en impuestos. Si utilizó dos billetes de veinte dólares, ¿cuánto dinero recibió de cambio?

Marque su respuesta en los círculos de la cuadrícula de su hoja de respuestas.

La pregunta 44 se refiere al siguiente diagrama:

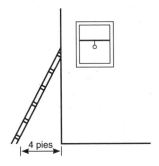

4 pies

44. ¿Aproximadamente a qué altura de la pared se apoya la parte superior de la escalera de 12 pies que se ve en el diagrama, si su parte inferior está a 4 pies de distancia de la misma?

(1) entre 8 y 9 pies

(2) entre 9 y 10 pies

(3) entre 10 y 11 pies

(4) entre 11 y 12 pies

(5) No se cuenta con suficiente información.

45. La suma de 3 más el doble de un número es igual a ese número pero con signo negativo. Llamemos x al número no conocido. ¿Cuál de las siguientes ecuaciones podría utilizar para calcular el valor de x?

(1) $2x = 3 + (-x)$

(2) $2(3 + x) = -x$

(3) $2(3) + x = -x$

(4) $3 + 2x = -3$

(5) $2x + 3 = -x$

46. En la siguiente figura, la recta a es paralela a la recta b.

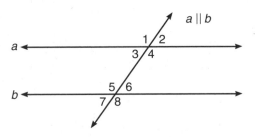

$a \parallel b$

¿Cuál de los siguientes enunciados acerca de esta figura es verdadero?

(1) El $\angle 6$ es suplementario del $\angle 7$.

(2) El $\angle 1$ es complementario del $\angle 2$.

(3) $m\angle 2 + m\angle 5 = 180°$

(4) El $\angle 2$ y el $\angle 6$ son ángulos verticales.

(5) El $\angle 1$ y el $\angle 6$ son ángulos correspondientes.

47. ¿De cuál de las siguientes ecuaciones es la solución el par ordenado $(-1,1)$?

(1) $2x - 3y = 1$

(2) $3x - 2y = -5$

(3) $4x + 2y = 6$

(4) $-2x - 3y = 1$

(5) $-3x + 2y = -1$

48. El perímetro de un rectángulo es de 48 pies. El largo del rectángulo mide tres veces más que su ancho. ¿Cuánto mide el ancho del rectángulo en pies?

(1) 4

(2) 6

(3) 8

(4) 12

(5) 16

Las preguntas 49 y 50 se refieren a la siguiente información:

La empresa Central de Diseño tiene dos tiendas en la misma ciudad. El propietario de la empresa realiza un análisis de la cantidad de ventas registradas en cada tienda durante un período de 8 semanas. Esta información se presenta en la siguiente gráfica.

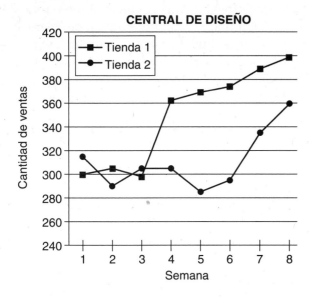

CENTRAL DE DISEÑO

49. ¿Cuál fue la razón entre las ventas de la tienda 1 y las ventas de la tienda 2 durante la octava semana?

(1) 3:2

(2) 5:4

(3) 7:6

(4) 9:8

(5) 10:9

50. Según los datos correspondientes a las semanas 5 a 8, ¿a cuál de las siguientes conclusiones puede llegar?

(1) Las ventas en ambas tiendas tuvieron el mayor incremento entre las semanas 7 y 8.

(2) Las ventas están aumentando a un ritmo más rápido en la tienda 1 que en la 2.

(3) Las ventas están aumentando a un ritmo más rápido en la tienda 2 que en la 1.

(4) Durante la semana 5, la tienda 1 registró más del doble de ventas que la tienda 2.

(5) La diferencia entre la cantidad de ventas de cada tienda se está ensanchando.

Las respuestas comienzan en la página 368.

Tabla de análisis del desempeño en la prueba preliminar
Matemáticas

Las siguientes tablas le servirán para determinar cuáles son sus puntos fuertes y débiles en las áreas temáticas y destrezas necesarias para aprobar la Prueba de Matemáticas de GED. Consulte la sección Respuestas y explicaciones que empieza en la página 368 para verificar las respuestas que haya dado en la Prueba preliminar. Luego, en las tablas para la parte I y la parte II, encierre en un círculo los números correspondientes a las preguntas de la prueba que haya contestado correctamente. Anote el número total de aciertos por área temática y por destreza al final de cada hilera y columna. Vea el número total de aciertos de cada columna e hilera para determinar cuáles son las áreas y destrezas que más se le dificultan. Use como referencia las páginas señaladas en la tabla para estudiar esas áreas y destrezas. Utilice una copia del Plan de estudio de la página 31 como guía de estudio.

Parte I

Área temática	Concepto	Procedimiento	Aplicación	Número de aciertos
Operaciones númericas y sentido númerico *(Páginas 32 a 161)*	5	3, 9, 10	**6**, 12	_____/6
Medidas *(Páginas 162 a 183)*	18	16	**4**	_____/3
Análisis de datos *(Páginas 184 a 207)*	**22**	**1, 21**	**2**, 8, 19	_____/6
Álgebra *(Páginas 208 a 271)*	17, **20**, 25	**11**, 15	**7**, 14	_____/7
Geometría *(Páginas 272 a 331)*	**24**		**13, 23**	_____/3
Número de aciertos	_____/7	_____/8	_____/10	_____/25

Parte II

Área temática	Concepto	Procedimiento	Aplicación	Número de aciertos
Operaciones númericas y sentido númerico *(Páginas 32 a 161)*	26, **30**		28, 31, 43	_____/5
Medidas *(Páginas 162 a 183)*		41	**29**	_____/2
Análisis de datos *(Páginas 184 a 207)*	**32, 33**		34, **38, 39, 49, 50**	_____/7
Álgebra *(Páginas 208 a 271)*	36, 37, 40, 45	42	47, 48	_____/7
Geometría *(Páginas 272 a 331)*	**27, 46**	**35**	**44**	_____/4
Número de aciertos	_____/10	_____/3	_____/12	_____/25

Los números en **negritas** corresponden a preguntas que contienen gráficas.

Plan de estudio de Matemáticas

Las siguientes tablas le ayudarán a organizarse para estudiar después de haber hecho la Prueba preliminar y la Prueba final de matemáticas. Al terminar cada una de estas pruebas, use los resultados que obtuvo en la columna Número de aciertos de su respectiva Tabla de análisis del desempeño para llenar el Plan de estudio. Ponga una marca en la casilla que corresponda al área en la que necesite más práctica. Analice sus hábitos de estudio llevando un control de las fechas en que empiece y termine cada práctica. Estas tablas le ayudarán a visualizar su progreso a medida que practica para mejorar sus destrezas y prepararse para la prueba de GED.

Prueba preliminar (págs. 13 a 29): Use los resultados de la **Tabla de análisis del desempeño** (pág. 30).

Área temática	Número de aciertos	✓	Números de página	Fecha en que inició	Fecha en que terminó
Operaciones numéricas y sentido numérico	——/11		32 a 161		
Medidas	——/5		162 a 183		
Análisis de datos	——/13		184 a 207		
Álgebra	——/14		208 a 271		
Geometría	——/7		272 a 331		

Prueba final (págs. 332 a 348): Use los resultados de la **Tabla de análisis del desempeño** (pág. 349).

Área temática	Número de aciertos	✓	Números de página	Fecha en que inició	Fecha en que terminó
Operaciones numéricas y sentido numérico	——/10		32 a 161		
Medidas	——/4		162 a 183		
Análisis de datos	——/11		184 a 207		
Álgebra	——/16		208 a 271		
Geometría	——/9		272 a 331		

UNIDAD 1

Operaciones numéricas y sentido numérico

Los números son una parte importante de nuestra vida. ¿Alguna vez ha calculado el número de millas que hay entre el lugar en el que se encuentra y el lugar al que desea ir? ¿Cuándo fue la última vez que calculó si tenía dinero suficiente para comprar algún artículo en una tienda? ¿Alguna vez ha pagado parcialmente una deuda y ha calculado después cuánto le falta por pagar?

Todas estas actividades cotidianas dependen de nuestra comprensión de los números, de nuestro sentido numérico y del conocimiento de las operaciones matemáticas elementales. Esta unidad abarca los temas de sentido numérico y operaciones con números enteros, fracciones, decimales y porcentajes. Recuerde que en la Prueba de Matemáticas de GED usará todas las destrezas que se enseñan en esta unidad en 20 a 30 por ciento de las preguntas.

Aunque no nos demos cuenta, diariamente usamos una gran cantidad de destrezas matemáticas.

Las lecciones de esta unidad son:

Lección 1: **Sentido numérico y operaciones y**
Lección 2: **Operaciones con números enteros**
Entenderá la relación entre los números y aprender a sumar, restar, multiplicar y dividir.

Lección 3: **Pasos para resolver problemas y**
Lección 4: **Resolver problemas en varios pasos**
Aprenderá estrategias para resolver problemas simples y problemas en varios pasos.

Lección 5: **Introducción a las fracciones y**
Lección 6: **Fracciones, razones y proporciones**
Entenderá los tipos y magnitudes de las fracciones, así como las relaciones entre ellas.

Lección 7: **Operaciones con fracciones**
Aprenderá a sumar, restar, multiplicar y dividir fracciones.

Lección 8: **Introducción a los números decimales y**
Lección 9: **Operaciones con números decimales**
Aprenderá a escribir, comparar y hacer cálculos con decimales.

Lección 10: **Números decimales y fracciones**
Las fracciones y los decimales son formas de expresar una parte de un todo. Aprenderá a hacer conversiones y a usar estos números en la resolución de problemas.

Lección 11: **El significado del porcentaje**
El porcentaje se usa para calcular una parte de un todo cuando se conocen varias cantidades. Aprenderá a usar o intercambiar un porcentaje con fracciones y decimales.

Lección 12: **Resolver problemas de porcentaje: Parte 1**
Lección 13: **Resolver problemas de porcentaje: Parte 2**
Aprenderá cuáles son las aplicaciones del porcentaje en la vida diaria tales como calcular el porcentaje de aumento o disminución de un valor y calcular el interés sobre el dinero.

DESTREZAS DE RESOLUCIÓN DE PROBLEMAS

○ Seleccionar operaciones

○ Resolver problemas paso a paso

○ Plantear problemas

○ Hacer estimaciones

○ Usar la calculadora

○ Escribir respuestas en una cuadrícula estándar

○ Orden de las operaciones

○ Resolver proporciones

○ Hacer cálculos mentales

○ Resolver problemas en varios pasos

Lección 1

DESTREZA DE GED Sentido numérico y operaciones

Valor posicional

Los números enteros están conformados por los siguientes diez **dígitos:** 0, 1, 2, 3, 4, 5, 6, 7, 8 y 9. El número 3,820 tiene cuatro dígitos; 1,000,000 es un número de siete dígitos, aunque seis de ellos sean iguales.

Nuestro sistema numérico se basa en el concepto del valor posicional. El **valor posicional** de un dígito depende de la posición, o el lugar, que ocupa dentro de una cifra. La siguiente tabla muestra cómo se designa a las primeras 12 posiciones de los números enteros.

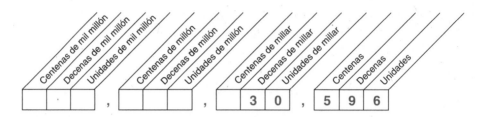

El valor total de un número es igual a la suma de los valores que sus dígitos tienen en cada posición.

Ejemplo ¿Cuál es el valor de cada uno de los dígitos en. 30,596?

3 está en la posición de las decenas de millar. $3 \times 10,000 = $ **30,000**
0 está en la posición de las unidades de millar. $0 \times 1,000 = $ **0,000**
5 está en la posición de las centenas. $5 \times 100 = $ **500**
9 está en la posición de las decenas. $9 \times 10 = $ **90**
6 está en la posición de las unidades. $6 \times 1 = $ **6**

Leer y escribir números

Al escribir un número, coloque una coma cada tres dígitos contados de derecha a izquierda. Cada grupo de tres dígitos forma un **período** que lleva el nombre de la posición de la cifra que antecede a la coma que lo separa. Siempre lea los números de izquierda a derecha. Primero, lea cada grupo de dígitos antes de una coma y, luego, diga el nombre del período representado por esa coma.

Escriba una palabra numérica tal como se lee el número en voz alta. Al leer o escribir números enteros, no es necesario que diga la palabra *unidades*.

Ejemplo Lea el número 12,950,068 y escríbalo con palabras.

$$12, \underset{\text{Millones}}{\underline{950}}, \underset{\text{[Unidades]}}{\underline{068}}$$
$$\underset{\text{Millares}}{}$$

Este número se lee y escribe en palabras como **doce millones novecientos cincuenta mil sesenta y ocho.**

SUGERENCIA

Los números de cuatro dígitos pueden escribirse con o sin una coma. El número cuatro mil quinientos veinte puede escribirse como 4520 o como 4,520. Ambos son correctos.

Redondear números enteros

Para facilitar los cálculos difíciles puede **redondear.** Cuando no necesite una respuesta exacta, redondee los números que está usando.

Ejemplo Redondee el número 24,902 a la posición de las unidades de millar.

Paso 1 Localice el dígito que desea redondear y enciérrelo en un círculo.   2④,902

Paso 2 Observe el dígito que está a la derecha del dígito que encerró en un círculo.   2④,902

Paso 3 Si el dígito que está a la derecha es igual a o mayor que 5, sume 1 al dígito que encerró en un círculo. Si el dígito es menor que 5, no cambie dígito que encerró en un círculo. Cambie por ceros todos los dígitos que están a la derecha del dígito que encerró en un círculo.   2⑤,000

Ejemplos Redondee al millar más cercano.   ③,499 redondeado es **3,000**
1⑨,930 redondeado es **20,000**

ENFOQUE EN LAS DESTREZAS DE GED

A. **Escriba con palabras el valor del dígito subrayado. Consulte la tabla de la página 34.**

Ejemplo: 6<u>2</u>7 _____seiscientos_____

1. 5,<u>5</u>17 _____

2. <u>3</u>,742,691 _____

3. 26,1<u>5</u>4 _____

4. 4,<u>7</u>00,510 _____

5. 964,2<u>5</u>1 _____

6. 3,40<u>0</u>,500 _____

B. **Paree cada número de la columna A con su palabra numérica en la columna B.**

Columna A

_____ 7. 8,416

_____ 8. 8,420,106

_____ 9. 84,200,160

_____ 10. 842,016

_____ 11. 84,216

Columna B

a. ochenta y cuatro millones doscientos mil ciento sesenta

b. ochenta y cuatro mil doscientos dieciséis

c. ochocientos cuarenta y dos mil dieciséis

d. ocho millones cuatrocientos veinte mil ciento seis

e. ocho mil cuatrocientos dieciséis

C. **Redondee cada número como se indica. Consulte la tabla de la página 34.**

12. Redondee 8,621 a la posición de las centenas. _____

13. Redondee 5,099,620 a la unidad de millón más cercana. _____

14. Redondee 46,055 a la decena de millar más cercana. _____

15. Redondee 10,562 a la unidad de millar más cercana. _____

Las respuestas comienzan en la página 372.

Comparar, ordenar y agrupar

Cuando va de compras, seguramente compara precios para hacer la mejor compra. Use estas reglas al **comparar** números enteros.

REGLA 1 El número entero con más dígitos es siempre el mayor.

Ejemplo Compare 7,235 con 848. El número 7,235 (4 dígitos) es mayor que 848 (3 dígitos).

REGLA 2 Cuando dos cifras tienen el mismo número de dígitos, compare los dígitos de izquierda a derecha.

Ejemplo 646 es menor que 690 porque 40 es menor que 90.

Para escribir comparaciones entre números, use los siguientes símbolos:

=	significa *igual a*	140 = 140	140 es igual a 140
>	significa *mayor que*	25 > 23	25 es mayor que 23
<	significa *menor que*	4 < 5	4 es menor que 5

Utilizando estas mismas reglas, puede ordenar varios números según su valor.

Ejemplo 1 Una compañía vende libros, juguetes y videos por Internet. Ayer, la compañía registró las ventas en cada categoría: libros, 1,247; juguetes, 1,271; y videos, 990. Ordene las ventas de <u>menor a mayor</u>.

Paso 1 Cuente los dígitos que tienen las cifras de ventas. Puesto que 990 sólo tiene 3 dígitos (mientras que las otras tienen 4), 990 es menor que las otras dos cifras de ventas.

Paso 2 Compare los dígitos en 1,247 y 1,271 empezando de izquierda a derecha. Los dígitos en la posición de las unidades de millar y de las centenas son iguales en ambas cifras, por lo que tiene que observar la posición de las decenas. Como 40 es menor que 70, el número 1,247 es menor que 1,271.

De menor a mayor, las cifras de ventas son **990, 1,247,** y **1,271.**

Comprender el concepto del valor posicional, ayuda a calcular el rango en el que se encuentra un número determinado.

Ejemplo 2 Samuel está buscando el expediente #13,496. La etiqueta de una gaveta indica cuál es el rango de números de los expedientes que se encuentran en ella. Por ejemplo, la gaveta A contiene los expedientes que van del #13,090 al #13,274. ¿Cuál es la gaveta que contiene el expediente #13,496?

Gaveta A	Gaveta B	Gaveta C	Gaveta D
#13,090 al #13,274	#13,275 al #13,490	#13,491 al #13,598	#13,599 al #14,701

Compare el número 13,496 con los de las etiquetas. El expediente #13,496 se encontrará entre otros dos números en la gaveta correspondiente. Puesto que 13,496 es mayor que 13,491 y menor que 13,598, el expediente está en la **gaveta C.**

SUGERENCIA

Piense en los símbolos "mayor que" y "menor que" como si fueran flechas que siempre apuntan hacia el número menor.

A. Compare los siguientes números. Escriba entre ellos los signos >, < ó =.

1. 1,305 _____ 1,503

2. 34,000 _____ 29,989

3. 102,667 _____ 102,657

4. 5,690,185 _____ 5,690,185,100

5. 875,438 _____ 875,438

6. 75,390,000 _____ 75,391,540

7. 9,500,000 _____ 9,500,000,000

8. 45,100 _____ 45,099

9. 7,456,795 _____ 7,500,000

10. 319,002,110 _____ 319,002,011

B. Resuelva.

Consulte el siguiente cuadro para responder las <u>preguntas 11 a 14</u>.

Total de ventas diarias Semana al 4 de marzo	
lunes	$18,756
martes	12,316
miércoles	13,940
jueves	13,772
viernes	21,592
sábado	28,795

11. ¿Qué día se registró un mayor número de ventas, el miércoles o el jueves?

_____

12. ¿Qué día se registró un menor número de ventas?

_____

13. ¿Qué día se registró el mayor número de ventas?

_____

14. Ordene las ventas del cuadro de <u>menor a mayor</u>.

_____

_____

Consulte la siguiente información para responder a las <u>preguntas 15 a 17</u>.

En Reparación Automotriz Beltrán, almacenan parte de su inventario en cajones. A cada pieza de repuesto se le asigna un número de catálogo y se guarda en los cajones. El contenido de cada cajón está indicado por un rango numérico.

Cajón A
Repuestos 1010 –1490

Cajón B
Repuestos 1491 –1720

Cajón C
Repuestos 1721 –2050

Cajón D
Repuestos 2051 –2480

15. ¿En cuál de los cajones podría encontrarse el repuesto número 1750? _____

16. Si Georgina necesita los repuestos 1488 y 1491, ¿en qué cajones debe buscarlos? _____

17. Los repuestos cuyo número es mayor que 2050 pueden encontrarse, ¿en qué cajón? _____

Las respuestas comienzan en la página 372.

ESTRATEGIA DE GED **Resolver problemas**

Seleccionar operaciones

Para resolver problemas matemáticos, debe tomar varias decisiones. Primero, debe determinar qué es lo que se le está preguntando y qué información necesitará para resolver el problema. Después, debe seleccionar la operación que necesita para resolverlo: suma, resta, multiplicación o división.

Lea el problema con atención y piense en la información que éste le proporciona y en cómo lo va a resolver. A continuación encontrará algunas pautas que pueden ayudarle a seleccionar la operación adecuada.

Debe	Cuando necesite
Sumar (+)	Combinar cantidades Calcular un total
Restar (−)	Calcular una diferencia Restar una cantidad Hacer una comparación para calcular "cuánto más", "cuánto menos" o "cuánto queda"
Multiplicar (×)	Unir varias cantidades iguales para calcular un total Sumar el mismo número varias veces
Dividir (÷)	Separar una cantidad en partes iguales

Ejemplo 1   Víctor debe pagar una cuenta médica de $55 y una cuenta de farmacia de $12. ¿Cuál operación muestra el total de las cuentas?

    (1) $55 + $12
    (2) $55 − $12
    (3) $12 × $55
    (4) $55 ÷ $12
    (5) $12 − $55

Como tiene que encontrar un total, entonces debe sumar las cantidades. La respuesta correcta es la **opción (1).**

Ejemplo 2   Alberto, Rita y Lilia van a repartirse en partes iguales la ganancia de $126 que obtuvieron de su venta de cosas usadas. ¿Cuál operación muestra cuánto va a recibir cada persona?

    (1) 3 + $126
    (2) $126 − 3
    (3) $126 × 3
    (4) $126 ÷ 3
    (5) 3 ÷ $126

Para repartir $126 en cantidades iguales, divida. La respuesta correcta es la **opción (4).**

SUGERENCIA

Observe que el orden en que escribe los números es importante en los problemas de resta y división. La cantidad de la cual se está restando o dividiendo debe ir primero.

Instrucciones: Elija la respuesta que mejor responda a cada pregunta.

1. La familia Chávez paga mensualmente $269 por un crédito automotriz. ¿Cuál operación muestra cuánto pagará la familia por el préstamo en un período de 12 meses?

   (1) 12 + $269
   (2) $269 − 12
   (3) $269 × 12
   (4) $269 ÷ 12
   (5) 12 − $269

2. El mes pasado, Teresa pagó $137 por gastos de calefacción para su casa. Este mes, pagó $124. ¿Cuál operación muestra el costo total de calefacción que Teresa pagó en esos 2 meses?

   (1) $137 + $124
   (2) $137 − $124
   (3) $124 × $137
   (4) $137 ÷ $124
   (5) $124 ÷ $137

3. Carlos llenó el tanque de gasolina de su camión de entregas. El costo total de la gasolina aparece en la ilustración siguiente. Si pagó la gasolina con un billete de cincuenta dólares, ¿cuál operación muestra cuánto dinero debe recibir Carlos de cambio?

$28.00

   (1) $50 + $28
   (2) $28 − $50
   (3) $28 × $50
   (4) $50 ÷ $28
   (5) $50 − $28

4. Katia tiene que leer un libro de 348 páginas para una clase. Como tiene tres semanas para leerlo, piensa leer un mismo número de páginas cada semana. ¿Cuál operación muestra cuántas páginas debe leer Katia por semana?

   (1) 3 + 348
   (2) 348 − 3
   (3) 348 × 3
   (4) 348 ÷ 3
   (5) 3 ÷ 348

5. Marcos abre una cuenta de cheques con $327. Si hace un cheque por $189, ¿cuál operación muestra cuánto dinero quedará en su cuenta?

   (1) $189 + $327
   (2) $327 − $189
   (3) $189 × $327
   (4) $327 ÷ $189
   (5) $189 ÷ $327

6. Cuatro amigos se van en el mismo coche al trabajo de lunes a viernes. En total, pagan $62 a la semana en gastos de gasolina, estacionamiento y peaje. ¿Cuál operación muestra cómo pueden repartirse los gastos en partes iguales?

   (1) 4 + $62
   (2) $62 − 4
   (3) 4 × $62
   (4) 4 ÷ $62
   (5) $62 ÷ 4

SUGERENCIA

Es posible que tenga que leer un problema con mucha atención para encontrar todos los números que necesita. A veces, los números aparecen escritos en palabras, como en el caso de "cuatro" amigos.

Las respuestas comienzan en la página 372.

DESTREZA DE GED **Usar la recta numérica**

Una **recta numérica** puede ayudarle a comparar el valor de los números. Las rectas numéricas tienen números colocados en **intervalos** que se encuentran a la misma distancia unos de otros.

En la siguiente recta numérica, los intervalos equidistantes aumentan en un número entero. Por lo tanto, a medida que avanza hacia la derecha por la recta numérica, el valor aumenta. Las flechas que se encuentran en ambos extremos de la recta indican que ésta es infinita y que se extiende en ambas direcciones.

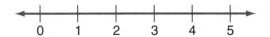

Es posible que la Prueba de Matemáticas de GED contenga una recta numérica o que usted decida dibujar una para entender mejor la relación entre varios números.

Ejemplo 1 Coloque un punto en la siguiente recta numérica para ilustrar un número entero mayor que 2 y menor que 4.

Para problemas como el del ejemplo anterior, sólo hay una respuesta correcta posible en números enteros. La respuesta correcta sería 3.

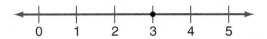

En algunas rectas numéricas, deberá determinar el valor de intervalos que no están denominados. En el siguiente ejemplo, hay una marca cada quinto intervalo. Si cuenta los intervalos que están entre el 5 y el 10, notará que cada intervalo representa un aumento de 1 conforme avanza de izquierda a derecha.

Ejemplo 2 Coloque un punto en la siguiente recta numérica para ubicar el número entero 8.

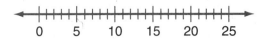

En esta recta numérica, sólo aparece una marca cada quinto número entero. Para encontrar un número entero que no está marcado en la recta, debe contar las líneas que se encuentran entre el 5 y el 10. En este ejemplo, debe contarlas una por una y dibujar un punto en la tercera línea, ya que ésta representa el número entero **8.**

Indique sus respuestas colocando uno o más puntos en la recta numérica que aparece debajo de cada problema.

1. Indique dónde se ubica el número entero 4.

2. Indique dónde se ubica el número entero 38.

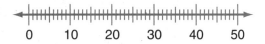

3. Indique dónde se ubican todos los números enteros, incluido el cero, que sean menores que 3.

4. Indique dónde se ubica el número entero dieciocho.

5. Indique dónde se ubica el número entero que hace verdadera la siguiente comparación: 1 < ? < 3.

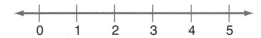

6. Indique dónde se ubica el número entero veintidós.

7. Indique dónde se ubica el número entero que hace verdadera la siguiente comparación: 18 > ? > 16.

8. Indique dónde se ubica el número entero cuarenta y tres.

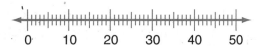

Las respuestas comienzan en la página 372.

DESTREZA DE GED **Operaciones con números enteros**

Sumar y restar números enteros

Uno de los secretos del éxito en matemáticas es saber cómo realizar las operaciones elementales con precisión y cuándo usar cada operación. **Sume** para combinar cantidades, calcular un total, o **suma.** Siga estos pasos para sumar números enteros.

Paso 1 Alinee los números que va a sumar haciendo coincidir los dígitos del mismo valor posicional. Comience con la columna de las unidades. Sume los números de cada columna avanzando de derecha a izquierda.

Paso 2 Cuando una columna de dígitos sume más de 9, **reagrupe** o **lleve** el dígito que sobre a la siguiente columna de la izquierda.

Ejemplo 1 Video EZ rentó 169 videos el jueves y 683 videos el viernes. Calcule el total de videos rentados durante esos dos días.

Paso 1 Sume la columna de las unidades (9 + 3 = 12). Escriba 2 en la columna de la unidades y reagrupe el 1 en la columna de las decenas.

Paso 2 Continúe sumando las columnas restantes y reagrupando según sea necesario.

$$
\begin{array}{r}
{\scriptstyle 1}\\
169\\
+683\\
\hline
2
\end{array}
\qquad
\begin{array}{r}
{\scriptstyle 1\ 1}\\
169\\
+683\\
\hline
852
\end{array}
$$

En su calculadora, marque los números que desea sumar.

169 + **683** = **852.**

Video EZ rentó un total de **852 videos** el jueves y el viernes.

Use la **resta** para calcular la **diferencia** entre dos números o cantidades. Siga estos pasos para restar números enteros.

Paso 1 Escriba el número que desea restar debajo del otro número y asegúrese de alinear las columnas según su valor posicional. Comenzando con la columna de las unidades, vaya restando los números de cada columna de derecha a izquierda.

Paso 2 Cuando uno de los dígitos del número que está restando es mayor que el dígito de arriba, debe reagrupar el dígito o **pedir prestado** para restar en esa columna.

Ejemplo 2 La empresa Remodelaciones Nueva Era cobra $5,025 por remodelar una cocina y $2,438 por pintar una casa de dos pisos. Calcule la diferencia en costo.

Paso 1 Alinee los números en columnas. Reagrupe 1 decena tomada de la columna de las decenas para poder restar la columna de las unidades (15 − 8 = 7).

$$
\begin{array}{r}
{\scriptstyle 1\ 15}\\
\$50\cancel{2}\cancel{5}\\
-\ 2438\\
\hline
7
\end{array}
$$

Paso 2 Reste la columna de las decenas. Reagrupe. Puesto que no hay centenas, pida prestado un dígito de las unidades de millar. De esta manera, nos quedan 10 centenas en la columna de las centenas.

$$
\begin{array}{r}
{\scriptstyle 4\ 10\ 1\ 15}\\
\$\cancel{5}\cancel{0}\cancel{2}\cancel{5}\\
-\ 2438\\
\hline
7
\end{array}
$$

Paso 3	Finalmente, reagrupe de la columna de las centenas y termine la resta.	$$\begin{array}{r} {}^{9\ 11} \\ 4\ \cancel{10}\cancel{1}\ 15 \\ \$\cancel{5025} \\ -\ \ 2438 \\ \hline \$2587 \end{array}$$
Paso 4	Compruebe la respuesta sumando su resultado al número que restó. La suma debe ser igual al número que estaba en la parte superior en la operación.	$$\begin{array}{r} {}^{1\ 1\ 1} \\ \$2587 \\ +\ \ 2438 \\ \hline \$5025 \end{array}$$

En su calculadora, marque primero el número que sea mayor.

5025 — **2438** = **2587.**

El trabajo de remodelación cuesta **$2,587** más que el trabajo de pintura.

ENFOQUE EN LAS DESTREZAS DE GED

A. Resuelva estos problemas con lápiz y papel.

1. $\begin{array}{r} 305 \\ +463 \end{array}$

2. $\begin{array}{r} 4172 \\ +4510 \end{array}$

3. $\begin{array}{r} 6795 \\ +\ \ 132 \end{array}$

4. $\begin{array}{r} 193 \\ +629 \end{array}$

5. $\begin{array}{r} 86 \\ -51 \end{array}$

6. $\begin{array}{r} 494 \\ -167 \end{array}$

7. $\begin{array}{r} 680 \\ -268 \end{array}$

8. $\begin{array}{r} 5067 \\ -3795 \end{array}$

9. $81,427 + 3,541 + 24,625 =$

10. Calcule la suma de 76 más 58.

11. $10,508 - 3,679 =$

12. Combine 176 y 54,095.

13. Reste 16,567 de 20,000.

14. ¿Cuál es el total de 950, 308, 77 y 50?

B. Resuelva estos problemas con la calculadora.

15. $\begin{array}{r} 56,439 \\ +\ 4,796 \end{array}$

16. $\begin{array}{r} 35,075 \\ 1,936 \\ +17,950 \end{array}$

17. $\begin{array}{r} 19,067 \\ +35,196 \end{array}$

18. $\begin{array}{r} 65,196 \\ 6,725 \\ +27,718 \end{array}$

19. $\begin{array}{r} 800 \\ -219 \end{array}$

20. $\begin{array}{r} 1258 \\ -\ 295 \end{array}$

21. $\begin{array}{r} 51,964 \\ -20,651 \end{array}$

22. $\begin{array}{r} 3205 \\ -2276 \end{array}$

23. ¿Cuál es el total de 36, 9, 74, 48, 6 y 15?

24. ¿Cuánto más es 419,003 que 12,018?

25. Calcule la diferencia entre 37,500 y 18,642.

26. Reste 75,510 de 100,000.

Las respuestas comienzan en la página 373.

Multiplicar y dividir números enteros

Use la **multiplicación** cuando desee sumar un mismo número varias veces. Al resultado de una multiplicación se le llama **producto.** Siga estos pasos para multiplicar.

Paso 1 De derecha a izquierda, multiplique los dígitos del número de arriba por el dígito de las unidades en el número de abajo para calcular primero un **producto parcial.** Luego, multiplique el número de arriba por el dígito que está en la posición de las decenas en el número de abajo para calcular otro producto parcial y así sucesivamente.

Paso 2 Alinee cada producto parcial debajo del dígito por el cual multiplicó. Luego, sume todos los productos parciales.

Ejemplo 1 Una compañía gasta $913 a la semana en publicidad. ¿Cuánto gastará la compañía en 52 semanas?

Paso 1 Para multiplicar $913 por 52, multiplique primero $913 por el dígito de las unidades, en este caso, 2. El producto parcial es 1826 y debe alinearse con la columna de las unidades.

Paso 2 Multiplique $913 por el dígito de las decenas, es decir, 5. El producto parcial es 4565 y debe alinearse con la columna de las decenas. Use el cero como valor nulo. Sume los productos parciales para calcular el producto.

$$\begin{array}{r} \$913 \\ \times\ 52 \\ \hline 1\ 826 \\ 45\ 650 \\ \hline \$47{,}476 \end{array}$$

En su calculadora, marque los números que desea multiplicar.

913 ✕ **52** = **47476.**

La compañía gastará **$47,476** en publicidad en un período de 52 semanas.

Use la **división** cuando necesite separar un todo (el **dividendo**) en partes iguales. Al resultado de una división se le llama **cociente.** El siguiente ejemplo le ayudará a comprender los pasos de una división desglosada. Coloque el dividendo dentro del signo de división. Coloque el número por el cual desea dividir (el **divisor**) afuera y a la izquierda del signo de división. Divida avanzando de izquierda a derecha.

SUGERENCIA

Si no sabe cuántas veces cabe un número en otro, haga una predicción razonable. Luego, multiplique para comprobar si su predicción fue acertada.

Ejemplo 2 Elena está empacando vasos de vidrio en cajas. En cada caja caben 18 vasos para jugo. Si tiene que empacar 7310 vasos, ¿cuántas cajas puede llenar?

Paso 1 Divida 7310 entre 18. Como 18 no cabe en 7, tome los primeros dos dígitos y divida 73 entre 18. Escriba el resultado (4) arriba de la posición de las centenas. Luego, multiplique 18 por 4 y reste el resultado de 73. Baje el siguiente dígito.

$$\begin{array}{r} 4 \\ 18\overline{)7310} \\ 72 \\ \hline 11 \end{array}$$

$$\begin{array}{r} 406\ r2 \\ 18\overline{)7310} \\ 72 \\ \hline 110 \\ 108 \\ \hline 2 \end{array}$$

Paso 2 18 no cabe en 11. Escriba 0 en el cociente, arriba de la posición de las decenas y baje el siguiente dígito (las unidades). Continúe dividiendo. Use la letra *r* para indicar el **residuo.**

Paso 3   Para comprobar su respuesta, multiplíquela por el número entre el cual dividió. Luego, sume el residuo. El resultado debe ser el número que deseaba dividir.

$$\begin{array}{r} 406 \\ \times\ 18 \\ \hline 3248 \\ 4060 \\ \hline 7308 \\ +\ \ \ 2 \\ \hline 7310 \end{array}$$

Para hacer una división con su calculadora, marque los números en el orden que se muestra a continuación. En una calculadora, el residuo aparece en forma de decimal. En la Lección 9, aprenderá más sobre los números decimales.

7310 ÷ **18** = **406.1111111**

Esta respuesta nos indica que Elena puede llenar **406 cajas** y que le sobrarán algunos vasos.

ENFOQUE EN LAS DESTREZAS DE GED

A. Resuelva estos problemas con lápiz y papel.

1. $\begin{array}{r} 746 \\ \times\ \ 5 \\ \hline \end{array}$

3. $\begin{array}{r} 36 \\ \times 23 \\ \hline \end{array}$

5. $7\overline{)3206}$

7. $12\overline{)76,402}$

2. $\begin{array}{r} 4862 \\ \times\ \ \ 9 \\ \hline \end{array}$

4. $\begin{array}{r} 5084 \\ \times\ \ 76 \\ \hline \end{array}$

6. $4\overline{)23,984}$

8. $24\overline{)219,315}$

9. $2584 \times 2700 =$

13. $190 \times 2186 =$

10. Multiplique 25,097 por 25.

14. Divida 139,400 entre 205.

11. Divida 30,321 entre 46.

15. $130,112 \div 16 =$

12. $606,450 \div 15 =$

16. Calcule el producto de 8,050 y 509.

B. Resuelva estos problemas con la calculadora. Redondee al número entero más cercano.

17. $\begin{array}{r} 775 \\ \times 775 \\ \hline \end{array}$

19. $\begin{array}{r} 885 \\ \times\ 62 \\ \hline \end{array}$

21. $6\overline{)3502}$

23. $13\overline{)100,000}$

18. $\begin{array}{r} 3056 \\ \times 2500 \\ \hline \end{array}$

20. $\begin{array}{r} 1247 \\ \times 3014 \\ \hline \end{array}$

22. $18\overline{)254,178}$

24. $35\overline{)38,450}$

25. Calcule el producto de 15,663 y 8.

28. Divida 712,000 entre 25.

26. Multiplique 1,193 por 45.

29. $40,409 \times 9 =$

27. Divida 508,320 entre 120.

30. $419,357 \div 163 =$

Las respuestas comienzan en la página 374.

ESTRATEGIA DE GED **Resolver problemas**

Resolver problemas paso a paso

El secreto para poder resolver problemas es leerlos y comprenderlos antes de empezar a hacer cualquier cálculo. Use los cinco pasos que se explican a continuación para organizar el procedimiento para resolver problemas.

Paso 1   Lea el problema y determine qué es lo que le está pidiendo que calcule. Identifique cuál es la información que necesita para resolver el problema.

Paso 2   Seleccione la operación (suma, resta, multiplicación o división) que usará para resolver el problema.

Paso 3   Haga una estimación para obtener un resultado aproximado. Esto le ayudará a determinar si su resultado final es correcto.

Paso 4   Resuelva el problema.

Paso 5   Compruebe que su respuesta tenga sentido. ¿Responde a la pregunta que planteaba el problema? ¿Es razonable? Compare su resultado con la estimación.

SUGERENCIA

Algunas preguntas sólo requieren una respuesta aproximada. Las palabras "alrededor de" o "aproximadamente" casi siempre indican que sólo se necesita un cálculo aproximado. Las estimaciones siempre resultan útiles para cerciorarse de que su respuesta tiene sentido.

Aplique esta estrategia al siguiente problema.

Ejemplo   Roberto manejó 357 millas el lunes y 509 millas el martes. ¿Cuántas millas más que el lunes manejó Roberto el martes?

  (1) 146
  (2) 152
  (3) 357
  (4) 509
  (5) 866

Paso 1   Necesita saber la cantidad de millas recorridas cada día: 357 millas y 509 millas.

Paso 2   Puesto que debe calcular la *diferencia* en millas, reste.
El millaje del martes es mayor que el del lunes, por lo tanto reste 357 de 509.

Paso 3   Haga una estimación de su respuesta. Para hacerlo, redondee 509 a 500 y 357 a 350. Reste

Estimación: $500 - 350 = 150$

Paso 4   Resuelva el problema.

Paso 5   Compruebe su resultado. ¿Es razonable?
La respuesta 152 está muy cerca de la estimación de 150, lo cual indica que sí es razonable.

$$\begin{array}{r} {\scriptstyle 4\,10} \\ 5\cancel{0}9 \\ -357 \\ \hline 152 \end{array}$$

La **opción (2) 152** es la correcta. El martes Roberto manejó 152 millas más que el lunes.

Instrucciones: Elija la respuesta que mejor responda a cada pregunta. Use la calculadora cuando se le indique.

1. El mes pasado, la familia López pagó $137 en gastos de calefacción para su casa. Este mes, pagó $124. ¿Cuál ha sido el costo total de los gastos de calefacción durante los últimos dos meses?

   (1) $ 13
   (2) $130
   (3) $161
   (4) $251
   (5) $261

2. Si Marcos tiene un saldo de $827 en su cuenta de cheques y hace un cheque por $189, ¿cuánto dinero quedará en su cuenta?

   (1) $1016
   (2) $ 762
   (3) $ 738
   (4) $ 648
   (5) $ 638

La pregunta 3 se refiere al siguiente diagrama:

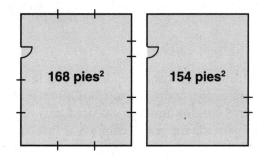

168 pies²   154 pies²

3. Alejandra desea alfombrar su casa. El diagrama muestra la superficie de cada una de las habitaciones. ¿Cuántos pies cuadrados de alfombra necesita Alejandra?

   (1) 322
   (2) 320
   (3) 312
   (4) 222
   (5) 214

4. La familia Valdés paga $289 mensuales por un préstamo automotriz. ¿Cuánto gastará la familia en el préstamo durante un período de un año?

   (1) $ 289
   (2) $ 360
   (3) $1200
   (4) $2890
   (5) $3468

5. Seis amigos van juntos a trabajar en el mismo auto. Sus gastos semanales por gasolina, estacionamiento y peaje ascienden a $114. Si se reparten los gastos en partes iguales, ¿cuánto paga cada uno de los amigos a la semana por los gastos de transporte?

   (1) $ 17
   (2) $ 18
   (3) $ 19
   (4) $108
   (5) $120

6. Emilia trabajó 68 horas en 2 semanas. Si gana $7 por hora, ¿cuánto ganó durante esas 2 semanas?

   (1) $ 51
   (2) $ 75
   (3) $435
   (4) $476
   (5) $952

SUGERENCIA

En la Prueba de Matemáticas de GED será necesario que conozca equivalencias de uso común, como por ejemplo:
24 horas = 1 día; 7 días = 1 semana
52 semanas = 12 meses = 1 año

Las respuestas comienzan en la página 374.

Funciones básicas de la calculadora

En la parte I de la Prueba de Matemáticas de GED, se le permitirá usar una calculadora. Esta calculadora, provista por el centro de evaluación, es una calculadora CASIO, *fx-260SOLAR*. En este libro, podrá practicar cómo resolver problemas con una calculadora.

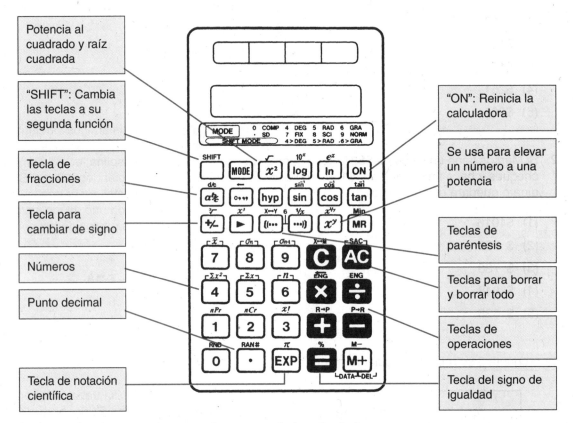

Potencia al cuadrado y raíz cuadrada

"SHIFT": Cambia las teclas a su segunda función

Tecla de fracciones

Tecla para cambiar de signo

Números

Punto decimal

Tecla de notación científica

"ON": Reinicia la calculadora

Se usa para elevar un número a una potencia

Teclas de paréntesis

Teclas para borrar y borrar todo

Teclas de operaciones

Tecla del signo de igualdad

Otros puntos importantes acerca de la calculadora:

- Oprima la tecla C para borrar lo último que haya marcado; oprima la tecla AC para borrar todo lo que haya marcado y todos los cálculos anteriores.
- Aunque sólo esté marcando números enteros, muchas calculadoras mostrarán automáticamente en la pantalla un punto decimal al final del número entero.
- Al sumar o multiplicar, no importa el orden en que marque los números. No obstante, al restar o dividir es muy importante que los marque en el orden correcto.
  - **Problemas de resta:** Debe marcar el número que está restando en segundo lugar: 32 − 28.
  - **Problemas de división:** Debe marcar primero el número que va a dividir: 24 ÷ 3.

SUGERENCIA

Antes de la prueba, podrá practicar el uso de esta calculadora en el centro de evaluación. Consulte las páginas 469 a 472 para una explicación más detallada.

Ejemplo 1   Catalina manejó 236 millas el viernes, 304 millas el sábado y 271 millas el domingo. ¿Cuántas millas manejó durante ese período de tres días?

Sume para calcular el número total de millas que manejó Catalina.

$$236 + 304 + 271$$

Si usa una calculadora, puede marcar estos números en cualquier orden. Sin embargo, es importante que se asegure de que los dígitos dentro de un mismo número estén en el orden correcto. Si marca los números en cualquiera de los siguientes órdenes, obtendrá el mismo resultado.

236 **+** 304 **+** 271 **=**   ó   271 **+** 304 **+** 236 **=**

ó   304 **+** 271 **+** 236 **=**

En la pantalla, debe aparecer el resultado **811.** No es necesario oprimir la tecla **=** hasta que termine de marcar todos los números.

Ejemplo 2   El equipo de trabajo de Martín produjo 1,056 aparatos en 6 horas. ¿Cuántos aparatos hizo el equipo por hora?

1056 **÷** 6 **=**   "NO"   6 **÷** 1056 **=**

En la pantalla, debe aparecer el resultado **176.**

PRÁCTICA DE GED

 Instrucciones: Elija la respuesta que mejor responda a cada pregunta. PUEDE usar la calculadora.

1. Esteban le hizo un cambio de aceite a su carro cuando el odómetro marcaba 35,297 millas. La siguiente vez que hizo un cambio de aceite, el odómetro marcaba 38,874 millas. ¿Cuántas millas manejó entre un cambio de aceite y otro?

   (1)   3,377 millas
   (2)   3,477 millas
   (3)   3,577 millas
   (4)   3,677 millas
   (5)   3,777 millas

2. Carlos paga una renta mensual de $595. ¿Cuánto pagará de renta en un período de dos años?

   (1) $ 1,190
   (2) $ 5,950
   (3) $ 7,140
   (4) $14,280
   (5) $28,560

3. El miércoles, la compañía de aparatos electrónicos J & R vendió $14,688 de su nuevo equipo estereofónico. Si cada equipo se vendió en $459 (impuesto incluido), ¿cuántos equipos nuevos vendió J & R?

   (1)   31
   (2)   32
   (3)   33
   (4)   34
   (5)   35

4. El estado de cuenta bancaria de Katia mostraba un saldo de $76 en su cuenta de cheques. Durante el mes siguiente depositó $96, $873 y $98. ¿Cuál es el nuevo saldo en su cuenta después de estas transacciones?

   (1) $ 603
   (2) $1047
   (3) $1067
   (4) $1134
   (5) $1143

Las respuestas comienzan en la página 375.

Prueba corta de GED • Lecciones 1 y 2

Instrucciones: Ésta es una prueba de práctica que dura treinta minutos. Transcurridos los treinta minutos, marque la última pregunta que haya respondido. Luego, termine la prueba y revise sus respuestas. Si la mayoría de sus respuestas fueron correctas, pero no terminó la prueba, trate de responder las preguntas más rápidamente la próxima vez.

Parte 1

Instrucciones: Elija la respuesta que mejor responda a cada pregunta. PUEDE usar la calculadora.

1. ¿Cuánto es el valor de 6000 − 2784?

   (1) 8784
   (2) 4785
   (3) 4784
   (4) 4216
   (5) 3216

2. ¿Cuánto es el valor de 3024 ÷ 6?

   (1) 54
   (2) 504
   (3) 540
   (4) 5004
   (5) 5040

3. Karina necesita $3,220 para comprar un auto usado. Si ahorra $230 al mes, ¿en cuántos meses podrá ahorrar la cantidad que necesita?

   (1) 11
   (2) 12
   (3) 13
   (4) 14
   (5) 15

4. Ivón paga $480 de renta al mes. ¿Cuánto paga de renta en un año?

   (1) $14,400
   (2) $ 5,760
   (3) $ 4,800
   (4) $ 576
   (5) $ 480

Las preguntas 5 a 7 se refieren a la siguiente tabla:

Número de videos rentados	
enero	4,320
febrero	5,980
marzo	4,987
abril	6,007
mayo	7,985

5. ¿Cuál fue el número total de videos rentados en febrero y marzo?

   (1) 10,300
   (2) 10,400
   (3) 10,967
   (4) 11,067
   (5) 15,287

6. ¿Cuántos videos más que en abril se rentaron en mayo?

   (1) 993
   (2) 1,070
   (3) 1,978
   (4) 1,988
   (5) 13,992

7. Si en junio se rentó el doble de videos que en enero, ¿cuántos videos se rentaron en junio?

   (1) 15,970
   (2) 12,014
   (3) 9,974
   (4) 8,640
   (5) 2,160

Parte 2

Instrucciones: Elija la respuesta que mejor responda a cada pregunta. **NO** puede usar la calculadora.

8. ¿Cuál de los siguientes representa *doscientos tres mil cuarenta y nueve?*

(1) 2,349

(2) 203,049

(3) 203,490

(4) 230,049

(5) 230,490

9. ¿Cuál de los siguientes representa 39,462 redondeado al millar más cercano?

(1) 39,000

(2) 39,400

(3) 39,460

(4) 39,500

(5) 40,000

10. Tomás paga $387 mensuales por un préstamo educativo. ¿Cuál de las siguientes operaciones representa cuánto paga en 12 meses?

(1) 12 + $387

(2) $387 − 12

(3) $387 × 12

(4) $387 ÷ 12

(5) 12 ÷ $387

11. Tres amigos rentan un apartamento por un costo total de $972 al mes. Si comparten este gasto en partes iguales, ¿cuál de las siguientes operaciones representa la cantidad que paga cada uno al mes?

(1) 3 + $972

(2) $972 − 3

(3) $972 × 3

(4) $972 ÷ 3

(5) 3 ÷ $972

12. La tienda de ropa La Imperial impartió un seminario de capacitación a 35 de sus empleados. Si la compañía pagó $12 por el almuerzo de cada persona, ¿cuánto pagó la compañía por gastos de alimentación a sus empleados?

(1) $700

(2) $420

(3) $350

(4) $336

(5) $ 70

13. Cintia trabaja 4 horas diarias, 6 días a la semana. ¿Cuántas horas trabaja en 3 semanas?

(1) 12

(2) 18

(3) 24

(4) 48

(5) 72

14. Alfredo tiene $1,200 en su cuenta de cheques. Si retira $140, ¿cuál será el saldo que quedará en su cuenta?

(1) $1340

(2) $1160

(3) $1140

(4) $1060

(5) $ 200

15. Un equipo de cómputo cuesta $1,050. Si Roberto tiene ahorrados $985, ¿cuánto dinero le falta para poder comprarse el equipo?

(1) $ 65

(2) $ 75

(3) $ 165

(4) $ 985

(5) $1050

Las respuestas comienzan en la página 375.

Lección 3

DESTREZA DE GED **Pasos para resolver problemas**

Resolver problemas mediante estimaciones

Hacer una **estimación** significa calcular un valor aproximado. Imagine que va al supermercado a comprar algunos artículos, pero sólo tiene $20. ¿Cómo sabe si le va alcanzar para comprar lo que quiere? Podría hacer una estimación del total redondeando los precios al dólar más cercano y sumándolos.

Una manera útil de estimar un resultado es redondeando, al valor posicional más conveniente, los números en el problema.

Ejemplo 1   La ciudad de San Fernando cuenta con 13,968 votantes registrados. En unas elecciones celebradas recientemente, sólo votaron 4,787 personas. Aproximadamente, ¿cuántos fueron los votantes registrados que no votaron?

    (1)   6,500
    (2)   7,500
    (3)   8,000
    (4)   9,000
    (5) 10,000

Para calcular la diferencia entre el número de votantes registrados y el número de personas que votaron, debe restar. La palabra *aproximadamente* indica que debe hacer un cálculo estimado del resultado. Para hacer una estimación de la diferencia, redondee los números a la unidad de millar más cercana y reste.

Estimación: 14,000 − 5,000 = 9,000. La respuesta correcta es la **opción (4).**

También puede usar las estimaciones para comprobar que un resultado tiene sentido. En el siguiente problema, haga primero una estimación para comprobar que su resultado debe ser de alrededor de 9,000. Cuando reste, su resultado será 9,181. Su estimación confirmará que su respuesta tiene sentido.

Ejemplo 2   La ciudad de San Fernando tiene 13,968 votantes registrados. En unas elecciones celebradas recientemente, sólo votaron 4,787 personas. ¿Cuántos fueron los votantes registrados que no emitieron su voto?

    (1)   2,917
    (2)   4,787
    (3)   8,221
    (4)   9,181
    (5) 18,755

Use la estimación del ejemplo 1 para descartar las opciones (1), (2) y (5) por ser demasiado bajas o altas. Reste: 13,968 − 4,787 = 9,181. La **opción (4)** es la correcta y la estimación indica que tiene sentido.

SUGERENCIA

Las estimaciones ayudan a comprobar que su resultado tiene sentido. Estimar es una forma de verificar rápidamente si oprimió las teclas correctas en la calculadora.

Otra forma de hacer estimaciones es mediante el uso de **números con cociente exacto.** Éstos son números cuya división no tiene residuo, por lo cual es fácil hacer operaciones con ellos. Para estimar el resultado de un problema de división, calcule cuáles son los números con cociente exacto más cercanos a los números que aparecen en el problema.

Ejemplo 3   Clarisa desea dividir 1,935 entre 9. Usa su calculadora y en la pantalla aparece 21.4444444. ¿Es razonable su respuesta?

El número 9 es cercano al 10, mientras que 1,935 es cercano a 2000. Usted sabe que $2000 \div 10 = 200$, por lo que la respuesta correcta debe ser aproximadamente 200. El resultado de Clarisa de un poco más de 21 es demasiado bajo. Es posible que haya oprimido una tecla equivocada de la calculadora. Debe volver a resolver el problema. La respuesta correcta es **215.**

ENFOQUE EN LAS DESTREZAS DE GED

Redondee o use números con cociente exacto para estimar el resultado de cada uno de los siguientes problemas. Luego, calcule la respuesta exacta. Use lápiz y papel o una calculadora.

Ejemplo:	Estimación	Resultado exacto
$267 + 95 + 308$	700	670
1. $1424 - 989$	_____	_____
2. 18×29	_____	_____
3. $1798 \div 62$	_____	_____

4. Leticia trabajó 39 horas la semana pasada. Si gana $9 por hora, ¿cuánto le pagarán por lo que trabajó?

5. Melinda necesita reparar su sistema de calefacción. Un termostato nuevo cuesta $38, la limpieza y reparación del equipo cuestan $196 y, por la mano de obra, debe de pagar $145. ¿Cuánto tendrá que pagar por la reparación?

6. La semana pasada, David vendió 15 computadoras en $1,137 cada una. ¿A cuánto ascendieron las ventas totales que hizo David en la semana?

7. La zapatería Rivera tiene 1,192 empleados. Si la empresa despide a 315 empleados, ¿cuántos empleados quedarán?

8. María tiene pensado hacer 12 pagos mensuales por los muebles de su cuarto. El costo total de los muebles más los intereses suman $1,152. ¿Cuánto tendrá que pagar María al mes?

9. La familia Bonilla manejó 177 millas el primer día de un viaje de tres días. Si maneja la misma distancia todos los días, ¿cuántas millas recorrerá en total la familia Bonilla?

10. Esta semana, Sandra ganó $396 en un empleo de medio tiempo como capturista de datos. Esta cantidad es $104 más de lo que ganó la semana pasada. ¿Cuánto ganó Sandra la semana pasada?

11. Miguel necesita consumir 2,400 calorías diarias para subir de peso. El día de hoy, Miguel ya ha consumido 685 calorías. ¿Cuántas calorías más le faltan por consumir hoy para cumplir su meta?

12. Una pequeña ciudad gasta $225,125 al año en mantenimiento de la vía pública y $18,725 en mantenimiento de áreas verdes. ¿Cuánto gasta la ciudad por ambos conceptos?

Las respuestas comienzan en la página 375.

Seleccionar y organizar datos

Algunos problemas dan más información de la que necesita para resolver un problema. El primer paso es organizar la información y, después, identificar cuáles son los datos que necesita.

Las tablas y los cuadros contienen muchos datos organizados en columnas e hileras. Para encontrar los datos que necesita, ponga mucha atención a los membretes, títulos y encabezados. No permita que lo distraiga la información que no sea necesaria para resolver el problema.

Ejemplo 1 La Biblioteca Pública de San Juan mantuvo el siguiente registro de circulación de libros de enero a abril.

enero	febrero	marzo	abril
10,356	7,542	7,625	9,436

¿Cuántos libros más que en febrero se prestaron en abril?

(1)   83
(2)   820
(3) 1,811
(4) 1,894
(5) 16,978

La pregunta pide que calcule la diferencia entre febrero y abril, por lo que sólo necesitará los números de esos dos meses para resolver el problema. Reste para calcular la diferencia: $9,436 - 7,542 = 1,894$. La respuesta correcta es la **opción (4) 1,894.**

SUGERENCIA

No use todos los números en un problema por el simple hecho de que están ahí. Siempre reflexione sobre qué es lo que se le pide que calcule y, luego, use sólo las cantidades que le sean útiles.

Algunos problemas no proporcionan toda la información que necesita. Lea el problema detenidamente. ¿Cuáles son los datos necesarios para responder la pregunta?

Ejemplo 2 Un conductor debe transportar 200 cajas de zapatos, 150 cajas de prendas de vestir y 75 cajas de ropa de cama de una bodega a una tienda. Si usa un camión, ¿cuántos viajes tendrá que hacer el conductor para transportar todas las cajas?

(1) 3
(2) 17
(3) 25
(4) 75
(5) No se cuenta con suficiente información.

¿Se da cuenta de que falta información? Necesita saber cuántas cajas caben en el camión para poder resolver el problema. Es imposible resolverlo únicamente con la información proporcionada. La respuesta correcta en este caso sería la **opción (5) No se cuenta con suficiente información.**

A. Encierre en un círculo o subraye solamente los datos que necesita para resolver los siguientes problemas. No es necesario que los resuelva.

1. El Estadio Arcadia tiene 26,500 asientos. El partido clásico de fútbol americano entre los Acereros y los Toros se ha celebrado en ese estadio durante los últimos 8 años. Este año, los boletos para el juego costaron $6 cada uno. Si los boletos se agotaron, ¿cuánto ganó el estadio en la venta de boletos?

2. Una cámara digital a precio regular de $89 se vendió en oferta este fin de semana a $59. Ramón compró la cámara al precio de oferta y usó un cupón de descuento de $10 para pagarla. ¿Cuánto pagó Ramón por la cámara?

3. Esta semana, Nadia ganó $456 trabajando como auxiliar administrativa. El mes pasado, ganó $2112 desempeñando ese mismo empleo. Si le pagan $12 por hora, ¿cuántas horas trabajó esta semana?

4. Una escuela pública desea recaudar $25,000 para hacer mejoras a la biblioteca. Esa misma escuela recaudó $18,400 el año pasado para comprar computadoras nuevas. Un fabricante local ha ofrecido donar $11,450 para la biblioteca. ¿Cuánto más le falta a la escuela por recaudar?

B. Resuelva los siguientes problemas o indique cuáles son los datos que faltan.

Las preguntas 5 y 6 se refieren a la siguiente tabla:

VENTA DE LIQUIDACIÓN ARTÍCULOS DEPORTIVOS		
	Precio regular	Precio de oferta
Camisetas	$12	$ 8
Sudaderas	$18	$14
Pantalones	$14	$12
Chaquetas	$59	$35

5. El viernes, la tienda vendió 24 pares de pantalones a precio de oferta. ¿Cuánto dinero ganó la tienda por la venta de pantalones?

6. La tienda vendió 25 camisetas a precio regular antes de que empezara la oferta. ¿Cuántas camisetas tenía la tienda en existencia antes de lanzar la oferta?

7. El Sr. y la Sra. Pérez están remodelando su cocina. Ya han gastado $548 en alacenas nuevas y $618 en trabajos de plomería. Las losetas para el piso de la cocina costarán $3 cada una. Si necesitan 240 losetas, ¿cuánto costarán todas las losetas?

8. El Centro Recreativo Domínguez ofrece programas deportivos para jóvenes. El otoño pasado, 320 jóvenes (152 niños y 168 niñas) entre 8 y 16 años de edad se registraron para jugar baloncesto. En la primavera, 432 niños y niñas se registraron para jugar béisbol.

¿Cuántos jóvenes más se registraron para jugar béisbol de los que se registraron para jugar baloncesto?

Las respuestas comienzan en la página 375.

Escribir respuestas en una cuadrícula estándar

Uno de los formatos especiales que se usan en la Prueba de Matemáticas de GED es la **cuadrícula estándar,** como la que se ilustra abajo. Para las preguntas de este tipo, en lugar de elegir su respuesta de una lista de cinco opciones, deberá marcarla rellenando las burbujas de la cuadrícula.

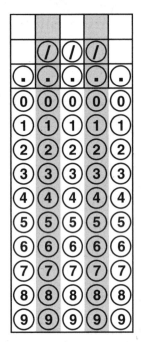

Al usar la cuadrícula estándar, debe tener en mente los siguientes puntos:

- La cuadrícula se usa para marcar un solo resultado numérico.
- La hilera superior está en blanco y sirve para que usted escriba en ella su respuesta. Aunque puede dejar esta hilera en blanco si así lo desea, le ayudará escribir en ella su respuesta a modo de guía para marcar los círculos numerados correspondientes en las hileras inferiores.
- Puede empezar a escribir su respuesta en cualquiera de las cinco columnas siempre y cuando esté completa.
- Deje en blanco cualquier columna que no use.
- Para las respuestas expresadas en números enteros, no use la segunda hilera con la barra de división, $\oslash$, ni la tercera hilera con el punto decimal, $\odot$.

Ejemplo   Marcos manejó 157 millas el sábado y 189 millas el domingo. ¿Cuántas millas manejó en total los dos días?

El número total de millas para los dos días es igual a $157 + 189 = 346$.

Primero, escriba el resultado, 346, en la hilera superior que está en blanco. Luego, rellene los círculos numerados correspondientes en la siguiente cuadrícula estándar. Observe que, como su respuesta puede empezar a registrar en cualquiera de las cinco columnas, las tres cuadrículas siguientes están marcadas correctamente.

Instrucciones: Resuelva los siguientes problemas y marque sus respuestas en las cuadrículas correspondientes.

1. El salario semanal bruto de Susana es de $615. Si le descuentan $172 por concepto de impuestos y $35 por otras deducciones, ¿cuál es el salario neto semanal de Susana?

3. Seis hermanas envían a su familia un total de $720 al mes. Si las hermanas hacen esta aportación por partes iguales, ¿cuánto aporta cada una de ellas?

2. Alberto compra una computadora y la paga a plazos de 24 mensualidades iguales. Si cada mensualidad es de $78, ¿cuánto pagará Alberto en total por la computadora?

4. Esta semana, Lourdes ganó $620 en comisiones por ventas. Si esta cantidad es $54 más de lo que ganó la semana pasada, ¿cuánto ganó en comisiones la semana pasada?

Las respuestas comienzan en la página 376.

DESTREZA DE GED **Resolver problemas en varios pasos**

Orden de las operaciones

Los problemas en varios pasos son aquéllos que requieren más de un cálculo. A menudo es necesario realizar más de una operación. Lea el problema con atención, reflexione sobre la situación planteada y realice las operaciones en orden para obtener el resultado correcto. Algunas preguntas de la Prueba de Matemáticas de GED piden que elija el método correcto para resolver un problema; otras, le piden que calcule la respuesta. En ambos casos, necesita saber cómo escribir y evaluar expresiones matemáticas que contienen más de una operación.

El orden en el que realiza las operaciones en un problema en varios pasos puede afectar su resultado. Considere el problema $5 \times 3 + 6$. Este problema incluye tanto multiplicación como suma. Puede resolverse de dos maneras diferentes y ambas dan resultados distintos, pero sólo uno de ellos es el correcto. ¿Sabe cuál?

Opción 1   Primero multiplique (5×3) y, luego, sume: $15 + 6 = 21$
Opción 2   Primero sume ($3 + 6$) y, luego, multiplique: $5 \times 9 = 45$

La respuesta correcta podría ser 21 ó 45, dependiendo del orden en que haya realizado las operaciones. Los matemáticos han establecido un **orden de las operaciones.** Al seguir el orden de las operaciones, todos pueden obtener el mismo resultado para un problema. Según el orden de las operaciones, la respuesta correcta al problema anterior es **21.**

Paso 1   Haga las operaciones que están entre paréntesis.
Paso 2   Haga las multiplicaciones y divisiones de izquierda a derecha.
Paso 3   Haga las sumas y restas de izquierda a derecha.

Ejemplo 1 $7 \times 4 + 15 \div 3 - 12 \times 2 = ?$

Paso 1   Si no hay paréntesis, continúe al siguiente paso.
Paso 2   Multiplique y divida:

$$7 \times 4 + 15 \div 3 - 12 \times 2 = ?$$
$$28 + 5 - 24 = ?$$

Paso 3   Sume y reste: $\qquad\qquad 33 \quad - \quad 24 = 9$

La solución correcta es **9.**

Los paréntesis se usan para alterar el orden de las operaciones. Siempre realice primero las operaciones que están entre paréntesis.

Ejemplo 2 $(12 + 8) \div 4 - 2 = ?$
                    Si no hubiera paréntesis, tendría que empezar por dividir 8 entre 4, pero el paréntesis indica que debe sumar primero.

Paso 1   Haga la operación que está entre paréntesis: $\qquad (12 + 8) \div 4 - 2 = ?$
Paso 2   Divida: $\qquad\qquad\qquad\qquad\qquad\qquad\qquad\qquad 20 \quad \div 4 - 2 = ?$
Paso 3   Reste: $\qquad\qquad\qquad\qquad\qquad\qquad\qquad\qquad\qquad 5 \quad - 2 = 3$

La solución correcta es **3.**

Existen otras propiedades de los números que ayudan a resolver problemas. La **propiedad conmutativa** se aplica tanto a la suma como a la multiplicación. Esta propiedad establece que la suma y la multiplicación de números pueden realizarse en cualquier orden sin que esto altere el resultado.

Ejemplos

$a + b = b + a$ $a \times b = b \times a$

$7 + 5 = 5 + 7$ $6 \times 3 = 3 \times 6$

La **propiedad asociativa** también se aplica a la suma y a la multiplicación. Al sumar o multiplicar tres o más cifras, la forma en que las agrupe no afectará el resultado final.

Ejemplos

$(a + b) + c = a + (b + c)$ $(a \times b) \times c = a \times (b \times c)$

$(15 + 2) + 8 = 15 + (2 + 8)$ $(18 \times 5) \times 20 = 18 \times (5 \times 20)$

ENFOQUE EN LAS DESTREZAS DE GED

A. Use el orden de las operaciones para calcular los valores de las siguientes expresiones.

1. $25 - 20 \div 4 =$

2. $(9 + 5) \times (6 - 3) =$

3. $18 - 6 \times 3 =$

4. $60 \div (30 - 10) =$

5. $20 + 12 \div 4 =$

6. $13 + 7 \times 2 + 10 =$

7. $24 \div 6 \times 4 + 2 =$

8. $12 \div 2 \times (8 - 6) =$

9. $11 \times (4 + 2) \times 2 =$

10. $7 \times (3 + 6) =$

11. $15 + 10 - 9 \times 2 =$

12. $54 \div (4 + 5) =$

B. Exprese las siguientes frases con números y símbolos. Luego, use el orden de las operaciones para realizar los cálculos. El primer ejercicio ya está empezado.

13. Multiplique la suma de 7 y 12 por la suma de 16 y 3. $(7 + 12) \times (16 + 3) =$

14. Sume 20 y 25 y, luego, divida entre 5.

15. Sume el producto de 4 y 5 a la suma de 10 y 12. *Pista:* Recuerde que el *producto* es el resultado de un problema de multiplicación.

C. Responda a las siguientes preguntas.

16. Imagine que necesita sumar lo siguiente: $28 + 15 + 2 + 5$. ¿Cómo agruparía sus cálculos para que la suma resulte más fácil?

_____

17. Imagine que necesita multiplicar lo siguiente: $25 \times 7 \times 4$. ¿Cómo agruparía sus cálculos para que sea más fácil realizarlos?

_____

Las respuestas comienzan en la página 376.

Resolver problemas en varios pasos

Para resolver un problema en varios pasos es necesario realizar más de una operación. La clave para resolver problemas en varios pasos es reflexionar sobre la situación planteada e identificar los datos, los pasos y las operaciones necesarios *antes* de resolver el problema.

Los siguientes ejemplos se basan en la información de este cuadro.

Empleado	Salario por hora	Horas trabajadas L M M J V				
D. González	$8	8	7	8	8	6
S. Barrios	$9	7	5	6	5	5

Ejemplo 1   ¿Cuánto ganó Diego González en la semana?

(1) $259
(2) $296
(3) $320
(4) $333
(5)   No se cuenta con suficiente información.

Este problema debe resolverse en dos pasos. Determine cuántas horas trabajó Diego y, luego, multiplique esa cantidad de horas por el salario por hora.

Paso 1   Sume las horas trabajadas cada día: $8 + 7 + 8 + 8 + 6 = 37$
Paso 2   Multiplique por el salario por hora de $8: $37 \times \$8 = \$296$

La respuesta correcta es la **opción (2) $296.**

Un mismo problema puede resolverse de diferentes maneras. En el ejemplo 1, podría calcular el salario diario (horas trabajadas por día × salario por hora) y, luego, sumar los salarios diarios para calcular el salario semanal.

Ejemplo 2   Sara Barrios se propuso ganar $342 por semana. ¿Cuántas horas más habría tenido que trabajar esta semana para lograr su meta?

(1)   10
(2)   28
(3)   38
(4)   90
(5)   252

Compare las horas que Sara tiene que trabajar para ganar $342 con la cantidad de horas que trabajó durante la semana ilustrada en la tabla.

Paso 1   Sara gana $9 por hora. Divida para calcular $342 \div 9 = 38$
cuántas horas tiene que trabajar
para ganar $342.
Paso 2   Sume para calcular las horas que trabajó $7 + 5 + 6 + 5 + 5 = 28$
durante la semana ilustrada en la tabla.
Paso 3   Compare por medio de una resta. $38 - 28 = 10$

La respuesta correcta es la **opción (1) 10.**

Resuelva como se indica.

Las preguntas 1 y 2 se refieren a la siguiente información:

La Guardería Infantil Arcoiris hizo el siguiente pedido de pañales desechables por Internet:

Cantidad	Tamaño de pañal	Pañales por caja
15 cajas	mediano	66
18 cajas	grande	42
24 cajas	extra grande	24

1. Calcule cuántos más pañales medianos que extra grandes se pidieron.

   a. ¿Cómo podría calcular cuántos pañales medianos se pidieron? _____

   b. ¿Cómo podría calcular cuántos pañales extra grandes se pidieron? _____

   c. ¿Qué operación usaría para comparar las cantidades? _____

   d. Calcule la respuesta. _____

2. Independientemente de su tamaño, cada caja de pañales le cuesta a la guardería infantil $13. Calcule cuánto costará todo el pedido.

   a. Calcule la cantidad total de cajas que pidió la guardería infantil. _____

   b. ¿Qué operación usaría para calcular el costo total del pedido? _____

   c. Calcule el costo total. _____

   d. Piense en qué otra forma podría resolver este problema y descríbala. _____

3. Electrodomésticos del Centro ofrece una televisión de 27 pulgadas en $650 si se paga en efectivo o en $58 mensuales por 12 meses si se paga a crédito.

   a. ¿Qué operaciones debe realizar para calcular cuánto ahorraría un cliente si pagara en efectivo

   en lugar de comprar la televisión a crédito? _____

   b. Calcule cuánto ahorraría. _____

4. Felicia y Javier Ordónez compran un nuevo refrigerador. Tienen que hacer 8 pagos de $115 cada uno y un pago final de $162.

   a. ¿Qué operaciones debe realizar para calcular la cantidad total que gastarán el Sr. y la Sra. Ordónez

   en el refrigerador? _____

   b. Calcule la cantidad total que gastarán el Sr. y la Sra. Ordónez. _____

Las respuestas comienzan en la página 377.

ESTRATEGIA DE GED **Resolver problemas**

Plantear problemas

Algunos de los problemas en varios pasos de la Prueba de GED solamente piden que identifique cuál es el planteamiento necesario para resolverlos sin calcular el resultado final. Comprender el orden de las operaciones es importante para poder resolver este tipo de problema. La clave es pensar cuáles son los pasos necesarios para resolver el problema antes de seleccionar su respuesta entre las opciones dadas.

Ejemplo 1   Graciela cobra $15 por un corte de cabello y $45 por una permanente. Si hace 10 cortes y 3 permanentes el martes, ¿cuánto ganará ese día?

(1) $15 + $45
(2) $15 × 10
(3) $45 × 3
(4)   ($15 × 10) + ($45 × 3)
(5)   ($15 + 10) × ($45 + 3)

Para resolver este problema, calcule la cantidad total que ganó Graciela por los cortes ($15 × 10) más la que ganó por los permanentes ($45 × 3). Esto está representado en la **opción (4).**

- La opción (1) muestra únicamente el costo de un corte de cabello y una permanente.
- La opción (2) muestra únicamente el costo de los cortes de cabello, y la opción (3) sólo muestra el costo de las permanentes.
- La opción (5) invierte las operaciones e indica una suma donde debería multiplicar y viceversa.

El uso de paréntesis y de la barra de división es sumamente importante para plantear bien un problema. La barra se usa para indicar una división.

Ejemplo 2   Elías va a comer con 3 amigos. La cuenta de la comida fue de $20 y dejaron una propina de $4. Si se repartieron el costo de la cuenta por partes iguales, ¿cuánto pagó cada amigo?

(1)   3 + $20 + $4

(2)   3 × ($20 + $4)

(3)   4 × ($20 + $4)

(4) $\dfrac{(\$20 + \$4)}{3}$

(5) $\dfrac{(\$20 + \$4)}{4}$

Para resolver el problema, necesitaría calcular la cantidad total que gastaron en la comida y dividirla entre el número total de personas que se repartieron la cuenta. El costo total de la comida debe incluir la propina ($20 + $4). El número total de personas sería Elías y sus 3 amigos, es decir, 4. La **opción (5)** es la única que muestra el costo total de la comida dividido entre 4.

Instrucciones: Elija la respuesta que mejor responda a cada pregunta.

1. Transportes de Occidente ofreció un banquete de entrega de premios para sus 65 empleados. La empresa pagó $350 por la renta del salón de banquetes y $9 por la comida de cada persona. ¿Cuál expresión muestra cuánto pagó la empresa por el salón y la comida?

   (1) $65 \times \$350$

   (2) $65 \times \$9$

   (3) $(\$350 + \$9) \times 65$

   (4) $(65 \times \$9) + \$350$

   (5) $\dfrac{(\$350 + \$9)}{65}$

2. David puede manejar 300 millas con 1 tanque de gasolina. ¿Cuál expresión muestra cuántos tanques de gasolina necesita David para manejar 1,200 millas?

   (1) $300 + 1200$

   (2) $1200 - 300$

   (3) 300×1200

   (4) $\dfrac{300}{1200}$

   (5) $\dfrac{1200}{300}$

3. Un estacionamiento público tiene lugares para 70 autos y cobra a los usuarios $6 dólares al día por estacionar su auto. Si todos los lugares están ocupados, ¿cuál expresión muestra cuánto más ganaría el propietario del estacionamiento si cobrara $8 al día?

   (1) $70 + \$8 + \$6$

   (2) $70 \times \$8 \times \$6$

   (3) $70 \times (\$8 - \$6)$

   (4) $70 \times (\$6 + \$8)$

   (5) $\dfrac{(70 \times \$6)}{(70 \times \$8)}$

4. Jimena ha elaborado un plan de pagos para liquidar una deuda de $1800. El plan establece que pagará $300 el primer mes y, posteriormente, $150 al mes. ¿Cuál expresión muestra cuántos pagos de $150 tiene que hacer Jimena para liquidar su deuda?

   (1) $\dfrac{(\$1800 - \$300)}{\$150}$

   (2) $\$1800 - \$300 - \$150$

   (3) $\dfrac{(\$1800 - \$150)}{\$300}$

   (4) $\$1800 - (\$300 + \$150)$

   (5) $\$1800 - \$300 \times \$150$

5. Arturo tenía $150 para comprar sus libros de universidad. Compró 2 libros de texto que costaron $35 cada uno y 3 libros de texto de $18 cada uno. ¿Cuál expresión muestra cuánto dinero le sobró después de comprar los libros?

   (1) $\$150 - (2 \times \$35) + (3 \times \$18)$

   (2) $\$150 - (2 \times \$35) - (3 \times \$18)$

   (3) $(2 \times \$35) - (3 \times \$18)$

   (4) $\$150 - \$35 - \$18$

   (5) $\$150 \times \$35 \times \$18$

6. Teresa vendió 2 cámaras a $175 cada una y 3 cámaras a $150 cada una. Si le dan $35 de comisión por cada venta, ¿cuál expresión muestra cuánto recibió en comisiones?

   (1) $(\$175 + \$150) \times \$35$

   (2) $(2 \times \$175) + (3 \times \$150)$

   (3) $\$35 \times 2 \times 3$

   (4) $(2 + 3) \times \$35$

   (5) $\dfrac{(\$175 + \$150)}{\$35}$

SUGERENCIA

Recuerde que puede haber más de una manera de escribir algunas expresiones. $40 \times (7 - 5)$ es lo mismo que $(40 \times 7) - (40 \times 5)$

Las respuestas comienzan en la página 377.

Orden de las operaciones

El orden de las operaciones también se aplica al usar una calculadora.

Paso 1 Haga las operaciones que están entre paréntesis.

Paso 2 Haga las multiplicaciones y divisiones de izquierda a derecha.

Paso 3 Haga las sumas y restas de izquierda a derecha.

Siempre revise si la calculadora que está usando está programada con el orden de operaciones. Para hacerlo, haga la siguiente prueba. Marque la siguiente expresión:

$$3 \; + \; 4 \; \times \; 2 \; =$$

Si su calculadora está programada con el orden de las operaciones, primero multiplicará ($4 \times 2 = 8$) y, luego, sumará ($3 + 8$). La respuesta correcta es **11.**

Si su calculadora no está programada con el orden de las operaciones, las hará en el mismo orden en que usted marcó las cifras y dará como respuesta $3 + 4 = 7$ primero y $7 \times 2 = 14$ después. Si su calculadora no realiza operaciones en orden, deberá prestar especial atención al usarla para resolver problemas.

Ejemplo 1 Constanza, una auxiliar administrativa, va a comprar 3 cartuchos para impresora que cuestan $24 cada uno. Si paga al cajero con un billete de $100, ¿cuánto le dará el cajero de cambio?

Para resolver este problema, podría marcar la siguiente expresión en su calculadora:

$$100 \; - \; 3 \; \times \; 24 \; =$$

No olvide tener mucho cuidado al usar una calculadora que no esté programada con el orden de las operaciones, ya que le daría una respuesta equivocada de 2328.

Para obtener la respuesta correcta con esta calculadora, siga el orden de las operaciones marcando primero la multiplicación: $3 \times 24 = 72$. Luego, reste el resultado de 100: $100 - 72 = 28$. La respuesta correcta es **$28.**

Ejemplo 2 Antonio tiene ahorrados $272. Si ahorra $2 diarios durante 1 año, ¿cuánto habrá ahorrado en total?

Primero, considere que 1 año tiene 365 días. Resuelva el problema sumando la cantidad que tiene Antonio ahora más la que va a ahorrar. Asegúrese de hacer primero la multiplicación.

$$2 \; \times \; 365 \; + \; 272 \; =$$

La respuesta final es **$1,002.**

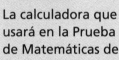

SUGERENCIA

La calculadora que usará en la Prueba de Matemáticas de GED está programada con el orden de las operaciones. Para mayor información, consulte las páginas 469 a 472.

Instrucciones: Elija la respuesta que mejor responda a cada pregunta. PUEDE usar la calculadora.

Las preguntas 1 y 2 se refieren a la siguiente información:

Los inquilinos de dos edificios de apartamentos decidieron contratar un servicio privado de recolección de basura para los edificios. El costo total del servicio por año será de $3,096. Uno de los edificios tiene 18 apartamentos y el otro 25.

1. ¿Cuál combinación de operaciones necesitaría para calcular cuánto tendrá que pagar cada apartamento al año por este servicio si cada uno paga una misma cantidad del costo?

   (1) suma y multiplicación

   (2) suma y división

   (3) resta y división

   (4) multiplicación y resta

   (5) multiplicación y división

2. ¿Cuánto es lo que pagará cada apartamento del costo total por año?

   (1) $ 7

   (2) $ 43

   (3) $ 72

   (4) $124

   (5) $172

3. ¿Cuál es el valor de la expresión
   $2,184 + 1,476 \times 408$?

   (1)   498,982

   (2)   499,982

   (3)   598,093

   (4)   604,392

   (5) 1,493,280

4. ¿Cuál es el valor de la expresión
   $(908 + 23 \times 48) \div 2 + 687$?

   (1)   1,092

   (2)   1,693

   (3)   1,963

   (4) 23,031

   (5) 23,301

Las preguntas 5 y 6 se refieren a la siguiente tabla:

Compra de acciones	
Compañía	**Precio por acción**
Ampex	$58
Branton	$87
Comtex	$92

5. Maricela se dedica a hacer inversiones para sus clientes. Si compró 112 acciones de Ampex y 89 acciones de Comtex, ¿cuál fue el costo total de las acciones?

   (1) $ 201

   (2) $ 351

   (3) $ 6,496

   (4) $ 8,188

   (5) $14,684

6. Maricela también compró 68 acciones de Branton para otro cliente. Si ese cliente tenía $6,000 para invertir, ¿cuánto dinero le queda todavía por invertir?

   (1) $ 84

   (2) $ 155

   (3) $ 5,845

   (4) $ 5,916

   (5) $516,084

Las respuestas comienzan en la página 377.

Instrucciones: Ésta es una prueba de práctica que dura treinta minutos. Después de transcurridos los treinta minutos, marque la última pregunta que haya respondido. Luego, termine la prueba y revise sus respuestas. Si la mayoría de sus respuestas fueron correctas, pero no terminó la prueba, trate de responder las preguntas más rápidamente la próxima vez.

Parte 1

Instrucciones: Elija la respuesta que mejor responda a cada pregunta. PUEDE usar la calculadora.

1. El mes pasado, Computadoras Delta registró $685,170 en ventas netas de computadoras portátiles. Si cada computadora portátil costó $1,986, ¿cuántas se vendieron?

   (1) 694,700
   (2) 3,500
   (3) 3,450
   (4) 345
   (5) 35

2. Atlas Corporación dio a sus 1,216 empleados un bono de fin de año de $760. ¿Cuál fue el total de los bonos de fin de año?

   (1) $924,160
   (2) $ 92,416
   (3) $ 9,242
   (4) $ 9,241
   (5) No se da suficiente información.

3. ¿Cuál es el valor de 50 + 15,000 ÷ 25?

   (1) 650
   (2) 602
   (3) 250
   (4) 200
   (5) 25

4. El año pasado, una librería vendió 569,346 novelas; 234,908 biografías; y 389,782 libros sobre viajes. ¿Cuál fue el número total de libros vendidos en estas tres categorías?

   (1) 11,940,360
   (2) 1,194,036
   (3) 119,404
   (4) 11,940
   (5) No se cuenta con suficiente información.

5. ¿Cuál es el valor de 40(50 − 5 × 2)?

   (1) 40
   (2) 800
   (3) 1600
   (4) 3600
   (5) 3990

6. En unas elecciones recientes, el candidato electo recibió 290,876 votos más que su oponente. Si el vencedor tuvo 3,898,705 votos a favor, ¿cuántos votos a favor recibió su oponente?

   (1) 4,189,581
   (2) 4,089,581
   (3) 3,707,829
   (4) 3,608,829
   (5) 3,607,829

Las preguntas 7 a 9 se refieren a la siguiente tabla:

Deportes Acción	
Departamento	**Ventas netas**
Calzado	$20,897
Ropa deportiva	$57,941
Accesorios deportivos	$31,009
Aparatos para ejercicio	$28,987
Equipo de esquí	$18,883

7. ¿Cuál fue el total de las ventas netas de los cinco departamentos enlistados?

   (1) $137,717
   (2) $147,707
   (3) $147,717
   (4) $157,717
   (5) No se cuenta con suficiente información.

8. ¿Qué tan inferiores fueron las ventas netas de los departamentos de calzado y accesorios deportivos en comparación con las del departamento de ropa?

   (1) $ 6,000
   (2) $ 6,035
   (3) $20,897
   (4) $68,053
   (5) No se cuenta con suficiente información.

9. ¿Cuál fue la diferencia en ventas netas entre el departamento que tuvo más ventas netas y el que tuvo menos?

   (1) $76,828
   (2) $57,941
   (3) $39,058
   (4) $37,644
   (5) $28,954

Las preguntas 10 a 12 se refieren a la siguiente tabla:

Gastos de publicidad		
Categoría	**Enero**	**Febrero**
Redes televisivas	$526,987	$540,987
Revistas	$420,885	$398,702
Radio	$249,342	$266,981
Periódicos	$384,692	$312,908

10. ¿Cuánto dinero más se gastó en enero que en febrero por publicidad en revistas?

    (1) $ 4,000
    (2) $ 17,639
    (3) $ 22,183
    (4) $ 71,784
    (5) $819,587

11. ¿Cuál fue el monto total de gastos de publicidad durante los tres primeros meses del año?

    (1) $ 134,112
    (2) $1,519,578
    (3) $1,581,906
    (4) $1,653,690
    (5) No se cuenta con suficiente información.

12. Si la cantidad gastada en publicidad en redes televisivas aumentara el mismo monto de febrero a marzo que de enero a febrero, ¿de cuánto sería el monto gastado en marzo por publicidad en redes televisivas?

    (1) $ 14,000
    (2) $ 16,987
    (3) $512,987
    (4) $554,987
    (5) $604,989

Parte 2

Instrucciones: Elija la respuesta que mejor responda a cada pregunta. **NO** puede usar la calculadora.

13. La empresa Modas Fernández tiene 2100 empleados que trabajan en 14 sucursales. Después de contratar a 200 empleados nuevos, ¿cuál será el número total de empleados?

    (1) 214

    (2) 2114

    (3) 2300

    (4) 2314

    (5) 4900

14. Jardinería El Olivo compra suministros al por mayor. Para arreglar el jardín de una casa-muestra, la compañía gastó $560 en arbustos y $638 en grava. Además, la compañía compró bloques de adoquín a $3 cada uno. Si se necesitan 250 bloques, ¿cuál expresión muestra cuánto costarán los bloques de adoquín?

    (1) $\dfrac{(\$560 + \$638 + \$3)}{250}$

    (2) $(\$560 + \$638 + \$3) \times 250$

    (3) $\$560 + \$638 + \$3 - 250$

    (4) $250 \times \$3$

    (5) $\dfrac{250}{\$3}$

15. Narciso compra una computadora a crédito. Da un anticipo de $720 y decide pagar $85 mensuales por el saldo adeudado. ¿Cuál es el costo total de la computadora?

    (1) $ 720

    (2) $ 765

    (3) $1020

    (4) $1275

    (5) No se cuenta con suficiente información.

16. ¿Cuál es el valor de $3 + 4 \times 2 - 6 \div 2$?

    (1) 4

    (2) 8

    (3) 10

    (4) 14

    (5) 16

Las preguntas 17 y 18 se refieren a la siguiente información:

Una mueblería ofrece un sillón en $760 si se paga al contado o en $75 mensuales durante 12 meses si se paga a plazos.

17. ¿Cuál expresión muestra el costo total del sillón si se pagara a plazos?

    (1) suma

    (2) resta

    (3) multiplicación

    (4) división

    (5) No se cuenta con suficiente información.

18. ¿Cuánto dinero se ahorraría si el sillón se pagara al contado y no en 12 mensualidades?

    (1) $100

    (2) $140

    (3) $560

    (4) $760

    (5) $900

Las preguntas 19 y 20 se refieren a la siguiente tabla:

Pedido de camisetas		
Talla	**Cantidad**	**Camisetas por caja**
Chica	10 cajas	60
Mediana	12 cajas	48
Grande	20 cajas	20

19. Aproximadamente, ¿cuántas camisetas talla mediana se pidieron?

(1)   12

(2)   20

(3)   50

(4)   120

(5)   500

20. ¿Cuántas más camisetas chicas que camisetas grandes se pidieron?

(1)   1000

(2)   600

(3)   400

(4)   200

(5)   30

---

21. Rodrigo vendió 2 carretillas para jardinería a $200 cada una y 3 podadoras mecánicas a $130 cada una. Si recibe una comisión de $25 por cada producto vendido, ¿cuál expresión muestra su comisión por estas ventas?

(1) $25(2 \times 200) + 25(3 \times 130)$

(2) $25(2 \times 200) - 25(3 \times 130)$

(3) $25(200 + 130)$

(4) $25(200 + 130)$

(5) $25(3 + 2)$

Las preguntas 22 a 24 se refieren a la siguiente tabla:

Arrendamientos El Grillo	Precio (tarifa diaria)
Aspiradora seca/al agua	$40
Martillo eléctrico giratorio	$30
Compresor de aire	$45
Generador portátil	$35
Astilladora/trituradora	$75

22. ¿Cuánto más cuesta rentar una astilladora/ trituradora por día que un compresor de aire?

(1) $25

(2) $30

(3) $35

(4) $40

(5) $45

23. ¿Cuánto más costaría rentar una aspiradora seca/al agua y el compresor de aire por un día que rentar una astilladora/trituradora?

(1) $10

(2) $30

(3) $35

(4) $70

(5) $80

24. La familia Benítez desea escombrar un terreno que compró. Si rentan la astilladora / trituradora por 3 días, ¿cuál será el costo total?

(1) $ 25

(2) $ 75

(3) $150

(4) $225

(5) $300

Las respuestas comienzan en la página 377.

Generalidades acerca de las fracciones

Para contar usamos los números enteros. Para representar una parte de algo usamos fracciones. Las fracciones representan parte de un todo o de un grupo.

Las **fracciones** están formadas por dos números separados por una barra de división. El número de abajo, o **denominador,** indica el número de partes iguales entre las cuales se ha dividido un todo o un grupo. El número de arriba, o **numerador,** indica el número de partes iguales que se han tomado del todo o grupo en cuestión. Al numerador y denominador se les conoce como los **términos** de la fracción.

Para representar la parte de un todo mediante una fracción, imagine que ese todo está dividido en partes iguales. Por ejemplo, el rectángulo siguiente está dividido en 6 partes o en sextos. El rectángulo completo representa $\frac{6}{6}$ o 1 entero. Toda fracción cuyo numerador y denominador sean iguales es igual a 1.

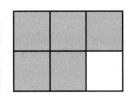

5 de las 6 partes del rectángulo están sombreadas. La fracción $\frac{5}{6}$ representa la parte sombreada.

$5 \leftarrow$ número de partes sombreadas (numerador)
$\overline{6} \leftarrow$ número de partes iguales en el entero (denominador)

Una fracción también puede usarse para representar parte de un grupo.

Ejemplo   Nicolás recibió 18 pedidos el miércoles. De esos pedidos, 11 fueron telefónicos. ¿Qué fracción de los pedidos se hizo por teléfono?

$11 \leftarrow$ número de pedidos telefónicos
$\overline{18} \leftarrow$ número de pedidos recibidos el miércoles

$\frac{11}{18}$ de los pedidos que se recibieron el miércoles fueron telefónicos.

Las fracciones $\frac{5}{6}$ y $\frac{11}{18}$ son ejemplos de fracciones propias. Una **fracción propia** es aquélla que representa una cantidad menor que 1. El numerador de una fracción propia siempre es menor que el denominador.

Una **fracción impropia** sirve para representar una cantidad igual a o mayor que 1. El numerador de una fracción impropia es igual a o mayor que el denominador.

La figura está dividida en tres partes iguales y las tres están sombreadas. La fracción $\frac{3}{3}$ representa las partes sombreadas. $\frac{3}{3}$ es una fracción impropia, ya que es igual a 1 entero.

> **SUGERENCIA**
>
> Cuando el numerador de una fracción tiene casi el mismo valor que el denominador, el valor de la fracción es casi 1.

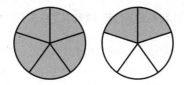

Cada círculo está dividido en 5 partes iguales, 7 de las cuales están sombreadas. La fracción $\frac{7}{5}$ representa la parte sombreada. $\frac{7}{5}$ es una fracción impropia, ya que el numerador es mayor que el denominador. $\frac{7}{5}$ es mayor que 1.

ENFOQUE EN LAS DESTREZAS DE GED

A. Escriba la fracción que representa la parte sombreada.

1.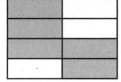

2.

3.

4.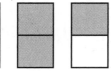

5.

6.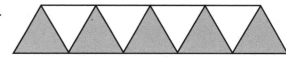

7.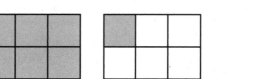

8.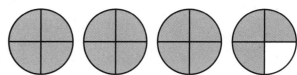

B. Resuelva.

9. El martes, 9 de los 16 clientes de Esteban pagaron con tarjeta de crédito. ¿Qué fracción de sus clientes pagó con tarjeta de crédito?

10. De las 10 personas que trabajan en la oficina de Carla, 7 ven el noticiero de la noche con regularidad. ¿Qué fracción de los empleados ve el noticiero de la noche?

11. En la elección para representante sindical, Carlos obtuvo 19 votos a favor. ¿Qué fracción de los 45 miembros del sindicato votó por Carlos?

12. Yolanda ha llegado temprano al trabajo 47 de los últimos 50 días laborables. ¿Qué fracción de este período ha llegado temprano al trabajo?

13. De los 70 pedidos enviados ayer por Tecnologías ABC, 9 se enviaron por vía aérea. ¿Qué fracción de los pedidos se envió por vía aérea?

14. Un establecimiento de renta de videos tiene 500 películas en existencia, de las cuales sólo 43 son películas para niños. ¿Qué fracción de películas en existencia es para niños?

Las respuestas comienzan en la página 378.

Convertir fracciones impropias y números mixtos

Un **número mixto** es otra manera de representar una fracción mayor que 1. Un número mixto está formado por un número entero y una fracción propia.

Ejemplo 1 Escriba un número mixto que represente la parte sombreada.

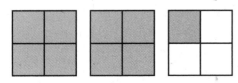

En esta ilustración, cada cuadrado está dividido en 4 partes iguales. Dos de los cuadrados están completamente sombreados y $\frac{1}{4}$ del último cuadrado está sombreado. La parte sombreada es igual a $2\frac{1}{4}$. El número mixto $2\frac{1}{4}$ significa "dos y un cuarto" ó $2 + \frac{1}{4}$.

Como puede observar, la parte sombreada de la figura anterior es igual a la fracción impropia $\frac{9}{4}$. Entonces, se puede concluir que $\frac{9}{4} = 2\frac{1}{4}$. Toda cantidad igual a o mayor que 1 puede expresarse tanto como una fracción impropia o como un número mixto. Al hacer operaciones con fracciones, deberá saber cómo convertir una fracción impropia a número mixto y viceversa.

Siga estos pasos para convertir una fracción impropia a número mixto o a número entero.

Paso 1 Piense en la barra de fracción como si fuera un signo de división. Divida el numerador de la fracción impropia entre su denominador. El número entero que obtenga como resultado pasará a ser el número entero del número mixto.

Paso 2 Escriba el residuo sobre el denominador original. Ésta será la fracción del número mixto.

Ejemplo 2 Convierta $\frac{14}{3}$ en un número mixto.

Paso 1 $\frac{14}{3}$ es lo mismo que $14 \div 3$. Divida. El número entero es 4.

$$\text{denominador} \rightarrow 3\overline{)14} \quad \begin{matrix} 4 \leftarrow \text{número} \\ \text{entero} \end{matrix}$$

Paso 2 Escriba el residuo en el lugar del numerador sobre el divisor, es decir, el denominador: 2 sobre 3.

$$\frac{12}{2} \leftarrow \text{numerador}$$

La fracción impropia $\frac{14}{3}$ es igual a $4\frac{2}{3}$.

Un número mixto también puede convertirse en fracción impropia.

Paso 1 Multiplique el número entero del número mixto por el denominador de la fracción.

Paso 2 Sume al resultado el numerador de la parte fraccionaria.

Paso 3 Escriba el total sobre el denominador original.

Ejemplo 3 Convierta $2\frac{3}{8}$ en fracción impropia.

número entero   denominador

Paso 1 Multiplique 2 por 8. $2 \times 8 = 16$

Paso 2 Sume al resultado el numerador 3. $16 + 3 = 19$

Paso 3 Escriba el total sobre el denominador 8. $\frac{19}{8}$

El número mixto $2\frac{3}{8}$ es igual a $\frac{19}{8}$.

SUGERENCIA

Recuerde que el denominador indica cuántas partes hay en cada número entero. La fracción $\frac{3}{4}$ significa que hay 3 de 4 partes.

A. Escriba la fracción impropia y el número mixto que representan cada parte sombreada.

1.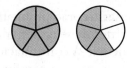

4.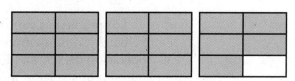

2.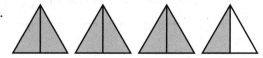

5.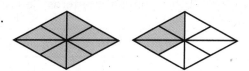

3.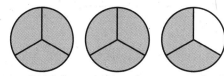

6.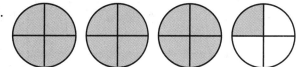

B. Convierta cada fracción impropia en número entero o mixto.

7. $\frac{7}{2} =$

11. $\frac{10}{3} =$

15. $\frac{42}{6} =$

8. $\frac{8}{3} =$

12. $\frac{77}{9} =$

16. $\frac{9}{2} =$

9. $\frac{57}{10} =$

13. $\frac{19}{4} =$

17. $\frac{17}{6} =$

10. $\frac{15}{3} =$

14. $\frac{31}{8} =$

18. $\frac{41}{12} =$

C. Convierta cada número mixto en fracción impropia.

19. $6\frac{1}{2} =$

23. $2\frac{1}{5} =$

27. $10\frac{1}{2} =$

20. $8\frac{1}{2} =$

24. $6\frac{4}{7} =$

28. $4\frac{2}{9} =$

21. $5\frac{3}{8} =$

25. $1\frac{5}{8} =$

29. $5\frac{1}{12} =$

22. $3\frac{5}{6} =$

26. $11\frac{3}{4} =$

30. $9\frac{2}{5} =$

Las respuestas comienzan en la página 379.

ESTRATEGIA DE GED **Resolver problemas**

Seleccionar la operación

Los problemas con fracciones pueden también expresarse como problemas verbales. Como siempre, lea el problema con atención antes de seleccionar qué operación debe usar. Identifique qué es lo que quiere calcular. A continuación, se muestra una versión más amplia de la tabla de operaciones que usó con los números enteros. Repase estas pautas para seleccionar una operación.

Debe	Cuando necesite
Sumar (+)	Combinar cantidades Calcular un total
Restar (−)	Calcular una diferencia Restar una cantidad Comparar para calcular "cuánto más", "cuánto menos" o "cuánto queda"
Multiplicar (×)	Unir un número de cantidades iguales para calcular un total Sumar el mismo número varias veces Calcular una "parte de" un todo o de un grupo
Dividir (÷)	Separar una cantidad en partes iguales Calcular cuántas partes iguales hay en un todo

Ejemplo 1 Un empleado de una cafetería mezcló $10\frac{3}{8}$ libras de café de alta calidad con $6\frac{3}{4}$ libras de café de grano regular. ¿Cuántas libras más de café de alta calidad que de grano regular usó el empleado?

(1) $10\frac{3}{8} + 6\frac{3}{4}$

(2) $10\frac{3}{8} - 6\frac{3}{4}$

(3) $6\frac{3}{4} \times 10\frac{3}{8}$

(4) $10\frac{3}{8} \div 6\frac{3}{4}$

(5) $6\frac{3}{4} - 10\frac{3}{8}$

La respuesta correcta es la **opción (2).** Necesita restar para calcular "cuánto más".

Ejemplo 2 De los 128 empleados que trabajan para Eduardo, $\frac{3}{8}$ se ofrecieron como voluntarios para trabajar el sábado. ¿Cuántos empleados trabajaron como voluntarios el sábado?

(1) $\frac{3}{8} + 128$

(2) $128 - \frac{3}{8}$

(3) $128 \times \frac{3}{8}$

(4) $128 \div \frac{3}{8}$

(5) $\frac{3}{8} \div 128$

La respuesta correcta es la **opción (3).** Necesita calcular una "parte de" un grupo.

SUGERENCIA

Cuando resuelva un problema con fracciones que pide calcular una "parte de" un todo o de otra fracción, debe multiplicar.

Instrucciones: Elija la respuesta que mejor responda a cada pregunta.

1. En una receta se necesitan $5\frac{3}{4}$ de tazas de harina. A Boris sólo le quedan $2\frac{3}{8}$ de tazas en el paquete. ¿Cuánto más necesita?

   (1) $5\frac{3}{4} + 2\frac{3}{8}$

   (2) $5\frac{3}{4} - 2\frac{3}{8}$

   (3) $2\frac{3}{8} \times 5\frac{3}{4}$

   (4) $5\frac{3}{4} \div 2\frac{3}{8}$

   (5) $2\frac{3}{8} \div 5\frac{3}{4}$

La pregunta 2 se refiere al siguiente diagrama:

Sendero $6\frac{1}{4}$ millas

2. Esteban recorre el sendero que indica el letrero anterior. Si se tarda un promedio de una hora en recorrer $2\frac{1}{2}$ millas, ¿cuántas horas se tardará en llegar al final del sendero?

   (1) $6\frac{1}{4} + 2\frac{1}{2}$

   (2) $6\frac{1}{4} - 2\frac{1}{2}$

   (3) $2\frac{1}{2} \times 6\frac{1}{4}$

   (4) $6\frac{1}{4} \div 2\frac{1}{2}$

   (5) $2\frac{1}{2} \div 6\frac{1}{4}$

3. Un restaurante hizo un pedido de $15\frac{3}{4}$ libras de almendras. El proveedor de frutos secos únicamente surtió $\frac{1}{2}$ del pedido. ¿Cuántas libras de almendras surtió el proveedor?

   (1) $\frac{1}{2} + 15\frac{3}{4}$

   (2) $15\frac{3}{4} - \frac{1}{2}$

   (3) $15\frac{3}{4} \times \frac{1}{2}$

   (4) $15\frac{3}{4} \div \frac{1}{2}$

   (5) $\frac{1}{2} \div 15\frac{3}{4}$

4. Las clases de conducir que da Claudia duran $\frac{3}{4}$ de hora. ¿Cuántas clases puede dar Claudia en $4\frac{1}{2}$ horas?

   (1) $4\frac{1}{2} + \frac{3}{4}$

   (2) $4\frac{1}{2} - \frac{3}{4}$

   (3) $\frac{3}{4} \times 4\frac{1}{2}$

   (4) $4\frac{1}{2} \div \frac{3}{4}$

   (5) $\frac{3}{4} \div 4\frac{1}{2}$

5. Felipe recorrió $18\frac{1}{2}$ millas en su bicicleta el viernes y $12\frac{2}{5}$ millas el sábado. ¿Cuántas millas recorrió durante esos dos días?

   (1) $18\frac{1}{2} + 12\frac{2}{5}$

   (2) $18\frac{1}{2} - 12\frac{2}{5}$

   (3) $12\frac{2}{5} \times 18\frac{1}{2}$

   (4) $12\frac{2}{5} \div 18\frac{1}{2}$

   (5) $18\frac{1}{2} \div 12\frac{2}{5}$

6. En Manufacturas Hernández Hnos., $\frac{5}{8}$ de los empleados van al trabajo en autobús. De estos, $\frac{2}{5}$ toman el autobús expreso. ¿Qué fracción de los empleados toma el autobús expreso?

   (1) $\frac{5}{8} + \frac{2}{5}$

   (2) $\frac{5}{8} - \frac{2}{5}$

   (3) $\frac{2}{5} \times \frac{5}{8}$

   (4) $\frac{5}{8} \div \frac{2}{5}$

   (5) $\frac{2}{5} \div \frac{5}{8}$

SUGERENCIA

Para calcular una fracción de un número fraccionario, multiplique tal como calcula la fracción de un número entero. Por ejemplo, para calcular $\frac{1}{2}$ de $\frac{1}{4}$, multiplique $\frac{1}{2} \times \frac{1}{4}$.

Las respuestas comienzan en la página 379.

DESTREZA DE GED **Fracciones en la recta numérica**

En una lección anterior, usted usó la recta numérica para localizar números enteros. La recta numérica también puede usarse para ubicar y comparar fracciones. Recuerde lo siguiente acerca de la recta numérica:

- Los valores están espaciados a intervalos iguales.
- Al avanzar hacia la derecha, el valor aumenta.
- Las flechas en los extremos de la recta numérica indican que la recta se extiende infinitamente en ambas direcciones.

Asimismo, observe que toda fracción propia se ubica siempre entre 0 y 1 en la recta numérica, mientras que toda fracción impropia y número mixto se ubica en el 1 o a la derecha del mismo.

Ejemplo 1 En la recta numérica siguiente, coloque un punto que represente una fracción cuyo numerador es menor que el denominador.

Si el numerador de una fracción es menor que su denominador, su valor es menor que 1. Por lo tanto, cualquier punto ubicado entre 0 y 1 sería una respuesta correcta. A continuación se ilustran dos respuestas posibles.

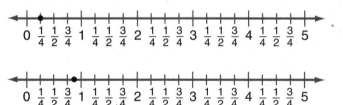

Ejemplo 2 En la recta numérica siguiente, coloque un punto que represente un número que haga verdadera la siguiente comparación: $2 < ? < 3$.

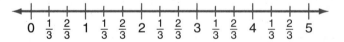

Recuerde que la expresión, $2 < ? < 3$ quiere decir un *número mayor que 2 y menor que 3*. Por lo tanto, cualquier punto ubicado entre 2 y 3 sería una respuesta correcta. A continuación se ilustran dos respuestas posibles.

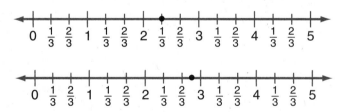

Resuelva los siguientes problemas. Marque su respuesta colocando un punto sobre la recta numérica bajo cada problema.

1. En la recta numérica siguiente, coloque un punto que represente el número mixto $3\frac{3}{4}$.

2. En la recta numérica siguiente, coloque un punto que represente el número mixto $1\frac{3}{5}$.

3. En la recta numérica siguiente, coloque un punto que represente el número mixto $4\frac{1}{3}$.

4. Las encuestas sobre la próxima elección pronostican que el candidato Menéndez podría obtener $\frac{4}{5}$ de los votos a favor. En la recta numérica siguiente, coloque un punto que represente la fracción de votos a favor que el candidato Menéndez podría obtener.

5. Un anillo está hecho de $\frac{2}{3}$ de oro puro y $\frac{1}{3}$ de otros metales. En la recta numérica siguiente, coloque un punto que represente la fracción del anillo que está hecha de oro puro.

6. Juan llegó al trabajo a las 8:30 de la mañana y salió a las 4:15 de la tarde. En la recta numérica siguiente, coloque un punto que represente la hora de salida de Juan en forma de número mixto.

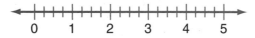

7. Amelia necesita $3\frac{3}{4}$ de tela para hacer un vestido talla 6. En la recta numérica siguiente, coloque un punto que represente cuánta tela necesita Amelia.

Las respuestas comienzan en la página 379.

DESTREZA DE GED **Fracciones, razones y proporciones**

Fracciones equivalentes

Usted sabe por experiencia que dos fracciones diferentes pueden tener el mismo valor.

- Puesto que en un dólar hay 100 centavos, 25 centavos equivale a $\frac{25}{100}$ de un dólar. Esta cantidad también equivale a $\frac{1}{4}$ de dólar.
- En una taza para medir, $\frac{1}{2}$ taza es la misma cantidad que $\frac{2}{4}$ de taza.
- En un odómetro, $\frac{5}{10}$ de milla es lo mismo que $\frac{1}{2}$ milla.
- De una docena de donas, seis donas equivalen a $\frac{6}{12}$, o a $\frac{1}{2}$ docena.

Las fracciones que tienen el mismo valor reciben el nombre de **fracciones equivalentes** o **iguales.** Puede comprobar si dos fracciones son equivalentes, calculando el **producto vectorial.**

Ejemplo   ¿Son equivalentes las fracciones $\frac{4}{8}$ y $\frac{3}{6}$?

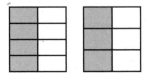

Multiplique en diagonal como lo ilustran las flechas en el ejemplo. Si los productos vectoriales son iguales, entonces las fracciones son equivalentes.

$$\frac{4}{8} \diagdown \frac{3}{6} \qquad 4 \times 6 = 24$$
$$8 \times 3 = 24$$

Como los productos vectoriales son iguales, entonces $\frac{4}{8} = \frac{3}{6}$.

Simplificar fracciones

Simplificar una fracción significa encontrar una fracción equivalente con un numerador y un denominador menor. Una fracción se simplifica a sus **términos mínimos** cuando no hay ningún otro número, aparte del 1, que divida exactamente al numerador y al denominador.

Para simplificar una fracción, divida tanto el numerador como el denominador entre un mismo número y escriba la fracción resultante.

Si los dos números de una fracción son números pares, siempre podrá dividir la fracción entre 2.

Ejemplo 1   En una hora, 10 clientes pasaron por el puesto de periódicos del Sr. Sánchez, 6 de los cuales compraron una revista. ¿Qué fracción de los clientes compró una revista?

Escriba una fracción: $\frac{6}{10}$ y, luego, simplifíquela a sus términos mínimos dividiendo tanto el numerador como el denominador entre 2.

$$\frac{6}{10} = \frac{6 \div 2}{10 \div 2} = \frac{3}{5} \qquad \frac{3}{5} \text{ de los clientes compraron una revista.}$$

Para simplificar una fracción a sus términos mínimos, es posible que tenga que dividirla más de una vez. Recuerde que debe seguir dividiendo hasta que no haya otro número, aparte del 1, que divida exactamente al numerador y al denominador.

Ejemplo 2   Escriba $\frac{24}{30}$ en sus términos mínimos.

Paso 1   Primero, divida el numerador y el denominador entre 3. Sin embargo, la fracción $\frac{8}{10}$ todavía no está en términos mínimos.

$$\frac{24}{30} = \frac{24 \div 3}{30 \div 3} = \frac{8}{10}$$

Paso 2   Divida el numerador y el denominador entre 2. La fracción $\frac{4}{5}$ está en términos mínimos.

$$\frac{8}{10} = \frac{8 \div 2}{10 \div 2} = \frac{4}{5}$$

Nota: Si nota que el número 6 puede dividir exactamente tanto a 24 como a 30, podría simplificar la fracción a sus términos mínimos en un solo paso.

ENFOQUE EN LAS DESTREZAS DE GED

A. Simplifique cada fracción a sus términos mínimos.

1. $\frac{2}{4} =$ 4. $\frac{6}{8} =$ 7. $\frac{5}{20} =$ 10. $\frac{12}{30} =$

2. $\frac{6}{9} =$ 5. $\frac{6}{15} =$ 8. $\frac{12}{48} =$ 11. $\frac{7}{42} =$

3. $\frac{10}{25} =$ 6. $\frac{18}{27} =$ 9. $\frac{16}{20} =$ 12. $\frac{24}{36} =$

B. Encierre en un círculo las dos fracciones equivalentes. Puede serle útil simplificar todas las fracciones a sus términos mínimos.

13. $\frac{4}{6}$ $\frac{8}{12}$ $\frac{6}{10}$ $\frac{2}{4}$ $\frac{10}{12}$ 15. $\frac{3}{12}$ $\frac{8}{16}$ $\frac{2}{8}$ $\frac{4}{20}$ $\frac{2}{6}$

14. $\frac{8}{16}$ $\frac{2}{3}$ $\frac{5}{12}$ $\frac{3}{6}$ $\frac{3}{4}$ 16. $\frac{5}{8}$ $\frac{6}{8}$ $\frac{6}{10}$ $\frac{4}{16}$ $\frac{3}{5}$

C. Resuelva y exprese el resultado en sus términos mínimos.

17. Efraín trabajó 8 horas el lunes. Si trabajó un total de 40 horas durante la semana, ¿qué fracción del total de horas trabajó el lunes?

18. Pinturas Robles anunció en el periódico una oferta en su tienda. El viernes, 50 clientes estuvieron en la tienda, de los cuales 15 vieron el anuncio en el periódico. ¿Qué fracción de los clientes del viernes vio el anuncio?

19. Manufacturas La Corona ensambló 1000 productos el día de hoy, de los cuales 50 salieron defectuosos. ¿Qué fracción de los productos ensamblados salió defectuosa?

20. Juana retiró $40 de su cuenta de ahorros y gastó $24 en la farmacia. ¿Qué fracción del retiro gastó Juana en la farmacia?

Las respuestas comienzan en la página 380.

Amplificar fracciones

A veces, es necesario encontrar una fracción equivalente expresada con números mayores. Para amplificar una fracción, multiplique tanto el numerador como el denominador por un mismo número (que no sea 0).

$\frac{5}{8}$ y $\frac{20}{32}$ son fracciones equivalentes.

Muchas veces, tendrá que encontrar una fracción equivalente con un determinado denominador. Para hacerlo, pregúntese: "¿Qué número multiplicado por el denominador original dará como resultado el nuevo denominador?" Luego, multiplique el numerador original por ese mismo número.

Ejemplo $\quad \frac{3}{4} = \frac{?}{24}$

Puesto que $4 \times 6 = 24$, multiplique el numerador, 3, por 6. $\qquad \frac{3 \times 6}{4 \times 6} = \frac{18}{24}$

Las fracciones $\frac{3}{4}$ y $\frac{18}{24}$ **son fracciones equivalentes.**

Comparar fracciones

Cuando dos fracciones tienen el mismo denominador, se dice que tienen un **denominador común** y nos referimos a ellas como **fracciones homogéneas.** Al comparar fracciones homogéneas, la fracción que tiene el mayor numerador es la mayor.

Ejemplo 1 ¿Cuál fracción es mayor: $\frac{3}{5}$ ó $\frac{4}{5}$?

Las fracciones $\frac{3}{5}$ y $\frac{4}{5}$ son fracciones homogéneas porque tienen un denominador común, 5. Compare los numeradores.

Puesto que 4 es mayor que 3, entonces $\frac{4}{5}$ **es mayor que** $\frac{3}{5}$.

Las fracciones que tienen denominadores diferentes reciben el nombre de **fracciones heterogéneas.** Para comparar este tipo de fracciones, debe convertirlas en fracciones con un denominador común.

El denominador común siempre será un **múltiplo** de los dos denominadores originales. Los múltiplos de un número, se encuentran en la tabla de multiplicar de ese número. Por ejemplo, los múltiplos de 3 son 3, 6, 9, 12, 15, 18, etc.

También puede encontrar un denominador común haciendo cálculos mentales. O bien, puede usar los métodos siguientes:

1. Observe si el denominador mayor puede usarse como denominador común. En otras palabras, si el denominador menor divide exactamente al denominador mayor, entonces podrá usar el denominador mayor como denominador común.

2. Repase los múltiplos del denominador mayor. El primero que pueda ser dividido exactamente por el denominador menor será el **mínimo común denominador.**

SUGERENCIA

Es importante saber calcular denominadores comunes para poder resolver la Prueba de Matemáticas de GED. Practique, escribiendo los primeros 12 múltiplos de los números 2 al 12.

Ejemplo 2   ¿Cuál es mayor: $\frac{5}{6}$ ó $\frac{3}{4}$?

Repase los múltiplos del denominador mayor: 6, 12, 18, 24, 30 . . .
Como 12 puede ser dividido exactamente entre 4 y 6, 12 es el mínimo común denominador.

Convierta las fracciones en fracciones equivalentes con denominador 12: $\frac{5 \times 2}{6 \times 2} = \frac{10}{12}$ $\frac{3 \times 3}{4 \times 3} = \frac{9}{12}$

Compare las fracciones homogéneas. Como $\frac{10}{12} > \frac{9}{12}$, entonces la fracción $\mathbf{\frac{5}{6}} > \mathbf{\frac{3}{4}}$.

ENFOQUE EN LAS DESTREZAS DE GED

A. Calcule una fracción equivalente con el denominador dado.

1. $\frac{2}{3} = \frac{?}{12}$

2. $\frac{2}{7} = \frac{?}{21}$

3. $\frac{4}{5} = \frac{?}{25}$

4. $\frac{5}{8} = \frac{?}{32}$

5. $\frac{7}{9} = \frac{?}{63}$

6. $\frac{3}{10} = \frac{?}{120}$

7. $\frac{3}{4} = \frac{?}{36}$

8. $\frac{4}{9} = \frac{?}{81}$

9. $\frac{9}{50} = \frac{?}{150}$

B. Compare las fracciones y escriba los signos >, < ó = entre ellas.

10. $\frac{1}{3}$ $\frac{1}{4}$

11. $\frac{3}{4}$ $\frac{7}{8}$

12. $\frac{3}{9}$ $\frac{1}{3}$

13. $\frac{2}{3}$ $\frac{1}{2}$

14. $\frac{5}{6}$ $\frac{15}{18}$

15. $\frac{9}{12}$ $\frac{3}{4}$

16. $\frac{7}{10}$ $\frac{2}{3}$

17. $\frac{7}{15}$ $\frac{2}{5}$

18. $\frac{9}{10}$ $\frac{3}{4}$

C. Resuelva.

Las preguntas 19 a 22 se refieren a la siguiente información:

Una planta manufacturera tiene cinco líneas de ensamblaje. La siguiente tabla muestra la fracción del trabajo asignado que cada equipo de la planta cumplió.

Equipo A	$\frac{2}{5}$ de la meta
Equipo B	$\frac{1}{2}$ de la meta
Equipo C	$\frac{1}{4}$ de la meta
Equipo D	$\frac{3}{5}$ de la meta
Equipo E	$\frac{3}{4}$ de la meta

19. ¿Cuál equipo cumplió la menor parte de su meta?

20. ¿Cuál equipo cumplió la mayor parte de su meta?

21. ¿Qué equipos cumplieron más de $\frac{1}{2}$ de su meta?

22. ¿Qué equipos cumplieron entre $\frac{3}{8}$ y $\frac{5}{8}$ de su meta?

SUGERENCIA

Si le cuesta calcular el mínimo común denominador, multiplique los dos denominadores. El resultado será un denominador común, aunque probablemente no sea el menor.

Las respuestas comienzan en la página 380.

Operaciones con razones

Una **razón** es una comparación entre dos cantidades. Para expresar una razón se usan la frase *es a,* el signo de dos puntos (:) o se escribe en forma de fracción. Siempre escriba los términos de una razón en el mismo orden en que se comparan dentro del problema.

Ejemplo 1   Un pintor mezcla 4 cuartillos de pintura blanca con 2 cuartillos de pintura azul. ¿Cuál es la razón de pintura blanca a pintura azul?

La razón de pintura blanca a pintura azul puede expresarse como **4 es a 2, 4:2** ó $\frac{4}{2}$.

Al igual que las fracciones, las razones también pueden simplificarse a sus términos mínimos. La razón $\frac{4}{2}$ puede simplificarse a $\frac{2}{1}$, es decir, que por cada 2 cuartillos de pintura blanca hay 1 cuartillo de pintura azul. Las razones se escriben en forma de fracción aun cuando el denominador sea 1.

Las razones tienen mucho en común con las fracciones, pero existe una diferencia importante entre ellas. Una razón puede parecer una fracción impropia, pero no debe convertirse en número entero ni en número mixto, ya que es una comparación entre dos elementos y no solamente una parte de una totalidad.

Muchas veces, las razones expresan tasas. Una razón con denominador 1 recibe el nombre de **tasa unitaria.** Las tasas unitarias casi siempre se expresan mediante la palabra *por.*

Ejemplo 2   Si Bárbara gana $180 en 15 horas, ¿cuánto gana por hora?

Escriba la razón de salario a horas. Luego, divida para calcular la tasa unitaria.

$$\frac{\text{dólares ganados}}{\text{horas}} = \frac{\$180}{15} = \frac{180 \div 15}{15 \div 15} = \frac{\$12}{1 \text{ hr}}$$

Bárbara gana $12 por cada 1 hora de trabajo. En otras palabras, ella gana **$12 por hora.**

Algunos problemas con razones requieren seguir más de un paso. Es posible que no le proporcionen los dos números que necesita para escribir una razón. En ese caso, tendrá que calcular el número que falta.

Ejemplo 3   Almacenes de Descuento Jiménez tiene 25 empleados, de los cuales 15 son mujeres. ¿Cuál es la razón de hombres a mujeres entre los empleados?

Debe escribir una razón que compare el número de hombres con el número de mujeres. Usted conoce el número total de empleados y el número de mujeres empleadas.

Paso 1   Reste para calcular el número de hombres. $25 - 15 = 10$ hombres

Paso 2   Escriba la razón de hombres a mujeres. $\dfrac{\text{hombres}}{\text{mujeres}} = \dfrac{10}{15}$

Paso 3   Simplifique la razón. $\dfrac{10}{15} = \dfrac{10 \div 5}{15 \div 5} = \dfrac{2}{3}$

La razón de hombres a mujeres en Almacenes de Descuento Jiménez es de $\frac{2}{3}$.

SUGERENCIA

Escribir la razón con palabras le ayudará a mantener los números en el orden correcto. Además, las palabras le recordarán el significado de los números. También es útil poner membretes a la razón resultante.

A. Escriba cada razón en forma de fracción en términos mínimos.

1. 18 juegos ganados a 6 perdidos

2. 80 empleados de tiempo completo a 100 de medio tiempo

3. 16 libros de ficción a 12 libros de no ficción.

4. $21 a $9

5. 69 empleadas a 90 empleados en total

6. 16 minutos a 30 minutos

7. 85 millas a 100 millas

8. 35 clientes a 7 ventas

9. 10 adultos a 120 niños

10. 15 partidos ganados a 20 partidos jugados

B. Calcule cada tasa unitaria.

11. 400 millas en 5 horas

12. $216 en 18 horas

13. 54 calorías en 6 gramos de grasa

14. 432 personas en 36 equipos

15. $10 por 10 libras de semilla de hierba

16. 5400 naranjas en 60 bolsas

17. 1024 pies en 16 segundos

18. $150 por 25 yardas de tela

19. 135 páginas en 3 horas

20. 460 calorías en 2 porciones

C. Resuelva como se indica.

21. Los Monarcas ganaron 30 juegos y perdieron 6.

    a. ¿Cuál es la razón de juegos ganados a juegos perdidos?
    b. ¿Cuál es la razón de juegos perdidos a juegos realizados?
    c. ¿Cuál es la razón de juegos ganados a juegos realizados?
    d. ¿Cuál es la razón de juegos perdidos a juegos ganados?

22. En una fábrica, hay 35 empleados sindicalizados y 14 no sindicalizados.

    a. ¿Cuál es la razón de empleados no sindicalizados a empleados sindicalizados?
    b. ¿Cuál es la razón de empleados sindicalizados al número total de empleados?
    c. ¿Cuál es la razón de empleados no sindicalizados al número total de empleados?
    d. ¿Cuál es la razón de empleados sindicalizados a empleados no sindicalizados?

23. En una prueba, Daniel contestó 16 preguntas correctamente y 4 incorrectamente.

    a. ¿Cuál es la razón de respuestas correctas a incorrectas?
    b. ¿Cuál es la razón de respuestas correctas a la cantidad total de preguntas?
    c. ¿Cuál es la razón de respuestas incorrectas a la cantidad total de preguntas?

24. Una fábrica produjo 1,000 interruptores eléctricos, de los cuales 50 resultaron defectuosos.

    a. ¿Cuál es la razón de interruptores defectuosos al número total de interruptores?
    b. ¿Cuál es la razón de interruptores defectuosos a interruptores en buen estado?
    c. ¿Cuál es la razón de interruptores en buen estado al número total de interruptores?

Las respuestas comienzan en la página 381.

Resolver proporciones

Cuando dos razones se escriben en forma de razones iguales, la ecuación recibe el nombre de **proporción.** Considere el siguiente enunciado:

Ejemplo 1   Si Pablo gana $8 en 1 hora, entonces él ganará $56 en 7 horas.

Con la información dada, puede escribir una proporción. Use los productos vectoriales para comprobar que las razones son iguales.

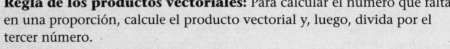

$$\frac{\text{dólares ganados}}{\text{horas}} \qquad \frac{8}{1} \underset{?}{\diagdown} \frac{56}{7} \qquad \text{productos vectoriales } 1 \times 56 = 8 \times 7$$
$$56 = 56$$

Como puede observar en el ejemplo anterior, toda proporción está formada por cuatro términos. En un problema con proporciones, se desconoce uno de los cuatro términos. Una proporción puede resolverse aplicando la siguiente regla:

SUGERENCIA

En una proporción, los términos deben escribirse en el mismo orden en ambas razones. En este ejemplo, las dos razones tienen millas en la parte superior y horas en la inferior. Ponga rótulos para cerciorarse de que están en orden.

> **Regla de los productos vectoriales:** Para calcular el número que falta en una proporción, calcule el producto vectorial y, luego, divida por el tercer número.

Ejemplo 2   Graciela manejó 165 millas en 3 horas. Si mantiene esa velocidad, ¿cuántas millas manejará en 5 horas?

En este problema, se comparan millas con horas. Plantee dos razones iguales y escriba una x que represente el término que falta.

$$\frac{\text{millas}}{\text{horas}} = \frac{165}{3} = \frac{x}{5}$$

Paso 1   Calcule el producto vectorial. $165 \times 5 = 825$

Paso 2   Divida por 3, el extremo que se conoce. $825 \div 3 = 275$

Graciela manejará **275 millas** en 5 horas.

Los problemas con proporciones pueden resolverse fácilmente con una calculadora. Marque los números y las operaciones en el siguiente orden:

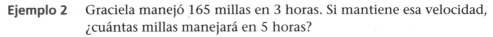

165 ✕ 5 ÷ 3 = 275.

En algunos problemas con proporciones se usan los dos puntos (:) para expresar una razón. Lea el problema detenidamente para entender lo que representan los números en la razón.

Ejemplo 3   En una junta del consejo escolar, la razón de padres a maestros es de 3:2. Si asistieron 72 padres a la junta, ¿cuántos maestros hay?

Paso 1   La razón 3:2 compara padres con maestros. $\frac{\text{padres}}{\text{maestros}} = \frac{3}{2} = \frac{72}{x}$
Escriba la segunda razón en ese mismo orden.

Paso 2   Calcule el producto vectorial y, luego, $2 \times 72 = 144$
divídalo por el término conocido. $144 \div 3 = 48$

En la junta hay **48 maestros.**

A. Calcule el término que falta en cada proporción.

1. $\dfrac{2}{3} = \dfrac{x}{15}$

6. $\dfrac{15}{24} = \dfrac{5}{x}$

11. $\dfrac{49}{7} = \dfrac{x}{10}$

2. $\dfrac{28}{12} = \dfrac{14}{x}$

7. $\dfrac{12}{15} = \dfrac{24}{x}$

12. $\dfrac{32}{8} = \dfrac{x}{15}$

3. $\dfrac{9}{10} = \dfrac{x}{20}$

8. $\dfrac{14}{6} = \dfrac{7}{x}$

13. $\dfrac{18}{6} = \dfrac{3}{x}$

4. $\dfrac{5}{6} = \dfrac{x}{18}$

9. $\dfrac{115}{30} = \dfrac{x}{6}$

14. $\dfrac{6}{120} = \dfrac{5}{x}$

5. $\dfrac{3}{4} = \dfrac{9}{x}$

10. $\dfrac{5}{20} = \dfrac{8}{x}$

15. $\dfrac{64}{8} = \dfrac{x}{5}$

B. Para cada situación se ha escrito la primera razón. Escriba la segunda razón para completar la proporción y resuélvala.

16. Una receta para 8 porciones requiere 2 tazas de leche. ¿Cuántas tazas de leche se necesitarían para 36 porciones?

$\dfrac{\text{porciones}}{\text{tazas de leche}}$ $\quad \dfrac{8}{2} = \dfrac{?}{?}$

17. Sandra puede manejar 32 millas con 2 galones de gasolina. ¿Qué distancia puede manejar si llena el tanque con 13 galones?

$\dfrac{\text{millas}}{\text{galones}}$ $\quad \dfrac{32}{2} = \dfrac{?}{?}$

18. Una persona quema aproximadamente 315 calorías en una carrera de 3 millas. ¿Cuántas calorías quemará en una carrera de 10 millas?

$\dfrac{\text{calorías}}{\text{millas}}$ $\quad \dfrac{315}{3} = \dfrac{?}{?}$

19. Un arquitecto está diseñando un estacionamiento en la ciudad. Por cada 12 personas que se transportan a la ciudad, el estacionamiento necesitará 5 plazas de estacionamiento. ¿Cuántas plazas de estacionamiento se necesitarán para 132 personas?

$\dfrac{\text{personas}}{\text{plazas de estacionamiento}}$ $\quad \dfrac{12}{5} = \dfrac{?}{?}$

C. Escriba una proporción y calcule el término que falta.

20. La escala de un mapa indica que 2 pulgadas equivalen a 150 millas. Si dos ciudades se encuentran a 750 millas de distancia, ¿a cuántas pulgadas de distancia estarán en el mapa?

21. La razón de empleados de tiempo completo a empleados de medio tiempo en Manufacturas Cueto es de 5:3. Si hay 48 empleados de medio tiempo en la planta, ¿cuántos empleados de tiempo completo habrá?

22. Víctor compró 2 galones de pintura por $27. ¿Cuánto gastará si compra 10 galones?

23. La razón de victorias a derrotas de Los Osos fue de 7:2. Si el equipo ganó 21 juegos, ¿cuántos perdió?

Las respuestas comienzan en la página 382.

ESTRATEGIA DE GED **Usar formatos especiales**

Escribir respuestas en una cuadrícula estándar

La cuadrícula estándar que usted usó anteriormente en este libro para escribir respuestas con números enteros también puede usarse para escribir repuestas en forma de fracción.

Al usar la cuadrícula estándar para resultados fraccionarios, debe tener en mente los siguientes puntos:

- La cuadrícula se usa para marcar un solo resultado fraccionario.
- Puede empezar a escribir su respuesta en cualquiera de las cinco columnas siempre y cuando esté completa. Deje en blanco cualquier columna que no use.
- Rellene el círculo correspondiente en cada columna para representar el numerador de la fracción. Luego, rellene el círculo de la barra de división ⊘ en la segunda hilera de la cuadrícula. Finalmente, rellene el círculo del denominador de la fracción.
- No se pueden marcar números mixtos en la cuadrícula. Por lo tanto, convierta los resultados con números mixtos a fracciones impropias antes de marcarlos en la cuadrícula.

Ejemplo   El jueves en la mañana, 7 de los 15 clientes que fueron al Salón Belleza María pagaron con tarjeta de crédito. ¿Qué fracción de los clientes pagó con tarjeta de crédito?

La fracción es $\frac{7}{15}$.

Observe que, como su respuesta puede empezar en cualquiera de las cinco columnas, las dos cuadrículas siguientes están correctamente llenadas.

Instrucciones: Resuelva los siguientes problemas. Escriba su respuesta en la hilera superior de cada cuadrícula y rellene las burbujas correspondientes que reflejen su respuesta.

1. En una elección para presidente de un club, Noemí obtuvo 23 votos a favor de los 47 votos emitidos. ¿Qué fracción de los votos se emitió a favor de Noemí?

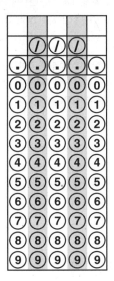

3. César llena una lavadora de alfombras con 3 galones de agua y le agrega 6 onzas de un detergente para lavar alfombras. ¿Cuál es la razón de onzas de detergente a galones de agua?

2. En una comida, Alberto pago $17 y Samuel $15. ¿Cuál es la razón de la cantidad que pagó Samuel a que pagaron Samuel y Alberto en conjunto?

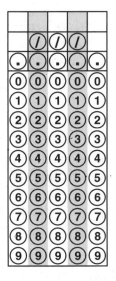

4. Cecilia mecanografió 7 páginas en 21 minutos. ¿Cuál es la razón en términos mínimos de minutos a páginas mecanografiadas?

SUGERENCIA

Asegúrese de escribir su respuesta en la hilera en blanco en la parte superior de cada cuadrícula. Esto le ayudará a rellenar las burbujas en el orden correcto.

Las respuestas comienzan en la página 382.

DESTREZA DE GED Operaciones con fracciones

Sumar y restar fracciones

Sumar y restar sólo pueden realizarse entre elementos del mismo tipo. Se puede sumar dólares con dólares y pulgadas con pulgadas, pero no dólares con pulgadas. Esto también se aplica a las fracciones. Usted sólo puede sumar o restar **fracciones homogéneas,** es decir, aquéllas que tienen un denominador común.

Para sumar o restar fracciones homogéneas, sume o reste los numeradores y escriba el resultado sobre el común denominador. De ser necesario, simplifique el resultado a sus términos mínimos. Escriba las fracciones impropias en forma de número entero o mixto.

Ejemplo 1   Sume $\frac{3}{8}$ y $\frac{4}{8}$.

Paso 1   Sume los numeradores. $3 + 4 = 7$

Paso 2   Escriba el total de los numeradores sobre el común $\frac{7}{8}$
denominador.

La suma de $\frac{3}{8}$ y $\frac{4}{8}$ es **$\frac{7}{8}$.**

Ejemplo 2   Reste $\frac{2}{12}$ de $\frac{11}{12}$.

Paso 1   Recuerde el orden de los números en $\frac{11}{12} - \frac{2}{12} = \frac{11 - 2}{12} = \frac{9}{12}$
la resta. La fracción de la cual se resta
debe escribirse primero. Después se restan
los numeradores.

Paso 2   Simplifique a sus términos mínimos $\frac{9 \div 3}{12 \div 3} = \frac{3}{4}$

La diferencia de $\frac{11}{12}$ y $\frac{2}{12}$ es **$\frac{3}{4}$.**

Las **fracciones heterogéneas** tienen denominadores diferentes. Siga estos pasos para sumar o restar fracciones heterogéneas.

Paso 1   Calcule el denominador común y convierta una o ambas fracciones en fracciones homogéneas.

Paso 2   Sume o reste las fracciones homogéneas.

Paso 3   Si es necesario, simplifique el resultado. Si el resultado es una fracción impropia, vuelva a escribirlo en forma de número entero o mixto.

Ejemplo 3   Jaime compró $\frac{1}{2}$ libra de chocolate amargo y $\frac{3}{4}$ libra de chocolate blanco. ¿Cuántas libras de chocolate compró?

Paso 1   El mínimo común denominador de estas dos $\frac{1}{2} = \frac{1 \times 2}{2 \times 2} = \frac{2}{4}$
fracciones es 4. Amplifique $\frac{1}{2}$ para obtener una
fracción equivalente con denominador 4.

Paso 2   Sume $\frac{2}{4}$ y $\frac{3}{4}$. $\frac{2}{4} + \frac{3}{4} = \frac{5}{4}$

Paso 3   Simplifique la fracción impropia a sus términos mínimos. $\frac{5}{4} = 1\frac{1}{4}$

Jaime compró **$1\frac{1}{4}$ libras** de chocolate.

SUGERENCIA

Siempre que sea posible, use un mínimo común denominador. Los números del problema serán menores, lo cual facilitará las operaciones.

A. Sume y simplifique los resultados a sus términos mínimos. Convierta las fracciones impropias en números enteros o números mixtos.

1. $\dfrac{2}{3}$
   $+\dfrac{1}{3}$

3. $\dfrac{1}{6}$
   $+\dfrac{3}{6}$

5. $\dfrac{3}{4}$
   $+\dfrac{1}{8}$

7. $\dfrac{1}{6}$
   $+\dfrac{1}{2}$

2. $\dfrac{1}{9}$
   $+\dfrac{5}{9}$

4. $\dfrac{3}{10}$
   $+\dfrac{9}{10}$

6. $\dfrac{1}{3}$
   $+\dfrac{3}{4}$

8. $\dfrac{5}{8}$
   $+\dfrac{1}{4}$

B. Reste y simplifique los resultados a sus términos mínimos.

9. $\dfrac{3}{4}$
   $-\dfrac{1}{4}$

11. $\dfrac{13}{15}$
    $-\dfrac{9}{15}$

13. $\dfrac{3}{4}$
    $-\dfrac{1}{2}$

15. $\dfrac{5}{6}$
    $-\dfrac{1}{2}$

10. $\dfrac{7}{8}$
    $-\dfrac{3}{8}$

12. $\dfrac{7}{12}$
    $-\dfrac{5}{12}$

14. $\dfrac{2}{3}$
    $-\dfrac{1}{6}$

16. $\dfrac{6}{9}$
    $-\dfrac{1}{12}$

C. Sume o reste según se indica. Simplifique sus resultados.

17. $\dfrac{2}{5} + \dfrac{1}{3} =$

20. $\dfrac{2}{8} + \dfrac{1}{5} =$

23. $\dfrac{5}{8} + \dfrac{1}{6} + \dfrac{1}{4} =$

18. $\dfrac{3}{4} - \dfrac{1}{3} =$

21. $\dfrac{1}{2} + \dfrac{3}{10} + \dfrac{1}{5} =$

24. $\dfrac{5}{6} - \dfrac{3}{4} =$

19. $\dfrac{9}{10} - \dfrac{1}{2} =$

22. $\dfrac{7}{16} - \dfrac{1}{4} =$

25. $\dfrac{1}{2} + \dfrac{5}{8} + \dfrac{1}{4} =$

D. Decida si debe sumar o restar. Luego, resuelva y simplifique sus resultados.

26. Cristóbal calcula que gasta aproximadamente $\dfrac{1}{4}$ de sus ingresos en renta y $\dfrac{1}{6}$ en transporte. ¿Qué fracción de sus ingresos gasta en estos dos rubros?

27. Selma está haciendo una blusa para su hija. Se necesitan $\dfrac{3}{8}$ yardas de cinta para confeccionar el modelo. Si tiene $\dfrac{3}{4}$ yardas de cinta ¿cuánto le sobrará?

28. Para hacer una acera, se necesitan $\dfrac{2}{3}$ yardas cúbicas de hormigón. Un albañil ya ha mezclado $\dfrac{4}{9}$ yardas cúbicas. ¿Cuántas más yardas cúbicas de hormigón necesitará?

29. Aurora caminó $\dfrac{3}{10}$ milla para ir al mercado, $\dfrac{1}{2}$ milla para ir a la escuela de su hijo y $\dfrac{1}{4}$ milla para ir a la casa de una amiga. ¿Cuántas millas caminó en total?

Las respuestas comienzan en la página 382.

Sumar y restar números mixtos

Un número mixto está formado por un número entero y una fracción propia. Para sumar o restar números mixtos, haga las operaciones de cada parte por separado y luego combine los resultados.

SUGERENCIA

Si no puede decidir qué operación usar para resolver un problema con fracciones, piense cómo lo resolvería si utilizara solamente números enteros. Luego, use esa misma operación para las fracciones.

Ejemplo 1   Para un trabajo de pintura, Luis dedicó $6\frac{1}{3}$ horas preparando los cuartos para pintarlos y $4\frac{3}{4}$ horas aplicando la pintura y limpiando. ¿Cuántas horas le tomó hacer el trabajo?

$$6\frac{1}{3} = 6\frac{1 \times 4}{3 \times 4} = 6\frac{4}{12}$$

Paso 1   Escriba las fracciones con denominadores comunes.

$$+4\frac{3}{4} = 4\frac{3 \times 3}{4 \times 3} = 4\frac{9}{12}$$

Paso 2   Primero sume las fracciones. Sume los numeradores y coloque el total sobre el denominador común. Luego, sume los números enteros.

$$6\frac{4}{12}$$
$$+4\frac{9}{12}$$
$$10\frac{13}{12}$$

Paso 3   Convierta la fracción impropia en número mixto. Súmelo al resultado en números enteros.

$$\frac{13}{12} = 1\frac{1}{12}$$
$$10 + 1\frac{1}{12} = 11\frac{1}{12}$$

A Luis le tomó $\mathbf{11\frac{1}{12}}$ horas hacer el trabajo.

A veces al restar números mixtos, la fracción de la cual está restando es menor que la fracción que desea restar. En este caso, deberá reagrupar, o "tomar prestado", 1 del número entero y volver a escribirlo en forma de fracción. Recuerde que una fracción que tiene el mismo numerador y el mismo denominador es igual a 1.

Ejemplo 2   Una tubería mide $5\frac{1}{8}$ pies de largo. Si cortamos un pedazo de $3\frac{3}{4}$ pies de la tubería, ¿cuál será el largo del pedazo que queda? ¿El pedazo restante alcanzará para cortar otro pedazo que mida $1\frac{1}{8}$ pies de largo?

Paso 1   Escriba las fracciones con denominadores comunes. El mínimo común denominador es 8.

Paso 2   Puesto que $\frac{1}{8}$ es menor que $\frac{6}{8}$, deberá reagrupar. Tome prestado 1 del número entero 5 y vuelva a escribir 5 como $4\frac{8}{8}$. Luego, sume las partes fraccionarias $\frac{1}{8}$ y $\frac{8}{8}$.

	Paso 1	Paso 2	Paso 3
$5\frac{1}{8} =$	$5\frac{1}{8} =$	$4\frac{8}{8} + \frac{1}{8} =$	$4\frac{9}{8}$
$-3\frac{3}{4} =$	$-3\frac{6}{8}$		$-3\frac{6}{8}$
			$1\frac{3}{8}$

Paso 3   Reste. La fracción ya está simplificada a sus términos mínimos.

El pedazo de tubería restante mide $\mathbf{1\frac{3}{8}}$ pies de largo. Puesto que $\frac{3}{8}$ es mayor que $\frac{1}{8}$, $1\frac{3}{8}$ es mayor que $1\frac{1}{8}$. El pedazo restante alcanza para cortar otro pedazo de tubería de $1\frac{1}{8}$ pies de largo.

A. Sume o reste según se indica. Simplifique los resultados a sus términos mínimos.

1. $3\frac{3}{4}$
   $+4\frac{1}{3}$

2. $1\frac{1}{2}$
   $+5\frac{5}{8}$

3. $12\frac{3}{5}$
   $+\ 9\frac{1}{3}$

4. $6\frac{7}{8}$
   $+8\frac{2}{3}$

5. $2\frac{3}{10}$
   $+9\ \frac{4}{5}$

6. $22\frac{1}{9}$
   $+21\frac{2}{3}$

7. $7\frac{3}{10}$
   $+2\ \frac{1}{5}$

8. $5\frac{3}{5}$
   $+12\frac{1}{3}$

9. $6\frac{1}{2}$
   $-3\frac{1}{3}$

10. $8\frac{5}{6}$
    $-2\frac{1}{4}$

11. $11\frac{1}{4}$
    $-\ 3\frac{2}{5}$

12. $16\frac{1}{4}$
    $-12\frac{1}{6}$

13. $20\frac{1}{3}$
    $-\ 8\frac{2}{3}$

14. $5\frac{2}{3}$
    $-3\frac{3}{4}$

15. $25\frac{1}{3}$
    $-17\frac{4}{7}$

16. $40\frac{3}{4}$
    $-15\frac{7}{8}$

B. Resuelva y simplifique sus resultados.

17. Belinda llevó un registro de la gasolina que usó durante un mes. Ella compró $8\frac{1}{2}$ galones, $9\frac{3}{10}$ galones y $8\frac{7}{10}$ galones. ¿Cuántos galones de gasolina compró en ese mes?

18. Pablo tiene 10 días de vacaciones al año. Este año, ya ha usado $4\frac{1}{2}$ días. ¿Cuántos días de vacaciones le quedan?

19. María tenía pensado dedicar $3\frac{1}{2}$ horas a organizar el almacén. Ha estado trabajando durante $1\frac{3}{4}$ horas. ¿Cuántas horas más piensa dedicar a esta tarea?

20. Iván necesita acortar este poste de madera de una cerca para que mida $5\frac{3}{4}$ pies. ¿Cuánto tiene que cortar del pedazo de madera?

$8\frac{1}{3}$ pies

21. Una receta requiere $1\frac{2}{3}$ tazas de leche, $\frac{1}{2}$ taza de aceite de cocina y $\frac{3}{4}$ taza de agua. ¿Cuál es la cantidad total de ingredientes líquidos que se usan en la receta?

22. Tomás calculó que necesitaría aproximadamente 35 yardas cuadradas de alfombra para cubrir el piso de su sala. Al colocarla, se usaron $30\frac{3}{4}$ yardas cuadradas de alfombra. ¿En cuánto se excedió su aproximación de la cantidad de alfombra usada?

23. Juan se ejercita practicando la caminata en un parque local. Esta semana, Juan caminó $2\frac{1}{2}$ millas, $1\frac{3}{4}$ millas, $2\frac{5}{8}$ millas y $2\frac{3}{4}$ millas. ¿Cuántas millas caminó Juan esta semana?

24. Graciela puede trabajar hasta 20 horas a la semana en un empleo de medio tiempo. Ya ha trabajado $16\frac{1}{4}$ horas esta semana. ¿Cuántas horas más puede trabajar esta semana?

Las respuestas comienzan en la página 384.

Multiplicar fracciones y números mixtos

Para multiplicar fracciones, no necesita convertirlas en fracciones homogéneas. Tan sólo tiene que multiplicar los numeradores; luego, los denominadores y, finalmente, simplificar los resultados.

Ejemplo 1   Un pedazo de cable eléctrico mide $\frac{1}{6}$ yardas de largo. Marco usó $\frac{2}{3}$ del cable en un trabajo. ¿Cuánto cable usó?

Paso 1   Multiplique un numerador por el otro numerador. Luego, multiplique un denominador por el otro denominador.

$$\frac{1}{6} \times \frac{2}{3} = \frac{1 \times 2}{6 \times 3} = \frac{2}{18}$$

Paso 2   Simplifique el resultado a sus términos mínimos.

$$\frac{2 \div 2}{18 \div 2} = \frac{1}{9}$$

Marco usó $\frac{1}{9}$ **de yardas de cable.**

Como sabe, simplificar una fracción significa dividir el numerador y el denominador por el mismo número. Aplique este principio para simplificar antes de resolver un problema. A este proceso se le llama **cancelación.**

Ejemplo 2   Calcule $\frac{1}{6}$ de $\frac{2}{3}$.

Tanto el numerador de una de las fracciones como el denominador de la otra se pueden dividir entre 2. Dado que $2 \div 2 = 1$, tache diagonalmente el numerador 2 y escriba 1. Dado que $6 \div 2 = 3$, tache diagonalmente el denominador 6 y escriba 3. Luego, multiplique las fracciones simplificadas.

$$\frac{1}{6} \times \frac{2}{3} = \frac{1 \times \overset{1}{\cancel{2}}}{\underset{3}{\cancel{6}} \times 3} = \frac{1}{9}$$

Puesto que utilizó la cancelación antes de multiplicar, no es necesario simplificar el resultado: $\frac{1}{6}$ de $\frac{2}{3}$ es $\frac{1}{9}$. Observe que, mediante la cancelación, llegamos al mismo resultado que en el Ejemplo 1 anterior.

Al hacer una cancelación, asegúrese de dividir el numerador y el denominador entre un mismo número. La cancelación que aparece aquí es incorrecta. Aunque 6 y 3 se pueden dividir entre 3, los dos números representan el denominador.

Incorrecto:

$$\frac{1}{6} \times \frac{2}{3} = \frac{1 \times 2}{\underset{2}{\cancel{6}} \times \underset{1}{\cancel{3}}}$$

Para multiplicar números mixtos, conviértalos en fracciones impropias antes de multiplicar.

Ejemplo 3   Multiplique $1\frac{2}{3}$ por $7\frac{1}{2}$.

Paso 1
Cambie a fracciones impropias.

$$1\frac{2}{3} \times 7\frac{1}{2} = \frac{5}{3} \times \frac{15}{2}$$

Paso 2
Cancele y multiplique.

$$\frac{5}{\underset{1}{\cancel{3}}} \times \frac{\overset{5}{\cancel{15}}}{2} =$$

Paso 3
Exprese como número mixto.

$$\frac{25}{2} = 12\frac{1}{2}$$

El producto de $1\frac{2}{3}$ y $7\frac{1}{2}$ es $\mathbf{12\frac{1}{2}}$.

También puede utilizar proporciones para resolver problemas con fracciones. Aquí, $\frac{2}{5}$ significa 2 de 5 clientes.

$$\frac{2}{5} = \frac{?}{125}$$

Ejemplo 4 Un restaurante atendió a 125 clientes el lunes a la hora de la comida. Dos quintos de los clientes ordenaron el plato del día. ¿Cuántos clientes ordenaron el plato del día?

Este problema le pide calcular la parte fraccionaria de un número entero, es decir, calcular $\frac{2}{5}$ de 125. Para escribir un número entero como fracción impropia, escriba el número entero sobre 1.

$$\frac{2}{\cancel{5}_{1}} \times \frac{\cancel{125}^{25}}{1} = 50$$

De los 125 clientes, **50 clientes** ordenaron el plato del día.

ENFOQUE EN LAS DESTREZAS DE GED

A. Multiplique. Use la cancelación cuando sea necesario. Asegúrese de simplificar sus resultados a los términos mínimos.

1. $\frac{7}{8} \times \frac{4}{5} =$

2. $\frac{3}{4} \times \frac{3}{7} =$

3. Calcule $\frac{1}{2}$ de 11.

4. ¿Cuánto es $\frac{8}{9}$ de $\frac{5}{6}$?

5. Calcule $\frac{2}{15}$ de $\frac{3}{8}$.

6. $9 \times 5\frac{1}{3} =$

7. $2\frac{2}{5} \times 2\frac{1}{2} =$

8. $3\frac{1}{3} \times 4\frac{1}{8} =$

9. Calcule $\frac{5}{6}$ de $4\frac{1}{2}$.

10. $\frac{4}{5} \times 1\frac{2}{3} =$

11. $2\frac{3}{4} \times 6 =$

12. ¿Cuánto es $\frac{4}{7}$ de $1\frac{2}{5}$?

13. $4 \times 1\frac{7}{8} =$

14. $3\frac{1}{9} \times 2\frac{1}{4} =$

15. ¿Cuánto es $\frac{2}{9}$ de 24?

B. Resuelva. Exprese los resultados en sus términos mínimos. Puede usar la calculadora.

16. Un restaurante hizo un pedido de $55\frac{3}{4}$ libras de queso mozzarella. El cocinero usó $\frac{1}{2}$ del pedido el fin de semana. ¿Cuántas libras de queso mozzarella quedan para el resto de la semana?

17. El diagrama muestra las medidas de una sala. Calcule el área de la sala en pies cuadrados multiplicando el largo por el ancho.

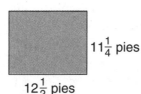

$11\frac{1}{4}$ pies

$12\frac{1}{2}$ pies

18. El año pasado, Elías ganó $18,720. Su jefe le dio un aumento equivalente a $\frac{1}{12}$ de su salario del año pasado. ¿Cuál es la cantidad en dólares del aumento?

19. Una fábrica de muebles tiene una pila de 40 topes de mesa. Si cada tope de mesa mide $1\frac{3}{4}$ pulgadas de grueso, ¿cuánto mide de alto la pila?

20. En una encuesta, $\frac{7}{8}$ de las personas encuestadas dijeron que el reciclaje es importante. De ellos, sólo $\frac{1}{2}$ compra productos hechos con materiales reciclados. ¿Qué fracción de los encuestados compra productos hechos con materiales reciclados?

Las respuestas comienzan en la página 386.

Dividir fracciones y números mixtos

La multiplicación y la división son operaciones **inversas** (opuestas). Esta relación se utiliza para dividir fracciones.

Ejemplo 1 $\frac{6}{8} \div \frac{1}{4} = ?$

Para resolver este problema, es necesario calcular cuántos $\frac{1}{4}$s hay en $\frac{6}{8}$. Siga estos pasos:

Paso 1   Invierta el divisor (la fracción entre la que se está dividiendo) y cambie la operación a una multiplicación.

$$\frac{6}{8} \div \frac{1}{4} = \frac{6}{8} \times \frac{4}{1}$$

Paso 2   Resuelva el problema como lo haría con un problema de multiplicación. Siempre simplifique su respuesta a sus términos mínimos y convierta las fracciones impropias en números mixtos o enteros.

$$\frac{6}{8} \times \frac{4}{1} = \frac{6}{\underset{2}{8}} \times \frac{\overset{1}{4}}{1} = \frac{6}{2} = 3$$

La fracción $\frac{6}{8}$ dividida entre $\frac{1}{4}$ es **3**. En otras palabras, hay tres $\frac{1}{4}$s en $\frac{6}{8}$. La siguiente figura demuestra que esto es cierto.

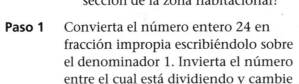

En muchas situaciones de la vida, es necesario dividir números mixtos o enteros entre fracciones.

Ejemplo 2   Una sección de una zona habitacional tiene 24 acres de terreno disponibles a la venta. Si este terreno se divide en lotes habitacionales de $\frac{3}{4}$ de acre cada uno, ¿cuántos lotes hay en esa sección de la zona habitacional?

Paso 1   Convierta el número entero 24 en fracción impropia escribiéndolo sobre el denominador 1. Invierta el número entre el cual está dividiendo y cambie la operación a una multiplicación.

$$24 \div \frac{3}{4} = \frac{24}{1} \times \frac{4}{3}$$

Paso 2   Multiplique. Escriba su respuesta en términos mínimos.

$$\frac{24}{1} \times \frac{4}{3} = \frac{\overset{8}{24}}{1} \times \frac{4}{\underset{1}{3}} = \frac{32}{1} = 32$$

El terreno se dividirá en **32** lotes habitacionales.

Siempre analice su resultado para ver si tiene sentido. Puede verificar un problema de división mediante la multiplicación.

Verifique: $32 \times \frac{3}{4} = \frac{\overset{8}{32}}{1} \times \frac{3}{\underset{1}{4}} = \frac{24}{1} = 24$

SUGERENCIA

Cuando divida entre una fracción propia, el resultado será mayor que el número dividido. Saber esto le puede ayudar a determinar si su respuesta tiene sentido.

SUGERENCIA

Recuerde que, tal como en cualquier problema de división, la fracción que está dividiendo debe ir primero.

A. Divida y escriba los resultados en sus términos mínimos.

1. $\frac{1}{3} \div \frac{5}{6} =$

2. $\frac{2}{3} \div \frac{2}{5} =$

3. $\frac{7}{10} \div 2 =$

4. $\frac{5}{6} \div \frac{5}{24} =$

5. $\frac{6}{7} \div 3 =$

6. $\frac{4}{9} \div \frac{2}{3} =$

7. $\frac{7}{8} \div \frac{1}{4} =$

8. $4\frac{1}{2} \div \frac{1}{8} =$

9. $12 \div 1\frac{1}{2} =$

10. $3\frac{3}{4} \div 1\frac{2}{3} =$

11. $6\frac{1}{2} \div \frac{1}{4} =$

12. $2\frac{1}{4} \div 1\frac{1}{2} =$

13. $18 \div \frac{2}{3} =$

14. $2\frac{2}{5} \div \frac{6}{25} =$

15. $4\frac{9}{10} \div 1\frac{1}{6} =$

16. $6\frac{1}{9} \div 1\frac{5}{6} =$

17. $2\frac{2}{3} \div \frac{1}{3} =$

18. $4 \div 1\frac{1}{4} =$

19. $9\frac{1}{8} \div 1\frac{2}{3} =$

20. $10 \div 1\frac{1}{5} =$

21. $8\frac{3}{4} \div \frac{1}{4} =$

22. $12 \div \frac{4}{9} =$

23. $16 \div \frac{4}{5} =$

24. $4 \div 2\frac{1}{5} =$

B. Resuelva y simplifique sus resultados.

25. Alonso tiene una tabla parecida a ésta. Necesita cortarla en pedazos, cada uno de los cuales debe medir $\frac{3}{4}$ de pie. ¿En cuántos pedazos puede cortar la tabla?

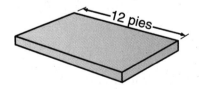

26. Un cocinero utiliza $\frac{1}{3}$ de libra de carne molida para cocinar el plato del día. ¿Cuántos platos del día puede hacer si tiene 15 libras de carne molida?

27. Una pila de libros mide 24 pulgadas de alto. Cada uno de los libros de la pila mide $\frac{3}{4}$ de pulgada de grueso. ¿Cuántos libros hay en la pila?

28. Karina trabaja de medio tiempo en una juguetería armando bicicletas. Puede armar una bicicleta en $2\frac{1}{2}$ horas. Si trabaja 25 horas a la semana, ¿cuántas bicicletas puede armar?

29. Si usted tiene 10 tazas de azúcar y quiere hacer una receta de galletas que requiere $1\frac{1}{4}$ tazas de azúcar por porción. ¿Cuál es el mayor número de porciones de galletas que puede hacer con el azúcar que tiene?

Las respuestas comienzan en la página 386.

ESTRATEGIA DE GED **Resolver problemas**

Hacer estimaciones con fracciones

Conocer el valor aproximado de las fracciones facilita hacer operaciones con ellas. Una buena manera de estimar un resultado de un problema con fracciones es redondeándolas al número entero más cercano. Para redondear una fracción al número entero más cercano, compare la fracción con $\frac{1}{2}$.

Recuerde:
Las palabras *alrededor de* y *aproximadamente* indican que debe hacer un cálculo estimado del resultado.

REGLA Si una fracción es menor que $\frac{1}{2}$, redondee la fracción a 0. En un número mixto, la parte del número entero permanece igual.

Ejemplo Redondee $5\frac{1}{3}$ al número entero más cercano. Compare $\frac{1}{3}$ y $\frac{1}{2}$.
Convierta en fracciones homogéneas con denominador 6.
$\frac{1}{3} = \frac{2}{6}$ y $\frac{1}{2} = \frac{3}{6}$

Puesto que $\frac{2}{6}$ es menor que $\frac{3}{6}$, entonces $\frac{1}{3}$ es menor que $\frac{1}{2}$. Redondee $5\frac{1}{3}$ a **5.**

REGLA Si una fracción es igual a o mayor que $\frac{1}{2}$, redondee la fracción a 1. En un número mixto, agregue un 1 a la parte del número entero.

Ejemplo Redondee $8\frac{5}{8}$ al número entero más cercano. Convierta $\frac{1}{2}$ en una fracción con denominador 8 para poder comparar $\frac{5}{8}$ con $\frac{1}{2}$.
$\frac{1}{2} = \frac{4}{8}$

Puesto que $\frac{5}{8}$ es mayor que $\frac{4}{8}$, entonces $\frac{5}{8}$ es mayor que $\frac{1}{2}$. Redondee $8\frac{5}{8}$ a **9.**

Si el numerador de una fracción es mayor que la mitad de su denominador, la fracción es mayor que $\frac{1}{2}$. Si el numerador es menor que la mitad de su denominador, la fracción es menor que $\frac{1}{2}$.

- $\frac{3}{8}$ es menor que $\frac{1}{2}$

- $\frac{5}{8}$ es mayor que $\frac{1}{2}$

Las estimaciones con números fraccionarios son más exactas en la suma y la resta que en la multiplicación y la división.

Ejemplo Enrique y María salen a correr dos veces por semana. Enrique corrió $4\frac{3}{4}$ millas y $4\frac{1}{5}$ millas en la semana. María corrió $3\frac{1}{4}$ millas y $3\frac{7}{8}$ millas en la semana. Aproximadamente, ¿cuántas millas más que María corrió Enrique?

    (1) 0
    (2) 1
    (3) 2
    (4) 3
    (5) 4

Paso 1 Redondee las millas que corrió Enrique y luego súmelas. Redondee $4\frac{3}{4}$ a 5 y $4\frac{1}{5}$ a 4. $5 + 4 = 9$

Paso 2 Redondee las millas que corrió María y luego súmelas. Redondee $3\frac{1}{4}$ a 3 y $3\frac{7}{8}$ a 4. $3 + 4 = 7$

Paso 3 Reste para comparar las dos cantidades. $9 - 7 = 2$

La opción (3) es la correcta. Enrique corrió aproximadamente **2 millas** más que María.

Instrucciones: Elija la respuesta que mejor responda a cada pregunta.

Las preguntas 1 a 3 se refieren a la siguiente tabla:

Reparaciones As: Ventas del lunes por la mañana

Pintura	$14\frac{1}{3}$ galones de pintura roja
	$6\frac{3}{4}$ galones de pintura verde
	$9\frac{1}{4}$ galones de pintura blanca
Ferretería	$12\frac{1}{6}$ libras de clavos
Madera	$9\frac{5}{8}$ pies de tablas de 2×4
	$27\frac{1}{4}$ pies de tablas de 2×8
	$4\frac{2}{3}$ pies de tablas de 1×4
	$36\frac{3}{8}$ pies de tablas de 1×6

1. ¿Cuál es la estimación más cercana a los galones de pintura vendidos el lunes por la mañana?

   (1) 26

   (2) 28

   (3) 30

   (4) 32

   (5) 34

2. Aproximadamente, ¿cuántos pies de madera se vendieron?

   (1) 70

   (2) 74

   (3) 76

   (4) 78

   (5) 82

3. El lunes por la tarde se vendieron $10\frac{2}{5}$ libras más de clavos. Aproximadamente, ¿cuántas libras de clavos se vendieron el lunes?

   (1) 20

   (2) 22

   (3) 24

   (4) 26

   (5) 28

Las preguntas 4 a 6 se refieren a la siguiente información:

Nueces Sánchez vende dos tipos de surtidos.

Surtido A: $2\frac{2}{3}$ libras de nueces de la India

$2\frac{3}{8}$ libras de maní

$3\frac{1}{2}$ libras de nueces saladas

$2\frac{1}{8}$ libras de nueces de Brasil

Surtido B: $6\frac{1}{2}$ libras de almendras

$3\frac{7}{8}$ libras de nueces de castilla

$4\frac{1}{5}$ libras de maní

4. Aproximadamente, ¿cuántas libras más de maní tiene el Surtido B que el Surtido A?

   (1) 2

   (2) 4

   (3) 6

   (4) 10

   (5) No se cuenta con suficiente información.

5. Calcule el número aproximado de libras de nueces de la India y de nueces de Brasil que contiene el Surtido A.

   (1) 1

   (2) 2

   (3) 3

   (4) 5

   (5) 15

6. Aproximadamente, ¿cuantas libras más de nueces contiene el Surtido B que el Surtido A?

   (1) 26

   (2) 15

   (3) 11

   (4) 4

   (5) No se cuenta con suficiente información.

Las respuestas comienzan en la página 387.

Escribir fracciones en una cuadrícula estándar

Cuando use la cuadrícula estándar para escribir resultados fraccionarios de problemas, es importante recordar lo siguiente:

- Escriba su respuesta en la parte superior de la cuadrícula.
- En la segunda hilera de la cuadrícula, el símbolo $\boxed{/}$ es la barra de división.
- Su respuesta puede empezar en cualquiera de las cinco columnas siempre y cuando esté completa. Deje en blanco las columnas que no use.
- No puede escribir números mixtos en la cuadrícula. Por lo tanto, deberá convertir los resultados en número mixto en fracción impropia antes de escribirlo en la cuadrícula.

Ejemplo 1   Felipe corrió durante $1\frac{1}{8}$ horas el martes y $\frac{1}{2}$ hora el miércoles. ¿Cuántas horas más que el miércoles corrió el martes?

$$1\frac{1}{8} - \frac{1}{2} =$$
$$\frac{9}{8} - \frac{4}{8} = \frac{5}{8}$$

SUGERENCIA

Al escribir su respuesta en la cuadrícula, recuerde anotarla en la hilera superior, rellenar el círculo correspondiente y dejar en blanco columnas que no use.

La diferencia del número de horas que Felipe corrió el martes y el número de horas que corrió el miércoles es $\frac{5}{8}$ **horas.** Las tres cuadrículas que se muestran a la derecha están llenadas correctamente.

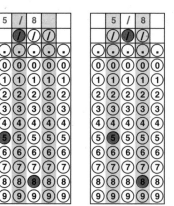

Ejemplo 2   Angélica trabajó $5\frac{1}{2}$ horas el lunes y $4\frac{3}{4}$ horas el martes. ¿Cuántas horas trabajó Angélica en total esos dos días?

$$5\frac{1}{2} + 4\frac{3}{4} =$$
$$5\frac{2}{4} + 4\frac{3}{4} = 9\frac{5}{4}$$
$$= 10\frac{1}{4}$$

El número total de horas que trabajó Angélica es $\mathbf{10\frac{1}{4}}$. Como no puede escribir números mixtos en la cuadrícula estándar, primero convierta $10\frac{1}{4}$ en fracción impropia: $\frac{41}{4}$. Las dos cuadrículas de la derecha están llenadas correctamente.

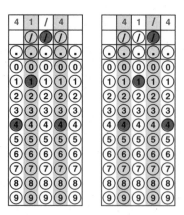

Instrucciones: Resuelva los siguientes problemas y registre sus respuestas en las cuadrículas.

1. Un trozo de madera mide $2\frac{7}{8}$ pies de largo. Si corta $1\frac{3}{4}$ pies, ¿cuántos pies quedan?

3. Raquel tiene 4 tazas de harina y usa $\frac{2}{3}$ para una receta. ¿Cuántas tazas de harina le quedan?

2. Andrea corta una cinta de $2\frac{3}{4}$ yardas en 3 pedazos iguales. ¿Cuál es la longitud de cada pedazo?

4. En un mapa a escala, $\frac{1}{3}$ de pulgada en el mapa es igual a una distancia real de 3 millas. Si una distancia en el mapa es de $\frac{3}{4}$ de pulgada, ¿cuál es la distancia real en millas?

SUGERENCIA

Asegúrese de responder lo que le están preguntando. Cuando le piden calcular "cuánto queda", revise el valor de su resultado. ¿Calculó cuánto se usó o cuánto quedó?

SUGERENCIA

Hay diferentes métodos para resolver un problema. Por ejemplo, si la escala de un mapa es de $\frac{1}{3}$ de pulgada = 3 millas, entonces 1 pulgada equivale a 9 millas.

Así, $\frac{1}{9} = \frac{\frac{3}{4}}{x}$ ó $\frac{3}{4} \times 9 = x$.

Las respuestas comienzan en la página 387.

Prueba corta de GED • Lecciones 5 a 7

Instrucciones: Ésta es una prueba de práctica que dura treinta minutos. Después de transcurridos los treinta minutos, marque la última pregunta que haya respondido. A continuación, termine la prueba y revise sus respuestas. Si la mayoría de sus respuestas fueron correctas, pero no terminó la prueba, trate de responder las preguntas más rápidamente la próxima vez.

Parte 1

Instrucciones: Elija la respuesta que mejor responda a cada pregunta. PUEDE usar la calculadora.

1. De los 24,000 teléfonos celulares inspeccionados en la última corrida de producción, 50 estaban defectuosos. ¿Qué fracción de los teléfonos celulares inspeccionados estaba defectuosa?

   (1) $\frac{1}{4,800}$

   (2) $\frac{1}{960}$

   (3) $\frac{1}{480}$

   (4) $\frac{1}{96}$

   (5) $\frac{1}{48}$

2. El automóvil de Katia recorre 354 millas con 15 galones de gasolina. A esa misma razón, ¿cuántas millas recorre su automóvil con 20 galones de gasolina?

   (1) 472

   (2) 359

   (3) $265\frac{1}{2}$

   (4) 236

   (5) No se cuenta con suficiente información.

3. ¿Cuánto es el valor de $7\frac{3}{4} + 1\frac{7}{8}$?

   (1) $8\frac{5}{8}$

   (2) $8\frac{5}{6}$

   (3) $8\frac{7}{8}$

   (4) $9\frac{5}{8}$

   (5) $10\frac{5}{6}$

4. Generalmente, Ramón recorre $\frac{3}{5}$ de milla para recoger a José. Luego, recorren juntos $\frac{4}{5}$ de milla más para llegar al trabajo. Hoy, José está enfermo, por lo que Ramón recorre 1 milla directamente a la oficina. ¿Cuánto más corta es la ruta directa?

   (1) $\frac{2}{5}$ milla

   (2) $\frac{3}{5}$ milla

   (3) $\frac{4}{5}$ milla

   (4) $1\frac{2}{5}$ millas

   (5) $2\frac{2}{5}$ millas

5. Alicia puede mecanografiar 74 palabras por minuto. A esta velocidad, ¿cuál expresión muestra cuántas palabras puede mecanografiar Alicia en 7 horas?

   (1) 74×7

   (2) $74 \times 60 \times 7$

   (3) $74 \times \frac{7}{60}$

   (4) $74 \times \frac{60}{7}$

   (5) $\frac{74}{60} \times 7$

6. Un tanque contiene 5075 galones de agua. ¿Cuántos recipientes de agua se pueden llenar con el contenido de este tanque si cada recipiente tiene una capacidad de $6\frac{1}{4}$ galones?

   (1) 813

   (2) 812

   (3) 811

   (4) 810

   (5) No se cuenta con suficiente información.

7. ¿Qué expresión se puede utilizar para calcular cuántos pies hay en $\frac{1}{4}$ de milla? (1 milla = 5280 pies)

   (1) $\frac{1}{4} + 5280$

   (2) $5280 - \frac{1}{4}$

   (3) $5280 \times \frac{1}{4}$

   (4) $5280 \div \frac{1}{4}$

   (5) $\frac{1}{4} \div 5280$

8. El salario anual de Carlos es de $39,000. Si recibe un bono de $\frac{1}{20}$ de su salario anual, ¿cuál es la cantidad aprobada de su bono?

   (1) $ 20

   (2) $ 200

   (3) $ 2,000

   (4) $20,000

   (5) No se cuenta con suficiente información.

9. Carolina trabajó $7\frac{2}{3}$ horas ayer y $6\frac{3}{5}$ horas hoy. ¿Cuántas horas trabajó en ambos días?

   (1) $13\frac{4}{15}$

   (2) $13\frac{5}{8}$

   (3) $14\frac{4}{15}$

   (4) $14\frac{5}{8}$

   (5) No se cuenta con suficiente información.

10. La escala de los planos de la nueva autopista es: $2\frac{1}{2}$ pulgadas equivalen a 2200 pies. Si la distancia real entre dos salidas de la autopista es de 5500 pies, ¿cuántas pulgadas de distancia hay entre las dos salidas en los planos?

    (1) $5\frac{3}{4}$

    (2) 6

    (3) $6\frac{1}{4}$

    (4) $6\frac{1}{2}$

    (5) $6\frac{3}{4}$

Las preguntas 11 a 13 se refieren a la siguiente tabla:

Ganancias de la compañía	
Región	Fraccion de las ganancias
Noreste	$\frac{1}{8}$
Sureste	$\frac{1}{4}$
Noroeste	$\frac{1}{8}$
Suroeste	$\frac{1}{5}$
Centro	$\frac{3}{10}$

11. ¿Qué región tuvo la fracción mayor de las ganancias de la compañía?

    (1) Noreste

    (2) Sureste

    (3) Noroeste

    (4) Suroeste

    (5) Centro

12. ¿Qué tanto mayor es la fracción de las ganancias combinadas de las regiones Noreste y Noroeste que la fracción de las ganancias de la región Suroeste?

    (1) $\frac{1}{20}$

    (2) $\frac{3}{20}$

    (3) $\frac{1}{5}$

    (4) $\frac{1}{4}$

    (5) $\frac{2}{5}$

13. Si las ganancias totales de la compañía para el año pasado fueron de $1,987,865, ¿qué cantidad de las ganancias provino de la región Suroeste?

    (1) $ 248,483

    (2) $ 397,573

    (3) $ 496,966

    (4) $ 596,966

    (5) $9,939,325

Parte 2

Instrucciones: Elija la respuesta <u>que mejor responda</u> a cada pregunta. **NO** puede usar la calculadora.

14. El lunes, 4 de los 32 estudiantes de un salón de clases estuvieron ausentes. ¿Qué fracción del salón de clases estuvo ausente?

   (1) $\frac{1}{32}$

   (2) $\frac{1}{8}$

   (3) $\frac{1}{4}$

   (4) $\frac{4}{7}$

   (5) $\frac{7}{8}$

15. Un vuelo de Nueva York a Chicago tardó $2\frac{4}{5}$ horas. El vuelo de regreso tardó $3\frac{1}{8}$ horas. ¿Cuál de las siguientes expresiones representa cuánto más largo fue el vuelo de regreso?

   (1) $2\frac{4}{5} + 3\frac{1}{8}$

   (2) $3\frac{1}{8} - 2\frac{4}{5}$

   (3) $3\frac{1}{8} \times 2\frac{4}{5}$

   (4) $3\frac{1}{8} \div 2\frac{4}{5}$

   (5) $2\frac{4}{5} \div 3\frac{1}{8}$

16. Si recorta $3\frac{7}{16}$ pulgadas de este papel de dibujo, ¿cuántas pulgadas quedarán?

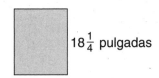

$18\frac{1}{4}$ pulgadas

   (1) $12\frac{9}{16}$

   (2) $13\frac{1}{4}$

   (3) $13\frac{3}{4}$

   (4) $14\frac{13}{16}$

   (5) No se cuenta con suficiente información.

17. Ricardo tiene un pedazo de soga de $6\frac{1}{3}$ pies de largo y corta un pedazo que mide $2\frac{7}{8}$ pies de largo. Después de cortar ese pedazo, <u>aproximadamente</u> ¿cuántos pies de cuerda le quedan?

   (1) 3

   (2) 4

   (3) 5

   (4) 9

   (5) 10

18. Una planta crece a razón de $5\frac{1}{2}$ pulgadas por semana. A esta razón, ¿qué expresión muestra cuántas pulgadas crecerá la planta en $2\frac{1}{2}$ semanas?

   (1) $5\frac{1}{2} + 2\frac{1}{2}$

   (2) $5\frac{1}{2} - 2\frac{1}{2}$

   (3) $2\frac{1}{2} \times 5\frac{1}{2}$

   (4) $2\frac{1}{2} \div 5\frac{1}{2}$

   (5) $5\frac{1}{2} \div 2\frac{1}{2}$

19. Clara trabajó durante $5\frac{1}{2}$ horas el lunes, $4\frac{2}{3}$ horas el martes y $4\frac{3}{5}$ el miércoles. <u>Aproximadamente</u>, ¿cuánto ganó en esos tres días?

   (1) 15

   (2) 30

   (3) 40

   (4) 80

   (5) No se cuenta con suficiente información.

20. Andrés tiene 15 días de vacaciones al año. Si ya usó $6\frac{1}{4}$ días este año, ¿qué expresión muestra cuántos días de vacaciones le quedan?

(1) $6\frac{1}{4} + 15$

(2) $15 - 6\frac{1}{4}$

(3) $15 \times 6\frac{1}{4}$

(4) $15 \div 6\frac{1}{4}$

(5) $6\frac{1}{4} \div 15$

21. Una compañía aseguradora calcula que 75 de cada 100 inquilinos no tienen un seguro para sus bienes personales. ¿Qué fracción de los inquilinos tiene seguro?

(1) $\frac{1}{25}$

(2) $\frac{2}{3}$

(3) $\frac{1}{10}$

(4) $\frac{1}{4}$

(5) $\frac{2}{5}$

22. En Café La Luna, el cocinero sirve $\frac{1}{3}$ de taza de salsa de carne por cada porción de puré de papas. ¿Cuántas porciones puede servir si tiene 12 tazas de salsa de carne?

(1) 3

(2) 4

(3) 12

(4) 24

(5) 36

23. Sara corre a una velocidad promedio de $\frac{2}{15}$ de milla por minuto. A esta velocidad, ¿cuántas millas correrá en 30 minutos?

(1) 2

(2) 4

(3) $4\frac{1}{2}$

(4) $7\frac{1}{2}$

(5) 15

24. La escala de un mapa indica que $\frac{3}{4}$ de pulgada en el mapa equivalen a una distancia real de 5 millas. Si la distancia real entre dos ciudades es de 45 millas, ¿cuántas pulgadas de distancia hay entre las ciudades en el mapa?

(1) $6\frac{3}{4}$

(2) 9

(3) $9\frac{3}{4}$

(4) 12

(5) $12\frac{3}{4}$

Las preguntas 25 y 26 se refieren a la siguiente tabla:

Presupuesto mensual	
Gastos	**Fracción presupuestada**
Renta	$\frac{3}{8}$
Salarios	$\frac{1}{4}$
Publicidad	$\frac{1}{5}$
Suministros	$\frac{1}{8}$
Gastos diversos	$\frac{1}{20}$

25. ¿A cuál de los gastos se adjudicó la mayor cantidad del presupuesto mensual?

(1) renta

(2) salarios

(3) publicidad

(4) suministros

(5) gastos diversos

26. Si el total del presupuesto para el mes de marzo fue de $16,000, ¿cuánto fue el presupuesto combinado para salarios y suministros?

(1) $ 2,000

(2) $ 4,000

(3) $ 6,000

(4) $ 8,000

(5) $10,000

Las respuestas comienzan en la página 388.

DESTREZA DE GED **Introducción a los números decimales**

Entender los números decimales

En las Lecciones 5 a 7, usted usó fracciones para representar cantidades menores que uno. Un **número decimal** es otra forma de expresar cantidades fraccionarias. Un decimal es una fracción que utiliza el sistema del valor posicional. En cada uno de los siguientes diagramas, la parte sombreada se expresa tanto en forma de fracción como de decimal.

SUGERENCIA

Para representar milésimos, imagine que divide cada cuadro de una tabla de centésimos en 10 partes iguales. Para representar diezmilésimos, imagine que divide esos mismos cuadros en 100 partes iguales.

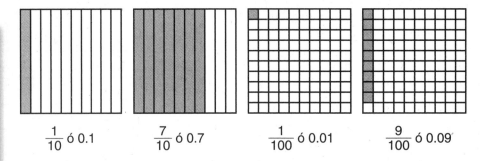

$\frac{1}{10}$ ó 0.1 $\frac{7}{10}$ ó 0.7 $\frac{1}{100}$ ó 0.01 $\frac{9}{100}$ ó 0.09

La siguiente tabla muestra los nombres de los primeros cinco valores posicionales decimales. Observe que los números enteros aparecen a la izquierda del punto decimal y los decimales a la derecha.

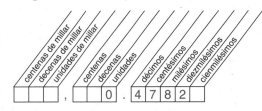

Compare los valores posicionales de los números enteros y de los decimales. ¿Nota algún patrón? Piense en la columna de las unidades y en el punto decimal como si fueran el centro de la tabla. Observe que, conforme se va alejando del centro, los nombres de los valores posicionales se relacionan entre sí.

Al avanzar hacia la izquierda, cada columna es 10 veces mayor que la columna que está a su derecha. Al avanzar hacia la derecha, el valor de las columnas se hace menor. Cada columna es $\frac{1}{10}$ del valor de la columna que está a su izquierda.

Al igual que con los números enteros, la suma del valor posicional de cada dígito es igual al valor total de la cifra.

SUGERENCIA

El cero que está en el lugar de las décimos en 16.034 tiene un **valor nulo**. Su único objetivo es llenar el espacio entre el número entero y los dígitos que están más a la derecha.

Ejemplo 1   ¿Cuál es el valor de cada dígito en 0.4782?

4 está en la posición de los **décimos.** $4 \times 0.1 \quad = \mathbf{0.4}$
7 está en la posición de los **centésimos.** $7 \times 0.01 \quad = \mathbf{0.07}$
8 está en la posición de los **milésimos.** $8 \times 0.001 \quad = \mathbf{0.008}$
2 está en la posición de los **diezmilésimos.** $+2 \times 0.0001 = \mathbf{0.0002}$
$\overline{\qquad\qquad\qquad \mathbf{0.4782}}$

Nota: Cuando un número decimal no tiene un valor en la parte de los números enteros, se suele escribir un cero a la izquierda del punto decimal. El cero no tiene valor.

Ejemplo 2   ¿Cómo se escribe 16.034 con palabras?

Lea la parte del número que corresponde a los enteros. Diga la palabra *con* para indicar el punto decimal. Lea los dígitos que están a la derecha del punto decimal y diga el nombre de la posición del último dígito de la derecha. Observe que no se usan comas para separar grupos de tres de dígitos en la parte decimal de la cifra, es decir, a la derecha del punto decimal.

El número 16.034 se lee *dieciséis con treinta y cuatro milésimos.*

ENFOQUE EN LAS DESTREZAS DE GED

A. Escriba con palabras el valor del dígito subrayado. Consulte la tabla en la página 104.

Ejemplo: 1.5<u>4</u>09 _____cuatro centésimos_____

1. 10.92<u>5</u>1 _____

2. 7.8<u>5</u> _____

3. 255.0<u>7</u> _____

4. 36.00<u>2</u>9 _____

5. 4.1<u>6</u>2 _____

6. 17.2<u>9</u>6 _____

B. Paree cada número en la Columna A con su palabra numérica en la Columna B.

Columna A

Columna B

_____ 7. 1.35

_____ 8. 1.035

_____ 9. 1.305

_____ 10. 1.0305

a. uno con trescientos cinco milésimos

b. uno con treinta y cinco milésimos

c. uno con treinta y cinco centésimos

d. uno con trescientos cinco diezmilésimos

_____ 11. 1.2

_____ 12. 0.12

_____ 13. 0.0012

_____ 14. 0.012

a. doce centésimos

b. doce milésimos

c. doce diezmilésimos

d. uno con dos décimos

C. Escriba con palabras cada número.

Ejemplo: 20.08 _____veinte con ocho centésimos_____

15. 5.25 _____

16. 6.008 _____

17. 0.37 _____

18. 1.01 _____

19. 2.005 _____

20. 4.05 _____

21. 3.9 _____

22. 0.08 _____

23. 3.004 _____

24. 12.6 _____

Las respuestas comienzan en la página 389.

Redondear, comparar y ordenar números decimales

Los pasos para redondear decimales son similares a los que utilizamos para redondear números enteros. Hay una diferencia importante en el **Paso 3.**

Ejemplo 1   Redondee 5.362 al décimo más cercano.

Paso 1   Ubique el dígito que desea redondear.
Encerrar el dígito en un círculo puede serle útil.   5.③62

Paso 2   Observe el dígito que está inmediatamente a la
derecha del dígito que encerró en un círculo.   5.③6̲2

Paso 3   Si el dígito que está a la derecha es igual a o
mayor que 5, sume 1 al dígito que encerró en un
círculo. Si el dígito a la derecha es menor que 5, no
cambie el dígito que encerró en el círculo.
Elimine los dígitos restantes.   5.4

Ejemplos   Redondee al valor posicional que se indica.
Redondee 1.832 al centésimo más
cercano.   1.8③2̲ redondeado es **1.83**
Redondee 16.95 al décimo más cercano.   16.⑨5̲ redondeado es **17.0**
Redondee 3.972 a la posición de
las unidades.   ③.9̲72 redondeado es **4**

En la comparación de decimales se aplica un concepto matemático importante. Se pueden añadir ceros a la derecha del último dígito decimal sin que cambie el valor de la cifra. Examine los siguientes ejemplos.

REGLA Al comparar decimales con el mismo número de posiciones decimales, se comparan como si fueran números enteros.

Ejemplo   ¿Cuál es mayor: 0.364 ó 0.329?
Ambos números tienen tres posiciones decimales. Puesto que 364 es mayor que 329, el decimal **0.364 > 0.329.**

La regla para comparar números enteros que establece que el número con más dígitos es el mayor no se aplica a los decimales. El número decimal con más posiciones decimales no necesariamente es el mayor.

REGLA Cuando los decimales tienen un número diferente de dígitos, escriba ceros a la derecha del decimal con menos dígitos para que ambas cifras tengan el mismo número de posiciones decimales. Luego, compárelos.

Ejemplo   ¿Cuál es mayor: 0.518 ó 0.52?
Agregue un cero a 0.52:   0.518 ? 0.520
Puesto que 520 > 518, el decimal **0.52 > 0.518.**

REGLA Cuando los números tienen partes enteras y decimales, compare primero los números enteros.

Ejemplo   Compare 32.001 y 31.999.
Como 32 es mayor que 31, el número **32.001 es mayor que 31.999.** No importa que 0.999 sea mayor que 0.001.

Siguiendo estas mismas reglas, puede ordenar varios números según su valor. Cuando tenga que comparar varios números, escríbalos en una columna y alinee los puntos decimales. Luego, agregue ceros a la derecha, hasta que todos los decimales tengan el mismo número de dígitos.

Recuerde que > significa *mayor que* y < significa *menor que*. La flecha apunta hacia el número menor.

Los valores de los dígitos pueden ayudarle a comparar decimales. Los dos números decimales del ejemplo tienen 5 décimos, pero 0.52 tiene 2 centésimos y 0.518 sólo tiene un centésimo, por lo que 0.52 > 0.518.

Ejemplo 2   Una escala digital muestra el peso de un objeto hasta los milésimos de libra. Tres paquetes pesan 0.094 libras, 0.91 libras y 0.1 libras respectivamente. Ordene los pesos de mayor a menor.

Paso 1	Escriba los pesos en una columna, alineando el punto decimal.	0.094
Paso 2	Añada ceros para llenar las columnas.	0.91**0**
Paso 3	Compare los números como lo haría con números enteros.	0.1**00**

En orden de mayor a menor, los pesos son **0.91, 0.1** y **0.094 libras.**

ENFOQUE EN LAS DESTREZAS DE GED

A. **Redondee cada número según se indica. Consulte la tabla en la página 104.**

1. Redondee 3.5719 a la posición de los décimos. _____

2. Redondee 5.132 a la posición de los centésimos. _____

3. Redondee 0.543 a la posición de las unidades. _____

4. Redondee 7.0813 a la posición de los décimos. _____

5. Redondee 1.0699 a la posición de los milésimos. _____

B. **Compare los siguientes números y escriba >, < o = entre ellos.**

6. 0.32 _____ 0.3109   10. 1.075 _____ 1.57

7. 0.98 _____ 1.9   11. 0.18 _____ 0.108

8. 0.5 _____ 0.50   12. 2.38 _____ 2.83

9. 0.006 _____ 0.06   13. 3.60 _____ 3.600

C. **Resuelva según se indica.**

14. Ricardo inspecciona transistores. En una prueba, mide las masas de cuatro transistores como se indica a continuación. Necesita registrar la masa de los transistores en gramos (g) redondeándolos al décimo más cercano. ¿Cuál es la masa que Ricardo debe registrar para cada transistor?

    Transistor A: 0.3619 g
    Transistor B: 0.7082 g
    Transistor C: 0.0561 g
    Transistor D: 0.9357 g

15. A continuación se indican los pesos de cuatro paquetes. Ordene los pesos de mayor a menor.

    Paquete 1: 0.5 libras
    Paquete 2: 0.05 libras
    Paquete 3: 0.15 libras
    Paquete 4: 1.1 libras

16. Un quinto paquete pesa 0.55 libras. ¿Pesa más o menos que el paquete 1?

Las respuestas comienzan en la página 389.

ESTRATEGIA DE GED **Resolver problemas**

Las estimaciones y el dinero

Hacer estimaciones con dinero puede ser una destreza muy útil. En muchas situaciones diarias relacionadas con el dinero, no son necesarias las cantidades exactas. Por ejemplo, puede hacer cálculos estimados cuando desee saber si tiene suficiente dinero para comprar las cosas que quiere en el supermercado, o para saber aproximadamente, cuánto dinero debe dar cada persona para pagar una comida entre varias personas. En estos casos, puede utilizar cantidades redondeadas al dólar más cercano (la posición de las unidades).

Ejemplo 1 Según la siguiente lista de precios, <u>aproximadamente</u> ¿cuánto debe pagar Paty por una funda para el volante de su auto, un espejo lateral y una bandeja para aceite?

(1) entre $31 y $33
(2) entre $33 y $35
(3) entre $35 y $37
(4) entre $37 y $39
(5) entre $39 y $41

Lista de precios de piezas de automóvil	
Espejo lateral	$13.45
Funda para volante	$15.95
Bandeja para aceite	$ 8.73
Líquido limpiaparabrisas	$ 2.85
Líquido de frenos	$ 6.35

Redondee el costo de cada artículo al dólar más cercano y calcule el total de los valores aproximados.

Artículo	Costo	Aproximación
Funda para volante	$15.95	$16
Espejo lateral	13.45	13
Bandeja para aceite	8.73	+ 9
Total:		$38

La estimación más acertada es la de la **opción (4) entre $37 y $39.**

También puede utilizar los cálculos estimados en problemas de multiplicación y división.

Ejemplo 2 Utilice la lista de precios anterior para hacer una aproximación del número de botellas de líquido de frenos que podría comprar un cliente con $20.

(1) 1
(2) 2
(3) 3
(4) 4
(5) 5

Redondee el precio de una botella de líquido de frenos al dólar más cercano: $6.35 redondeado es 6. Divida $20 entre $6: $20 ÷ $6 = 3 con un residuo de 2. El cliente podría comprar 3 botellas y le sobraría cambio. La respuesta correcta es la **opción (3) 3.**

SUGERENCIA

A veces debemos ignorar los residuos. Puesto que no podemos comprar parte de un paquete, debemos ignorar el residuo, éste es su "cambio". Por ejemplo, con $20 sólo puede comprar 3 botellas de líquido de frenos a $6; le quedan $2 de cambio.

Instrucciones: Elija la respuesta que mejor responda a cada pregunta.

Las preguntas 1 a 3 se refieren a la siguiente tabla:

Juego por computadora	Precio regular	Precio de oferta
Lanzamientos veloces	$11.79	$8.99
Par 4	8.85	6.29
El Gran Derby	17.25	12.78
La corona del poder	13.72	10.09
Mina estruendosa	12.99	9.25
Alas de murciélago	10.77	7.98

1. Leo quiere comprar los juegos Lanzamientos veloces, La corona del poder y El Gran Derby. Aproximadamente, ¿cuánto costarán los tres juegos en oferta?

   (1) entre $5 y $10
   (2) entre $10 y $15
   (3) entre $15 y $25
   (4) entre $25 y $35
   (5) entre $35 y $45

2. Ana tiene $20 para gastar en juegos por computadora. Si compra El Gran Derby con descuento, ¿qué otro juego puede comprar con descuento?

   (1) Alas de murciélago
   (2) Mina estruendosa
   (3) La corona del poder
   (4) Lanzamientos veloces
   (5) Par 4

3. Marco quiere comprar El Gran Derby y La corona del poder. Aproximadamente, ¿cuánto ahorrará si compra estos juegos en oferta?

   (1) $ 4
   (2) $ 8
   (3) $11
   (4) $12
   (5) No se cuenta con suficiente información

4. La Ferretería Héctor vende detectores de monóxido de carbono a $38.83 y detectores de humo a $12.39. Escoja la estimación más acertada del costo de 4 detectores de humo.

   (1) $12
   (2) $24
   (3) $40
   (4) $48
   (5) $52

5. La Ferretería Héctor vende paquetes que contienen 6 cajas de clavos. Si cada paquete cuesta $17.85, aproximadamente ¿cuánto cuesta cada caja de clavos?

   (1) $ 3
   (2) $ 6
   (3) $18
   (4) $26
   (5) $36

6. Dos veces al mes, a Paola le descuentan $27.50 de su salario por concepto de seguro médico. Aproximadamente, ¿cuánto es su aportación anual por concepto de seguro médico?

   (1) $ 30
   (2) $ 60
   (3) $360
   (4) $600
   (5) $700

SUGERENCIA

Casi siempre resulta útil redondear las cantidades de dinero al $5 ó $10 más cercano. Aunque estas estimaciones no son tan exactas como redondear al dólar más cercano, es más fácil hacer operaciones con ellos.

Las respuestas comienzan en la página 390.

DESTREZA DE GED Los números decimales en la recta numérica

Anteriormente en este libro, utilizó la recta numérica para ubicar números enteros y fracciones. Las rectas numéricas también se pueden usar para comparar decimales. En la siguiente recta numérica, cada uno de los diez intervalos iguales representa un incremento de $\frac{1}{10}$, ó 0.1, al avanzar hacia la derecha.

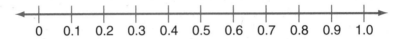

Ejemplo 1 Coloque un punto en la recta numérica siguiente para indicar la ubicación del decimal que equivale a $\frac{7}{10}$.

Siete décimos, o **0.7**, se ubica en la séptima línea corta a la derecha del 0.

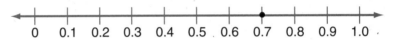

Ejemplo 2 Coloque un punto en la recta numérica siguiente para indicar la ubicación del decimal que equivale a $\frac{45}{100}$.

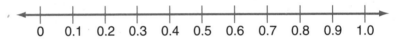

El decimal equivalente a $\frac{45}{100}$ es **0.45**, que se encuentra en medio de las líneas cortas de 0.4 y 0.5 en la recta numérica. El punto que se muestra en la siguiente recta numérica es correcto.

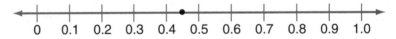

Ejemplo 3 Coloque un punto en la recta numérica siguiente para representar 0.453 redondeado al centésimo más cercano.

Puesto que el 3 que está en la posición de los milésimos es menor que 5, 0.453 redondeado es **0.45**.

Resuelva los siguientes problemas. Indique sus respuestas colocando correctamente un punto en la recta numérica bajo cada problema.

1. Coloque un punto en la recta numérica siguiente para indicar la ubicación del decimal que equivale a cinco décimos.

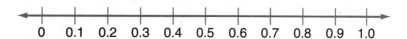

2. Coloque un punto en la recta numérica siguiente para indicar la ubicación del decimal que está justo en el medio, entre cinco décimos y seis décimos.

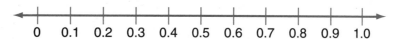

3. Coloque un punto en la recta numérica siguiente para representar 0.825 redondeado al décimo más cercano.

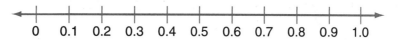

4. Coloque un punto en la recta numérica siguiente para representar el decimal equivalente a $\frac{245}{1000}$ redondeado al centésimo más cercano.

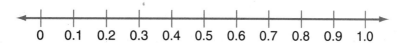

5. Coloque un punto en la recta numérica siguiente para representar el decimal equivalente a uno con tres décimos.

6. Coloque un punto en la recta numérica siguiente para representar el número mixto uno con seiscientos veinticinco milésimos redondeado al décimo más cercano.

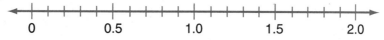

7. Coloque un punto en la recta numérica siguiente para representar el decimal equivalente a $1\frac{1}{4}$ redondeado al décimo más cercano.

8. Coloque un punto en la recta numérica siguiente para representar 1.025 redondeado al décimo más cercano.

Las respuestas comienzan en la página 390.

Lección 9

DESTREZA DE GED **Operaciones con números decimales**

Sumar y restar números decimales

Ejemplo 1   Ana ensambla piezas de máquinas. Una de las piezas consta de dos secciones cuyas longitudes miden 4.875 y 3.25 centímetros. Una vez ensambladas, ¿cuál es la longitud total de las dos secciones?

Paso 1   Para sumar, escriba los números de manera que los puntos decimales estén alineados. Si es necesario, escriba ceros a la derecha del último dígito de modo que todos los números tengan el mismo número de posiciones decimales.

$$\begin{array}{r} 4.875 \\ +3.25\mathbf{0} \end{array}$$

Paso 2   Sume tal como lo haría con números enteros. Reagrupe si es necesario.

$$\begin{array}{r} {\scriptstyle 1\ 1} \\ 4.875 \\ +3.250 \\ \hline 8\ 125 \end{array}$$

Paso 3   Alinee el punto decimal del resultado con los puntos decimales del problema.

$$\begin{array}{r} 4.875 \\ +3.250 \\ \hline 8.125 \end{array}$$

 Cuando sume decimales con una calculadora, asegúrese de marcar los puntos decimales donde correspondan.

4 · 875 + 3 · 25 = 8.125

La longitud total de las piezas ensambladas es de **8.125 centímetros.**

Ejemplo 2   César tiene $213 en su cuenta de cheques. Si hace un cheque por $32.60, ¿cuánto le quedará en la cuenta?

Paso 1   Para restar, escriba las cifras de manera que los puntos decimales estén alineados. Observe que un número sin punto decimal se considera como si tuviera uno a la derecha de la posición de las unidades. Si es necesario, escriba ceros a la derecha del último dígito de la cifra.

$$\begin{array}{r} \$213.\mathbf{00} \\ -\ 32.60 \end{array}$$

Paso 2   Reste tal como lo haría con números enteros. Reagrupe si es necesario.

$$\begin{array}{r} {\scriptstyle 10\ 12} \\ {\scriptstyle 1\ \not{0}} \\ {\scriptstyle 2\ \ 10} \\ \$2\not{1}\not{3}.\not{0}\not{0} \\ -\ 32.60 \\ \hline \$180\ 40 \end{array}$$

Paso 3   Alinee el punto decimal del resultado con los puntos decimales del problema.

$$\begin{array}{r} \$213.00 \\ -\ 32.60 \\ \hline \$180.40 \end{array}$$

A César le quedarán **$180.40** en su cuenta de cheques.

A. Resuelva los problemas de números decimales con lápiz y papel. Alinee los resultados con los puntos decimales.

1. 0.03
    +2.60

2. 1.35
    +4.05

3. 6.90
    −1.353

4. 5.075
    −2.15

5. 7.1 + 8.003

6. 10.3 − 6.125

7. 3.61 + 1.2

8. 16.05 − 4.27

9. 1.85
    0.03
    19.007
    +62

10. 12.4
     11.08
     16.1
     + 4.575

11. 16,004.1
     − 6,972.1

12. 3.8
     −1.006

13. 12.87 − 9.923

14. 23.07 − 5.965

15. 14.01 + 8.6 + 0.058

16. 56.8 − 24.95

B. Use la calculadora para resolver estos problemas.

17. 0.95 + 1.843 + 3.008 + 0.9

18. 0.6 − 0.3407

19. 3.15 + 2.816 + 4.05 + 0.3

20. 39.05 − 15.7

21. 0.125 + 1.4 + 3.76 + 0.01

22. 25.6 − 12.85

Las respuestas comienzan en la página 391.

Multiplicar y dividir números decimales

Ejemplo 1 En la sección de embutidos de la tienda, un pedazo de queso pesa 1.6 libras y cuesta $1.79 la libra. ¿Cuál es el costo del queso, aproximado al centavo más cercano?

SUGERENCIA

Para multiplicar por una potencia de 10 (10, 100, . . .), cuente el número de ceros y mueva el punto decimal ese número de posiciones a la derecha.

$1.4 \times 100 = 140.$

Paso 1 Multiplique el precio de la libra por el número de libras. Multiplique como lo haría con números enteros. Observe que no hay necesidad de alinear los puntos decimales al multiplicar.

$$\begin{array}{r} \$1.79 \\ \times\ \ 1.6 \\ \hline 1074 \\ +1790 \\ \hline 2864 \end{array}$$

Paso 2 Cuente las posiciones decimales en el problema original para calcular cuántas posiciones decimales se necesitan en el resultado. Coloque el punto decimal en el resultado. Empezando por la derecha, cuente tres posiciones decimales.

$1.79 \leftarrow$ 2 posiciones decimales
$\times\ \ 1.6 \leftarrow$ 1 posición decimal
$\$2.\mathbf{864} \leftarrow$ 3 posiciones decimales

Paso 3 El problema indica que debe redondear el resultado al centavo más cercano. Por ello, debe redondear a la posición de los centésimos.

$2.864 redondeado es **$2.86**

Marque los números que desea multiplicar. Observe que la calculadora no marca el signo de dólar.

1.79 **×** 1.6 **=** 2.864

El pedazo de queso cuesta **$2.86.**

Ejemplo 2 Martín compró un reproductor portátil de discos compactos a $74.55 y lo piensa pagar en 6 plazos. ¿De cuánto será cada pago? Redondee el resultado al centavo más cercano.

SUGERENCIA

Para dividir entre una potencia de 10, cuente el número de ceros y mueva el punto decimal ese número de posiciones a la izquierda.

$1.4 \div 100 = .014$

Paso 1 Plantee el problema. Coloque el punto decimal en el resultado directamente encima del punto decimal del problema.

Paso 2 Divida tal como lo haría con números enteros. Si hay un residuo, escriba cero a la derecha de la última posición decimal del número que está dividiendo. Continúe este proceso hasta que no haya residuos o hasta llegar a una posición a la derecha del valor posicional deseado.

$$\begin{array}{r} \$12.425 \\ 6)\overline{\$74.550} \\ \underline{6} \\ 14 \\ \underline{12} \\ 25 \\ \underline{24} \\ 15 \\ \underline{12} \\ 30 \\ \underline{30} \end{array}$$

Paso 3 Redondee su respuesta al centavo más cercano.

$12.425 redondeado es $12.43.

Marque los números que desea dividir. Recuerde que es importante marcar *primero* el número que va a dividir.

74.55 **÷** 6 **=** 12.425

Cada pago es de **$12.43.**

Ejemplo 3 Un farmacéutico está preparando cápsulas que contienen 0.007 gramos de aspirina cada una. ¿Cuántas cápsulas puede preparar con 14 gramos de aspirina?

Paso 1 Plantee el problema. Para dividir por un número decimal, convierta el divisor (el número por el que está dividiendo) en un número entero. En este problema, mueva el punto decimal del divisor tres posiciones a la derecha. Agregue ceros a la derecha del número que está dividiendo de manera que pueda mover el punto decimal el mismo número de lugares: tres.

$$0.007\overline{)14.000.}$$

Paso 2 Coloque el punto decimal del resultado directamente encima del punto decimal del número que está dividiendo. Divida tal como lo haría con números enteros.

$$\begin{array}{r} 2,000. \\ 7\overline{)14,000.} \\ \underline{14} \end{array}$$

Marque los números que desea dividir. Observe que no necesita mover el punto decimal en la calculadora.

14 ÷ 0.007 = 2000.

El farmacéutico puede preparar **2,000 cápsulas.**

ENFOQUE EN LAS DESTREZAS DE GED

A. Coloque el punto decimal en cada resultado. Si es necesario, añada ceros.

1. $8.5 \times 0.4 =$ 3 4 0

2. $0.04 \times 0.6 =$ 2 4

3. $5.6 \times 0.002 =$ 1 1 2

4. $12 \times 3.06 =$ 3 6 7 2

5. $21.1 \times 14.7 =$ 3 1 0 1 7

6. $0.008 \times 12 =$ 9 6

B. Resuelva los siguientes problemas con lápiz y papel.

7. 1.07×12

8. 0.09×6.1

9. $8\overline{)20.48}$

10. $3\overline{)3.2916}$

11. 2.27×1.8

12. 5.04×15

13. $3.6\overline{)7.704}$

14. $1.05\overline{)6.3987}$

15. 0.008×2.5

16. 1.05×0.11

17. $6\overline{)0.021}$

18. $0.07\overline{)4.34}$

C. Use su calculadora para resolver estos problemas. Redondee los resultados al centésimo más cercano.

19. 0.012×12

20. $7\overline{)2}$

21. 7.15×0.03

22. $11\overline{)3}$

23. 12.25×1.5

24. $6\overline{)5}$

Las respuestas comienzan en la página 391.

ESTRATEGIA DE GED **Resolver problemas**

Resolver problemas en varios pasos

Ejemplo 1 Erica compra un artículo que cuesta $5.24 y paga además $0.31 de impuesto. Si Erica paga con un billete de $20, ¿cuál expresión muestra cuánto recibirá Erica de cambio?

(1) $20 + $5.24 + $0.31
(2) $5.24 + $0.31 − $20
(3) $20 − $5.24 + $0.31
(4) $5.24 − ($0.31 + $5.24)
(5) $20 − ($5.24 + $0.31)

Lea el problema detenidamente. ¿Qué necesita saber para resolverlo? Necesita conocer el costo total (costo del artículo más impuesto). También necesita calcular la diferencia entre la cantidad pagada y el costo total. En otras palabras, restar el costo total de $20.

- La opción (1) es incorrecta porque suma las tres cantidades.
- En la opción (2), $20 se resta del total de $5.24 y $0.31.
  Restar $20 del total no es lo mismo que restar el total de $20.
- La opción (3) es incorrecta porque no hay paréntesis, indicando que sólo se restan $5.24 de $20, en lugar de la suma de $5.24 y $0.31.
- La opción (4) es incorrecta porque la suma se resta de $5.24 y no de $20.
- La **opción (5) es correcta.** Debido a los paréntesis, el primer paso es calcular el costo total del artículo ($5.24 + $0.31). Después, se resta el costo total de $20.

> **SUGERENCIA**
>
> Recuerde seguir el orden de las operaciones.
>
> 1. Primero, realice todas las operaciones entre paréntesis.
> 2. Después, realice las multiplicaciones o divisiones.
> 3. Por último, haga las sumas o restas.

Ejemplo 2 Martín está colocando cinta protectora contra el viento en los costados y en la parte superior de las puertas de su casa. Si la cinta protectora viene en paquetes de 15.47 metros, ¿cuántos metros de cinta protectora quedarán después de que Martín termine de colocarla en dos puertas como la que se muestra en la figura?

2.25 m

1 m

(1)   4.47
(2)   5.5
(3)   9.97
(4)   11.0
(5)   No se cuenta con suficiente información.

Paso 1	Calcule la distancia total alrededor de los costados y la parte superior de la puerta.	$(2.25 + 1 + 2.25)$
Paso 2	Puesto que Martín colocó la cinta en dos puertas, debe calcular el doble de la cantidad resultante en el paso 1.	$2(2.25 + 1 + 2.25)$
Paso 3	Reste la cantidad que Martín usó en las dos puertas (ver Paso 2) de los 15.47 metros de cinta que tenía inicialmente.	$15.47 − 2(2.25 + 1 + 2.25)$ $15.47 − 2(5.5)$ $15.47 − 11 = 4.47$

La **opción (1)** es correcta. Quedarán **4.47** metros de cinta protectora.

Instrucciones: Elija la respuesta que mejor responda a cada pregunta.

Las preguntas 1 y 2 se refieren a la siguiente información:

Blanca tiene $35 en efectivo. Compra una blusa de $12.98, un cinturón de $10.67 y un cartel de $5.98.

1. ¿Cuál expresión muestra cuánto dinero le queda a Blanca para pagar el impuesto de venta?

   (1) $35 − $12.98 + ($10.67 − $5.98)

   (2) $35 − ($12.98 + $10.67 + $5.98)

   (3) ($35 + $12.98) − ($10.67 + $5.98)

   (4) $35 + ($12.98 − $10.67 − $5.98)

   (5) $35 − $12.98 + $10.67 + $5.98

2. Si Blanca paga $2.37 en impuesto de ventas, ¿cuánto le queda?

   (1) $ 3.00

   (2) $ 5.37

   (3) $22.02

   (4) $29.63

   (5) $32.00

La pregunta 3 se refiere a la siguiente información:

El Centro de Cómputo Elektra vende discos compactos en blanco a $0.89 cada uno. La Bodega de Computadoras Siglo XXI vende los mismos discos compactos a $1.05 cada uno.

3. ¿Cuál expresión muestra cuánto ahorrará un cliente si compra 25 discos compactos en blanco en el Centro de Cómputo Elektra?

   (1) 25($1.05 − $0.89)

   (2) 25($1.05 + $0.89)

   (3) 25 − ($1.05 + $0.89)

   (4) 25 + ($1.05 − $0.89)

   (5) 25 ÷ ($1.05 − $0.89)

Las preguntas 4 y 5 se refieren a la siguiente información:

Taller Samuel	
Llanta	$45.79
Frenos	$89.99
Cambio de aceite	$18.25

4. Antonio compró dos llantas y solicitó un cambio de aceite en el Taller Samuel. ¿Cuál de las siguientes expresiones muestra cuánto gastó Antonio?

   (1) 2($45.79 + $18.25)

   (2) 2($45.79 − $18.25)

   (3) 2($45.79) + $18.25

   (4) 2($45.79) − $18.25

   (5) 2($45.79) ÷ 2($18.25)

5. Otro taller tenía en oferta las mismas llantas a $50 cada una. ¿Cuánto ahorró Antonio al comprar las llantas en el Taller Samuel?

   (1) $ 4.21

   (2) $ 8.42

   (3) $ 45.79

   (4) $ 91.58

   (5) $100.00

6. El sueldo anual de Ángel aumentó de $18,575 a $21,000. ¿Cuál fue el aumento por mes? Redondee el resultado al dólar más cercano.

   (1) $2,425

   (2) $2,021

   (3) $1,750

   (4) $1,548

   (5) $ 202

Las respuestas comienzan en la página 392.

ESTRATEGIA DE GED **Usar formatos especiales**

Escribir decimales en una cuadrícula estándar

Anteriormente en este libro usted aprendió a escribir números enteros y fracciones en una cuadrícula estándar. Usará la misma cuadrícula para escribir decimales.

Puntos que debe recordar:

- Cada cuadrícula se usa para marcar un solo resultado.
- Para anotar un resultado con decimales en una cuadrícula, puede escribir su respuesta empezando en cualquiera de las columnas, siempre y cuando esté completa.
- Observe que ⊙ representa el punto decimal.
- Deje en blanco cualquier columna que no use.
- Marque un solo valor en cada columna.

Ejemplo Sara es responsable de registrar sus horas de trabajo. Trabajó 3.75 horas, 4.5 horas y 1.25 horas arreglando el sistema de computadora de un cliente. ¿Cuántas horas se tardó en total en arreglar el sistema de computadora de este cliente?

El problema le pide calcular el número total de horas que Sara se tardó en arreglar el sistema de computadora del cliente. Sume las horas que trabajó.

$$3.75 + 4.5 + 1.25 = \mathbf{9.5}$$

Escriba su respuesta en la cuadrícula. Observe que las tres cuadrículas se llenaron correctamente.

Instrucciones: Resuelva los siguientes problemas y registre sus respuestas en las cuadrículas.

1. Marta anda en bicicleta tres veces por semana. Cada vez trata de ir un poco más lejos. Esta semana, anduvo en bicicleta 4.5 millas, 5.25 millas y 6 millas. ¿Cuál fue la distancia total que recorrió en bicicleta esta semana?

3. Un pedazo de tubo de cobre mide 60 pulgadas de largo. Suponiendo que no se desperdicia nada, ¿cuántos pedazos de 1.2 pulgadas se pueden cortar de este tubo?

2. Manuel tuvo un promedio de bateo de .275 el año pasado. Este año, su promedio de bateo alcanzó .340, el punto más alto de su carrera. ¿De cuánto fue el incremento de su promedio?

4. Margarita hizo un pedido de 14 repuestos que cuestan $2.99 cada uno. ¿De cuánto fue el total del pedido?

Las respuestas comienzan en la página 392.

DESTREZA DE GED **Números decimales y fracciones**

Convertir números decimales en fracciones

Tanto los números decimales comó las fracciones pueden usarse para representar una parte de un todo. A veces es más fácil hacer cálculos con fracciones. Otras veces, los decimales son más útiles. Si sabe cómo convertir estos números de una forma a otra, podrá resolver cualquier problema utilizando la forma más adecuada para cada situación.

Ejemplo 1 José está resolviendo un problema con la calculadora. La pantalla de la calculadora dice 0.375, pero José tiene que escribir el resultado en forma de fracción. Convierta 0.375 en fracción.

Paso 1 Escriba el número, sin el punto decimal, como el numerador de la fracción.

$$0.375 = \frac{375}{?}$$

Paso 2 Escriba el valor posicional del último dígito decimal como denominador.

$$0.375 = \frac{375}{1000}$$

Paso 3 Simplifique la fracción a sus términos mínimos.

$$\frac{375 \div 125}{1000 \div 125} = \frac{3}{8}$$

El decimal 0.375 equivale a la fracción $\frac{3}{8}$.

Cuando realice operaciones con dinero, a veces verá decimales con una parte fraccionaria. Esta combinación de números se encuentra, generalmente, en el caso de un **precio unitario,** que es el costo de un artículo o unidad.

Ejemplo 2 En el anaquel de una tienda, Rita observa que el precio por onza de una marca de champú es de $0.33\frac{1}{3}$. ¿Qué fracción de dólar representa el precio unitario?

Paso 1 Escriba la fracción comó lo hizo en el ejemplo anterior.

$$0.33\frac{1}{3} = \frac{33\frac{1}{3}}{100}$$

Paso 2 Cuando estudió las fracciones impropias, aprendió que la barra indica una división.

$\frac{33\frac{1}{3}}{100}$ significa

Paso 3 Utilice las reglas para la división de números mixtos. Convierta ambos números en fracciones impropias, invierta el número por el cual está dividiendo y multiplique.

$$33\frac{1}{3} \div 100$$

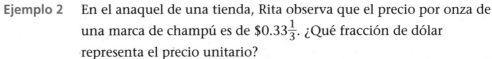

$$33\frac{1}{3} \div 100 = \frac{100}{3} \div \frac{100}{1} = \frac{\overset{1}{\cancel{100}}}{3} \times \frac{1}{\underset{1}{\cancel{100}}} = \frac{1}{3}$$

El precio unitario es de $\frac{1}{3}$ **de dólar.**

SUGERENCIA

Para determinar el número de ceros que se deben agregar al denominador de una fracción, cuente el número de posiciones decimales que tiene el número decimal que desea convertir. Por ejemplo:

$$0.\underbrace{375}_{} = \frac{375}{1000}$$

↑   ↑

3   3 ceros
posiciones
decimales

A. Convierta estos números decimales en fracciones y simplifíquelas a sus términos mínimos.

1. $0.25 =$

2. $0.4 =$

3. $0.35 =$

4. $0.875 =$

5. $0.8 =$

6. $0.76 =$

7. $0.128 =$

8. $0.05 =$

9. $0.31\frac{1}{4} =$

10. $0.08\frac{1}{3} =$

11. $0.46\frac{2}{3} =$

12. $0.93\frac{3}{4} =$

13. $0.26\frac{2}{3} =$

14. $0.06\frac{2}{3} =$

15. $0.23\frac{3}{4} =$

16. $0.08\frac{1}{6} =$

17. $0.10\frac{5}{6} =$

18. $0.12\frac{3}{4} =$

B. Para cada pantalla de calculadora, escriba el decimal en forma de fracción. Luego, simplifique la fracción a sus términos mínimos si es necesario.

19. $0.9 = \frac{?}{10}$

20. $0.625 =$

21. $0.28 =$

22. $0.125 =$

23. $0.55 =$

24. $0.3125 =$

C. Resuelva y simplifique sus resultados. Recuerde convertir todos los números mixtos en fracciones impropias.

25. Una marca de mermelada de frambuesa cuesta $0.43\frac{3}{4}$ la onza. ¿Qué fracción de un dólar representa el precio unitario?

26. Una marca de bebida congelada cuesta $0.16\frac{2}{3}$ la onza. Escriba el precio unitario en forma de fracción.

27. El precio unitario de una rosquilla de pan es de $37\frac{1}{2}$ centavos. ¿Qué fracción de un dólar representa el precio unitario?

28. Una compañía anuncia un incremento de $0.02\frac{1}{2}$ por libra en el precio unitario de un producto. Escriba el número decimal en forma de fracción.

Las respuestas comienzan en la página 393.

Convertir fracciones en decimales

Para resolver algunos problemas, puede tener que convertir una fracción en número decimal. Para hacer esto, realice la división indicada por la barra de división.

Ejemplo 1   Convierta $\frac{2}{5}$ en número decimal.

Paso 1   Divida el numerador entre el denominador.

$$5\overline{)2}$$

Paso 2   Coloque el punto decimal del resultado directamente encima del punto decimal del problema. Agregue ceros y siga dividiendo hasta que el residuo sea cero o hasta que llegue al número deseado de posiciones decimales.

$$\begin{array}{r} 0.4 \\ 5\overline{)2.0} \\ \underline{2\ 0} \end{array}$$

La fracción $\frac{2}{5}$ es igual a **0.4.**

Algunas fracciones tienen equivalentes decimales que contienen un dígito o grupo de dígitos que se repite. Redondee los **decimales periódicos** a una posición decimal dada o exprese el residuo en forma de fracción.

Ejemplo 2   Convierta $\frac{2}{9}$ en decimal. Escriba el resultado hasta la posición de los centésimos y exprese el residuo en forma de fracción.

Paso 1   Divida el numerador entre el denominador.

$$9\overline{)2}$$

Paso 2   Como puede observar, la división continuará repitiéndose porque el resultado de la resta siempre es el mismo. Escriba el residuo, 2, en forma de fracción colocándolo sobre el divisor, 9.

$$\begin{array}{r} 0.22 \\ 9\overline{)2.00} \\ \underline{1\ 8} \\ 20 \\ \underline{18} \end{array}$$

La fracción $\frac{2}{9}$ es igual a **$0.22\frac{2}{9}$.**

Como ya sabe, un precio unitario casi siempre se escribe comó número decimal con una fracción. La fracción representa una parte de un centavo.

Ejemplo 3   El precio unitario de una marca de bebida de frutas es $8\frac{1}{2}$ centavos la onza. ¿Cuál es el costo de 32 onzas de la bebida?

Multiplique 32 por $8\frac{1}{2}$ ó $\$0.08\frac{1}{2}$ para resolver el problema. Convierta la parte fraccionaria del número decimal en un dígito decimal. La fracción $\frac{1}{2}$ se convierte en 0.5 ($1 \div 2 = 0.5$). Así, $8\frac{1}{2}$ centavos pueden expresarse como 8.5 centavos ó comó $\$0.085$. Multiplique.

$$\begin{array}{r} 32 \\ \times 0.085 \\ \hline 160 \\ +2\ 560 \\ \hline 2.720 \end{array}$$

El costo 32 onzas de bebida de frutas es de **$\$2.72.$**

Ejemplo 4   ¿Cuál es el costo por libra de una bolsa de 20 libras de comida para perros que se vende por $\$12.75$?

Divida $\$12.75$ entre 20 hasta dos posiciones decimales. Exprese el residuo en forma de fracción y simplifíquela a sus términos mínimos. $\frac{15}{20} = \frac{3}{4}$

$$\begin{array}{r} 0.63 \\ 20\overline{)12.75} \\ \underline{12\ 0} \\ 75 \\ \underline{60} \\ 15 \end{array}$$

El precio unitario de una libra de comida para perro es de **$63\frac{3}{4}$ centavos.**

A. Convierta estas fracciones en decimales. Redondee hasta tres posiciones decimales.

1. $\dfrac{4}{5} =$

5. $\dfrac{11}{20} =$

9. $\dfrac{3}{5} =$

2. $\dfrac{3}{8} =$

6. $\dfrac{5}{8} =$

10. $\dfrac{7}{25} =$

3. $\dfrac{2}{3} =$

7. $\dfrac{17}{40} =$

11. $\dfrac{7}{10} =$

4. $\dfrac{5}{12} =$

8. $\dfrac{3}{4} =$

12. $\dfrac{1}{8} =$

B. Convierta estas fracciones en decimales. Divida hasta dos posiciones decimales y escriba el residuo en forma de fracción.

13. $\dfrac{5}{6} =$

16. $\dfrac{1}{16} =$

14. $\dfrac{8}{9} =$

17. $\dfrac{3}{11} =$

15. $\dfrac{7}{15} =$

18. $\dfrac{1}{3} =$

C. Resuelva.

19. Un líquido de limpieza cuesta $10\frac{3}{4}$ centavos la onza. ¿Cuál es el costo de una botella de 32 onzas?

20. Un cereal para desayuno que cuesta $4.23 contiene 18 porciones por caja. ¿Cuál es el costo de una porción?

21. Una tienda vende dos marcas de cinta adhesiva. La Marca A viene en rollos de 50 yardas y se vende a $2.70. La Marca B viene en rollos de 60 yardas y se vende a $3.18. ¿Cuál es la marca que ofrece el mejor precio por yarda?

22. Una marca de cereal para cocinar cuesta $6\frac{1}{2}$ centavos por porción. ¿Cuál es el precio de una caja que contiene 24 porciones?

23. Un frasco de 28 onzas de salsa para espagueti La Suculenta cuesta $2.59. La marca propia de la tienda viene en un frasco de 26 onzas y cuesta $2.47. Calcule el precio por onza de cada marca. ¿Cuál es la mejor compra?

24. Una marca de crema de maní cuesta $13\frac{1}{4}$ centavos la onza. ¿Cuál es el costo de un frasco de 16 onzas?

Las respuestas comienzan en la página 394.

ESTRATEGIA DE GED **Usar formatos especiales**

Escribir números decimales y fracciones en una cuadrícula estándar

Cuando escriba resultados en números decimales o fracciones en una cuadrícula estándar, puede elegir la forma en la que escribirá su respuesta: ya sea en forma de decimal o de fracción. Ambas formas se consideran correctas. Por ejemplo, si obtiene el resultado fraccionario $\frac{3}{4}$, puede escribirlo como fracción o como decimal (0.75) en la cuadrícula. También puede hacer esto a la inversa, es decir, si la respuesta es 0.5, puede escribirla como .5 (sin el cero) o como $\frac{1}{2}$.

Al usar la cuadrícula estándar con decimales o fracciones, debe tener en mente los siguientes puntos.

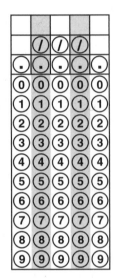

- La cuadrícula se usa para marcar un solo resultado.
- Puede empezar a escribir su respuesta en cualquiera de las columnas siempre y cuando esté completa. Deje en blanco cualquier columna que no use.
- Escriba su respuesta en la hilera en blanco de la parte superior de la cuadrícula. Use esta hilera como guía para rellenar las "burbujas" en las demás hileras.
- Si escribe su respuesta en forma de decimal, rellene primero la parte que representa al número entero del resultado; luego, marque el punto decimal en la tercera hilera de la cuadrícula y, finalmente, marque el número decimal.
- Si escribe su respuesta en forma de fracción, rellene primero el numerador de la fracción; luego, marque la barra de división en la segunda hilera de la cuadrícula, $\bigcirc\!\!\!/$, y, finalmente, marque el denominador de la fracción.
- No se pueden marcar números mixtos en la cuadrícula. Por lo tanto, convierta un número mixto en número decimal o en fracción impropia.

Ejemplo   En las últimas elecciones, Felicia obtuvo $\frac{3}{8}$ de los votos a favor, Esteban obtuvo 0.5 de los votos y Alberto obtuvo el resto. ¿Qué fracción de los votos recibió Alberto?

En conjunto, Felicia y Esteban obtuvieron $\frac{3}{8} + 0.5 = \frac{3}{8} + \frac{1}{2} = \frac{7}{8}$ de los votos. Por lo tanto, Alberto obtuvo $1 - \frac{7}{8} = \frac{1}{8}$ de los votos. Dado que la respuesta puede escribirse en la cuadrícula como fracción $\frac{1}{8}$ o como su número decimal, equivalente 0.125, todas las cuadrículas siguientes se han llenado correctamente.

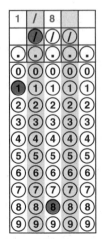
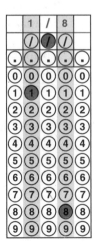
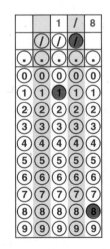

Instrucciones: Resuelva los siguientes problemas y escriba sus resultados en las cuadrículas.

1. Jaime corre $2\frac{1}{4}$ millas los lunes, 1.5 millas los martes y $3\frac{3}{4}$ millas los miércoles. ¿Cuántas millas corre Jaime en esos tres días?

3. Una lata de habichuelas tiernas contiene $40\frac{1}{2}$ onzas. Si una porción es de 3.75 onzas, ¿cuántas porciones hay en una lata?

2. Si la gasolina cuesta $1.25 el galón, ¿cuánto costarían $3\frac{3}{5}$ galones? Exprese el resultado en forma decimal.

4. Joaquín tiene una tabla de 9.375 pies de largo. Si Joaquín corta un pedazo de $3\frac{1}{8}$ pies de largo, ¿cuántos pies quedan de la tabla original?

SUGERENCIA

Si la respuesta que debe escribir en la cuadrícula lleva un cero al final, después de un punto decimal, puede incluirlo o eliminarlo. Por ejemplo, 1.20 sería correcto si lo escribiera como 1.20 o como 1.2.

SUGERENCIA

Las preguntas que incluyen tanto fracciones como decimales pueden pedirle el resultado en un cierto formato. Asegúrese de escribir su respuesta en el formato solicitado, ya sea como fracción o como decimal.

Las respuestas comienzan en la página 395.

ESTRATEGIA DE GED **Usar la calculadora**

Fracciones y números decimales

La mayoría de las calculadoras usan solamente números decimales y números enteros. Incluso los números enteros en una calculadora aparecen con un punto decimal después de la posición de las unidades. Por ejemplo, si marcáramos el número 32 en la calculadora, probablemente aparecería con un punto decimal en la pantalla como 32. Cuando use la calculadora, necesita convertir las fracciones en decimales, por ejemplo, $\frac{3}{4}$ en 0.75.

Cuando haga operaciones con fracciones y decimales en la calculadora, debe tener en mente los siguientes puntos.

- Para convertir una fracción en decimal, divida el numerador entre el denominador.

  Ejemplo Convierta $\frac{3}{8}$ en decimal dividiendo 3 entre 8 = 0.375.

- Cuando haga operaciones con números mixtos en la calculadora, deje la parte correspondiente al entero como está y convierta sólo la parte fraccionaria en decimal.

  Ejemplo $17\frac{1}{2}$ sería 17.5.

- Todos los decimales que no contienen números enteros aparecen en la pantalla con un 0 en la posición de las unidades, aun cuando usted no marque el cero.

  Ejemplo Al marcar el decimal .64, aparecerá como 0.64.

- Cuando haga operaciones con decimales, no necesita marcar los ceros que están a la derecha del último dígito en la parte de los decimales.

  Ejemplo Puede marcar 24.600 como 24.6.

Ejemplo Samuel compró una computadora portátil por $1620 y dio un anticipo de $\frac{1}{4}$ del costo. ¿De cuánto fue el anticipo?

    (1) $ 25.00
    (2) $ 40.00
    (3) $ 64.80
    (4) $ 405.00
    (5) $1595.00

Puesto que el problema pide calcular $\frac{1}{4}$ de $1620, debe multiplicar. Para resolver este problema con la calculadora, convierta $\frac{1}{4}$ en .25. Luego, oprima las teclas de la calculadora siguiendo la secuencia siguiente.

Dado que $\frac{1}{4}$ también significa 1 dividido entre 4, también podría usar cualquiera de las siguientes secuencias:

    .25 ✕ 1620 =   ó   1 ÷ 4 ✕ 1620 =

La pantalla debe mostrar el resultado 405. La **opción (4) $405** es la correcta.

Instrucciones: Elija la respuesta que mejor responda a cada pregunta. PUEDE usar la calculadora.

1. Carolina anduvo en bicicleta 26.8 millas el martes, $14\frac{3}{8}$ millas el viernes y $27\frac{3}{4}$ millas el sábado. ¿Cuántas millas recorrió en bicicleta en total en esos tres días?

   (1) 26.825
   (2) 67.05
   (3) 67.825
   (4) 68.925
   (5) 80.4

2. Durante una reciente tormenta de nieve, nevó a razón de 1.24 pulgadas por hora. A esta razón, ¿cuántas pulgadas de nieve habrán caído en $6\frac{1}{4}$ horas?

   (1) $5\frac{1}{10}$
   (2) $5\frac{2}{5}$
   (3) $7\frac{1}{4}$
   (4) $7\frac{61}{100}$
   (5) $7\frac{3}{4}$

3. A Miguel le pagan $9.50 por hora durante las primeras 40 horas de trabajo en una semana, y $1\frac{1}{2}$ esta razón por horas extra. Si trabaja $52\frac{1}{4}$ horas en una semana, ¿cuál será su ingreso bruto, redondeado al centavo más cercano?

   (1) $550.56
   (2) $552.56
   (3) $554.56
   (4) $557.56
   (5) $560.56

4. Si la gasolina cuesta $1.39 el galón, ¿cuánto costarían $16\frac{1}{8}$ galones, redondeados al centavo más cercano?

   (1) $31.12
   (2) $22.49
   (3) $22.41
   (4) $22.24
   (5) $11.60

Las preguntas 5 y 6 se refieren a la siguiente tabla:

Millas recorridas	
Alicia	4.875
Ramón	$3\frac{3}{5}$
Cristina	$4\frac{3}{4}$

5. ¿Cuántas millas más que Ramón corrió Alicia?

   (1) 1.275
   (2) 1.375
   (3) 1.400
   (4) 1.500
   (5) 1.575

6. ¿Cuál fue el total de millas que corrieron los tres?

   (1) 13.525
   (2) 13.425
   (3) 13.325
   (4) 13.225
   (5) 13.125

Las respuestas comienzan en la página 395.

Prueba corta de GED • Lecciones 8 a 10

Instrucciones: Ésta es una prueba de práctica que dura treinta minutos. Después de transcurridos los treinta minutos, marque la última pregunta que haya respondido. Luego, termine la prueba y revise sus respuestas. Si la mayoría de sus respuestas fueron correctas, pero no terminó la prueba, trate de responder las preguntas más rápidamente la próxima vez.

Parte 1

Instrucciones: Elija la respuesta que mejor responda a cada pregunta. PUEDE usar la calculadora.

1. ¿Cuál de los siguientes decimales tiene el mismo valor que la fracción $\frac{3}{7}$, redondeada al centésimo más cercano?

   (1) 0.04
   (2) 0.42
   (3) 0.43
   (4) 0.44
   (5) 0.45

2. Durante los primeros cinco meses del año, las cuentas de luz de Marta fueron de $64.16, $78.92, $63.94, $50.17, y $42.87. ¿Cuál fue la cantidad total de estas cuentas?

   (1) $287.86
   (2) $298.06
   (3) $299.06
   (4) $300.06
   (5) No se cuenta con suficiente información.

3. Eduardo compró tres artículos en la Farmacia Rita, cuyos precios eran $17.60, $9.25 y $3.68. Si pagó $2.40 de impuesto y le dio al cajero un billete de $50, ¿cuánto le dieron de cambio?

   (1) $17.07
   (2) $17.93
   (3) $18.07
   (4) $18.93
   (5) $19.07

4. El saldo en la cuenta de cheques de Mónica es de $528.60. Ella depositó $45.24, $17.50 y $67.45, y giró cheques por $412.72 y $53.19. ¿Cuál es el saldo en su cuenta después de estas transacciones?

   (1) $ 67.50
   (2) $192.88
   (3) $406.88
   (4) $492.88
   (5) $558.79

5. El año pasado, Juan manejó 28,606.8 millas y usó 1,538 galones de gasolina. ¿Cuál fue su promedio de millas por galón?

   (1) 20.6
   (2) 19.2
   (3) 18.6
   (4) 18.4
   (5) 17.8

6. Una póliza de seguros cuesta $6.87 por cada $1,500 asegurados. A esta tasa, ¿cuál sería el costo de una póliza de $25,000, redondeado al dólar más cercano?

   (1) $ 17
   (2) $ 115
   (3) $ 218
   (4) $1,145
   (5) $3,639

Las preguntas 7 y 8 se refieren a la siguiente tabla:

Productos de Computación Carlos Recibo de compra		
Artículo	Cantidad	Precio unitario
Cajas de discos	65	$7.95
Paquetes de papel	25	$3.75
Cartuchos de tinta	30	$14.85

7. ¿Cuánto se pagó en total por los paquetes de papel?

(1) $ 90.75
(2) $ 93.75
(3) $ 96.75
(4) $ 99.75
(5) $102.75

8. ¿Cuánto más se pagó por las cajas de discos que por los cartuchos de tinta?

(1) $75.25
(2) $74.25
(3) $73.25
(4) $72.25
(5) $71.25

9. Katia participó en una caminata de $32\frac{1}{2}$ millas que duró tres días. Caminó 10.6 millas el primer día y $11\frac{7}{8}$ el segundo día. ¿Cuántas millas caminó el tercer día?

(1) 10.025
(2) 10.250
(3) 12.025
(4) 15.275
(5) No se cuenta con suficiente información.

10. Una planta crece a razón de $3\frac{1}{4}$ pulgadas por semana. A esta razón, ¿cuántas semanas tardará en crecer 16.25 pulgadas?

(1) 4.5
(2) 5.0
(3) 5.5
(4) 6.0
(5) 6.5

Las preguntas 11 y 12 se refieren a la siguiente información:

El salario anual bruto de Guillermo es de $34,000. En su presupuesto, asigna $\frac{3}{8}$ de esta cantidad para el pago de contribuciones y 0.25 para comida.

11. ¿Cuánto más asigna Guillermo en su presupuesto para el pago de contribuciones que para comida?

(1) $ 425
(2) $ 850
(3) $ 4,250
(4) $ 8,500
(5) $12,750

12. Después de asignar el presupuesto para el pago de contribuciones y comida, ¿qué fracción del salario anual bruto de Guillermo queda para pagar otras cosas?

(1) $\frac{1}{4}$
(2) $\frac{3}{8}$
(3) $\frac{1}{2}$
(4) $\frac{5}{8}$
(5) $\frac{7}{8}$

Parte 2

Instrucciones: Elija la respuesta que mejor responda a cada pregunta. **NO** puede usar la calculadora.

13. ¿Cuál de los siguientes representa el número que se escribe "23 con 37 milésimos"?

    (1) 23.370

    (2) 23.037

    (3) 2.337

    (4) 0.237

    (5) 0.2337

14. ¿Cuál de las siguientes opciones equivale al valor de 2.1374 redondeado al centésimo más cercano?

    (1) 2.10

    (2) 2.13

    (3) 2.14

    (4) 2.17

    (5) 2.20

15. Juan pagó $1224.96 en doce mensualidades iguales. Haga un cálculo aproximado de la cantidad de cada mensualidad.

    (1) $1200

    (2) $1000

    (3) $ 120

    (4) $ 100

    (5) $ 12

16. Jimena tiene $175 y gasta $54.25 y $30.50. ¿Cuál de las siguientes expresiones muestra cuánto le quedó a Jimena después de las dos compras?

    (1) $175 + $54.25 + $30.50

    (2) $175 − ($54.25 + $30.50)

    (3) ($175 + $54.25) − ($175 + $30.50)

    (4) $175 + $54.25 − $30.50

    (5) $175 − $54.25 + $30.50

Las preguntas 17 a 19 se refieren a la siguiente tabla:

Viveros Pablo–Lista de precios	
Planta de 3 pulgadas en tiesto	$1.79
Planta de 4 pulgadas en tiesto	$2.89
Planta de 5 pulgadas en tiesto	$3.69
Bolsa de tierra para sembrar	$3.19
Regadera	$1.89

17. ¿Cuál es el mayor número de plantas de 3 pulgadas que puede comprar Manuel con $10?

    (1) 2

    (2) 3

    (3) 5

    (4) 8

    (5) 10

18. Ana compró dos plantas de 5 pulgadas y una regadera. ¿Cuál es el mayor número de plantas de 4 pulgadas que puede comprar por un costo total menor que $20?

    (1) 2

    (2) 3

    (3) 5

    (4) 8

    (5) 10

19. Roberto compra dos bolsas de tierra para sembrar y una planta de 5 pulgadas. Aproximadamente, ¿cuánto cambio recibirá si paga con $15?

    (1) $ 2

    (2) $ 3

    (3) $ 5

    (4) $10

    (5) $15

20. Gasolinera Atlas cobra $1.25 por cada galón de gas y Gasolinera Beto cobra $1.29 por galón. ¿Cuál expresión muestra cuánto más costarían 14 galones de gas en la Gasolinera Beto que en la Gasolinera Atlas?

   (1) $14 + \$1.25 + \$1.29$

   (2) $14 - \$1.25 - \$1.29$

   (3) $14(\$1.29 + \$1.25)$

   (4) $14(\$1.29 - \$1.25)$

   (5) $14(\$1.29 \times \$1.25)$

21. ¿Cuánto costarían 2.6 libras de queso suizo si una libra cuesta $4.85?

   (1) $ 1.26

   (2) $ 1.87

   (3) $12.61

   (4) $13.61

   (5) $18.70

22. Un paquete de carne molida cuesta $8.24. Si el precio por libra es de $3.45, ¿cuántas libras de carne molida trae el paquete, redondeadas al décimo de libra más cercano?

   (1) 2.3

   (2) 2.4

   (3) 2.5

   (4) 2.6

   (5) 2.7

23. Marcos gana un salario mensual bruto de $2383.20. Si el pago mensual de su hipoteca es $\frac{1}{5}$ de esta cantidad, aproximadamente, ¿cuánto paga de hipoteca al mes?

   (1) $12,000

   (2) $ 4,800

   (3) $ 1,200

   (4) $ 480

   (5) $ 120

24. Federico gana $7.90 por hora por las primeras 35 horas de trabajo en una semana y $1\frac{1}{2}$ veces esa tarifa por horas extra. ¿Cuál es su ingreso bruto semanal?

   (1) $154.05

   (2) $276.50

   (3) $379.20

   (4) $430.55

   (5) No se cuenta con suficiente información.

Las preguntas 25 y 26 se refieren a la siguiente tabla:

Precio por acción ($) Año a la fecha		
Compañía	A la alta	A la baja
Ampex	$24\frac{1}{4}$	$18\frac{1}{2}$
Intex	$36\frac{1}{2}$	$29\frac{3}{4}$
Microx	$28\frac{3}{8}$	$24\frac{1}{4}$

25. ¿Cuál es la diferencia entre el valor a la alta y el valor a la baja de las acciones de Microx?

   (1) 4

   (2) $4\frac{1}{8}$

   (3) $4\frac{1}{4}$

   (4) $4\frac{1}{2}$

   (5) $4\frac{3}{4}$

26. ¿Cuál expresión muestra cuánto valdrían 30 acciones de Ampex y 40 acciones de Intex si ambas estuvieran a la alta?

   (1) $30\left(24\frac{1}{4}\right) + 40\left(18\frac{1}{2}\right)$

   (2) $40\left(24\frac{1}{4}\right) - 30\left(18\frac{1}{2}\right)$

   (3) $30\left(24\frac{1}{4}\right) + 40\left(36\frac{1}{2}\right)$

   (4) $40\left(24\frac{1}{4}\right) - 30\left(36\frac{1}{2}\right)$

   (5) $30\left(36\frac{1}{2}\right) + 40\left(18\frac{1}{2}\right)$

Las respuestas comienzan en la página 396.

El **porcentaje** es otra manera de representar una parte de un todo. En el caso de las fracciones, un entero puede dividirse en cualquier número de partes iguales. En el caso de los decimales, el número de partes debe ser de 10, 100, 1000 u otra potencia de 10. En el caso de los porcentajes, un entero siempre se divide en 100 partes iguales.

A

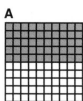

La ilustración A está dividida en 100 partes iguales. El cuadro entero representa el 100%. Cincuenta partes, o la mitad del cuadro, están sombreadas. La parte sombreada es el 50% del todo. El signo de porcentaje, %, significa "de 100".

Cincuenta partes de 100 están sombreadas. La ilustración también representa la fracción $\frac{1}{2}$ y el decimal 0.5.

B

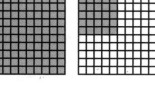

Los porcentajes pueden ser mayores que el 100%. La ilustración B representa el 125%. Se sombrearon un cuadro entero y 25 partes del segundo. Puesto que 100 partes es igual a 1 y 25 partes de 100 son lo mismo que $\frac{1}{4}$, 125% es igual a $1\frac{1}{4}$ o 1.25.

C

La ilustración C representa $\frac{1}{2}$%, ó 0.5%. Solamente se sombreó la mitad de una parte. Un porcentaje que es menor que 1% es menor que $\frac{1}{100}$.

$$0.5\% = 0.005 = \frac{5}{1000} = \frac{1}{200}$$

Convertir porcentajes en números decimales

Para resolver problemas de porcentajes utilizando lápiz y papel, necesita convertir el porcentaje ya sea en un número decimal o en una fracción.

> **SUGERENCIA**
>
> Siempre se entiende que hay un punto decimal a la derecha del dígito de las unidades. Se entiende que 7 es igual que 7.0.

Ejemplo 1   Convierta 45% en número decimal.
Elimine el signo de porcentaje y marque un punto decimal   45.%
a la derecha del dígito de las unidades. Luego, mueva   0.45.
el punto decimal dos lugares hacia la izquierda.

El porcentaje 45% es igual al decimal **0.45.**

Ejemplo 2   Convierta 7.5% en número decimal.
Elimine el signo de porcentaje y mueva el punto decimal   7.5%
dos lugares hacia la izquierda. Escriba un cero como   0.07.5
valor nulo en el lugar de las decenas.

El porcentaje 7.5% es igual al decimal **0.075.**

Para convertir un decimal con una calculadora, marque la cifra del porcentaje y divídala entre 100.

    7.5   ÷   100   =   0.075

Convertir números decimales en porcentajes

Los siguientes ejemplos muestran cómo convertir un número decimal en porcentaje.

Ejemplo   Convierta 0.15 en porcentaje.
Mueva el punto decimal dos lugares a la derecha y escriba el signo de porcentaje. (Observe que ya no se necesita el cero como valor nulo.)

$$0.15. = 15\%$$

El decimal 0.15 es igual que **15%**.

Ejemplos   Agregue un cero para mover el punto decimal dos lugares.

$$2.5 = 2.50. = 250\%$$

No escriba un punto decimal después de un número entero o entre un número entero y una fracción.

$$0.33\tfrac{1}{3} = 0.33.\tfrac{1}{3} = 33\tfrac{1}{3}\%$$

Para convertir un decimal en porcentaje con una calculadora, marque el decimal y multiplíquelo por 100.

0.15 ✕ 100 = 15.

ENFOQUE EN LAS DESTREZAS DE GED

A. Convierta cada porcentaje en decimal, decimal mixto o número entero.

1. 60%
2. 38%
3. 10.8%

4. 4%
5. 200%
6. $5\tfrac{1}{2}\%$

7. 130%
8. $9\tfrac{1}{4}\%$
9. 325%

B. Convierta cada número decimal en porcentaje.

10. 0.85
11. 0.36
12. 0.144

13. 0.4
14. 4.5
15. $0.16\tfrac{2}{3}$

16. 8.75
17. 0.375
18. $0.07\tfrac{1}{3}$

C. Utilice una calculadora para hacer las conversiones que se indican.

19. Convierta 225% en número decimal.
20. Convierta 1.5 en porcentaje.
21. Convierta 80% en número decimal.
22. Convierta 0.24 en porcentaje.

23. Convierta 0.6 en porcentaje.
24. Convierta 3% en número decimal.
25. Convierta 0.125 en porcentaje.
26. Convierta 550% en número decimal.

Las respuestas comienzan en la página 397.

Convertir fracciones o números mixtos en porcentajes

Puede convertir una fracción en porcentaje convirtiéndola primero en número decimal y, luego, convirtiendo éste en porcentaje.

Ejemplo 1   Convierta $\frac{3}{4}$ en porcentaje.

Paso 1   Divida el numerador entre el denominador. $3 \div 4 = 0.75$

Paso 2   Multiplique el decimal por 100. Mueva el punto $0.75 = 75\%$
decimal dos lugares a la derecha y escriba un signo
de porcentaje.

La fracción $\frac{3}{4}$ es igual a **75%**.

SUGERENCIA

En la calculadora suministrada para la Prueba de Matemáticas de GED, debe oprimir las teclas **SHIFT** **=** para usar la tecla de porcentaje. Consulte la página 150 para mayor información sobre cómo utilizar las teclas de porcentaje en las calculadoras.

También puede convertir directamente una fracción o un número mixto en porcentaje.

Ejemplo 2   Convierta $\frac{3}{4}$ en porcentaje.

Paso 1   Multiplique la fracción por $\frac{100}{1}$.

Paso 2   Simplifique para obtener un número
mixto o entero y escriba el signo de porcentaje. $\frac{3}{\overset{}{\underset{1}{4}}} \times \frac{\overset{25}{\cancel{100}}}{1} = 75\%$

Con este método, la fracción $\frac{3}{4}$ también es igual a **75%**.

Ejemplo 3   Convierta $3\frac{1}{4}$ en porcentaje.

Paso 1   Convierta el número mixto en
fracción impropia. $3\frac{1}{4} = \frac{13}{4}$

Paso 2   Multiplique por $\frac{100}{1}$ y agregue el signo
de porcentaje. $\frac{13}{\overset{}{\underset{1}{4}}} \times \frac{\overset{25}{\cancel{100}}}{1} = 325\%$

El número mixto $3\frac{1}{4}$ es igual a **325%**.

Para convertir una fracción en porcentaje con una calculadora, divida el numerador entre el denominador y oprima la tecla de porcentaje.

Convierta $\frac{3}{4}$ en porcentaje.   **3** **÷** **4** **SHIFT** **=**   **75.** ó **75%**

Convierta $\frac{2}{5}$ en porcentaje.   **2** **÷** **5** **SHIFT** **=**   **40.** ó **40%**

Convertir porcentajes en fracciones o números mixtos

Como ya sabe, la palabra *porcentaje* significa "de 100". Para convertir un porcentaje en una fracción o número mixto, elimine el signo de porcentaje y escriba el número en forma de fracción con denominador 100. Después, simplifique.

Ejemplo 1   Convierta 35% en fracción.
Escriba en forma de fracción con
denominador 100 y simplifique. $\frac{35}{100} = \frac{35 \div 5}{100 \div 5} = \frac{7}{20}$

Por lo tanto, el porcentaje 35% es igual a la fracción $\frac{7}{20}$.

Ejemplo 2   Convierta 150% en número mixto.
Escriba en forma de fracción impropia
(denominador 100); Simplifique. $\frac{150}{100} = \frac{150 \div 50}{100 \div 50} = \frac{3}{2} = 1\frac{1}{2}$

Así, el porcentaje 150% es igual que el número mixto **$1\frac{1}{2}$**.

Tal vez la pantalla de su calculadora sea muy diferente de la que se muestra aquí. Lea las instrucciones que acompañan a su calculadora para aprender cómo usarla para resolver problemas con fracciones.

Convertir porcentajes que contienen partes fraccionarias o decimales requiere pasos extra.

Ejemplo 3   Convierta $41\frac{2}{3}\%$ en fracción.

Escriba $41\frac{2}{3}$ sobre 100 y divida.

$$\frac{41\frac{2}{3}}{100} = 41\frac{2}{3} \div 100 = \frac{\overset{5}{\cancel{125}}}{3} \times \frac{1}{\underset{4}{\cancel{100}}} = \frac{5}{12}$$

El porcentaje $41\frac{2}{3}\%$ es igual a la fracción $\frac{5}{12}$.

Ejemplo 4   Convierta 37.5% en fracción.

Paso 1   Convierta el porcentaje en número decimal: Mueva el punto decimal 2 lugares a la izquierda.

$$37.5\% = .37.5 = 0.375$$

Paso 2   Convierta el decimal en fracción; simplifique.

$$\frac{375 \div 125}{1000 \div 125} = \frac{3}{8}$$

Así, el porcentaje 37.5% es igual a la fracción $\frac{3}{8}$.

Algunas calculadoras tienen teclas especiales para convertir los porcentajes en fracciones.

Para convertir 150% en fracción: marque la cifra del porcentaje, oprima la tecla de fracción, marque 100 y oprima = .

150 a b/c **100** = **1 ⌡1 ⌡2.**

Cuando aparece esto en la pantalla de una calculadora, significa $1\frac{1}{2}$.

ENFOQUE EN LAS DESTREZAS DE GED

A. Convierta cada porcentaje en fracción o número mixto.

1. 65%   3. 140%   5. 39%

2. 84%   4. 275%   6. 450%

B. Utilice una calculadora para hacer las conversiones que se indican.

7. Convierta $\frac{3}{8}$ en porcentaje.   9. Convierta 125% en número decimal o mixto.

8. Convierta $\frac{15}{16}$ en porcentaje.   10. Convierta 87.5% en número decimal o mixto.

C. Complete la siguiente tabla con los números que faltan.

	Decimal	Fracción	Porcentaje
11.			20%
12.		$\frac{1}{4}$	
13.	0.3		
14.		$\frac{1}{3}$	
15.			40%

	Decimal	Fracción	Porcentaje
16.			60%
17.	$0.66\frac{2}{3}$		
18.		$\frac{3}{4}$	
19.			80%
20.	0.9		

Las respuestas comienzan en la página 397.

ESTRATEGIA GED **Resolver problemas**

Usar proporciones con porcentajes

Existen tres elementos básicos en un problema de porcentaje: **total × razón = porción.** Considere el siguiente enunciado:

Ejemplo   De 200 solicitantes, 25% ó 50 no pueden trabajar los fines de semana.

- El **total** es la cantidad total. En este enunciado el total es 200.
- La **porción** es una parte del todo o del total. En este enunciado, 50 indica qué parte de los 200 solicitantes (el total) no puede trabajar los fines de semana.
- La **razón** siempre va seguida de un signo de porcentaje (%). La razón indica cuál es la relación entre la porción y el total. En este enunciado, la relación es del 25%.

En un problema de porcentajes, uno de estos tres elementos se desconoce. Para calcular el elemento que falta, plantee una proporción utilizando el total, la porción y la razón. Substituya los valores conocidos y resuelva para calcular el elemento que falta.

El total, o el todo, frecuentemente es una cantidad original, tal como un precio original, saldo inicial o cantidad total.

$$\frac{\text{Porción}}{\text{Total}} = \frac{\text{Razón\%}}{100\%}$$ Para calcular el elemento que falta, calcule el producto vectorial y divida entre el tercer número.

Ejemplo 1   12 es el 75%, ¿de qué número?

- (1)   1200
- (2)   75
- (3)   63
- (4)   16
- (5)   12

En este problema, se conocen la porción y la razón, por lo que debe calcular el valor del total.

Paso 1	Plantee la proporción.	$\dfrac{12}{?} = \dfrac{75}{100}$
Paso 2	Calcule el producto vectorial.	$12 \times 100 = 1200$
Paso 3	Divida entre 75.	$1200 \div 75 = 16$

De manera que 12 es el 75% de 16. La **opción (4)** es la correcta.

Ejemplo 2   ¿Qué porcentaje de 80 es 16?

- (1)   16
- (2)   20
- (3)   64
- (4)   80
- (5)   100

En este problema, se conocen la porción y el total, por lo cual debe calcular la razón (porcentaje).

Paso 1	Plantee la proporción.	$\dfrac{16}{80} = \dfrac{?}{100}$
Paso 2	Calcule el producto vectorial.	$16 \times 100 = 1600$
Paso 3	Divida entre 80.	$1600 \div 80 = 20$

Escriba un signo de porcentaje después de 20: 16 es el 20% de 80. La **opción (2)** es la correcta.

Instrucciones: Elija la respuesta que mejor responda a cada pregunta. Utilice la calculadora cuando se le indique.

1. El suéter que aparece arriba está a la venta con un 20% de descuento. Si la etiqueta muestra el precio original, ¿cuánto ahorrará una persona si lo compra en oferta?

   (1) $ 7
   (2) $ 9
   (3) $12
   (4) $14
   (5) $15

2. La compañía aseguradora de Samuel pagó 90% del costo de las reparaciones de su automóvil. Si la factura por la reparación fue de $625, ¿cuánto pagó la compañía aseguradora?

   (1) $437.50
   (2) $468.75
   (3) $500.00
   (4) $562.50
   (5) $605.15

3. Aurora gana $1344 al mes. Si 2.5% de sus ingresos lo designa para pagar contribuciones estatales, ¿cuánto paga al mes en contribuciones estatales?

   (1) $ 20.16
   (2) $ 26.88
   (3) $ 33.60
   (4) $ 42.20
   (5) $336.00

4. En una prueba, un estudiante contestó correctamente 80% de las preguntas. Si el estudiante tuvo 56 preguntas correctas, ¿cuántas preguntas había en la prueba?

   (1) 64
   (2) 70
   (3) 72
   (4) 84
   (5) 90

5. Los Toros ganaron 18 juegos de 45. ¿Cuál es el porcentaje de juegos que ganaron los Toros?

   (1) 40%
   (2) 45%
   (3) 50%
   (4) 55%
   (5) 60%

6. El ochenta por ciento de los empleados de la Compañía Usagi Exprés son choferes. Si hay 300 choferes en la compañía, ¿cuántos empleados trabajan para Usagi Exprés?

   (1) 320
   (2) 335
   (3) 342
   (4) 365
   (5) 375

SUGERENCIA

Para resolver un problema de porcentaje, plantee una proporción:

$$\frac{\text{porción}}{\text{total}} = \frac{\text{razón}\%}{100\%}$$

Determine cuál elemento falta (el total, la porción o la razón), substituya las cifras en la proporción y resuélvala.

Las respuestas comienzan en la página 397.

DESTREZA DE GED **Resolver problemas de porcentaje (Parte I)**

Elementos de un problema de porcentaje

Como ya sabe, los problemas de porcentaje tienen tres elementos básicos: el total, la porción y la razón. Considere este enunciado:

Erica gasta $320, ó 20%, de su ingreso mensual de $1600 en víveres.

El total, $1600, es la cantidad completa. Las otras cifras del problema se comparan con el total. La porción, $320, es una parte del total. La razón, 20%, indica la relación que hay entre la porción y el total.

En un problema de porcentaje, uno de estos tres elementos se desconoce. Anteriormente, usted aprendió a resolver un problema de porcentaje utilizando una proporción. También puede calcular el elemento que falta utilizando la fórmula de porcentaje:

$$\text{total} \times \text{razón} = \text{porción}$$

El diagrama de triángulo muestra la relación entre los tres elementos. En los ejemplos que se presentan en esta lección, aprenderá como utilizar este diagrama.

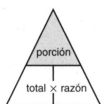

Calcular la porción

Ejemplo   Araceli deposita 5% de su cheque semanal en su cuenta de ahorros. Si su cheque semanal es de $326, ¿cuánto deposita en su cuenta de ahorros?

Paso 1   Identifique los elementos que conoce. El total, o la cantidad completa, es $326. Araceli deposita una *porción* de esta cantidad en su cuenta de ahorros. La razón es 5%. Debe calcular el valor de la porción.

Paso 2   Utilice el diagrama para identificar qué operación debe realizar. Cubra la palabra *porción*. Los elementos restantes se conectan mediante el signo de multiplicación. Multiplique: **total × razón.**

Paso 3   Convierta la razón en número decimal.   5% = 0.05
Multiplique.   326 × 0.05 = $16.30

Cuando resuelva cualquier problema, tómese un tiempo para ver si su respuesta tiene sentido. Puesto que 5% es una parte pequeña de 100%, sabrá que los ahorros de Araceli deben constituir una parte pequeña de su cheque. La respuesta $16.30 es una cantidad razonable.

SUGERENCIA

Si la razón es mayor que 100%, la porción debe ser mayor que el total. El 150% de 200 es 300.

Debe calcular 5% de $326. Primero, marque la cifra correspondiente al total.

326   **×**   **5**   **SHIFT**   **=**   **16.3**

(Recuerde: **SHIFT**   **=** le permiten utilizar la tecla de % en las calculadoras de la Prueba de GED.)

Araceli deposita **$16.30** de su cheque semanal en su cuenta de ahorros.

A. Resuelva usando lápiz y papel.

1. Calcule 3% de 500.

2. ¿Cuánto es 15% de $950?

3. Calcule 90% de 72.

4. Calcule 85% de 140.

5. Calcule 125% de $220. (*Pista:* Como 125% es mayor que 100%, la parte es mayor que $220.)

6. ¿Cuánto es 150% de 184?

7. ¿Cuánto es 75% de 80?

8. Calcule 5% de $200.

9. Calcule 8% de $1600.

10. ¿Cuánto es 55% de $20?

11. Calcule $5\frac{1}{2}$% de 300.

12. ¿Cuánto es $33\frac{1}{3}$% de $600?

B. Use la calculadora para resolver estos problemas. Redondee los resultados al centésimo o al centavo más cercano.

13. Calcule 6% de $84.50.

14. Calcule 4% de 1278.

15. ¿Cuánto es 210% de $158.75?

16. ¿Cuánto es 45% de $10.80?

17. Calcule $8\frac{3}{4}$% de $575.00.

18. ¿Cuánto es $1\frac{1}{2}$% de $50.00?

19. ¿Cuánto es 7% de 49.5?

20. Calcule 135% de $17.50.

C. Resuelva.

21. Durante el invierno, Verde Arte, un servicio de jardinería, se puso en contacto con 1200 propietarios de casas. 15% de ellos contrataron a la compañía para hacer trabajos en sus casas. ¿Cuántos propietarios de casas contrataron a Verde Arte?

Las preguntas 22 y 23 se refieren a la siguiente gráfica:

Deducciones 22%

Salario neto 78%

22. Ángelo gana $2080 al mes. ¿Cuál es la cantidad deducida de su pago cada mes?

23. Del ingreso mensual de $2080 de Ángelo, ¿cuánto es su salario neto?

24. Pablo compró un sofá por $690. Pagó 8% por el impuesto sobre ventas. ¿Cuál fue el monto total de su compra? (*Pista:* Este problema tiene dos pasos. Calcule el monto del impuesto sobre ventas y súmelo al precio del sofá.)

25. A los grupos de 8 ó más personas, un restaurante agrega automáticamente un 15% de propina a la cuenta. La cuenta de una fiesta de cumpleaños de 20 comensales asciende a $186.35. ¿Cuánto es la propina redondeada al centavo más cercano?

26. La cuenta de electricidad de Carolina en abril de este año representa 150% de lo que fue su cuenta ese mismo mes el año pasado. Si su cuenta de abril del año pasado fue de $74.22, ¿cuál es el monto de su cuenta de abril de este año?

Las respuestas comienzan en la página 398.

Calcular la razón

Ejemplo   Joel gana $1700 al mes. Decide pedir un préstamo para comprar un automóvil usado. Los pagos mensuales de su préstamo son de $204. ¿Qué porcentaje de su ingreso mensual constituye el pago del préstamo?

Paso 1   Piense en el problema. La cantidad total que Joel gana cada mes es el total. Joel gasta una porción de ese ingreso en el pago del préstamo. Lo que debe calcular es el porcentaje o razón.

Paso 2   Utilice el diagrama para determinar qué operación debe realizar. Cubra la palabra *razón*. Los elementos restantes están conectados con el signo de división: **porción ÷ total = razón.**

Paso 3   Divida. $204 ÷ 1700 = 0.12$.
Convierta el resultado en porcentaje. $0.12 = 12\%$

Puede hacer ambos cálculos en un sólo paso utilizando la tecla de porcentaje de la calculadora ó las teclas [SHIFT] [=] en la calculadora de la Prueba de GED.

    204 [÷] 1700 [%] 12.   ó   204 [÷] 1700 [SHIFT] [=] 12.

Joel gasta un **12%** de su ingreso mensual en el pago del préstamo para auto.

Calcular el porcentaje de aumento o disminución

Algunos problemas de porcentaje le piden calcular la razón del cambio de un monto durante un tiempo. Este cambio puede ser ya sea un aumento o una disminución. Para resolver estos problemas, siga estos pasos.

Paso 1   Reste para calcular la diferencia entre la cantidad original y la nueva cantidad.

Paso 2   Divida la diferencia del Paso 1 entre la cantidad original.

Paso 3   Convierta el decimal en porcentaje.

Ejemplo   Beto trabaja como vendedor en una tienda de ropa. Cuando empezó a trabajar ahí, le pagaban $7.50 por hora. Recientemente, recibió un aumento. Ahora gana $8.10 por hora. Calcule la razón del aumento de su salario por hora.

Inicialmente el salario de Beto era de $7.50 por hora (cantidad original) y aumentó a $8.10 (cantidad nueva).

Paso 1   Reste para calcular la diferencia. $\$8.10 - \$7.50 = \$0.60$

Paso 2   Divida entre el salario original por hora. $\$0.60 ÷ \$7.50 = 0.08$

Paso 3   Convierta el decimal en porcentaje. $0.08 = 8\%$

El aumento de Beto representa un **aumento del 8%.**

SUGERENCIA

Busque indicios en el texto del problema que le ayuden a identificar la cantidad original. Por ejemplo, las palabras: "¿Qué porcentaje de...?" generalmente preceden a la cifra correspondiente al total.

A. Resuelva los siguientes problemas con lápiz y papel.

1. ¿Qué porcentaje de 820 es 123?

2. ¿Qué porcentaje de $6.00 es $4.50?

3. $18.00 representa, ¿qué porcentaje de $22.50?

4. ¿Qué porcentaje de 2000 es 350?

5. La cifra 240 representa, ¿qué porcentaje de 60?

6. ¿Qué porcentaje de 4000 es 120?

7. $5 representa, ¿qué porcentaje de $160?

8. ¿Qué porcentaje de $40.00 es $72.00?

B. Use la calculadora para resolver estos problemas.

9. $3.50 representa, ¿qué porcentaje de $175.00?

10. ¿Qué porcentaje de 1304 es 326?

11. ¿Qué porcentaje de 5000 es 225?

12. $144 representa, ¿qué porcentaje de $150?

13. ¿Qué porcentaje de $110.00 es $82.50?

14. 40 representa, ¿qué porcentaje de 16?

C. Calcule el porcentaje de aumento o disminución.

15. Cantidad original: 1500
Nueva cantidad: 1725

16. Cantidad original: $520.00
Nueva cantidad: $582.40

17. Cantidad original: 280
Nueva cantidad: 70

18. Cantidad original: $1200
Nueva cantidad: $1140

D. Resuelva.

19. Rita supervisa una estación de carga. Necesita cargar 140 cajas en un camión para su entrega. Para la hora de la comida, se han cargado ya 119 cajas. ¿Qué porcentaje del trabajo está terminado?

20. Jorge acomodó 25 cajas de refresco en los anaqueles de la tienda. De estas cajas, 10 son de refresco de cola, 8 de refresco de limón y 7 de refresco de naranja. Del total de cajas, ¿qué porcentaje son refrescos de cola? (*Pista:* Hay información extra.)

21. Estela recibió un aumento. Su nuevo salario mensual es de $1508. Antes, su salario mensual era de $1450. ¿Cuál fue el porcentaje de aumento que recibió?

22. En una prueba de 50 preguntas, Omar respondió correctamente 44 de ellas. ¿Qué porcentaje de preguntas respondió correctamente?

Las <u>preguntas 23 y 24</u> se refieren a la siguiente información:

23. Electrónicos López tiene en oferta la cámara de video que se ilustra arriba. ¿Qué porcentaje descontó la tienda del precio de la cámara? (Redondee al porcentaje más cercano.)

24. Lucía recibe una comisión de $44 por cada cámara de video que vende. ¿Qué porcentaje del precio de venta representa su comisión?

Las respuestas comienzan en la página 398.

ESTRATEGIA DE GED   **Resolver problemas**

Hacer cálculos mentales

Usted hace cálculos mentales todos los días. Cuando calcula la propina que dejará en un restaurante o el precio de oferta de un artículo. Los cálculos mentales con porcentajes son más fáciles de hacer si utiliza 10%.

Recuerde que 10% = 0.10 = 0.1. Para multiplicar por 0.1, mueva el punto decimal un lugar hacia la izquierda. Por ejemplo, un suéter que originalmente costaba $40 tiene un descuento del 10%. ¿Cuánto ahorraría usted si lo comprara? Ahorraría $4.

$4.0.00

Con este método para calcular el 10% puede desarrollar estrategias para hacer cálculos mentales y calcular rápidamente el 5%, 15% y 20% de una cantidad.

Ejemplo 1   El cheque mensual de Juana es de $900. Si le deducen 5% de esa cantidad por concepto de seguro médico y dental, ¿qué cantidad le deducen?

Paso 1   Para calcular 5% de una cantidad, primero calcule 10% y, luego, divida esa cantidad entre 2. En este ejemplo, calcule 10% de $900 moviendo el punto decimal un lugar hacia la izquierda.

$90.0.00

Paso 2   Puesto que 5% es la mitad de 10%, divida $90 entre 2.

$90 ÷ 2 = $45

De manera que 5% de $900 es **$45.**

Ejemplo 2   Carlos gastó $20 en un restaurante y desea dejar 15% de propina. ¿Cuánto dinero debe dejar de propina?

Paso 1   Para calcular 15% de una cantidad, calcule primero 10%, divida ese resultado entre 2 para calcular 5% y sume las cifras correspondientes a 10% y a 5%. En este ejemplo, calcule 10% de $20 moviendo el punto decimal un lugar hacia la izquierda.

$2.0.00

Paso 2   Puesto que 5% es la mitad de 10%, divida $2 entre 2.

$2 ÷ 2 = $1

Paso 3   10% + 5% = 15%, por lo tanto, sume $2 + $1.

$2 + $1 = $3

La propina total es de **$3.**

Ejemplo 3   Carlota recibió $82 en propinas. Ella le da 20% a su ayudante. ¿Cuánto le debe dar Carlota a su ayudante?

Paso 1   Para calcular 20% de una cantidad, calcule primero 10%, y, luego, multiplique esa cantidad por 2. En este ejemplo, calcule 10% de $82 moviendo el punto decimal un lugar hacia la izquierda.

$8.2.00

Paso 2   Multiplique por 2 para calcular 20%.

$8.2 × 2 = $16.40

Carlota debe dar a su ayudante **$16.40.**

Instrucciones: Elija la respuesta que mejor responda a cada pregunta.

1. La Biblioteca Pública Central lleva un registro del número de libros que se prestan cada mes. De los 8520 libros que se prestaron en mayo, 10% eran libros para niños. ¿Cuantos libros para niños se prestaron en mayo?

   (1)   85
   (2) 170
   (3) 852
   (4) 1704
   (5) 2000

La pregunta 2 se refiere al siguiente diagrama:

¡Gracias por su preferencia!

Total $26.00

Restaurante italiano   Propina

2. Estela trabaja como mesera. Un cliente le dejó una propina de 15% del total de la cuenta que se muestra arriba. ¿De cuánto fue la propina de Estela?

   (1) $1.30
   (2) $1.60
   (3) $2.75
   (4) $3.90
   (5) $5.00

3. Martín pagó por un equipo estereofónico $150 más 5% por el impuesto de ventas. ¿Cuánto pagó por el impuesto de ventas?

   (1) $155.00
   (2) $ 50.00
   (3) $ 30.00
   (4) $ 15.00
   (5) $ 7.50

4. Sara vendió un radio/reproductor de discos compactos que originalmente costaba $70 y que tenía un descuento del 20%. ¿De cuánto fue el descuento?

   (1) $20.00
   (2) $14.00
   (3) $ 7.00
   (4) $ 1.40
   (5) $ 0.70

5. El salario neto de Zoila es de $1500 mensuales. De esta cantidad, 25% lo utiliza para pagar la renta. ¿Cuánto paga de renta al mes?

   (1) $ 60
   (2) $150
   (3) $300
   (4) $375
   (5) $500

6. El Centro Comunitario Juárez está vendiendo boletos para su concierto de recaudación de fondos. Hasta ahora, han vendido 30% de los 1800 boletos. ¿Cuántos boletos han vendido hasta ahora?

   (1) 600
   (2) 540
   (3) 60
   (4) 54
   (5)   6

SUGERENCIA

A veces es útil hacer estimaciones y cálculos mentales. Por ejemplo, para dejar una propina del 15% de una cuenta de $8.69, redondee esta cantidad a $9 y, luego, calcule el 15% de $9.

Las respuestas comienzan en la página 399.

Calcular el total

Ejemplo 1   Los empleados de la Imprenta Galindo deben completar un curso de seguridad durante su primer año de empleo. De los empleados actuales, 90% ha terminado el curso. Si 63 empleados han completado el curso, ¿cuántos empleados trabajan en la Imprenta Galindo?

Paso 1   Analice el problema. El total o cantidad completa es el número total de empleados de la Imprenta Galindo. El número 63 es una porción del número de empleados. Los 63 empleados son el 90% del total de empleados. Debe resolver para calcular el total.

SUGERENCIA

También puede usar una proporción para calcular el total:

$$\frac{63}{x} = \frac{90\%}{100\%}$$

Paso 2   Utilice el diagrama para ver cuál es la operación que debe realizar. Cubra la palabra *total*. Los elementos restantes se conectan mediante el signo de división. Divida **porción ÷ razón.**

Paso 3   Convierta la razón en decimal.   90% = 0.9. Divida.

$$0.9\overline{)63.0.}$$

Hay **70** empleados en la Imprenta Galindo.

Usted puede realizar los cálculos en un solo paso con la calculadora. Divida.

   63   ÷   90   **SHIFT**   **=**   70.

La Imprenta Galindo tiene **70** empleados.

Como sabe, la porción puede ser mayor que el total. Puede reconocer estos casos porque la razón es mayor que 100%.

Ejemplo 2   Regina empezó recientemente a trabajar en un empleo mejor pagado. Su nuevo salario semanal es 120% del salario semanal en su empleo anterior. Si su nuevo salario semanal es de $326.40, ¿cuánto ganaba en su empleo anterior?

SUGERENCIA

Siempre lea atentamente. A primera vista, éste puede parecer un problema de razón de aumento. Asegúrese de saber qué es lo que está resolviendo antes de empezar a calcular.

Paso 1   Analice el caso. El nuevo salario de Regina es 120% de su salario anterior. Su nuevo salario, $326.40, representa la porción aun cuando es la cantidad mayor. El salario anterior representa el total.

Paso 2   Convierta la razón en decimal y divida la porción entre la razón.

$$120\% = 1.2 \qquad \$326.40 \div 1.2 = \$272.00$$

El salario anterior de Regina era de **$272.00.**

A. Resuelva los siguientes problemas con lápiz y papel.

1. $54 es 60% de ¿qué cantidad?

2. 720 es 9% de ¿qué número?

3. $1.92 es 6% de ¿qué cantidad?

4. 85 es 17% de ¿qué cantidad?

5. $495 es 90% de ¿qué cantidad?

6. 810 es 270% de ¿qué cantidad?

7. $207 es 115% de ¿qué cantidad?

8. $1020 es 85% de ¿qué cantidad?

9. $0.21 es 7% de ¿qué cantidad?

10. 660 es 125% de ¿qué cantidad?

11. $6.30 es 15% de ¿qué cantidad?

12. 6000 es $66\frac{2}{3}$% de ¿qué cantidad?

B. Use la calculadora para resolver estos problemas.

13. $3.75 es 75% de ¿qué cantidad?

14. 9.6 es 15% de ¿qué cantidad?

15. $157.50 es 35% de ¿qué cantidad?

16. $26.88 es 24% de ¿qué cantidad?

17. $62.40 es 104% de ¿qué cantidad?

18. $0.76 es 3.8% de ¿qué cantidad?

19. $679.35 es $5\frac{1}{4}$% de ¿qué cantidad?

20. $1.26 es $3\frac{1}{2}$% de ¿qué cantidad?

C. Resuelva.

21. El seguro de Juan pagó $7500 por su cirugía. Si el seguro pagó 80% de la factura total, ¿de cuánto fue la factura total?

22. El año pasado, Florencia pagó 15% de sus ingresos anuales en impuestos federales. Si pagó $3555 en impuestos, ¿cuáles fueron sus ingresos anuales?

La pregunta 23 se refiere a la siguiente información:

89% de los miembros de la CAA votaron para elegir a Elena Pérez.

23. Si 178 miembros votaron por Elena, ¿cuántos no votaron por ella? (*Pista:* Debe calcular el total, pero el total no es la respuesta final)

24. Lorena sabía que el 25% de los clientes que visitaron la tienda en mayo hicieron una compra. Si 207 clientes hicieron una compra, ¿cuántos clientes visitaron la tienda?

25. Carmen compró un saco nuevo por $98. El precio de oferta representaba el 70% del precio original del saco. ¿Cuál era el precio original?

Las preguntas 26 a 28 se refieren a la siguiente tabla:

Ventas por catálogo de nuevos artículos de la Mueblería del Noroeste		
Producto	Número de devoluciones	Porcentaje de las ventas totales
Silla plegable	8	4%
Mesa de cristal	3	20%
Mesa plegable	15	$12\frac{1}{2}$%

26. ¿Cuántas mesas de cristal se vendieron?

27. De las mesas plegables vendidas, ¿cuántas no fueron devueltas a la mueblería?

28. ¿Qué porcentaje de sillas plegables no fue devuelto?

Las respuestas comienzan en la página 399.

Resolver problemas de intereses

El **interés** es una cuota que se cobra por utilizar el dinero de otra persona. Cuando usted pide un préstamo para una compra, pagará intereses a la compañía que le presta el dinero. Cuando pone su dinero en una cuenta de ahorros, el banco le paga un interés por usar su dinero.

Si tiene una tarjeta de crédito o si ha pedido un préstamo, entonces tiene experiencia en el pago de intereses. Hay varios tipos de interés y diversas maneras de calcularlo. En la Prueba de Matemáticas de GED se evaluarán sus conocimientos sobre el interés simple. El **interés simple** se basa en el tiempo del préstamo en años.

La fórmula para calcular el interés simple es $I = PTt$. Esta fórmula es similar a la fórmula de porcentajes que ha estado utilizando. Cuando las letras o variables de una fórmula se escriben una junto a la otra, se deben multiplicar. Esta fórmula para calcular el interés también se puede expresar como un triángulo.

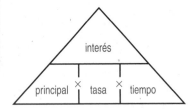

I = **interés**

P = **principal**, el monto del préstamo o dinero invertido

T = **tasa de interés**, como porcentaje

t = **tiempo** del préstamo en años

Ejemplo Lina Álvarez pide $2500 prestados a 6 meses, a una tasa de interés del 12%. ¿Cuánto pagará Lina en intereses por el préstamo?

El principal (p) es de $2500, la cantidad del préstamo. La tasa de interés (T) es del 12%. El tiempo (t) es 6 meses, o $\frac{1}{2}$ de un año.

Paso 1 Convierta la tasa de interés en decimal. $\qquad\qquad$ 12% = 0.12

Paso 2 Exprese el tiempo en años. $\qquad$ 6 meses = $\frac{6}{12} = \frac{1}{2}$ de año.

(Si el problema indica el tiempo en meses, escriba el tiempo como la fracción de un año. Escriba el número de meses en el numerador y el número 12 en el denominador. Simplifique la fracción a sus términos mínimos.)

Paso 3 Multiplique: **principal × tasa × tiempo.** $\qquad$ $2500 × 0.12 × \frac{1}{2} =$
El resultado es el interés. $\qquad\qquad\qquad\qquad$ $300 × \frac{1}{2} = 150

Lina pagará **$150** en intereses.

Algunos problemas le piden calcular la **cantidad a pagar.** Esto incluye el principal y los intereses que se deban. En el ejemplo anterior, Lina pidió $2500 prestados y debe pagar $150 de interés. Pero esto no responde a la pregunta. Para calcular la cantidad a pagar, sume el principal y el interés: $2500 + $150 = $2650.

Lina debe pagar **$2650.**

A. Calcule con lápiz y papel el interés que se pagará por los siguientes préstamos.

1. Un préstamo de $1250 al 12% en 2 años.

2. Un préstamo de $2400 al 9.5% en 1 año.

3. Un préstamo de $900 al 8% en 6 meses.

4. Un préstamo de $4000 al 5% en 3 meses.

5. Un préstamo de $840 al 9% en 18 meses.

6. Un préstamo por $1100 al 7.5% en 4 años.

B. Calcule los intereses ganados en estas inversiones. <u>PUEDE</u> usar la calculadora.

7. $3200 invertido al $5\frac{1}{2}$% de interés en 1 año.

8. $500 invertido al 8% de interés en $6\frac{1}{2}$ años.

9. $2300 invertido al 4% de interés en 6 meses.

10. $800 invertido al 7.5% de interés en 3 meses.

11. $600 invertido al $3\frac{3}{4}$% de interés en 2 años.

C. Calcule la cantidad total a pagar por los siguientes préstamos.

12. Un préstamo de $600 al 10% en 6 meses.

13. Un préstamo de $5400 al 8% en 9 meses.

14. Un préstamo de $8000 al 12% en 5 años.

15. Un préstamo de $300 al 6% en 4 meses.

D. Resuelva.

16. El Sr. Ramírez compró una camioneta para entregas. Pidió prestados $20,000 al $8\frac{1}{4}$% de interés en 4 años. ¿Cuánto pagará de intereses sobre el préstamo?

17. Jimena recibió un préstamo estudiantil de $1500, en 18 meses, al 3% de interés. ¿Cuánto tendrá que pagar una vez que venza su préstamo?

18. Para comprar una computadora, René pidió prestados $900 a su hermano, a 12 meses. Acordó pagar un 4% de interés sobre el préstamo. ¿Cuál es la cantidad total que tendrá que pagar a su hermano en 12 meses?

19. Toño pidió $9500 prestados para reparar su bodega. Pidió un préstamo en 2 años a $9\frac{1}{2}$%. ¿Cuánto pagará en intereses por el préstamo?

20. Sandy pidió $4500 en 3 años para comprar un auto usado. Los intereses sobre el préstamo son del 7.5%. ¿Cuánto pagará en total por el auto?

Las preguntas 21 y 22 se refieren a la siguiente información:

Inversiones Capital
Gane 5%
6 meses obligatorios
Principal mínimo:
$1500

Cuentas Nueva Vista
Gane el 6% de interés
9 meses obligatorios
Principal mínimo:
$2500

21. Los Martínez planean invertir $2500 hasta por 1 año. ¿Cuántos intereses ganarán en Inversiones Capital si invierten su dinero por 1 año?

22. ¿Cuánto ganarían en una inversión de $2500, por 9 meses, en Cuentas Nueva Vista?

Las respuestas comienzan en la página 399.

ESTRATEGIA DE GED **Resolver problemas**

Resolver problemas en varios pasos

A veces, se requiere más de un paso para resolver problemas de porcentaje. Lea atentamente el problema, decida qué información necesita para resolverlo y desglose el problema en pasos.

Ejemplo 1 Virginia compró un vestido de $80 con un descuento del 40%. ¿Cuánto pagó por el vestido?

(1) $80 × 0.4
(2) $80 − $40
(3) $80 − ($80 × 0.4)
(4) $80 − ($80 × 0.6)
(5) No se cuenta con suficiente información.

Ahorrar un 40% significa pagar 60% del precio original. El porcentaje <u>pagado</u> es la razón que, multiplicada por el total, le da el precio de oferta.

100% − 40% = 60%

$80 × 0.6 = $48

Paso 1 Usted conoce el total y la razón. Debe calcular la cantidad del descuento. Multiplique el total por la razón. Esto le indica cuánto ahorró Virginia comprando el vestido con descuento. $80 × 0.4

Paso 2 Calcule el precio de oferta. Reste el descuento del precio original. $80 − ($80 × 0.4)

El precio de oferta es la **opción (3).**

Ejemplo 2 Juan hace marcos para fotografías para venderlos en una feria de artesanías. Usa $10 en materiales por cada marco. Si Juan quiere vender los marcos con una ganancia del 15%, ¿cuánto debe cobrar por marco?

(1) $ 1.50
(2) $10.00
(3) $11.50
(4) $25.00
(5) No se cuenta con suficiente información.

Paso 1 Calcule la cantidad de la ganancia. Multiplique el total por la razón. $10 × 15% = $10 × 0.15 = $1.5 = $1.50

Paso 2 Calcule el precio que debe cobrar Juan por cada marco, sumando la cantidad de la ganancia y el costo de los materiales. $10.00 + $1.50 = $11.50

Juan debe vender cada marco en **$11.50, opción (3).**

Ejemplo 3 El precio de venta de un sofá con un descuento del 40% es de $348. ¿Cuál es el precio original del sofá?

Paso 1 Calcule la razón que representa el precio de venta.   100% − 40% = 60%

Paso 2 Calcule el precio original (total). Divida la porción entre la razón. $348 ÷ 0.6 = $580

El precio original del sofá es de **$580.**

Instrucciones: Elija la respuesta que mejor responda a cada pregunta.

$$\$\$ \quad 15\% \text{ de} \quad \$\$$$
descuento en toda la tienda

1. El Sótano de Mauricio tiene una liquidación de artículos para el hogar. ¿Cuál sería el precio de un juego de sábanas individuales cuyo precio original es $20?

   (1) $ 3.00
   (2) $ 5.00
   (3) $ 7.50
   (4) $17.00
   (5) $18.67

2. Flora tiene un salario de $9.00 por hora y recibió un aumento del 6%. Elija la respuesta que muestra cuál es el nuevo salario por hora de Flora.

   (1) $9 + 0.06
   (2) $9 + 0.06 \times $9
   (3) $9 - 0.06 \times $9
   (4) $9 \times 0.06
   (5) $9 \times (1 - 0.06)

3. Alfredo compró un auto usado por $1500. Le cambió el motor y reparó la carrocería. Vendió el auto por $4500. ¿Cuál fue la razón de aumento del precio del auto?

   (1)   67%
   (2) 133%
   (3) 200%
   (4) 300%
   (5) 400%

4. En una fábrica, Gloria supervisa a 30 empleados. El próximo mes, el personal a su cargo aumentará en un 40%. ¿Cuál expresión muestra cuántos empleados supervisará Gloria el próximo mes?

   (1) 0.4(30) + 0.4
   (2) 0.4(30) + 30
   (3) 0.4(30) − 0.4
   (4) 0.04(30) + 0.4
   (5) 0.4(30) − 30

5. Laura separó un abrigo que cuesta $160. Dio un anticipo del 10% y pagará el resto en 6 mensualidades. ¿Cuál expresión puede usarse para calcular el monto de cada mensualidad?

   (1) $\dfrac{\$160 - (\$160 \times 0.1)}{6}$

   (2) $\dfrac{\$160}{6}$

   (3) $160 − ($160 × 0.1)
   (4) $160 × 0.1
   (5) $160 + ($160 × 0.1)

6. Minas de Cobre González emplea a 1400 empleados. La compañía debe despedir al 5% de la fuerza laboral inmediatamente y a otro 20% de la fuerza laboral restante para fines de año. ¿Cuántos trabajadores serán despedidos?

   (1) 350
   (2) 336
   (3) 280
   (4) 210
   (5)   70

Las respuestas comienzan en la página 400.

ESTRATEGIA DE GED **Usar la calculadora**

 Calculadoras y porcentajes

Una de las teclas más útiles de la calculadora es la tecla de porcentaje. Cuando se utiliza esta tecla, no se necesita convertir el porcentaje en decimal ni el decimal en porcentaje, la calculadora lo hace automáticamente.

Ejemplo   De su salario mensual de $3540, Julia pagó 32% en impuestos. ¿Cuánto pagó de impuestos?

Si no utiliza la tecla de porcentaje, primero deberá convertir 32% en número decimal, ó 0.32, antes de multiplicar esto por $3540. A continuación se muestra este método de usar la calculadora.

3540 ☒ .32 ☰

La pantalla mostrará la respuesta de 1132.8, ó **$1132.80 de impuestos.**

Usando la tecla de porcentaje, no necesita convertir el porcentaje en decimal, sino marcar los números según aparecen en el problema. Esto se muestra a continuación. (Recuerde que en algunas calculadoras no es necesario oprimir la tecla del signo igual al final).

3540 ☒ 32 % ☰

Recuerde: la calculadora que se emplea para la Prueba de Matemáticas de GED no tiene "tecla" de porcentaje. Debe oprimir las teclas SHIFT ☰ para hacer operaciones con porcentajes.

3540 ☒ 32 SHIFT ☰ 1132.8

Usar la tecla de porcentaje

A continuación se presentan algunos puntos que debe recordar cuando utilice la tecla de porcentaje en la calculadora.

- **Cuando calcule el total o la porción, debe marcar el porcentaje tal y como aparece en el problema.** No mueva el punto decimal. Por ejemplo, si desea calcular el 8% de un número, no lo convierta en el decimal 0.08. Tan sólo multiplique el número por 8 y oprima la tecla % después del 8.
- **Al calcular la razón, la respuesta que aparece en la pantalla es el porcentaje y no su equivalente decimal.** No mueva el punto decimal. Por ejemplo, divida la porción (1) entre el total (4) seguida de la tecla de porcentaje. (Si la pantalla de su calculadora muestra 0.04, oprima la tecla del signo igual.) La pantalla muestra 25, que es el 25%. No hay necesidad de mover el punto decimal.
- **Cuidado con el orden en el que marca los números.** Cuando calcule la porción, multiplique el total por el porcentaje. Cuando calcule el porcentaje o el total, divida. Tenga cuidado de marcar primero la porción.

Instrucciones: Elija la respuesta que mejor responda a cada pregunta. PUEDE usar la calculadora.

1. Al final del primer trimestre, la *Gaceta* tenía 3450 empleados. En el segundo trimestre, se contrató un 12% más de empleados. ¿Cuántos nuevos empleados contrató la *Gaceta* en el segundo trimestre?

   (1)   41
   (2)   404
   (3)   414
   (4)   424
   (5) 4140

2. La familia Pérez fue a cenar a un restaurante y la cuenta fue de $120. Si dejaron una propina de $21.60, ¿qué porcentaje de la cuenta dejaron?

   (1) 15%
   (2) 16%
   (3) 17%
   (4) 18%
   (5) 19%

3. El vicepresidente de un banco hizo una contribución a su plan de retiro de $8\frac{3}{4}$% de su salario. Si contribuyó con $4375 de su salario anual, ¿cuál fue su salario ese año?

   (1) $42,000
   (2) $43,750
   (3) $49,383
   (4) $50,000
   (5) $50,383

4. Los gastos de oficina en Productos Delta se redujeron de $1400 el mes pasado a $1225 este mes. ¿Cuál fue el porcentaje de la reducción en los gastos de oficina?

   (1) 12.0%
   (2) 12.5%
   (3) 13.0%
   (4) 13.5%
   (5) 14.0%

5. Alexis compró un horno de microondas cuyo precio regular es de $394. Si el horno tenía un descuento del 40% sobre el precio regular, ¿cuánto pagó por el microondas?

   (1) $226.95
   (2) $232.60
   (3) $236.40
   (4) $240.25
   (5) $250.00

La pregunta 6 se refiere a la siguiente tabla:

Farmacia Dalí		
Artículo	**Ventas en abril**	**Ventas en mayo**
Pasta de dientes	$4200	$4956
Jabón	$3980	$4293
Champú	$3420	$3290

6. ¿Cuál fue el porcentaje de aumento de las ventas de pasta de dientes en mayo comparado con las ventas de pasta de dientes en abril?

   (1) 15%
   (2) 16%
   (3) 17%
   (4) 18%
   (5) 19%

Las respuestas comienzan en la página 400.

Prueba corta de GED • Lecciones 11 a 13

Instrucciones: Ésta es una prueba de práctica que dura treinta minutos. Después de transcurridos los treinta minutos, marque la última pregunta que haya respondido. A continuación, termine la prueba y revise sus respuestas. Si la mayoría de sus respuestas fueron correctas, pero no terminó la prueba, trate de responder las preguntas más rápidamente la próxima vez.

Parte 1

Instrucciones: Elija la respuesta que mejor responda a cada pregunta. PUEDE usar la calculadora.

1. El año pasado, Ana pagó $13,600 en impuestos, que representaron 32% de su salario bruto anual. ¿Cuál fue su salario bruto anual?

   (1) $30,000
   (2) $34,500
   (3) $36,000
   (4) $38,500
   (5) $42,500

2. El catálogo actual de Suministros de Oficina Jiménez incluye una grapadora eléctrica de $69.95. Si ofrecen un descuento del 35%, ¿cuál es el precio de la grapadora después de aplicar el descuento, redondeado al centavo más cercano?

   (1) $24.48
   (2) $34.47
   (3) $42.43
   (4) $45.47
   (5) $94.43

3. El valor del inventario de la tienda Deportes Samuel incrementó de $46,400 a $52,200 durante el primer trimestre del año. ¿Cuál es el porcentaje de aumento del valor del inventario?

   (1) 10.5%
   (2) 12.0%
   (3) 12.5%
   (4) 58.3%
   (5) No se cuenta con suficiente información.

4. El viernes, las acciones de la Compañía Lamberto cerraron a $52.36 por acción, un precio 23% menor que cuando cerraron el jueves. ¿Cuál fue el precio de cierre del jueves?

   (1) $40
   (2) $52
   (3) $64
   (4) $68
   (5) $70

5. Daniel compró un sillón con precio de lista de $950. Si dio un anticipo de $209, ¿qué porcentaje del precio de lista dio en anticipo?

   (1) 20%
   (2) 21%
   (3) 22%
   (4) 23%
   (5) 24%

6. Juan recibe un salario fijo de $325 por semana y una comisión del $7\frac{1}{4}$% sobre las ventas brutas. ¿Cuánto gana en una semana?

   (1) $2800
   (2) $2725
   (3) $2700
   (4) $2525
   (5) No se cuenta con suficiente información.

Las preguntas 7 y 8 se refieren a la siguiente tabla:

Ventas de la compañía (Milliones de dólares)	
Mes	Ventas
Ene.	$ 2
Feb.	$ 6
Mar.	$ 8
Abr.	$ 8
Mayo	$14
Jun.	$18

7. Las ventas en febrero representan, ¿qué porcentaje del total de ventas de estos seis meses? Redondee al entero más cercano.

(1) 10%

(2) 11%

(3) 12%

(4) 13%

(5) 14%

8. ¿Entre qué meses consecutivos tuvo la compañía el mayor porcentaje de aumento en sus ventas?

(1) enero a febrero

(2) febrero a marzo

(3) marzo a abril

(4) abril a mayo

(5) mayo a junio

9. Lorenzo pidió un préstamo de $12,500 a un interés simple anual del 16% por $3\frac{1}{2}$ años. ¿Cuánto pagará en intereses sobre el préstamo al finalizar dicho período?

(1) $2,000

(2) $3,000

(3) $4,000

(4) $5,000

(5) $7,000

10. Joaquín tiene un salario anual de $38,650. Si obtiene un aumento de $3,280, ¿cuál es el porcentaje de aumento con respecto a su salario actual? Redondee al entero más cercano.

(1) 6%

(2) 7%

(3) 8%

(4) 9%

(5) 10%

11. Jaime compra un abrigo por $136 y paga un impuesto de ventas de $8\frac{1}{4}$%. ¿Cuál expresión muestra la cantidad que pagó Jaime por el abrigo, incluyendo el impuesto de ventas?

(1) $136 + 0.0825

(2) $136 × 0.0825

(3) ($136 × 0.0825) + $136

(4) ($136 + $136) × 0.0825

(5) $\frac{\$136}{0.0825}$

12. La asistencia a una feria de artesanías decayó de 1,420 el año pasado a 1,209 este año. ¿Cuál fue el porcentaje de disminución de la asistencia, redondeado al porcentaje más cercano?

(1) 15%

(2) 16%

(3) 17%

(4) 18%

(5) 19%

13. En octubre, la circulación del periódico local fue de 247,624. La circulación del periódico en septiembre fue de 238,100. ¿Cuál fue el porcentaje de cambio en la circulación de septiembre a octubre?

(1) aumento del 3%

(2) disminución del 3%

(3) aumento del 4%

(4) disminución del 4%

(5) aumento del 5%

Parte 2

Instrucciones: Elija la respuesta que mejor responda a cada pregunta. **NO** puede usar la calculadora.

14. Las ventas de autos nuevos en una concesionaria local incrementaron de 150 en julio a 180 en agosto. ¿Cuál de las siguientes respuestas se puede utilizar para calcular el porcentaje de aumento en las ventas de autos nuevos de julio a agosto?

    (1) $180 \div 150$

    (2) $150 \div 180$

    (3) $180 - (150 \div 180)$

    (4) $(180 - 150) \div 180$

    (5) $(180 - 150) \div 150$

15. Un funcionario de control de calidad determina que 5% de los 2600 teléfonos inspeccionados están defectuosos. ¿Cuántos teléfonos inspeccionados no están defectuosos?

    (1) 130

    (2) 247

    (3) 1300

    (4) 2470

    (5) 2500

16. Lisa tiene un salario anual de $26,000. Después de terminar un programa de capacitación, recibe un aumento de $2,080. ¿Qué porcentaje de su actual salario anual representa el aumento?

    (1) 5%

    (2) 6%

    (3) 7%

    (4) 8%

    (5) 9%

17. Lucía recibe una comisión de $1,020 por vender un auto. Si la comisión es 5% sobre el precio de venta, ¿cuál es el precio de venta del auto?

    (1) $20,000

    (2) $20,400

    (3) $20,800

    (4) $21,200

    (5) $21,600

18. Luis paga $420 por un reproductor de discos compactos/discos de video, incluyendo un impuesto a las ventas de 5%. ¿Cuál es el precio del aparato antes de aplicar el impuesto a las ventas?

    (1) $398

    (2) $399

    (3) $400

    (4) $401

    (5) $402

19. Margarita pidió prestados $2,500 a su jefe, a dos años, al $2\frac{1}{2}$% de interés. ¿Cuál es la cantidad total que tendrá que pagar?

    (1) $2625

    (2) $3137

    (3) $3426

    (4) $5000

    (5) $6150

20. Las ventas netas registradas en agosto representaron 120% de las ventas netas de febrero. Si las ventas netas de febrero fueron de $13,985, ¿cuáles fueron las ventas netas en agosto?

    (1) $11,188
    (2) $11,654
    (3) $14,782
    (4) $16,782
    (5) $17,481

21. Durante una oferta, una tienda de muebles para oficina rebajó un 30% el precio de una silla giratoria. Si el precio regular de la silla es $180, ¿cuál es el precio después de aplicar el descuento?

    (1) $ 54
    (2) $120
    (3) $126
    (4) $184
    (5) $234

La pregunta 22 se refiere a la siguiente tabla:

Presupuesto de gastos Total: $60,000	
Categoría	% del presupuesto
Publicidad	16%
Salarios	35%
Suministros	25%
Renta	24%

22. ¿Cuánto mayor es el presupuesto para suministros que el presupuesto para publicidad?

    (1) $5000
    (2) $5400
    (3) $6400
    (4) $7400
    (5) $9000

23. Débora invirtió $5000 en una cuenta que paga un interés anual simple del 8%. Transcurridos 3 años, ¿cuánto dinero habrá en la cuenta, incluidos los intereses ganados?

    (1) $ 400
    (2) $1200
    (3) $5400
    (4) $5800
    (5) $6200

24. Durante las festividades, el precio de un juguete subió de $1 a $3. ¿Cuál fue el porcentaje de incremento en el precio del juguete?

    (1) 100%
    (2) 200%
    (3) 300%
    (4) 400%
    (5) 500%

25. Samuel compró un nuevo televisor a $440. Dio el 20% del precio como anticipo y pagó el resto en 8 mensualidades iguales. ¿De cuánto fue cada mensualidad?

    (1) $43
    (2) $44
    (3) $45
    (4) $46
    (5) $47

Las respuestas comienzan en la página 401.

Unidad 1 Repaso acumulativo Operaciones numéricas y sentido numérico

Parte 1

Instrucciones: Elija la respuesta que mejor responda a cada pregunta. <u>PUEDE</u> usar la calculadora.

1. Sandra compra una póliza de seguros que cuesta $7.43 por cada $2,500 asegurados. Si compra una póliza por $30,000, ¿cuánto le costará?

   (1) $86.08

   (2) $87.16

   (3) $88.08

   (4) $89.16

   (5) $90.08

2. Roberto pide $14,000 prestados acepta pagar un interés anual simple del $9\frac{3}{4}$%. ¿Cuál de las siguientes expresiones muestra cuánto pagará de intereses si pide el préstamo a $3\frac{1}{2}$ años?

   (1) $\$14,000 + 0.0975 + 3.5$

   (2) $\$14,000 \times 9.75 \times 3.5$

   (3) $\$14,000 \times 0.0975 \times 3.5$

   (4) $\$14,000 \times \frac{0.0975}{3.5}$

   (5) $\frac{\$14,000}{3.5} \times 0.0975$

3. Jimena trabaja en una tienda de computadoras y gana una comisión del 7% sobre sus ventas. Si vende 10 computadoras a la escuela por un total de $14,000, ¿cuánto recibe de comisión?

   (1) $ 980

   (2) $ 1,302

   (3) $13,020

   (4) $14,980

   (5) No se cuenta con suficiente información.

4. Un negocio tiene $15,000 en su cuenta corriente. La compañía deposita cheques por $1,800, $3,000 y $900. También gira cheques por $3,600 y $2,800 para pagar algunas cuentas. ¿Cuánto queda en la cuenta después de estas transacciones?

   (1) $27,100

   (2) $16,800

   (3) $14,300

   (4) $ 3,800

   (5) No se cuenta con suficiente información.

Las preguntas 5 y 6 se refieren a la siguiente tabla:

Artículo	Precio regular	Precio de oferta
Chaquetas	$168.99	$135.99
Pantalones	$ 87.50	$ 62.00
Camisas	$ 38.95	$ 27.95

5. Ricardo compró 3 pares de pantalones y 2 camisas en especial. ¿Cuánto ahorró por estos artículos gracias a que los compró en especial y no al precio regular?

   (1) $11.00

   (2) $22.00

   (3) $25.50

   (4) $76.50

   (5) $98.50

6. ¿Cuál es el porcentaje de descuento de las camisas con respecto al precio regular? Redondee su respuesta al porcentaje más cercano.

   (1) 26%

   (2) 27%

   (3) 28%

   (4) 29%

   (5) 30%

7. Un pavo de 16 libras cuesta $15.92. ¿Cuál de las siguientes respuestas se puede utilizar para calcular cuánto costaría un pavo de 20 libras al mismo precio por libra?

(1) $\frac{16}{\$15.92} = \frac{20}{?}$

(2) $\frac{\$15.92}{16} = \frac{20}{?}$

(3) $\frac{16}{\$15.92} = \frac{?}{20}$

(4) $\frac{16}{20} = \frac{?}{\$15.92}$

(5) $\frac{20}{16} = \frac{\$15.92}{?}$

8. Una lámpara cuyo precio regular es de $45 se incluye en una oferta de lámparas vendidas por Internet con un descuento del 15%. ¿Cuál es el precio de la lámpara durante la oferta?

(1) $ 6.75

(2) $17.75

(3) $38.25

(4) $44.25

(5) $51.25

9. Marco utilizó $4\frac{1}{2}$ galones de pintura para pintar su sala, $2\frac{7}{8}$ galones para pintar el comedor y $3\frac{1}{8}$ galones para pintar la cocina. ¿Cuántos galones de pintura usó en total?

(1) 9

(2) $10\frac{1}{4}$

(3) $10\frac{1}{2}$

(4) $10\frac{3}{4}$

(5) 11

10. De enero a febrero, el precio de las acciones de Argón subió de $2 por acción a $8 por acción. ¿Cuál fue el porcentaje del aumento?

(1) 6%

(2) 40%

(3) 75%

(4) 300%

(5) No se cuenta con suficiente información.

11. El precio de un equipo de sonido el viernes era de $272, incluyendo un descuento del 15% con respecto a su precio el jueves. ¿Cuál era el precio del equipo estereofónico el jueves?

(1) $231.20

(2) $312.80

(3) $318.20

(4) $320.00

(5) $328.00

12. Mateo sale a correr 3 veces a la semana. Esta semana, corrió 3 millas el lunes, 3.25 millas el jueves y 3.9 millas el viernes. ¿Cuántas millas más que la semana anterior corrió Mateo esta semana?

(1) 3

(2) 9

(3) 10.15

(4) 30.45

(5) No se cuenta con suficiente información.

La pregunta 13 se refiere a la siguiente tabla:

Millas recorridas la semana pasada	
Ana	1348.6 millas
Bárbara	2098.4 millas
Cristina	1984.9 millas

13. ¿Cuántas más millas que Ana recorrió Bárbara la semana pasada?

(1) 749.8

(2) 730.8

(3) 720.8

(4) 719.8

(5) 709.8

Instrucciones: Resuelva los siguientes problemas y escriba sus respuestas en las cuadrículas.

14. Roxana compra víveres para un negocio de banquetes. Compró un trozo de salmón por $31.28. Si el salmón costaba $9.20 la libra, ¿cuántas libras compró?

16. Pedro hizo una dieta y perdió 5% de su peso al final del primer mes. Si Pedro pesaba 238 libras cuando empezó la dieta, ¿cuántas libras pesaba al final del primer mes?

15. Susana preparó una ensalada de frutas para la cafetería. Usó 3 libras de manzanas, 2 libras de naranjas, 4 libras de plátanos, 2 libras de uvas y 3 libras de melocotones. Si generalmente usa 20 libras de frutas, ¿cuántas libras menos usó esta vez?

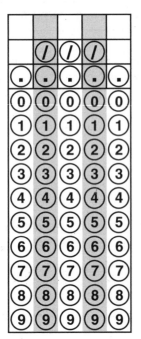

17. Araceli pidió $42.48 prestados a Julia el lunes y otros $64.76 el viernes. El sábado le pagó $\frac{1}{4}$ de la cantidad total. ¿Cuánto debe todavía?

Parte 2

Instrucciones: Elija la respuesta que mejor responda a cada pregunta. **NO** puede usar la calculadora.

18. Alberto está ahorrando $80 cada mes para irse de vacaciones en un viaje que cuesta $720. Si ya tiene ahorrados $480, ¿cuántos meses más le faltan para ahorrar la cantidad total?

    (1) 3
    (2) 5
    (3) 7
    (4) 9
    (5) 11

19. Marta trabajó $2\frac{3}{4}$ horas el lunes, $4\frac{1}{2}$ horas el martes y $5\frac{7}{8}$ horas el miércoles. ¿Cuántas horas trabajó en total estos tres días?

    (1) $11\frac{1}{8}$
    (2) $12\frac{3}{4}$
    (3) $13\frac{1}{8}$
    (4) $14\frac{1}{2}$
    (5) $15\frac{1}{8}$

20. Dulce va en auto al trabajo cinco días a la semana. Si su trabajo está a 14.82 millas de su casa, aproximadamente, ¿cuántas millas maneja de ida y vuelta cada semana?

    (1) 15
    (2) 30
    (3) 50
    (4) 75
    (5) 150

21. Los Juárez pidieron $5000 prestados a 3 años, al 14% de interés. ¿Cuál es la cantidad total que deberán pagar al banco?

    (1) $2100
    (2) $5042
    (3) $6400
    (4) $7100
    (5) $8000

22. El odómetro de un auto marca 8,867.3 millas. ¿Cuántas millas más faltan para llegar a 10,000?

    (1) 832.7
    (2) 982.7
    (3) 1,132.7
    (4) 1,133.3
    (5) 1,133.7

23. Una caja de cereal cuesta $1.59. Si en un paquete caben 8 cajas de cereal, ¿cuánto costarían $3\frac{1}{2}$ paquetes?

    (1) $ 5.57
    (2) $12.72
    (3) $28.00
    (4) $38.92
    (5) $44.52

24. Sonia puede recoger 14.5 canastos de fresas por hora. A esa razón, ¿cuántos canastos puede recoger en $5\frac{1}{2}$ horas?

    (1) 70
    (2) $72\frac{1}{2}$
    (3) $79\frac{3}{4}$
    (4) $82\frac{1}{2}$
    (5) 87

Instrucciones: Resuelva los siguientes problemas y escriba sus respuestas en las cuadrículas.

25. En una encuesta reciente en una compañía, $\frac{3}{4}$ de los empleados dijeron que iban al trabajo en auto. De aquellos que van en auto al trabajo, $\frac{3}{5}$ dijeron que comparten auto. ¿Qué fracción de los empleados comparte auto?

27. Virginia recorrió 78 millas en $1\frac{1}{2}$ horas. A esta misma razón, ¿cuántas millas podría recorrer en 2.5 horas?

26. Katia corta una tabla de 19.6 pulgadas de largo en 4 partes iguales. ¿Cuántas pulgadas mide cada parte?

28. Esteban paga $33 de seguro médico al mes y $5 por cada consulta con el doctor. Fue a la Clínica Médica del Este seis veces en dos meses. ¿Cuánto pagó Esteban en su seguro y tratamiento estos dos meses?

Las respuestas comienzan en la página 402.

Tabla de análisis del desempeño en el repaso acumulativo
Unidad 1 ● Operaciones numéricas y sentido numérico

Consulte la sección Respuestas y explicaciones que empieza en la **página 402** para verificar sus respuestas al Repaso acumulativo de la Unidad 1. Luego, use la siguiente tabla para identificar las destrezas en las que necesite más práctica.

En la tabla, encierre en un círculo los números correspondientes a las preguntas que haya contestado correctamente. Anote el número de aciertos para cada destreza y luego súmelos para calcular el número total de preguntas que contestó correctamente en el Repaso acumulativo. Si cree que necesita más práctica, repase las lecciones de las destrezas que se le dificultaron.

Preguntas	Número de aciertos	Destreza	Lecciones para repasar
4, 12, 15, 18, 20, 28	——/6	Sentido numérico y resolución de problemas	1, 2, 3, 4
1, 7, 9, 19, 24, 25, 27	——/7	Fracciones	5, 6, 7
5, 13, 14, 17, 22, 23, 26	——/7	Decimales	8, 9, 10
2, 3, **6,** 8, 10, 11, 16, 21	——/8	Porcentajes	11, 12, 13
TOTAL DE ACIERTOS: ——/28			

Los números en **negritas** corresponden a preguntas que contienen gráficas.

UNIDAD 2

Medidas y análisis de datos

La medición y el análisis de datos son dos áreas importantes de las matemáticas que utilizamos a diario. Cuando hacemos cosas utilizamos las medidas. A veces utilizamos unidades como los galones de pintura o las tazas de trocitos de chocolate. En otras ocasiones medimos la longitud o el espacio. Podemos medir, por ejemplo, el perímetro o la superficie que tienen un piso, una pared o un jardín, o el volumen de un recipiente. El análisis de datos es una actividad cada vez más importante en nuestras vidas. El uso creciente de las computadoras ha acelerado los procesos de recogida, presentación y análisis de datos, especialmente cuando la información tiene carácter numérico. Con mucha frecuencia podemos ver estos datos presentados en forma de cuadros, tablas y gráficas.

Las preguntas relacionadas con las medidas y con el análisis de datos representan más del 25 por ciento del total de las preguntas en las Pruebas de Matemáticas de GED. Además, comprobará que buena parte de las destrezas que aparecen en esta unidad le serán útiles en su vida personal y en el trabajo.

La medición y el análisis de datos se están convirtiendo en funciones cada vez más importantes en muchos lugares de trabajo.

Las lecciones de esta unidad son:

Lección 14: **Sistemas de medidas**

En la actualidad se utilizan dos sistemas de medidas. El sistema de medidas tradicional de EE.UU. o sistema inglés se utiliza de forma extensa en Estados Unidos y el sistema métrico se utiliza en el resto de los países del mundo. La conversión de unidades y la suma, la resta, la multiplicación y la división son operaciones necesarias en los problemas de medidas que impliquen el uso de cualquiera de estos dos sistemas.

> **ESTRATEGIAS DE RESOLUCIÓN DE PROBLEMAS**
>
> ○ Escoger perímetro, área o volumen
>
> ○ Hacer un dibujo

Lección 15: **Medir figuras comunes**

En la Prueba de Matemáticas de GED se encontrará con problemas en los que tendrá que hallar el perímetro, el área o el volumen de figuras comunes. Entre estos problemas se incluyen el cálculo del perímetro y de la superficie de los cuadrados y de los rectángulos, y el cálculo del volumen de recipientes rectangulares comunes.

Lección 16: **Medidas de tendencia central y probabilidad**

El cálculo de la media aritmética (promedio), de la mediana (número medio) y de la moda (valores más frecuentes), así como del rango (diferencia entre valores máximos y mínimos) son algunas de las aplicaciones más útiles a la hora de analizar los datos. En el análisis de datos también se incluye el cálculo de la probabilidad, que se utiliza para predecir cuáles son las posibilidades de que ocurra un suceso.

Lección 17: **Tablas, cuadros y gráficas**

Los cuadros, las tablas y las gráficas presentan los datos de maneras diferentes. Los cuadros y las tablas organizan los números en columnas y en filas. Las gráficas presentan los datos visualmente de diferentes formas. Por ejemplo, las gráficas de barras sirven para mostrar comparaciones, las gráficas lineales pueden mostrar las comparaciones o los cambios que ocurren a lo largo del tiempo y las gráficas circulares representan las partes de un todo.

El sistema tradicional de medidas (E.U.A.)

Longitud	**Peso**
1 pie (pie) = 12 pulgadas (pulg)	1 libra (lb) = 16 onzas (oz)
1 yarda (yd) = 3 pies	1 tonelada (t) = 2000 libras
1 milla (mi) = 5280 pies	
	Tiempo
Volumen	1 minuto (min) = 60 segundos (seg)
1 taza (c) = 8 onzas líquidas (fl oz)	1 hora (h) = 60 min
1 pinta (pt) = 2 tazas	1 día = 24 h
1 cuarto (qt) = 2 pintas	1 semana = 7 días
1 galón (gal) = 4 cuartos	1 año = 12 meses = 365 días

Muchos problemas de Matemáticas implican medidas. Una medida es un número al que acompaña una unidad de medición. Puede decir, por ejemplo, que una tabla de madera mide 4 pies de largo, que un balde tiene una capacidad de 2 galones o que una carta pesa 1 onza. Los pies, los galones y las onzas son unidades de medida.

La tabla anterior muestra las unidades de medida y sus equivalencias en el **sistema tradicional de medidas** utilizado en Estados Unidos. Es preciso que conozca la información de la tabla.

Conversión de las unidades de medidas

Con frecuencia es necesario pasar de una unidad de medida a otra. Utilizar proporciones es uno de los métodos más sencillos de convertir unidades.

Ejemplo 1 Emilio tiene un plan de llamadas telefónicas que le ofrece 1200 minutos al mes para sus llamadas de larga distancia. ¿De cuántas horas de llamadas de larga distancia dispone Emilio?

Paso 1 **Utilice el factor de conversión correcto.** $\qquad$ 1 h = 60 min

Paso 2 **Escriba una proporción.** Escriba las dos razones en el mismo orden (escriba el mismo tipo de unidades arriba). $\qquad \dfrac{\text{horas}}{\text{minutos}} \quad \dfrac{1}{60} = \dfrac{x}{1200}$

Paso 3 **Resuelva para encontrar el valor de *x*.** Halle el producto vectorial y divida por el término restante. $\quad 1 \times 1200 \div 60 = 20$

Emilio tiene un plan de llamadas que le ofrece **20 horas** al mes.

Escriba la proporción y luego utilice la calculadora para hacer el cálculo aritmético.

$\qquad$ 1 ✕ 1200 ÷ 60 = 20.

Ejemplo 2 Una tabla de madera mide $5\frac{3}{4}$ pies de largo. ¿Qué longitud tiene en pulgadas?

Paso 1 Utilice el factor de conversión apropiado. $\qquad$ 1 pie = 12 pulg

Paso 2 Escriba después una proporción $\qquad \dfrac{\text{pulgadas}}{\text{pies}} \quad \dfrac{12}{1} = \dfrac{x}{5\frac{3}{4}}$

Paso 3 Obtenga el producto vectorial, divida y resuelva. $\qquad 12 \times 5\frac{3}{4} \div 1 = x$

$$\cancel{12} \times \frac{23}{\cancel{4}} \div 1 = 69$$

La longitud de la tabla es de **69 pulgadas.**

No todas las conversiones tienen como resultado un número entero. Cuando le quede un resto, podrá escribirlo como una unidad más pequeña, como una fracción o como número decimal.

Ejemplo 3 Pasar 56 onzas a libras.

Paso 1 Utilice el factor de conversión apropiado. $\qquad$ 1 lb = 16 oz

Paso 2 Escriba y resuelva una proporción.

$$\frac{\text{libras}}{\text{onzas}} \quad \frac{1}{16} = \frac{x}{56} \quad 1 \times 56 \div 16 = 3 \text{ r}8 = 3\frac{8}{16} = 3\frac{1}{2} = 3.5$$

El resto en forma decimal o en forma fraccionaria utiliza el mismo tipo de unidad de medida que la parte entera de la respuesta.

$$1 \quad \boxed{\times} \quad 56 \quad \boxed{\div} \quad 16 \quad \boxed{=} \quad 3.5$$

La respuesta es **3 libras y 8 onzas, $3\frac{1}{2}$ libras** ó **3.5 libras.**

ENFOQUE EN LAS DESTREZAS DE GED

A. Resolver. Refiérase a la tabla de la página 164. Puede usar la calculadora para las preguntas 7 a 12. En el primer problema se le muestra cómo comenzar.

1. Pase 4 minutos a segundos.

   $\dfrac{\text{segundos}}{\text{minutos}} \quad \dfrac{60}{1} = \dfrac{x}{4}; 60 \times 4 \div 1 =$ _____

2. Pase 18 tazas a pintas.

3. Pase $3\frac{1}{2}$ yardas a pies y pulgadas.

4. ¿Cuál es el equivalente en minutos de $2\frac{1}{3}$ horas?

5. Pase 72 onzas líquidas a tazas.

6. ¿Cuántas pulgadas hay en $1\frac{1}{2}$ yardas?

7. Pase $4\frac{1}{4}$ libras a onzas.

8. ¿Cuántos cuartos hay en $5\frac{3}{4}$ galones?

9. Pase 6 pies y 9 pulgadas a yardas.

10. Pase 74 onzas a libras.

11. ¿Cuál es el equivalente en pies de 5 millas?

12. ¿Cuántas tazas hay en 2 galones?

 B. Resolver. Puede usar la calculadora.

13. ¿Cuál es menor: $3\frac{1}{4}$ horas ó 200 minutos?

14. ¿Cuál es menor: $4\frac{1}{2}$ libras ó 75 onzas?

15. Laura tiene una tabla de madera que mide 30 pulgadas de largo. ¿Podrá cortar un trozo de 3 pies de largo en esa tabla?

16. Carlos necesita $1\frac{1}{2}$ galones de pintura de base neutra de látex. Tiene 13 pintas en el almacén. ¿Serán suficientes?

Las <u>preguntas 17 y 18</u> se refieren a la siguiente información.

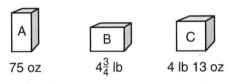

75 oz $4\frac{3}{4}$ lb   4 lb 13 oz

17. ¿Cuál es el peso en onzas del paquete C?

18. ¿Cuál de los paquetes anteriores (A, B o C) pesa menos?

Las respuestas comienzan en la página 403.

Operaciones con medidas

Las medidas tienen que estar en las mismas unidades para poder sumarlas, restarlas, multiplicarlas o dividirlas.

Ejemplo 1 Una tabla de madera mide $2\frac{1}{2}$ pies de largo. Otra tabla mide 2 pies y 9 pulgadas. ¿Cuál es la longitud total de las dos tablas juntas?

Paso 1 **Transforme al mismo tipo de unidades.** Use el factor de conversión apropiado

$$1 \text{ pies} = 12 \text{ pulg}$$
$$2\frac{1}{2} \text{ pies} = 2 \text{ pies } 6 \text{ pulg}$$

Paso 2 **Desarrolle** el problema de la suma y luego sume las unidades del mismo tipo.

$$
\begin{array}{ll}
& 2 \text{ pies} \quad 6 \text{ pulg} \\
+ & 2 \text{ pies} \quad 9 \text{ pulg} \\
\hline
& 4 \text{ pies} \ 15 \text{ pulg} = 4 \text{ pies} + 12 \text{ pulg} + 3 \text{ pulg}
\end{array}
$$

Paso 3 **Reduzca** su respuesta.

$$= 4 \text{ pies} + 1 \text{ pies} + 3 \text{ pulg} = 5 \text{ pies } 3 \text{ pulg}$$

La longitud total de las dos tablas es de **5 pies y 3 pulgadas.**

Para restar medidas, puede que tenga que reagrupar o pedir prestado a la columna que tiene la unidad de medida mayor.

Ejemplo 2 Juan pesaba 11 lb y 11 oz a los 2 meses de edad. A los 4 meses de edad pesaba 14 lb y 8 oz. ¿Cuánto aumentó su peso?

Paso 1 **Reagrupe** cuando sea necesario. En este caso tiene que pedir prestada 1 lb a 14 lb y convertirla en 16 oz.

$$
\begin{array}{r}
\overset{13}{\cancel{14}} \text{ lb} \ \overset{24}{\cancel{8}} \text{ oz} \\
- \ 11 \text{ lb } 11 \text{ oz} \\
\hline
2 \text{ lb } 13 \text{ oz}
\end{array}
$$

Paso 2 **Combine** entre sí las unidades del mismo tipo. En este caso, sume 16 oz y 8 oz. Luego reste para hallar la diferencia.

El peso de Juan aumentó **2 libras y 13 onzas.**

Puede que tenga que convertir unidades y reducir sus respuestas para dividir o multiplicar. Para dividir pase los datos a la unidad de medida más pequeña.

Ejemplo 3 En un proyecto se necesitan 4 tablas de madera, cada una de 4 pies y 3 pulg de longitud. ¿Cuál es la longitud total de todas las tablas?

Paso 1 Desarrolle el problema y multiplique cada una de las partes de la medida por separado. En este caso, 4 pies × 4 = 16 pies; 3 pulg × 4 = 12 pulg

$$
\begin{array}{r}
4 \text{ pies} \quad 3 \text{ pulg} \\
\times \qquad\qquad 4 \\
\hline
16 \text{ pies } 12 \text{ pulg} = 16 \text{ pies} + 1 \text{ pies} \\
= 17 \text{ pies}
\end{array}
$$

Paso 2 Convierta las unidades y reduzca la respuesta.

La longitud total es de **17 pies.**

Ejemplo 4 Mel tiene un tubo de 14 pies y 2 pulg de largo. Si lo corta en cinco partes iguales, ¿qué longitud tendrá cada parte del tubo?

Paso 1 Para dividir, convierta las unidades mixtas a la unidad más pequeña. Escriba una proporción usando el factor de conversión apropiado. Resuelva (en este caso, para las pulgadas que hay en 14 pies). Sume la unidad más pequeña que queda para obtener el total de pulgadas (en este caso, 2 pulgadas).

$$\frac{\text{pulgadas}}{\text{pies}} \qquad \frac{12}{1} = \frac{x}{14}$$

$$12 \times 14 \div 1 = 168 \text{ pulg}$$
$$168 \text{ pulg} + 2 \text{ pulg} = 170 \text{ pulg}$$

Paso 2 Divida (en este caso, por 5).

$$170 \text{ pulg} \div 5 = 34 \text{ pulg}$$

Paso 3 Convierta a unidades mixtas (en este caso, pies y pulgadas).

$$34 \text{ pulg} = 2 \text{ pies } 10 \text{ pulg}$$

Cada parte de tubo medirá **34 pulgadas** ó **2 pies y 10 pulgadas.**

SUGERENCIA

Otra forma de trabajar con medidas es utilizar la unidad mayor para convertirlas en fracciones mixtas. Por ejemplo:

2 pies 6 pulg = $2\frac{1}{2}$ pies

2 pies 9 pulg = $2\frac{3}{4}$ pies

$2\frac{1}{2} + 2\frac{3}{4} = 5\frac{1}{4}$ pies

$5\frac{1}{4}$ pies =

5 pies 3 pulg

SUGERENCIA

Observar la forma y las unidades de las opciones de respuesta le ayudará a decidir cómo resolver un problema GED de Matemáticas. Observe, por ejemplo, si el resto está escrito como fracción, como decimal o en la unidad más pequeña de medida.

A. Resolver. NO puede usar la calculadora.

1. Sume 8 pies y 8 pulg, 3 pies y 5 pulg, y 4 pies y 9 pulg.

2. Reste 20 min y 45 seg a $\frac{1}{2}$ hora.

3. Reste 1 pie y 7 pulg a 2 pies y 2 pulg.

4. Sume 3 gal a 5 qt. Escriba su respuesta en cuartos.

5. Halle la suma total de 3 lb y 8 oz, 5 lb y 13 oz, y 2 lb 9 oz.

6. Halle la diferencia entre 2 pies y 6 pulg, y 18 pulgadas.

7. Multiplique 3 lb y 4 oz por 5.

8. Divida 1 yd y 4 pulg por 5. Escriba su respuesta en pulgadas.

9. Multiplique 2 yd y 1 pie por 8. Escriba su respuesta en yardas y pies.

10. Divida 3 galones por 4. Escriba su respuesta en cuartos.

B. Resolver.

11. Un pedazo de tubo de plástico mide 12 pies de largo. ¿Cuántos trozos de 1 pie y 9 pulgadas pueden obtenerse si se corta el tubo?

12. Dora está envasando mermelada de frambuesa. Tiene 2 galones de mermelada. Si piensa quedarse con 6 pintas, ¿cuántas pintas podrá regalar?

13. Zulema compra $3\frac{1}{4}$ yardas de tela para hacerse una blusa. Utiliza 2 yardas, 2 pies y 9 pulgadas de tela. ¿Cuántas pulgadas de tela le quedan?

14. Mercedes necesita 15 pedazos de madera para hacer los postes que sostienen una escalera. Si cada poste mide 2 pies y 9 pulgadas, ¿qué longitud total (en pies) necesitará?

15. Marco puede montar un gabinete en 25 minutos. ¿Cuántos gabinetes podrá montar en $3\frac{3}{4}$ horas?

Las preguntas 16 a 18 se refieren al siguiente dibujo.

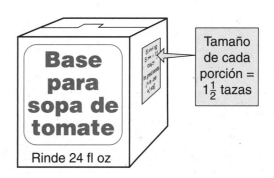

16. ¿Cuántas tazas de sopa se obtienen con cada caja de base para sopa?

17. ¿Cuántas onzas tiene una porción de sopa?

18. Un restaurante utiliza la base de sopa para preparar su sopa de verduras. ¿Cuántas porciones se obtendrán con 5 paquetes de mezcla de sopa?

Las respuestas comienzan en la página 404.

Sistema métrico

El **sistema métrico** se usa en la mayor parte de los países del mundo. El sistema consta de estas unidades métricas básicas:

metro (m) unidad de longitud.   Un metro es unas pocas pulgadas más largo que una yarda.
gramo (g) unidad de peso o de masa.   Una onza tiene 28 gramos.
litro (L) unidad de volumen.   Un litro es poco más que un cuarto.

Otras unidades de medida se crean añadiendo a las unidades básicas que se mencionan arriba los prefijos siguientes.

mili-	significa $\frac{1}{1000}$	Un miligramo (mg) es $\frac{1}{1000}$ de gramo.
centi-	significa $\frac{1}{100}$	Un centímetro (cm) es $\frac{1}{100}$ de metro.
deci-	significa $\frac{1}{10}$	Un decilitro (dL) es $\frac{1}{10}$ de litro.
deca-	significa 10	Un decagramo (dag) tiene 10 gramos.
hecto-	significa 100	Un hectolitro (hL) tiene 100 litros.
kilo-	significa 1000	Un kilómetro (km) tiene 1000 metros.

El sistema métrico se basa en las potencias del diez. Para convertir las unidades métricas se desplaza el punto decimal. Use la tabla siguiente para hacer las conversiones métricas.

Para convertir a unidades menores, desplace el punto decimal hacia la derecha. - ➡

kilo- 1000	hecto- 100	deca- 10	metro gramo litro	deci- $\frac{1}{10}$	centi- $\frac{1}{100}$	mili- $\frac{1}{1000}$

◀- - - - - - - - - - - - - - - **Para convertir a unidades mayores, desplace el punto decimal hacia la izquierda.**

Ejemplo 1   ¿Cuántos miligramos hay en 2 decagramos?

Paso 1   Tiene que pasar de una unidad mayor (decagramos) a una unidad menor (miligramos). Coloque su dedo en cualquiera de las medidas de unidad en la tabla y **cuente los espacios** hasta la otra medida.

Hay 4 espacios.

Paso 2   Puesto que está pasando de una unidad mayor a una menor, **tiene que desplazar el punto decimal** 4 lugares hacia la derecha. Añada ceros si es preciso.

$$2.0000 = 20,000.$$

Hay **20,000 miligramos** en 2 decagramos.

Ejemplo 2   Un trozo de cable mide 150 centímetros de largo. ¿Cuál es la longitud del cable en metros?

Paso 1   Tiene que pasar de centímetros a metros. Cuente los espacios que hay en la tabla desde una medida a la otra. Hay 2 espacios.

SUGERENCIA

Piense en el significado de los prefijos métricos. Como centímetro significa $\frac{1}{100}$ de metro, hay 100 centímetros en 1 metro.

Paso 2   Puesto que está convirtiendo de una unidad menor a una mayor, tiene que desplazar el punto decimal 2 lugares hacia la izquierda.

$1\underset{\smile}{50.} = 1.5$

El cable tiene **1.5 metros** de largo.

Las medidas métricas utilizan decimales en lugar de fracciones. Cuando utilice estas medidas calcule de la misma forma que calcularía en otros problemas con decimales. Recuerde que sólo puede sumar o restar el mismo tipo de unidades.

Ejemplo 3   Timoteo caminó 2.8 kilómetros un día y 1575 metros al día siguiente. ¿Cuántos kilómetros caminó en total?

Paso 1   Pase de metros a kilómetros. Desplace el punto decimal 3 lugares hacia la izquierda.

$1\underset{\smile}{575}$ m = 1.575 km

Paso 2   Coloque los puntos decimales uno debajo del otro y sume las unidades del mismo tipo.

$$\begin{array}{r} 1 \\ 2.8 \\ +1.575 \\ \hline 4.375 \end{array}$$

Timoteo caminó un total de **4.375 kilómetros.**

ENFOQUE EN LAS DESTREZAS DE GED

A.   Resuelva con lápiz y papel.

1.   Pase 5000 kilómetros a metros.

2.   ¿Cuántos miligramos hay en 3.4 gramos?

3.   Un reproductor de CD pesa 3 kg. ¿Cuál es su peso en gramos?

4.   Pase 2950 centímetros a metros.

5.   ¿Cuántos litros hay en 3000 mililitros?

6.   Una estantería para libros tiene una altura de 2.4 metros. ¿Cuál es su altura en centímetros?

B.   Resuelva. Puede usar la calculadora.

7.   Hugo tiene tres trozos de alambre que miden 75 centímetros, 126 centímetros y 4.6 metros respectivamente. ¿Cuál es la longitud total del alambre en centímetros?

8.   Industrias Graham fabrica lámparas. Cada una de las lámparas fabricadas tiene una masa de 1200 gramos. La compañía envió un pedido de 14 lámparas. ¿Cuál es el peso total del envío en kilogramos?

La <u>pregunta 9</u> se refiere al siguiente diagrama.

9.   El diagrama muestra los puntos de control en una carrera de 10 kilómetros. ¿Cuál es la distancia en metros desde la salida hasta el segundo punto de control?

Las respuestas comienzan en la página 405.

Perímetro

El **perímetro** es la medida de la distancia total que tiene el borde de cualquier figura plana. Para hallar el perímetro de un polígono, sume las longitudes de todos sus lados.

Ejemplo 1 El supervisor del condado quiere poner una valla alrededor de la superficie de un patio de recreo. ¿Cuál es la longitud total de valla que necesita?

25 pies

15 pies

Patio de recreo

20 pies

13 pies

15 pies

La valla se colocará alrededor del perímetro del patio de recreo. Halle el perímetro sumando las longitudes de todos los lados.

$$15 + 13 + 15 + 20 + 25 = 88$$

Necesitará **88 pies** de valla para cercar el patio de recreo.

A veces no se muestran las medidas de todos los lados que tiene una figura. Para hallar las longitudes que faltan tendrá que aplicar sus conocimientos acerca de las propiedades de esa figura.

Un **rectángulo** tiene 4 lados, 4 esquinas cuadradas o ángulos rectos y sus lados opuestos tienen la misma longitud. Los lados opuestos están uno enfrente del otro.

15 pulg

Tablero para carteles

18 pulg

Ejemplo 2 Mónica necesita pegar un cordón alrededor del perímetro de una pieza rectangular de tablero para carteles que tiene 18 pulgadas de largo por 15 pulgadas de ancho. ¿Qué cantidad de cordón necesitará?

Paso 1 Escriba las medidas de los lados opuestos.
Paso 2 Sume las medidas. $18 + 18 + 15 + 15 = 66$ pulgadas

Otra forma de solucionar el problema es multiplicar por dos el largo y el ancho y luego sumar los resultados. $(18 \times 2) + (15 \times 2) = 36 + 30 = 66$ pulgadas

Si su calculadora está programada con el orden de operaciones (como la que se entrega en la Prueba de Matemáticas de GED), usted podrá introducir los números del segundo método sin la necesidad de resolver antes los paréntesis. La calculadora realiza las operaciones de multiplicación de forma automática antes de sumar.

18 ✕ 2 + 15 ✕ 2 = 66.

El perímetro del tablero de carteles es de **66 pulgadas.**

Un **cuadrado** tiene 4 lados iguales y 4 ángulos rectos. Si conoce la longitud de uno de los lados podrá hallar el perímetro del cuadrado multiplicando el lado por 4.

SUGERENCIA

Si usa una calculadora que no está programada con el orden de operaciones, tendrá que introducir el cálculo como un problema de suma $18 + 18 + 15 + 15 = 66$.

Ejemplo 3   Una empresa es dueña de una parcela cuadrada de tierra. Si uno de los lados de la parcela mide 87 pies, ¿cuál es el perímetro de la parcela?

Aunque no tenga el diagrama de la parcela sabe que la figura es un cuadrado y que un cuadrado tiene 4 lados iguales. Multiplique 87 pies por 4 para hallar el perímetro.   87 pies × 4 = 348 pies

El perímetro de la parcela cuadrada es de **348 pies.**

ENFOQUE EN LAS DESTREZAS DE GED

A. Halle el perímetro de cada una de las siguientes figuras. No use la calculadora.

1.
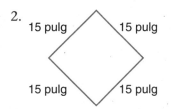
5.8 cm
11.6 cm

3.
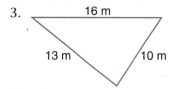
16 m
13 m   10 m

2.
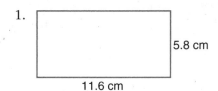
15 pulg   15 pulg
15 pulg   15 pulg

4.
1 pulg
1 pulg
0.5 pulg
0.25 pulg
1.5 pulg

  B. Resuelva. Puede usar la calculadora.

5. Una habitación rectangular tiene 14 pies por 12 pies. Un carpintero quiere instalar molduras a lo largo de la parte superior de cada pared. ¿Cuál es el perímetro de la habitación en pies?

La pregunta 6 se refiere al siguiente dibujo.

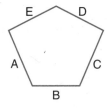
E   D
A   C
B

6. Se muestra arriba el diseño del logotipo de una compañía. Si los lados A y C tienen 14.3 cm de largo, los lados D y E tienen 13.5 cm de largo y el lado B tiene 12.4 cm de largo, ¿cuál es el perímetro total del logotipo en centímetros?

Las preguntas 7 y 9 se refieren al siguiente dibujo.

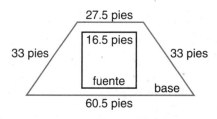
27.5 pies
16.5 pies
33 pies   33 pies
fuente
base
60.5 pies

7. El Centro Cívico de la ciudad está planeando instalar una escultura con una fuente. La fuente cuadrada se alojará en una base de cemento de cuatro lados. ¿Cuál es el perímetro de la base en pies?

8. ¿Cuál es el perímetro de la fuente cuadrada en pies?

Las respuestas comienzan en la página 405.

Superficie de cuadrados y rectángulos

La **superficie** es la medida del espacio que hay dentro de una figura plana. La superficie se mide en **unidades cuadradas.** La superficie indica cuántas unidades cuadradas se necesitan para cubrir el espacio interior de una figura.

5 pulg

6 pulg

Ejemplo 1 Un rectángulo mide 6 pulgadas de ancho y 5 pulgadas de alto. ¿Cuál es la superficie del rectángulo en pulgadas cuadradas?

Paso 1 El rectángulo tiene 6 pulgadas en la base, o sea, 6 cuadrados de 1 pulgada × 1 pulgada, alineados en la fila inferior. Se necesitan 5 filas como ésta para rellenar el rectángulo.

Paso 2 La superficie indica el número de cuadrados que pueden colocarse dentro del rectángulo. Una manera rápida de contar los cuadrados es multiplicar el número de columnas por el número de filas.

5 filas

6 columnas

$$6 \text{ pulg} \times 5 \text{ pulg} = 30 \text{ pulgadas cuadradas}$$

La superficie del rectángulo es de **30 pulgadas cuadradas.**

cuarto para lavar la ropa

11 pies

Ejemplo 2 El suelo del cuarto para lavar la ropa de Miriam tiene forma de cuadrado. Miriam quiere poner baldosas en el cuarto. Si uno de los lados del cuarto mide 11 pies, ¿cuál es la superficie del suelo en pies cuadrados?

El cuadrado es, en realidad, una clase especial de rectángulo. Para hallar la superficie de un rectángulo tiene que multiplicar el largo por el ancho. Utilice el mismo método para hallar la superficie de un cuadrado. El cuarto tiene 11 pies por 11 pies. Multiplique el largo por el ancho para hallar la superficie.

$$11 \text{ pies} \times 11 \text{ pies} = 121 \text{ pies cuadrados}$$

Cuando multiplica un número por sí mismo está elevando el número **al cuadrado.** Utilice la calculadora para hallar el cuadrado de un número realizando una multiplicación o utilizando la tecla x^2 . Esta tecla multiplica cualquier número, x, por sí mismo. El 2 elevado en x^2 **(exponente)** indica cuántas veces debe aparecer el número en el problema de multiplicación.

11 ✕ 11 = 121.   11 x^2 121.

La superficie del cuarto de lavado es de **121 pies cuadrados.**

SUGERENCIA

Practique todo tipo de problemas con y sin calculadora. Utilice la calculadora GED oficial cuando sea posible. Recibirá una calculadora GED en el lugar de la prueba y podrá utilizarla en la primera parte de la Prueba de Matemáticas de GED.

Algunas formas complejas son en realidad una combinación de cuadrados y rectángulos. Para hallar la superficie de estas formas divida la figura en partes más pequeñas, halle la superficie de cada una de las partes y luego sume las superficies para calcular la superficie total.

Ejemplo 3 Una oficina tiene la forma que se muestra abajo. ¿Cuál es la superficie en pies cuadrados de la oficina?

Paso 1 Divida la forma en cuadrados y rectángulos. Es probable que haya más de una manera de hacerlo. Escoja la manera que a usted le parezca más lógica. La superficie seguirá siendo la misma independientemente de cómo divida la figura.

21 pies

21 pies   oficina   35 pies

49 pies

Paso 2 Halle la superficie de cada una de las partes.
Cuadrado: Las dimensiones son de 21 pies por 21 pies.
Multiplique para hallar la superficie. $21 \text{ pies} \times 21 \text{ pies} = 441 \text{ pies}^2$

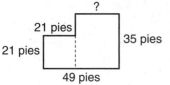

21 pies
21 pies
?
35 pies
49 pies

Rectángulo: Un lado mide 35 pies. Aunque no se da la medida del otro lado, usted sabe que el lado del cuadrado mide 21 pies y que la longitud de toda la figura es de 49 pies. Reste para hallar la medida que falta. 49 pies − 21 pies = 28 pies

Multiplique las dimensiones del rectángulo. 35 pies × 28 pies = 980 pies²

Paso 3 Sume las superficies del cuadrado y del rectángulo para hallar la superficie total de la figura. 441 pies + 980 pies = 1421 pies²

Utilice las teclas de paréntesis para introducir en un solo paso los datos del problema si tiene una calculadora no programada con el orden de las operaciones.

(21 × 21) + (35 × 28) = 1421.

La superficie de la oficina es igual a **1421 pies cuadrados.**

ENFOQUE EN LAS DESTREZAS DE GED

A. Resuelva. NO puede usar la calculadora.

1. Una habitación rectangular mide 4.5 metros por 12 metros. ¿Cuál es la superficie de la habitación en metros cuadrados?

2. Un artista está usando un lienzo que mide 24 pulgadas por 24 pulgadas. ¿Cuál es la superficie de la tela en pulgadas cuadradas?

3. La parte plana de un techo mide 35 pies de largo por 18 pies de ancho. El costo de reparación del techo depende de su superficie. Halle la superficie de esa parte del techo en pies cuadrados.

4. El lado de un cuadrado mide 4.6 centímetros. ¿Cuál es su superficie aproximada al centímetro cuadrado más próximo?

5. Es necesario poner moqueta nueva en un pasillo rectangular que mide 28 pies por 6 pies. ¿Cuál es la superficie del pasillo en pies cuadrados?

6. La ciudad quiere conservar un mural rectangular que mide 32 pies por 15 pies. Cada cuarto del líquido de revestimiento protector es capaz de cubrir 100 pies cuadrados. ¿Cuántos cuartos debe comprar la ciudad para cubrir todo el mural?

 B. Resuelva. Puede usar la calculadora.

Las preguntas 7 y 8 se refieren al siguiente diagrama.

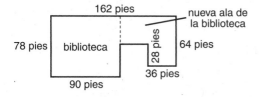

162 pies
78 pies
biblioteca
nueva ala de la biblioteca
28 pies
64 pies
90 pies
36 pies

Las preguntas 9 y 10 se refieren al siguiente dibujo.

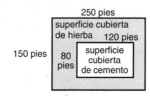

250 pies
superficie cubierta de hierba
120 pies
150 pies
80 pies
superficie cubierta de cemento

7. ¿Cuál es la superficie en pies cuadrados de la biblioteca antes de añadir el ala nueva?

8. ¿Cuál es la superficie del ala nueva en pies cuadrados?

9. ¿Cuál es la superficie en construcción cubierta de cemento en pies cuadrados?

10. ¿Cuál es la superficie cubierta de hierba en pies cuadrados? (*Pista:* Total − cemento)

Las respuestas comienzan en la página 405.

Volumen

Las medidas de longitud sirven para calcular la superficie (el espacio que está dentro de una figura de dos dimensiones). La superficie es la cantidad de unidades cuadradas que se necesitan para cubrir un espacio.

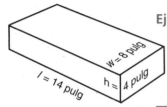

Las medidas de longitud sirven también para calcular el volumen. El **volumen** es una medida del espacio que está dentro de un objeto de tres dimensiones. El volumen se mide en unidades tridimensionales o **unidades cúbicas:** pulgadas cúbicas (pulg. cúbicas), pies cúbicos (pies cúbicos), yardas cúbicas (yd cúbicas), y centímetros cúbicos (cm^3) y otras unidades métricas. Cada una de estas unidades es un **cubo** de caras cuadradas idénticas entre sí.

Uno de los objetos tridimensionales más comunes es el **recipiente rectangular.** Las cajas de cartón, los cajones de embalaje y las habitaciones son ejemplos de recipientes rectangulares. Multiplique el largo por el ancho y por la altura para hallar el volumen de estos objetos.

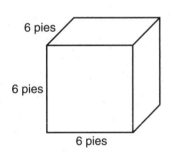

Ejemplo 1 ¿Cuál es el volumen de un recipiente rectangular que mide 14 pulg de largo, 8 pulg de ancho y 4 pulg de alto?

Multiplicar: longitud por ancho por altura.

14 pulg $\times$ 8 pulg $\times$ 4 pulg = 448 pulgadas cúbicas

---

Multiplique los números de la manera siguiente.

14 $\times$ 8 $\times$ 4 $=$ 448.

El volumen del recipiente es de **448 pulgadas cúbicas.** En otras palabras, usted podría colocar 448 cubos con una arista de una pulgada dentro del recipiente.

Puesto que el **cubo** es un tipo especial de recipiente rectangular, su volumen se puede hallar con el mismo método. Sin embargo, dado que todas las caras de un cubo tienen la misma medida, cuando halle su volumen estará multiplicando el mismo número tres veces, o elevando el número "al cubo".

Ejemplo 2 Un cajón de embalaje tiene la forma de un cubo de 6 pies de arista. ¿Cuál es su volumen en pies cúbicos?

Volumen = largo $\times$ ancho $\times$ alto

= 6 pies $\times$ 6 pies $\times$ 6 pies = 216 pies cúbicos

Podrá elevar un número al cubo utilizando la tecla x^y de la calculadora científica. Introduzca el número que desee multiplicar, pulse la tecla x^y, introduzca el exponente 3 y pulse la tecla $=$. Recuerde que el exponente es la cantidad de veces que el número se usa en el problema de multiplicación, $x \times x \times x$. Pruebe los dos métodos para comprobar que el resultado es el mismo.

6 $\times$ 6 $\times$ 6 $=$ 216.   6 x^y 3 $=$ 216.

Nota: la calculadora GED también tiene una tecla x^3 : 6 SHIFT

► 216.

El volumen del cajón de embalaje es de **216 pies cúbicos.**

A. Halle el volumen de cada uno de los siguientes objetos. No puede usar la calculadora para estas preguntas.

1.

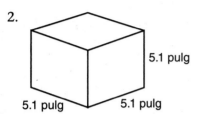

6 pulg
8 pulg   15 pulg

3.

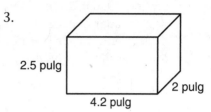

2.5 pulg
4.2 pulg   2 pulg

2.

5.1 pulg
5.1 pulg   5.1 pulg

4.

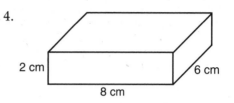

2 cm
8 cm   6 cm

B. Resuelva. Puede usar la calculadora para resolver estos problemas.

5. Un sólido rectangular tiene las siguientes medidas: largo = 15 pulg, ancho = 24 pulg, y alto = 4 pulg ¿Cuál es su volumen en pulgadas cúbicas?

6. ¿Cuál es el volumen en yardas cúbicas de un cubo que mide 3 yardas de lado?

La <u>pregunta 7</u> se refiere al siguiente dibujo.

Compañía
6 pies | de tratamiento
de basuras EZ
12 pies   8 pies

7. Un contratista alquiló un servicio de transporte de basura para retirar la basura de un lugar de trabajo. Los contenedores de basura son recipientes rectangulares y tienen las medidas que se indican en la ilustración. ¿Cuántos pies cúbicos de basura caben dentro de cada contenedor?

8. Un contenedor rectangular tiene las medidas siguientes: largo = 6 pies, ancho = 3 pies y alto = 9 pies. ¿Cuál es su volumen en yardas cúbicas? (*Pista:* 1 yd cúbica = 27 pies cúbicos)

La <u>pregunta 9</u> se refiere al siguiente dibujo.

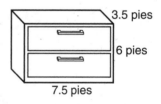

3.5 pies
6 pies
7.5 pies

9. En la ilustración se muestran las dimensiones de un archivador. ¿Cuál es el volumen del archivador en pies cúbicos?

La <u>pregunta 10</u> se refiere al siguiente dibujo.

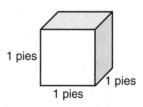

1 pies
1 pies
1 pies

10. ¿Cuántas pulgadas cúbicas hay en un pie cúbico? (*Pista:* 1 pie = 12 pulg)

Las respuestas comienzan en la página 405.

ESTRATEGIA GED **Resolver problemas**

Escoger perímetro, superficie o volumen

Cuando haga reparaciones o mejoras en el hogar probablemente tenga que hallar el perímetro, la superficie o el volumen. Resolver problemas de matemáticas como los de la Prueba de Matemáticas de GED también puede implicar decisiones acerca de qué tipo de cálculo es preciso. Estudie la información que se ofrece a continuación para poder reconocer con rapidez si lo que necesita resolver es el perímetro, la superficie o el volumen.

Tipo de problema	Unidad de medida	Situaciones comunes
perímetro	unidades de longitud	colocar un adorno alrededor de una habitación; construir un marco; hallar la distancia de un circuito de carreras; cercar un patio
superficie	unidades cuadradas	determinar cuánta pintura se necesita para cubrir una pared, o la cantidad de baldosas o de alfombra necesarias para cubrir un piso; determinar la superficie cubierta por un jardín o por una zona de césped
volumen	unidades cúbicas	hallar la capacidad que tiene un contenedor; comparar el espacio que hay dentro de distintos refrigeradores (la capacidad); determinar el espacio interior de una habitación antes de instalar el aire acondicionado

- **El perímetro es una medida de longitud.** El perímetro es la distancia que hay alrededor de un objeto o de una figura. Sume la longitud de todos los lados para hallar el perímetro.

- **La superficie es la medida del espacio cubierto por un objeto plano o por una figura bidimensional.** Para medir la superficie se calcula la cantidad de unidades cuadradas que se necesitan para rellenar ese espacio. Multiplique las dos dimensiones (largo y ancho) para hallar la superficie de un rectángulo o de un cuadrado.

- **El volumen es la medida del espacio que está dentro de un objeto tridimensional.** Para medir el volumen calcule la cantidad de unidades cúbicas que se necesitan para rellenar ese espacio. Multiplique las tres dimensiones (longitud × ancho × altura) para hallar el volumen de un contenedor rectangular.

Los problemas suelen mostrar información adicional que no es necesaria para poder resolverlos. Lea los problemas con atención para decidir si hay que resolver el perímetro, la superficie o el volumen.

Ejemplo Las dimensiones del despacho de una casa se muestran en la ilustración. ¿Cuántos pies cuadrados de papel de empapelar se necesitan para cubrir la pared sombreada?

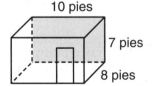

(1) 34
(2) 56
(3) 70
(4) 80
(5) 560

La respuesta correcta es la **opción (3) 70.** Se le pide que halle los pies cuadrados: ésta es la superficie de la pared sombreada. Multiplique la longitud de la pared, 10 pies, por el ancho, 7 pies: $10 \times 7 = 70$ pies². Ignore la medida de 8 pies.

Instrucciones: Elija la respuesta que mejor responda a cada pregunta.

Las preguntas 1 y 2 se refieren al siguiente diagrama.

1 pies 6 pulg

2 pies

1. Clarisa quiere enmarcar la pintura que se muestra en el diagrama. ¿Cuántos pies de madera necesitará para enmarcar la pintura?

   (1) 3
   (2) $3\frac{1}{2}$
   (3) 5
   (4) 7
   (5) 9

2. Clarisa piensa poner un cristal sobre la pintura. ¿Cuántas pulgadas cuadradas de cristal necesitará para cubrir la superficie?

   (1)   84
   (2)   168
   (3)   432
   (4)   1008
   (5)   No se cuenta con suficiente información.

───────────────────────────

3. Catalina quiere instalar un equipo de aire acondicionado en una oficina que mide 10 pies por 8 pies por 7 pies. ¿Cuál de las expresiones siguientes podría usarse para hallar la medida del espacio de la oficina en pies cúbicos?

   (1) 8 + 10 + 8 + 10
   (2) (7 + 8 + 10) × 2
   (3) 8 × 7
   (4) 10 × 8
   (5) 10 × 8 × 7

Las preguntas 4 a 6 se refieren al siguiente diagrama.

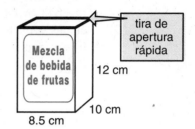

4. Una nueva mezcla de bebida se empaqueta en envases rectangulares. Tal y como se muestra en el diagrama, la tira de apertura rápida rodea la parte superior del envase. ¿Cuál es la longitud de la tira en centímetros?

   (1)   30.5
   (2)   37
   (3)   61
   (4)   85
   (5) 1020

5. Una etiqueta cubre completamente la parte frontal del envase. ¿Cuál de las expresiones siguientes podría utilizarse para hallar la superficie de la etiqueta?

   (1) 8.5 + 12 + 8.5 + 12
   (2) (8.5 × 2) + (12 × 2)
   (3) 8.5 × 4
   (4) 8.5 × 12
   (5) 8.5 × 10 × 12

6. En la etiqueta se indica la capacidad que tiene envase. ¿Cuál es la medida de espacio que está dentro del contenedor en centímetros cúbicos?

   (1)   85
   (2)   102
   (3)   120
   (4)   183
   (5) 1020

Las respuestas comienzan en la página 406.

ESTRATEGIA DE GED **Resolución de problemas**

Hacer un dibujo

Hacer un diagrama es una estrategia que le ayudará a ver cómo se relaciona la información de un problema. Los diagramas son especialmente útiles a la hora de resolver problemas de medición y de Geometría. El método siguiente le muestra cuáles son los pasos generales que hay que dar para hacer un diagrama de la información que aparece en un problema.

Paso 1 **Dibuje las figuras** descritas en el problema. Si el problema tiene más de una figura, su dibujo debe mostrar la posición que tienen las figuras entre sí.

Paso 2 **Escriba las medidas** que aparecen en el problema en el lugar correcto del dibujo. De este modo podrá averiguar cuál es la información de la que dispone, qué información le falta y qué cálculos puede realizar con la información dada. Calcule las dimensiones que falten cuando sea posible.

Paso 3 **Identifique** lo que se le pide hallar y **resuelva** el problema.

Paso 4 **Piense en su respuesta** en relación con el diagrama. Asegúrese de que su respuesta es lógica.

Ejemplo Un cuarto rectangular tiene el suelo de madera. La habitación tiene 15 pies de largo y 9 pies de ancho. Una parte del suelo está cubierta por una alfombra cuadrada que mide 8 pies de lado. ¿Cuál es, en pies cuadrados, la superficie del suelo que no está cubierta por la alfombra?

   (1)   26
   (2)   71
   (3)   99
   (4)   135
   (5)   199

En este problema hay mucha información. Puesto que tiene que visualizar la habitación y trabajar con números al mismo tiempo, un dibujo le será útil. Aplique los pasos anteriores para hacer un dibujo de la información del problema.

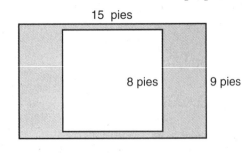

Paso 1 Haga un dibujo con el cuadrado dentro del rectángulo.

Paso 2 Coloque en el dibujo las medidas que se dan en el problema. Su dibujo debe ser parecido al que se muestra a la izquierda.

Paso 3 En el problema se le pide que halle la superficie del suelo que no está cubierta por la alfombra. Esta superficie está representada por la parte sombreada del dibujo. Halle la superficie total del suelo y después reste la superficie de la alfombra.

Superficie del suelo:	15 pies $\times$ 9 pies = 135 pies^2
Superficie de la alfombra:	8 pies $\times$ 8 pies = 64 pies^2
Superficie del suelo no cubierta:	135 pies − 64 pies = 71 pies^2

Paso 4 ¿Su respuesta tiene sentido? Compruébelo en el diagrama. La alfombra cubre aproximadamente la mitad del espacio del suelo. La zona sombreada debería tener casi la mitad del tamaño de la superficie total del suelo. Puesto que 71 es aproximadamente la mitad de 135 pies^2, la respuesta parece lógica.

La superficie del suelo que no está cubierta por la alfombra es la **opción (2) 71** pies^2.

Instrucciones: Elija la respuesta que mejor responda a cada pregunta.

1. El patio rectangular de una escuela mide 100 metros por 75 metros. En el centro del patio hay una superficie cuadrada con cubierta negra cuyos lados miden 40 metros. El resto del patio está sembrado de césped. ¿Cuál es la superficie en metros cuadrados del patio que está sembrada de césped?

   (1) 9100

   (2) 7660

   (3) 7500

   (4) 5900

   (5) 1600

2. El lado de la base cuadrada de un cartón de leche mide 4 pulgadas. Si el cartón puede llenarse hasta una altura de 8 pulgadas, ¿cuál es la capacidad del cartón en pulgadas cúbicas?

   (1) 112

   (2) 128

   (3) 132

   (4) 138

   (5) 146

3. Una colcha de bebé tiene 4 cuadrados de ancho y 6 cuadrados de largo. Hay una borla cosida en cada uno de los puntos en los que se unen 4 cuadrados. ¿Cuántas borlas son necesarias para completar la colcha?

   (1) 10

   (2) 15

   (3) 20

   (4) 24

   (5) 35

SUGERENCIA
Observe la unidad de medida que se utiliza en el problema: el volumen de un cubo con lados de 6 pies (= 2 yd) es tanto 216 pies cúbicos y 8 yd cúbicas.

4. Una carrera de 5 kilómetros tiene tres puntos de control entre la salida y la meta. El punto de control 1 está a 1.8 km de la salida. El punto de control 3 se encuentra a 1.2 km de la meta. El punto de control 2 está a mitad de camino entre los puntos de control 1 y 3. ¿A cuántos kilómetros de distancia está el punto de control 2 de la meta?

   (1) 1.2

   (2) 1.5

   (3) 1.8

   (4) 2.0

   (5) 2.2

5. Silvia está intentando llegar a una entrevista de trabajo en el centro de la ciudad. Comienza en un aparcamiento y camina 4 cuadras hacia el norte, 5 cuadras hacia el este, 2 cuadras hacia el sur, 2 cuadras hacia el oeste y 2 cuadras más hacia el sur. ¿A cuántas cuadras al este del aparcamiento termina el recorrido?

   (1) 1

   (2) 2

   (3) 3

   (4) 4

   (5) No se cuenta con suficiente información.

6. En un campo rectangular de 150 pies por 60 pies se juega un partido. En el campo hay una línea de tiza trazada exactamente a 2 pies de distancia del interior del rectángulo exterior en todos los puntos. ¿Cuál es la longitud total en pies de la línea de tiza?

   (1) 112

   (2) 202

   (3) 210

   (4) 292

   (5) 404

Las respuestas comienzan en la página 406.

Instrucciones: Ésta es un prueba de práctica que dura treinta minutos. Después de que transcurran los treinta minutos, ponga una marca en la última pregunta que haya respondido. A continuación, termine la prueba y revise sus respuestas. Si la mayoría de las respuestas fueron correctas, pero no terminó la prueba, trate de responder más rápidamente la próxima vez.

Parte 1
Instrucciones: Elija la respuesta que mejor responda a cada pregunta. PUEDE usar la calculadora.

1. El largo de un rectángulo es de 26 centímetros. ¿Cuál es su superficie en centímetros cuadrados?

   (1) 324

   (2) 432

   (3) 504

   (4) 576

   (5) No se cuenta con suficiente información.

2. ¿Cuál es el perímetro en centímetros de la siguiente figura?

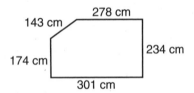

   (1) 829

   (2) 852

   (3) 956

   (4) 987

   (5) 1130

3. La perrita de Susana pesaba en enero 8 libras y 15 onzas. En abril, pesaba 11 libras y 12 onzas. ¿Cuál fue el aumento de peso de la perrita?

   (1) 3 libras 13 onzas

   (2) 3 libras 3 onzas

   (3) 2 libras 13 onzas

   (4) 2 libras 10 onzas

   (5) 2 libras 3 onzas

Las preguntas 4 y 5 se refieren a la siguiente figura.

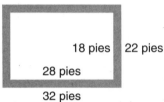

4. La figura está formada por dos rectángulos. ¿Cuál es la superficie de la parte sombreada en pies cuadrados?

   (1) 100

   (2) 200

   (3) 504

   (4) 704

   (5) 1208

5. ¿En cuántos pies supera la medida del perímetro del rectángulo mayor a la del menor?

   (1) 8

   (2) 16

   (3) 56

   (4) 92

   (5) 108

6. Con un galón de pintura se cubren 200 pies cuadrados. ¿Cuántos galones se necesitan para pintar un suelo rectangular de 40 pies por 60 pies?

   (1) 12

   (2) 24

   (3) 40

   (4) 60

   (5) 120

7. Rafael está construyendo una estantería para libros y para ello utiliza 4 tablas de madera, cada una de 3 yardas y 2 pies de largo. ¿Cuál es la longitud total de las tablas?

(1) 16 yardas 2 pies

(2) 15 yardas 2 pies

(3) 14 yardas 2 pies

(4) 13 yardas 2 pies

(5) 12 yardas 2 pies

8. Los tres lados de un triángulo miden 16.52, 17.24 y 22.19 pulgadas respectivamente. ¿Cuál es el perímetro del triángulo en pulgadas?

(1) 53.95

(2) 54.45

(3) 54.95

(4) 55.45

(5) 55.95

9. Antonio tiene un terreno cubierto de césped con una forma extraña y quiere rodearlo con un seto. ¿Cuál es la longitud en pies del borde del terreno, aproximada al pie más próximo?

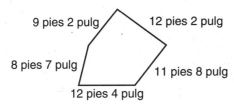

(1) 41 pies

(2) 44 pies

(3) 54 pies

(4) 60 pies

(5) No se cuenta con suficiente información.

10. ¿Cuál es el volumen, en pies cúbicos, de un cubo que tiene un lado de 3.5 pies?

(1) 12.250

(2) 22.875

(3) 32.875

(4) 42.250

(5) 42.875

11. Una piscina con forma de prisma rectangular tiene una longitud de 100 pies, un ancho de 32 pies y una profundidad de 8 pies. Si la piscina se llena de agua hasta los $\frac{3}{4}$ de su volumen total, ¿cuántos pies cúbicos de agua habrá en la piscina?

(1) 2,400

(2) 6,400

(3) 10,400

(4) 19,200

(5) 25,600

La pregunta 12 se refiere al siguiente rectángulo.

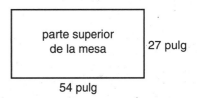

12. Ana quiere proteger la parte superior de su mesa de café con un cristal. ¿Cuántas pulgadas cuadradas de cristal necesitará para cubrir la parte superior de su mesa de café?

(1) 81

(2) 100

(3) 162

(4) 1169

(5) 1458

Parte 2

Instrucciones: Elija la respuesta que mejor responda a cada pregunta. **NO** puede usar la calculadora.

13. ¿Qué expresión puede utilizar para hallar el perímetro de la siguiente figura?

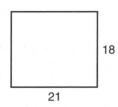

(1) 21 + 21 + 12 + 12

(2) 21 + 21 + 18 + 18

(3) 2(12 + 18)

(4) 12 + 18

(5) 21 × 18

14. ¿Cuál es la distancia en pies que hay alrededor de un macizo de flores rectangular que mide 25 pies por 3 pies?

(1) 56

(2) 60

(3) 65

(4) 66

(5) 75

15. ¿Cuántos metros cuadrados tiene la superficie del rectángulo?

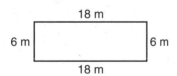

(1) 24

(2) 36

(3) 72

(4) 108

(5) 144

La pregunta 16 se refiere a la siguiente figura.

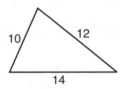

16. ¿Cuál es el perímetro de la figura?

(1) 22

(2) 24

(3) 26

(4) 36

(5) No se cuenta con suficiente información.

17. Dos pedazos de madera tienen 6 pies y 8 pulgadas, y 4 pies 7 pulgadas respectivamente. ¿Cuál es la longitud total de los dos pedazos?

(1) 10 pies 1 pulgada

(2) 10 pies 3 pulgadas

(3) 11 pies 1 pulgada

(4) 11 pies 3 pulgadas

(5) 15 pies 10 pulgadas

18. Marcos tiene un trozo de cuerda de 7 pies y 9 pulgadas de largo. Si corta la cuerda en 3 trozos iguales, ¿qué largo tendrá cada uno de los trozos?

(1) 2 pies 3 pulgadas

(2) 2 pies 4 pulgadas

(3) 2 pies 5 pulgadas

(4) 2 pies 6 pulgadas

(5) 2 pies 7 pulgadas

19. La superficie de un rectángulo es igual a la de un cuadrado con un lado de 8 cm. Si la longitud del rectángulo es de 16 cm, ¿cuál es su ancho en centímetros?

(1) 4
(2) 8
(3) 16
(4) 24
(5) 64

20. ¿Cuántos cubos, cada uno de los cuales tiene una arista de 2 pulgadas, podrán colocarse exactamente dentro de un cubo de mayor tamaño que tiene una arista de 4 pulgadas?

(1) 2
(2) 8
(3) 12
(4) 16
(5) 48

21. Los lados de un triángulo miden 10 yardas, 12 yardas y 13 yardas respectivamente. ¿Cuál es la distancia que rodea al triángulo en pies?

(1) 35
(2) 105
(3) 420
(4) 1560
(5) No se cuenta con suficiente información.

22. Un marco rectangular mide 8 pies de largo. Si su ancho es 2 pies más grande que la mitad de su largo, ¿cuál es el perímetro del marco en pulgadas?

(1) 6
(2) 8
(3) 14
(4) 28
(5) 48

Las preguntas 23 y 24 se refieren a la siguiente figura.

Una cocina y un comedor tienen las dimensiones que se muestran en la ilustración. Todos los ángulos de las esquinas son rectos.

23. ¿Cuántos pies se recorrerán si se camina por el borde de las habitaciones?

(1) 72
(2) 70
(3) 66
(4) 60
(5) 57

24. ¿Cuántos pies cuadrados de baldosas se necesitan para cubrir el suelo?

(1) 378
(2) 306
(3) 234
(4) 162
(5) 144

25. Una computadora permaneció encendida durante 10 semanas seguidas. ¿Durante cuántas horas permaneció encendida la computadora?

(1) 70
(2) 168
(3) 240
(4) 1680
(5) 2400

Las respuestas comienzan en la página 407.

DESTREZA DE GED **Medidas de tendencia central y probabilidad**

Media aritmética, mediana y moda

Hallar el "centro" de un grupo de números nos ayuda a hacer comparaciones entre los números. Existen tres maneras de medir cuál es el centro de un grupo de datos numéricos: la media aritmética, la mediana y la moda. Estas medidas nos ayudan a comprender mejor los datos.

Tal vez usted conozca la **media aritmética** con el nombre de **promedio.** Por lo general, el promedio se considera como lo típico o normal. Para hallar la media aritmética de un grupo de números, sume los valores y divídalos entre la cantidad de elementos en la lista.
Recuerde: promedio es lo mismo que media aritmética.

Ejemplo 1   David obtuvo las siguientes notas en cinco pruebas: 82, 92, 75, 82 y 84. ¿Cuál fue su puntuación promedio?

Paso 1   Sume los valores de los datos. $82 + 92 + 75 + 82 + 84 = 415$
Paso 2   Divida entre 5, o el número total de notas. $415 \div 5 = 83$

Las calculadoras científicas realizan los pasos de la multiplicación o división antes que los de la suma. Para estar seguro de que su calculadora hace primero el paso de la suma, pulse la tecla = antes de dividir.

82 **+** **92** **+** **75** **+** **82** **+** **84** **=** **÷** **5** **=** **83.**

La puntuación promedio que obtuvo David en las pruebas fue **83.**

La **mediana** es el valor que se encuentra en el lugar central de un conjunto. Para hallar la mediana, ordene los datos de menor a mayor o de mayor a menor y busque el número que se encuentra en el lugar central. La mediana se usa con frecuencia cuando un valor puede afectar significativamente el promedio de un grupo de valores.

Ejemplo 2   Busque la mediana de las notas de David.

Paso 1   Coloque las notas de las pruebas en orden.   92, 84, 82, 82, 75
Paso 2   Busque el valor que se encuentra en el lugar central.   92, 84, **82**, 82, 75

La mediana de las puntuaciones de David es **82.**

Si la cantidad total de elementos es un número par, la mediana es el promedio (media) de los dos números que se encuentran más cerca del centro.

Ejemplo 3   Los puntos totales que obtuvo Amelia en seis partidos de baloncesto fueron 24, 16, 19, 22, 6 y 12 respectivamente. Halle la mediana de sus puntuaciones totales.

Paso 1   Coloque los datos en orden.   24, 22, **19, 16,** 12, 6
Paso 2   Los dos números que se encuentran más $19 + 16 = 35$
cerca del centro son el 19 y el 16. $35 \div 2 = 17.5$
Saque el promedio de estos dos números
para hallar la mediana.

La mediana de las puntuaciones totales de Amelia fue **17.5 puntos.**

SUGERENCIA

Plantéese siempre si su respuesta tiene sentido. Por ejemplo, cuando resuelva un problema de media aritmética, mediana o moda, la respuesta debe encontrarse entre el valor máximo y el valor mínimo del grupo de números.

La **moda** de un grupo de números es el número que se repite con más frecuencia. En el Ejemplo 1, la moda de las notas de las pruebas de David es 82, la única nota que se repite dos veces en la serie. En el Ejemplo 3, los elementos aparecen una sola vez, y por lo tanto no hay moda. Un conjunto de datos puede no tener moda, o tener una o varias modas. La moda suele usarse en los negocios para determinar qué tamaños, precios o estilos son los más populares. (Nota: la tecla MODE en la calculadora GED *no* se utiliza para hallar la moda de los datos.)

Otra medida útil para comprender los datos es el **rango.** Para hallar el rango, reste al número menor de la serie al número menor. Si el rango es un número pequeño podrá deducir que los valores están agrupados muy juntos. Si el rango es grande deducirá que los valores están espaciados o separados.

Ejemplos: El rango de las notas de las pruebas de David: $92 - 75 = 17$
El rango de los puntos totales de Amelia: $24 - 6 = 18$

ENFOQUE EN LAS DESTREZAS DE GED

Resuelva. Puede usar la calculadora para las preguntas 4 a 6.

1. Halle la media, la mediana, la moda y el rango de las notas que obtuvo Carla en las pruebas.

Notas de las pruebas de Ciencias Carla: Primer semestre			
Prueba 1:	85	Prueba 5:	94
Prueba 2:	100	Prueba 6:	80
Prueba 3:	65	Prueba 7:	92
Prueba 4:	100		

2. El número de asistentes que acudió a una producción de teatro en la comunidad durante cuatro noches fue de 135, 174, 128 y 215 respectivamente. Halle el promedio de asistencia.

3. Los alquileres diarios de videos en Todovideo se muestran en el siguiente cuadro. Halle la media, la mediana, la moda y el rango de los datos.

Alquileres diarios de video: Todovideo: Semana del 4 de mayo	
Lunes	57
Martes	24
Miércoles	28
Jueves	57
Viernes	136
Sábado	164
Domingo	38

4. Halle cuál fue el promedio de ganancias semanales de Jorge y aproxime el resultado al centavo más próximo.

Ganancias semanales	
Semana del 2 de febrero:	$315.35
Semana del 9 de febrero:	$369.82
Semana del 16 de febrero:	$275.58
Semana del 23 de febrero:	$305.83
Semana del 2 de marzo:	$289.68

5. La temperatura exterior de Los Ángeles se midió en ocho lugares distintos el 14 de abril a las 10 de la mañana. A continuación se muestran las lecturas. Halle la media aritmética, la mediana y el rango de los datos de las temperaturas. Aproxime los resultados al décimo de grado más cercano.

61.5°F   64.8°F   69.0°F   67.3°F
65.6°F   60.8°F   61.1°F   65.4°F

6. Halle la media, la mediana, la moda y el rango de las facturas de Esteban y aproxime los resultados al dólar entero más cercano.

Ene	$58	Jul	$51
Feb	$74	Ago	$55
Mar	$42	Sept	$44
Abr	$46	Oct	$36
May	$38	Nov	$68
Jun	$42	Dic	$52

Las respuestas comienzan en la página 408.

Probabilidad simple

La probabilidad se encarga del estudio de las posibilidades, y nos indica hasta qué punto es posible que algo suceda. Por ejemplo, usted puede escuchar en las noticias que hay un 10% de probabilidades de que mañana llueva. Gracias a esa información sabe que es improbable que llueva mañana pero que existe una posibilidad pequeña de que sí suceda. La probabilidad no dice lo que ocurrirá, sino que expresa la posibilidad de que un suceso ocurra.

La probabilidad suele expresarse como porcentaje, desde el 0%, que significa que el suceso no puede ocurrir, hasta el 100%, que significa que hay total seguridad de que el suceso va a producirse.

La probabilidad se puede expresar también como una razón, una fracción o un número decimal. Por ejemplo, la posibilidad de lanzar una moneda y de que salga cara puede expresarse como

razón: 1 de cada 2, ó 1:2   **fracción:** $\frac{1}{2}$

decimal: 0.5   **porcentaje:** 50%

Hay dos números a tener en cuenta en cualquier situación de probabilidad:

1. la cantidad de resultados o sucesos favorables (acontecimientos que usted quiere que sucedan)

2. la cantidad total de resultados o pruebas posibles

Para hallar la probabilidad (P), escriba la razón entre los resultados favorables y los resultados posibles.

$$P = \frac{\text{resultados favorables}}{\text{resultados totales posibles}}$$

Ejemplo 1   Aarón compró cuatro papeletas para una rifa en una colecta comunitaria. Si se venden 200 papeletas en total, ¿qué probabilidad tiene Aarón de que una de sus papeletas sea la ganadora?

Paso 1   Utilice la información del problema para escribir la razón de probabilidad.

$$P = \frac{\text{resultados favorables}}{\text{resultados totales posibles}} = \frac{4}{200}$$

Paso 2   La razón se ha escrito como fracción. Reduzca la fracción y transfórmela en un número decimal y en un porcentaje.

$$\frac{4}{200} = \frac{1}{50} = 0.02 = 2\%$$

La probabilidad de que una de las papeletas de Aarón gane es de $\frac{1}{50}$, ó de **1 en 50.** Esto se transforma en **0.02 ó 2%.**

En ocasiones, la probabilidad está basada en los resultados de un experimento. El experimento se repite una determinada cantidad de veces. Cada repetición se denomina prueba. Los resultados del experimento quedan registrados. La **probabilidad experimental** es la razón entre los resultados favorables y la cantidad total de pruebas.

SUGERENCIA

Para transformar un número decimal a porcentaje, desplace el punto decimal dos lugares hacia la derecha. Por ejemplo: 0.25 = 25%

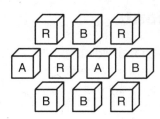

Ejemplo 2 Una bolsa contiene cubos rojos, blancos y azules del mismo tamaño. Se extrae de la bolsa un cubo al azar, se anota el color y se vuelve a poner el cubo en la bolsa. Los resultados de las 10 pruebas se muestran en el dibujo de la izquierda. ¿Cuál es la probabilidad experimental, expresada como porcentaje, de sacar un cubo rojo?

Paso 1 Escriba la razón entre resultados favorables (cubos rojos) y cantidad de pruebas (10). $\frac{4}{10}$

Paso 2 Reduzca y escriba el resultado como porcentaje. $\frac{4}{10} = \frac{2}{5} = 0.4 = 40\%$

Existe un **40%** de probabilidad experimental de sacar un cubo rojo.

ENFOQUE EN LAS DESTREZAS DE GED

A. Exprese cada una de las probabilidades como fracción, decimal y porcentaje.

Las preguntas 1 a 4 se refieren a la siguiente ruleta.

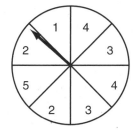

1. La ruleta tiene 8 secciones iguales. ¿Cuál es la probabilidad de que salga un número par al girar la ruleta?

2. Eva gira la ruleta una vez. ¿Qué probabilidad existe de que caiga en 3 ó en un número mayor que 3?

3. Juan necesita un 1 ó un 2 para ganar el juego. ¿Cuál es la probabilidad de que Juan gane en la siguiente tirada?

4. ¿Cuál es la probabilidad de que salga un número que no sea 4? (*Pista:* los resultados favorables son todos los números que <u>no</u> son 4.)

B. Resuelva. Exprese su respuesta como fracción, decimal y porcentaje.

Las preguntas 5 y 6 se refieren a la siguiente información.

Una bolsa contiene canicas rojas, blancas y verdes. Se saca al azar una canica de la bolsa, se anota el color y se vuelve a poner la canica dentro la bolsa.

Resultados de las 20 pruebas				
roja	blanca	roja	verde	blanca
blanca	verde	blanca	verde	roja
roja	blanca	roja	roja	verde
blanca	blanca	verde	roja	blanca

5. De acuerdo con estos resultados, ¿cuál es la probabilidad de elegir una canica blanca?

6. ¿Cuál es la probabilidad experimental de <u>no</u> sacar una canica verde?

Las preguntas 7 y 8 se refieren a la siguiente información.

Una tienda de electrodomésticos tiene cajas idénticas con batidoras en un estante del almacén. Hay 5 cajas del modelo A, 8 del modelo B, 10 del modelo C y 2 del modelo D, apiladas al azar sobre el estante. Un empleado del depósito saca una caja del estante para realizar un pedido.

7. ¿Cuál es la probabilidad de que la caja escogida contenga una batidora del modelo A?

8. ¿Cuál es la probabilidad de que la caja escogida pertenezca al modelo A o al Modelo C?

Las respuestas comienzan en la página 408.

Probabilidad independiente y probabilidad dependiente

La probabilidad de que salga cara cuando usted lanza una moneda es de $\frac{1}{2}$, ¿pero cuál es la probabilidad de que salgan dos caras si lanza dos monedas? Haga una tabla o multiplique para hallar la probabilidad combinada de más de un suceso.

Ejemplo 1   Se lanzan dos monedas al aire, una de diez centavos y otra de cinco. ¿Cuál es la probabilidad de que salga cara en las dos monedas?

Una forma de resolver el problema es hacer una lista organizada de todos los resultados posibles. Hay 4 resultados posibles. Solamente en uno de los resultados sale cara en las dos monedas. En otras palabras, hay un $\frac{1}{4}$ de las posibilidades de que salgan dos caras.

Moneda de 5 c	Moneda de 10 c
cara	**cara** ←
cara	cruz
cruz	cara
cruz	cruz

> Hay 4 resultados posibles. Solamente en uno de los resultados sale cara en las dos monedas. En otras palabras, hay $\frac{1}{4}$ de posibilidades de que salgan dos caras.

Otra forma de hallar la probabilidad de que dos acontecimientos se produzcan a la vez es multiplicar las probabilidades de que cada uno se produzca por separado.

Probabilidad de que en la moneda de 5 centavos salga cara: $\frac{1}{2}$

Probabilidad de que en la moneda de 10 centavos salga cara: $\frac{1}{2}$

Probabilidad combinada de que en las dos monedas salgan caras: $\frac{1}{2} \times \frac{1}{2} = \frac{1}{4}$

Usando cualquiera de los métodos, la probabilidad de que en las dos monedas salga cara es de $\frac{1}{4}$, **0.25, 25%** o de **1 entre 4** (que a veces se indica como 1:4).

En el Ejemplo 1, los dos sucesos son **independientes.** El primero no afecta al segundo. La posición de la primera moneda no cambia la probabilidad de que en la segunda moneda salga cara.

Dos sucesos son **dependientes** cuando el resultado del primero afecta el resultado del segundo.

Ejemplo 2   En un cajón hay tres calcetines blancos y dos marrones. Gloria saca un calcetín **al azar,** sin mirar. Después saca un segundo calcetín, sin volver a poner en el cajón el primero. ¿Cuál es la probabilidad de que los dos calcetines sean blancos?

Paso 1   Para hallar la probabilidad de que ambos calcetines sean blancos, suponga que el primer calcetín que Gloria escoge es blanco. Ahora quedan 5 calcetines en el cajón, de los cuales 3 son blancos y, por tanto, su posibilidad de escoger uno blanco es $\frac{3}{5}$.

Paso 2   Ahora quedan 4 calcetines dentro del cajón, de los cuales 2 son blancos. La posibilidad de que Gloria escoja uno blanco la segunda vez es de $\frac{2}{4}$, ó $\frac{1}{2}$.

Paso 3   Multiplique para hallar la probabilidad combinada. $\frac{3}{5} \times \frac{1}{2} = \frac{3}{10}$

La probabilidad de que los dos calcetines sean blancos es $\frac{3}{10}$, **0.3 ó 30%.**

Estos sucesos son dependientes. El primero, sacar el primer calcetín, afecta al segundo porque cambia la cantidad de calcetines que hay dentro del cajón.

SUGERENCIA

Para determinar si los acontecimientos son dependientes, pregúntese: "¿cambian las condiciones después del primer suceso?"

SUGERENCIA

Por lo general, en los problemas que implican sucesos dependientes suele escogerse un objeto y no se lo repone. Es decir, se lo saca del conjunto.

A. Resuelva.

Las preguntas 1 y 2 se refieren a la siguiente información.

En un juego se gira una ruleta y luego, sin mirar, se saca una carta. Después de cada juego, se repone la carta dentro de su caja y se vuelven a mezclar todas.

1. ¿Cuál es el porcentaje de posibilidades de que a un jugador le salga rojo y luego saque un 4 ó más?

2. ¿Cuál es la probabilidad de que a un jugador le salga rojo o azul y de que luego saque un 5, redondeada al porcentaje más próximo?

3. Mario lanza al aire dos dados de seis caras. ¿Cuál es la posibilidad, expresada como fracción, de que en ambos salga el 6?

B. Resuelva.

Las preguntas 7 y 8 se refieren a la siguiente información.

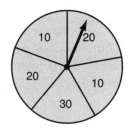

7. Raquel gira la ruleta dos veces. ¿Qué probabilidad existe, expresada como porcentaje, de que salga el 20 en las dos ocasiones?

8. Se gira la ruleta dos veces. ¿Qué probabilidad existe, expresada como fracción, de que no salga el 10 en ninguna de las tiradas?

4. Una bolsa de golf contiene 5 soportes blancos para pelota de golf y 1 soporte azul. Juan introduce la mano dentro de la bolsa y saca dos soportes al azar. ¿Cuál es la probabilidad, expresada como fracción, de que los dos sean blancos? (*Pista:* sacar dos a la vez es lo mismo que sacar uno, no reemplazarlo y luego sacar el otro).

Las preguntas 5 y 6 se refieren a la siguiente información.

Una empresa decide seleccionar dos trabajadores al azar para que asistan a una clase de computación. Estefanía y Yuki quieren ser las elegidas. En una caja se ponen los nombres de los diez empleados. Se sacarán de la caja dos nombres al azar.

5. ¿Qué probabilidad existe, expresada como decimal, de que el primer nombre sacado sea el de Estefanía o el de Yuki?

6. Suponga que el nombre de Estefanía sale primero. ¿Qué probabilidad existe, expresada como fracción, de que el nombre de Yuki salga en segundo lugar?

9. Industrias As fabrica acondicionadores de aire. El viernes se construyeron 20 unidades con partes defectuosas. La compañía fabricó un total de 100 unidades el viernes. La compañía había enviado dos acondicionadores de aire antes de descubrir el error. ¿Cuál es la probabilidad (aproximada a la centésima más próxima) de que los dos tuvieran partes defectuosas?

10. Alejandro tiene 10 cartas: 5 de corazones y 5 de diamantes. Sandra saca dos de las cartas de Alejandro y se queda con ellas. ¿Cuál es la probabilidad de que las dos cartas sean de corazones?

Las respuestas comienzan en la página 408.

ESTRATEGIA DE GED **Usar la calculadora**

Media aritmética y mediana

Para calcular la media aritmética (o promedio) de un conjunto de números, sume primero los números y luego divida el total de la suma por la cantidad de números que tiene el conjunto.

Ejemplo 1   Durante el semestre pasado, las notas de las pruebas de Patricia en la clase de Historia de EE.UU. fueron 86, 76, 82 y 92. ¿Cuál fue la media de aritmética de las puntuaciones de Patricia en las pruebas?

Paso 1   Primero sume las notas de las pruebas
de Patricia. $86 + 76 + 82 + 92 = 336$

Paso 2   Luego divida la suma por 4, el número total
de valores que tiene el conjunto de datos. $336 \div 4 = 84$

La puntuación media de las pruebas de Patricia fue **84.**

Compruebe cómo resuelve la calculadora este tipo de problemas.

   86 **+** 76 **+** 82 **+** 92 **÷** 4 **=**

La calculadora le dará la respuesta correcta si <u>no</u> está programada con el orden de operaciones (84).

Sin embargo, si la calculadora usa el orden de operaciones, (y la calculadora que se usa en la Prueba de GED lo hace), ésta realizará las multiplicaciones y las divisiones antes de realizar cualquier suma o resta. El resultado sería una respuesta equivocada (267).

Para obtener la respuesta correcta en una calculadora que utilice orden de operaciones, pulse la tecla igual (=) cuando haya introducido la última nota que vaya a sumar. De este modo obtendrá el total de todas las notas antes de dividir. Complete el problema dividiendo esa cantidad por el número de valores que tiene el conjunto.

   86 **+** 76 **+** 82 **+** 92 **=** **÷** 4 **=** 84.

Recuerde que para hallar la mediana tiene que ordenar la lista de los números de menor a mayor o de mayor a menor y luego elegir el número que se encuentra en el centro. Si hubiera un número par de valores en el conjunto (y en consecuencia ningún número en el centro de la lista), halle el promedio (media aritmética) de los dos números más cercanos al punto central. Puede usar su calculadora para hallar el promedio de los dos valores más cercanos al punto central.

Ejemplo 2   En los últimos cuatro días, Claudio ha recibido propinas de $28, $6, $30 y $20 respectivamente. ¿Cuál fue la mediana de la cantidad que ganó en propinas?

Escriba las cuatro cantidades que ganó Claudio en orden creciente o decreciente: $6, $20, $28, $30. Como hay un número par de cantidades, no hay un número en el centro. Por ello debe hallar el promedio (media aritmética) de las dos cantidades más cercanas al punto central ($20 y $28):

   20 **+** 28 **=** **÷** 2 **=** 24.

La mediana de la cantidad que ganó Claudio en propinas fue **$24.**

Instrucciones: Elija la respuesta que mejor responda a cada pregunta. PUEDE usar la calculadora.

Las preguntas 1 y 2 se refieren a la siguiente tabla.

Partido	Puntuación
1	94
2	73
3	86
4	102
5	96
6	71

1. ¿Cuál fue el promedio de las puntuaciones (media aritmética) para los seis partidos de la lista?

   (1) 94.0
   (2) 90.0
   (3) 87.0
   (4) 86.5
   (5) 86.0

2. ¿Cuál fue la mediana de las puntuaciones para los partidos indicados?

   (1) 94.0
   (2) 90.0
   (3) 87.0
   (4) 86.5
   (5) 86.0

3. Durante los últimos cinco días las temperaturas más altas de San Francisco han sido de 64.4°, 59.3°, 68.0°, 48.4° y 53.6° respectivamente. ¿Cuál fue el promedio de las temperaturas más altas (media aritmética) para esos días, redondeado a la décima de grado más próxima?

   (1) 58.8°
   (2) 59.3°
   (3) 62.0°
   (4) 64.4°
   (5) 68.8°

Las preguntas 4 y 5 se refieren a la siguiente tabla.

Precipitación en Palomino	
Mes	**Pulgadas**
junio	6.3
julio	4.5
agosto	3.8
septiembre	10.2

4. ¿Cuál fue el promedio (media aritmética) de precipitaciones en Palomino durante los meses indicados en la tabla, redondeado a la pulgada más próxima?

   (1) 4
   (2) 5
   (3) 6
   (4) 7
   (5) 10

5. ¿Cuál fue la mediana de la precipitación en Palomino durante los meses indicados en la tabla, redondeada a la pulgada más próxima?

   (1) 4
   (2) 5
   (3) 6
   (4) 7
   (5) 10

6. Las facturas de electricidad de Carmen para un período de seis meses fueron: $28.84, $18.96, $29.32, $16.22, $17.98 y $21.80. ¿Cuál fue la mediana de las facturas de estos meses, redondeada al centavo más próximo?

   (1) $ 6.79
   (2) $16.22
   (3) $18.96
   (4) $20.38
   (5) $21.80

Las respuestas comienzan en la página 409.

Lección 17 DESTREZA DE GED Tablas, cuadros y gráficas

Tablas y cuadros

Las **tablas** y **cuadros** organizan la información o los **datos** en columnas y en filas. Los elementos de información específicos se hallan donde la columnas se encuentran con las filas. Cuando use una tabla para hallar información, lea primero todos los **títulos** y **rótulos** detenidamente. Busque luego la columna y fila relacionadas con la información que usted necesita.

Ejemplo 1 En su trabajo como conductor, Gregorio usa **tablas de distancias en millas.** Tiene que conducir desde Lamesa a Cañón y desde Cañón a Granada. Utilice el siguiente cuadro. ¿Cuántas millas conducirá en total?

Distancia en millas entre ciudades

	Lorenzo	Lamesa	Pradós	Cañón	Granada
Lorenzo		61.4	48.0	8.0	92.8
Lamesa	61.4		108.6	67.1	140.5
Pradós	48.0	108.6		46.3	109.1
Cañón	8.0	67.1	46.3		87.6
Granada	92.8	140.5	109.1	87.6	

SUGERENCIA

Por lo general, las tablas contienen más información de la necesaria. Léalas dos veces para asegurarse de que está utilizando los datos adecuados para sus cálculos.

Paso 1 Busque la distancia que hay desde Lamesa a Cañón. Localice Lamesa en la segunda fila y vaya hasta la columna de Cañón. También puede localizar Cañón en la cuarta fila y desplazarse hasta la columna de Lamesa. Obtendrá el mismo resultado con cualquiera de los dos métodos: 67.1 millas

Paso 2 Busque la distancia que hay desde Cañón a Granada. Localice Cañón y busque en qué lugar se cruza con Granada.   87.6 millas

Paso 3 Sume para obtener la distancia total en millas.   67.1 + 87.6 = 154.7

La distancia total del viaje de Gregorio es de **154.7 millas.**

Una **tabla de frecuencias** indica cuántas veces se producen determinados sucesos.

Ejemplo 2 Una compañía de software quiere conocer cuáles son las razones por las que los clientes llaman al servicio técnico. Alicia usa una tabla de frecuencias para hacer un seguimiento de las llamadas recibidas. ¿En cuánto excedió el número de llamadas para realizar pedidos al número de llamadas para solicitar servicio técnico?

Tabla de frecuencias: razones de las llamadas

Realizó un pedido	ᚎᚎ ᚎᚎ ᚎᚎ ᚎᚎ ᚎᚎ ᚎᚎ II
Cambió el producto	ᚎᚎ III
Pidió el reembolso en dinero de un producto	ᚎᚎ ᚎᚎ II
Necesitaba servicio técnico	ᚎᚎ ᚎᚎ ᚎᚎ ᚎᚎ ᚎᚎ I

Paso 1 Cuente las marcas de la fila "Realizó un pedido" (32). Cuente las marcas de la fila "Necesitaba servicio técnico" (26).

Paso 2 Reste para hallar la diferencia.   32 − 26 = 6

Se registraron **6 llamadas más** de clientes para hacer pedidos que para solicitar servicio técnico.

Resuelva. Puede usar la calculadora.

Las preguntas 1 a 4 se refieren a la siguiente tabla.

Central de Enseres – Refrigeradores

Modelo	Tamaño	Precio	Consumo anual de energía*
TR8	15.5 pies³	$459	624 kwh
AD7	18.5 pies³	$599	895 kwh
KT6	16.8 pies³	$479	922 kwh
CV9	20.4 pies³	$699	1108 kwh
GC2	21.6 pies³	$699	1484 kwh

*el consumo de energía se indica en kilovatios-hora.

1. Busque en la tabla anterior:
   a. el precio del modelo CV9
   b. el consumo del modelo AD7 en kilovatios-hora
   c. el tamaño en pies³ del refrigerador que cuesta $479

2. Alicia piensa cambiar su refrigerador de 14.8 pies³ por uno nuevo. Si compra el modelo CV9 en Central de Enseres, ¿en cuánto superará la capacidad en pies³ del nuevo refrigerador a la capacidad de su refrigerador actual?

3. Alicia paga $0.09 por cada kilovatio-hora de electricidad que consume. ¿Cuánto le costará más al año el modelo CV9 que el GC2?

4. ¿Cuál es el modelo que tiene el precio más bajo por pie³ de capacidad, el TR8 o el KT6?

Las preguntas 5 a 7 se refieren a la tabla de frecuencias que aparece en el Ejemplo 2 de la página 192.

5. ¿Cuál es la razón que existe entre los clientes que devolvieron un producto para recibir un reembolso y entre los que hicieron un pedido?

6. ¿Cuál es la fracción del total de las llamadas realizadas al servicio de atención al cliente que solicitaron servicio técnico?

7. ¿Cuál es el porcentaje (aproximado al porcentaje más próximo) de las personas que llamaron para hacer un pedido o para cambiar un producto?

Las preguntas 8 y 9 se refieren a la siguiente información.

Tomás, entrenador de béisbol, reunió las estadísticas de sus cinco mejores bateadores en la siguiente tabla.

Pequeñas Ligas de Parque del Río — Tigres

Nombre	Veces al bate	Golpes	Carreras
Max	16	5	2
Katrina	17	6	3
David	15	7	2
Andy	18	5	3
Ruvy	16	4	6

8. El promedio de bateo de un jugador se calcula dividiendo la cantidad de veces que golpea la bola por la cantidad de veces que bateó, y el resultado se aproxima a la milésima. ¿Cuál es el promedio de Katrina como bateadora?

9. Un jugador puede llegar a la primera base mediante un golpe con el bate de béisbol o gracias a una carrera. ¿Cuál es el jugador que llegó a la primera base el mayor número de veces?

Las preguntas 10 a 12 se refieren a la siguiente tabla de frecuencias.

Sesenta clientes de Más Barato valoraron cuál fue la experiencia que tuvieron al comprar en una liquidación especial.

Encuesta de satisfacción del cliente de Más Barato

excelente	卌 卌 卌
muy buena	卌 卌 II
promedio	卌 卌
por debajo del promedio	卌 III
mala	卌 卌 卌

10. ¿Cuántos clientes valoraron la experiencia como promedio, muy buena o excelente?

11. ¿Cuál fue el porcentaje de los clientes que valoró su experiencia como mala?

12. ¿Cuál es la razón que existe entre los clientes que valoraron su experiencia como excelente y los que la calificaron como mala?

Las respuestas comienzan en la página 409.

Gráficas de barras y gráficas lineales

Las **gráficas** representan y comparan datos visualmente de diferentes fuentes. Muestran los cambios a lo largo de un período y pueden hacer predicciones acerca del futuro. La siguiente **gráfica de barras** se creó para mostrar las diferencias entre los niveles de personal para cada uno de los tres turnos de una empresa.

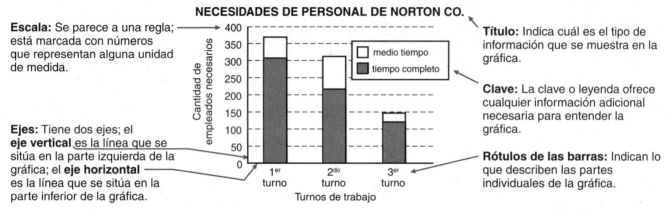

Escala: Se parece a una regla; está marcada con números que representan alguna unidad de medida.

Título: Indica cuál es el tipo de información que se muestra en la gráfica.

Clave: La clave o leyenda ofrece cualquier información adicional necesaria para entender la gráfica.

Ejes: Tiene dos ejes; el **eje vertical** es la línea que se sitúa en la parte izquierda de la gráfica; el **eje horizontal** es la línea que se sitúa en la parte inferior de la gráfica.

Rótulos de las barras: Indican lo que describen las partes individuales de la gráfica.

La clave o leyenda de una gráfica es necesaria si se muestran datos de más de una categoría. Cada eje tiene título. Las gráficas pueden tener escalas en uno o ambos ejes. En la gráfica de barras sólo hay una escala. Los rótulos de las barras reemplazan a la escala. Lea siempre los rótulos con atención.

SUGERENCIA

Las barras en las gráficas de barras suelen mostrar dos tipos de datos: la altura de la parte superior es igual a la altura de toda la barra menos la de la parte inferior.

Ejemplo 1 ¿Como cuántos empleados a tiempo completo y medio tiempo se necesitan durante el 2° turno?

Paso 1 Busque la barra correspondiente al 2° turno. Ésta representa el total de empleados que trabajan tiempo completo y medio tiempo.

Paso 2 Siga con el dedo la parte superior de la barra hasta llegar a la escala de la izquierda. La parte superior de la barra se sitúa justo por encima de 300.

El número de empleados en el 2° turno es **ligeramente superior a 320.**

A menudo, las **gráficas lineales** muestran los cambios a lo largo del tiempo que tiene una medida en la escala vertical y el tiempo en la escala horizontal. Las gráficas lineales tienen dos escalas y suelen tener también una clave o leyenda. Los puntos marcados en la gráfica conectan las dos escalas. En esta gráfica, cada punto representa la temperatura a una hora determinada.

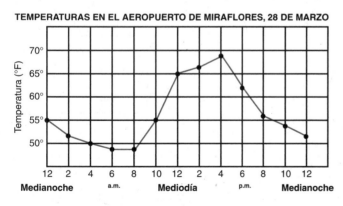

Los puntos se unen con una línea que muestra una **tendencia** o un patrón de cambio a lo largo del tiempo. Esta gráfica lineal muestra una tendencia de aumento de temperatura de 8 a.m. a 4 p.m.. Luego, la temperatura baja de manera constante hasta la medianoche. Las tendencias nos permiten hacer predicciones acerca del futuro cercano.

Ejemplo 2 ¿Cuál era la temperatura el 28 de marzo a las 10 a.m.?

Paso 1 Halle el punto sobre las 10 a.m. en la escala horizontal.

Paso 2 Siga con el dedo la línea horizontal que corresponde al punto hasta llegar a la escala de temperatura.

La temperatura era de **55°F** el 28 de marzo a las 10 a.m.

Resuelva. Puede usar la calculadora.

Las preguntas 1 a 5 se refieren a la siguiente gráfica de barras.

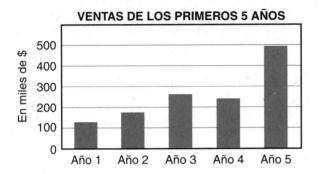

VENTAS DE LOS PRIMEROS 5 AÑOS

1. ¿Cuál fue la cantidad de ventas aproximada en dólares para el año 3?

2. ¿En qué año se produjo una disminución en las ventas?

3. Calcule la diferencia en ventas entre los años 4 y 5.

4. Calcule cuál es aproximadamente la razón entre las ventas del año 5 y las del año 1.

5. Calcule cuál es aproximadamente el promedio anual de ventas durante el período de los cinco años.

Las preguntas 6 a 10 se refieren a la gráfica de barras que aparece en el Ejemplo 1 de la página 194.

6. ¿Aproximadamente cuántos empleados trabajaron a tiempo completo durante el 1º turno?

7. ¿Aproximadamente en cuántas personas excede el número de trabajadores del 1º turno al número de trabajadores del 3º?

8. ¿Cuál es la razón aproximada entre los empleados que trabajan a tiempo completo y los que trabajan medio tiempo durante el 2º turno?

9. ¿Aproximadamente cuántos empleados más hay trabajando medio tiempo durante el 2º turno que durante el 1º turno?

10. ¿Aproximadamente cuántos empleados se necesitan para cubrir todos los turnos en Norton Co?

Las preguntas 11 y 12 se refieren a la gráfica lineal que aparece en el Ejemplo 2 de la página 194.

11. ¿Aproximadamente cuántos grados bajó la temperatura entre las 4 p.m. y las 6 p.m.?

12. ¿En qué período de dos horas subió más la temperatura?

Las preguntas 13 a 17 se refieren a la siguiente gráfica.

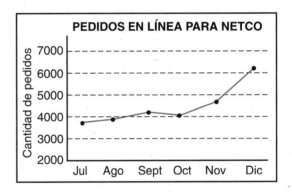

PEDIDOS EN LÍNEA PARA NETCO

13. Netco vende sus productos en línea. La gráfica muestra la cantidad de pedidos realizados durante los últimos seis meses del año. ¿En qué mes bajó el número de pedidos con respecto al mes anterior?

14. ¿Aproximadamente cuántos pedidos más hubo en diciembre que en septiembre?

15. Se espera que el incremento del índice entre diciembre y enero sea equivalente al que sucedió entre octubre y noviembre. Calcule la cantidad de pedidos para enero.

16. La cantidad promedio de pedidos mensuales durante los seis meses fue de aproximadamente 4400. ¿Cuáles fueron los dos meses que se acercaron más a este promedio?

17. Netco informó que la cantidad promedio gastada en cada una de las ventas durante el mes de noviembre fue de $35. Halle las ventas brutas del mes de noviembre multiplicando $35 por la cantidad de ventas realizadas.

Las respuestas comienzan en la página 409.

Gráficas circulares

Las **gráficas circulares** muestran cómo se relacionan las partes de una cantidad con el todo. El círculo completo representa al 100%. La mayoría de las gráficas circulares muestran porcentajes, pero también pueden utilizarse fracciones, decimales o números enteros.

Ejemplo 1   Claudio tiene un presupuesto de $400 para preparar un viaje de un día en el que participarán 50 niños. En la gráfica circular de la izquierda se muestra cómo piensa gastar el dinero. ¿En qué elemento gastará aproximadamente $\frac{1}{3}$ de su presupuesto?

PRESUPUESTO PARA UN VIAJE DE UN DÍA: $400

Autobús 47%
Almuerzos 34%
Premios 6%
Entrada al parque 13%

Los sectores de la gráfica tienen un rótulo que indica un elemento dentro del presupuesto y el porcentaje que se gastará en el mismo. El tamaño de cada sector representa una fracción del presupuesto. Por ejemplo, un semicírculo representa $\frac{1}{2}$ presupuesto, o el 50%. Un cuarto del círculo representa $\frac{1}{4}$, o el 25% del presupuesto total. Puesto que $\frac{1}{3}$ equivale a $33\frac{1}{3}$%, el sector que tiene el rótulo "Almuerzos 34%" es el que representa aproximadamente $\frac{1}{3}$ del círculo.

Claudio gastará aproximadamente $\frac{1}{3}$ del presupuesto en **almuerzos.**

Puede utilizar también la gráfica para hallar la cantidad de dólares dedicada a cada una de las partidas del presupuesto.

Ejemplo 2   ¿Cuánto piensa gastar Claudio en el autobús?

Paso 1   **Lea la gráfica.** Claudio dedicará un 47% de su presupuesto total de $400 a pagar el autobús.   Halle el 47% de $400.

Paso 2   **Use una proporción.** $\frac{47}{100} = \frac{x}{\$400}$, $47 \times \$400 \div 100 = \$188$

Usando la calculadora:

400 ✕ **47** % **188.**   ó   **400** ✕ **47** SHIFT = **188.**

Cliff gastará **$188** del presupuesto de $400 para pagar el autobús.

PRESUPUESTO MENSUAL DE LA FAMILIA MARTÍNEZ

Ahorro $100
Otros $300
Vivienda y servicios $600
Vestimenta $200
Alimentos $500
Transporte $300

La gráfica circular de la izquierda indica cantidades expresadas en dólares, pero aún así puede utilizar el tamaño de los sectores para entender cómo se relaciona cada una de las partes con el todo.

Ejemplo 3   ¿Cuál de los elementos representa $\frac{1}{4}$ del presupuesto total de la familia?

Paso 1   **Halle el valor total** del círculo.
$600 + $300 + $500 + $200 + $100 + $300 = $2000

Paso 2   **Halle la fracción** más cercana a $\frac{1}{4}$. $\frac{\$500}{\$2000} = \frac{1}{4}$

La cantidad presupuestada para **alimentos** es $\frac{1}{4}$ de $2000, es decir, $500.

SUGERENCIA

La gráfica circular representa el total. En una gráfica circular que utilice porcentajes, el total de todos los sectores es el 100%. En las gráficas circulares que usan fracciones o decimales, el total de todos los sectores es 1.

Resuelva. Puede usar la calculadora.

Las preguntas 1 a 7 se refieren a la siguiente información.

Una escuela superior ha recibido $56,000 en donaciones y becas para construir un nuevo laboratorio de computación. La gráfica siguiente muestra la manera en la que la escuela planea utilizar el dinero.

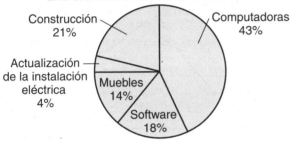

PRESUPUESTO PARA EL LABORATORIO DE COMPUTACIÓN

Construcción 21%
Computadoras 43%
Actualización de la instalación eléctrica 4%
Muebles 14%
Software 18%

1. ¿Qué porcentaje del dinero total se gastará en la mejora de la instalación eléctrica y en la construcción?

2. ¿Cuál es la cantidad de dinero presupuestada para comprar computadoras?

3. ¿Cuál es la cantidad de dinero presupuestada para comprar muebles?

4. ¿Cuál es el porcentaje del dinero total que no se gastará ni en computadoras ni en software?

5. Hay dos elementos que unidos equivalen a aproximadamente $\frac{1}{3}$ del presupuesto. ¿Cuáles son?

6. ¿Para cuál de los elementos del presupuesto la escuela invertirá algo más de $10,000?

7. ¿Cuánto dinero se ha presupuestado para la mejora la instalación eléctrica y para la construcción?

Las preguntas 8 y 9 se refieren al Presupuesto para un viaje de un día que aparece en el Ejemplo 1 de la página 196.

8. ¿Cuánto dinero presupuestó Claudio para pagar los premios y la entrada al parque?

9. ¿Cuál de los elementos costará unas cinco veces más que el costo total en los premios?

Las preguntas 10 y 11 se refieren al Presupuesto mensual de la familia Martínez que aparece en la página 196.

10. ¿Cuál es la fracción del presupuesto total que la familia gasta en transporte, alimentos y vestimenta?

11. ¿Cuál es el porcentaje del presupuesto total que la familia gasta en vivienda y en servicios?

Las preguntas 12 a 16 se refieren a la siguiente información.

La Sra. Rojas es gerente en una oficina. Ella ha preparado esta gráfica circular para mostrar a los dactilógrafos de qué manera emplearán el tiempo en la oficina que ella dirige.

TAREAS DE LOS DACTILÓGRAFOS

Teléfono 22%
Entrada de datos 44%
Atención al cliente 25%
Envíos postales 9%

12. ¿A qué tarea dedican los dactilógrafos $\frac{1}{4}$ de su tiempo?

13. ¿Cuál es el porcentaje de tiempo que dedican los dactilógrafos a los envíos postales y a la entrada de datos?

14. ¿Cuál es la razón entre el tiempo dedicado a entrar datos y el dedicado a contestar el teléfono?

15. Marcos trabaja 40 horas semanales como dactilógrafo. ¿Aproximadamente cuántas horas a la semana dedicará Marcos a ingresar datos?

16. Angelina trabaja 36 horas por semana. ¿Cuál es la cantidad de horas semanales (aproximada a la hora entera más cercana) que dedicará a la atención al cliente y a las tareas telefónicas?

Las respuestas comienzan en la página 410.

Instrucciones: Ésta es una prueba de práctica que dura treinta minutos. Después de que transcurran los treinta minutos, ponga una marca en la última pregunta que haya respondido. A continuación, termine la prueba y revise sus respuestas. Si la mayoría de sus respuestas fueron correctas, pero no terminó la prueba, trate de responder las preguntas más rápidamente la próxima vez.

Parte 1

Instrucciones: Elija la respuesta que mejor responda a cada pregunta. PUEDE usar la calculadora.

Las preguntas 1 y 2 se refieren a la siguiente información.

Los salarios de cinco empleados de Acme son $27,560, $30,050, $22,750, $42,800 y $28,900 respectivamente.

1. ¿Cuál es el salario promedio (media aritmética) de los empleados de Acme?

    (1) $20,050

    (2) $27,560

    (3) $28,900

    (4) $29,475

    (5) $30,412

2. ¿Cuál es la mediana de los salarios de los empleados de Acme?

    (1) $20,050

    (2) $27,560

    (3) $28,900

    (4) $29,475

    (5) $30,412

3. Dentro del cajón de una cómoda hay 2 calcetines rojos, 4 azules y 8 negros. ¿Cuál es la probabilidad de que un calcetín sacado del cajón al azar no sea negro?

    (1) $\frac{4}{7}$

    (2) $\frac{3}{7}$

    (3) $\frac{2}{7}$

    (4) $\frac{1}{7}$

    (5) $\frac{1}{14}$

Las preguntas 4 y 5 se refieren a la siguiente gráfica.

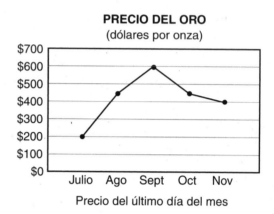

PRECIO DEL ORO
(dólares por onza)

Precio del último día del mes

4. ¿Cuánto aumentó el precio del oro, en dólares por onza, entre julio y septiembre?

    (1) $100

    (2) $200

    (3) $400

    (4) $500

    (5) $600

5. ¿Cuál fue la razón entre el precio del oro en septiembre y el precio del oro en julio?

    (1) 1:3

    (2) 1:2

    (3) 2:1

    (4) 3:1

    (5) 6:1

Las preguntas 6 a 9 se refieren a la siguiente gráfica.

PRECIPITACIONES EN PULGADAS

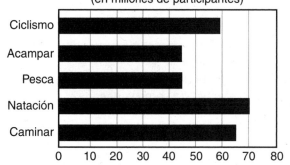

6. ¿En qué meses las precipitaciones reales fueron inferiores a lo normal?

   (1) octubre, noviembre y diciembre

   (2) octubre, noviembre y enero

   (3) octubre, diciembre y marzo

   (4) octubre, febrero y marzo

   (5) enero, febrero y marzo

7. ¿Durante cuántos meses las precipitaciones reales fueron mayores de 5.0 pulgadas?

   (1) 2

   (2) 3

   (3) 4

   (4) 5

   (5) 6

8. ¿Cuántas pulgadas más de lluvia cayeron en enero que en marzo?

   (1) 2.2

   (2) 3.5

   (3) 4.0

   (4) 4.6

   (5) 5.8

9. Aproximadamente, ¿cuáles son las precipitaciones normales promedio (media aritmética) para noviembre, diciembre y enero?

   (1) 4.5

   (2) 5.0

   (3) 5.5

   (4) 6.0

   (5) 6.5

Las preguntas 10 y 11 se refieren a la siguiente gráfica.

DEPORTES MÁS POPULARES
(en millones de participantes)

10. Aproximadamente, ¿en cuánto superó el número de personas que participaron en natación al número de personas que acamparon?

   (1) 65

   (2) 60

   (3) 40

   (4) 35

   (5) 25

11. ¿Cuál fue la cantidad promedio (media aritmética) de participantes en los cinco deportes de la lista, aproximada al millón más próximo?

   (1) 46

   (2) 50

   (3) 52

   (4) 57

   (5) 62

Parte 2

Instrucciones: Elija la respuesta que mejor responda a cada pregunta. **NO** puede usar la calculadora.

Las preguntas 12 y 13 se refieren a la siguiente información.

Para cada uno de los días de la semana pasada, Carla hizo ejercicios durante los minutos siguientes: 42, 54, 62, 40, 57, 50, y 38.

12. ¿Cuál fue el promedio en minutos que dedicó Carla al ejercicio la semana pasada?

    (1) 45

    (2) 46

    (3) 47

    (4) 48

    (5) 49

13. ¿Cuál fue la mediana de los minutos que dedicó Carla al ejercicio la semana pasada?

    (1) 42

    (2) 50

    (3) 54

    (4) 57

    (5) 62

La pregunta 14 se refiere a la siguiente información.

Una bolsa contiene 20 pelotas de tenis de mesa. Cada una de ellas tiene pintado un número diferente del 1 al 20.

14. Si se escoge de la bolsa una pelota al azar, ¿cuál es la probabilidad de que el número pintado en la pelota sea mayor que 15?

    (1) $\frac{1}{20}$

    (2) $\frac{1}{5}$

    (3) $\frac{1}{4}$

    (4) $\frac{1}{2}$

    (5) $\frac{3}{4}$

Las preguntas 15 a 17 se refieren a la siguiente gráfica.

CURSOS DE ENSEÑANZA PARA ADULTOS
(Total de cursos ofrecidos: 500)

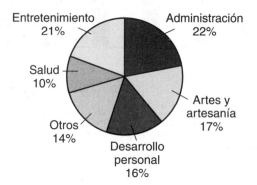

15. ¿Cuántos cursos de desarrollo personal se ofrecen?

    (1)   8

    (2)   16

    (3)   64

    (4)   80

    (5) 100

16. ¿Cuál es la razón que existe entre los cursos de administración y los de salud ofrecidos?

    (1) 5:7

    (2) 21:22

    (3) 17:10

    (4) 11:8

    (5) 11:5

17. ¿En cuánto supera el número de cursos ofrecidos en administración al número de cursos ofrecidos para entretenimiento?

    (1)   1

    (2)   5

    (3) 10

    (4) 12

    (5) 50

Las preguntas 18 a 20 se refieren a la siguiente gráfica.

CANTIDAD DE NUEVOS SUSCRIPTORES DEL DIARIO LA GACETA
(en miles)

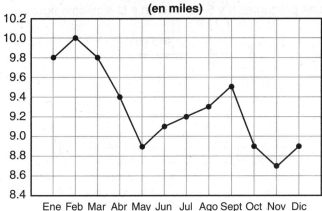

18. ¿Cuál es el rango de nuevos suscriptores por mes, desde el número menor al número mayor?

    (1) 8,400 a 10,200

    (2) 8,700 a 9,800

    (3) 8,700 a 10,000

    (4) 8,800 a 10,000

    (5) 9,800 a 10,000

19. El cambio es un punto de la gráfica donde la dirección de la línea cambia. ¿Cuántos cambios se muestran en esta gráfica?

    (1) dos

    (2) tres

    (3) cuatro

    (4) cinco

    (5) seis

20. ¿Cuáles de los siguientes meses consecutivos mostraron un aumento en el número de nuevos suscriptores?

    (1) febrero a marzo

    (2) marzo a abril

    (3) septiembre a octubre

    (4) octubre a noviembre

    (5) noviembre a diciembre

Las preguntas 21 a 23 se refieren a la siguiente gráfica.

GRANDES ALMACENES D & T
(Ventas netas en miles de dólares)

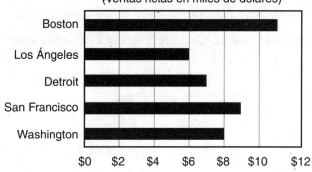

21. ¿Aproximadamente en cuánto superó la cantidad de ventas netas registradas en la tienda de Boston a las registradas en Detroit?

    (1) $2000

    (2) $2500

    (3) $3000

    (4) $4000

    (5) $5000

22. ¿Cuál es la razón entre las ventas netas del negocio de Los Ángeles y las ventas netas del negocio de San Francisco?

    (1) 1:2

    (2) 2:3

    (3) 6:7

    (4) 3:2

    (5) 7:6

23. ¿Cuál es el promedio en miles de dólares (media aritmética) de las ventas netas para las cinco tiendas presentadas?

    (1) $ 6.0

    (2) $ 7.2

    (3) $ 8.2

    (4) $10.5

    (5) $41.0

Las respuestas comienzan en la página 411.

Unidad 2 Repaso acumulativo **Medidas y análisis de datos**

Parte 1

Instrucciones: Elija la respuesta que mejor responda a cada pregunta. PUEDE usar la calculadora.

Las preguntas 1 y 2 se refieren a la siguiente gráfica.

PERSONAS EMPLEADAS EN DIVERSAS OCUPACIONES
(Total: 25,000 personas)

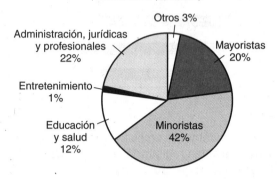

1. ¿Cuál fue el número total de personas empleadas en el sector de ventas al por mayor y en el sector de salud y educación?

   (1) 2000
   (2) 3000
   (3) 5000
   (4) 7000
   (5) 8000

2. ¿En cuánto superó el número de personas empleadas en las ocupaciones de administración, jurídicas o profesionales al número de personas dedicadas al entretenimiento?

   (1) 4000
   (2) 4350
   (3) 5000
   (4) 5250
   (5) 5500

3. La longitud de uno de los lados de un cuadrado es de 1 pie y 4 pulgadas. ¿Cuál es la longitud total en pulgadas alrededor de todo el cuadrado?

   (1) 64
   (2) 52
   (3) 48
   (4) 28
   (5) 16

Las preguntas 4 y 5 se refieren a la siguiente figura.

310 yd

120 yd

4. La comisión de parques de la ciudad tiene planeado poner un cerco alrededor del campo rectangular de práctica de golf que se muestra en el dibujo. ¿Cuántas yardas de cerco se necesitarán para rodear todo el campo?

   (1) 240
   (2) 430
   (3) 620
   (4) 860
   (5) 980

5. La ciudad necesita comprar semillas para cubrir con césped el campo de práctica de golf. Si cada bolsa de semillas es capaz de cubrir 75 yardas cuadradas de terreno, ¿cuántas bolsas tendrá que comprar la ciudad para sembrar todo el campo?

   (1) 160
   (2) 357
   (3) 496
   (4) 653
   (5) 744

6. Dentro de una bolsa de caramelos hay 12 caramelos rojos, 10 verdes y 28 amarillos. ¿Cuál es la probabilidad de que un caramelo escogido en la bolsa al azar sea rojo?

   (1) 0.02
   (2) 0.08
   (3) 0.20
   (4) 0.24
   (5) 0.32

La pregunta 7 se refiere a la siguiente figura.

7. El distrito del parque quiere utilizar jardineras para proteger el borde del macizo de flores que se muestra en la figura. ¿Cuál de las siguientes expresiones puede utilizarse para determinar cuántas jardineras se necesitan?

(1) 17 + 35

(2) 17 × 45

(3) 17 + 35 + 45

(4) 17 × 35 × 45

(5) 17 × 35 − 45

8. Miguel tiene dos pedazos de tubo. Uno mide 2 yardas de largo y el otro 4 pies. ¿Cuántos pies es más largo el primer tubo?

(1) 10

(2) 9

(3) 6

(4) 4

(5) 2

9. Sara compra 6 papeletas en una rifa. Si en la rifa se vendieron un total de 300 rifas, ¿cuál es la probabilidad que tiene Sara de que una de sus papeletas resulte ganadora?

(1) $\frac{1}{4}$

(2) $\frac{1}{20}$

(3) $\frac{1}{25}$

(4) $\frac{1}{50}$

(5) $\frac{1}{300}$

Las preguntas 10 y 11 se refieren a la siguiente tabla.

PAGOS DE ELECTRICIDAD	
Período	Cantidad
Ene–Feb	$89.36
Mar–Abr	$90.12
May–Jun	$74.47
Jul–Ago	$63.15
Sept–Oct	$59.76
Nov–Dic	$84.31

10. ¿Cuál es la mediana de las cantidades que aparecen en la tabla?

(1) $84.31

(2) $79.39

(3) $74.47

(4) $63.15

(5) No se cuenta con suficiente información.

11. ¿Cuál es el promedio (media aritmética) de las cantidades de la tabla, aproximado al centavo más próximo?

(1) $ 76.86

(2) $ 79.28

(3) $ 79.39

(4) $230.58

(5) No se cuenta con suficiente información.

12. Un grupo de comediantes vendió las siguientes cantidades de entradas: 184, 176, 202, 178 y 190. ¿Cuál fue la cantidad promedio (media aritmética) de entradas vendidas?

(1) 184.0

(2) 186.0

(3) 188.0

(4) 190.0

(5) 232.5

Parte 2

Instrucciones: Elija la repuesta que mejor responda a cada pregunta. **NO** puede usar la calculadora.

Las preguntas 13 y 14 se refieren a la siguiente información.

Martín asistió a un taller de escritura y obtuvo las siguientes calificaciones en los textos que escribió para el curso: 60, 85, 95, 80, 95, 95.

13. ¿Cuál fue la puntuación media de los trabajos aproximada al entero más próximo?

    (1) 95
    (2) 90
    (3) 85
    (4) 80
    (5) 60

14. La calificación que se le entrega a un estudiante en el taller de escritura es la media de los puntos o la mediana de los puntos, la que resulte mayor. ¿Cuál fue la mediana de las puntuaciones de Martín?

    (1) 95
    (2) 90
    (3) 85
    (4) 80
    (5) 60

_____

15. César tiene tres proyectos. Para el primero necesitará 20 minutos, para el segundo, la misma cantidad de tiempo que para el primero y para el tercero, 30 minutos. ¿A qué hora tendrá que comenzar los tres proyectos si quiere completarlos a las 12 del mediodía y desea empezar lo más tarde posible?

    (1) 10:10 a.m.
    (2) 10:50 a.m.
    (3) 10:53 a.m.
    (4) 11:07 a.m.
    (5) 11:10 a.m.

Las preguntas 16 a 18 se refieren a la siguiente gráfica.

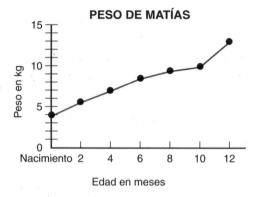

16. ¿En qué período bimestral aumentó más el peso de Matías?

    (1) del nacimiento a los 2 meses
    (2) de los 4 a los 6 meses
    (3) de los 6 a los 8 meses
    (4) de los 8 a los 10 meses
    (5) de los 10 a los 12 meses

17. El promedio de peso de un bebé varón que tiene un año de edad es de 10.5 kilos. ¿Aproximadamente cuántos kilos más que el promedio pesó Matías cuando cumplió un año de edad?

    (1) 0.5
    (2) 0.8
    (3) 1.1
    (4) 1.3
    (5) 2.5

18. ¿Durante qué período bimestral el peso de Matías tuvo el menor aumento?

    (1) nacimiento a los 2 meses
    (2) de los 4 a los 6 meses
    (3) de los 6 a los 8 meses
    (4) de los 8 a los 10 meses
    (5) No se cuenta con suficiente información.

19. Una fotografía mide $3\frac{3}{4}$ pulgadas de ancho y $5\frac{1}{4}$ pulgadas de largo. ¿Cuántas pulgadas medirá el ancho de la fotografía si sus dimensiones se duplican?

(1) $10\frac{1}{2}$

(2) $10\frac{1}{4}$

(3) $7\frac{3}{4}$

(4) $7\frac{1}{2}$

(5) $6\frac{3}{4}$

20. Una de las paredes de la sala de estar de Andrea mide 12 pies de largo. Ella compra cuatro estanterías para libros y quiere colocarlas en esa pared. Si cada una de las estanterías tiene un ancho de 35 pulgadas, ¿cuál de los siguientes enunciados será correcto?

(1) Las estanterías serán 8 pulgadas más anchas que la pared.

(2) Las estanterías serán 4 pulgadas más anchas que la pared.

(3) Entrarán justo en la pared.

(4) Sobrarán 4 pulgadas de pared.

(5) Sobrarán 8 pulgadas de pared.

21. Samuel utiliza 5 galones de fertilizante en su césped. ¿Cuántas pintas de fertilizante ha utilizado?

(1) 40

(2) 32

(3) 8

(4) 5

(5) 4

22. Una caja rectangular mide 5 yardas de largo, 4 yardas de ancho y 2 yardas de alto. ¿Cuál es el volumen de la caja en pies cúbicos?

(1) 40

(2) 120

(3) 180

(4) 360

(5) 1080

23. Un cubo mide 5 pies de lado. Si se lo llena de agua hasta sus 2/5 partes, ¿cuántos pies cúbicos de agua habrá dentro del cubo?

(1) 15

(2) 25

(3) 50

(4) 125

(5) 250

Las preguntas 24 y 25 se refieren a la siguiente figura.

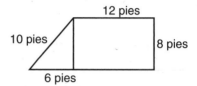

El propietario de una casa ha pedido que le construyan una terraza nueva con la forma que se muestra en la figura. El lado más largo de la terraza es el que se unirá a la casa.

24. ¿Cuántos pies de reja habrá que colocar teniendo en cuenta que el lado que está unido a la casa no la necesita?

(1) 30

(2) 36

(3) 40

(4) 48

(5) 56

25. Después de que envejece y se curte a la intemperie, la madera puede teñirse. La superficie de la parte triangular es un cuarto del área de la parte rectangular. ¿Cuál de las expresiones siguientes puede utilizarse para hallar la superficie total de la terraza?

(1) $12 \times 8 + 6$

(2) $(12 \times 8) + (10 \times 8)$

(3) $\frac{1}{4}(12 \times 8)$

(4) $(12 \times 8) + \frac{1}{4}(12 \times 8)$

(5) $4 \times 12 \times 8$

Las <u>preguntas 26 a 29</u> se refieren a la siguiente información.

Una caja contiene 15 cartas, cada una numerada con un número entero del 1 al 15.

26. Si se escoge una carta de la caja al azar, ¿cuál es la probabilidad de que la carta sea menor que 4?

(1) $\frac{1}{15}$

(2) $\frac{1}{5}$

(3) $\frac{4}{15}$

(4) $\frac{1}{2}$

(5) $\frac{11}{15}$

27. Si se escoge una carta al azar, ¿cuál es la probabilidad de que sea un número par?

(1) $\frac{1}{15}$

(2) $\frac{7}{15}$

(3) $\frac{1}{2}$

(4) $\frac{7}{8}$

(5) $\frac{14}{15}$

28. ¿Cuál es la razón que existe entre las cartas pares y las cartas impares?

(1) 1:15

(2) 7:8

(3) 15:15

(4) 8:7

(5) 15:1

29. Se escoge una carta al azar y se la vuelve a colocar dentro de la caja. ¿Cuál es la probabilidad de que se saque la misma carta dos veces seguidas?

(1) $\frac{1}{7}$

(2) $\frac{2}{15}$

(3) $\frac{1}{8}$

(4) $\frac{1}{15}$

(5) $\frac{1}{225}$

Las <u>preguntas 30 a 32</u> se refieren a la siguiente gráfica.

VENTAS DE APERITIVOS EN MAYO
Total: $12 millones

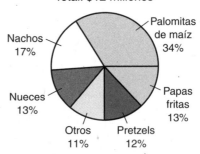

30. ¿Cuánto dinero, en millones de dólares, se gastó en palomitas de maíz durante el mes de mayo?

(1) $1.32

(2) $1.44

(3) $1.56

(4) $2.04

(5) $4.08

31. ¿Cuál fue la cantidad total, en millones de dólares, que se gastó en nueces, pretzels y nachos durante el mes de mayo?

(1) $ 1.44

(2) $ 1.56

(3) $ 5.04

(4) $10.56

(5) $15.60

32. ¿Cuál fue la razón entre el gasto total en palomitas de maíz y el gasto en nachos durante el mes de mayo?

(1) 34:13

(2) 2:1

(3) 17:13

(4) 13:34

(5) 1:2

Las respuestas comienzan en la página 412.

Tabla de análisis del desempeño en el repaso acumulativo
Unidad 2 ○ Medidas y análisis de datos

Utilice las Respuestas y explicaciones que comienzan en la página 412 para verificar sus respuestas al Repaso acumulativo de la Unidad 2. Utilice después la tabla para determinar las destrezas en las que necesita más práctica.

Encierre en un círculo dentro de la tabla las preguntas que contestó correctamente. Escriba el número correcto para cada destreza. Sume la cantidad de preguntas que respondió correctamente en el Repaso acumulativo. Si piensa que necesita más práctica, vuelva atrás y repase las lecciones de las destrezas que le resultaron difíciles.

Preguntas	Número de aciertos	Destreza	Lecciones para repasar
3, 8, 15, **17**, 19, 20, 21	____/7	Sistemas de medida	14
4, 5, 7, 22, 23, **24, 25**	____/7	Figuras comunes de medidas	15
6, 9, **10, 11**, 12, 13, 14, 26, 27, 28, 29	____/11	Medidas de tendencia central y probabilidad	16
1, 2, 16, 18, 30, 31, 32	____/7	Cuadros, tablas y gráficas	17
TOTAL DE ACIERTOS ____/32			

Los números de las preguntas en **negrita** se basan en gráficas.

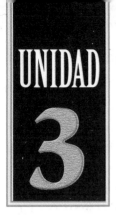

UNIDAD 3

Álgebra

El Álgebra es una de las áreas más importantes de las Matemáticas. Sirve para expresar en símbolos y en lenguaje matemático las situaciones de la vida diaria; para resolver problemas y aprender a pensar de una manera más lógica. Además, entender el Álgebra es un paso importante para entender otras áreas avanzadas de las Matemáticas, necesarias para realizar trabajos de ciencia y tecnología.

El 25 por ciento de las preguntas de la Prueba de Matemáticas de GED evalúan los conocimientos de Álgebra. Asimismo, usted descubrirá que podrá aplicar muchas de las destrezas de esta unidad para resolver problemas de Aritmética y Geometría.

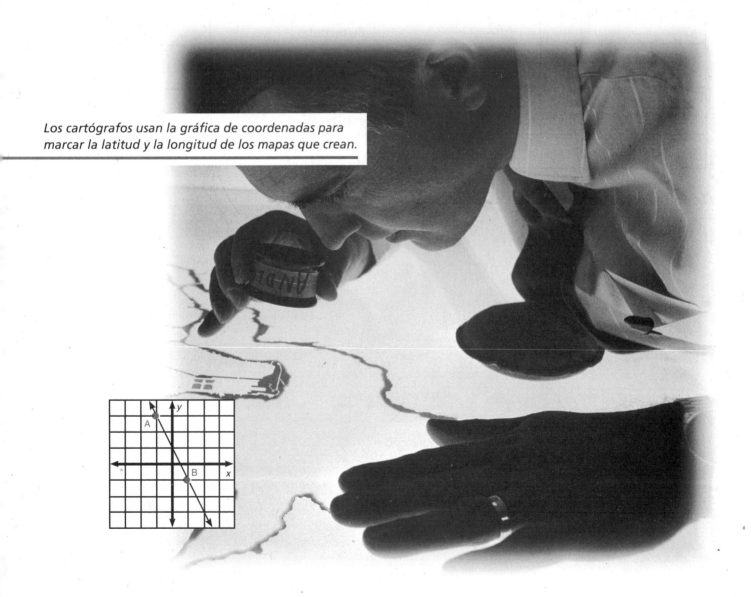

Los cartógrafos usan la gráfica de coordenadas para marcar la latitud y la longitud de los mapas que crean.

Las lecciones de esta unidad son:

Lección 18: **Enteros y expresiones algebraicas**
Los números enteros incluyen los números positivos, los números negativos y el cero. La recta numérica es una importante herramienta matemática de números enteros. Una expresión algebraica es una expresión con números enteros, signos de operaciones y variables que representan números desconocidos.

Lección 19: **Ecuaciones**
Una ecuación es el enunciado matemático de que dos cantidades son iguales. Cuando en una ecuación se emplea una variable para representar un número o una cantidad desconocidos, podemos resolverla despejando la variable.

Lección 20: **Exponentes y raíces**
Los exponentes, llamados también potencias, sirven para expresar la multiplicación repetida. Los exponentes más usados son los que sirven para elevar números "al cuadrado" y "al cubo". Una raíz es un número que, multiplicado por sí mismo un número específico de veces, da cierto resultado. El tipo más común de raíz es la "raíz cuadrada". La raíz cuadrada es el número base de un número elevado al cuadrado.

Lección 21: **Factorización y desigualdades**
Los factores son números y letras que se multiplican entre sí. A veces necesitamos factorizar una expresión para determinar los números, los términos y las variables que la componen. A diferencia de una ecuación, que enuncia que dos expresiones son iguales, una desigualdad enuncia que dos expresiones no son iguales.

Lección 22: **El plano de coordenadas**
Un plano de coordenadas es una especie de gráfica que se forma a partir de dos rectas que se cruzan en un punto. En la gráfica de coordenadas podemos hallar puntos, hacer gráficas de ecuaciones y calcular distancias.

ESTRATEGIAS DE RESOLUCIÓN DE PROBLEMAS

○ Usar rectas numéricas

○ Convertir problemas en ecuaciones

○ Usar fórmulas para calcular distancias y precios

○ Trabajar al revés

○ Aplicar secuencias y funciones

○ Resolver ecuaciones cuadráticas

○ Marcar pares ordenados

○ Calcular la ecuación de una recta

Entender los números enteros

Los **números enteros,** también llamados **números con signos,** son los números no fraccionarios positivos y negativos y el cero. Para mostrar la serie completa de números enteros, ampliamos la recta de números positivos que usamos anteriormente hacia la izquierda del cero (0), para incluir los números negativos.

Los **números positivos** expresan un aumento, una ganancia o un movimiento ascendente (en una recta numérica vertical). Un número positivo puede escribirse con o sin el signo de más. Los **números negativos** expresan lo opuesto: una disminución, una pérdida o un movimiento descendente. Los números negativos se escriben siempre con el signo de menos. Observe que el cero no es positivo ni negativo.

Sumar y restar enteros

SUGERENCIA

Aunque el orden de las operaciones siempre es el mismo, usted debe aplicar las reglas de los números con signos al realizar cada operación.

La suma de enteros puede expresarse en una **recta numérica.** Avance a la derecha con los números positivos, y a la izquierda con los números negativos.

Ejemplo 1   Sume: $(+6) + (-4)$.

Paso 1   Empiece en 0 y avance 6 unidades hacia la derecha.

Paso 2   Empiece en + 6; desplácese 4 unidades hacia la izquierda.

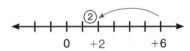

La recta numérica muestra que $(+6) + (-4) = \mathbf{+2.}$

Para sumar enteros, siga las reglas siguientes:

REGLA 1   Si los enteros tienen los mismos signos, sume los números y conserve el mismo signo.

$(+3) + (+5) = +8$
$(-2) + (-6) = -8$

REGLA 2   Si los enteros tienen signos distintos, encuentre la diferencia entre los números sin los signos (los valores absolutos) y dele a la respuesta el signo del número mayor.

$(-9) + (+3) =$?
$9 - 3 =$ 6
9 es negativo
$(-9) + (+3) = -6$

Debido a que el número mayor (-9) es negativo, la respuesta es negativa: **−6.**

Para sumar más de dos enteros, encuentre la suma de los números positivos y la suma de los números negativos. Luego, use la Regla 2 para hallar la suma.

Ejemplo 2 $(+30) + (-8) + (-15) + (+3) + (-20) =$?

Paso 1   Sume los números positivos. Sume los números negativos. (Regla 1)

$(+30) + (+3) = +33$
$(-8) + (-15) + (-20) = -43$

Paso 2   Sume ambos resultados. (Regla 2)

$(+33) + (-43) = \mathbf{-10}$

Para restar enteros con signos, debe realizar tres pasos más: **(1)** primero, vuelva a escribir la operación de resta como una suma, **(2)** luego, cambie el signo del número que se restará, **(3)** sume como de costumbre.

Ejemplo 3 Reste: $(+5) - (-2)$

Paso 1	Cambie la resta a suma.	$(+5) - (-2) = (+5) + ()$
Paso 2	Cambie el signo del número que hay que restar.	$(+5) - (-2) = (+5) + (+2)$
Paso 3	Sume.	$(+5) + (+2) = +7$

La respuesta a $(+5) - (-2)$ es $+$ **7.**

Para restar enteros usando la calculadora, introduzca la expresión sin volver a escribirla como un problema de suma. Para introducir números negativos, primero introduzca el número, luego apriete $\boxed{+/-}$ para cambiar a *menos* el signo del número. **5** $\boxed{-}$ **2** $\boxed{+/-}$ **= 7.**

ENFOQUE EN LAS DESTREZAS DE GED

A. Resuelva. Puede usar la calculadora para los problemas 11 a 15.

1. $(+7) + (+5)$

2. $(-10) + (-6)$

3. $(-6) + (+5)$

4. $(+10) - (+7)$

5. $(-3) - (+7)$

6. $(-1) - (+5)$

7. $(+6) + (-8)$

8. $(+15) - (-5)$

9. $(+10) + (-24)$

10. $(-12) - (-60)$

11. $(-118) - (-628)$

12. $(+315) - (+456)$

13. $(-1028) + (+598)$

14. $(-1482) + (-59)$

15. $(+824) + (-155)$

B. Resuelva. Puede usar la calculadora.

16. $(+7) + (-5) + (-4) + (+9)$

17. $(-6) - (+9) + (+10) - (+1)$

18. $(-5) - (-4) - (-8)$

19. $(+13) - (+34) + (-12)$

20. $(-12) + (-38) + (+75) - (+52)$

C. Escriba una expresión usando números con signos y encuentre el valor de la expresión.

21. En su punto más bajo, un desierto está a 250 pies bajo el nivel del mar. En su punto más alto, tiene una altura de 1000 pies sobre el nivel del mar. ¿Cuál es la diferencia de altura entre el punto más alto y el más bajo? (*Pista:* Considere que el nivel del mar se halla a 0 pies.)

22. El lunes Nita tenía $318 en su cuenta corriente. El martes sacó $60. El miércoles hizo un depósito de $289 y escribió un cheque de $50. ¿Qué saldo tenía Nita en la cuenta después de escribir el cheque?

Las respuestas comienzan en la página 413.

Multiplicar y dividir enteros

Multiplique y divida los números enteros como si no tuvieran signo. A continuación, aplique la regla siguiente para determinar si la respuesta es negativa o positiva.

> **Regla de multiplicación y división**
> Si los signos son iguales, la respuesta es positiva.
> Si los signos son distintos, la respuesta es negativa.

Ejemplos

$(3)(5) = +15$ $\quad\quad$ $-3(5) = -15$ $\quad\quad$ $3(-5) = -15$ $\quad\quad$ $(-3)(-5) = 15$

$\frac{24}{6} = 4$ $\quad\quad\quad$ $\frac{-24}{6} = -4$ $\quad\quad\quad$ $\frac{24}{-6} = -4$ $\quad\quad\quad$ $\frac{-24}{-6} = 4$

Aplicar el orden de las operaciones

Cuando una expresión algebraica contiene varias operaciones, siga el orden de las operaciones. Use los paréntesis para cambiar el orden en que se realizan las operaciones.

Orden de las operaciones	
Paso 1	Realice todas las operaciones que están dentro de símbolos de agrupación, como los paréntesis o corchetes: primero, multiplique y divida; luego, sume y reste. La barra de fracciones también es un símbolo de agrupación.
Paso 2	Calcule los valores de las potencias (exponentes) y raíces. (Consulte la Lección 20.)
Paso 3	Multiplique y divida de izquierda a derecha.
Paso 4	Sume y reste de izquierda a derecha.

Ejemplo 1 $\quad 3^2 + (-4)(2) - (4 + 6 \times 3)$

Paso 1   Comience por las operaciones que están dentro de los paréntesis. Multiplique. (6×3) Luego, sume. $(4 + 18)$

$\quad\quad 3^2 + (-4)(2) - (4 + 6 \times 3)$
$\quad\quad 3^2 + (-4)(2) - (4 + \mathbf{18})$
$\quad\quad 3^2 + (-4)(2) - \mathbf{22}$
$\quad\quad \mathbf{9} + (-4)(2) - 22$

Paso 2   Calcule el valor de la potencia. (3×3)

Paso 3   Realice las operaciones restantes en orden: multiplique, luego sume y reste de izquierda a derecha. Aplique las reglas de los números con signos.

$\quad\quad 9 + (-8) - 22$
$\quad\quad \mathbf{1} \quad\quad - (+22)$
$\quad\quad 1 \quad\quad + (-22) = -21$

La respuesta es **−21.**

La barra de división agrupa los números superiores e inferiores, como si estuvieran entre paréntesis. Aplique el orden de las operaciones al numerador y al denominador por separado. Luego haga la división final.

Ejemplo 2 $\quad \dfrac{3 + 5}{2 - 4}$

$\quad\quad \dfrac{3 + 5}{2 - 4} = \dfrac{8}{-2} = -4$

Esto es lo mismo que $(3 + 5) \div (2 - 4) = 8 \div -2 = -4$.
Como los signos son distintos, la respuesta es **−4.**

Use las teclas de paréntesis de la calculadora para agrupar ciertas operaciones. Como usted sabe, en el Ejemplo 2 las operaciones de suma y resta deben realizarse primero, así que use las teclas de paréntesis para agrupar estas operaciones.

(3 + 5) ÷ (2 − 4) = −4.

Si realiza este cálculo en una calculadora científica sin usar los paréntesis, la respuesta será incorrecta. Sin los paréntesis, la calculadora realiza primero la operación de división.

$3 + 5 \div 2 - 4 = 1.5$

ENFOQUE EN LAS DESTREZAS DE GED

A. Multiplique o divida.

1. $(-2)(+3)$

2. $(-4)(-7)$

3. $(+6)(-5)$

4. $(+12)(+3)$

5. $(-6)(-1)(+2)$

6. $(+9)(-2)(-3)$

7. $(-64) \div (+4)$

8. $(+15) \div (-3)$

9. $(+20) \div (+5)$

10. $(-36) \div (-12)$

11. $\dfrac{-132}{11}$

12. $\dfrac{-4}{-1}$

B. Resuelva. Puede usar la calculadora.

13. $(12)(-4)(-2)$

14. $\dfrac{54}{-27}$

15. $(2)(-112)$

16. $\dfrac{-1000}{-8}$

17. $(-8)(-9)(-1)$

18. $\dfrac{126}{-9}$

19. $(7)(350)(-5)(-2)$

20. $\dfrac{-42}{-21}$

C. Resuelva cada expresión.

21. $6 + 8 \times 2^2$

22. $\dfrac{-2 - (+8)}{(6) \div (-6)}$

23. $(-9 \times 4) - (-3 \times 2)$

24. $10 + (-3 + 4 \times (-2))$

25. $(-25) - 4 \times 3^2$

26. $6 - (4 \times 8 + (-1))$

27. $\dfrac{(-4) + (-6)}{(+4) - (-1)}$

28. $(-2 \times 5)^2 + (-3 \times 6)$

29. $\dfrac{-2 - 19}{-3 + -4}$

30. $2^2 + \dfrac{-25}{-4 + 9}$

31. $(2)(-7) - (3)(-4)$

SUGERENCIA

Para usar cualquier calculadora, separe una expresión en partes, calcule cada parte y escriba el resultado de cada operación; luego, realice las operaciones finales.

Las respuestas comienzan en la página 413.

Variables y expresiones algebraicas

Una **expresión algebraica** es un grupo de números, signos de operación y variables.

Ejemplos $2x + 3$ $4x + \frac{1}{3}$ $3x - 4$ $3(6x)$

Expresiones como éstas se forman al convertir relaciones numéricas a símbolos. Analice atentamente las expresiones siguientes.

En palabras	En símbolos
4 veces un número	$4x$
6 más que un número	$x + 6$
2 menos que un número	$x - 2$
la mitad de un número que luego se aumenta en 7	$\frac{1}{2}x + 7$ or $\frac{x}{2} + 7$
el producto de 6 por un número	$6x$
el cociente de x entre 5	$\frac{x}{5}$ or $x \div 5$
un número multiplicado por sí mismo o un número al cuadrado	x^2
el producto de x por 8 más la suma de 2 y x.	$8x + (2 + x)$

Una expresión algebraica siempre contiene **variables.** Las variables son letras que se usan para representar números. Siempre que cambia el valor de x, cambia también el valor de la expresión.

Esta tabla muestra cómo cambia el valor de la expresión $2x + 1$ al cambiar el valor de x.

x	$2x + 1$
3	$2(3) + 1 =$ **7**
0	$2(0) + 1 =$ **1**
-2	$2(-2) + 1 = $**−3**
-4	$2(-4) + 1 = $**−7**

Una expresión algebraica tiene un valor únicamente cuando todas las variables se reemplazan por números. Se le llama **evaluar una expresión** a encontrar el valor de una expresión cuando se conocen las variables.

Ejemplo   Encuentre el valor de $x^2 - 3y$, cuando $x = -4$ y $y = 2$.

Paso 1   Sustituya las variables con los valores dados.

$$x^2 - 3y$$
$$(-4)^2 - 3(2)$$

Paso 2   Siga el orden de las operaciones.
Eleve -4 a la segunda potencia.
Multiplique.
Reste.

$$16 - 3(2)$$
$$16 - 6$$
$$10$$

Después de sustituir las variables con los valores en el Paso 1, puede usar la calculadora para encontrar el valor de la expresión.

4 [+/−] [x^y] 2 [−] [(] 3 [×] 2 [)] [=] 10.

Nota: La calculadora GED, no requiere las teclas. [(] [)]
El valor de la expresión es **10,** cuando $x = -4$ y $y = 2$.

SUGERENCIA

Recuerde que el orden es esencial en la resta y la división. "La diferencia entre 4 y 2" significa $4 - 2$. En cambio, "4 menos que 2" significa $2 - 4$. "El cociente de 4 entre 2" significa $\frac{4}{2}$.

SUGERENCIA

La colocación del signo negativo dentro o fuera de los paréntesis influye en la respuesta: $(-4)^2 = (-4)(-4) = 16$, mientras que $-(4^2) = -(4 \times 4) = -16$.

A. Convierta los siguientes enunciados en expresiones algebraicas. Use la variable x para representar el número desconocido de cada expresión, a menos que se indique otra cosa.

1. la diferencia entre un número y 2

2. el doble de un número, aumentado en 4

3. 9 menos que el triple de un número

4. cinco veces la suma de un número y -3

5. el producto de un número por 11

6. 10 menos que el producto de 4 por un número

7. el cociente de un número entre 3

8. 5 menos el doble de un número

9. el doble de un número aumentado con el producto de 3 por 8

10. el cociente de 3 menos un número entre 6

11. 8 menos la suma de 15 y un número

12. 5 dividido entre el producto de x por y

13. el producto de 3 por x dividido entre la suma de x y y

14. x multiplicado por sí mismo, aumentado luego con el producto de 12 por y

15. el producto de 2 por la diferencia de x y y

B. Evalúe estas expresiones según se indica.

16. ¿Cuál es el valor de $3(x - 6) + 2y$
    a. cuando $x = -7$ y $y = 10$?
    b. cuando $x = 5$ y $y = -2$?
    c. cuando $x = 0$ y $y = 6$?
    d. cuando $x = 3$ y $y = 3$?

17. ¿Cuál es el valor de $x^2 - y^2$
    a. cuando $x = 0$ y $y = 2$?
    b. cuando $x = -2$ y $y = 1$?
    c. cuando $x = 5$ y $y = -5$?
    d. cuando $x = -1$ y $y = -2$?

18. ¿Cuál es el valor de $\dfrac{(x + 5)^2}{x - 5}$
    a. cuando $x = 0$?
    b. cuando $x = 1$?
    c. cuando $x = 3$?
    d. cuando $x = 4$?

19. ¿Cuál es el valor de $8x + \dfrac{-2y}{-1}$
    a. cuando $x = 4$ y $y = 2$?
    b. cuando $x = 9$ y $y = -4$?
    c. cuando $x = -1$ y $y = 0$?
    d. cuando $x = 5$ y $y = -5$?

20. ¿Cuál es el valor de $\dfrac{(6 + x)^2}{y}$
    a. cuando $x = 4$ y $y = -1$?
    b. cuando $x = 0$ y $y = 6$?
    c. cuando $x = 0$ y $y = -6$?
    d. cuando $x = 2$ y $y = 2$?

21. ¿Cuál es el valor de $x^2 + 2x - 6$
    a. cuando $x = -3$?
    b. cuando $x = 2$?
    c. cuando $x = 4$?
    d. cuando $x = 8$?

22. ¿Cuál es el valor de $-3y(y^2 + 2)$
    a. cuando $y = 2$?
    b. cuando $y = 10$?
    c. cuando $y = -9$?
    d. cuando $y = 0$?

23. ¿Cuál es el valor de $\dfrac{2(x^2 + y)}{z}$
    a. cuando $x = 4$, $y = -2$, y $z = 7$?
    b. cuando $x = 3$, $y = 0$, y $z = 6$?
    c. cuando $x = -1$, $y = -9$, y $z = -1$?
    d. cuando $x = -5$, $y = -5$, y $z = -5$?

Las respuestas comienzan en la página 414.

Simplificar expresiones

Simplificar una expresión significa combinar los términos semejantes. Un **término** es un número o la combinación de un número y una o más variables, o una variable elevada a una potencia. Los **factores** de un número son los valores que, al multiplicarse entre sí, dan por resultado ese mismo número.

Ejemplos	5	x	$2x$	xy	$4x^2$
Factores	5 y 1	1 y x	2 y x	x y y	4 y x^2

En una expresión algebraica, los signos positivos o negativos son parte del término que lo sigue: el término "es dueño" del signo que tiene delante. Se sobreentiende que hay un signo de suma delante del signo negativo.

Ejemplo   La expresión $\underset{\smile}{3x^2} \underset{\smile}{-7x} \underset{\smile}{+14}$ tiene tres términos.

Esta expresión puede también escribirse así: $3x^2 + (-7x) + (+14)$.

Los **términos semejantes** tienen la misma variable o las mismas variables elevadas a la misma potencia. Estudie estos ejemplos para identificar los términos semejantes.

Ejemplos $4x$ y $9x$ son términos semejantes. Ambos términos contienen x.
$7xy$ y $8xy$ son términos semejantes. Ambos términos contienen xy.
4 y $6y$ <u>no</u> son términos semejantes. Un entero es diferente a y.
$3x$ y $3y$ <u>no</u> son términos semejantes. Las variables x y y son diferentes.
$5y^2$ y $6y$ <u>no</u> son términos semejantes. Las potencias son diferentes.

Combinamos los términos semejantes en una expresión, de modo que quede únicamente un término con esa variable. Resulta más fácil evaluar las expresiones simplificadas.

Ejemplo 1   Simplifique $4x + 6y - 3x - 4y$.

Paso 1   Agrupe los términos semejantes. Agrupé los términos con x y los términos con y. (El signo acompaña al término.)

Paso 2   Combine los términos semejantes.

$$4x + 6y - 3x - 4y =$$
$$4x + 6y + -3x + -4y =$$
$$(4x + -3x) + (6y + -4y) =$$
$$(4x - 3x) + (6y - 4y) =$$
$$x \quad + \quad 2y$$

En forma simplificada, $4x + 6y - 3x - 4y$ es igual a $\boldsymbol{x + 2y}$.

La regla del orden de las operaciones indica que se deben realizar primero las operaciones que están dentro de los paréntesis. Sin embargo, los paréntesis de las expresiones algebraicas a menudo contienen términos que no son semejantes y no pueden combinarse. Para simplificar una expresión que contiene paréntesis, use la **propiedad distributiva** para eliminar los paréntesis.

Propiedad distributiva   Para multiplicar un factor por una suma de términos, multiplique el factor por cada término entre paréntesis. Después, combine los productos. $5(x + y) = 5x + 5y$

Ejemplo 2   Simplifique $2x(3x - 6) + 5x$.

Paso 1   Para eliminar los paréntesis, multiplique cada término dentro del paréntesis por el factor.

Paso 2   Combine los términos semejantes.

$$2x(3x + -6) \quad + 5x$$
$$2x(3x) + 2x(-6) + 5x$$
$$6x^2 - 12x + 5x$$
$$6x^2 - 7x$$

$2x(3x - 6) + 5x$ es igual a $\boldsymbol{6x^2 - 7x}$.

SUGERENCIA

Un número junto a una letra significa multiplicación. Todas estas expresiones significan "2 multiplicado por y":
2y $2 \times y$
$2 \cdot y$ $2(y)$

SUGERENCIA

A veces resulta útil volver a escribir una expresión agrupando los términos semejantes. Recuerde: conserve el signo que precede a cada término con ese término y añada un signo de suma.

A. Simplifique cada expresión.

1. $7x - 8y + 9x$

2. $5y^2 - 4y - 2y^2$

3. $4m - 9n - 3 + 6n$

4. $-5x + 16 - 8x - 14 + 10x$

5. $9x - 6 + 8x^2 + 13$

6. $25 - 3n + 16n$

7. $12(x + 3y)$

8. $5x(-y + 9)$

9. $4(2x + y) - 3(x - 5)$

10. $15 + 6(x - 4) + 8x$

11. $3m + 2(m - n) - 5(m + n)$

12. $x - 2(xy - y) + 4xy - x(3 + y)$

B. Simplifique. Luego evalúe estas expresiones según se indica.

13. Encuentre el valor de $3x + 5(x + 9) - 4x$, cuando $x = -5$.

14. Encuentre el valor de $2m - 3(m + 5) - 15$, cuando $m = 10$.

15. Encuentre el valor de $xy + 4x(1 - y) + 2x$, cuando $x = -1$ y $y = 5$.

16. Encuentre el valor de $3y(2xz + 2) - 6xyz$, cuando $x = -4$, $y = -3$, y $z = 7$.

17. Encuentre el valor de $4(2x - y) - 3x + 2y$, cuando $x = 0$ y $y = -2$.

18. Encuentre el valor de $9a - 8b(2 + a) + 16b$, cuando $a = -4$ y $b = -1$.

C. Elija la respuesta que mejor responda a cada pregunta.

19. ¿Cuál de las siguientes expresiones es igual a la expresión $4(x + 2y) - (x + y)$?

    (1) $3x + y$
    (2) $3x + 3y$
    (3) $3x + 5y$
    (4) $3x + 7y$
    (5) $3x + 9y$

20. ¿Cuál de las siguientes expresiones es igual a la expresión $8n - 2(n^2 + n) + 12$?

    (1) $2n + 12$
    (2) $4n + 12$
    (3) $2n^2 + 10n + 12$
    (4) $-2n^2 + 6n + 12$
    (5) $-2n^2 + 6n + 24$

21. ¿Cuál de las siguientes expresiones es igual a la expresión $-m(2m + 2n) + 3mn + 2m^2$?

    (1) mn
    (2) $5mn$
    (3) $-4m^2 + mn$
    (4) $4m^2 + mn$
    (5) $4m^2 + 5mn$

22. ¿Cuál de las siguientes expresiones es igual a la expresión $3(-4b) - 2(a - b - c)$?

    (1) $-2a - 10b - 2c$
    (2) $-2a - 10b + 2c$
    (3) $-2a - 5b + 2c$
    (4) $-2a - 4b - 2c$
    (5) $2a - 4b - 2c$

Las respuestas comienzan en la página 415.

ESTRATEGIA DE GED **Resolución de problemas expresados verbalmente**

Usar rectas numéricas

Una recta numérica puede ser vertical u horizontal. Las rectas verticales le servirán para representar situaciones como temperaturas, la altura de un edificio o la distancia por encima o por debajo del nivel del mar.

Como ha visto, las rectas numéricas son útiles para mostrar operaciones de suma y resta. En la Prueba de Matemáticas de GED, dibujar rectas numéricas lo ayudará a resolver problemas que describan varios aumentos y disminuciones.

Ejemplo 1 Un edificio de oficinas tiene 3 pisos bajo el nivel del suelo y 8 pisos sobre el nivel del suelo. Después de entrar al edificio por el primer piso (al nivel del suelo), una repartidora usa el ascensor para ir a cuatro sitios y realiza entregas en cada parada. La repartidora sube en el ascensor 3 pisos, baja 5 pisos, sube 9 pisos y baja 6 pisos. ¿Dónde hace la entrega final?

(1) 2 pisos bajo el nivel del suelo
(2) 1 piso bajo el nivel del suelo
(3) a nivel del suelo
(4) 1 piso sobre el nivel del suelo
(5) 2 pisos sobre el nivel del suelo

Quizás se haya dado cuenta de que el nivel del suelo puede representarse con el entero 0. Los pisos situados por encima del nivel del suelo pueden representarse con números positivos y los pisos situados por debajo del nivel del suelo, con números negativos.

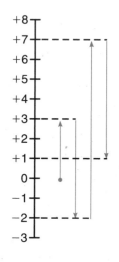

Una manera de resolver el problema es trazar una recta numérica vertical con los enteros del -3 al $+8$. A continuación, empiece en 0 (el nivel del suelo) y vaya contando cada movimiento descrito en el problema. Cuente 3 subiendo, baje 5, suba 9 y baje 6.

Terminará de contar en $+1$, por lo que la respuesta correcta es la **opción (4) 1 piso sobre el nivel del suelo.**

Nota: El problema también puede resolverse escribiendo y evaluando la expresión algebraica: $+3 - 5 + 9 - 6 =$, que puede escribirse así:
$(+3) + (-5) + (+9) + (-6)$
Resuelva: $(+3) + (+9) + (-5) + (-6)$
$+12 \quad + \quad -11 \quad = +1$

Example 2 En una recta numérica, un número x es cinco unidades mayor que el número que se encuentra a medio camino entre -5 y -1. ¿Cuál es el valor de x?

(1) -8
(2) -3
(3) 0
(4) 2
(5) 5

SUGERENCIA

Recuerde, restar un número positivo es lo mismo que sumar un número negativo. Por ejemplo, $-3 - 5 = -3 + (-5)$ $-4 - 2 = -4 + (-2)$

Como no se le brinda un diagrama, trace una recta numérica, encuentre el punto medio entre -5 y -1, y cuente 5 espacios hacia la derecha.

La respuesta correcta es la **opción (4) 2.**

PRÁCTICA DE GED

Instrucciones: Elija la respuesta que mejor responda a cada pregunta.

1. En un juego de cartas, Rita pierde 1 punto, gana 5 puntos y pierde 8 puntos. Javier tiene 6 puntos. ¿Qué diferencia hay entre sus puntuaciones?

   (1) 4
   (2) 6
   (3) 8
   (4) 10
   (5) 12

2. En una recta numérica, Max pone una marca en el punto situado a 3 unidades a la izquierda del punto medio entre 1 y -3. ¿En qué punto está la marca de Max?

   (1) 2
   (2) 0
   (3) -1
   (4) -3
   (5) -4

3. A las 10 a.m., la temperatura está a 5°F bajo cero. Para las 11 a.m., la temperatura sube 6°F. Si baja 3°F a la 1 p.m., ¿cuál es la temperatura a la 1 p.m.?

   (1) -4°F
   (2) -2°F
   (3)   0°F
   (4)   2°F
   (5) 14°F

La pregunta 4 se refiere a la siguiente información.

Lanzamientos de dados de Aarón

Ronda	Dado rojo	Dado verde
3	4	6
4	2	1
5	6	4

4. En un juego de dados, cada jugador lanza dos dados, uno rojo y otro verde. El número que aparece en el dado rojo se suma a la puntuación obtenida por cada jugador en la ronda anterior. El número que aparece en el dado verde se resta de la puntuación. Si Aarón tenía $+4$ puntos después de las dos primeras rondas, ¿cuántos puntos tiene después de cinco rondas?

   (1) -5
   (2) -3
   (3) 1
   (4) 3
   (5) 5

5. En una recta numérica, ¿el -2 está a medio camino entre cuáles puntos?

   (1) -3 y 0
   (2) -4 y 1
   (3) -4 y -1
   (4) -4 y 0
   (5) -5 y 0

Las respuestas comienzan en la página 416.

Lección 19 · DESTREZA DE GED **Ecuaciones**

Resolver ecuaciones de un paso

Una **ecuación** es un enunciado matemático que indica que dos cantidades son iguales. Cuando una ecuación contiene una variable, utilizamos el álgebra para encontrar el valor de la variable. **Resolver** una ecuación significa encontrar el número que hace que el enunciado sea cierto.

Si se suma 1 a cada platillo de la balanza, se mantiene en equilibrio.

Resuelva la ecuación.	$2x - 1 = 9$
Cuando x es igual a 5,	$2(5) - 1 = 9$
el enunciado es cierto.	$10 - 1 = 9$
	$9 = 9$

Para resolver una ecuación, debe mantener iguales ambos lados de la ecuación. Imagínese la ecuación como una balanza: lo que haga en un platillo, debe hacerlo también en el otro para mantener el equilibrio.

La estrategia básica para resolver una ecuación es **aislar la variable,** es decir, dejarla sola en uno de los lados realizando operaciones **inversas,** u opuestas, a ambos lados de la ecuación.

Recuerde: • La suma y la resta son operaciones inversas.
• La multiplicación y la división son operaciones inversas.

Ejemplo 1   Resuelva: $x - 13 = 25$.

Paso 1   **Piense en el significado** de la ecuación, la operación y su inversa: en este caso, la operación es una resta; la operación inversa es la suma.

$$x - 13 = 25$$

Paso 2   **Haga la operación inversa a ambos lados de la ecuación** para aislar la variable y mantener la ecuación equilibrada. En este caso, sume 13 a ambos lados.

$$x - 13 + 13 = 25 + 13$$
$$x \qquad = \quad 38$$

Paso 3   **Verifique.** Sustituya la variable x de la ecuación original con su solución, 38.

$$38 - 13 = 25$$
$$25 = 25$$

El valor **38** hace que la ecuación sea cierta.

Ejemplo 2   Resuelva: $5x = -35$.

Paso 1   La operación es una multiplicación; la operación inversa a la multiplicación es la división.

$$5x = -35$$

Paso 2   Divida ambos lados entre 5.

$$\frac{5x}{5} = \frac{-35}{5}$$

Paso 3   Sustituya y verifique.

$$x = -7$$

El valor **7** hace que la ecuación sea cierta.

$$5(-7) = -35$$
$$-35 = -35$$

SUGERENCIA

Es posible resolver ecuaciones sencillas haciendo cálculos mentales. No obstante, escribir cada paso lo ayudará a entender mejor el álgebra y facilitará la verificación de su trabajo.

Estudie estos ejemplos para ver el empleo de la resta y la multiplicación como operaciones inversas para resolver ecuaciones.

Ejemplos

Reste 40 en ambos lados.	$x + 40 = 75$ $x + 40 - 40 = 75 - 40$ $x = 35$	$\frac{x}{9} = 4$ ${}_1\frac{x}{\cancel{9}} \times \cancel{9} = 4(9)$ $x = 36$	Multiplique ambos lados por 9.

(Observe que la cancelación se aplica únicamente al lado izquierdo de la ecuación).

Verifique. $35 + 40 = 75$ $\frac{36}{9} = 4$

ENFOQUE EN LAS DESTREZAS DE GED

A. Resuelva. No use la calculadora.

1. $x - 15 = 4$

2. $x - 7 = 3$

3. $\frac{x}{2} = 12$

4. $-6x = -42$

5. $x + 9 = 22$

6. $-12x = 60$

7. $x - 8 = -10$

8. $\frac{x}{-3} = 18$

9. $5x = -45$

10. $9 + x = -18$

11. $-11x = -132$

12. $7x = 63$

B. Resuelva. Puede usar la calculadora en estos problemas.

13. $x - 94 = 52$

14. $6.5 + x = 12.25$

15. $0.25x = 12$

16. $200x = 25$

17. $-69 + x = 124$

18. $-3.6x = -17.28$

19. $0.38 + x = 2.5$

20. $6x = 3.3$

C. Convierta cada pregunta en una ecuación algebraica y resuélvala.

21. Si a un número se le suma -13, se obtiene 20. ¿Qué número es? (*Pista:* $-13 + x = 20$)

22. ¿Qué número multiplicado por 10 es igual a 900?

23. ¿Qué número dividido entre 4 es igual a 60?

24. Si a un número se le resta 5, se obtiene -14. ¿Qué número es?

25. ¿Qué número dividido entre 4 es igual a 32?

26. ¿Qué número multiplicado por -6 es igual a 48?

27. Si a un número se le suma 52, se obtiene 100. ¿Qué número es?

28. Si a un número se le resta 4, se obtiene -17. ¿Qué número es?

Las respuestas comienzan en la página 417.

Resolver ecuaciones de varios pasos

Algunas ecuaciones requieren más de una operación. Recuerde: su objetivo es aislar la variable a un lado de la ecuación. Además, al resolver ecuaciones de varios pasos, recuerde que debe realizar las operaciones en orden inverso.

Ejemplo 1 $5x - 10 = 35$

Paso 1   Primero, realice las operaciones inversas de suma y resta. Sume 10 a ambos lados.

$$5x - 10 + 10 = 35 + 10$$
$$5x = 45$$

Paso 2   Luego, realice las operaciones inversas de multiplicación y división. Divida ambos lados entre 5.

$$\frac{5x}{5} = \frac{45}{5}$$

$$x = 9$$

Paso 3   Verifique. Sustituya x por el valor encontrado.

$$5(9) - 10 = 35$$
$$45 - 10 = 35$$
$$35 = 35$$

La solución es **$x = 9$**.

Algunas ecuaciones pueden tener términos variables en ambos lados. En este caso, debe agrupar todos los términos variables en uno de los lados de la ecuación.

Ejemplo 2 $12x + 9 = 10x + 1$

Paso 1   Agrupe las variables.
Reste $10x$ de ambos lados.

$$12x - 10x + 9 = 10x - 10x + 1$$
$$2x + 9 = 1$$

Paso 2   Reste 9 de ambos lados.

$$2x + 9 - 9 = 1 - 9$$
$$2x = -8$$

Paso 3   Divida ambos lados entre 2.

$$\frac{2x}{2} = \frac{-8}{2}$$

$$x = -4$$

Paso 4   Verifique.

$$12(-4) + 9 = 10(-4) + 1$$
$$-48 + 9 = -40 + 1$$
$$-39 = -39$$

La solución es **$x = -4$**.

Algunas ecuaciones contienen paréntesis. Elimínelos multiplicando cada término dentro del paréntesis por el factor.

Ejemplo 3 $3(x + 1) = -12$

Paso 1   Multiplique los dos términos entre paréntesis por 3.

$$3(x + 1) = -12$$
$$3x + 3 = -12$$

Paso 2   Reste 3 de ambos lados.

$$3x + 3 - 3 = -12 - 3$$
$$3x = -15$$

Paso 3   Divida ambos lados entre 3.

$$\frac{3x}{3} = \frac{-15}{3}$$
$$x = -5$$

Paso 4   Verifique.

$$3(-5 + 1) = -12$$
$$(-15 + 3) = -12$$
$$-12 = -12$$

La solución es **$x = -5$**.

Unidad 3: Álgebra

El primer paso para resolver algunas ecuaciones es **combinar los términos semejantes.** Simplifique siempre cada lado de la ecuación antes de resolverla.

Ejemplo 4 $\quad 2x + 5 - 3x = 8 + 2$

Paso 1	**Simplifique, combinando los términos semejantes.**	$2x + 5 - 3x = 8 + 2$
	$2x - 3x = -x;\ 8 + 2 = 10$	$-x + 5 = 10$
Paso 2	**Aísle la variable.** En este caso, reste 5 de ambos lados.	$-x + 5 - 5 = 10 - 5$
		$-x = 5$
Paso 3	**Despeje la x.** Multiplique ambos lados por -1 para despejar x, no $-x$.	$-x(-1) = 5(-1)$
		$x = -5$
Paso 4	**Verifique.**	$2(-5) + 5 - 3(-5) = 8 + 2$
		$-10 + 5 - (-15) = 10$
		$-10 + 5 + 15 = 10$
		$10 = 10$

La solución es **−5.**

ENFOQUE EN LAS DESTREZAS DE GED

A. Resuelva cada ecuación.

1. $6x + 7 = 37$

2. $4x + 5x - 10 = 35$

3. $3x - 6x + 2 = -4x$

4. $6 - x + 12 = 10x + 7$

5. $5x + 7 - 4x = 6$

6. $9x + 6x - 12x = -7x + 2x - 12 + 5x$

7. $7x + 3 = 31$

8. $3x - 8 = 28$

9. $8x + 6 = 5x + 9$

10. $11x - 10 = 8x + 5$

11. $-2x - 4 = 4x - 10$

12. $5x + 8 = x - 8$

13. $11x - 12 = 9x + 2$

14. $5(x + 1) = 75$

15. $5(x - 7) = 5$

16. $6(2 + x) = 5x + 15$

17. $4x + 5 = 21$

18. $2x - 5x + 11 = 38$

19. $3x - 8 = x + 4$

20. $7(x - 2) = 21$

21. $5x - 13x + 2x = -70 + x$

22. $8x + 12 = 44 + 4x$

23. $2(x + 4) = 14 + x$

24. $5x + 3 = 8(x - 3)$

25. $2(x + 2x) - 6 = 30$

26. $11x + 12 = 9x - 32$

27. $3(x - 9) - 2 = -35$

28. $3(4x + 3) = -9(-x + 2)$

29. $x + 11 + 3x = 20 + 7x$

30. $4(2x + 5) + 4 = 3(5x - 6)$

Las respuestas comienzan en la página 418.

ESTRATEGIA DE GED Resolución de problemas expresados verbalmente

Convertir problemas en ecuaciones

Para resolver problemas expresados verbalmente, convierta la información del problema en símbolos algebraicos y escriba una ecuación algebraica que los exprese. Lea el problema atentamente para averiguar cuáles son los números o cantidades desconocidos. Identifique todas las demás cantidades en función de una sola magnitud desconocida.

SUGERENCIA

Como regla general, suponga que la x es igual a la cantidad que menos conoce; por lo general es la cantidad con la que la otra magnitud se compara o se relaciona.

Ejemplo 1 En un café se vendieron 8 sándwiches de pavo más que sándwiches de jamón a la hora del almuerzo durante un día. Si en total se vendieron 32 sándwiches, ¿cuántos eran de jamón?

Paso 1 **Identifique la(s) cantidad(es) desconocida(s); asigne la variable.** Hay 2 cantidades desconocidas: el número de sándwiches de jamón y el número de sándwiches de pavo. Escoja una, que será la x desconocida. En este caso, suponga que x = el número de sándwiches de jamón.

Paso 2 **Identifique las demás cantidades en función de x.** Como había 8 sándwiches más de pavo que de jamón, suponga que $x + 8$ es igual al número de sándwiches de pavo. Si se supone que x = el número de sándwiches de pavo, el número de sándwiches de jamón sería $x - 8$.

Paso 3 **Escriba una ecuación.** Usted sabe que en total se vendieron 32 sándwiches. Por lo tanto, la suma del número de sándwiches de pavo $(x + 8)$ y el número de sándwiches de jamón (x) es 32: $(x + 8) + x = 32$.

La ecuación $(x + 8) + x = 32$ sirve para resolver el problema.

Algunas preguntas de álgebra de la Prueba de Matemáticas de GED son problemas de preparación. En lugar de resolver la ecuación, usted elige el método correcto para resolver el problema. Al responder a estas preguntas, analice la situación y escriba una ecuación. Luego, compare su ecuación con las opciones de respuesta.

SUGERENCIA

A menudo existe más de una manera de escribir una ecuación: $x + (x + 8) = 32$ y $2x + 8 = 32$ son lo mismo que $(x + 8) + x = 32$.

Ejemplo 2 Los ingresos semanales de Raquel son $250 menos que el doble de los ingresos de su esposo. Juntos ganan $890 por semana. ¿Qué ecuación sirve para calcular los ingresos semanales del esposo de Raquel *(x)*?

(1) $(2x + 250) + x = 890$
(2) $(2x - 250) + x = 890$
(3) $(2x + 250) - x = 890$
(4) $(2x - 250) - x = 890$
(5) $2x + 2x - 250 = 890$

Paso 1 El problema le dice que suponga que x es igual a los ingresos del esposo.
Supongamos que x = ingresos del esposo.

Paso 2 Los ingresos de Raquel son inferiores por $250 al doble de x, o sea $2x - 250$.
Supongamos que $2x - 250$ = ingresos de Raquel.

Paso 3 La suma de sus ingresos es $890.
$x + 2x - 250 = 890$

Paso 4 Como ninguna de las opciones coincide con esta respuesta, reorganice la ecuación y vuelva a compararla con las opciones de respuesta.
$x + 2x - 250 = 890$
es lo mismo que
$(2x - 250) + x = 890$

La **Opción (2) $(2x - 250) + x = 890$** es correcta.

Instrucciones: Elija la respuesta que mejor responda a cada pregunta.

1. En los Talleres Gómez hay 360 empleados. El número de empleados de producción es doce más que el triple del número de empleados de gerencia. ¿Qué ecuación sirve para calcular el número de empleados de la gerencia?

   (1) $3x + 12 = 360$

   (2) $4x = 360$

   (3) $3x - 12 + x = 360$

   (4) $(3x + 12) - x = 360$

   (5) $x + (3x + 12) = 360$

2. En un gimnasio, Francisco hizo cierto número de flexiones de pecho. Tomás hizo 12 más que Francisco. En total, ambos hicieron 66 flexiones de pecho. ¿Qué ecuación sirve para calcular el número de flexiones de pecho que hizo Francisco?

   (1) $x(x + 12) = 66$

   (2) $x + 12x = 66$

   (3) $2x + 12 = 66$

   (4) $2x = 66 + 12$

   (5) $x + 12 = 66 + x$

3. A Eva le pusieron dos multas de estacionamiento. El monto de la segunda multa fue $4 menos del doble de la primera. Si en total ambas multas suman $65, ¿qué ecuación sirve para calcular el monto de la primera?

   (1) $3x = 65 - 4$

   (2) $2(x - 4) = 65$

   (3) $x(x - 4) = 65$

   (4) $x + (2x - 4) = 65$

   (5) $2(2x - 4) = 65$

4. Si un número multiplicado por 8 se divide entre 4, se obtiene el doble de ese número. ¿Cuál de las siguientes ecuaciones sirve para hallar el número?

   (1) $\frac{8y}{4} = 2y$

   (2) $8\left(\frac{4}{y}\right) = 2y$

   (3) $\frac{8}{4y} = 2y$

   (4) $8y(4) = 2$

   (5) $\frac{8y}{4y} = 2y$

5. El número de niñas que participan en un programa deportivo es 12 menos que el doble del número de niños (x). Si 60 niños y niñas participan en el programa, ¿cuál de las siguientes ecuaciones sirve para calcular el número de varones?

   (1) $2x - 12 = 60$

   (2) $2(x + x - 12) = 60$

   (3) $x + 2x = 60 - 12$

   (4) $x + 2(x - 12) = 60$

   (5) $3x = 60 + 12$

6. Una entrada para adultos cuesta el doble que una para niños. Ángela pagó $28 por dos entradas para adultos y tres entradas para niños. ¿Cuál de las siguientes ecuaciones sirve para calcular el precio de una entrada para niños?

   (1) $x + 2x = 28$

   (2) $3x + 2(2x) = 28$

   (3) $2(x + 2x) = 28$

   (4) $3(2x) + 2x = 28$

   (5) $3x + 2x = 28$

Las respuestas comienzan en la página 419.

Resolver ecuaciones algebraicas

Los problemas verbales algebraicos describen la relación entre los números en una situación dada. Para resolver un problema de álgebra, convierta los datos en símbolos algebraicos, escriba y resuelva una ecuación, y verifique su respuesta.

Ejemplo 1   La suma de tres **números consecutivos** es 189. ¿Cuál es el mayor de los tres números?

Paso 1   **Identifique la(s) cantidad(es) desconocida(s); asigne x.** La x representa el número menor.

Paso 2   **Identifique las demás cantidades en función de x.** Si x es el número menor, los dos números siguientes son $x + 1$ y $x + 2$.

Paso 3   **Escriba una ecuación.** La suma de los tres números es 189.

$$x + (x + 1) + (x + 2) = 189$$
$$x + x + 1 + x + 2 = 189$$

Paso 4   **Combine los términos semejantes y despeje la x.**

$$x + x + x + 1 + 2 = 189$$
$$3x + 3 = 189$$
$$3x = 186$$
$$x = 62$$

SUGERENCIA

Asegúrese de responder a la pregunta que se plantea en el problema. Es posible que la respuesta a la pregunta no sea el valor de x.

Paso 5   **Solucione el problema.** El valor de x representa el menor de tres números consecutivos: los tres números son 62, 63 y 64.

Paso 6   **Verifique la respuesta.** Vuelva a leer el problema para asegurarse de que su respuesta es razonable. Debido a que $62 + 63 + 64 = 189$, la respuesta tiene sentido.

La respuesta correcta es **64.**

En algunos problemas, una tabla puede resultar útil para aclarar los datos y mostrar las relaciones entre las cantidades.

Ejemplo 2   Rafael tiene el triple de edad que su hija Elsa. Calcule la edad de Rafael, sabiendo que, dentro de diez años, tendrá solamente el doble de edad que Elsa.

Hay cuatro cantidades desconocidas: dos edades actuales y dos edades futuras.

	Edad de Elsa	Edad de Rafael
Ahora	A: x	B: $3x$
En 10 años	C: $x + 10$	D: $3x + 10$

A: Supongamos que x es igual a la edad actual de Elsa.
B: Rafael tiene el triple de edad que Elsa, así que su edad actual es $3x$.
C: Dentro de 10 años, Elsa tendrá $x + 10$ años.
D: Dentro de 10 años, Rafael tendrá $3x + 10$ años.

Sabemos que la edad de Rafael dentro de diez años ($3x + 10$)

$$3x + 10 = 2(x + 10)$$

será el doble de la edad de Elsa dentro de diez años ($x + 10$).

$$3x + 10 = 2x + 20$$

A continuación, despeje la x.

$$3x - 2x + 10 - 10 = 2x - 2x + 20 - 10$$
$$x = 10$$

Utilice la tabla para encontrar la respuesta al problema.
Sustituya la variable x en cada recuadro con 10.
La edad actual de Elsa es 10.
La edad actual de Rafael es 30.

$$3x = 3(10) = 30$$
$$x + 10 = 10 + 10 = 20$$
$$3x + 10 = 3(10) + 10 = 40$$

Para verificar, observe que, dentro de 10 años, Elsa tendrá 20 años y Rafael tendrá 40, es decir, el doble de edad que su hija.

Rafael tiene **30 años** ahora.

Convierta cada enunciado en una ecuación algebraica y resuélvala.

1. La suma de un número más el doble de ese número es 15. ¿Cuál es el número?

2. El resultado de la suma de 7 más el doble de cierto número es 10 más que ese número. ¿Cuál es el número?

3. Un número es 5 menos que otro. La suma de ambos es 181. Encuentre estos números.

4. Cuando la suma de 8 y cierto número es igual a 12, el resultado es el mismo que el producto de 3 y ese número. ¿Cuál es el número?

5. La suma de dos números consecutivos es 49. ¿Cuál es el número menor?

6. Jorge tiene cinco veces la edad de su hijo. Dentro de 15 años, tendrá únicamente el doble de edad que su hijo. ¿Cuántos años tendrá su hijo dentro de 15 años?

7. La suma de tres números pares consecutivos es 30. ¿Cuál es el mayor de esos números pares? (*Pista:* Supongamos que x es el primer número par. Supongamos que $x + 2$ es el segundo número par.)

8. Nora tiene 4 años más que Diana. Dentro de dos años, Nora tendrá el doble de edad que Diana. ¿Cuántos años tiene Diana ahora?

9. El cajero de un banco tenía 125 billetes de $10 y de $5 al empezar el día. Si el valor total de los billetes era de $1000, ¿cuántos billetes de $5 tenía el cajero? [*Pista:* Si x es igual al número de billetes de $5, $5x$ es igual al valor de los billetes de $5. El número de billetes de $10 es $125 - x$ y el valor total de los billetes de $10 es $10(125 - x)$.]

10. El doble de un número dividido entre 4 es 16. ¿Cuál es el número?

11. La suma de tres números impares consecutivos es 315. ¿Cuáles son esos números? (*Pista:* Si x representa el primer número impar, el segundo número impar es $x + 2$.)

12. Un número es 2 más que el triple de otro. La suma de los números es 26. ¿Cuál es el número menor?

13. Armando trabaja media jornada en una tienda de mascotas. Esta semana, ganó $18 menos que cuatro veces la cantidad que ganó la semana pasada. Si durante las dos semanas ganó en total $262, ¿cuánto dinero ganó esta semana?

14. Hay dos números consecutivos. La suma del número menor más el triple del número mayor es 103. ¿Cuáles son los números?

15. En una zapatería se vendieron 340 pares de zapatos en un solo día. El número de pares de zapatos deportivos vendidos fue 4 pares más que el doble del número de pares de zapatos formales vendidos. ¿Cuántos pares de zapatos deportivos se vendieron?

16. En una escuela se vendieron 200 entradas para una obra de teatro. El precio de la entrada para adultos era $8 y el precio de la entrada para niños era $5. Si en total se vendieron entradas por un valor total de $1414, ¿cuántas entradas para niños se vendieron? (*Pista:* Si se vendieron x entradas para adultos, se vendieron $200 - x$ entradas para niños.)

17. El tío de Erica tiene el triple de edad que ella. Hace cuatro años, el tío de Erica tenía cuatro veces la edad de ella. ¿Cuántos años tiene Erica?

Las respuestas comienzan en la página 419.

ESTRATEGIA DE GED **Resolución de problemas expresados verbalmente**

Usar fórmulas para calcular distancias y precios

Una **fórmula** es un tipo de ecuación especial. En una fórmula, se relacionan datos para resolver cierto tipo de problemas. En la Prueba de Matemáticas de GED, usted recibirá una página de fórmulas para ser utilizadas al resolver problemas.

Dos fórmulas importantes son las de la distancia y el precio.

Distancia   distancia = velocidad × tiempo o $d = vt$
Precio total   precio total = (número de unidades) × (precio por unidad) o $c = nr$

Para usar fórmulas, primero escoja la fórmula que exprese la relación entre los datos del problema. Luego, sustituya las cantidades conocidas y despeje la variable.

En las variables de una fórmula se usan unidades de medida relacionadas. Si la velocidad se indica en *millas por hora,* la distancia se expresará en *millas,* y el tiempo, en *horas.*

Ejemplo 1   Un avión viaja a una velocidad promedio de 525 millas por hora durante 4 horas. ¿Cuántas millas recorre?

    (1)   60.0
    (2)   131.25
    (3)   240.0
    (4)   525.0
    (5)   2100.0

Paso 1   **Use** la fórmula de la distancia, donde $d = rt$
d = distancia, v = velocidad (velocidad promedio) y t = tiempo.

Paso 2   **Sustituya** las cantidades conocidas. $d = 525 \times 4$

Paso 3   **Despeje** d. $d = 2100$

El avión recorre **2100 millas.**

En una fórmula, usted puede despejar cualquier variable si conoce los valores de las otras variables. Sustituya las variables del problema con los valores que conozca. Luego, realice operaciones inversas para despejar la variable desconocida.

Se puede usar una fórmula para despejar cualquiera de sus variables. Con $c = nr$, usted también puede encontrar $n = \frac{c}{r}$ o $= \frac{c}{n}$.

Ejemplo 2   El precio total de un cargamento de sillas es de $2250. Si cada silla cuesta $75, ¿cuántas sillas hay en el cargamento?

    (1)   30
    (2)   75
    (3)   225
    (4)   2,250
    (5)   168,750

Paso 1   Para despejar n, el número de sillas, use la $c = nr$
fórmula del precio, donde c = precio total,
n = número de unidades y r = precio por unidad.

Paso 2   Sustituya las cantidades conocidas. $\$2250 = n(\$75)$

Paso 3   Despeje n. Divida ambos miembros de la $\frac{\$2250}{\$75} = \frac{n(\$75)}{\$75}$
ecuación entre $75. $30 = n$

Hay **30 sillas** en el envío **(opción [1]).**

Instrucciones: Elija la respuesta que mejor responda a cada pregunta.

1. Una ferretería adquirió 6 docenas de martillos por un precio total de $345.60. ¿Cuánto costó la docena de martillos?

   (1) $ 4.80

   (2) $ 9.60

   (3) $ 28.80

   (4) $ 57.60

   (5) $115.20

2. Marta compró 3 yardas de tela a un precio de $6.98 por yarda, y 4 yardas de otra tela a un precio de $4.50 por yarda. ¿Cuál de las siguientes expresiones serviría para averiguar cuánto pagó Marta por su compra? (*Pista:* Usted tendría que calcular el precio total de cada tipo de tela y luego hacer la suma.)

   (1) 7($6.98)($4.50)

   (2) 7($6.98 + $4.50)

   (3) 3($6.98) + 4($4.50)

   (4) 4($6.98) + 3($4.50)

   (5) (3 + 4)($6.98 + $4.50)

3. Esteban manejó durante 6 horas y recorrió 312 millas. ¿Cuál de las siguientes expresiones serviría para averiguar la velocidad promedio a la que manejó Esteban durante el viaje?

   (1) 6 + 312

   (2) $\frac{312}{6}$

   (3) $\frac{6}{312}$

   (4) 6(312)

   (5) 6(6)(312)

4. En el estante de una tienda, hay una etiqueta que dice que el champú con la marca de la tienda cuesta 14.5 centavos la onza. ¿Cuánto cuesta un frasco de 24 onzas de ese champú?

   (1) $0.60

   (2) $1.66

   (3) $3.48

   (4) $6.00

   (5) $7.65

5. Cata manejó durante $2\frac{1}{2}$ horas a una velocidad promedio de 55 millas por hora y $1\frac{1}{2}$ horas a una velocidad promedio de 65 millas por hora. ¿Cuántas millas recorrió Cata?

   (1) 260

   (2) 235

   (3) 220

   (4) $137\frac{1}{2}$

   (5) $97\frac{1}{2}$

La pregunta 6 se refiere a la siguiente información.

Lista de precios de productos de panadería	
Bandeja de fiesta	$ 9.99
Fuente de fiesta	$13.99
Pastel mediano	$26.99

6. Rodrigo está organizando una fiesta en su oficina. Encarga tres bandejas, dos fuentes y un bizcocho mediano. ¿Cuánto gastará en el pedido?

   (1) $ 29.97

   (2) $ 50.97

   (3) $ 80.94

   (4) $ 84.94

   (5) $305.82

Las respuestas comienzan en la página 420.

Instrucciones: Ésta es una prueba de práctica que dura treinta minutos. Después de que transcurran los treinta minutos, ponga una marca en la última pregunta que haya respondido. Después, termine la prueba y revise sus respuestas. Si la mayoría de sus respuestas fueron correctas, pero no terminó la prueba, trate de responder las preguntas más rápidamente la próxima vez.

Parte 1

Instrucciones: Elija la respuesta que mejor responda a cada pregunta. PUEDE usar la calculadora.

1. ¿Cuál de las siguientes expresiones representa el producto de 9 por *x*, restado del cociente de 2 entre *x*?

   (1) $\dfrac{2}{x} - 9x$

   (2) $-9x - \dfrac{2}{x}$

   (3) $2x(-9x)$

   (4) $9 - x - \dfrac{2}{x}$

   (5) $(2 + x) - 9x$

2. ¿Cuál de las siguientes expresiones tiene mayor valor?

   (1) $(-2) + (-7)$

   (2) $(-6) + (+8)$

   (3) $(-3) - (-4)$

   (4) $(+4) - (+10)$

   (5) $(-8) + (+9)$

3. El resultado de restarle 13 a la suma de dos números consecutivos, es 18. ¿Cuáles son esos números consecutivos?

   (1) 6 y 7

   (2) 9 y 10

   (3) 10 y 11

   (4) 15 y 16

   (5) 31 y 32

4. Diez menos que un número es igual al mismo número dividido entre 2. ¿Cuál es el número?

   (1) 8

   (2) 10

   (3) 14

   (4) 20

   (5) 28

5. Guillermo tiene un año menos que el doble de la edad de su hermana Carolina. Si las edades de ambos suman 26, ¿cuántos años tiene Guillermo?

   (1) 9

   (2) 12

   (3) 17

   (4) 19

   (5) 24

6. Eulalia maneja a una velocidad promedio de 62 millas por hora durante $4\frac{1}{2}$ horas. ¿Cuántas millas recorre?

   (1) 67

   (2) 137

   (3) 248

   (4) 279

   (5) 725

7. ¿Qué expresión representa esta recta numérica?

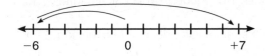

-6   0   +7

(1) $(-6) + (+7)$

(2) $(+7) + (-6)$

(3) $(-6) + (+13)$

(4) $(+7) + (-13)$

(5) $(+6) + (-13)$

8. ¿Cuál es el valor de $-4x - \frac{3y}{2x}$, cuando $x = -4$ y $y = 8$?

(1) -19

(2) -13

(3) 10

(4) 13

(5) 19

9. Jasón y Begoña son gatos. Jasón tiene 4 meses más que Begoña. Hace tres meses, cinco veces la edad de Jasón en meses, era igual a siete veces la edad de Begoña en meses. Complete la tabla. ¿Qué respuesta debe ir en el recuadro 4?

	Edad de Jasón en meses	Edad de Begoña en meses
Ahora	1: x	2: $x - 4$
Hace 3 meses	3:	4:

(1) $(x - 4) - 3$

(2) $5(x - 4)$

(3) $7(x - 4)$

(4) $\frac{7}{5}(x - 4)$

(5) $\frac{5}{7}(x - 4)$

10. Un carro recorre 406 millas a una velocidad promedio de 58 millas por hora. ¿Cuántas horas tarda en recorrer esa distancia?

(1) 4

(2) 5

(3) 6

(4) 7

(5) 8

11. Brenda compró 5 cajas de plástico para ordenar sus armarios. Después de sumar $2.06 por el impuesto sobre la venta, el precio total de las cajas fue de $31.51. ¿Cuál de las siguientes expresiones serviría para hallar el precio de una caja (x)?

(1) $5 + x = \$31.51 - \$2.06$

(2) $5(x + \$2.06) = \$31.51$

(3) $5x = \$31.51$

(4) $5x - \$2.06 = \$31.51$

(5) $5x + \$2.06 = \$31.51$

12. ¿Cuál de las siguientes expresiones es igual a $-5(x - 6) - 2(x + 8)$?

(1) $7x + 14$

(2) $7x + 2$

(3) $-7x - 5$

(4) $-7x + 14$

(5) $-7x + 46$

13. En un juego, los puntos que se ganan son números positivos y los que se pierden son números negativos. ¿Cuál es el valor de esta serie de jugadas: 8 puntos ganados, 6 puntos perdidos, 7 puntos perdidos, 11 puntos ganados, 2 puntos perdidos?

(1) -15

(2) -4

(3) 4

(4) 12

(5) 19

Parte 2

Instrucciones: Elija la respuesta que mejor responda a cada pregunta. **NO** puede usar la calculadora.

14. ¿Cuál de las siguientes expresiones representa la diferencia entre 5 y −2, dividida entre un número multiplicado por sí mismo?

    (1) $\dfrac{5 - (-2)}{x^2}$

    (2) $\dfrac{5}{(-2) - 2x}$

    (3) $\dfrac{5 + 2}{2x}$

    (4) $\dfrac{5}{(-2) - x^2}$

    (5) $\dfrac{5 - 2}{x^2}$

15. La suma de tres números pares consecutivos es 138. ¿Cuál es el mayor de los números?

    (1) 52

    (2) 50

    (3) 48

    (4) 46

    (5) 44

16. ¿Cuál de los siguientes enunciados expresa esta ecuación?

    $$x + 4 = \frac{x}{5} - 6$$

    (1) Cuatro más que x es igual a 6 menos que el cociente de 5 entre x.

    (2) La suma de 4 y x es lo mismo que 6 menos que el cociente de x entre 5.

    (3) Cuatro sumado a x es igual al producto de x por 5, disminuido en 6 unidades.

    (4) El producto de x y 4 es lo mismo que x dividido por la diferencia de 5 y 6.

    (5) Cuatro aumentado por x es igual a la diferencia de x y 6 dividida entre 5.

17. ¿Cuál es el valor de x en la ecuación $-2(x + 4) = 5x + 6$?

    (1) -2

    (2) $-\dfrac{1}{2}$

    (3) 1

    (4) $\dfrac{1}{2}$

    (5) 2

18. Silvia lleva a un grupo de Niños Exploradores a la Exposición de la Policía. Cada entrada para adultos cuesta $2 más que una entrada para niños. Silvia paga $78 por 12 entradas para niños y 5 entradas para adultos. ¿Cuál es el precio de una entrada para niños?

    (1) $3.00

    (2) $3.50

    (3) $4.00

    (4) $5.00

    (5) $6.00

La pregunta 19 se refiere a la siguiente recta numérica.

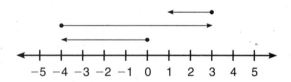

19. ¿Cuál de las siguientes expresiones representa los cambios indicados en la recta numérica?

    (1) $-4 + 3 + (-1)$

    (2) $-4 + 7 + (-2)$

    (3) $-4 + 7 - (-2)$

    (4) $4 + (-7) + 2$

    (5) $4 - (-7) - 2$

20. Andrés y Linda colaboraron en la compra de un regalo para un amigo. Linda gastó $15 menos que cuatro veces lo que gastó Andrés. Si el regalo costó $30, ¿cuánto gastó Linda?

    (1) $ 9
    (2) $11
    (3) $15
    (4) $19
    (5) $21

21. Marco tiene cuatro veces la edad de Lorena. Dentro de seis años, tendrá el triple de la edad de Lorena. ¿Cuántos años tendrá Marco dentro de seis años?

    (1) 54
    (2) 48
    (3) 24
    (4) 18
    (5) 12

22. ¿Cuál de las siguientes expresiones es igual a $6(x + 5) - (x + 10)$?

    (1) $7x + 10$
    (2) $7x + 20$
    (3) $5x - 4$
    (4) $5x + 20$
    (5) $5x + 40$

23. Una tienda vende dos marcas de escáner para computadora. La marca B cuesta $40 más que el doble del precio de la marca A. Si la marca B cuesta $135 más que la marca A, ¿cuál es el precio de la marca B?

    (1) $ 95
    (2) $125
    (3) $220
    (4) $230
    (5) No se cuenta con suficiente información.

La pregunta 24 se refiere al siguiente diagrama.

24. Un camionero maneja desde Limón hasta Boca Chica, pasando por San Andrés, de ida y vuelta, a una velocidad promedio de 88 kilómetros por hora. ¿Cuál de las siguientes ecuaciones serviría para calcular el tiempo (t) en horas que tardará el camionero en hacer el viaje?

    (1) $88t = 192 + 130$
    (2) $88t = 2(192 + 130)$
    (3) $88t = 192 + 130 + 94 + 86$
    (4) $\frac{192 + 130}{2} = 88t$
    (5) $\frac{192 + 130}{88} = 2t$

25. Un número es $\frac{1}{5}$ de otro número. La suma de ambos números es 78. ¿Cuál es el mayor de los números?

    (1) 13
    (2) 15.6
    (3) 39
    (4) 65
    (5) 73

26. Lucía paga por el alquiler de su apartamento $100 menos que el triple del pago mensual de su carro. Si el precio total de las cuentas es $800, ¿cuánto paga de alquiler?

    (1) $275
    (2) $375
    (3) $525
    (4) $575
    (5) $775

Las respuestas comienzan en la página 421.

Exponentes

Los **exponentes** se utilizan para simplificar los problemas de multiplicación repetida. La expresión 5^3, que se lee "cinco elevado a la tercera potencia" o "cinco elevado al cubo", tiene 5 de base y 3 como exponente. El exponente indica cuántas veces debe aparecer la base en el problema de multiplicación.

Ejemplos
$$5^3 = 5 \times 5 \times 5 = 125$$
$$12^2 = 12 \times 12 = 144$$
$$2^5 = 2 \times 2 \times 2 \times 2 \times 2 = 32$$

Para elevar un número a la segunda potencia, utilice la tecla x^2.
Halle el valor de 13^2. **13** $\boxed{x^2}$ **169.** o **13** $\boxed{\times}$ **13** $\boxed{=}$

Para elevar un número a otra potencia, se debe utilizar la tecla x^y.
Halle el valor de 5^3. **5** $\boxed{x^y}$ **3 = 125.** o **5** $\boxed{\times}$ **5** $\boxed{\times}$ **5** $\boxed{=}$

Un exponente también puede ser 1, 0 ó un número negativo. Recuerde:

- Cualquier número a la potencia de 1 es igual a sí mismo.
- Cualquier número (excepto el 0) a la potencia de 0 es igual a 1.

Ejemplos

$2^1 = 2$	$9^1 = 9$	$7^1 = 7$
$4^0 = 1$	$3^0 = 1$	$10^0 = 1$

Nuestro sistema numérico se basa en la idea de agrupar por decenas. Las potencias de 10 tienen especial importancia.

$$10^1 = 10$$
$$10^2 = 10 \times 10 = 100$$
$$10^3 = 10 \times 10 \times 10 = 1000$$
$$10^4 = 10 \times 10 \times 10 \times 10 = 10,000$$

Las potencias negativas de 10 son útiles para escribir números muy pequeños. Cualquier número elevado a una potencia negativa representa una fracción o un decimal.

$$10^{-1} = \frac{1}{10} = 0.1$$
$$10^{-2} = \frac{1}{10} \times \frac{1}{10} = 0.01$$
$$10^{-3} = \frac{1}{10} \times \frac{1}{10} \times 10 = 0.001$$

La **notación científica** es un método en el que se utilizan las potencias de diez para escribir números muy pequeños y muy grandes. Los números en notación científica se expresan como productos de un número entre uno y diez y una potencia de diez.

SUGERENCIA

El exponente de una potencia de 10 es igual al número de ceros del producto.
$$10^6 = 1{,}000{,}000$$

SUGERENCIA

El exponente negativo de una potencia de 10 es igual al número de lugares decimales del producto.
$$10^{-4} = 0.0001$$

Ejemplo 1   La distancia entre la Tierra y el Sol es de 93,000,000 millas aproximadamente. Escriba esta distancia en notación científica.

Paso 1   Desplace el punto decimal a la izquierda hasta que el último dígito de la izquierda quede en la columna de las unidades.   9.3000000

Paso 2   Elimine los ceros y multiplique por 10 elevado a una potencia igual al número de lugares que desplazó el punto decimal, en este caso, 7. $93,000,000 = \mathbf{9.3 \times 10^7}$

Ejemplo 2   En un experimento científico, la masa de una muestra es de 2×10^{-5} kilogramos. Escriba la masa en notación estándar.

Paso 1   Escriba el número dado con una hilera de ceros delante de él. Aún no ha modificado el valor.   0000002.

Paso 2   Desplace el punto decimal hacia la izquierda tantos lugares como indique el número del exponente. Elimine los ceros que sobren.   00.00002.

$2 \times 10^{-5} = \mathbf{0.00002}$

Si realiza operaciones que tengan como resultado un número muy grande o muy pequeño, es posible que su calculadora muestre la solución en notación científica. Introduzca esta operación: $30,000 \times 5,000,000 =$

Quizás vea en la pantalla: **1.5 ^{11}** o **1.5 11**, que equivale a **1.5×10^{11}**.

ENFOQUE EN LAS DESTREZAS DE GED

A. Encuentre los siguientes valores. No use la calculadora.

1. 2^4	4. 1^6	7. 3^3	10. 8^2
2. 4^3	5. 5^0	8. 7^2	11. 5^{-3}
3. 16^1	6. 3^4	9. 3^{-2}	12. 12^0

B. Encuentre los siguientes valores. Use la calculadora para estos problemas.

13. 6^4	15. 3^6	17. 12^5	19. 2^{-5}
14. 9^5	16. 8^{-2}	18. 5^7	20. 7^4

C. Resuelva.

21. La distancia de un lado del Sol a otro (su diámetro), en notación científica, es de 8.65×10^5 millas. ¿Cómo se expresa esta distancia en notación estándar?

22. Cuando hay niebla muy densa, una persona puede ver aproximadamente 0.019 millas. ¿Cómo se expresa esta distancia en notación científica?

23. ¿Cuál de los siguientes números es mayor: 5.4×10^2, 3.02×10^3, o 9.55×10^{-1}?

24. Las uñas crecen aproximadamente 2.8×10^{-3} pulgadas al día. ¿Cómo se expresa esta longitud en notación estándar?

25. ¿Qué cantidad es menor: 4.2×10^3 ó 42,000?

Las respuestas comienzan en la página 422.

Raíces cuadradas

Elevar un número a la segunda potencia también se denomina elevar un número al cuadrado. Usted ya aprendió que para calcular el área de un cuadrado se debe multiplicar la longitud de un lado por sí misma. Es decir, para hallar el área se debe elevar la longitud de un lado al cuadrado.

La **raíz cuadrada** de un número es el número que, multiplicado por sí mismo, es igual al primero. El símbolo de la raíz cuadrada es $\sqrt{}$. Para encontrar la raíz cuadrada de un número, pregúntese: "¿Qué número multiplicado por sí mismo es igual a este número?"

Ejemplo 1   ¿Cuánto mide el lado de un cuadrado si el área del cuadrado es 25 pulgadas cuadradas?

$x = ?$

$A = 25$ pulg^2

Paso 1   El área del cuadrado se calcula multiplicando la longitud de un lado por sí misma. Pregúntese: ¿Qué número multiplicado por sí mismo es igual a 25?

Paso 2   Debido a que $5 \times 5 = 25$, la raíz cuadrada de 25 es 5.

Cada lado del cuadrado mide **5 pulgadas.**

Memorice la siguiente lista de números al cuadrado que lo ayudará a encontrar raíces cuadradas.

$1^2 = 1$	$4^2 = 16$	$7^2 = 49$	$10^2 = 100$
$2^2 = 4$	$5^2 = 25$	$8^2 = 64$	$11^2 = 121$
$3^2 = 9$	$6^2 = 36$	$9^2 = 81$	$12^2 = 144$

Ejemplo 2   ¿Cuánto es $\sqrt{81}$?
El problema pregunta: "¿Cuál es la raíz cuadrada de 81?"
Debido a que $9^2 = 81$, $\sqrt{81} = $ **9.**

La mayoría de las raíces cuadradas no son números enteros. Puede utilizar la lista de cuadrados comunes de arriba como ayuda para calcular una respuesta estimada o puede encontrar la respuesta exacta usando la calculadora.

Ejemplo 3   ¿Cuánto es $\sqrt{55}$?
¿Qué número multiplicado por sí mismo es igual a 55? Usted sabe que 7^2 es igual a 49 y que 8^2 es igual a 64. Por lo tanto, la raíz cuadrada de 55 debe estar **entre 7 y 8,** porque 55 está entre 49 y 64.

Para encontrar la raíz cuadrada de 55 con la calculadora, debe utilizar la tecla de la raíz cuadrada. Quizá tenga que pulsar SHIFT o 2ndF para usar esta función.

La secuencia de teclas en su calculadora puede ser:

55   $\sqrt{}$ 7.416198487   O   55 $\sqrt{x}$

55   SHIFT x^2 7.416198487

Algunas raíces cuadradas son números enteros o tienen un número limitado de dígitos decimales. Otras son decimales que se repiten. Y otras son decimales que continúan sin un patrón de dígitos que se repita. Lea atentamente los problemas para averiguar si debe redondear el resultado a un dígito decimal específico.

A. Encuentre las raíces cuadradas de los siguientes números. No use la calculadora.

1. $\sqrt{16}$

2. $\sqrt{0}$

3. $\sqrt{100}$

4. $\sqrt{9}$

5. $\sqrt{49}$

6. $\sqrt{121}$

7. $\sqrt{25}$

8. $\sqrt{1}$

9. $\sqrt{144}$

B. Encuentre la longitud del lado de cada cuadrado.

10.
$x = ?$
$A = 36$ cm^2

11.
$x = ?$
$A = 100$ pies^2

12.
$x = ?$
$A = 16$ yd^2

13.
$x = ?$
$A = 49$ pulg^2

14.
$x = ?$
$A = 81$ m^2

15.
$x = ?$
$A = 64$ cm^2

C. Use la calculadora para encontrar las siguientes raíces cuadradas. Redondee sus respuestas al centésimo más cercano.

16. $\sqrt{28}$

17. $\sqrt{95}$

18. $\sqrt{32}$

19. $\sqrt{6}$

20. $\sqrt{324}$

21. $\sqrt{44}$

22. $\sqrt{130}$

23. $\sqrt{169}$

24. $\sqrt{228}$

D. Elija la respuesta que mejor responda a cada pregunta.

25. ¿Entre cuál de los siguientes pares de números se encuentra la raíz cuadrada de 22?

    (1)   2 y 3

    (2)   3 y 4

    (3)   4 y 5

    (4)   5 y 6

    (5) 21 y 22

26. El área de una plataforma cuadrada es de aproximadamente 72 pies cuadrados. ¿Entre cuál de los siguientes pares de medidas en pies se encuentra la longitud de cada lado?

    (1) 4 y 5

    (2) 5 y 6

    (3) 6 y 7

    (4) 7 y 8

    (5) 8 y 9

Las respuestas comienzan en la página 423.

Trabajar al revés

Todas las preguntas de selección múltiple de la Prueba de Matemáticas de GED tienen cinco opciones de respuesta. Usted debe elegir la mejor respuesta para cada pregunta.

En la mayoría de las preguntas, es más rápido resolver el problema directamente. Léalo atentamente, decida qué pide la pregunta, elija las operaciones que debe utilizar y resuelva el problema. Asegúrese siempre de que su respuesta tenga sentido. Después, lea las cinco opciones de respuesta para comprobar si su respuesta es una de ellas.

Sin embargo, para algunos problemas de álgebra, trabajar al revés a partir de las opciones de respuesta puede ahorrarle tiempo. La mayoría de los problemas de álgebra le piden que despeje una variable. Generalmente, usted escribiría una ecuación y la resolvería. No obstante, quizá encuentre la solución si prueba cada opción de respuesta en la situación dada para averiguar cuál es la correcta.

Ejemplo 1 La suma de tres números consecutivos es 30. ¿Qué números son?

    (1)   6, 7 y 8
    (2)   8, 9 y 10
    (3)   9, 10 y 11
    (4)   11, 12 y 13
    (5)   14, 15 y 16

> **SUGERENCIA**
>
> Use su conocimiento de los promedios para solucionar problemas de números consecutivos. Si la suma de 3 números es 30, el promedio es 10. Busque una opción con un valor medio de 10.

Para resolver este problema no es necesario escribir una ecuación. Usted sabe que los números suman 30, de modo que, sencillamente, debe sumar los números propuestos en cada opción. Puede eliminar rápidamente las opciones (4) y (5) ya que $10 + 10 + 10 = 30$ y todos los números de esas opciones son mayores de 10. Claramente, las opciones (4) y (5) suman más de 30. Sume rápidamente los números de las tres primeras opciones de respuesta.

Opción (1): $6 + 7 + 8 = 21$
Opción (2): $8 + 9 + 10 = 27$
Opción (3): $9 + 10 + 11 = 30$

La **opción (3) 9, 10 y 11** es la respuesta correcta.

Ejemplo 2 Una prueba tiene dos secciones. Cada sección vale 50 puntos. Cuando Juana hizo esta prueba, obtuvo 10 puntos más en la primera sección que en la segunda. Su puntuación total fue 86. ¿Qué puntuación obtuvo en cada sección de la prueba?

    (1)   46 y 50
    (2)   38 y 48
    (3)   36 y 46
    (4)   44 y 42
    (5)   32 y 54

Puede limitar la respuesta posible a las opciones (2) y (3), ya que éstas son las únicas opciones cuyos números tienen una diferencia de 10 puntos. La **opción (2) 38 y 48** es el único par de números con una diferencia de 10 puntos entre sí y cuya suma es de 86 puntos.

Instrucciones: Elija la respuesta que mejor responda a cada pregunta.

1. La suma de tres números consecutivos es 45. ¿Cuáles son los tres números?

   (1) 10, 11 y 12
   (2) 12, 13 y 14
   (3) 13, 14 y 15
   (4) 14, 15 y 16
   (5) 15, 16 y 17

2. José y David hicieron un viaje de 800 millas en carro. Durante el viaje, José manejó 200 millas más que David. ¿Cuántas millas manejó David?

   (1) 200
   (2) 250
   (3) 300
   (4) 400
   (5) 500

3. La suma de dos números consecutivos es 95. ¿Cuáles son los dos números?

   (1) 40 y 41
   (2) 42 y 43
   (3) 47 y 48
   (4) 52 y 53
   (5) 57 y 58

4. La suma de cuatro números consecutivos es 38. ¿Cuáles son los cuatro números?

   (1) 7, 8, 9 y 10
   (2) 8, 9, 10 y 11
   (3) 9, 10, 11 y 12
   (4) 10, 11, 12 y 13
   (5) 11, 12, 13 y 14

5. Guillermo tiene dos trabajos. La semana pasada, trabajó 30 horas en total. Si trabajó dos horas más en un trabajo que en otro, ¿cuántas horas trabajó en cada trabajo?

   (1) 9 y 11
   (2) 13 y 15
   (3) 14 y 16
   (4) 19 y 21
   (5) 24 y 26

6. Marta obtuvo un total de 93 puntos en su prueba de inglés. Sacó 5 puntos menos en la parte de redacción de la prueba que en la parte de lectura. ¿Cuáles fueron sus puntuaciones en cada parte de la prueba?

   (1) 43 y 48
   (2) 44 y 49
   (3) 45 y 50
   (4) 47 y 52
   (5) 54 y 59

7. Elvia manejó un total de 334 millas entre lunes y martes. Manejó 50 millas más el martes que el lunes. ¿Cuántas millas manejó cada día?

   (1) 92 y 142
   (2) 125 y 175
   (3) 142 y 192
   (4) 234 y 284
   (5) 284 y 334

Las respuestas comienzan en la página 423.

Aplicar secuencias y funciones

Para identificar una secuencia matemática, averigüe cómo se convierte un término en el término que lo sigue. Es decir, ¿qué función se aplica al primer término para obtener el siguiente? Luego pruebe su función con el resto de la secuencia.

Una **secuencia** matemática es una serie de números y términos formada siguiendo una regla determinada. Si se conoce la regla, se pueden encontrar otros términos de la secuencia.

Ejemplo 1   Encuentre el octavo término de la secuencia: 1, 7, 13, 19, 25,...

Paso 1   **Identifique la regla que se ha utilizado para crear la secuencia.** Estudie la secuencia. Cada número de la secuencia es seis unidades mayor que el anterior. La regla es "sumar 6".

Paso 2   **Aplique la regla para continuar la secuencia.** El número 25 es el 5º término de la secuencia. Usted tiene que hallar el 8º término.

1ᵣ	2º	3ᵣ	4º	5º	6º	7º	8º
1	7	13	19	25	31	37	43

$$+6 \quad +6 \quad +6 \quad +6 \quad +6 \quad +6 \quad +6$$

La respuesta correcta es **43.**

Las reglas algebraicas en ocasiones se denominan **funciones.** Usted puede imaginar una función como una máquina que realiza ciertas operaciones. Para cada número que se mete en la máquina (x), sólo habrá un número que salga (y). La función que aparece en el siguiente ejemplo multiplica un número por 3 y luego le resta 4. Se puede escribir la función como una ecuación: $y = 3x - 4$.

ENTRADA

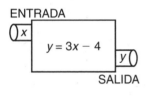

SALIDA

Ejemplo 2   En el caso de la función $y = 3x - 4$, ¿qué números se necesitan para completar la siguiente tabla?

x	−3	−2	−1	0	1	2
y	−13	−10	−7		−1	

    (1)   −6 y 2
    (2)   −5 y 2
    (3)   −5 y 3
    (4)   −4 y 2
    (5)   −4 y 4

Utilice la sustitución para encontrar el valor de y. Sustituya x por 0 y por 2. Resuelva la ecuación para encontrar el valor de y.

$$y = 3x - 4 \qquad\qquad y = 3x - 4$$
$$y = 3(0) - 4 \qquad\quad y = 3(2) - 4$$
$$y = 0 - 4 \qquad\qquad y = 6 - 4$$
$$y = -4 \qquad\qquad\quad y = 2$$

Los números que faltan son **−4** y **2.** Verifique el resultado probando la secuencia. Cada valor de y es 3 unidades mayor que el número anterior. Continúe la secuencia para asegurarse de que −4 y 2 son las respuestas correctas.

Instrucciones: Elija la respuesta que mejor responda a cada pregunta.

1. ¿Cuál de estas reglas se puede utilizar para formar la siguiente secuencia?

   $-19, -15, -11, -7, -3,\ldots$

   (1) Sumar -5.
   (2) Sumar -4.
   (3) Restar 4.
   (4) Restar 6.
   (5) Sumar 4.

2. ¿Cuál es el 5º término de la siguiente secuencia?

   $64, -32, 16, -8,$ _____

   (1)   8
   (2)   4
   (3)   2
   (4) -2
   (5) -4

3. La función $y = 10x - 5$ se utilizó para crear la siguiente tabla. ¿Qué números faltan?

x	-2	0	2	4	6
y	-25	-5			55

   (1)   5 y 25
   (2) 10 y 30
   (3) 15 y 35
   (4) 20 y 40
   (5) 25 y 45

La <u>pregunta 4</u> se refiere al siguiente diagrama.

A   B   C   D

4. Si tuviera que continuar la secuencia anterior, ¿cuántos círculos habría en la figura E?

   (1) 12
   (2) 15
   (3) 20
   (4) 21
   (5) No se cuenta con suficiente información.

5. ¿Cuál es el 8º término de la siguiente secuencia?

   $3, 6, 12, 24, 48,\ldots$

   (1)   96
   (2) 144
   (3) 192
   (4) 288
   (5) 384

6. En el caso de la función $y = \frac{x}{4}$, ¿cuál de los siguientes valores de x tiene como resultado un valor fraccionario de y (es decir, un resultado en el que y no sea un número entero)?

   (1) 42
   (2) 32
   (3) 28
   (4) 12
   (5)   8

Las respuestas comienzan en la página 423.

Multiplicar factores de dos términos

Ya aprendió a utilizar la propiedad distributiva para multiplicar un solo término, en este caso 2, por un factor de dos términos, en este caso $(2 + 5)$: $2(x + 5)$ $= 2x + 10$. Cada término entre paréntesis se multiplica por el número entero 2 que se encuentra fuera de paréntesis.

También se puede usar la propiedad distributiva para multiplicar dos factores cuando cada uno de ellos tiene dos términos. Cada uno de los términos del primer factor se multiplica por cada uno de los términos del segundo factor. Para que no olvide llevar a cabo todos los pasos del proceso, use el **método PEIU** que se muestra en el siguente ejemplo.

Ejemplo 1 Multiplique $(x + 7)(x - 3)$.

Paso 1 **Multiplique los términos.** Las letras PEIU significa Primero, Exterior, Interior y Último. Si multiplica los términos en este orden, puede estar seguro de haber multiplicado todas las combinaciones posibles de términos. Recuerde que a cada término le pertenece el signo matemático que tiene delante.

P	primero	$(x + 7)(x - 3)$	$x(x) = x^2$
E	exterior	$(x + 7)(x - 3)$	$x(-3) = -3x$
I	interior	$(x + 7)(x - 3)$	$7(x) = 7x$
U	último	$(x + 7)(x - 3)$	$7(-3) = -21$

Paso 2 **Encuentre la suma de los productos de cada paso del método PEIU.** Simplifique la expresión.
$x^2 + (-3x) + (7x) + (-21) = x^2 + 4x - 21$

El producto de $x + 7$ y $x + 3$ es $\mathbf{x^2 + 4x - 21}$.

Cuando se lleva a cabo el método PEIU, la respuesta puede tener dos, tres o cuatro términos. En el ejemplo 2, la solución sólo tiene dos términos.

Ejemplo 2 Multiplique: $(x + 4)(x - 4)$.

Paso 1 Lleve a cabo el método PEIU para multiplicar los términos.

Paso 2 Calcule la suma de los productos.

P	$x(x) = x^2$
E	$x(-4) = -4x$
I	$4(x) = 4x$
U	$4(-4) = -16$

$x^2 + (-4x) + 4x + (-16)$
$x^2 \qquad\qquad -16$

Como la suma de $-4x$ más $4x$ es 0, la respuesta sólo tiene dos términos. El producto de $x + 4$ y $x - 4$ es $\mathbf{x^2 - 16}$.

> **SUGERENCIA**
>
> Recuerde, al simplificar una expresión, sólo puede combinar los términos semejantes.

A. Encuentre el producto de cada par de factores.

1. $(x + 1)(x + 4)$

2. $(x + 6)(x + 3)$

3. $(x - 5)(2x - 7)$

4. $(x + 2)(x - 2)$

5. $(x - 4)(y + 6)$

6. $(2x + 8)(3x + 9)$

7. $(x - 4)(x + 1)$

8. $(x - 5)(4x - 3)$

9. $(x - 1)(x + 5)$

10. $(2x - 10)(x - 6y)$

11. $(x - 8)(x - 5)$

12. $(x - 6)(x + 6)$

13. $(x + 2)(x + 3)$

14. $(3x + 8)(3x - 8)$

15. $(x - 6)(y + 9)$

16. $(4x - 1)(x - 5)$

17. $(x + 7)(x - 2)$

18. $(2x + 4)(3x + 10)$

19. $(x - 3)(x + 3)$

20. $(x + 10)(x - 12)$

B. Elija la respuesta que mejor responda a cada pregunta.

21. ¿Cuál de las siguientes opciones es igual a $x^2 - 14x + 48$? (*Pista:* Trabaje al revés. Multiplique los factores de cada opción hasta encontrar la solución.)

    (1) $(x + 12)(x - 4)$

    (2) $(x - 12)(x - 4)$

    (3) $(x + 6)(x - 8)$

    (4) $(x - 6)(x - 8)$

    (5) $(x + 6)(x + 8)$

22. Si $3x - 1$ es un factor de $3x^2 + 8x - 3$, ¿cuál es el otro factor?

    (1) $x - 3$

    (2) $x + 3$

    (3) $3x - 3$

    (4) $3x + 3$

    (5) $x^2 + 3$

23. ¿Cuál de las siguientes opciones es igual a $(x - 9)^2$? (*Pista:* La expresión entera $x - 9$ se multiplica por sí misma.)

    (1) $x^2 + 18x - 81$

    (2) $x^2 - 18x + 81$

    (3) $x^2 - 18x - 81$

    (4) $x^2 + 18x + 81$

    (5) $x^2 - 81$

24. Si $2x + 1$ es un factor de $6x^2 - x - 2$, ¿cuál es el otro factor?

    (1) $x - 2$

    (2) $3x + 2$

    (3) $3x - 1$

    (4) $3x - 2$

    (5) $4x - 2$

Las respuestas comienzan en la página 424.

Factorización

Los factores son números que se multiplican unos con otros. En el término algebraico $7x$, 7 y x son factores. En ocasiones, es posible **factorizar** una expresión de más de un término. Para factorizar una expresión, busque un número o variable por el que sean divisibles todos los términos de la expresión.

Ejemplo 1   Factorice la expresión $6x + 10$.

Paso 1   Encuentre un factor por el que sean divisibles los dos términos. Tanto $6x$ como 10 son divisibles entre 2.   Uno de los factores es el número 2.

Paso 2   Divida para encontrar el otro factor.

$$\frac{6x + 10}{2} = \frac{6x}{2} + \frac{10}{2}$$

$$(3x + 5)$$

Paso 3   Verifique el resultado multiplicando los factores. $2(3x + 5) = 6x + 10$

Los factores de $6x + 10$ son **2** y **$3x + 5$.**

Una **expresión cuadrática** contiene una variable elevada a la segunda potencia, o elevada al cuadrado, como en $x^2 + 2x$. Los dos factores de las expresiones cuadráticas contienen siempre la variable.

Ejemplo 2   Factorice $x^2 + 2x$.

Paso 1   Ambos términos son divisibles por x.   Un factor es x.

Paso 2   Divida la expresión por uno de los factores (x) para encontrar el otro factor.

$$\frac{x^2 + 2x}{x} = \frac{x^2}{x} + \frac{2x}{x}$$

$$(x + 2)$$

Paso 3   Verifique el resultado multiplicando los dos factores. $x(x + 2) = x^2 + 2x$

Los factores son **x** y **$x + 2$.**

Una expresión cuadrática con la forma: $x^2 - 3x - 4$, es el resultado de multiplicar dos expresiones, cada una de ellas con una variable y un número entero. Para factorizar expresiones cuadráticas con tres términos, trabaje al revés.

Ejemplo 3   Factorice $x^2 - 3x - 4$.

Paso 1   **Encuentre todos los posibles factores del tercer término.**
El tercer término en este ejemplo es -4.
Los posibles factores son: $(-4)(1)$, $(4)(-1)$, $(-2)(2)$ y $(2)(-2)$

Paso 2   **Encuentre los dos factores del Paso 1 que, al sumarlos, dan como resultado la parte entera del término del medio,** en este caso, $-3x$.
La suma de los factores -4 y 1 únicamente es igual a -3. $-4 + 1 = -3$
Ninguno de los demás posibles factores da como resultado -3 cuando se suma a otro factor: $4 + (-1) = 3$, $-2 + 2 = 0$ y $2 + -2 = 0$.

Paso 3   **Escriba los dos factores utilizando la variable como primer término de cada factor y los números enteros del paso 2 como el segundo término.**   Los factores son $(x - 4)$ y $(x + 1)$.

Paso 4   **Verifique.** Multiplique por medio del método PEIU.

$$(x - 4)(x + 1) = x^2 + 1x - 4x - 4 = x^2 - 3x - 4$$

Los factores son **$(x - 4)$** y **$(x + 1)$.**

A. Factorice las siguientes expresiones.

1. $5x + 30$

2. $6y + 15$

3. $8x - 2$

4. $4z - 14$

5. $b^2 + 9b$

6. $y^2 + 3y$

7. $2x^2 + 4x$

8. $3x^2 + 9x$

9. $7y^2 - y$

10. $4x^2 + 2x$

11. $x^2 + 9x + 20$

12. $x^2 - 5x + 6$

13. $x^2 + 5x - 6$

14. $x^2 - 3x - 28$

15. $x^2 + 8x + 12$

16. $x^2 + 2x - 3$

17. $x^2 - 7x + 12$

18. $x^2 + 7x - 8$

19. $x^2 + 3x - 10$

20. $x^2 + 10x + 21$

21. $x^2 - 13x + 40$

22. $x^2 - x - 12$

23. $x^2 - 8x - 20$

24. $x^2 - 11x + 18$

25. $x^2 - 6x - 55$

26. $x^2 + 16x + 48$

27. $x^2 + 7x - 18$

28. $x^2 + 10x + 25$

29. $x^2 - 10x + 24$

30. $x^2 - 6x - 7$

B. Elija la respuesta que mejor responda a cada pregunta.

31. ¿Cuáles son los factores de $x^2 - 10x + 16$?

    (1) $(x - 4)(x - 4)$
    (2) $(x + 4)(x - 4)$
    (3) $(x - 2)(x - 8)$
    (4) $(x + 2)(x - 8)$
    (5) $(x - 2)(x + 8)$

32. ¿Cuáles son los factores de $x^2 - 5x - 24$?

    (1) $x - 4$ y $x + 6$
    (2) $x - 4$ y $x - 6$
    (3) $x - 3$ y $x - 8$
    (4) $x + 3$ y $x - 8$
    (5) $x - 3$ y $x + 8$

Las respuestas comienzan en la página 424.

Resolución de problemas expresados verbalmente ═══════

Resolver ecuaciones cuadráticas

Como usted ya ha aprendido, una expresión cuadrática contiene una variable elevada a la segunda potencia o al cuadrado. Cuando una ecuación contiene una variable al cuadrado se denomina **ecuación cuadrática.** Las ecuaciones cuadráticas generalmente tienen dos soluciones distintas. Es decir, hay dos valores para la variable con los que la ecuación sería verdadera. Siga estos pasos para resolver una ecuación cuadrática.

Ejemplo 1   Si $x^2 + 3x = 10$, ¿qué valores de x hacen que sea cierta la ecuación?

Paso 1	**Vuelva a escribir la ecuación igualando la expresión cuadrática a 0.** En este caso, reste 10 de ambos lados de la ecuación.	$x^2 + 3x = 10$ $x^2 + 3x - 10 = 10 - 10$ $x^2 + 3x - 10 = 0$
Paso 2	**Factorice la expresión cuadrática**	$x^2 + 3x - 10 = 0$ $(x + 5)(x - 2) = 0$
Paso 3	**Determine los valores de x que hagan que cada uno de los factores sea igual a 0.** Como cualquier número multiplicado por 0 es igual a 0, si uno de los factores es igual a 0, la expresión entera será igual a 0.	Si $x + 5 = 0$ y $x - 2 = 0$ entonces $x = -5$ y $x = 2$
Paso 4	**Verifique** los dos valores sustituyéndolos en la ecuación original.	

$$x^2 + 3x = 10 \qquad\qquad x^2 + 3x = 10$$
$$(-5)^2 + 3(-5) = 10 \qquad (2)^2 + 3(2) = 10$$
$$25 + (-15) = 10 \qquad\qquad 4 + 6 = 10$$
$$10 = 10 \qquad\qquad\qquad 10 = 10$$

Las dos soluciones de la ecuación $x^2 + 3x = 10$ son **−5** y **2.**

Cuando se presenta una ecuación cuadrática en una pregunta de selección múltiple, quizá pueda resolver el problema más rápidamente si trabaja al revés a partir de las respuestas.

Ejemplo 2   ¿Cuáles son los posibles valores de x si $x^2 - 7x = 60$?

(1)   −20 y 3
(2)   −12 y 5
(3)   −10 y 6
(4)   −6 y 10
(5)   −5 y 12

Sustituya la variable de la ecuación con cada una de las opciones de respuesta. Puede que le resulte más fácil trabajar con el número positivo de cada opción.

> **SUGERENCIA**
>
> En muchos casos, trabajar al revés es una buena estrategia para las pruebas en los problemas de selección múltiple que requieren cálculos extensos.

Opción 1	Opción 2	Opción 3	Opción 4	Opción 5
$x^2 - 7x = 60$	$x^2 - 7x = 60$	$x^2 - 7x = 60$	$x^2 - 7x = 60$	$x^2 - 7x = 60$
$3^2 - 7(3) = 60$	$5^2 - 7(5) = 60$	$6^2 - 7(6) = 60$	$10^2 - 7(10) = 60$	$12^2 - 7(12) = 60$
$9 - 21 = 60$	$25 - 35 = 60$	$36 - 42 = 60$	$100 - 70 = 60$	$144 - 84 = 60$
$-12 \neq 60$	$-10 \neq 60$	$-6 \neq 60$	$30 \neq 60$	$60 = 60$
falso	**falso**	**falso**	**falso**	**verdadero**

Nota: El símbolo $\neq$ significa "no es igual a".

La **opción (5)** es la respuesta correcta. Si tiene tiempo, puede sustituir la variable con -5, el otro valor de la opción 5, para verificar su trabajo.

$$(-5)^2 - 7(-5) = 60 \qquad 25 + 35 = 60 \qquad 60 = 60 \qquad \text{verdadero}$$

PRÁCTICA DE GED

Instrucciones: Elija la respuesta que mejor responda a cada pregunta.

1. En la ecuación $x^2 + 72 = 18x$, ¿cuáles son los posibles valores de x?

   (1) -9 y -8
   (2) -9 y 8
   (3) -6 y 12
   (4) 8 y 9
   (5) 12 y 6

2. Si $2x^2 - 10x + 12 = 0$, ¿cuál es un posible valor de x?

   (1) -4
   (2) -3
   (3) 3
   (4) 6
   (5) 12

3. En la ecuación $x^2 - x = 12$, ¿cuáles son los posibles valores de x?

   (1) 6 y -2
   (2) 4 y -3
   (3) 3 y -4
   (4) 2 y -6
   (5) -3 y -4

4. Si $x^2 + 13x = -40$, ¿cuáles son los posibles valores de x?

   (1) 10 y 4
   (2) 8 y 5
   (3) -4 y -10
   (4) -5 y -8
   (5) -6 y -7

5. En la ecuación cuadrática $9x^2 - 36 = 0$, ¿qué par de soluciones hace que la ecuación sea verdadera?

   (1) 9 y -4
   (2) 6 y -6
   (3) 4 y -9
   (4) 3 y -12
   (5) 2 y -2

6. En la ecuación $2x^2 - x = 45$, ¿cuál es un posible valor de x?

   (1) 9
   (2) 5
   (3) 3
   (4) -5
   (5) -9

Las respuestas comienzan en la página 425.

Resolver desigualdades y representarlas gráficamente

La palabra **desigualdad** significa que dos expresiones algebraicas no son iguales. Otros símbolos de desigualdad, además de los símbolos de "mayor que" y "menor que" son los siguientes:

$\geq$ significa "es mayor o igual que" $4 \geq 2$
$\leq$ significa "es menor o igual que" $7 \leq 9$

En una desigualdad, una variable puede tener muchos valores que hacen que el enunciado sea verdadero. Piense en $x < 5$. Los números 4, 3, 2, 1, etc. son todos posibles valores de x. Las posibles soluciones de una desigualdad se pueden representar gráficamente.

Ejemplo 1   Represente gráficamente el conjunto de soluciones de la desigualdad $x < 5$.

En una recta numérica, todos los números situados a la izquierda del 5 son soluciones. Represente gráficamente la solución dibujando una línea continua sobre la recta numérica. El círculo blanco situado sobre el número 5 indica que no se incluye el propio 5 como solución. Cinco no es "menor que" 5.

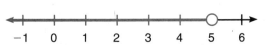

Ejemplo 2   Represente gráficamente el conjunto de soluciones de la desigualdad $x \geq -3$.

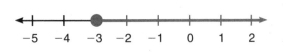

El conjunto de soluciones de la desigualdad $x \geq -3$ incluye el número -3 y todos los números situados a la derecha de -3. El círculo sobre -3 es negro, lo que indica que -3 también es una solución.

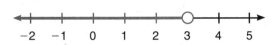

Una desigualdad se puede resolver de forma bastante parecida a una ecuación. Se puede sumar y restar el mismo número a ambos lados de la desigualdad.

Ejemplo 3   Resuelva la desigualdad $2x + 7 < x + 10$.

Paso 1   Reste x en ambos lados. $x + 7 < 10$
Paso 2   Reste 7 en ambos lados. $x < 3$
Paso 3   Verifique el resultado utilizando un número $2(2) + 7 < 2 + 10$
         menor que 3 (por ejemplo 2). $11 < 12$ es verdadero

La solución de la desigualdad es $x < 3$.

Los dos lados de una desigualdad también se pueden multiplicar o dividir por el mismo número para simplificar la desigualdad. Pero hay que recordar una regla importante: si se multiplica o divide una desigualdad por un número negativo, se debe <u>invertir</u> el signo de la desigualdad.

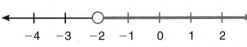

Ejemplo 4   Resuelva: $3x - 4 < 5x$. $3x - 5x - 4 < 5x - 5x$

Paso 1   Reste $5x$ en ambos lados. $-2x - 4 < 0$
Paso 2   Sume 4 en ambos lados. $-2x - 4 + 4 < 0 + 4$
Paso 3   Divida ambos lados entre -2, e invierta $\dfrac{-2x}{-2} < \dfrac{4}{-2}$
         el signo de la desigualdad. $x > -2$
Paso 4   Verifique el resultado usando un número $3(2) - 4 < 5(2)$
         mayor que -2.

La solución de la desigualdad es $x > -2$. $2 < 10$ verdadero

A. Escriba la desigualdad de cada recta numérica.

1.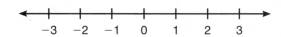

2.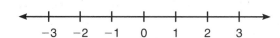

3.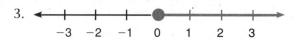

4.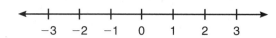

B. Resuelva y represente gráficamente el conjunto de soluciones de cada desigualdad.

5. $2x < 6$

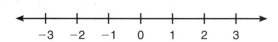

6. $x + 1 > 0$

7. $5x \leq 3x - 4$

8. $8x < 7x$

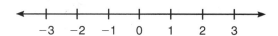

9. $4x - 2 < 3x$

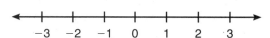

10. $3x - 1 \geq 2$

C. Resuelva las siguientes desigualdades.

11. $3x - 7 < 2x + 1$

12. $5x + 2 > 4x + 1$

13. $6x - 4 \leq 3x + 2$

14. $3(x + 1) \geq x + 4x - 5$

15. $5 + 8(x - 2) < x + 3$

16. $x + 12 < 5(x + 8)$

17. $2x + (4 - 3x) \leq 21$

18. $7x - 3x - x < 3x + 2x + 10$

D. Resuelva.

19. Cuando el quíntuple de un número se suma a 6, el resultado es menor que 4 veces ese mismo número sumado a 10. ¿Cuál es la solución de la desigualdad?

20. Los tres lados de un triángulo deben sumar un número menor o igual a 65 pulgadas. Un lado mide 21 pulgadas. Otro mide 18 pulgadas. ¿Cuál es la longitud máxima que puede tener el tercer lado (en pulgadas)?

Las respuestas comienzan en la página 425.

DESTREZA DE GED **El plano de coordenadas**

Gráficas de coordenadas

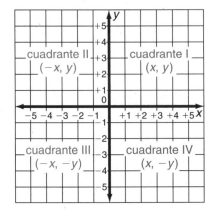

Imagínese una hoja de papel en blanco sobre la que hay un punto. ¿Cómo podría usted describir la localización precisa del punto? Podría usar los bordes del papel para dar indicaciones. Por ejemplo, se podría decir que el punto está a cuatro pulgadas del borde superior y a tres pulgadas del borde izquierdo. Las gráficas de coordenadas funcionan de la misma manera.

Una **gráfica de coordenadas** es un sistema para encontrar la ubicación de un punto en una superficie plana llamada **plano.** Una gráfica de coordenadas consiste de dos líneas, o ejes, que se cruzan en un punto llamado **origen.** La línea horizontal es el **eje de las x,** y la línea vertical es el **eje de las y.** Las dos líneas están marcadas como rectas numéricas que tienen su origen en el cero. Los ejes dividen la gráfica en cuatro **cuadrantes.**

Cada punto de la cuadrícula se nombra con dos números: una **coordenada x** y una **coordenada y.** La coordenada x se escribe siempre primero; la coordenada y se escribe siempre en segundo lugar. Las dos coordenadas juntas reciben el nombre de **par ordenado** y se escriben entre paréntesis, separadas con una coma.

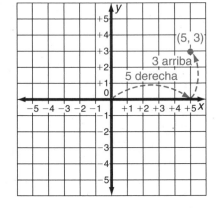

Ejemplo 1   Marque el punto (5,3) en una cuadrícula de coordenadas.

Paso 1   **Comience en el origen** (coordenadas 0,0). **Desplácese el número de unidades indicado por la coordenada x en la dirección correcta.** En este caso, son 5 unidades a la derecha, la dirección positiva de x.

Paso 2   **Desde ese punto, desplácese el número de unidades de la coordenada y en la dirección correcta.** En este caso, son 3 unidades hacia arriba, la dirección positiva de y.

La situación del punto (5,3) está indicada por **el punto** que aparece en la cuadrícula.

Podrían pedirle que use las coordenadas para trazar un segmento o una figura en un sistema de coordenadas.

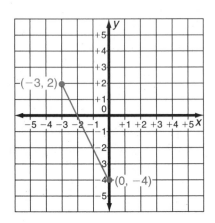

Ejemplo 2   En la cuadrícula, trace un segmento que una los puntos (0,−4) y (−3,2).

Paso 1   Marque el punto (0,−4). Comience en el origen. El 0 indica que no es necesario desplazarse por el eje de las x. Desplácese −4 por el eje de las y (desde el origen hacia abajo), y marque el punto.

Paso 2   Marque el punto (−3,2). Comience en el origen. Desplácese 3 unidades a la izquierda por el eje de las x, y luego 2 unidades hacia arriba. Marque el punto.

Paso 3   Una los puntos trazando un segmento de recta.

La ubicación de los puntos y el segmento aparecen en la cuadrícula.

A. Use la cuadrícula de coordenadas para responder a las siguientes preguntas.

1. ¿Cuáles son las coordenadas del punto *A?*

2. ¿Qué punto se encuentra en $(-4,-2)$?

3. ¿Qué punto está sobre el eje de las *y?*

4. ¿Cuáles son las coordenadas del punto *D?*

5. ¿Qué punto tiene un valor negativo de *x* y un valor positivo de *y?*

6. ¿Para qué puntos son mayores los valores de *x* que los valores de *y?*

7. ¿Qué puntos se encuentran en el cuadrante IV?

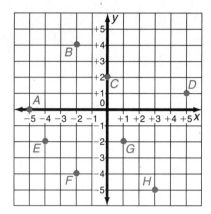

B. Haga las gráficas según las instrucciones.

8. Marque los pares ordenados $(1,-4)$, $(0,5)$ y $(-2,-3)$ en la gráfica de coordenadas de abajo.

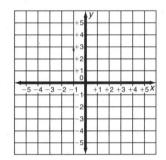

9. Trace un segmento que una el punto *A* $(4,3)$ con el punto *B* $(2,-5)$.

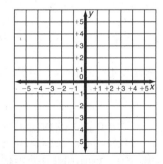

10. Marque los siguientes puntos en una gráfica y únalos para formar un cuadrado: el punto *D* en $(-3,3)$, el punto *E* en $(1,3)$, el punto *F* en $(1,-1)$ y el punto *G* en $(-3,-1)$.

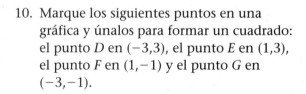

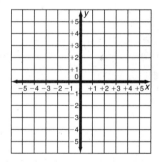

11. Una estos dos pares de puntos para formar dos segmentos que se cruzan.
El punto *J* $(-5,-4)$ y el punto *K* $(5,2)$
El punto *P* $(-3,4)$ y el punto *Q* $(0,-3)$

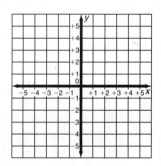

SUGERENCIA

Los pares ordenados $(5,3)$ y $(3,5)$ están en dos puntos distintos. Recuerde que la ubicación en el eje de las *x* (eje horizontal) se escribe siempre en primer lugar. (x, y)

Las respuestas comienzan en la página 426.

Marcar los pares ordenados

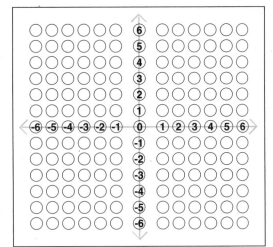

En algunas preguntas de la Prueba de Matemáticas de GED se le pedirá que indique la ubicación de un punto en una cuadrícula de coordenadas. En la hoja de respuestas se le proporcionará una cuadrícula de coordenadas especial para que escriba sus respuestas. En esa cuadrícula se usan círculos para representar los pares ordenados en el plano de coordenadas.

La cuadrícula de respuestas que aparece a la izquierda es un ejemplo de este formato de respuestas de GED. Como los números positivos y negativos se indican en las líneas de los ejes, no hay círculos que correspondan a los puntos que están directamente sobre el eje de las x o de las y. El origen (0,0) no se señala, pero usted sabe que está en la intersección del eje de las x con el de las y.

Cuando escriba las respuestas en la cuadrícula, tenga cuidado de hacerlo en el círculo correcto. No haga marcas fuera de lugar en la cuadrícula.

En la mayoría de las preguntas que evalúan su comprensión de la cuadrícula de coordenadas se utilizará un diagrama o una gráfica.

SUGERENCIA

Es posible que los ejes de las x y de las y de una gráfica no tengan números. Recuerde que el origen de las dos escalas (el punto en que se cruzan los ejes) siempre es el 0.

Ejemplo

Joaquín marcó tres puntos en la cuadrícula de coordenadas que aparece a la derecha. Los puntos se convertirán en tres vértices de un rectángulo. ¿Dónde deberá situar el cuarto punto para completar el rectángulo? Marque su respuesta en la cuadrícula de coordenadas.

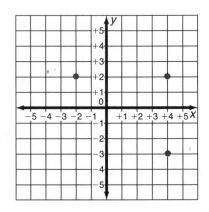

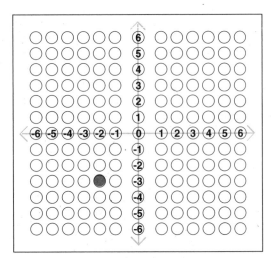

Paso 1 Complete el rectángulo para encontrar la ubicación del cuarto punto. Usted sabe que un rectángulo tiene cuatro lados. Los lados opuestos deben tener la misma longitud. A partir de los tres puntos que ya aparecen en la gráfica, usted conoce el largo y el ancho del rectángulo. El punto que falta debe estar situado en el punto **(−2,−3).**

Paso 2 Rellene el círculo de su respuesta en la cuadrícula de coordenadas. Empezando por el origen, cuente dos unidades hacia la izquierda y tres hacia abajo. Rellene el círculo con cuidado y completamente.

En la cuadrícula de la izquierda se indica la ubicación correcta del cuarto punto.

Instrucciones: Marque la respuesta a cada pregunta en la cuadrícula de respuestas.

1. Un punto tiene una coordenada *x* de 4 y una coordenada *y* de −1. Indique la ubicación del punto en la cuadrícula de coordenadas.

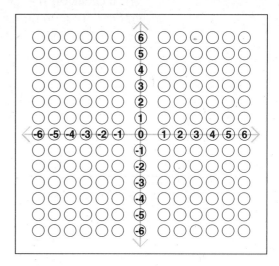

3. Un punto tiene una coordenada *x* de −5 y una coordenada *y* de 3. Indique la ubicación del punto en la gráfica de coordenadas.

2. En el plano de coordenadas de abajo, hay tres puntos que señalan las esquinas de un cuadrado. Marque la ubicación de la cuarta esquina necesaria para completar el cuadrado.

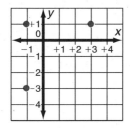

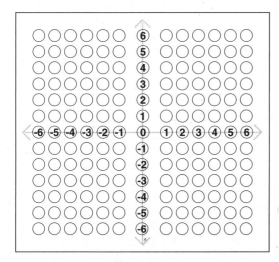

4. En el plano de coordenadas de abajo, hay tres puntos que señalan las esquinas de un rectángulo. Marque la situación de la cuarta esquina necesaria para completar la figura.

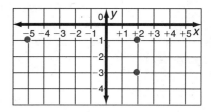

Las respuestas comienzan en la página 427.

Marcar ecuaciones en una gráfica

Usted sabe que algunas ecuaciones tienen dos variables distintas. Por ejemplo, la ecuación $y = 2x - 4$ tiene dos variables, x y y. Para cada valor específico que sustituya a x, hay un valor único de y. Una forma de indicar las soluciones posibles de una ecuación como ésta es la de trazar la gráfica de la ecuación en una gráfica de coordenadas.

La ecuación $y = 2x - 4$ recibe el nombre de **ecuación lineal** porque su gráfica forma una línea recta. Para trazar la línea, es necesario conocer por lo menos dos de sus puntos.

Ejemplo 1   Haga la gráfica de la ecuación $y = 2x - 4$.

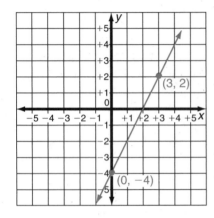

Paso 1   Identifique un punto de la recta. Escoja cualquier valor de x; generalmente, 0 es un valor ideal. Sustituya x en la ecuación. Despeje la y. Este par ordenado hace verdadera la ecuación.

Supongamos que $x = 0$
$$y = 2(0) - 4$$
$$y = 0 - 4 = -4$$
$$(0, -4)$$

Paso 2   Encuentre otro punto de la recta. Escoja otro valor de x y despeje la nueva y. Escriba las coordenadas.

Supongamos que $x = 3$
$$y = 2(3) - 4$$
$$y = 6 - 4 = 2$$
$$(3, 2)$$

Paso 3   Sitúe los dos pares ordenados en una gráfica y trace una recta que los una.

La gráfica de la ecuación aparece a la izquierda. Todos los puntos de la recta resuelven la ecuación.

Algunas preguntas se refieren a la gráfica de una ecuación, pero se pueden resolver sin hacer la gráfica.

Ejemplo 2   ¿Cuál de los siguientes puntos se sitúa en la gráfica de la ecuación $x = 3 + y$?

(1) $(4, -1)$
(2) $(3, 1)$
(3) $(2, -1)$
(4) $(1, 2)$
(5) $(0, -4)$

SUGERENCIA

Aunque solamente se necesitan dos puntos para trazar la gráfica de una recta, siempre es bueno buscar un tercer punto para verificar el trabajo.

En lugar de hacer la gráfica, sustituya la x y la y de la ecuación con las coordenadas de las respuestas. La opción correcta es el par ordenado que haga verdadera la ecuación.

Sólo la **opción (3) $(2, -1)$** hace que la ecuación sea verdadera.
$$2 = 3 + (-1)$$
$$2 = 2$$

A. Haga la gráfica de estas ecuaciones en una cuadrícula de coordenadas.

1. $y = 3x - 4$

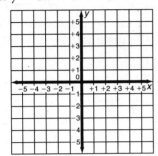

3. $x - 2y = 1$

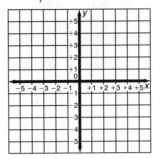

5. $-x = y + 2$

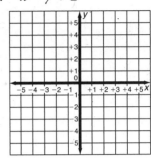

2. $2x + y = 5$

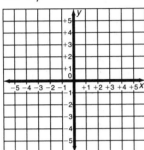

4. $-2y = 4x$

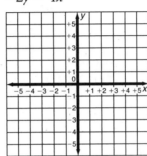

6. $y = 6 - 3x$

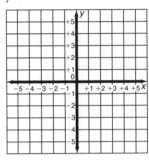

B. Elija la respuesta que mejor responda a cada pregunta.

7. ¿Qué ecuación resuelven los puntos marcados en la cuadrícula de abajo?

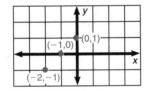

   (1) $x - y = 1$

   (2) $x - y = -1$

   (3) $2y - x = 0$

   (4) $x = 0$

   (5) $y = 0$

8. ¿Qué par ordenado es una solución de $x - y = 1$?

   (1) $(-3, -4)$

   (2) $(-3, -2)$

   (3) $(-1, 0)$

   (4) $(0, 1)$

   (5) $(1, -2)$

9. ¿Qué ecuación de una recta aparece en la gráfica?

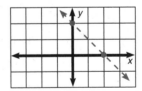

   (1) $x + y = -4$

   (2) $x + y = -2$

   (3) $x + y = 0$

   (4) $x + y = 2$

   (5) $x + y = 4$

10. ¿Cuál es el valor de x si $(?, 1)$ es una solución de $-4x + 7y = 15$?

   (1) $\frac{-11}{2}$

   (2) -2

   (3) 2

   (4) $\frac{19}{7}$

   (5) $\frac{11}{2}$

Las respuestas comienzan en la página 427.

Calcular la pendiente de una recta

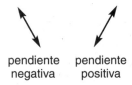

pendiente negativa   pendiente positiva

La **pendiente** es un número que mide la inclinación de una recta. En la vida diaria, usamos la pendiente para calcular la inclinación de una rampa o de un tramo de escaleras. Podemos determinar la pendiente de un techo o de una carretera. La pendiente es la razón entre el *cambio vertical* y el *cambio horizontal*; donde el cambio vertical es la medida de la distancia vertical y el cambio horizontal es la medida de la distancia horizontal.

La pendiente puede ser positiva o negativa. Todas las rectas que suben a medida que se desplazan de izquierda a derecha tienen una pendiente positiva. Todas las líneas que bajan a medida que se desplazan de izquierda a derecha tienen una pendiente negativa. Si tuviera la gráfica de una recta, usted podría calcular la pendiente analizando la línea recta y contando las unidades de la cuadrícula para encontrar el cambio vertical y horizontal.

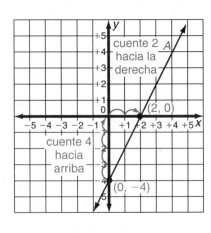

Ejemplo 1   Encuentre la pendiente de la línea *A*.

Paso 1   **Seleccione dos puntos de la recta.** Comenzando en cualquiera de los dos puntos, **cuente el número de unidades** que haya que subir o bajar para alcanzar el nivel del segundo punto. Esta es la distancia vertical de la recta. En este caso, comience en $(0,-4)$ y cuente 4 hacia arriba.

Paso 2   **Desde este punto intermedio, cuente las unidades** que haya que desplazarse hacia la izquierda o hacia la derecha para alcanzar el segundo punto. Este es el cambio horizontal de la línea. En este caso, se cuentan 2 hacia la derecha.

Paso 3   **Escriba la pendiente como una fracción del cambio vertical sobre el cambio horizontal.** $\frac{4}{2} = 2$

Paso 4   **Decida si la pendiente es positiva o negativa.** En este caso, la pendiente es positiva, ya que la recta sube a medida que se desplaza de izquierda a derecha.

La pendiente de la línea *A* es **+2.**

También puede calcular la pendiente de una recta con una fórmula algebraica. Esta fórmula aparece en la página de fórmulas que recibirá cuando haga la Prueba de Matemáticas de GED.

$$\text{pendiente } (m) \text{ de una recta} = \frac{\textbf{cambio vertical}}{\textbf{cambio horizontal}} = m = \frac{y_2 - y_1}{x_2 - x_1}, \text{ en}$$

donde (x_1, y_1) y (x_2, y_2) son dos puntos de la recta.

Ejemplo 2   Encuentre la pendiente de la recta *B* con los puntos $(-1,2)$ y $(1,-4)$.

Paso 1   Asigne a un punto el valor (x_1, y_1) y al otro (x_2, y_2). En este caso, $(-1,2) = (x_1, y_1)$ y $(1,-4) = (x_2, y_2)$.

Paso 2   Sustituya los valores de la fórmula y resuelva.

$$m = \frac{-4 - 2}{1 - (-1)} = \frac{-6}{2} = -3$$

La pendiente de la recta es **−3.**

Algunas características exclusivas de la pendiente que usted debe recordar:

- La pendiente de toda recta horizontal, incluido el eje de las *x*, es 0.
- Las rectas verticales, incluido el eje de las *y*, no tienen pendiente.
- Todas las rectas que tienen la misma pendiente son paralelas.

SUGERENCIA

Use el método de conteo de las unidades de la cuadrícula siempre que le den la gráfica de una recta. Use el método de la fórmula cuando no sea práctico hacer la gráfica de la recta.

A. Encuentre la pendiente de estas rectas.

1.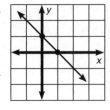

3.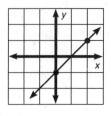

5.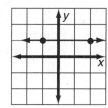

2.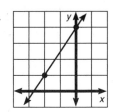

4.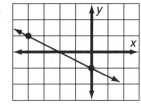

6.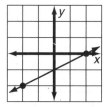

B. Encuentre la pendiente de las rectas que pasan por estos pares de puntos.

7. $(1,-3)$ y $(0,1)$

9. $(4,5)$ y $(3,-4)$

11. $(-3,-3)$ y $(-2,0)$

8. $(2,1)$ y $(4,2)$

10. $(-4,2)$ y $(5,3)$

12. $(-6,-2)$ y $(3,4)$

C. Resuelva.

Utilice la siguiente gráfica para responder a la pregunta 13.

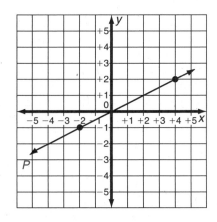

13. ¿Cuál es la pendiente de la recta P?

14. Los siguientes puntos están situados en la recta R: $(-4,3)$, $(1,3)$ y $(5,3)$. ¿Cuál es la pendiente de la recta R?

15. La recta X tiene una pendiente de 3. La recta pasa por el punto Y en $(-2,-1)$ y también pasa por el punto Z, que tiene una coordenada x de 0. ¿Cuáles son las coordenadas del punto Z? (*Pista:* Sustituya los valores dados en la fórmula de la pendiente.)

16. Los siguientes puntos se sitúan en la recta K: $(-3,-3)$ y $(5,2)$. ¿Cuál es la pendiente de la recta K?

Las respuestas comienzan en la página 428.

Calcular la distancia entre dos puntos

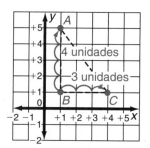

A veces es necesario averiguar la distancia que existe entre dos puntos de una cuadrícula de coordenadas. La distancia que hay entre dos puntos situados en una línea vertical u horizontal se puede encontrar fácilmente contando. Por ejemplo, en la cuadrícula de la izquierda, el punto A está a 4 unidades del punto B, y el punto B está a 3 unidades del punto C. Fíjese que los puntos ABC forman un triángulo rectángulo.

Para calcular la distancia que existe entre dos puntos que no están en la misma línea de una cuadrícula, como los puntos A y C, se puede utilizar una fórmula. Esta fórmula aparece en la página de fórmulas que recibirá cuando haga la Prueba de Matemáticas de GED.

$$\text{distancia entre dos puntos} = \sqrt{(x_2 - x_1)^2 + (y_2 - y_1)^2}$$

Para utilizar la fórmula, es necesario conocer las coordenadas de los dos puntos. Asigne a un punto el valor (x_1, y_1) y al otro el de (x_2, y_2). Luego sustituya los valores de la fórmula y resuélvala. No importa a cuál de los dos puntos asigne el valor (x_1, y_1).

Ejemplo 1   En la cuadrícula de coordenadas de la izquierda, ¿qué distancia hay entre los puntos J y K?

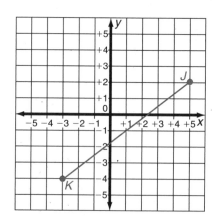

Paso 1	**Encuentre las coordenadas de los puntos.**	Punto $J = (5,2)$; $K = (-3,-4)$
Paso 2	**Asigne las variables.**	Supongamos que $J(5,2) = (x_1, y_1)$ Supongamos que $K(-3,-4) = (x_2, y_2)$
Paso 3	**Sustituya los valores de la fórmula con las coordenadas y resuelva.**	$d = \sqrt{(x_2 - x_1)^2 + (y_2 - y_1)^2}$ $= \sqrt{(-3 - 5)^2 + (-4 - 2)^2}$ $= \sqrt{(-8)^2 + (-6)^2}$ $= \sqrt{64 + 36}$ $= \sqrt{100}$ $= 10$

La distancia entre los puntos J y K es de **10 unidades**.

La distancia entre dos puntos rara vez será un número entero. Si necesita averiguar la respuesta redondeada a cierta posición decimal, puede utilizar la calculadora.

Ejemplo 2   Encuentre la distancia que existe entre el punto A, situado en $(0,-2)$ y el punto B, situado en $(1,4)$, redondeada a la décima más cercana.

Paso 1	**Decida a qué punto asignará el valor (x_1, y_1).**	Supongamos que $(0,-2) = (x_1, y_1)$ Supongamos que $(1,4) = (x_2, y_2)$
Paso 2	**Use la fórmula** para calcular la distancia entre dos puntos.	$d = \sqrt{(x_2 - x_1)^2 + (y_2 - y_1)^2}$ $= \sqrt{(1 - 0)^2 + (4 - (-2))^2}$ $= \sqrt{(1)^2 + (6)^2}$ $= \sqrt{1 + 36}$ $= \sqrt{37}$
Paso 3	**Calcule la raíz cuadrada aproximada.** Piense: $6^2 = 36$ y $7^2 = 49$. Debido a que 37 cae entre 36 y 49,	d cae entre 6 y 7.

En la mayoría de las calculadoras, hay que teclear primero los números y luego presionar la tecla de raíz cuadrada.

37 SHIFT x^2 6.08276253

Redondee hasta la décima más cercana. 6.08 se redondea a 6.1.

La distancia entre los puntos es de **6.1 unidades** aproximadamente.

ENFOQUE EN LAS DESTREZAS DE GED

A. Encuentre la distancia que hay entre estos puntos. Si es necesario, redondee a la décima más cercana. Puede usar la calculadora.

Use la cuadrícula de coordenadas de la derecha para responder las preguntas 1 a 5.

1. puntos A y C

2. puntos B y D

3. puntos A y E

4. puntos A y D

5. puntos C y E

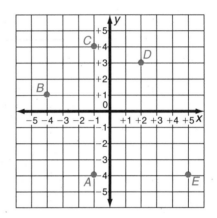

Use la cuadrícula de coordenadas de la derecha para responder las preguntas 6 a 8.

6. Los puntos J, K y L forman un triángulo. ¿Cuánto mide el lado JL?

7. ¿Cuánto mide el lado KL?

8. ¿Cuánto mide el lado JK?

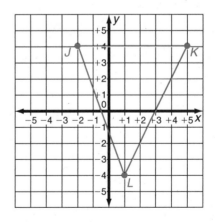

B. Resuelva según las instrucciones.

9. El punto X está situado en (9,3) en una cuadrícula de coordenadas. Si se traza una recta directa hasta el origen, ¿cuánto medirá la línea, redondeando a la décima más cercana?

10. Dos puntos están situados en (2,5) y (−4,5). ¿Qué distancia hay entre los puntos?

11. Se traza una recta desde el punto B, situado en (0,6), hasta el punto C, situado en (8,0). ¿Cuánto mide la recta, redondeando a la décima más cercana?

12. Dos puntos están situados en (2,−1) y (2,4). ¿Qué distancia existe entre los puntos?

Las respuestas comienzan en la página 428.

ESTRATEGIA DE GED **Resolución de problemas expresados verbalmente**

Calcular la ecuación de una recta

Usted ya sabe hacer una gráfica a partir de una ecuación, averiguando los pares ordenados que satisfacen la ecuación y trazando una recta que pase por esos puntos. También pueden pedirle que trabaje al revés, a partir de los puntos, para determinar la ecuación de una recta.

En la Prueba de Matemáticas de GED, las respuestas a este tipo de preguntas se escriben según en un formato que se llama **forma pendiente-intersección de una recta.** La variable m es la pendiente de la línea. La variable b es el intercepto **en y,** el punto en que la recta cruza el eje de las y. La suma de $mx + b$ cuando $y = 0$ es el intercepto **en x.**

$$y = mx + b, \text{ en donde } m = \text{pendiente y } b = \text{intersección en } y$$

Ejemplo 1   ¿Cuál es la ecuación de la recta que aparece en la gráfica?

(1) $y = -2x - 3$
(2) $y = -3x + 2$
(3) $y = -4x + 2$
(4) $y = -4x - 3$
(5) $y = -4x + 3$

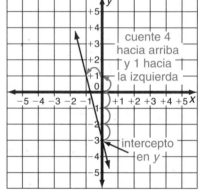

Paso 1   **Encuentre el intercepto en y de la recta.** La recta cruza el eje de las y en $(0, -3)$. Por lo tanto,
        el intercepto en y es -3.

Paso 2   **Encuentre la pendiente de la recta con el método de contar las unidades de la cuadrícula.** Cuente a partir del intercepto en y hasta otro punto de la recta que tenga números enteros como par ordenado, en este caso, $(-1, 1)$. La recta sube 4 unidades por cada 1 unidad de cambio horizontal hacia la izquierda (dirección negativa). $\text{pendiente} = \dfrac{\text{cambio vertical}}{\text{cambio horizontal}} = \dfrac{4}{-1} = -4$

Paso 3   **Utilice la forma pendiente-intersección** para escribir la ecuación.
        $y = mx + b$ $y = -4x + (-3) \text{ or } y = -4x - 3$

La respuesta correcta es la **opción (4) $y = -4x - 3$.**

Es posible que tenga que volver a escribir una ecuación en forma pendiente-intersección.

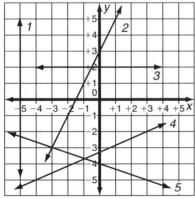

Ejemplo 2   ¿Qué recta representa la ecuación $2x - y = -3$?

Paso 1   **Vuelva a escribir la ecuación** en $2x - y = -3$
        forma pendiente-intersección. $y = mx + b$
        Aísle las variables. $-y = -3 - 2x$
        Elimine la variable negativa. $y = 3 + 2x$
        Vuelva a ordenar los términos. $y = 2x + 3$
            La pendiente de la recta es 2 y el intercepto en y es 3.

Paso 2   **Analice las líneas de la gráfica.** Solamente la recta 2 tiene una pendiente de positivo 2 y pasa por el punto $(0,3)$.

La respuesta correcta es la **recta 2.**

Instrucciones: Elija la respuesta que mejor responda a cada pregunta.

1. ¿Cuáles son las coordenadas del intercepto en y de la recta $y = -3x - 2$?

   (1) $(0,-5)$

   (2) $(0,-3)$

   (3) $(0,-2)$

   (4) $(-2,0)$

   (5) $(-3,0)$

4. El punto $(0,-5)$ es el intercepto en y ¿de cuál de las siguientes rectas?

   (1) $y = 2x$

   (2) $y = -x + 5$

   (3) $y = 3x - 5$

   (4) $y = -2x - 3$

   (5) No hay suficiente información.

Las preguntas 2 y 3 se refieren a la siguiente gráfica.

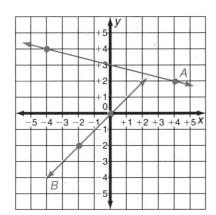

Las preguntas 5 y 6 se refieren a la siguiente gráfica.

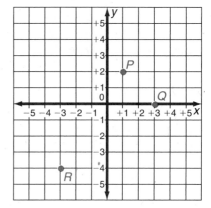

2. ¿Cuál es la ecuación de la recta A?

   (1) $y - 4x = 3$

   (2) $y - \frac{1}{4}x = -2$

   (3) $y = 4x$

   (4) $y + \frac{1}{4}x = -2$

   (5) $y + \frac{1}{4}x = 3$

5. ¿Cuál sería la ecuación de una recta que pasara por los puntos P y Q?

   (1) $y = -x + 3$

   (2) $y = -x - 3$

   (3) $y = 2x - 3$

   (4) $y = 3x + 2$

   (5) $y = 3x + 3$

3. ¿Cuál es la ecuación de la recta B?

   (1) $y = -x$

   (2) $y = x$

   (3) $y = 2x$

   (4) $y = -2x$

   (5) $y = x + 1$

6. ¿Cuál de los siguientes es el intercepto en y de una recta que pasa por los puntos R y Q?

   (1) $(-3,-4)$

   (2) $(0,-2)$

   (3) $(0,-3)$

   (4) $(0,-4)$

   (5) $(3,-4)$

Las respuestas comienzan en la página 429.

Instrucciones: Ésta es una prueba de práctica que dura treinta minutos. Después de que transcurran los treinta minutos, ponga una marca en la última pregunta que haya respondido. A continuación, termine la prueba y revise sus respuestas. Si la mayoría de sus respuestas fueron correctas, pero no terminó la prueba, trate de responder las preguntas más rápidamente la próxima vez.

Parte 1

Elija la respuesta que mejor responda a cada pregunta. PUEDE utilizar la calculadora.

Las preguntas 1 y 2 se refieren al siguiente diagrama.

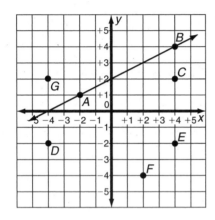

1. ¿Qué punto está en las coordenadas $(4, -2)$?

   (1) el punto C

   (2) el punto D

   (3) el punto E

   (4) el punto F

   (5) el punto G

2. ¿Cuál es la pendiente de la recta que pasa por los puntos A y B en la gráfica?

   (1) $-\frac{1}{2}$

   (2) $\frac{1}{3}$

   (3) $\frac{1}{2}$

   (4) $\frac{2}{3}$

   (5) 2

3. ¿Cuál de las siguientes opciones representa mejor la solución de la desigualdad $5x + 2 < 6x + 3x + 10$?

   (1) $x > -2$

   (2) $x < -2$

   (3) $x < 3$

   (4) $x > -3$

   (5) $x < -3$

4. La suma de tres números impares consecutivos da como resultado 135. ¿Cuáles son los números?

   (1) 41, 43 y 45

   (2) 43, 45 y 47

   (3) 44, 45 y 46

   (4) 44, 46 y 48

   (5) 45, 47 y 49

5. Si la secuencia continúa, ¿cuál es el siguiente término?

   0   1   3   7   15   _____

   (1) 25

   (2) 27

   (3) 29

   (4) 31

   (5) 33

6. ¿Cuál gráfica muestra la solución de $x - 3 < -1$?

(1)
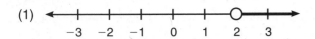

(2)
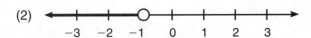

(3)
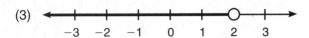

(4) ◄—○—+—+—+—+—+—+—►
        −3 −2 −1   0   1   2   3

(5) ◄—+—+—○—+—+—+—+—►
        −3 −2 −1   0   1   2   3

7. ¿En cuál de las siguientes series están ordenados los números de menor a mayor?

(1) 2.34×10^2, 5.2×10^2, 4.7×10^{-1}

(2) 2.34×10^2, 4.7×10^{-1}, 5.2×10^2

(3) 4.7×10^{-1}, 5.2×10^2, 2.34×10^2

(4) 4.7×10^{-1}, 2.34×10^2, 5.2×10^2

(5) 5.2×10^2, 4.7×10^{-1}, 2.34×10^2

8. ¿Cuáles son los factores correctos de la expresión $x^2 - 12x + 36$?

(1) $(x + 6)(x + 6)$

(2) $(x - 6)(x - 6)$

(3) $(x - 6)(x + 6)$

(4) $(x - 3)(x - 12)$

(5) $(x + 3)(x + 12)$

9. ¿Qué par ordenado es una solución de $5x - y = 1$?

(1) $(1, -4)$

(2) $(0, 4)$

(3) $(-1, 6)$

(4) $(-2, -11)$

(5) No hay suficiente información.

Las preguntas 10 y 11 se refieren a la siguiente figura.

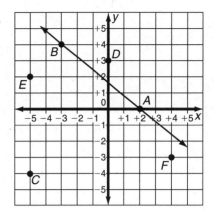

10. ¿Por qué puntos de la gráfica de coordenadas pasaría? la gráfica de la ecuación $y = -\frac{3}{2}x + 3$

(1) A y B

(2) A y C

(3) A, D y F

(4) A y E

(5) C y D

11. ¿Qué distancia hay entre el punto C y el punto A, redondeado a la unidad entera más cercana?

(1)   7

(2)   8

(3)   9

(4)   10

(5)   11

12. El corazón humano bombea diariamente un promedio de 114,000 galones de sangre. ¿Cuál de las siguientes expresiones representa esa cantidad en notación científica?

(1) 1.14×10^{-5}

(2) 1.14×10^{-4}

(3) 1.14×10^3

(4) 1.14×10^5

(5) 1.14×10^6

Parte 2

Instrucciones: Elija la respuesta que mejor responda a cada pregunta. **NO** puede utilizar la calculadora.

13. Si $x^2 + x = 20$, ¿con qué valores de x será verdadera la ecuación?

    (1) -5 y 4

    (2) -5 y -4

    (3) 5 y 4

    (4) 5 y -4

    (5) No se cuenta con suficiente información.

14. La paga semanal (p) de Aarón se puede representar como $p = \$200 + \$6s$, en donde s es la cantidad de ventas que realiza en una semana. ¿Cuánto ganará Aarón en una semana si realiza 32 ventas?

    (1) $192

    (2) $232

    (3) $238

    (4) $384

    (5) $392

15. ¿Qué par ordenado es una solución de $4x - y = 3$?

    (1) $(-5,2)$

    (2) $(-1,1)$

    (3) $(0,3)$

    (4) $(1,-1)$

    (5) $(2,5)$

16. Un mural tiene una superficie de unos 240 metros cuadrados. ¿Cuál es la longitud aproximada de un lado del mural?

    (1) entre 18 y 19 pies

    (2) entre 17 y 18 pies

    (3) entre 16 y 17 pies

    (4) entre 15 y 16 pies

    (5) entre 14 y 15 pies

La pregunta 17 se refiere a las siguientes gráficas.

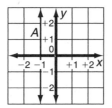 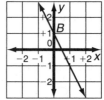 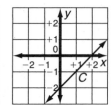

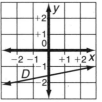 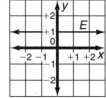

17. ¿Cuál de las rectas de arriba tiene una pendiente negativa?

    (1) A

    (2) B

    (3) C

    (4) D

    (5) E

18. ¿Cuál de los siguientes es igual a la expresión $\dfrac{x + 4x}{x^2 - 2x}$?

    (1) 2

    (2) $\dfrac{5}{x - 2}$

    (3) $x + 2$

    (4) $1 + 2x$

    (5) $2x$

19. ¿Qué punto no aparece en la gráfica de la recta $2x - y = -1$?

    (1) $(-3,-5)$

    (2) $(-1,-1)$

    (3) $(1,3)$

    (4) $(2,5)$

    (5) $(3,6)$

La pregunta 20 se refiere a la siguiente figura.

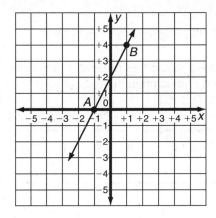

20. ¿Cuál es la ecuación de la recta que aparece en la gráfica?

   (1) $y = 2x + 2$

   (2) $y = 2x - 1$

   (3) $y = x + 2$

   (4) $y = x - 1$

   (5) $y = \frac{1}{2}x + 2$

---

21. Una empresa de reparaciones cobra una tarifa fija de $40 más $30 por cada hora (h) necesaria para hacer una reparación. ¿Cuál de las siguientes ecuaciones se podría utilizar para calcular el costo (c) de cualquier reparación?

   (1) $c = \$30h$

   (2) $c = \$40h$

   (3) $c = \$40 + \$30h$

   (4) $c = \$40h + \$30h$

   (5) $c = \$30 + \$40h$

22. ¿Cuál es la pendiente de una recta que pasa por los puntos situados en $(-2,2)$ y $(-4,4)$?

   (1) -3

   (2) -1

   (3) $-\frac{1}{3}$

   (4) $\frac{1}{3}$

   (5) 3

23. Las siguientes cantidades se depositaron en una cuenta de ahorros cada mes.

enero $20	marzo $44
febrero $32	abril $56

   Si continúa la misma secuencia, ¿cuánto se depositará en diciembre?

   (1) $112

   (2) $140

   (3) $144

   (4) $152

   (5) $164

Las preguntas 24 y 25 se refieren a la siguiente gráfica.

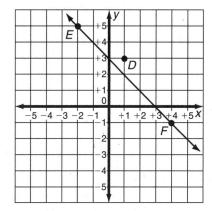

24. ¿Cuál es la ecuación de la recta que pasa por los puntos E y F?

   (1) $y = -3x - 3$

   (2) $y = 3x + 3$

   (3) $y = x + 3$

   (4) $y = -x + 3$

   (5) $y = -x - 3$

25. ¿Qué distancia hay en unidades desde el punto F hasta el punto D?

   (1) 3

   (2) 4

   (3) 5

   (4) 6

   (5) 7

Las respuestas comienzan en la página 430.

Unidad 3 Repaso acumulativo **Álgebra**

Parte 1

Instrucciones: Elija la respuesta que mejor responda a cada pregunta. PUEDE utilizar la calculadora.

1. ¿Cuál es el valor de la expresión $4x - 2y + xy$, cuando $x = -1$ y $y = 5$?

   (1) −26

   (2) −19

   (3) −9

   (4) −1

   (5) 1

2. ¿Cuál de las siguientes expresiones es igual a $2 - (x + 7)$?

   (1) $x - 9$

   (2) $-x - 5$

   (3) $-x - 9$

   (4) $-x + 9$

   (5) $-x + 14$

3. Si $-6(x + 1) + 4 = 8x - 9$, ¿cuál es el valor de x?

   (1) $\frac{1}{2}$

   (2) $-\frac{1}{2}$

   (3) -1

   (4) -3

   (5) -5

4. Cierto número disminuido en dos es igual a siete aumentado por el cociente del mismo número entre cuatro. ¿Qué número es?

   (1) −12

   (2) −5

   (3) 5

   (4) 7

   (5) 12

5. ¿Cuál de las siguientes gráficas muestra el conjunto de soluciones de la desigualdad $6 - 5x < 7x - 6$?

   (1)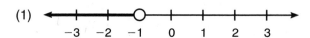

   (2)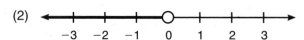

   (3)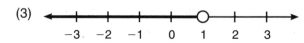

   (4)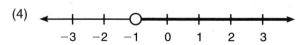

   (5)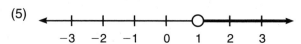

6. El producto de un número *(x)* y −4 es 8 más que 2 sumado a −5 veces ese número. ¿Cuál de las siguientes ecuaciones se podría usar para encontrar el valor de *x*?

   (1) $-4x - 8 = 2x + (-5x)$

   (2) $-4x + 8 = -5x + 2$

   (3) $-4x = -5x + 2 + 8$

   (4) $-4x = 8 + 2 + (-5)$

   (5) $-4x = 8 + x(-5 + 2)$

7. ¿Cuál es la pendiente de la recta que aparece en la gráfica?

   (1) 2

   (2) $\frac{3}{2}$

   (3) $\frac{2}{3}$

   (4) $-\frac{2}{3}$

   (5) $-\frac{3}{2}$

8. El par ordenado $(0, -2)$ ¿cuál de las siguientes ecuaciones resuelve?

   (1) $2x - 3y = -6$
   (2) $2x + 3y = 6$
   (3) $-2x + 3y = -6$
   (4) $-2x - 3y = 5$
   (5) $x + 2y = 4$

9. El Banco Noroeste cobra por su cuenta corriente normal una cuota mensual de $2.50, más $0.10 por cada cheque. La función que se usa para determinar los cargos mensuales totales es $M = \$2.50 + \$0.10c$, en donde M = cargos mensuales y c = la cantidad de cheques. Si durante un mes un cliente usa 24 cheques, ¿cuánto le cobrarán?

   (1) $ 2.40
   (2) $ 2.50
   (3) $ 4.90
   (4) $ 6.00
   (5) $26.50

10. ¿Cuál de las siguientes expresa el producto de 6,000 y 14,000 en notación científica?

    (1) 8.4×10^8
    (2) 8.4×10^7
    (3) 8.4×10^6
    (4) 84×10^8
    (5) 84×10^7

11. ¿Qué valor de x hace que sea verdadera la siguiente desigualdad: $x < 500$?

    (1) 8^3
    (2) 7^3
    (3) 6^4
    (4) 5^4
    (5) 4^6

Las preguntas 12 a 14 se refieren a la siguiente gráfica.

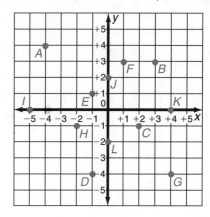

12. ¿Qué puntos tienen valores de x positivos y valores de y negativos?

    (1) A, E
    (2) A, E, I
    (3) C, G
    (4) C, G, L
    (5) C, G, L, K

13. Si se trazara la recta de $x + 2y = -4$ en la gráfica, ¿cuál de los siguientes puntos estaría en la línea?

    (1) D
    (2) I
    (3) J
    (4) K
    (5) L

14. ¿Cuál sería la pendiente de una línea que pasara por los puntos J y K?

    (1) -2
    (2) $-\frac{1}{2}$
    (3) $\frac{1}{4}$
    (4) $\frac{1}{2}$
    (5) 2

15. La secuencia que sigue se forma usando la regla "multiplicar por 3, sumar 1". Marque en la cuadrícula el 6° término de la secuencia.

1   4   13   40 . . . . . .

16. Marque en la cuadrícula el valor de la siguiente expresión: $\sqrt{81} + 2^4 - \sqrt{169} + 5^2$

17. Marque la ubicación del punto cuyas coordenadas son $(3, -4)$.

18. Marque la ubicación del intercepto en x de la recta $-2x + 3y = 6$.

Unidad 3: Álgebra

Parte 2

Instrucciones: Elija la respuesta que mejor responda a cada pregunta. **NO** puede utilizar la calculadora.

19. La longitud de un rectángulo es 6 veces su anchura. El perímetro tiene que ser de más de 110 pies. ¿Qué desigualdad se puede resolver para encontrar la anchura (*x*)?

    (1) $7x > 110$

    (2) $6x^2 > 110$

    (3) $x + 6x > 110$

    (4) $2(6x) + x > 110$

    (5) $x + 6x + x + 6x > 110$

20. ¿Cual es el conjunto de soluciones de la desigualdad $-5x + (-3) \le 2x - 17$?

    (1) $x \le -2$

    (2) $x \ge -2$

    (3) $x \le 2$

    (4) $x \ge 2$

    (5) $x \le 3$

21. ¿Cuál de las siguientes ecuaciones expresa el producto de -6 y *x*, disminuido por la suma de -6 más *y*?

    (1) $-6x - (-6 + y)$

    (2) $-6y - (-6x)$

    (3) $(-6 + x) - (-6y)$

    (4) $(-6 + y) - (-6x)$

    (5) $(-6 + x) - (-6 + y)$

22. Un número multiplicado por dos, sumado a 3, es igual al negativo de ese número. ¿Qué número es?

    (1) -3

    (2) -1

    (3) $-\frac{1}{3}$

    (4) 1

    (5) 3

La pregunta 23 se refiere a la siguiente gráfica.

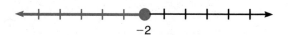

23. ¿Qué desigualdad se representa en la recta numérica?

    (1) $-2 > x$

    (2) $x < -2$

    (3) $-2 \le x$

    (4) $x \le -2$

    (5) $2 = x$

24. ¿Cuáles son los valores posibles de *x* en la ecuación $x^2 - 7x = 18$?

    (1) 2 y -9

    (2) 3 y -6

    (3) 6 y -3

    (4) 9 y -2

    (5) 9 y -9

25. ¿Cuál es la ecuación de una recta que pasa por los puntos (0,4) y (−4,2)?

    (1) $y = \frac{1}{2}x + 4$

    (2) $y = \frac{1}{2}x - 4$

    (3) $y = \frac{1}{2}x + 2$

    (4) $y = 2x + 4$

    (5) $y = 2x - 4$

Instrucciones: Resuelva los siguientes problemas y marque sus respuestas en las cuadrículas.

26. ¿Cuál es el valor de la siguiente expresión si $x = 2$ y $y = -2$?

$$6x^2 - 5xy - 4y^2$$

27. Alberto es cinco veces mayor que Timoteo. Dentro de cinco años, Alberto será cuatro veces mayor que Timoteo. ¿Qué edad tendrá Timoteo dentro de cinco años?

28. Marque la ubicación del punto cuyas coordenadas son $(-3,2)$.

29. Marque la ubicación del intercepto en y de la recta $2x - y = 4$.

Las respuestas comienzan en la página 431.

Tabla de análisis del desempeño en el repaso acumulativo
Unidad 3 ● Álgebra

Consulte la sección Respuestas y explicaciones que empieza en la página 431 para verificar sus respuestas al Repaso acumulativo de la Unidad 3. Luego, use la siguiente tabla para identificar las destrezas en las que necesite más práctica.

En la tabla, encierre en un círculo los números correspondientes a las preguntas que haya contestado correctamente. Anote el número de aciertos para cada destreza y luego súmelos para calcular el número total de preguntas que contestó correctamente en el Repaso acumulativo. Si cree que necesita más práctica, repase las lecciones de las destrezas que se le dificultaron.

Preguntas	Número de aciertos	Destreza	Lecciones para repasar
1, 2, 21, 26	_____/4	Números enteros y expresiones algebraicas	18
3, 4, 6, 22, 27	_____/5	Ecuaciones	19
9, 10, 11, 15, 16	_____/5	Potencias y raíces	20
5, 19, 20, **23**, 24	_____/5	Factorización y desigualdades	21
7, 8, **12**, **13**, **14**, **17**, **18**, 25, **28**, **29**	_____/10	Plano cartesiano	22
TOTAL DE ACIERTOS: _____/29			

Los números en **negritas** corresponden a preguntas que contienen gráficas.

Geometría

La Geometría es el área de las Matemáticas que estudia puntos, líneas, ángulos, figuras bidimensionales y tridimensionales y se usa para resolver muchos problemas cotidianos. En todas partes se pueden ver figuras geométricas. Se pueden ver dentro de cuartos, en muebles, en ropa y en objetos domésticos y también en edificios, calles y puentes. Una de las partes más importantes de la Geometría es aprender a usar fórmulas, como aquellas para calcular el perímetro, área, volumen y la relación de Pitágoras.

Los principios de la Geometría muestran cómo las medidas de una forma o figura se relacionan con sus características y la relación que existe entre las figuras bidimensionales y tridimensionales. La Geometría es un tema importante en la Prueba de Matemáticas de GED. Las preguntas sobre Geometría representan aproximadamente el 25 por ciento de la prueba.

Los paisajistas y otros trabajadores usan diariamente la Geometría para realizar su trabajo.

3 pies   5 pies

$A = l \times w$
$V = l \times w \times h$

6 pies

14 pies   8 pies   14 pies

20 pies

suelo: 6 pulg de profundidad

Las lecciones de esta unidad son:

Lección 23: Aplicar fórmulas
Existe una gran variedad de figuras geométricas. Además de cuadrados y rectángulos, algunas de las figuras más comunes son los triángulos, paralelogramos, círculos, pirámides y conos. Se usan fórmulas para calcular el perímetro, área y volumen de estas figuras.

Lección 24: Rectas y ángulos
Muchas de las figuras planas con las que trabajamos se componen de rectas y ángulos. Las relaciones entre ángulos (opuestos por el vértice, complementarios, suplementarios y congruentes) son la base para resolver muchos problemas comunes de Geometría.

Lección 25: Triángulos y cuadriláteros
Algunas de las figuras planas más comunes son las que tienen tres lados (triángulos) y cuatro lados (cuadriláteros). Dos figuras planas pueden ser congruentes (misma forma y tamaño) o similares (ángulos iguales y lados proporcionales).

Lección 26: Figuras compuestas
No todas las figuras planas son regulares. Las figuras compuestas (con lados desiguales o formadas por varias figuras más pequeñas) son comunes. Trabajar con estas figuras implica usar el razonamiento lógico para determinar qué formas regulares conforman a la más grande.

Lección 27: Trabajar con triángulos rectángulos
Un triángulo rectángulo es un tipo especial de triángulo que se usa a menudo para resolver problemas. Puede usar la relación de Pitágoras para calcular la longitud de los lados de un triángulo rectángulo: los catetos (los dos lados cortos) y la hipotenusa (el lado más largo). El seno, coseno y tangente son proporciones importantes que comparan la longitud de los lados específicos de un triángulo rectángulo.

ESTRATEGIAS DE RESOLUCIÓN DE PROBLEMAS

○ Convertir medidas

○ Resolver las variables en una fórmula

○ Usar el razonamiento lógico

○ Usar proporciones en Geometría

○ Reconocer las aplicaciones de la relación de Pitágoras

Triángulos y paralelogramos

Triángulos

Paralelogramos

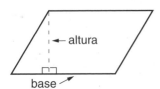
altura
base

Dos figuras comunes son los triángulos y los paralelogramos. Un **triángulo** tiene tres lados y tres ángulos. Los lados de los triángulos pueden tener distintas longitudes y sus ángulos distintas medidas.

Un **paralelogramo** es una figura de cuatro lados cuyos lados opuestos son paralelos. *Paralelo* significa que las líneas extendidas nunca se intersecan o cruzan. Los rectángulos y los cuadrados son paralelogramos especiales, aunque solemos pensar en un paralelogramo como un rectángulo inclinado hacia un lado.

El perímetro de una figura geométrica es la distancia que bordea a la figura y se calcula sumando los largos de todos los lados de una figura, sin importar su número o las longitudes de los lados.

El área es la medida de la superficie de una figura bidimensional. El área de un paralelogramo es igual al producto de la base por la altura. La **base** puede ser cualquier lado. La **altura** es la distancia recta desde un punto del lado opuesto hasta la base. La altura y la base forman un ángulo de 90°.

Área = base × altura o $A = bh$, donde b = base y h = altura

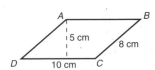

Ejemplo 1   Calcule el perímetro y el área del paralelogramo *ABCD*.

Paso 1   Calcule el perímetro. Sume la
longitud de los lados. $10 + 10 + 8 + 8 = 36$ centímetros

Paso 2   Calcule el área. **Escoja la fórmula.** $A = bh$
Sustituya las medidas. $A = 10(5)$
Resuelva. $A = 50 \text{ cm}^2$

El perímetro es **36 centímetros**; el área es **50 cm cuadrados.**

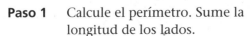

Una línea diagonal que pasa a través de dos esquinas opuestas divide al paralelogramo en dos triángulos idénticos. Cada triángulo es igual a un medio del paralelogramo. La fórmula del área de un triángulo se basa en este hecho.

Área = $\frac{1}{2}$ × base × altura o $A = \frac{1}{2}bh$

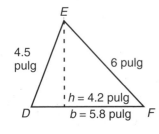

Ejemplo 2   Calcule el perímetro y el área del triángulo *DEF*.

Paso 1   Calcule el perímetro. Sume los $4.5 + 6 + 5.8 = 16.3$ pulgadas
largos de los lados.

Paso 2   Calcule el área. Escoja la fórmula. $A = \frac{1}{2}bh$
Sustituya las medidas.
Resuelva. $A = \frac{1}{2}(5.8)(4.2)$

$A = 12.18 \text{ pulg}^2$

Cuando resuelva los problemas con la calculadora, use en la fórmula el número decimal 0.5 en vez de $\frac{1}{2}$.

área: 0.5 × **5.8** × **4.2** = **12.18**

El perímetro del triángulo *DEF* es **16.3 pulgadas**; el área es **12.18 pulgadas cuadradas**.

ENFOQUE EN LAS DESTREZAS DE GED

A. Calcule el perímetro y el área de cada figura. Puede usar la calculadora.

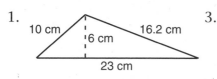

1.

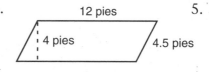
3.

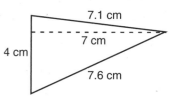
5.

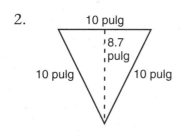
2.

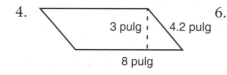
4.

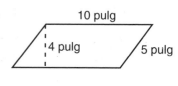
6.

B. Elija la respuesta que mejor responda el problema. No use la calculadora.

Use de referencia la siguiente figura para responder a la pregunta 7.

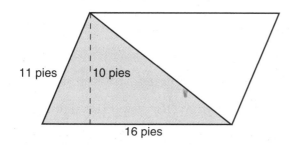

7. ¿Cuál de las siguientes expresiones puede usarse para encontrar el área (en pies cuadrados) de la parte sombreada del paralelogramo?

(1) 11^2

(2) $16(11)$

(3) $(16)(10)$

(4) $\frac{1}{2}(16)(10)$

(5) $\frac{1}{2}(16)(11)$

SUGERENCIA

La "base" es el lado que forma un ángulo de 90° con la altura. Cualquier lado de la figura puede ser la base, no sólo el lado sobre el cual "descansa" la figura.

Las respuestas comienzan en la página 434.

Círculos

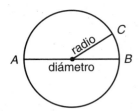

La mayoría de las figuras tienen lados rectos. Un círculo, por el contrario, tiene el borde curvo. Al perímetro, es decir, la distancia alrededor del círculo, se le llama **circunferencia.** Para calcular la circunferencia de un círculo, usted necesita conocer ya sea el diámetro o el radio del círculo.

El **diámetro** de un círculo es un segmento de recta que pasa por el centro del círculo y tiene sus puntos finales sobre el borde del círculo. El **radio** es un segmento de recta que conecta el centro del círculo con un punto sobre el borde del círculo. La longitud del radio es la mitad del diámetro.

$$r = \frac{1}{2}d = \frac{d}{2} \quad \text{ó} \quad 2r = d$$

Para cualquier círculo, la razón de la circunferencia al diámetro $\left(\frac{C}{d}\right)$ tiene siempre el mismo valor. Este valor se representa con la letra griega π (pi). El valor de π es $\frac{22}{7}$ o aproximadamente 3.14. La Prueba de Matemáticas de GED usa 3.14 como valor de pi.

Dado que $\frac{C}{d} = \pi$, la fórmula para calcular la circunferencia (C) es $C = \pi \times d$, donde d = diámetro, es decir, pi multiplicado por el diámetro.

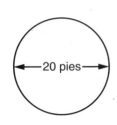

SUGERENCIA

Para hacer un estimado de la circunferencia de un círculo, multiplique el diámetro por 30.

Ejemplo 1   Florencia quiere instalar un barandal alrededor de una piscina circular. El diámetro de la piscina es de 20 pies. ¿Cuál será la longitud del barandal?

Paso 1	Escoja la fórmula.	$C = \pi d$
Paso 2	Sustituya los valores.	$C = 3.14(20)$
Paso 3	Resuelva.	$C = 62.8$ pies

El barandal medirá aproximadamente **62.8** pies de longitud.

La fórmula para calcular el área de un círculo es $A = \pi r^2$, donde r es el radio. Es decir, el área de un círculo se calcula multiplicando π (3.14) por el cuadrado del radio.

Ejemplo 2   Pablo desea pintar un círculo en la pared de su tienda como parte de un anuncio. ¿Cuál es el área, en pies cuadrados, del círculo si el diámetro es de 12 pies?

Paso 1	Escoja la fórmula.	$A = \pi r^2$
Paso 2	Calcule el radio.	$r = \frac{1}{2}d$
		$r = \frac{1}{2}(12) = 6$ pies
Paso 3	Sustituya los valores.	$A = 3.14 \times 6 \times 6$
Paso 4	Resuelva.	$A = 113.04$ pies cuadrados

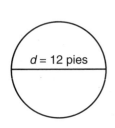

d = 12 pies

Aunque la calculadora GED tiene una tecla para *pi,* probablemente ahorrará tiempo si marca 3.14 para pi.

3.14 ✕ 6 x^2 = 113.04

El área del círculo del anuncio de Pablo mide aproximadamente **113 pies cuadrados.**

A. Resuelva. Puede usar la calculadora.

Use de referencia el siguiente diagrama para responder a las <u>preguntas 1 y 2</u>.

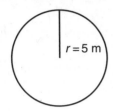

1. ¿Cuál es el diámetro, en metros, del círculo?

2. ¿Cuál es la circunferencia del círculo? Redondee su respuesta al décimo de metro más cercano.

Use de referencia el siguiente diagrama para responder a las <u>preguntas 3 y 4</u>.

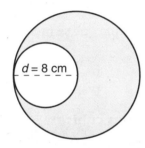

3. El diámetro del círculo más pequeño es igual al radio del círculo más grande. ¿Cuál es el diámetro, en centímetros, del círculo más grande?

4. ¿Cuál es el radio, en centímetros, del círculo más chico?

5. El diámetro de un círculo mide 7 pulgadas. ¿Cuál es la circunferencia redondeada a la pulgada más cercana?

6. Si el radio de un círculo mide 2 pies, ¿cuál es el área, en pies cuadrados, del círculo?

Use de referencia el siguiente diagrama para responder a las <u>preguntas 7 y 8</u>.

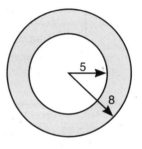

7. ¿Cuál es la circunferencia del círculo externo más grande? Redondee su respuesta a la pulgada más cercana.

8. ¿Cuál es el área del anillo sombreado? Redondee a la pulgada más cercana. (*Pista:* Reste el área del círculo más pequeño del área del círculo más grande)

B. Resuelva.

9. La siguiente figura muestra la superficie de un patio circular que va a ser pintado. Aproximadamente, ¿cuál es la superficie en pies cuadrados del patio? (*Pista:* ¿Qué fórmula da pies cuadrados?)

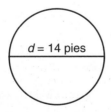

10. Un círculo tiene un radio de 3 yardas. ¿Cuál es su área aproximada a la yarda cuadrada más cercana?

11. ¿Cuál es la circunferencia de un círculo cuyo radio es de 7 centímetros? Redondee al centímetro más cercano.

Las respuestas comienzan en la página 434.

Volumen

El **volumen** es una medida en unidades cúbicas de la cantidad de espacio que existe dentro de un objeto tridimensional (o sólido). Cada unidad cúbica es un cubo compuesto por 6 lados cuadrados idénticos (llamados *caras*). Por ejemplo, una pulgada cúbica es un cubo donde cada cara está compuesta de una arista que mide 1 pulgada. Imagine llenar un espacio con capas de cubos de hielo. El volumen del espacio es igual al número de cubos.

Tres figuras sólidas comunes son el **prisma rectangular,** el **cubo** y el **cilindro.** El volumen (V) es el área (A) de la base (el lado que forma un ángulo de 90° respecto a la altura) multiplicada por la altura del objeto. La fórmula general es $V = Ah$. Esta fórmula general se vuelve a formular para cada tipo de figura. Fíjese que la base de cada figura sólida es una forma que ya conoce.

Prisma rectangular	Cubo	Cilindro
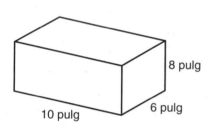		
V = (área del rectángulo)h	V = (área del cuadrado)h	V = (área del círculo)h
= (longitud × ancho) × altura	= (arista × arista) × arista	= (pi × radio²) × altura
= lwh	= s^3 (arista = lado)	= $\pi r^2 h$

Ejemplo 1 ¿Cuál es el volumen del bloque que se muestra a la izquierda?

Paso 1 Escoja la fórmula. $V = lwh$

Paso 2 Sustituya y resuelva. $V = 10 \times 6 \times 8 = 480$ pulg³

El volumen del bloque es de **480 pulgadas cúbicas.**

Un cubo es un prisma rectangular especial. La fórmula de volumen sigue siendo el producto del largo por ancho y por altura, pero la fórmula se escribe de manera distinta.

Ejemplo 2 ¿Cuál es el volumen de un cubo cuyos lados miden 2 pies?

Paso 1 Escoja la fórmula. $V = s^3$

Paso 2 Sustituya. $V = 2^3$

Paso 3 Resuelva. $V = 2 \times 2 \times 2 = 8$ pies cúbicos

Use las teclas [x^y] o [x^3] para elevar un número al cubo.

2 x^y 3 $=$ 8.   Ó   2 SHIFT ▶ 8.

El volumen del cubo es de **8 pies cúbicos.**

La base de todo cilindro es un círculo. Para calcular el volumen de un cilindro, calcule el área del círculo (πr^2) y multiplíquela por la altura (h).

Ejemplo 3 ¿Cuál es el volumen del cilindro que se muestra a la izquierda?

Paso 1 Escoja la fórmula. V = (área de un círculo) × $h = \pi r^2 h$

Paso 2 Sustituya. $V = 3.14 \times 4^2 \times 10$

Paso 3 Resuelva. $V = 3.14 \times 16 \times 10 = 502.4$ cm cúbicos

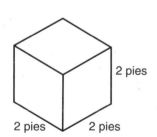

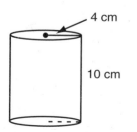

Puede usar la tecla x^2 o x^y cuando resuelva problemas de volumen con la calculadora. Presione las teclas como se indica para resolver el problema del cilindro del Ejemplo 3.

3.14 ✕ 4 ✕ 4 ✕ 10 = 502.4   o

3.14 ✕ 4 x^2 ✕ 10 = 502.4

El volumen del cilindro es aproximadamente **502.4 centímetros cúbicos.**

ENFOQUE EN LAS DESTREZAS DE GED

A. Calcule el volumen de cada figura, redondeando al entero más cercano. Puede usar la calculadora.

1.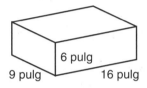
6 pulg
9 pulg   16 pulg

3.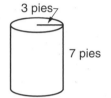
3 pies
7 pies

5.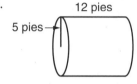
12 pies
5 pies

2.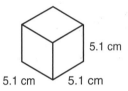
5.1 cm
5.1 cm   5.1 cm

4.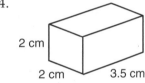
2 cm
2 cm   3.5 cm

B. Resuelva. Puede usar la calculadora en la pregunta 9.

6. ¿Cuál es el volumen, en pies cúbicos, de una caja rectangular con las siguientes medidas: longitud = 4 pies, ancho = 5 pies y altura = 6 pies?

7. Los recipientes de basura de un complejo de apartamentos miden 10 pies de largo, 6 pies de ancho y 5 pies de alto. ¿Cuántos pies cúbicos de basura cabe en cada recipiente?

8. Un club de salud va a construir una piscina. La fosa debe medir 100 pies de largo por 25 de ancho y 5 de profundidad. ¿Cuántos pies cúbicos de tierra serán removidos para cavar la fosa?

9. Pablo necesita guardar una caja que mide $1\frac{1}{2}$ yarda por lado. ¿Cuál es el volumen, en yardas cúbicas, de la caja?

Use de referencia el siguiente diagrama para responder a la pregunta 10.

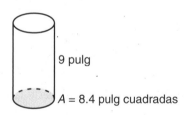
9 pulg
A = 8.4 pulg cuadradas

10. ¿Cuál de las siguientes expresiones puede usarse para calcular el volumen, en pulgadas cúbicas, del vaso?

(1) (8.4)9

(2) $(8.4^2)(9)$

(3) (3.14)(8.4)(9)

(4) $(3.14)(8.4^2)(9)$

(5) $(3.14)(8.4)(9^2)$

Las respuestas comienzan en la página 435.

Pirámides y conos

Todos los sólidos tridimensionales estudiados hasta el momento (envases rectangulares, cubos y cilindros) tienen dos bases idénticas. Puede considerar estas bases como el lado superior e inferior de la figura. Las pirámides y conos también son sólidos tridimensionales, pero sólo tienen una base.

Pirámide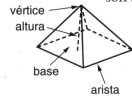

Una **pirámide** tiene una base cuyos lados miden lo mismo de largo. Una pirámide puede tener una base cuadrada o triangular. Sin embargo, en la Prueba de Matemáticas GED sólo se usa la fórmula de volumen de una pirámide con base cuadrada. La base se conecta a través de un único punto, llamado **vértice,** con las **caras** triangulares (lados).

Cono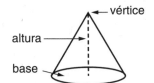

Un cono tiene una base circular y un vértice. Una superficie curva conecta la base al vértice.

El volumen de una pirámide o cono es $\frac{1}{3}$ del área de su base multiplicada por su altura.

$$V = \frac{1}{3} \times \textbf{Área de la base} \times \textbf{altura} \qquad V = \frac{1}{3}Ah$$

pirámide   Volumen $= \frac{1}{3} \times$ (área del cuadrado) $\times$ altura

$\qquad\qquad\qquad = \frac{1}{3} \times$ (arista de la base)$^2 \times$ altura $\qquad V = \frac{1}{3}s^2h$

cono   Volumen $= \frac{1}{3} \times$ (área del círculo) $\times$ altura

$\qquad\qquad\qquad = \frac{1}{3} \times \pi \times$ radio$^2 \times$ altura $\qquad V = \frac{1}{3}\pi r^2 h$

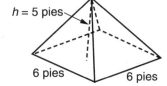

Ejemplo 1   Calcule el volumen, en pies cúbicos, de la pirámide.

Paso 1   **Calcule el área de la base** (un cuadrado).
         Escoja la fórmula. $A = s^2$
         Sustituya y resuelva. $A = 6^2 = 36$ pies^2

Paso 2   **Escoja la fórmula de volumen.** $V = \frac{1}{3}Ah$
         Sustituya.
         Resuelva. $V = \frac{1}{3}(36)(5)$
                                         $V = 60$ pies^3

 Puede usar la tecla de fracción para multiplicar por una fracción. O multiplique el área por la altura y divida entre 3.

     1   `a b/c`   **3**   **×**   **36**   **×**   **5**   **=**   **60.**   Ó **36**   **×**   **5**   **÷**   **3**   **=**   **60.**

El volumen de la pirámide es **60 pies cúbicos.**

Ejemplo 2   Calcule el volumen del cono, al centímetro cúbico más cercano.

Paso 1   Use la fórmula para calcular el $V = \frac{1}{3}\pi r^2 h$
         volumen de un cono.

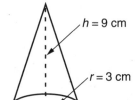

Paso 2   Sustituya. $V = \frac{1}{3}(3.14)(3^2)(9)$

Paso 3   Resuelva. $V = \frac{1}{3}(3.14)(9)(9) = 84.78,$
                                    que redondeado es 85 cm^3

El volumen del cono es aproximadamente **85 centímetros cúbicos.**

A. Calcule el volumen de cada figura. Redondee su respuesta al entero más cercano. Puede usar la calculadora.

1.

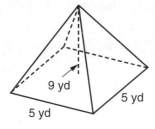

9 yd

5 yd

5 yd

3.

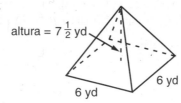

altura = 7 ½ yd

6 yd

6 yd

6 yd

5.

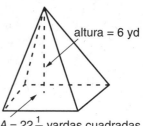

altura = 6 yd

$A = 22\frac{1}{2}$ yardas cuadradas

2.

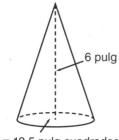

6 pulg

$A = 12.5$ pulg cuadradas

4.

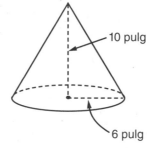

10 pulg

6 pulg

6.

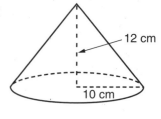

12 cm

10 cm

B. Resuelva.

7. ¿Cuál es el volumen, en centímetros cúbicos, de un cono cuya altura mide 8 centímetros y el área de la base mide 12.6 centímetros cuadrados? (*Pista:* Ud. ya conoce el área de una base circular. Use $V = \frac{1}{3}Ah$ en vez de $V = \frac{1}{3}\pi r^2 h$.)

8. El área de la base de la pirámide A mide 25 metros cuadrados. El área de la base la pirámide B mide 64 metros cuadrados. ¿En cuántos metros cúbicos excede el volumen de la pirámide B al volumen de la pirámide A?

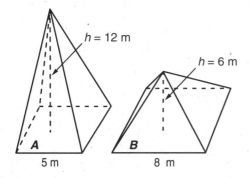

$h = 12$ m

$h = 6$ m

A

B

5 m

8 m

9. Una pirámide tiene una base cuadrada con una arista de 9 centímetros y una altura de 18.25 centímetros. ¿Cuál de las siguientes expresiones puede usarse para calcular el volumen de la pirámide en centímetros cúbicos?

(1) $9^2(18.25)$

(2) $9^3(18.25)$

(3) $\frac{1}{3}(9)(18.25)$

(4) $\frac{1}{3}(9^2)(18.25)$

(5) No se cuenta con suficiente información.

Las respuestas comienzan en la página 435.

ESTRATEGIA DE GED **Resolver problemas verbales**

Convertir medidas

Para resolver problemas de perímetro, área y volumen todas las medidas se deben dar en las mismas unidades. Convertir medidas implica usar factores de conversión para cambiar de una unidad a otra.

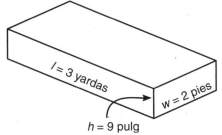

Ejemplo ¿Cuál es el volumen, en pulgadas cúbicas, del prisma rectangular que se muestra a la izquierda?

(1)   54
(2)   648
(3) 1,944
(4) 23,328
(5) 93,312

Paso 1 **Convertir medidas.** Convierta la longitud y ancho en pulgadas. (Para repasar la conversión de medidas, consulte las páginas 158–159.) El largo es de 3 yardas. Convierta a pulgadas usando el factor de conversión: 1 yarda = 36 pulgadas. Resuelva calculando el producto vectorial.

$$\frac{\text{yardas}}{\text{pulgadas}}\ \frac{1}{36} = \frac{3}{l}\quad l = 3(36)\qquad l = 108 \text{ pulgadas}$$

El ancho es de 2 pies. Convierta a pulgadas: 1 pie = 12 pulgadas

$$\frac{\text{pie}}{\text{pulgadas}}\ \frac{1}{12} = \frac{2}{w}\quad w = 2(12)\qquad w = 24 \text{ pulgadas}$$

Paso 2 **Escoja la fórmula apropiada. Sustituya y resuelva.**

$V = lwh$

$V = 108 \times 24 \times 9 = 23{,}328$ pulgadas cúbicas.

La opción correcta es **(4) 23,328.**

SUGERENCIA

En un problema puede aparecer más de una unidad de medida. Convierta todas las medidas a la misma unidad antes de usar fórmulas.

También podría haber resuelto este problema en términos de pies o yardas.

En pies:

$V = lwh$

$= 3 \text{ yardas} \times 2 \text{ pies} \times 9 \text{ pulgadas}$

$= 9 \text{ pies} \times 2 \text{ pies} \times \frac{3}{4} \text{ pies}$

$= \mathbf{13\frac{1}{2} \text{ pies cúbicos}}$

En yardas:

$V = lwh$

$= 3 \text{ yardas} \times 2 \text{ pies} \times 9 \text{ pulgadas}$

$= 3 \text{ yardas} \times \frac{2}{3} \text{ yardas} \times \frac{1}{4} \text{ yardas}$

$= \mathbf{\frac{1}{2} \text{ yardas cúbicas}}$

Con frecuencia debe decidir qué unidad de medida usar. Generalmente, es mejor convertir a la unidad más pequeña para no tener que trabajar con fracciones. Además, lea la pregunta. Se ahorra tiempo al convertir todas las medidas a la unidad requerida en la pregunta.

Instrucciones: Elija la respuesta que mejor responda a cada pregunta.

Las preguntas 1 y 2 usan de referencia la siguiente figura.

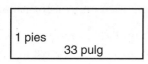

1 pies
33 pulg

1. ¿Cuál es el perímetro, en pies, del rectángulo?

   (1) $6\frac{1}{2}$

   (2) $7\frac{1}{2}$

   (3) 8

   (4) $8\frac{1}{4}$

   (5) $8\frac{1}{2}$

2. ¿Cuál es el área, en pulgadas cuadradas, del rectángulo?

   (1) 364

   (2) 386

   (3) 396

   (4) 412

   (5) 432

La pregunta 3 se refiere al siguiente diagrama.

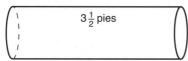

$3\frac{1}{2}$ pies

el diámetro de la base es de 12 pulgadas

3. ¿Cuál de las siguientes expresiones puede usarse para calcular el volumen, en pulgadas cúbicas, de un cilindro?

   (1) 42(12)

   (2) $3.14(6^2)$

   (3) $3.14(6^2)(3.5)$

   (4) $(3.14)(6^2)(42)$

   (5) $(3.14)(12^2)(42)$

4. ¿Cuál es el volumen aproximado (en pies cúbicos) de una caja cuya longitud es $2\frac{1}{2}$ pies, ancho es 1 pie 6 pulg y altura de 1 pie 9 pulg?

   (1) entre 3 y 4

   (2) entre 4 y 5

   (3) entre 5 y 6

   (4) entre 6 y 7

   (5) entre 7 y 8

La pregunta 5 se refiere al siguiente diagrama.

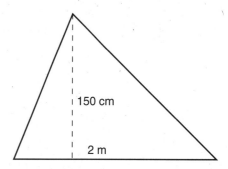

150 cm

2 m

5. ¿Cuál es el área, en centímetros cuadrados, del triángulo?
   (*Pista:* 1 metro = 100 centímetros)

   (1) 12,000

   (2) 12,500

   (3) 15,000

   (4) 20,000

   (5) 22,500

6. Un cono tiene una altura de 1 pie 4 pulgadas y una base cuyo área mide 18 pulgadas cuadradas. ¿Cuál es el volumen, en pulgadas cúbicas, del cono?

   (1) 84

   (2) 96

   (3) 144

   (4) 252

   (5) 288

Las respuestas comienzan en la página 436.

Resolver las variables en una fórmula

Usted ya ha trabajado con varias figuras geométricas. Las fórmulas son un tipo de ecuación que contienen variables que se usan para resolver problemas de medición y de Geometría. Las propiedades algebraicas que aprendió en la Unidad 3 se pueden usar para resolver una variable específica en una fórmula.

Recuerde que una ecuación muestra dos enunciados matemáticos llamados *expresiones*. Para mantener la igualdad de las expresiones, realice la misma operación en ambos lados de la ecuación.

Ejemplo 1 El volumen de un envase rectangular es de 120 pies cúbicos. ¿Cuál es la altura del envase?

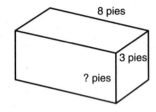

Paso 1	**Escoja la fórmula apropiada.**	$V = lah$
Paso 2	**Sustituya los valores conocidos.**	$120 = 8(3)h$
Paso 3	**Simplifique.**	$120 = 24h$
Paso 4	**Resuelve la variable desconocida.**	$\dfrac{120}{24} = \dfrac{24h}{24}$
		$5 = h$

La altura del envase es de **5 pies.**

A veces, en la prueba de Matemáticas de GED, la manera de responder una pregunta de planteamiento es volver a escribir la ecuación para resolver cierta variable. Las cinco opciones múltiples muestran varias maneras de resolver el problema. Deber escoger la correcta, como se indica a continuación.

Ejemplo 2 El área del triángulo *DEF* es 72 cm². ¿Cuál de las siguientes expresiones puede usarse para calcular la longitud de la base del triángulo *DEF*?

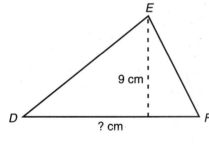

(1) $\dfrac{72}{2}(9)$

(2) $2(9)(72)$

(3) $\dfrac{2(9)}{72}$

(4) $\dfrac{2(72)}{9}$

(5) $\dfrac{9}{2(72)}$

Paso 1	Escoja la fórmula (área de un triángulo).	$A = \frac{1}{2}bh$
Paso 2	Vuelva a escribir la fórmula para resolver la base (*b*).	$2 \times A = \frac{1}{2}bh \times 2$
		$2A = bh$
		$\dfrac{2A}{h} = b$
Paso 3	Sustituya los valores conocidos.	$\dfrac{2(72)}{9} = b$

La **opción (4)** $\dfrac{2(72)}{9}$ es la correcta.

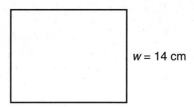

PRÁCTICA DE GED

Instrucciones: Elija la respuesta que mejor responda a cada pregunta.

1. El área de un mural rectangular es de 180 pies cuadrados. Si el mural mide 15 pies de longitud, ¿cuál es su ancho, en pies?

   (1)   6
   (2)   12
   (3)   165
   (4)   2700
   (5)   No se cuenta con suficiente información.

La pregunta 2 se refiere al siguiente diagrama.

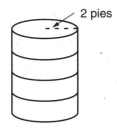

2 pies

2. Un barril de almacenaje tiene forma cilíndrica. El volumen del barril es aproximadamente 81.64 pies cúbicos. ¿Cuál de las siguientes expresiones puede usarse para calcular su altura en pies?

   (1) $\frac{81.64}{(3.14)(2^2)}$
   (2) $\frac{(3.14)(2^2)}{81.64}$
   (3) $\frac{81.64(2^2)}{(3.14)}$
   (4) $81.64(3.14)(2^2)$
   (5) $81.64 - (3.14)(2^2)$

3. Una pequeña sección de un techo tiene forma triangular. El área total de la sección es de 10.5 pies cuadrados. Si la altura de la sección es de 3.5 pies, ¿cuál es la medida, en pies, de la base?

   (1)   3
   (2)   6
   (3)   7
   (4)   14
   (5)   36.75

La pregunta 4 se refiere a la siguiente figura.

$w = 14$ cm

4. El perímetro de un rectángulo es de 64 cm. ¿Cuál de las siguientes expresiones puede usarse para calcular la longitud del rectángulo?

   (1) $\frac{64}{14}$
   (2) $\frac{64}{2(14)}$
   (3) $64 - 14$
   (4) $\frac{64 - 2(14)}{2}$
   (5) $\frac{64 + 2(14)}{2}$

La pregunta 5 se refiere al siguiente diagrama.

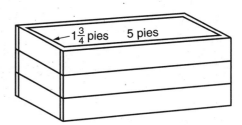

$1\frac{3}{4}$ pies   5 pies

5. Miguel piensa construir una jardinera de madera parecida a la que se muestra en el diagrama. Quiere que tenga un volumen de $17\frac{1}{2}$ pies cúbicos. Si la base de la caja tiene las dimensiones que se muestran, ¿cuál es la altura, en pies, de la caja?

   (1)   2
   (2) $2\frac{1}{2}$
   (3) $3\frac{1}{2}$
   (4)   10
   (5)   No se cuenta con suficiente información.

Las respuestas comienzan en la página 436.

DESTREZA DE GED **Rectas y ángulos**

Tipos de ángulos

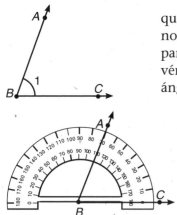

Un **ángulo** es el espacio o apertura formado por un par de rectas, o **rayos,** que se extienden desde un punto común, el **vértice.** Se usan tres letras para nombrar los ángulos: una para un punto sobre un rayo, otra para el vértice y una para un punto sobre el otro rayo. También pueden nombrarse usando la letra del vértice o un número escrito dentro del ángulo. El símbolo de ángulo $\angle$. A este ángulo se le puede llamar $\angle ABC$, $\angle B$ o $\angle 1$.

Los ángulos se miden en grados (°) con un transportador. Cuando el rayo BC se ubica en la parte baja del transportador, la medida del ángulo se lee sobre la escala que empieza en 0. La medida (m) del ángulo ABC es 70°, o en símbolos, $m\angle ABC = 70°$.

Los ángulos se clasifican según sus medidas. Estas medidas se basan en el hecho de que el círculo tiene 360°. Al medir un ángulo, en realidad se mide el número de grados (o parte del círculo) contenido en el espacio entre dos rayos.

Un **ángulo recto** mide exactamente 90°.	Un **ángulo agudo** mide menos de 90°.	Un **ángulo obtuso** mide más de 90°, pero menos de 180°.	Un **ángulo llano** mide exactamente 180°.	Un **ángulo cóncavo** mide más de 180°, pero menos de 360°.
Este símbolo significa que el ángulo mide 90°.				

También existen relaciones entre ángulos según la suma de sus medidas. (Clave para recordar: 90 viene antes de 180; la *c* viene antes que la *s*)

- Si la suma de las medidas de dos ángulos es 90°, los ángulos se llaman **ángulos complementarios.**
- Si la suma de las medidas de dos ángulos es 180°, los ángulos se llaman **ángulos suplementarios.**

A menudo es útil escribir las medidas en el diagrama. Si no hay un diagrama, bosqueje los datos del problema.

Ejemplo 1 Si $\angle BXC$ mide 25°, ¿cuál es la medida de $\angle AXB$?

Los ángulos son complementarios porque $\angle AXC$ tiene un símbolo de ángulo recto, y un ángulo recto mide 90°.

Paso 1 **Escriba una ecuación.**	$m\angle AXB + m\angle BXC = 90°$
Paso 2 **Sustituya las medidas conocidas.**	$m\angle AXB + 25° = 90°$
Paso 3 **Resuelva.** Reste 25 de ambos lados.	$m\angle AXB = 65°$

La medida de $\angle AXB$ es **65°.**

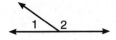

Ejemplo 2   Los ángulos 1 y 2 son suplementarios. Si ∠1 mide 35°, ¿cuál es la medida de ∠2?

Paso 1	**Escriba una ecuación.**	$m\angle 1 + m\angle 2 = 180°$
Paso 2	**Sustituya las medidas conocidas.**	$35° + m\angle 2 = 180°$
Paso 3	**Resuelva.**	$m\angle 2 = 145°$

La medida de ∠2 es **145°**.

ENFOQUE EN LAS DESTREZAS DE GED

A. Indique qué tipo de ángulo es cada uno (agudo, obtuso, recto o llano).

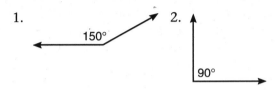

1. 150°   2. 90°   3. 45°   4. 180°

B. Resuelva.

Use de referencia la siguiente figura para responder a las <u>preguntas 5 a 8</u>. Los ángulos ∠AXB y ∠BXC son complementarios.

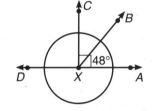

5. ¿Cuánto es la $m\angle BXC$?

6. ¿Cuánto es la $m\angle DXC$?

7. ¿Cuánto es la $m\angle BXD$?

8. ¿Qué ángulo forma un ángulo suplementario con ∠DXB?

Use de referencia la siguiente figura para responder a las <u>preguntas 9 a 12</u>. Los ángulos ∠ZXY y ∠YXQ son complementarios.

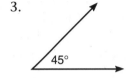

9. ¿Cuánto es la $m\angle ZXY$?

10. ¿Cuánto es la $m\angle ZXR$?

11. ¿Cuánto es la $m\angle QXR$?

12. ¿Cuál es la medida del ángulo cóncavo marcado con la flecha curva?

C. Elija la mejor respuesta para cada pregunta.

13. La medida del ∠A es 28°. La medida de ∠B es 62°. ¿Cuál de las siguientes afirmaciones es verdadera?

    (1) ∠A es complementario a ∠B.

    (2) ∠A y ∠B son suplementarios.

    (3) ∠A y ∠B son obtusos.

    (4) ∠A y ∠B son cóncavos.

    (5) ∠A es agudo; ∠B es obtuso.

14. Los ángulos ∠M y ∠R son suplementarios. La medida de ∠M es 40°. ¿Cuál es la medida del ∠R?

    (1) 40°

    (2) 50°

    (3) 90°

    (4) 140°

    (5) 180°

Las respuestas comienzan en la página 437.

Ángulos congruentes y ángulos opuestos por el vértice

Existen otras relaciones entre ángulos. A los ángulos que tienen medidas iguales se les llama **ángulos congruentes.** En la siguiente figura el ángulo *ABC* es congruente con el ángulo *XYZ*. Los ángulos son congruentes aun cuando no tengan la misma dirección. El símbolo ≅ significa "es congruente con".

$\angle ABC \cong \angle XYZ$

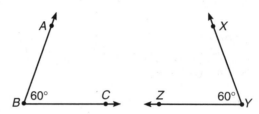

Algunos ángulos tienen una relación especial en razón de su ubicación respecto de los demás. Cuando dos rectas se intersectan o cruzan se forman cuatro ángulos. Los ángulos que se encuentran en lados opuestos se llaman **ángulos opuestos por el vértice.** Cada par de ángulos opuestos por el vértice es congruente.

$\angle 5 \cong \angle 6$ $m\angle 5 = m\angle 6$

$\angle 7 \cong \angle 8$ $m\angle 7 = m\angle 8$

También se puede describir a los ángulos como **adyacentes** o **no adyacentes.** Los ángulos adyacentes tienen un vértice y un rayo común.

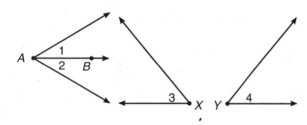

∠1 y ∠2 son adyacentes. Comparten el vértice A y el rayo *AB* (también representado por $\overrightarrow{AB}$).

∠3 y ∠4 son ángulos no adyacentes.

Muchos problemas de Geometría requieren la aplicación del razonamiento lógico para calcular ángulos congruentes. Use su conocimiento de las propiedades de los ángulos para resolver los problemas de Geometría.

Ejemplo   El ángulo 1 de la figura mide 30°. Calcule las medidas de los ángulos 2, 3 y 4.

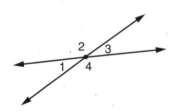

Paso 1   **Asigne los valores conocidos.** $m\angle 1 = 30°$

Paso 2   **Identifique las relaciones conocidas.**

(a) ángulos suplementarios $m\angle 1 + m\angle 2 = 180°$

(b) ángulos opuestos por el vértice $m\angle 1 = m\angle 3; m\angle 2 = m\angle 4$

Paso 3   **Resuelva calculando los valores desconocidos.**

(a) $m\angle 1 + m\angle 2 = 30° + m\angle 2 = 180°; m\angle 2 = 150°$

(b) $m\angle 3 = 30°; m\angle 4 = 150°$

Las medidas de los ángulos son **$m\angle 2 = 150°$, $m\angle 3 = 30°$, y $m\angle 4 = 150°$.**

A. Use de referencia el diagrama a la derecha para responder a las preguntas 1 a 9.

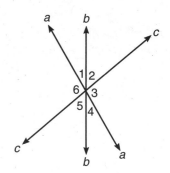

1. Nombre un ángulo adyacente al ∠3.

2. Nombre el ángulo que es opuesto por el vértice al ángulo ∠2.

3. Nombre el ángulo que es opuesto por el vértice al ángulo ∠6.

4. Nombre el ángulo que es opuesto por el vértice al ángulo ∠1.

5. Nombre dos ángulos adyacentes al ∠1.

6. Nombre dos ángulos adyacentes al ∠5.

7. Nombre el ángulo congruente con el ∠5.

8. Nombre el ángulo congruente con el ∠4.

9. Nombre el ángulo congruente con el ∠3.

B. Resuelva.

Use de referencia la siguiente información para contestar a las preguntas 10 a 15.

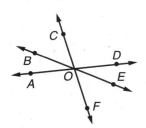

$m\angle AOB = 30°$

$m\angle EOF = 50°$

10. Dado que la $m\angle EOF = 50°$, ¿qué otro ángulo también mide 50°?

11. La suma de las medidas de ∠AOB, ∠BOC y ∠COD es 180°. ¿Cuál es la medida del ∠COD?

12. ¿Cuál es la medida del ∠AOF? (*Pista*: Usted ya encontró la medida del ángulo opuesto por el vértice a ∠AOF).

13. ¿Cuál es la suma de las medidas de ∠DOE y ∠EOF?

14. ¿Cuál es la medida del ángulo cóncavo ∠EOF?

15. ¿Qué dos ángulos son suplementarios a ∠DOF?

16. El ángulo Q es congruente con su ángulo opuesto por el vértice ∠R. ¿Cuál de las siguientes respuestas <u>debe</u> ser verdadera?

   (1) ∠Q y ∠R son ángulos complementarios.

   (2) ∠Q y ∠R son ángulos agudos.

   (3) ∠Q y ∠R son ángulos obtusos.

   (4) ∠Q y ∠R son ángulos adyacentes.

   (5) ∠Q y ∠R tienen medidas iguales.

Use de referencia la siguiente figura para responder a la pregunta 17.

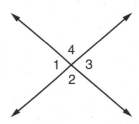

17. La medida del ∠4 = 100°. ¿Cuál de los siguientes enunciados es verdadero?

   (1) ∠4 y ∠2 son complementarios.

   (2) $m\angle 2 = 100°$

   (3) $m\angle 1 = 100°$

   (4) $m\angle 1 + m\angle 3 = 100°$

   (5) $m\angle 4 + m\angle 2 = 180°$

Las respuestas comienzan en la página 437.

Rectas y ángulos

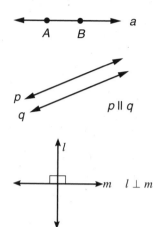

En Geometría se dibujan flechas en los extremos de una recta para indicar que ésta se extiende infinitamente en ambas direcciones. Una recta puede llevar el nombre de dos puntos marcados en ella. La recta que se muestra aquí es la "recta AB" $(\overleftrightarrow{AB})$. También puede ser nombrada con una letra minúscula (recta a).

Dos rectas sobre un mismo plano (superficie plana) se intersecan (se cruzan) o son paralelas. Las **rectas paralelas** nunca se intersecan. Tienen exactamente la misma pendiente. El símbolo ∥ significa "paralelo a".

Como ha visto, las rectas que se intersecan forman ángulos opuestos por el vértice. Cuando dos rectas se intersecan formando ángulos rectos, las rectas son **perpendiculares.** El símbolo que indica rectas perpendiculares es ⊥.

Cuando una recta, llamada **transversal,** cruza a dos o más rectas paralelas, se forman pares de ángulos especiales. En la figura de la derecha, la transversal interseca a la recta AB y a la recta CD. Observe que algunos de los ángulos formados están dentro de las rectas paralelas y otros afuera.

Usted ya sabe que los ángulos opuestos por el vértice tienen la misma medida ($\angle a$ y $\angle d$; $\angle b$ y $\angle c$; $\angle e$ y $\angle h$; $\angle f$ y $\angle g$). Los pares de ángulos siguientes también miden siempre lo mismo (congruentes).

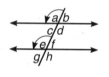

Los **ángulos correspondientes** se encuentran en la misma posición respecto a la transversal. Es decir, están sobre el mismo lado de la transversal, ya sea sobre o debajo de las rectas paralelas.

$$\angle a \text{ y } \angle e \qquad \angle b \text{ y } \angle f \qquad \angle c \text{ y } \angle g \qquad \angle d \text{ y } \angle h$$

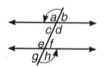

Los **ángulos alternos externos** se encuentran siempre por fuera de las rectas paralelas y en los lados opuestos de la transversal.

$$\angle a \text{ y } \angle h \qquad \angle b \text{ y } \angle g$$

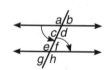

Los **ángulos alternos internos** se encuentran siempre dentro de las rectas paralelas y en los lados opuestos de la transversal.

$$\angle c \text{ y } \angle f \qquad \angle d \text{ y } \angle e$$

Si conoce la medida de uno de los ángulos, puede calcular las medidas de los demás. A menudo, hay varias maneras de determinar los demás ángulos.

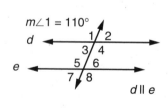

Ejemplo Si la medida del $\angle 1$ es 110°, ¿cuál es la medida del $\angle 6$?

Paso 1 **Identifique el ángulo que se relacione tanto con los ángulos conocidos como con los desconocidos.**

Los ángulos 1 y 5 son correspondientes (congruentes). $m\angle 1 = m\angle 5$

Los ángulos 5 y 6 son suplementarios. $m\angle 5 + m\angle 6 = 180°$

Paso 2 **Calcule la medida del ángulo identificado en el Paso 1.**

Dado que el $m\angle 1 = 110°$, y $m\angle 1 = m\angle 5$, $m\angle 5 = 110°$

Paso 3 **Calcule la medida del ángulo desconocido.**

$m\angle 5 + m\angle 6 = 180°$; $m\angle 5 = 110°$ $m\angle 6 = 180° - 110° = 70°$

La medida del $\angle 6$ es **70°**.

A. Use de referencia la figura a la derecha para responder a las <u>preguntas 1 a 10</u>. Las rectas *p* y *m* son paralelas.

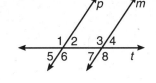

1. Nombre los ángulos internos.

2. Nombre el ángulo interno que está en el mismo lado de la transversal que el ∠6.

3. Nombre los ángulos externos.

4. Nombre el ángulo externo que está en el mismo lado de la transversal que el ∠4.

5. ¿Qué ángulo es un ángulo correspondiente al ∠1?

6. ¿Qué ángulo es un ángulo correspondiente al ∠7?

7. ¿Qué ángulo es un ángulo correspondiente al ∠8?

8. ¿Qué ángulo es un ángulo correspondiente al ∠2?

9. ¿Qué ángulo es un ángulo alterno interno respecto al ∠2?

10. ¿Qué ángulo es un ángulo alterno externo respecto al ∠5?

B. Elija la respuesta que mejor responda a cada pregunta.

Use de referencia el siguiente diagrama para responder a las <u>preguntas 11 y 12</u>.

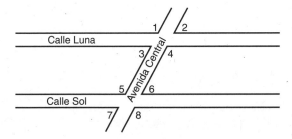

Use de referencia el siguiente diagrama para responder a las <u>preguntas 13 y 14</u>.

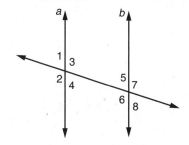

11. La calle Luna es paralela a la calle Sol. ¿Cuál enunciado es verdadero?

   (1) $m\angle 1 = m\angle 7$

   (2) $m\angle 2 + m\angle 6 = 90°$

   (3) ∠5 es complementario al ∠6.

   (4) ∠4 es adyacente al ∠6.

   (5) $m\angle 1 + m\angle 7 = 180°$

12. La medida del ∠2 es 60°. ¿Qué otros ángulos también deben medir 60°?

   (1) sólo el ∠3

   (2) ∠3, ∠6 y ∠7

   (3) ∠3, ∠5 y ∠8

   (4) ∠4, ∠6 y ∠8

   (5) sólo el ∠7

13. La recta *a* es paralela a la recta *b*. ¿Cuál de los enunciados siguientes es verdadero?

   (1) $m\angle 2 + m\angle 5 = 180°$

   (2) ∠1 es complementario al ∠2.

   (3) ∠6 es suplementario al ∠7.

   (4) ∠2 y ∠6 son ángulos opuestos por el vértice.

   (5) ∠1 y ∠6 son ángulos correspondientes.

14. ¿Cuáles de los siguientes <u>no</u> son ángulos suplementarios?

   (1) ∠1 y ∠2

   (2) ∠1 y ∠3

   (3) ∠3 y ∠7

   (4) ∠3 y ∠8

   (5) ∠4 y ∠6

Las respuestas comienzan en la página 438.

ESTRATEGIA DE GED **Resolver problemas verbales** ══════

Usar el razonamiento lógico

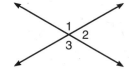

En la Prueba de Matemáticas de GED, algunas preguntas se resuelven usando la lógica. Basándose en los enunciados, llamados **supuestos,** dados en el problema y en cualquier membrete de la figura, decida cuál de las cinco opciones de respuesta es verdadera.

Ejemplo 1 La suma de las medidas de los ángulos 1 y 2 es 180°. La suma de las medidas de los ángulos 2 y 3 es 180°. Basándose en esta información, ¿cuál de las siguientes afirmaciones es verdadera?

> (1) $m\angle 1 = 120°$
> (2) $m\angle 2 = 60°$
> (3) $m\angle 3 = 100°$
> (4) $m\angle 1 = m\angle 2$
> (5) $m\angle 1 = m\angle 3$

Los ángulos 1 y 3 son ángulos opuestos por el vértice, por lo tanto, la **opción (5)** $m\angle 1 = m\angle 3$ **es** correcta.

Para mejorar su posibilidad de elegir la opción correcta, elimine las opciones que usted sabe que son incorrectas.

Las opciones (1), (2), (3) y (4) son incorrectas, porque no se da información sobre las medidas específicas de los ángulos. Aunque en la figura, la medida del ángulo 1 parece ser mayor que la del ángulo 2, no debe basar una conclusión en la apariencia; debe basarse únicamente en los hechos. La opción (4) sería correcta solamente si las rectas que se intersecan fueran perpendiculares.

Con frecuencia se necesita aplicar el razonamiento algebraico para resolver problemas de geometría que tratan de ángulos complementarios y suplementarios.

Ejemplo 2 La medida de un ángulo es el doble de la medida del ángulo complementario. ¿Cuál es la medida del ángulo menor?

> (1) 20°
> (2) 30°
> (3) 45°
> (4) 90°
> (5) No se cuenta con suficiente información.

Paso 1 **Asigne las variables.**

> Sea x = la medida del ángulo menor.
> Sea $2x$ = la medida del ángulo mayor.

Paso 2 **Escriba una ecuación.** La suma de las medidas de los dos ángulos es 90°, porque son complementarios. $x + 2x = 90°$

Paso 3 **Resuelva.** $3x = 90°$
$x = 30°$

El ángulo menor mide 30°. La **opción (2)** es la correcta. Si se hubiera preguntado por la medida del ángulo mayor, la respuesta sería 2(30°) = 60°.

Instrucciones: Elija la respuesta que mejor responda a cada pregunta.

La pregunta 1 se basa en la siguiente figura.

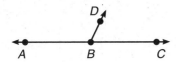

1. El ángulo *ABC* es llano. ¿Cuál de las siguientes afirmaciones es verdadera?

   (1) $m\angle DBC = 90°$

   (2) $\angle ABD$ y $\angle DBC$ son ángulos suplementarios.

   (3) $m\angle ABD = 90°$

   (4) $\angle ABD$ y $\angle DBC$ son ángulos complementarios.

   (5) $m\angle ABC = 90°$

2. El ángulo 1 es congruente con el $\angle 5$. ¿Cuál de los siguientes pares de ángulos es congruente también?

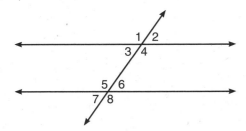

   (1) $\angle 1$ y $\angle 2$

   (2) $\angle 3$ y $\angle 4$

   (3) $\angle 3$ y $\angle 7$

   (4) $\angle 3$ y $\angle 8$

   (5) $\angle 7$ y $\angle 8$

3. Un ángulo mide 12° menos que el complementario. Si la medida del ángulo mayor es *x*, ¿cuál de las siguientes afirmaciones debe ser la verdadera?

   (1) $x + (x - 12°) = 180°$

   (2) $x + (x - 12°) = 90°$

   (3) $x + (12° - x) = 90°$

   (4) $x + (x + 12°) = 180°$

   (5) $x - 90° = x + 12°$

4. La medida del $\angle 7$ es 116°. ¿Cuál de las siguientes afirmaciones es verdadera?

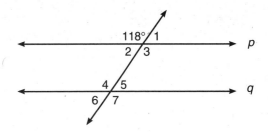

   (1) $\angle 1$ y $\angle 5$ son congruentes.

   (2) $\angle 1$ y $\angle 4$ son suplementarios.

   (3) $m\angle 1 + m\angle 4 = 180°$

   (4) Las rectas *p* y *q* no son paralelas.

   (5) Las rectas *p* y *q* son perpendiculares.

5. ¿Qué conclusión es verdadera?

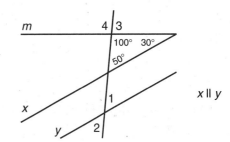

   (1) $m\angle 1 = 50°$

   (2) $m\angle 2 = 80°$

   (3) $m\angle 3 = 50°$

   (4) $m\angle 4 = 80°$

   (5) $m\angle 4 = m\angle 3$

6. ¿Cuál es la medida del $\angle AXB$, si es cuatro veces mayor que su ángulo suplementario $\angle BXC$?

   (1) $36°$

   (2) $45°$

   (3) $72°$

   (4) $135°$

   (5) $144°$

Las respuestas comienzan en la página 438.

Prueba corta de GED • Lecciones 23 y 24

Instrucciones: Ésta es una prueba de práctica que dura treinta minutos. Después de transcurridos los treinta minutos, marque la última pregunta que haya respondido. Luego, termine la prueba y revise sus respuestas. Si la mayoría de sus respuestas fueron correctas, pero no terminó la prueba, trate de responder las preguntas más rápidamente la próxima vez.

Parte 1

Instrucciones: Elija la respuesta que mejor responda a cada pregunta. PUEDE usar la calculadora.

Las preguntas 1 a 3 se refieren a la siguiente figura.

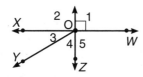

1. ¿Cuál de los siguientes ángulos es suplementario, pero no adyacente al ∠2?

   (1) ∠1

   (2) ∠3

   (3) ∠4

   (4) ∠5

   (5) No se cuenta con suficiente información.

2. La medida del ∠3 es 25°. ¿Cuál es la medida del ∠WOY?

   (1) 65°

   (2) 115°

   (3) 135°

   (4) 155°

   (5) 165°

3. Si un ángulo es suplementario al ∠XOZ, ¿qué tipo de ángulo debe ser también?

   (1) un ángulo agudo

   (2) un ángulo recto

   (3) un ángulo obtuso

   (4) un ángulo opuesto por el vértice

   (5) congruente con ∠3

4. Una piscina circular tiene una circunferencia de aproximadamente 40 metros. ¿Cuál de las siguientes expresiones puede usarse para calcular, en metros, el diámetro de la piscina?

   (1) 40π

   (2) $\dfrac{40}{\pi}$

   (3) $\dfrac{\pi}{40}$

   (4) $\dfrac{2(40)}{\pi}$

   (5) $\dfrac{\pi}{2(40)}$

5. Uno de los lados de un envase con base cuadrada mide 4 pulgadas. Si el envase se puede llenar hasta una altura de 4 pulgadas, ¿cuántas pulgadas cúbicas de líquido puede contener?

   (1) 12

   (2) 16

   (3) 20

   (4) 32

   (5) 64

6. Un marco rectangular mide $2\frac{1}{2}$ pies por 18 pulgadas. ¿Cuál es el perímetro del marco en pies?

   (1) $3\frac{3}{4}$

   (2) 4

   (3) 8

   (4) $8\frac{3}{5}$

   (5) 9

7. $\angle A$ y $\angle B$ son ángulos adyacentes. Si la $m\angle A =$ 30°, ¿cuál es la medida de $\angle B$?

(1) 30°

(2) 60°

(3) 90°

(4) 120°

(5) No hay información suficiente.

La pregunta 8 se refiere a la siguiente información.

	longitud	ancho	altura
Cajón A	7.6 pies	5 pies	8 pies
Cajón B	8 pies	4.5 pies	8 pies
Cajón C	7 pies	5.5 pies	8 pies

8. Un administrador de apartamentos mandó a construir cajones rectangulares de almacenaje. ¿Cuál de los siguientes enunciados acerca de los cajones es verdadero?

(1) El cajón A tiene el mayor volumen.

(2) El cajón B tiene el mayor volumen.

(3) El cajón C tiene el mayor volumen.

(4) Los cajones A y C tienen el mismo volumen.

(5) Los tres cajones tienen el mismo volumen.

La pregunta 9 se refiere a la siguiente figura.

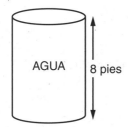

AGUA   8 pies

9. El diámetro de la base del tanque de agua indicado arriba mide 6 pies. ¿Cuál es el volumen del tanque de agua? Redondee al pie cúbico más cercano.

(1) 28

(2) 48

(3) 72

(4) 226

(5) 904

La pregunta 10 se refiere al siguiente diagrama.

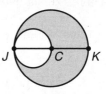

10. Dos círculos se intersecan en el punto J. Si C es el centro del círculo mayor y el diámetro del círculo mayor es de 28 pulgadas, ¿cuál es el radio, en pulgadas, del círculo menor?

(1) 1.75

(2) 3.5

(3) 7

(4) 14

(5) No se cuenta con suficiente información.

11. ¿Cuál es el volumen, en pies cúbicos, de un cajón rectangular que mide $3\frac{1}{2}$ pies por 1 pie 9 pulgadas por 24 pulgadas?

(1) $6\frac{1}{2}$

(2) $7\frac{1}{4}$

(3) $12\frac{1}{4}$

(4) $13\frac{1}{3}$

(5) 147

La pregunta 12 se refiere a la siguiente figura.

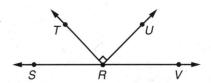

12. Si la $m\angle URV = 53°$, ¿cuál es la medida del $\angle TRS$?

(1) 37°

(2) 53°

(3) 106°

(4) 127°

(5) 143°

Las respuestas comienzan en la página 438.

Parte 2

Instrucciones: Elija la respuesta que mejor responda a cada pregunta. **NO** puede usar la calculadora.

Las preguntas 13 a 14 se refieren a la siguiente figura.

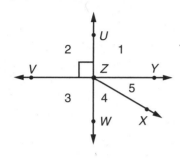

Las preguntas 16 a 18 se refieren a la siguiente figura.

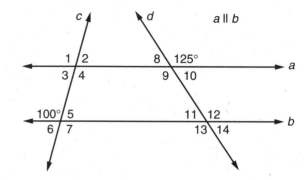

13. La recta *UW* interseca a la recta *VY* en el punto *Z*. La medida del ∠4 is 60°. ¿Cuál es la medida del ∠*UZX*?

   (1)   30°

   (2) 100°

   (3) 120°

   (4) 150°

   (5) 180°

14. Si la *m*∠4 = 60°, ¿cuál es la medida del ∠5?

   (1)   30°

   (2) 100°

   (3) 120°

   (4) 150°

   (5) 180°

15. Susana tiene un gabinete cuyas medidas son las siguientes: longitud = 4 pies, ancho = 3 pies y altura = 10 pies. ¿Cuál es el volumen, en pies cúbicos, del gabinete?

   (1)   60

   (2)   80

   (3) 100

   (4) 120

   (5) 160

16. ¿Cuál de los siguientes enunciados es verdadero?

   (1) El ∠3 es complementario del ∠4.

   (2) El ∠12 es suplementario del ∠13.

   (3) El ∠4 y el ∠10 son ángulos congruentes.

   (4) El ∠1 es un ángulo recto.

   (5) El ∠5 es suplementario del ∠1.

17. ¿Cuál de estos grupos contiene sólo ángulos congruentes con el ∠4?

   (1) ∠1, ∠2 y ∠3

   (2) ∠1 y ∠7

   (3) ∠1, ∠8 y ∠10

   (4) ∠2 y ∠7

   (5) ∠7, ∠10 y ∠14

18. ¿Cuál es la medida del ∠12?

   (1)   55°

   (2)   65°

   (3)   80°

   (4) 100°

   (5) 125°

No tome en cuenta las rectas paralelas o perpendiculares, a menos que el problema dé esta información en palabras o símbolos.

La pregunta 19 se refiere a la siguiente figura.

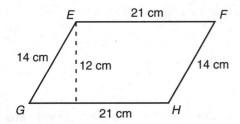

19. Si $\overline{EF} \parallel \overline{GH}$ y $\overline{EG} \parallel \overline{FH}$, ¿qué expresión puede usarse para calcular el área, en centímetros cuadrados, de la figura EFHG?

(1) 2(21) + 2(14)

(2) 21(14 + 12)

(3) 12(14)

(4) 21(12)

(5) 21(14)

Las preguntas 20 a 21 se refieren a la siguiente figura.

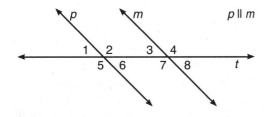

20. ¿Cuál de los siguientes ángulos mide igual que el ángulo 4?

(1) ∠5

(2) ∠6

(3) ∠8

(4) ∠3

(5) ∠1

21. Si la $m\angle 8 = 45°$, ¿cuál de los siguientes enunciados es verdadero?

(1) $m\angle 8 = m\angle 1$

(2) $m\angle 7 = 45°$

(3) $m\angle 6 = 135°$

(4) ∠4 y ∠8 son complementarios.

(5) ∠3 ≅ ∠4

22. ¿Cuál de las siguientes expresiones puede usarse para calcular la circunferencia de un círculo con radio de 5 centímetros?

(1) 2.5π

(2) 3π

(3) 6π

(4) 10π

(5) 25π

La pregunta 23 se refiere a la siguiente figura.

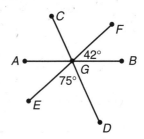

23. ¿Cuál de las siguientes expresiones explica por qué la medida del $\angle 4 = 75°$?

(1) ∠FGC y ∠FGB son ángulos adyacentes.

(2) ∠FGC y ∠CGA son ángulos suplementarios.

(3) ∠FGC y ∠DGE son ángulos opuestos por el vértice.

(4) ∠FGC y ∠BGD son ángulos correspondientes.

(5) ∠FGC y ∠FGB son ángulos agudos.

La pregunta 24 se refiere a la siguiente figura.

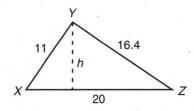

24. El área del $\triangle XYZ = 90$ unidades cuadradas. ¿Cuál es la medida de la altura en unidades?

(1) 9

(2) 10

(3) 21

(4) 43

(5) No se cuenta con suficiente información.

Las respuestas comienzan en la página 438.

Triángulos

Un triángulo tiene tres lados y tres ángulos y recibe el nombre de sus vértices (en cualquier orden). Identifique un lado del triángulo por las dos letras que nombran sus vértices al final de cada lado. En el $\triangle ABC$, los lados son $\overline{AB}$, $\overline{BC}$ y $\overline{AC}$.

El nombre de un triángulo depende del largo de sus lados y las medidas de sus ángulos. Los lados de los triángulos siguientes determinan su nombre.

SUGERENCIA

Los símbolos I, II, y III con los que se marcan los lados muestran qué lados son congruentes. Recuerde que *congruente* significa *igual*.

Triángulo equilátero
Todos sus lados y ángulos son congruentes. Cada ángulo mide 60°.

Triángulo isósceles
Son congruentes dos de sus lados y los dos ángulos opuestos a ellos.

Triángulo escaleno
Ninguno de sus lados ni sus ángulos son congruentes.

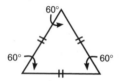

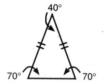

Las medidas de sus ángulos determinan el nombre de los siguientes triángulos.

SUGERENCIA

En la Prueba de Matemáticas de GED, algunas preguntas pueden incluir más información de la necesaria para resolver un problema. Use sólo la información que necesite, basándose en el contenido de la pregunta.

Triángulo rectángulo
Uno de sus ángulos es recto (igual a 90°).

Triángulo acutángulo
Los tres ángulos son agudos (menos de 90°).

Triángulo obtusángulo
Uno de sus ángulos es obtuso (mayor de 90°).

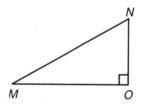

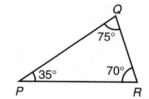

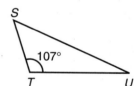

En todo triángulo, la suma de las medidas de sus ángulos es 180°. (Nota: Un triángulo sólo puede tener un ángulo recto u obtuso. Los otros dos deben ser agudos.)

Ejemplo En un triángulo rectángulo, uno de los ángulos agudos mide el doble de lo que mide el otro. ¿Cuál es la medida del ángulo mayor?

Paso 1 **Haga un bosquejo.** Un triángulo rectángulo tiene un ángulo recto ($m = 90°$).

Paso 2 **Determine los elementos desconocidos.**
Supongamos que $x =$ la medida del ángulo agudo menor.
Supongamos que $2x =$ la medida del ángulo agudo mayor.

Paso 3 **Escriba una ecuación.**

Paso 4 **Resuelva.**

$$x + 2x + 90° = 180°$$
$$3x + 90° = 180°$$
$$3x = 90°; \text{ por lo tanto, } x = 30° \text{ y } 2x = 60°$$

El ángulo mayor mide **60°**.

A. Resuelva.

Use de referencia la siguiente figura para responder a las <u>preguntas 1 a 5.</u> (*Pista:* La figura contiene 5 triángulos.)

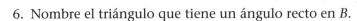

1. Nombre un triángulo equilátero.   4. Nombre un triángulo acutángulo.

2. Nombre un triángulo isósceles.   5. Nombre un triángulo escaleno.

3. Nombre un triángulo obtusángulo.

Use de referencia la siguiente figura para responder a las <u>preguntas 6 a 14.</u>

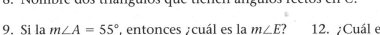

6. Nombre el triángulo que tiene un ángulo recto en *B*.

7. Nombre dos triángulos que tienen ángulos rectos en *D*.

8. Nombre dos triángulos que tienen ángulos rectos en *C*.

9. Si la $m\angle A = 55°$, entonces ¿cuál es la $m\angle E$?   12. ¿Cuál es la $m\angle CBD$?

10. ¿Cuál es la $m\angle ABC$?   13. ¿Cuál es la $m\angle BCD$?

11. ¿Cuál es la $m\angle DCE$?   14. ¿En qué se parecen los cinco triángulos?

Use de referencia la siguiente figura para responder a la <u>pregunta 15.</u>

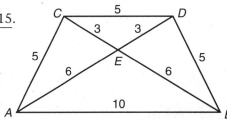

15. ¿Cuántos triángulos isósceles hay en la figura? (*Pista:* La figura tiene 8 triángulos.)

16. En un triángulo rectángulo, la medida de uno de sus ángulos agudos es 4 veces mayor que la medida del otro. ¿Cuánto mide el ángulo menor?

17. En un triángulo la medida de uno de sus ángulos es 16° más que la medida del ángulo menor, y la medida del tercer ángulo es el doble de la medida del ángulo menor. ¿Cuál es la medida de cada uno de los tres ángulos?

B. Escriba *verdadero* o *falso* al lado de cada afirmación. Use de referencia la siguiente figura para responder a las <u>preguntas 18 a 23.</u>

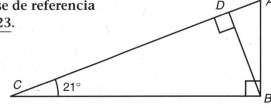

_____ 18. $\triangle ABC$ es un triángulo equilátero.

_____ 19. $\triangle ABC$ es un triángulo obtusángulo.

_____ 20. $m\angle BAC$ es igual a $m\angle CBD$.

_____ 21. $m\angle ABD$ es menor que $m\angle ACB$.

_____ 22. $\triangle ABC$ es un triángulo acutángulo.

_____ 23. La figura contiene exactamente tres triángulos rectángulos.

Las respuestas comienzan en la página 440.

Cuadriláteros

Un **cuadrilátero** es una figura geométrica de cuatro lados. Una figura de cuatro lados también tiene cuatro ángulos, y sus cuatro ángulos suman 360°.

Para probarlo, dibuje un cuadrilátero cualquiera y luego trace un segmento, llamado **diagonal,** entre los vértices de dos ángulos opuestos. La diagonal divide al cuadrilátero en dos triángulos. Usted sabe que los tres ángulos de un triángulo suman 180°. Puesto que hay dos triángulos, la suma de los ángulos de un cuadrilátero debe ser 180° + 180° = 360°.

Los siguientes cuadriláteros aparecen en la Prueba de Matemáticas de GED.

Paralelogramo
Sus lados opuestos son paralelos y congruentes. Los ángulos opuestos tienen igual medida.

Rectángulo
Es un tipo especial de paralelogramo cuyos cuatro ángulos son rectos.

Rombo
Es un tipo especial de paralelogramo cuyos cuatro lados tienen la misma longitud.

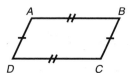

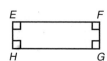

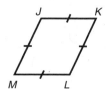

Cuadrado
Es un paralelogramo/rombo/rectángulo cuyos cuatro lados tienen la misma longitud y sus cuatro ángulos son rectos.

Trapecio
Sólo tiene un par de lados paralelos, llamados bases.

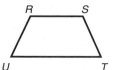

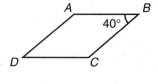

En la Prueba de Matemáticas de GED, usted deberá usar tanto sus conocimientos de Álgebra como de principios geométricos para resolver problemas.

Ejemplo El ángulo B del rombo siguiente mide 40°. ¿Cuánto mide el $\angle C$?

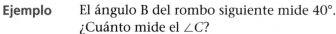

Paso 1	**Identifique los valores conocidos.**	$m\angle B = 40°$
Paso 2	**Identifique las relaciones conocidas.**	la suma de los ángulos = 360°
	Los ángulos opuestos son iguales.	$m\angle D = 40°$; $m\angle C = m\angle A$
Paso 3	**Determine los valores desconocidos.**	Sea $x = m\angle C$ (y $m\angle A$)
Paso 4	**Escriba una ecuación.**	$m\angle A + m\angle B + m\angle C + m\angle D = 360°$
Paso 5	**Substituya los valores conocidos.**	$x + 40° + x + 40° = 360°$
		$2(40°) + 2x = 360°$
		$80° + 2x = 360°$
Paso 6	**Resuelva los valores desconocidos.**	$2x = 280°$; $x = 140°$

La medida del $\angle C$ es **140°.**

A. Escriba todos los nombres posibles para las siguientes figuras de cuatro lados.

1. Todos los lados miden 10 pulgadas.

2. Todas las esquinas forman ángulos rectos.

3. Los lados opuestos son paralelos.

4. Sólo dos lados son paralelos.

5. No hay ángulos rectos.

6. Sólo un par de lados opuestos tiene la misma longitud.

B. Resuelva.

Use de referencia la siguiente figura para responder a las <u>preguntas 7 a 9</u>.

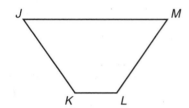

7. El lado *JM* es ∥ al lado *KL*. ¿Cuál es el nombre más común para esta figura?

8. ¿Cuánto suman las medidas de los cuatro ángulos interiores?

9. $m\angle K = m\angle L$ y $m\angle J = m\angle M$. Si la medida de $\angle K$ es 125°, ¿cuál es la medida del $\angle J$?

Use de referencia la siguiente figura para responder a las <u>preguntas 10 a 12</u>.

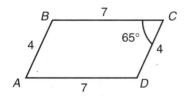

10. En la figura $\overline{AB} \parallel \overline{CD}$ y $\overline{AD} \parallel \overline{BC}$. ¿Cuál es el nombre más común para esta figura?

11. ¿Cuál es la medida del $\angle A$?

12. ¿Cuál es la medida del $\angle D$?

13. El cuadrilátero *ABCD* tiene dos pares de lados opuestos y paralelos. El ángulo A mide 90°. ¿Cuáles son los posibles nombres para este cuadrilátero?

14. En un cuadrilátero, un ángulo mide 20° menos que otro. Los dos ángulos restantes son ángulos rectos. ¿Cuál es la medida de cada uno de los cuatro ángulos?

15. La longitud de los lados de una figura de cuatro lados es de 8, 12, 8 y 12 respectivamente. No hay ángulos rectos y los lados opuestos son paralelos. ¿Qué figura es?

Use de referencia la siguiente figura para responder a las <u>preguntas 16 a 18</u>.

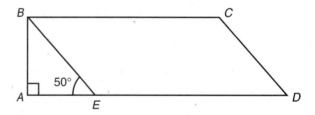

16. El cuadrilátero *BCDE* es un paralelogramo. ¿Cuáles dos afirmaciones sobre los lados *BC* y *ED* deben ser ciertas?

17. ¿Cuál es la medida del $\angle C$?

18. El cuadrilátero *ABCD* es un trapecio. ¿Cuál es la medida del $\angle ABC$?

Las respuestas comienzan en la página 441.

Figuras Congruentes

SUGERENCIA

Siempre use pasos de razonamiento lógico para calcular lo que el problema requiere.

Dos **figuras congruentes** tienen la misma forma y medida. Una manera de saber si dos figuras son congruentes es colocar una figura sobre la otra para ver si sus lados y ángulos se alinean perfectamente. A veces, también es posible saber si son congruentes a simple vista. Sin embargo, en la Prueba de Matemáticas de GED, tendrá que hacer algo más que identificar las figuras que "parecen" ser congruentes. Debe verificarlo.

Consideremos los triángulos. Los triángulos congruentes tienen exactamente la misma forma y medida. Tienen vértices, lados y ángulos correspondientes. Se usan marcas para indicar qué partes son congruentes.

Existen tres reglas para verificar que dos triángulos son congruentes. Dos triángulos son congruentes si se cumple cualquiera de las siguientes reglas:

REGLA 1   Los tres lados (LLL) son congruentes.

REGLA 2   Dos lados y el ángulo entre ellos (LAL) son congruentes.

REGLA 3   Dos ángulos y el lado entre ellos (ALA) son congruentes.

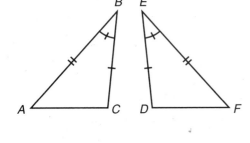

Ejemplo 1   ¿Son congruentes los triángulos *ABC* y *FDE*?

Paso 1	**Identifique las partes congruentes dadas.**	$\overline{AB} \cong \overline{FE}, \overline{BC} \cong \overline{ED}$ $\angle B \cong \angle E$
Paso 2	**Identifique las relaciones conocidas.** Hay dos pares de lados congruentes. Los ángulos entre los lados congruentes también son congruentes. (LAL)	
Paso 3	**Identifique la información adicional que necesita.** Ninguna.	
Paso 4	**Saque una conclusión.** La regla 2 se cumple; los triángulos son congruentes.	

Los triángulos son congruentes. **ΔABC ≅ ΔFED**

Ejemplo 2   ¿Es △*LMN* congruente con △*ZYX*?

Paso 1	**Identifique las partes congruentes dadas.**	$\angle L \cong \angle Z; \overline{LN} \cong \overline{ZX}$
Paso 2	**Identifique las relaciones conocidas.** △*LMN*: las medidas de dos ángulos y la longitud del lado entre ellos (ALA); △*ZYX*: la medida de un ángulo y la longitud del lado adyacente correspondiente al △*LMN*.	
Paso 3	**Identifique la información que necesita.** la medida del ∠*X*	
Paso 4	**Resuelva para calcular lo requerido.** La suma de las medidas de los ángulos de un triángulo = 180°, por lo tanto,	$m\angle X + 80° + 62° = 180°$ $m\angle X = 180° - 80° - 62° = 38°$
Paso 5	**Saque una conclusión.** $m\angle X = 38°$; por lo tanto ∠*X* es congruente con ∠*N*. La regla 3(ALA) se cumple; los triángulos son congruentes.	

Los triángulos son congruentes. **ΔLMN ≅ ΔZYX**

A. Decida si los siguientes pares de triángulos son congruentes o no. Explique su razonamiento.

1.
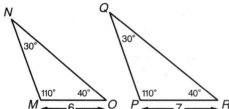

3.
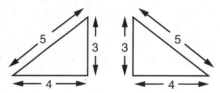

2.
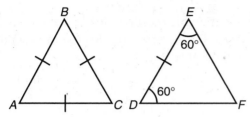

4.
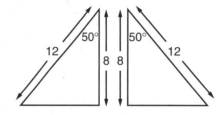

B. Responda a las preguntas. Si no tiene suficiente información para resolver un problema, escriba *No se cuenta con suficiente información.*

Use de referencia la siguiente figura para responder a las preguntas 5 a 7.

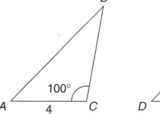

5. ¿Es △TRS ≅ △TUV? ¿Cómo lo sabe?

6. ¿Cuál es la medida del ∠V?

7. ¿Cuál es la medida del ∠U?

Use de referencia la siguiente figura para responder a las preguntas 8 y 9.

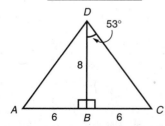

8. ¿Es △BDA ≅ △BDC? ¿Cómo lo sabe?

9. ¿Cuál es la medida del ∠A?

Use de referencia la siguiente figura para responder a la pregunta 10.

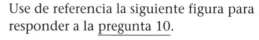

10. ¿Es △ABC ≅ △DEF? ¿Cómo lo sabe?

Use de referencia la siguiente figura para responder a las preguntas 11 y 12.

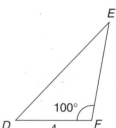

11. ¿Cuál es la medida del ∠A?

12. ¿Cuál es la longitud de $\overline{EF}$?

Las respuestas comienzan en la página 441.

Figúras semejantes

Dos figuras son semejantes (~) si sus ángulos correspondientes tienen la misma medida y sus lados mantienen una proporción. Las figuras semejantes tienen la misma forma, pero no tienen *necesariamente* la misma medida.

Si las medidas de dos ángulos de un triángulo son iguales a las medidas de dos ángulos de otro triángulo, las medidas de los terceros ángulos también serán iguales (AAA) y los triángulos serán semejantes.

Ejemplo 1   ¿Es el △ABC semejante al △DEF?

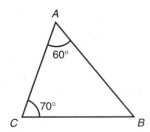
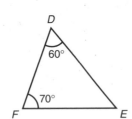

En △ABC, m∠A = 60°. En △DEF, m∠D = 60°.
En △ABC, m∠C = 70°. En △DEF, m∠F = 70°.

Puesto que las medidas de dos ángulos del △ABC son iguales las medidas de dos ángulos en el △DEF, los triángulos son semejantes. **△ABC ~ △DEF**

Si la longitud de los lados de un triángulo es proporcional a la longitud de los lados de otro triángulo, los triángulos son semejantes.

Ejemplo 2   ¿Es el △XYZ~ al △JKL?

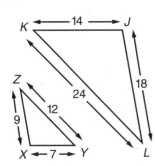

En △XYZ, $\overline{XY}$ mide 7. En △JKL, $\overline{JK}$ mide 14.
En △XYZ, $\overline{XZ}$ mide 9. En △JKL, $\overline{JL}$ mide 18.
En △XYZ, $\overline{YZ}$ mide 12. En △JKL, $\overline{KL}$ mide 24.

Escriba razones comparando un lado del △XYZ con su lado correspondiente del △JKL. Simplifique a sus términos mínimos.

$$\frac{7}{14} = \frac{9}{18} = \frac{12}{24}$$ Cada razón es igual a $\frac{1}{2}$; son iguales.

Puesto que las razones son iguales, la longitud de los lados del △XYZ son proporcionales a la longitud de los lados del △JKL. **△XYZ ~ △JKL**

SUGERENCIA

Si el segundo triángulo tiene una orientación diferente, vuelva a trazar uno de los triángulos para ver más fácilmente cuáles son los lados correspondientes.

Los triángulos semejantes se usan frecuentemente para resolver problemas cuando no es posible determinar una distancia por medio de la medición.

Ejemplo 3   A las 4 p.m., un asta de bandera proyecta una sombra de 20 pies. A la misma hora, una persona de 6 pies de altura proyecta una sombra de 4 pies. ¿Cuál es la altura del asta?

El sol ilumina a la persona y al asta desde el mismo ángulo (debido a que las mediciones son tomadas en el mismo lugar y a la misma hora). Por lo tanto, los objetos y las sombras forman triángulos semejantes.

Establezca una proporción. $\dfrac{\text{altura de la persona}}{\text{altura del asta}} \dfrac{6}{x} = \dfrac{4}{20} \dfrac{\text{sombra de la persona}}{\text{sombra del asta}}$

Resuelva.

$$4x = 6(20)$$
$$x = 120 \div 4$$
$$x = 30$$

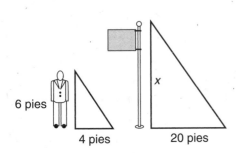

La altura del asta de bandera es de **30 pies.**

Resuelva.

Use de referencia la siguiente figura para responder a las <u>preguntas 1 y 2</u>.

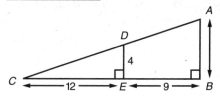

1. En la figura $\triangle ABC \sim \triangle DEC$, ¿cuál lado del $\triangle ABC$ es semejante al $\overline{EC}$?

2. ¿Cuál es la longitud del $\overline{AB}$?

Use de referencia la siguiente figura para responder a las <u>preguntas 3 y 4</u>.

Para determinar el ancho de un lago, los agrimensores midieron dos triángulos isósceles como los siguientes.

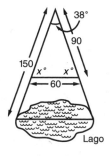

3. ¿Cuál es el valor de x?

4. ¿Cuál es la distancia de la parte más larga del lago?

Use de referencia la siguiente figura para responder a las <u>preguntas 5 y 6</u>.

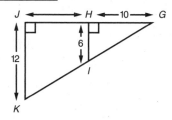

5. En la figura, el $\triangle GHI$ y el $\triangle GJK$ son semejantes. ¿Cuál es la longitud del $\overline{GJ}$?

6. ¿Qué otro ángulo tiene la misma medida que el $\angle GIH$?

Use de referencia la siguiente figura para responder a las <u>preguntas 7 y 8</u>.

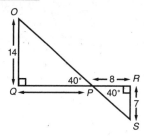

7. ¿Qué otro ángulo tiene la misma medida que el $\angle S$?

8. ¿Cuál es la longitud del $\overline{PQ}$?

9. A las 11 a.m., un poste de 5 pies de altura proyecta una sombra de 3 pies de largo. A la misma hora, un árbol proyecta una sombra de 21 pies. ¿Cuál es la altura del árbol?

10. A las 6. p.m., un cartel proyecta una sombra de 4 pies de largo. A la misma hora, una lámpara del alumbrado público proyecta una sombra de 16 pies de longitud. Si el cartel mide 6 pies de altura, ¿cuál es la altura de la lámpara?

Use de referencia la información y el dibujo siguientes para responder a las <u>preguntas 11 y 12</u>.

Una torre de 42 pies tiene un cable tensor en diagonal. Para reducir el efecto del viento, un ingeniero desea agregar un soporte vertical a 20 pies de la torre, tal como lo muestra la línea entrecortada del dibujo.

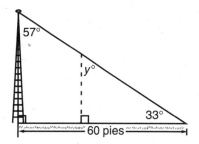

11. ¿Cuál es el valor del $\angle y$?

12. ¿Cuál será la altura del soporte nuevo?

Las respuestas comienzan en la página 442.

ESTRATEGIA DE GED **Resolver problemas verbales**

Usar proporciones en Geometría

Muchas mediciones y problemas geométricos requieren **mediciones indirectas.** En vez de tomar realmente las medidas, use proporciones y el conocimiento de las correspondencias entre partes para calcular la respuesta. Calcular una de las medidas que falta cuando se trabaja con triángulos semejantes es un ejemplo de medición indirecta. Hay otras dos situaciones comunes que pueden resolverse con mediciones indirectas.

Un **dibujo a escala** es el bosquejo de un objeto con todas sus distancias proporcionales a las distancias del objeto real. La **escala** da la razón de las medidas del bosquejo a las medidas reales. Los mapas serían ejemplos de dibujos a escala.

Escala: 1 cm = 5 km

Ejemplo 1 En el mapa, la distancia entre Quiñónez y Santos es 4.5 cm. ¿Cuál es la distancia real entre las dos ciudades?

Paso 1 **Lea la escala del mapa.** Según la escala, 1 centímetro en el mapa es igual a 5 kilómetros de distancia real.

Paso 2 **Escriba una proporción.**

$$\frac{\text{distancia en el mapa}}{\text{distancia real}} \quad \frac{1\text{ cm}}{5\text{ km}} = \frac{4.5\text{ cm}}{x\text{ km}}$$

Paso 3 **Resuelva.** $x = 5(4.5) = 22.5$ km

La distancia real es de **22.5 kilómetros.**

Un **plano habitacional** es otro ejemplo de medición indirecta. Es un mapa que muestra la distribución de las habitaciones en un edificio. Generalmente, un plano habitacional indica la ubicación de puertas y ventanas. A veces también se usan símbolos para indicar la ubicación de los muebles.

SUGERENCIA

En situaciones reales, use su experiencia para decidir si las respuestas tienen sentido. ¿Es razonable que una sala mida 12 pies por 18 pies? Sí, así es.

Ejemplo 2 En el plano de la casa de Martín, la sala rectangular mide 3 pulgadas por $4\frac{1}{2}$ pulgadas. En el plano 2 pulgadas representan 8 pulgadas reales. ¿Cuántos pies cuadrados de alfombra se necesitan para cubrir la sala?

Paso 1 **Lea la escala.** La escala se indica en el problema.
2 pulgadas = 8 pies

Paso 2 **Escriba las proporciones.** Necesita escribir dos proporciones para calcular la longitud y el ancho reales de la sala.

$$\frac{2\text{ pulgadas}}{8\text{ pies}} = \frac{4.5\text{ pulgadas}}{l\text{ pies}} \qquad \frac{2\text{ pulgadas}}{8\text{ pies}} = \frac{3\text{ pulgadas}}{w\text{ pies}}$$

Paso 3 **Resuelva.**

$$2l = 8(4.5) \qquad\qquad 2w = 8(3)$$
$$2l = 36 \qquad\qquad\quad 2w = 24$$
$$l = 18\text{ pies} \qquad\qquad w = 12\text{ pies}$$

Paso 4 **Calcule la superficie.** $A = l \times w$ $\quad 12 \times 18 = 216$ pies cuadrados

Se necesitarán **216 pies cuadrados** de alfombra para cubrir el piso de la sala.

Instrucciones: Elija la respuesta que mejor responda a cada pregunta.

Las preguntas 1 y 2 se refieren al siguiente dibujo.

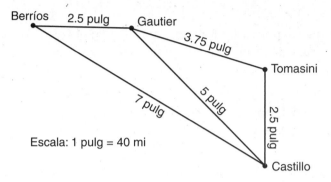

Escala: 1 pulg = 40 mi

1. En el mapa se indica la distancia a escala entre las ciudades. ¿Qué distancia real hay entre Gautier y Tomasini?

   (1) 120
   (2) 150
   (3) 160
   (4) 180
   (5) 200

2. Susana manejó desde Castillo a Berríos. Luego, manejó desde Berríos a Gautier y finalmente regresó a Castillo. ¿Cuántas millas manejó Susana?

   (1) 460
   (2) 480
   (3) 540
   (4) 580
   (5) 620

3. Hillsboro está a 50 millas de Merville. En un mapa, estas ciudades están a 2.5 pulgadas de distancia. ¿Cuál es la escala del mapa?

   (1) 1 pulg = $\frac{1}{5}$ mi
   (2) 1 pulg = 2 mi
   (3) 1 pulg = 2.5 mi
   (4) 1 pulg = 20 mi
   (5) 1 pulg = 25 mi

4. En este plano habitacional, la escala es $\frac{3}{4}$ pulg = 15 pies. ¿Cuáles son las dimensiones reales del dormitorio?

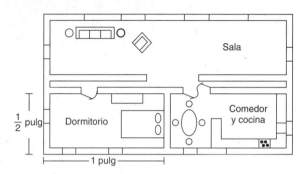

   (1) 10 pies por 20 pies
   (2) 12 pies por 24 pies
   (3) 15 pies por 30 pies
   (4) 20 pies por 40 pies
   (5) 25 pies por 50 pies

5. Un plano habitacional tiene una escala de 1 pulg = 8 pies. En el plano, una pared mide $1\frac{3}{4}$ pulgada de largo. ¿Cabrá un anaquel de 14 pies en esta pared?

   (1) No, el anaquel es aproximadamente 2 pies más largo.
   (2) No, el anaquel es aproximadamente 1 pie más largo.
   (3) Sí, el anaquel cabe exactamente.
   (4) Sí, el anaquel cabe y sobra un espacio de aproximadamente 1 pie.
   (5) Sí, el anaquel cabe y sobra un espacio de aproximadamente 2 pies.

6. La escala de un mapa es 1 pulg = 1.8 mi. ¿Cuál es la distancia real (en millas) entre dos puntos que están a una distancia de 3.5 pulgadas en el mapa?

   (1) 0.5
   (2) 1.9
   (3) 3.5
   (4) 6.3
   (5) 35.0

Las respuestas comienzan en la página 443.

Lección 26 DESTREZAS DE GED Figuras compuestas

Área y volumen

Una figura puede estar compuesta por varias formas. Para calcular el área o el volumen de una figura compuesta, calcule el área o el volumen de cada una de las partes y, luego, súmelas.

Ejemplo 1   Marcos quita el revestimiento a la mesa para darle un nuevo acabado. Necesita saber el área del tope de la mesa para determinar cuánto removedor necesitará. ¿Cuál es el área del tope de la mesa al pie cuadrado más cercano?

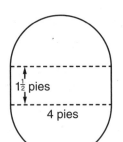

1½ pies

4 pies

Paso 1   **Divida la figura en dos formas simples.** Imagine a cada uno de los extremos de la figura como un semicírculo unido a un rectángulo.

Paso 2   **Calcule el área de cada parte.** Los dos semicírculos se pueden combinar para construir un círculo completo.

Calcule la superficie del circulo. $A = \pi \times \text{radio}^2 = \pi r^2$

Recuerde: $r = \frac{d}{2}$.

$$r = 4 \div 2 = 2$$
$$A = \pi r^2$$
$$= 3.14(2^2)$$
$$= 3.14(4) = 12.56 \text{ pies cuadrados}$$

Calcule el área del rectángulo. $A = lw$

$$= 4\left(1\frac{1}{2}\right) = 6 \text{ pies cuadrados}$$

Paso 3   **Sume las áreas.**

$$12.56 + 6 = 18.56,$$
que redondeado es 19 pies cuadrados

El área del tope de la mesa es aproximadamente **19 pies cuadrados.**

Las figuras compuestas también pueden estar compuestas por cuerpos sólidos comunes.

Ejemplo 2   Calcule el volumen del objeto que está a la izquierda.

Paso 1   **Divida la figura en figuras simples.** Esta figura consiste de una pirámide y un prisma rectangular.

Paso 2   **Calcule el volumen de cada parte.**

Calcule el volumen de la pirámide. $V = \frac{1}{3} \times A \times h$

Como la base es un cuadrado $A = l^2$, en el cual l = arista de la base

$$V = \frac{1}{3} \times (\text{arista de la base})^2 \times \text{altura}$$
$$= \frac{1}{3}(11^2)(12) = \frac{1}{3}(121)(12) = 484 \text{ pulgadas cúbicas}$$

Calcule el volumen de un cuerpo rectangular. $V = l \times w \times h$

$$= 11 \times 11 \times 10 = 1210 \text{ pulgadas cúbicas}$$

Paso 3   **Sume para calcular el volumen total.**

$$484 + 1210 = 1694 \text{ pulgadas cúbicas}$$

El volumen del objeto es **1694 pulgadas cúbicas.**

h = 12 pulg

10 pulg

11 pulg   *11 pulg*

A. Calcule el área de cada figura. Puede usar una calculadora.

1.

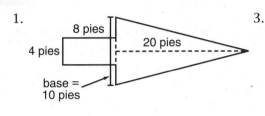

8 pies
4 pies
20 pies
base = 10 pies

3.

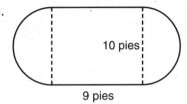

10 pies
9 pies

5.

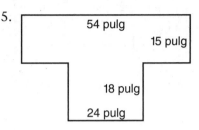

54 pulg
15 pulg
18 pulg
24 pulg

2.

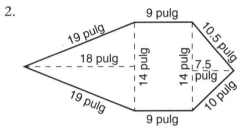

9 pulg
19 pulg
18 pulg
14 pulg
14 pulg
7.5 pulg
10.5 pulg
10 pulg
19 pulg
9 pulg

4.

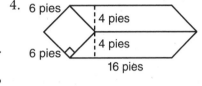

6 pies
4 pies
4 pies
6 pies
16 pies

6.

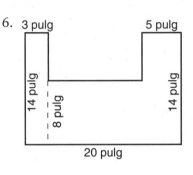

3 pulg
5 pulg
14 pulg
8 pulg
14 pulg
20 pulg

B. Cada objeto está compuesto de dos o más cuerpos sólidos. Nombre los sólidos y calcule el volumen de cada objeto. Puede usar la calculadora.

7.

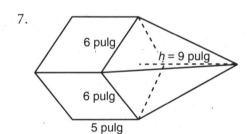

6 pulg
h = 9 pulg
6 pulg
5 pulg

9.

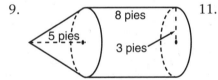

8 pies
5 pies
3 pies

11.

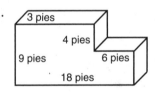

3 pies
4 pies
9 pies
6 pies
18 pies

8.

3 cm
h = 12 cm
3 cm
h = 5 cm

10.

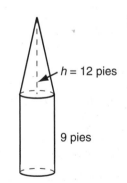

h = 12 pies
9 pies

Área de base = 6.5 pies cuadrados

12.

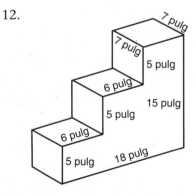

7 pulg
7 pulg
5 pulg
6 pulg
15 pulg
5 pulg
6 pulg
5 pulg
18 pulg

SUGERENCIA

Use el razonamiento lógico para calcular las medidas que faltan. En las figuras compuestas, a menudo la base de una figura también es la base de otra.

Las respuestas comienzan en la página 443.

Método para resolver problemas con múltiples pasos

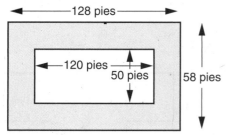

—128 pies—

120 pies
50 pies
58 pies

Nota: La figura no está dibujada a escala.

Algunos problemas que contienen figuras compuestas ponen a prueba su habilidad de razonar lógicamente para calcular la solución. En estos problemas, necesita determinar cómo usar la información dada para calcular la superficie o volumen de una forma compuesta.

Ejemplo Un complejo de apartamentos tiene una superficie central de recreación, como muestra el diagrama. Los inquilinos decidieron pavimentar un sendero de 4 pies alrededor del césped. ¿Cuál es el área del sendero?

Método de suma

Secciones 2 y 4:
$A = lw = 128(4) = 512$

Secciones 1 y 3:
$A = lw = 50(4) = 200$

Secciones 1 + 2 + 3 + 4 =
200 + 512 + 200 + 512 =
1424 pies cuadrados

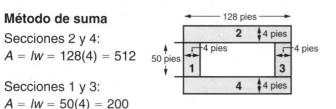

128 pies
2 4 pies
4 pies   4 pies
50 pies
1   3
4 4 pies

Método de suma: Una manera de resolver el problema es dividir el sendero en cuatro rectángulos, calcular el área de cada rectángulo y sumarlos para obtener el área total.

Método de resta: El área total es igual al área del sendero más la del césped. Calcule el área total y reste la del césped. La diferencia es igual al área del sendero.

Paso 1	Calcule el área del rectángulo mayor, o externo. El rectángulo externo mide 128 por 58 pies.	$A = lw$ $=128(58)$ $= 7424$ pies cuadrados
Paso 2	Calcule el área del rectángulo menor. El rectángulo menor mide 120 por 50 pies.	$A = lw$ $=120(50)$ $= 6000$ pies cuadrados
Paso 3	Calcule la diferencia.	$7424 - 6000 = 1424$ pies cuadrados

—128 pies—

58 pies

—120 pies—
50 pies

Otro método implica el uso de las teclas de memoria de su calculadora. Use esta secuencia de teclas en su calculadora GED.

AC **SHIFT** **MR**   Para limpiar la memoria.

128 **×** 58 **=** 7424. **M+**   M + significa "sumar a la memoria".

120 **×** 50 **=** 6000. **SHIFT** **M+**   SHIFT M + = M− significa "restar de la memoria".

MR 1424.   MR significa "traer a la pantalla (el número) de la memoria".

El área del sendero es **1424 pies cuadrados.**

Resuelva.

1. Emilia piensa poner losetas al piso de su lavadero, menos en el espacio debajo de la lavadora y secadora. Cada loseta cubre 1 pie cuadrado. ¿Cuántas losetas necesitará Emilia para realizarlo?

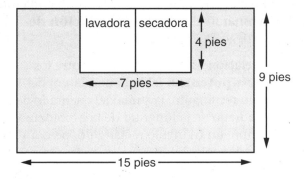

2. En la siguiente figura, la parte sombreada indica el sendero alrededor del jardín. El jardín mide 36 pies por 20 pies. ¿Cuántos pies cuadrados mide el área del sendero?

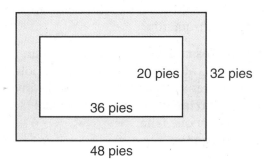

3. Los albañiles cubrirán el borde de una piscina con losetas que miden 6 pulgadas de largo cada una. ¿Cuántas losetas necesitarán para cubrir por completo el borde de la piscina indicada en la figura siguiente?

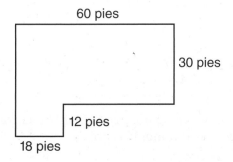

4. Un fabricante de juguetes utiliza una caja cilíndrica, como se indica en la ilustración, para embalar un juguete nuevo. El juguete tiene la forma de un cubo cuyos lados miden 8 pulgadas. El espacio que sobra dentro del cilindro será rellenado con un material protector. ¿Cuántas pulgadas cúbicas de material protector se requiere para cada caja?

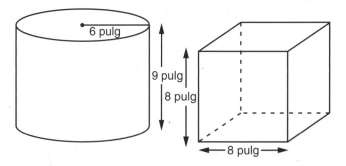

5. Una fuente circular, cuyo diámetro mide 24 pies, tiene un sendero de grava de tres pies de ancho a su alrededor. ¿Cuál es el área, en pies cuadrados, del sendero?

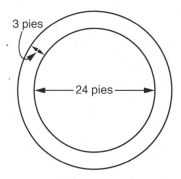

6. Juan necesita comprar tejas para el techo de una bodega como la que se indica a continuación. Una caja de tejas cubre 3 yardas cuadradas de techo. ¿Cuántas cajas de tejas deberá comprar Juan?

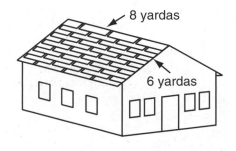

Las respuestas comienzan en la página 444.

La relación de Pitágoras

Los antiguos egipcios descubrieron una propiedad especial de los triángulos cuyos lados miden 3, 4 y 5 unidades. Se dieron cuenta que el ángulo opuesto al lado más largo es siempre un ángulo recto. Los antiguos griegos comprendieron por qué existe esta relación y la denominaron el teorema o la **relación de Pitágoras,** en honor al matemático griego de Pitágoras.

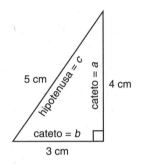

La relación de Pitágoras explica la relación especial que existe entre los **catetos** (los dos lados más cortos) y la **hipotenusa** (el lado más largo) del triángulo. Establece que en un triángulo rectángulo, la suma del cuadrado de las longitudes de los catetos es igual al cuadrado de la longitud de la hipotenusa. Observe que un triángulo 3-4-5 es siempre un triángulo rectángulo, pero un triángulo rectángulo no siempre es un triángulo 3-4-5.

La relación de Pitágoras $a^2 + b^2 = c^2$, donde a y b son los catetos y c es la hipotenusa del triángulo rectángulo

Usted puede usar la relación de Pitágoras para calcular la longitud desconocida de un triángulo rectángulo.

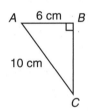

Ejemplo 1   ¿Cuál es la longitud del lado BC del triángulo que se muestra a la izquierda?

Paso 1 **Identifique los catetos y la hipotenusa.** Los lados AB y BC son los catetos. El lado AC es la hipotenusa. Siempre se encuentra en el lado opuesto al ángulo recto.

Paso 2 **Asigne una variable.** Sea b la medida del lado BC, un cateto, la medida que falta.

Paso 3   **Aplique la relación de Pitágoras.**

$$a^2 + b^2 = c^2$$
$$6^2 + b^2 = 10^2$$
$$36 + b^2 = 100$$
$$b^2 = 64$$
$$b = \sqrt{64}$$
$$b = 8$$

SUGERENCIA

En la Prueba de Matemáticas de GED, tenga cuidado con los problemas de triángulos 3-4-5. Generalmente se usan los múltiplos 6-8-10; 9-12-15 y 1.5-2-2.5.

Para calcular la longitud del lado b con una calculadora, escriba la relación de Pitágoras como $c^2 - a^2 = b^2$. Luego, marque estos datos de la siguiente manera:

10 x^2 − 6 x^2 = SHIFT x^2 8.

La longitud del lado que falta es **8 centímetros.**

Dadas las longitudes de los lados de un triángulo, puede usar la relación de Pitágoras para determinar si el triángulo es rectángulo o no.

Ejemplo 2   Las longitudes de los lados de un triángulo son 5, 6 y 9 pulgadas. ¿Es este triángulo un triángulo rectángulo?

Si el triángulo es un triángulo rectángulo, el lado más largo de 9 pulgadas, debe ser la hipotenusa. Substituta las otras medidas por a y b. Sea $a = 5$ y $b = 6$. Luego, calcule c. Si la solución es 9, el triángulo es un triángulo rectángulo.

$$a^2 + b^2 = c^2$$
$$5^2 + 6^2 = c^2$$
$$25 + 36 = c^2$$
$$61 = c^2$$
$$\sqrt{61} = c \approx 7.8$$

> Use su calculadora en el último paso, o trabaje al revés. Si la hipotenusa, c, es 9, entonces $c^2 = 81$.

El triángulo de este ejemplo **no** es un triángulo rectángulo.

ENFOQUE EN LAS DESTREZAS DE GED

A. Cada pregunta proporciona las longitudes de los tres lados de un triángulo. Escriba *Sí* si el triángulo es un triángulo rectángulo. Escriba *No* si no lo es.

	a	b	c			a	b	c			a	b	c
1.	2	3	4		5.	11	60	61		9.	7	24	25
2.	2	6	7		6.	5	12	13		10.	25	60	65
3.	2	2	3		7.	18	24	30		11.	6.5	42	42.5
4.	3	3	5		8.	1	$1\frac{1}{3}$	$1\frac{2}{3}$		12.	8	50	51

B. Resuelva.

Use de referencia el diagrama para responder a las <u>preguntas 13 y 14</u>.

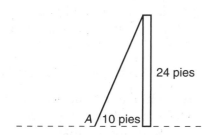

24 pies
A / 10 pies

13. El poste es perpendicular al suelo. ¿Cuántos pies de cable se necesitan para llegar desde el extremo superior al punto A?

14. Si el punto A se aleja 8 pies del poste, ¿cuánto cable más se necesitará?

Use de referencia el diagrama para responder a las <u>preguntas 15 y 16</u>.

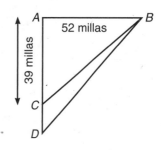

15. ¿Qué distancia hay entre el punto C y el punto B?

16. El punto D está a 11 millas del punto C. ¿Qué distancia, redondeada a la milla más cercana, hay entre el punto D y el punto B?

Las respuestas comienzan en la página 444.

ESTRATEGIA DE GED **Resolver problemas verbales**

Reconocer las aplicaciones de la relación de Pitágoras

Muchos problemas prácticos pueden ser resueltos aplicando la relación de Pitágoras. Puesto que los tensores diagonales se usan frecuentemente para fortalecer las estructuras, los triángulos rectángulos siempre aparecen en situaciones relacionadas con la construcción.

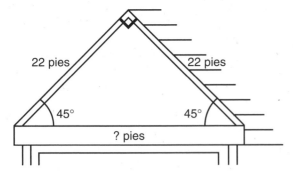
22 pies 22 pies
45° 45°
? pies

Ejemplo 1 Una viga que atraviesa el frente de un garaje necesita ser reemplazada. Basándose en el diagrama de la izquierda, ¿cuál es el la longitud de la viga, redondeada al pie más cercano?

(1) 26
(2) 31
(3) 44
(4) 968
(5) No se cuenta con suficiente información.

¿Se dio cuenta de que el frente del garaje es un triángulo rectángulo? El ángulo recto está en la parte superior del techo. Cada uno de los otros ángulos mide 45°. Recuerde que la suma de los ángulos en un triángulo es igual a 180°. Aún sin el símbolo de ángulo recto, usted puede verificar que la parte superior del techo es un ángulo recto porque $180° - 45° - 45° = 90°$. La viga atravesada en la parte del frente es la hipotenusa.

SUGERENCIA

No suponga que un triángulo es un triángulo rectángulo. Siempre cerciórese de que un triángulo tiene que ser rectángulo antes de aplicar la relación de Pitágoras.

Use la relación de Pitágoras.

$$a^2 + b^2 = c^2$$
$$22^2 + 22^2 = c^2$$
$$484 + 484 = c^2$$
$$968 = c^2$$
$$\sqrt{968} = c \approx 31.1$$

La viga de madera mide aproximadamente 31 pies de longitud. **La opción 2 es correcta.**

Usted conoce la fórmula de distancia para calcular la distancia entre dos puntos en un plano de coordenadas. Puede ser más fácil si aplica la relación de Pitágoras.

Ejemplo 2 Calcule la distancia entre los puntos A y B en la gráfica a la derecha.

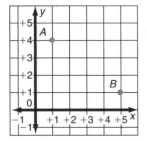

Paso 1 Deje que la distancia entre los puntos sea la hipotenusa de un triángulo rectángulo. Trace los catetos del triángulo formando un ángulo recto.

Paso 2 Cuente las unidades para calcular la longitud de los catetos.

Paso 3 Puede calcular la longitud de la hipotenusa aplicando la relación de Pitágoras; sin embargo este triángulo es el triángulo común 3-4-5. Puesto que los catetos miden 3 y 4 unidades, la hipotenusa mide 5.

La distancia entre los puntos A y B es de **5 unidades.**

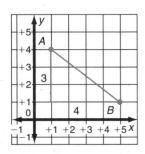

Instrucciones: Elija la respuesta que mejor responda a cada pregunta.

La pregunta 1 se refiere al siguiente diagrama.

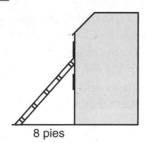

8 pies

1. Se coloca la parte inferior de una escalera a 8 pies de la pared de la casa. La casa y el suelo forman un ángulo recto. Si la escalera mide 15 pies de largo, ¿qué altura de la pared alcanza (al pie más cercano)?

   (1)   12
   (2)   13
   (3)   17
   (4)   23
   (5)   161

La pregunta 2 se refiere al siguiente diagrama.

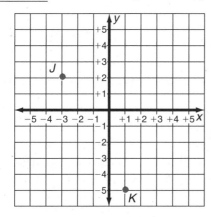

2. ¿Cuál es la distancia entre los puntos J y K, redondeada al décimo de unidad más cercano?

   (1)   6.5
   (2)   7.7
   (3)   8.1
   (4)   8.6
   (5)   11.0

La pregunta 3 se refiere al siguiente diagrama.

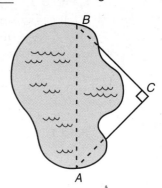

3. Benito desea calcular el ancho del lago. Pone estacas en A y B y luego calcula, de tal manera que C es un ángulo recto. Esto hace del $\triangle ABC$ un triángulo rectángulo. Si $\overline{AC}$ = 60 pies y $\overline{BC}$ = 80 pies, ¿Qué distancia hay aproximadamente entre A y B?

   (1)   menos de 85 pies
   (2)   entre 85 y 95 pies
   (3)   entre 95 y 105 pies
   (4)   entre 105 y 115 pies
   (5)   más de 115 pies

La pregunta 4 se refiere al siguiente diagrama.

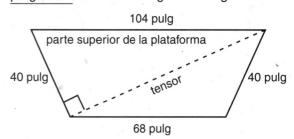

104 pulg

parte superior de la plataforma

40 pulg   40 pulg

tensor

68 pulg

4. Juan construye una plataforma cuya parte superior tiene la forma de un trapecio. El plano requiere que se refuerce con un cable tensor en diagonal ¿Cuál es la longitud del tensor redondeado a la pulgada más cercana?

   (1)   64
   (2)   88
   (3)   96
   (4)   111
   (5)   No se cuenta con suficiente información.

Las repuestas comienzan en la página 446.

Organizar la información

Al resolver problemas, resulta útil hacer tablas o listas para organizar grandes cantidades de datos. Es más fácil comprender la información cuando está organizada.

Ejemplo 1   Alicia quiere ser socia de un club de música. Si se asocia al Club A, recibirá gratis ocho discos compactos, pero deberá comprar cuatro más durante el año a $18.95 cada uno. El Club B ofrece seis discos compactos, pero Alicia tendría que comprar seis más a $14.90 cada uno. Si se asocia al Club C, obtendrá dos discos compactos gratis y tendría que comprar diez más durante el año a $9.50 cada uno. ¿Cuál de las tres opciones es la mejor, si ella se asocia sólo por un año?

> **Hacer tablas le ahorrará tiempo cuando varias preguntas se basan en el mismo párrafo.**

Paso 1   El párrafo contiene una gran cantidad de información. Cuando lea, determine qué tienen en común los tres clubes. Todos ofrecen discos compactos gratis, y todos exigen que Alicia compre más discos a un cierto precio.

Paso 2   Haga una tabla con columnas.

Club	Discos compactos gratis	Cantidad a comprar	Precio por disco
A	8	4	$18.95
B	6	6	$14.90
C	2	10	$9.50

Paso 3   Compare las ofertas. Puede notar que Alicia tendrá 12 discos compactos al cabo de un año, no importa cuál club elija. Puede calcular cuánto debe pagar en cada club, multiplicando la cantidad de discos que debe comprar por el precio de cada uno.

Club A: $18.95 × 4 = $75.80
Club B: $14.90 × 6 = $89.40
Club C: $9.50 × 10 = $95.00

Aunque el precio por disco compacto es mayor, el **Club A tiene la mejor oferta,** si Alicia se asocia por un solo año.

Ejemplo 2   Rita quiere comprar un auto nuevo. Desea uno con transmisión automática (que cuesta $800) y con acondicionador de aire (que cuesta $1100). El precio base es $15,789 y el costo administrativo y de transporte es $979. Rita también desea una alarma antirrobo que cuesta $250. ¿Cuánto más costará el auto en total con todas estos elementos adicionales?

Paso 1   Haga una tabla con estas categorías: obligatorio y optativo

Obligatorio		**Optativo**	
Precio base	$15,789	Acondicionador de aire	$1100
Administrativo/transporte	979	Transmisión automática	800
		Alarma antirrobo	250

Paso 2   Una vez que los precios están en una lista, sume cada columna. El precio del auto de Rita sin las opciones cuesta $16,768. Las opciones sumarán $2,150 más al precio del auto.

A. Resuelva. Puede usar la calculadora. Use de referencia la siguiente información para responder a las preguntas 1 a 4.

Pablo y Mariela han estado buscando apartamentos. Aquí presentamos los resultados obtenidos.

- La renta del apartamento A cuesta $545 por mes. Mariela y Pablo tendrían que pagar un mes de renta completo como depósito y $40 por las llaves.

- La renta del apartamento B requiere un depósito de $1,000. La renta cuesta $525 por mes. Además, hay un pago único de $25 para el estacionamiento del auto.

- La renta del apartamento C cuesta $600 por mes y requiere un depósito de $450 más 10% de la renta por contrato de arriendo.

- La renta del apartamento D cuesta $565 por mes. También hay un pago único de $30 para el estacionamiento del auto, un depósito de $580 y un monto $50 por verificar antecedentes de crédito.

1. Si Mariela y Pablo eligen el apartamento B, ¿cuánto pagarían en renta al año?

_____

2. ¿Cuánto costaría alquilar el apartamento D por un año, incluyendo las tarifas iniciales?

_____

3. ¿Cuánto más sería el costo anual entre el apartamento más caro y el más barato?

_____

4. a. El costo del derecho a llaves de un apartamento incluye la renta de un mes y ciertos depósitos o tarifas. ¿Cuál es el costo del derecho a llaves del apartamento A?

_____

   b. ¿Cuál es el costo del derecho a llaves del apartamento C?

_____

B. Resuelva. Use de referencia la siguiente información para responder a las preguntas 5 a 7.

El complejo de oficinas Triple Torres tiene varias oficinas para alquilar. La torre 1 tiene tres oficinas disponibles en el lado este y cuatro, en el lado sur. Cinco de las oficinas de la torre 2 están en el lado norte y tres, en el lado oeste. En la torre 3, seis oficinas están en el lado este, dos, en el lado norte y cuatro, en el lado sur.

5. Gordon desea alquilar oficinas que estén orientadas hacia el este o el sur. ¿Cuáles son sus opciones?

_____

6. ¿Cuántas oficinas más están disponibles en la torre 3 que en la torre 1?

_____

7. ¿Cuántas más de las oficinas disponibles están en los lados norte o sur que en los lados este u oeste?

_____

Las respuestas comienzan en la página 446.

Aplicar funciones

Como bien recordará, una función es una regla que muestra una relación especial entre un grupo de números y otro. Usamos las funciones en el comercio y en la vida diaria todo el tiempo. Por ejemplo, el costo total es una función del número de artículos que usted compra. Expresamos la función con una fórmula.

costo total = (número de unidades) × (precio unitario).

Ejemplo 1   En Industrias Selton, los trabajadores reciben $150 diarios más $18 por cada producto ensamblado. En Productos Quintana, los trabajadores reciben $42 por cada producto ensamblado. En ambas compañías, el pago diario (P) es una función del número de productos (n) ensamblados. Las funciones se muestran a continuación.

Industrias Selton $P = \$150 + \$18n$
Productos Quintana $P = \$42n$

José puede ensamblar cinco productos en un día. ¿Cuánto dinero más ganaría por día, trabajando para Industrias Selton que trabajando para Productos Quintana?

Paso 1   Calcule el pago de José en Industrias Selton. $150 + 18(5) = 240$
Paso 2   Calcule su pago en Productos Quintana. $42(5) = 210$
Paso 3   Calcule la diferencia.
$240 - \$210 = \$30$

José ganaría **$30 más** por día en Industrias Selton.

Use su calculadora para calcular la diferencia.

240 − 210 = 30

En Industrias Selton le pagan a José $30 más por día.

Ejemplo 2   La función $p = \dfrac{11(e-40)}{2}$ muestra el peso recomendado en libras (p) para una persona en función de su estatura (e) en pulgadas.

Renata mide 5 pies con 8 pulgadas. Basándose en la función ¿cuál es su peso recomendado?

Paso 1   Convierta la estatura de Renata en pulgadas.
5 pies 8 pulgadas = 68 pulgadas.
Paso 2   Sustituya la estatura de Renata en la función.

$$p = \frac{11(e-40)}{2}$$

$$p = \frac{11(68-40)}{2}$$

$$p = \frac{11(28)}{2}$$

$$p = \frac{308}{2}$$

$p = 154$ — El peso recomendado para Renata es 154 libras.

Instrucciones: Elija la respuesta que mejor responda a cada pregunta. PUEDE usar la calculadora.

1. El número de pies que se desliza un auto cuando el conductor pisa el freno a fondo es una función de la velocidad del auto en millas por hora. La gráfica siguiente muestra esta función.

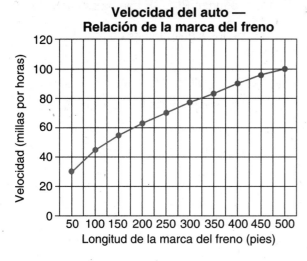

**Velocidad del auto —
Relación de la marca del freno**

Velocidad (millas por horas)

Longitud de la marca del freno (pies)

Después de un accidente, un agente de policía mide una marca de freno de 310 pies. ¿A qué velocidad (en millas por horas) viajaba el auto cuando el conductor apretó el freno?

(1) entre 55 y 70 mph

(2) entre 70 y 85 mph

(3) entre 85 y 100 mph

(4) entre 100 y 115 mph

(5) No se cuenta con suficiente información.

2. Los vendedores de Calzados Weston ganan $5.50 por hora ($h$) más 8% de comisión sobre el total de sus ventas (v). ¿Cuál de las siguientes fórmulas podría usarse para calcular el pago (P) de un vendedor en la tienda de zapatos?

(1) $P = \$5.50 \times 0.08 \times h \times v$

(2) $P = \$5.50 + (0.08)v$

(3) $P = \$5.50 + 0.08(v + h)$

(4) $P = \$5.50v + 0.08h$

(5) $P = \$5.50h + 0.08v$

La pregunta 3 se refiere a la siguiente información.

Detalles de un plan de llamadas de larga distancia

Plan	Cuota mensual	Cargo por minuto
A	$6.95	$0.07
B	Ninguna	$0.09
C	$6.50	$0.06
D	$4.95	$0.07
E	$8.50	$0.06

La siguiente fórmula se puede utilizar para calcular la cuenta mensual en cualquiera de los planes: $B = (c \times m) + t$, en dónde B equivale al total de la cuenta mensual, c es igual al cargo por minuto, m es igual al número de minutos de llamadas de larga distancia y t equivale a la tarifa mensual.

3. Basándose en cuentas anteriores, Melinda calcula que usa 300 minutos en llamadas de larga distancia al mes. ¿Cuál de los planes de llamadas sería el mejor para ella?

(1) Plan A

(2) Plan B

(3) Plan C

(4) Plan D

(5) Plan E

4. Para convertir grados centígrados en grados Fahrenheit, use la siguiente función: $F = \frac{9}{5}C + 32$ donde C equivale a Celcius y F a Fahrenheit. Ayer en Londres, Inglaterra la temperatura fue de 15°C. ¿Cuál fue la temperatura en grados Fahrenheit?

(1) 32.12° F

(2) 33.4° F

(3) 59° F

(4) 71° F

(5) 84.6° F

Las respuestas comienzan en la página 446.

Prueba corta de GED • Lecciones 25 a 27

Instrucciones: Ésta es una prueba de práctica que dura treinta minutos. Después de transcurridos los treinta minutos, marque la última pregunta que haya respondido. Luego, termine la prueba y revise sus respuestas. Si la mayoría de sus respuestas fueron correctas, pero no terminó la prueba, trate de responder más rápidamente la próxima vez.

Parte 1

Instrucciones: Elija la respuesta que mejor responda a cada pregunta. PUEDE usar la calculadora.

1. En un mapa cuya escala es de 1.5 cm = 60km, ¿cuántos kilómetros reales representan 4.7 cm en el mapa?

   (1)   40
   (2) 117
   (3) 188
   (4) 282
   (5) 423

Las preguntas 2 y 3 se refieren al siguiente diagrama.

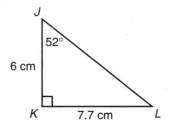

2. Si el △JKL es un triángulo rectángulo, ¿cuál es la medida del ∠L?

   (1)   26°
   (2)   38°
   (3)   52°
   (4)   90°
   (5) 128°

3. ¿Cuál de las siguientes expresiones pueden usarse para calcular la medida del lado $\overline{JL}$?

   (1) $6 + 7.7$
   (2) $(6)^2 + (7.7)^2$
   (3) 6×7.7
   (4) $\sqrt{6 + 7.7}$
   (5) $\sqrt{(6)^2 + (7.7)^2}$

4. ¿Cuál de los siguientes es un triángulo rectángulo?

   (1) un triángulo cuyos lados miden 4, 5 y 6
   (2) un triángulo cuyos lados miden 5, 7 y 9
   (3) un triángulo cuyos lados miden 6, 8 y 11
   (4) un triángulo cuyos lados miden 7, 9 y 12
   (5) un triángulo cuyos lados miden 7, 24 y 25

5. ¿Qué longitud (redondeada al pie más cercano) debería tener la escalera para alcanzar la ventana del tercer piso?

   (1) 18
   (2) 20
   (3) 22
   (4) 23
   (5) 25

6. Un sendero de grava de 2 pies de ancho rodea una piscina circular de 20 pies de diámetro. ¿Cuál es el área aproximada del sendero en pies cuadrados?

   (1) 100
   (2) 138
   (3) 144
   (4) 314
   (5) 452

La pregunta 7 se refiere a la siguiente figura.

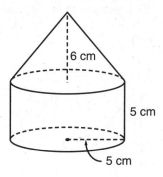

6 cm

5 cm

5 cm

7. ¿Cuál es el volumen, al centímetro cúbico más cercano, del objeto que se muestra arriba?

(1) 79

(2) 157

(3) 393

(4) 471

(5) 550

La pregunta 8 se refiere a las siguientes figuras.

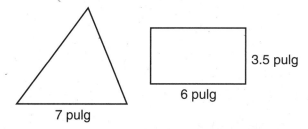

3.5 pulg

6 pulg

7 pulg

8. Un rectángulo y un triángulo tienen el mismo área. ¿Cuál es la altura, en pulgadas, del triángulo?

(1) 3

(2) 3.5

(3) 6

(4) 12

(5) 21

9. A la misma hora, un poste de 3 pies de alto proyecta una sombra de $4\frac{1}{2}$ pies mientras que un poste telefónico proyecta una sombra de 33 pies. ¿Cuál es la longitud, en pies, del poste de teléfono?

(1) 18

(2) 22

(3) 28

(4) 33

(5) 99

La pregunta 10 se refiere a la siguiente figura.

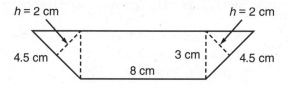

$h = 2$ cm $h = 2$ cm

4.5 cm   3 cm   4.5 cm

8 cm

10. ¿Cuál es el área, en centímetros cuadrados, de la figura?

(1) 27

(2) 28.5

(3) 33

(4) 37.5

(5) 42

Las preguntas 11 y 12 se refieren a la siguiente figura.

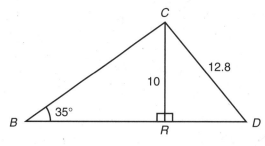

C

12.8

10

B   35°   D

R

11. ¿Cuál es la medida del lado *RD*, redondeado a la unidad más cercana?

(1) 3

(2) 5

(3) 7

(4) 8

(5) 16

12. En el △*BRC*, ¿cuál es la medida del ∠*BCR*?

(1) 35°

(2) 45°

(3) 55°

(4) 90°

(5) 135°

Parte 2

Instrucciones: Elija la respuesta que mejor responda a cada pregunta. **NO** puede usar la calculadora.

13. Los lados de una figura de cuatro lados miden respectivamente 6, 10, 6 y 10 y no hay ángulos rectos. ¿Qué figura es?

    (1) Triángulo

    (2) cuadrado

    (3) trapecio

    (4) rombo

    (5) paralelogramo

La pregunta 14 se refiere a la siguiente figura.

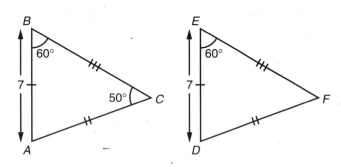

14. Estos triángulos son congruentes. ¿Cuál es la medida de ∠D?

    (1) 50°

    (2) 70°

    (3) 110°

    (4) 180°

    (5) No se cuenta con suficiente información.

_____

15. Los tres lados del triángulo ABC miden 12, 16 y 20 pies respectivamente. El triángulo DEF es similar a △ABC. El lado más corto de △DEF mide 15 pies. ¿Cuál es la longitud en pies de los otros dos lados de △DEF?

    (1) 18 y 23

    (2) 18 y 25

    (3) 19 y 23

    (4) 20 y 24

    (5) 20 y 25

16. ¿Cuánto mide ∠L?

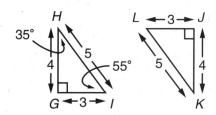

    (1) 35°

    (2) 45°

    (3) 55°

    (4) 90°

    (5) No se cuenta con suficiente información.

17. Los lados AB y BC del △ABC miden 10 pulgadas cada uno. Si m∠A = 60° y m∠B = 60°, ¿Cuál es la longitud en pulgadas del lado AC?

    (1) 5

    (2) 6

    (3) 10

    (4) 14

    (5) No se cuenta con suficiente información.

18. Para comprobar que △ACE ≅ △BCD por SSS, ¿Cuál de los siguientes datos es necesario saber?

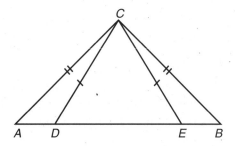

    (1) $\overline{AD} \cong \overline{BC}$

    (2) $\overline{AE} \cong \overline{BD}$

    (3) ∠DAC ≅ ∠EBC

    (4) ∠CDE ≅ ∠CED

    (5) $\overline{DE} \cong \overline{EB}$

19. Una estructura rectangular de madera mide 6 pies por 8 pies. Un tensor en diagonal se añade a la parte trasera de la estructura. ¿Cuál es la longitud en pies del tensor?

(1) 5

(2) 7

(3) 8

(4) 10

(5) 13

20. Un círculo tiene un radio de 7 pulgadas. ¿Cuál de las siguientes opciones es la mejor aproximación, en pulgadas, de la circunferencia del círculo?

(1) 15

(2) 25

(3) 40

(4) 50

(5) 150

21. El triángulo *ABC* tiene lados que miden 2.9, 4.6 y 4.9 cm respectivamente. Sus ángulos miden 78°, 36° y 66°. ¿A cuál de las dos clasificaciones de triángulos pertenece el triángulo *ABC?*

(1) equilátero y acutángulo

(2) isósceles y acutángulo

(3) isósceles y obtusángulo

(4) escaleno y acutángulo

(5) escaleno y obtusángulo

22. En un triángulo rectángulo, la medida de uno de los ángulos agudos es cinco veces mayor que la medida del otro. ¿Cuál de las siguientes ecuaciones puede usarse para calcular la medida del ángulo menor?

(1) $x + 5x + 90° = 180°$

(2) $x + (5 + x) + 90° = 180°$

(3) $x + 5x = 180°$

(4) $90x + 5x = 180°$

(5) $180° - 90° = 5x$

La pregunta 23 se refiere a la siguiente figura.

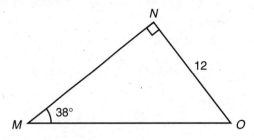

23. ¿Cuál de las siguientes expresiones podría usarse para calcular el ángulo O?

(1) $38° + 90°$

(2) $180° - 90° + 38°$

(3) $180° - (90° + 38°)$

(4) $\sqrt{38^2 + 90^2}$

(5) No se cuenta con suficiente información.

La pregunta 24 se refiere a la siguiente figura.

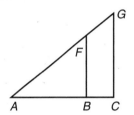

24. Si el $\triangle ABF \sim \triangle ACG$, entonces, ¿cuál de las siguientes expresiones es una proporción verdadera?

(1) $\dfrac{\overline{AF}}{\overline{AB}} = \dfrac{\overline{AB}}{\overline{AC}}$

(2) $\dfrac{\overline{AB}}{\overline{AC}} = \dfrac{\overline{FB}}{\overline{GC}}$

(3) $\dfrac{\overline{AF}}{\overline{AC}} = \dfrac{\overline{AC}}{\overline{AB}}$

(4) $\dfrac{\overline{AB}}{\overline{GC}} = \dfrac{\overline{AC}}{\overline{FB}}$

(5) $\dfrac{\overline{AG}}{\overline{AC}} = \dfrac{\overline{AB}}{\overline{AF}}$

Las respuestas comienzan en la página 447.

Unidad 4 Repaso acumulativo **Geometría**

Parte 1

Instrucciones: Elija la respuesta que mejor responda a cada pregunta. PUEDE usar su calculadora.

La pregunta 1 se refiere a la siguiente figura.

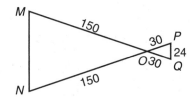

1. Si $\overline{PQ}$ y $\overline{MN}$ son paralelas, ¿Cuál es la longitud de $\overline{MN}$?

   (1)   48
   (2)   60
   (3)   90
   (4)   120
   (5)   150

---

2. ¿Cuál es el área aproximada, en pies cuadrados, de una piscina circular con un diámetro de 8 pies?

   (1) 50
   (2) 48
   (3) 40
   (4) 20
   (5) 16

3. En un plano habitacional se usa una escala de 1 pulgada = 2 pies. En el plano, la cocina mide 5 pulgadas por 7 pulgadas. ¿Cuál es el área real de la cocina en pies cuadrados?

   (1)   12
   (2)   24
   (3)   35
   (4)   70
   (5)   140

La pregunta 4 se refiere a la siguiente información.

Muestra A
Área de la base = 10 pulg cuadradas

Muestra B
Área de la base = 12 pulg cuadradas

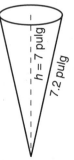 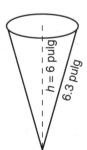

4. ¿Cuántas pulgadas cúbicas más contiene la muestra B que la A?

   (1) $\frac{2}{3}$
   (2) 3
   (3) 5
   (4) $6\frac{2}{3}$
   (5) 9

---

5. ¿Cuál es la circunferencia (al décimo de metro más cercano) de un círculo cuyo radio mide 3 metros?

   (1)   4.7
   (2)   7.1
   (3)   9.4
   (4)   18.8
   (5)   28.2

6. El volumen interior de una nevera es 19.5 pies cúbicos. Si el interior mide 5.2 pies de alto y 1.5 pies de profundidad, ¿cuál es su ancho en pies?

   (1)   2.5
   (2)   2.9
   (3)   3.75
   (4)   13
   (5)   15.2

La pregunta 7 se refiere a la siguiente figura.

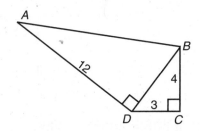

7. Si el $\angle ADB$ y el $\angle C$ son ángulos rectos, ¿cuál es la longitud de $\overline{AB}$?

(1) 5

(2) 10

(3) 13

(4) 16

(5) 17

___

8. El perímetro de un rectángulo mide 5 pies. La longitud es 6 pulgadas más larga que el ancho. ¿Cuál es el ancho en pulgadas?

(1) 4

(2) 8

(3) 10

(4) 12

(5) 15

La pregunta 9 se refiere a la siguiente figura.

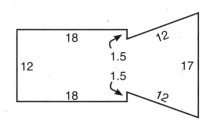

9. ¿Cuál es el perímetro de la figura?

(1) 72

(2) 75

(3) 90

(4) 92

(5) 101

Las preguntas 10 y 11 se refieren a la siguiente figura.

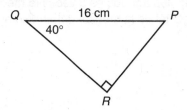

10. ¿Cuál es la medida del $\angle RPQ$?

(1) 40°

(2) 50°

(3) 60°

(4) 90°

(5) 140°

11. ¿Cuál de las siguientes afirmaciones acerca del $\triangle PRQ$ son verdaderas?

(1) Las longitudes de $\overline{QR}$ y $\overline{PR}$ son iguales.

(2) La longitud de $\overline{QP}$ es la más corta.

(3) La longitud de $\overline{PR}$ es mayor que la longitud de $\overline{QR}$.

(4) La longitud de $\overline{QR}$ es mayor que la longitud de $\overline{PR}$.

(5) La longitud de $\overline{QR}$, $\overline{PR}$ y $\overline{QP}$ son iguales.

La pregunta 12 se refiere a la siguiente figura.

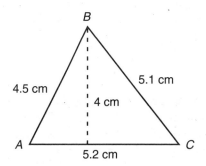

12. ¿Cuál es el área del $\triangle ABC$ redondeado al centímetro cuadrado más cercano?

(1) 10

(2) 14

(3) 17

(4) 19

(5) 21

13. En un triángulo rectángulo, la medida de uno de los ángulos agudos es 5 veces la medida del otro. ¿Cuál es la medida del ángulo agudo menor?

(1) 10°

(2) 15°

(3) 20°

(4) 25°

(5) 30°

La pregunta 14 se refiere a la siguiente figura.

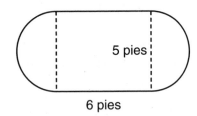

5 pies

6 pies

14. El tope de una mesa tiene las medidas mostradas en la figura. Si cada extremo de la mesa es un semicírculo, ¿cuál será el área aproximada (en pies cuadrados) del tope de la mesa?

(1) 110

(2) 80

(3) 50

(4) 40

(5) 25

15. Un molde cilíndrico para velas tiene una base de 12 pulgadas cuadradas. El molde mide 5 pulgadas de alto. ¿Cuántas pulgadas cúbicas de cera se necesitarán para hacer 200 velas?

(1) 452,160

(2) 113,040

(3) 37,680

(4) 12,000

(5) 3,400

La pregunta 16 se refiere a la siguiente figura.

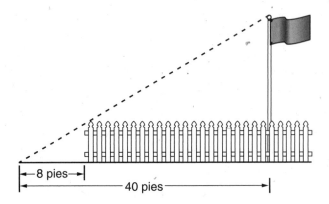

←8 pies→

40 pies

16. La sombra proyectada por un poste de una cerca y el asta de una bandera se miden a la misma hora del día. Si el poste de la cerca mide 5 pies de alto, ¿cuál es la altura, en pies, del asta de la bandera?

(1) 22

(2) 25

(3) 40

(4) 320

(5) No se cuenta con suficiente información.

17. La escala de un mapa es 1 pulgada = 1.5 millas. La distancia real entre Diego y Miramelinda es de 4 millas. ¿A qué distancia, en pulgadas, están estas dos ciudades en el mapa?

(1) a menos de 2

(2) a $2\frac{1}{3}$

(3) a $2\frac{2}{3}$

(4) a 3

(5) a 6

18. Los ángulos M y N son ángulos complementarios. Si el ∠M mide 26°, ¿cuál es la medida del ∠N?

(1) 26°

(2) . 64°

(3) 90°

(4) 154°

(5) No se cuenta con suficiente información.

Instrucciones: Resuelva las siguientes preguntas y escriba sus respuestas en la cuadrícula provista.

19. Un paralelogramo tiene una base de 32 yardas y una altura de 8 yardas. ¿Cuántas yardas mide el lado de un cuadrado que tiene el mismo área que el paralelogramo?

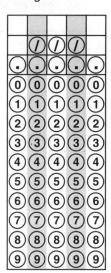

La pregunta 20 se refiere a la siguiente figura.

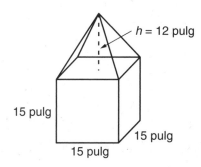

h = 12 pulg

15 pulg

15 pulg

15 pulg

20. ¿Cuál es el volumen de la figura en pulgadas cúbicas?

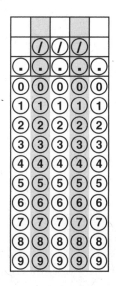

La pregunta 21 se refiere a la siguiente gráfica.

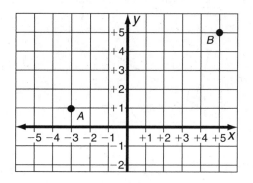

21. ¿Cual es la distancia, redondeada a la unidad más cercana, entre los puntos A y B?

22. En un triángulo rectángulo, el cateto menor mide 9 y el mayor, 15. ¿Cuál es la medida del otro cateto?

Parte 2

Instrucciones: Elija la respuesta que mejor responda a cada pregunta. **NO** puede usar su calculadora.

Las preguntas 23 y 24 se refieren a la siguiente figura.

$\overline{AB} \parallel \overline{DE}$

La pregunta 26 se refiere a la siguiente figura.

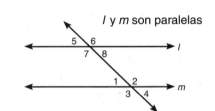

l y *m* son paralelas

23. ¿Cuál de las siguientes afirmaciones acerca de la medida del ∠D es verdadera?

   (1) $m\angle D = m\angle BAC$

   (2) $m\angle D = m\angle BCD$

   (3) $m\angle D = m\angle B + m\angle BAC$

   (4) $m\angle D + m\angle BAC = 180°$

   (5) $m\angle D + m\angle B = 90°$

24. ¿Cuál es la medida en grados del ∠BCD?

   (1) 105°

   (2) 110°

   (3) 120°

   (4) 125°

   (5) 130°

_____

25. Si *C* es igual a la circunferencia, *d* = diámetro y *r* = radio, ¿cuál de las siguientes fórmulas no es válida?

   (1) $d = 2r$

   (2) $C = \pi d$

   (3) $C = 2\pi r$

   (4) $\dfrac{C}{d} = \pi$

   (5) $\pi = \dfrac{C}{r}$

26. Si el ∠8 mide 50°, ¿cuáles dos ángulos miden 130°?

   (1) ∠1 y ∠7

   (2) ∠2 y ∠6

   (3) ∠4 y ∠6

   (4) ∠4 y ∠7

   (5) ∠5 y ∠7

Las preguntas 27 y 28 se refieren a la siguiente figura.

La recta *a* es paralela a la recta *b*.
$m\angle 3 = m\angle 4$

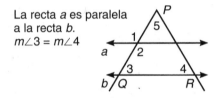

27. ¿Cuál ecuación es verdadera?

   (1) $m\angle 2 = 180° - m\angle 1$

   (2) $m\angle 2 = m\angle 4$

   (3) $m\angle 2 = 180° - m\angle 3$

   (4) $m\angle 2 = 90° - m\angle 4$

   (5) $m\angle 2 = m\angle 3$

28. ¿Cuál afirmación es verdadera, si la $m\angle 3 = 60°$?

   (1) $m\angle 5 = 45°$

   (2) $m\angle 4 = 120°$

   (3) $m\angle 2 = 60°$

   (4) $m\angle 5 = 60°$

   (5) $m\angle 1 = 135°$

La <u>pregunta 29</u> se refiere a la siguiente figura.

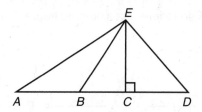

29. La figura muestra un rectángulo unido a un semicírculo. ¿Cuál de las siguientes expresiones representa el perímetro de la figura?

(1) $16 + 2\pi$

(2) $10 + 2\pi$

(3) $10 + 4\pi$

(4) $16 + 4\pi$

(5) $24 + 4\pi$

La <u>pregunta 30</u> se refiere a la siguiente figura.

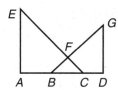

30. Los $\triangle AEC$ y $\triangle BDG$ son isósceles. ¿A qué conclusión se puede llegar?

(1) $\overline{AB} \cong \overline{BC} \cong \overline{CD}$

(2) $\overline{AC} \cong \overline{AE}$

(3) $\overline{AE} \cong \overline{DG}$

(4) $\angle E \cong \angle D$

(5) $\overline{BF} \cong \overline{FC}$

31. La hipotenusa de un triángulo rectángulo mide 12 pulgadas. Si uno de los catetos mide 7 pulgadas, ¿cuál de las siguientes expresiones puede usarse para calcular la longitud del otro cateto?

(1) $12^2 + 7^2$

(2) $\sqrt{12^2 + 7^2}$

(3) $12^2 - 7^2$

(4) $\sqrt{12^2 - 7^2}$

(5) $(12 + 7)^2$

La <u>pregunta 32</u> se refiere a la siguiente figura.

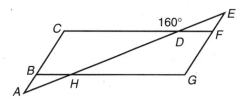

32. El triángulo ECD es un triángulo rectángulo. ¿Cuál de los siguientes representa un ángulo obtuso?

(1) $\angle ABE$

(2) $\angle ACE$

(3) $\angle BCE$

(4) $\angle DAE$

(5) No hay suficiente información.

La <u>pregunta 33</u> se refiere a la siguiente figura.

33. La medida del $\angle CDE$ es 160°. Si $\overline{CF} \parallel \overline{BG}$, ¿qué otro ángulo es congruente con el $\angle CDE$?

(1) $\angle BCD$

(2) $\angle EGH$

(3) $\angle AHG$

(4) $\angle ABH$

(5) $\angle DFE$

34. El patio rectangular de los González mide 50 por 30 pies. Piensan plantar una pequeña huerta que medirá 12 pies por lado, en una esquina del patio. El área restante será césped. ¿Cuál es el área, en pies cuadrados, de la sección con césped?

(1) 900

(2) 1140

(3) 1356

(4) 1500

(5) 1644

Instrucciones: Resuelva las siguientes preguntas y escriba las respuestas en las cuadrículas.

La <u>pregunta 35</u> se refiere a la siguiente figura.

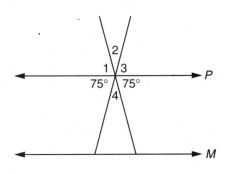

35. Las rectas *p* y *m* son paralelas. Los ∠2 y ∠4 son ángulos opuestos por los vértices. ¿Cuál es la medida, en grados, del ∠4?

36. Un triángulo mide 40 pulgadas de alto. Si el área del triángulo es 200 pulgadas cuadradas, ¿cuál es la longitud, en pulgadas, de la base?

La <u>pregunta 37</u> se refiere a la siguiente figura.

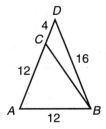

37. La medida del ∠*DAB* es 70°. ¿Cuál es la medida, en grados, del ∠*D*?

38. Un cartel de 4 metros de alto proyecta una sombra de 5 metros de largo. A la misma hora, un árbol proyecta una sombra de 30 metros de largo. ¿Cuál es la altura, en metros, del árbol?

Las respuestas comienzan en la página 448.

Tabla de análisis del desempeño en el repaso acumulativo
Unidad 4 ● Geometría

Consulte la sección Respuestas y explicaciones que empieza en la página 448 para verificar sus respuestas al Repaso acumulativo de la Unidad 4. Luego, use la siguiente tabla para identificar las destrezas en las que necesite más práctica.

En la tabla, encierre en un círculo los números correspondientes a las preguntas que haya contestado correctamente. Anote el número de aciertos para cada destreza y luego súmelos para calcular el número total de preguntas que contestó correctamente en el Repaso acumulativo. Si cree que necesita más práctica, repase las lecciones de las destrezas que se le dificultaron.

Preguntas	Número de aciertos	Destreza	Lecciones para repasar
2, **4**, 5, 6, 8, **12**, 15, 19, 25, 36	——/10	Aplicación de fórmulas	23
18, **23**, **24**, **26**, **27**, **32**, **33**, **35**	——/8	Rectas y ángulos	24
1, 3, **10**, 13, **16**, 17, **28**, **30**, **37**, 38	——/10	Triángulos y cuadriláteros	25
9, **14**, **20**, **29**, 34	——/5	Figuras irregulares	26
7, **11**, **21**, 22, 31	——/5	Triángulos rectángulos	27
TOTAL DE ACIERTOS: ——/38			

Los números en **negritas** corresponden a preguntas que contienen gráficas.

MATEMÁTICAS
Parte I

Instrucciones

La Prueba final de Matemáticas consta de una serie de preguntas de selección múltiple y de formato alternativo, destinadas a medir las aptitudes matemáticas generales y la capacidad de resolver problemas. Las preguntas se basan en lecturas breves que con frecuencia incluyen una gráfica, un cuadro o un diagrama.

Se le darán 45 minutos para contestar las 25 preguntas de la Parte I. Trabaje con cuidado, pero no dedique demasiado tiempo a una sola pregunta. Asegúrese de haber contestado todas las preguntas. No se descontarán puntos por respuestas incorrectas. Cuando se agote el tiempo, ponga una marca en la última pregunta que haya contestado. Esto le servirá de guía para calcular si podrá terminar la verdadera Prueba de GED dentro del tiempo permitido. A continuación, termine la prueba.

En la página 335 se proporcionan las fórmulas que podría necesitar. Solamente algunas de las preguntas necesitarán que utilice una fórmula. No todas las fórmulas que se dan serán necesarias.

Algunas preguntas contienen más información de la que usted necesita para resolver el problema; otras preguntas no dan suficiente información. Si la pregunta no da suficiente información para resolver el problema, la respuesta correcta es "No se cuenta con suficiente información".

En la Parte I se le permitirá usar una calculadora. En la página 334 encontrará las instrucciones necesarias para utilizar la calculadora científica CASIO modelo *fx-260SOLAR*.

Registre sus respuestas en la hoja de respuestas separada en la página 473. Asegúrese de incluir toda la información requerida en la hoja de respuestas.

Para marcar sus respuestas, en la hoja de respuestas rellene el círculo con el número de la respuesta que considere correcta para cada una de las preguntas de la prueba.

Ejemplo: Si una cuenta de mercado por valor total de $15.75 se paga con un billete de $20.00, ¿cuánto cambio debe recibirse?

(1) $5.25
(2) $4.75
(3) $4.25
(4) $3.75
(5) $3.25

La respuesta correcta es $4.25; por lo tanto, en la hoja de respuestas debería haber rellenado el círculo con el número 3 adentro.

No apoye la punta del lápiz en la hoja de respuestas mientras piensa en la respuesta. No haga marcas innecesarias en la hoja. Si decide cambiar una respuesta, borre completamente la primera marca. Rellene un solo círculo por cada respuesta: si señala más de un círculo, la respuesta se considerará incorrecta. No doble ni arrugue la hoja de respuestas.

Una vez terminada esta prueba, utilice la Tabla de análisis del desempeño en la página 349 para determinar si está listo para tomar la verdadera Prueba de GED. Si no lo está, use la tabla para identificar las destrezas que debe repasar de nuevo.

Adaptado con el permiso del *American Council on Education*.

MATEMÁTICAS

Los números mixtos, como $3\frac{1}{2}$, no pueden anotarse en la cuadrícula del formato alterno. En lugar de ello, represéntelos como números decimales (en este caso, 3.5) o en fracciones (en este caso 7/2). Ninguna respuesta podrá ser un número negativo, como -8.

Para registrar su respuesta a una pregunta en el formato alternativo:

- empiece en cualquier columna que le permita anotar su respuesta;
- escriba su respuesta en los recuadros en la fila superior;
- en la columna que esté debajo de una barra de fracción o de un punto decimal (si la hubiere) y cada número de su respuesta, rellene el círculo que representa ese signo o número;
- deje en blanco las columnas no utilizadas.

Ejemplo:

En un mapa, la escala indica que $\frac{1}{2}$ pulgada representa una distancia real de 120 millas, ¿a qué distancia en el mapa están las dos ciudades si la distancia real entre ellas es 180 millas?

La respuesta al ejemplo anterior es de 3/4 ó 0.75 pulgadas. A continuación se presentan algunos ejemplos de cómo podría anotarse la respuesta en la cuadrícula.

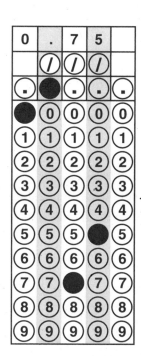

Puntos que es preciso recordar:

- La hoja de respuestas será calificada a máquina. **Los círculos deben rellenarse correctamente.**
- No marque más de un círculo en una columna.
- Anote una sola respuesta en la cuadrícula aunque haya más de una respuesta correcta.
- Los números mixtos como $3\frac{1}{2}$ deben escribirse en la cuadrícula como 3.5 ó 7/2.
- Ninguna respuesta podrá ser un número negativo.

Adaptado con el permiso del *American Council on Education.*

Presione la tecla (ON) (situada en la esquina superior derecha) cuando utilice la calculadora por ***primera*** vez. En la parte superior central de la pantalla aparecerán las letras "DEG" y a la derecha el número "0". Esto indica que la calculadora se encuentra en el formato adecuado para que usted pueda realizar sus cálculos.

Para volver a utilizar la calculadora para ***otra*** pregunta , presione la tecla (ON) o la tecla roja (AC). De esta forma se borrará toda entrada anterior.

Introduzca la expresión tal como está escrita para realizar una operación. Presione (=) (el signo de "es igual a") cuando termine de introducir los datos.

EJEMPLO A: $8 - 3 + 9$

> Presione primero (ON) o (AC).
> Introduzca lo siguiente:
>
> 8 (−) 3 (+) 9 (=)
>
> La respuesta correcta es 14.

Si tiene que multiplicar una expresión entre paréntesis por cierto número, presione (X) (el signo de multiplicación) entre el número y el signo de paréntesis.

EJEMPLO B: $6(8 + 5)$

> Presione primero (ON) o (AC).
> Introduzca lo siguiente:
>
> 6 (X) ([(---) 8 (+) 5 (---)]) (=)
>
> La respuesta correcta es 78.

Para calcular la raíz cuadrada de un número:

- Introduzca el número,
- Presione la tecla (SHIFT) (situada en la esquina superior izquierda). (En la parte superior izquierda de la pantalla, aparecerá la palabra "SHIFT"),
- Presione (x^2) (la tercera tecla empezando por la izquierda en la fila superior) para poder utilizar la segunda función de la tecla: la raíz cuadrada. **NO** presione (SHIFT) y (x^2) a la vez.

EJEMPLO C: $\sqrt{64}$

> Presione primero (ON) o (AC).
> Introduzca lo siguiente:
>
> 64 (SHIFT) (x^2)
>
> La respuesta correcta es 8.

Para introducir un número negativo, como por ejemplo -8:

- Introduzca el número sin el signo negativo (introduzca 8),
- Presione la tecla de cambio de signo ((+/−)) que se ubica justo encima de la tecla del número 7.

Puede realizar cualquier operación con números negativos y/o positivos.

EJEMPLO D: $-8 - -5$

> Presione primero (ON) o (AC).
> Introduzca lo siguiente:
>
> 8 (+/−) (−) 5 (+/−) (=)
>
> La respuesta correcta es -3.

Adaptado con el permiso del *American Council on Education.*

FÓRMULAS

ÁREA de un:

cuadrado	Área = lado^2
rectángulo	Área = largo × ancho
paralelogramo	Área = base × altura
triángulo	Área = $\frac{1}{2}$ × base × altura
trapecio	Área = $\frac{1}{2}$ × (base mayor + base menor) × altura
círculo	Área = π × radio^2; donde π equivale aproximadamente a 3.14

PERÍMETRO de un:

cuadrado	Perímetro = 4 × lado
rectángulo	Perímetro = 2 × largo + 2 × ancho
triángulo	Perímetro = lado$_1$ + lado$_2$ + lado$_3$
PERÍMETRO DE LA CIRCUNFERENCIA	Circunferencia = π × diámetro; donde π equivale aproximadamente a 3.14

VOLUMEN de:

un cubo	Volumen = arista^3
un objeto rectangular	Volumen = largo × ancho × altura
una pirámide cuadrangular	Volumen = $\frac{1}{3}$ × (arista de la base)^2 × altura
un cilindro	Volumen = π × radio^2 × altura; donde π equivale aproximadamente a 3.14
un cono	Volumen = $\frac{1}{3}$ × π × radio^2 × altura; donde π equivale aproximadamente a 3.14

GEOMETRÍA ANALÍTICA

Distancia entre dos puntos = $\sqrt{(x_2 - x_1)^2 + (y_2 - y_1)^2}$; donde (x_1, y_1) y (x_2, y_2) son dos puntos en un plano.

Pendiente de una recta = $\frac{y_2 - y_1}{x_2 - x_1}$; donde (x_1, y_1) y (x_2, y_2) son dos puntos en una recta.

TEOREMA DE PITÁGORAS

$a^2 + b^2 = c^2$, donde a y b son los catetos y c la hipotenusa de un triángulo rectángulo.

MEDIDAS DE TENDENCIA CENTRAL

Media aritmética = $\frac{x_1 + x_2 + \ldots + x_n}{n}$; donde las x son los valores para los cuales se desea encontrar la media y n es el número total de valores de x.

Mediana = Es el valor situado en el centro en un número impar de datos _ordenados_ y la media aritmética de los dos valores más próximos al centro en un número par de datos _ordenados_.

INTERÉS SIMPLE

interés = capital × tasa × tiempo

DISTANCIA

distancia = velocidad × tiempo

COSTO TOTAL

costo total = (número de unidades) × (precio de cada unidad)

Adaptado con el permiso del _American Council on Education._

Parte I

Instrucciones: Dispone de 45 minutos para responder las preguntas 1 a 25. Elija la respuesta que mejor responda a cada pregunta. PUEDE usar la calculadora.

Las preguntas 1 y 2 se refieren a la siguiente información.

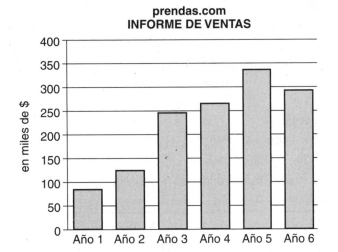

prendas.com
INFORME DE VENTAS

1. La gráfica muestra el total de las ventas para los primeros seis años de prendas.com, una compañía de Internet. ¿En cuánto superaron las ventas de la compañía en el año 5 a las ventas del año 2?

   (1) $390,000

   (2) $340,000

   (3) $250,000

   (4) $210,000

   (5) $190,000

2. ¿En qué año tuvo la compañía un incremento en las ventas de aproximadamente un 50% con respecto al año anterior?

   (1) Año 2

   (2) Año 3

   (3) Año 4

   (4) Año 5

   (5) Año 6

3. Una escuela piensa comprar 650 cintas para entregar como premios en un concurso de lectura. ¿Cuánto pagará la escuela por todas las cintas si cada una cuesta 9.5 centavos?

   (1) menos de $50

   (2) entre $50 y $100

   (3) entre $100 y $400

   (4) entre $400 y $700

   (5) más de $700

La pregunta 4 se refiere al siguiente diagrama.

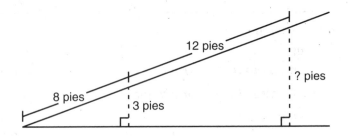

4. Un trabajador subió caminando 8 pies en una rampa hasta situarse a 3 pies sobre del nivel del suelo. Si siguiera subiendo por la rampa otros 12 pies, ¿a cuántos pies de altura estaría sobre el nivel del suelo?

   Marque su respuesta en los círculos de la cuadrícula de su hoja de respuestas.

5. ¿Cuál es el valor de la siguiente expresión?

   $15 + 5(3 + 4)^2$

   Marque su respuesta en los círculos de la cuadrícula de su hoja de respuestas.

Las preguntas 6 y 7 se refieren a la siguiente información.

Empleados en la tienda Cardston	
Departamentos	Número de empleados
Gerentes	16
Comercialización	3
Compradores	8
Contabilidad	12
Ventas	57

6. ¿Cuál es el porcentaje de los empleados de la tienda Cardston que trabajan como gerentes o como compradores?

   (1) 12%
   (2) 23%
   (3) 25%
   (4) 46%
   (5) 53%

7. La tienda Cardston está realizando un concurso. Un empleado será elegido al azar para ganar un viaje a Hawai. ¿Cuál es la probabilidad de que un empleado del departamento de contabilidad gane el concurso?

   (1) $\frac{1}{5}$
   (2) $\frac{1}{8}$
   (3) $\frac{1}{12}$
   (4) $\frac{1}{96}$
   (5) No se cuenta con información suficiente.

8. Ramón puede cortar el césped del jardín de su casa en 45 minutos. ¿Qué parte del jardín puede cortar en $\frac{1}{2}$ hora?

   (1) $\frac{1}{4}$
   (2) $\frac{1}{3}$
   (3) $\frac{3}{8}$
   (4) $\frac{2}{3}$
   (5) $\frac{3}{4}$

9. Los terrenos A y B que se indican abajo tienen el mismo área. Si el terreno A es un cuadrado ¿Cuál es la longitud de uno de sus lados en yardas?

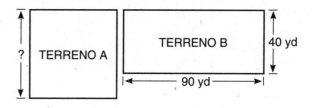

   (1) 18
   (2) 36
   (3) 40
   (4) 60
   (5) 90

10. Francisco compró un estante antiguo para libros por $90 y lo restauró. Después lo vendió a un 175% del precio que él pagó. ¿A qué precio vendió el estante de libros?

   (1) $ 67.50
   (2) $112.50
   (3) $157.50
   (4) $265.00
   (5) No se cuenta con información suficiente.

11. Mariela maneja una empresa desde su casa. Debe pagar un impuesto municipal de acuerdo con la siguiente fórmula:

    Impuesto: $105 + 0.01 \times$ (Ingreso $- $10,000)

    Si Mariela ha ganado $26,000 este año, ¿cuánto deberá pagar de impuestos municipales?

   (1) $ 55
   (2) $160
   (3) $168
   (4) $265
   (5) $365

12. Carlos condujo su automóvil durante $3\frac{1}{2}$ horas. Si durante las dos primeras horas del viaje condujo a una velocidad promedio de 70 millas por hora y durante la última hora y media lo hizo a una velocidad promedio de 60 millas, ¿cuántas millas manejó en total?

Marque su respuesta en los círculos de la cuadrícula de su hoja de respuestas.

La pregunta 13 se refiere al siguiente diagrama.

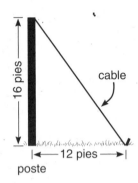

13. Un poste de 16 pies de altura está colocado de manera perpendicular al piso. Se ata un cable a la punta del poste para sostenerlo. La otra punta del cable está enterrada en la tierra a una distancia de 12 pies desde la base del poste. ¿Cuál es la longitud del cable en pies?

Marque su respuesta en los círculos de la cuadrícula de su hoja de respuestas.

---

14. Un ejemplar de un diario cuesta 50 centavos de lunes a sábado. La edición del domingo cuesta $1.25. ¿Cuál de las siguientes expresiones podría usarse para calcular el costo total de comprar el diario todos los días durante 12 semanas?

(1) 12($0.50 + $1.25)

(2) 12(7)($0.50 + $1.25)

(3) 12($0.50) + 12($1.25)

(4) 6($0.50) + 12($1.25)

(5) 12(6 × $0.50 + $1.25)

Las preguntas 15 y 16 se refieren a la siguiente figura.

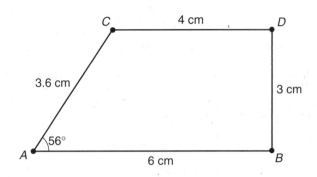

$\overline{CD} \parallel \overline{AB}$

$\overline{AB} \perp \overline{BD}$

15. ¿Cuál es la medida de $\angle C$?

(1) 34°

(2) 56°

(3) 124°

(4) 236°

(5) No se cuenta con suficiente información.

16. ¿Cuál de las siguientes expresiones podría usarse para calcular el área del cuadrilátero ABCD en centímetros cuadrados?

(1) $(4 \times 3) + (2 \times 3.6)$

(2) $\frac{1}{2} \times (4 \times 3 \times 3.6)$

(3) $4 \times 3 \times 6 \times 3.6$

(4) $(4 \times 3) + \frac{1}{2}(2 \times 3)$

(5) $4 + 3 + 6 + 3.6$

---

17. Las coordenadas del punto A son (5, −3). Señale dónde se encuentra el punto.

Marque su respuesta en los círculos de la cuadrícula de su hoja de respuestas.

18. Juan trabaja un mínimo de 15 horas y un máximo de 25 horas a la semana en un trabajo de media jornada. Si le pagan $9 por hora, ¿cuál de las siguientes desigualdades se usaría para expresar cuál puede ser el sueldo semanal de Juan (representado por x)?

    (1) $9(15) > x > $9(25)

    (2) $9(15) ≤ x ≤ $9(25)

    (3) $9(15) < x < $9(25)

    (4) $9(15) ≥ x ≥ $9(25)

    (5) $9(15) ≤ x ≥ $9(25)

La pregunta 19 se refiere a la siguiente información.

El director de una escuela quiso averiguar la cantidad de tiempo que los estudiantes de 5° curso típicamente empleaban en realizar sus tareas diarias. Entrevistó a 15 padres (elegidos al azar) y obtuvo la siguiente información.

TIEMPO DEDICADO A LAS TAREAS DIARIAS	
Tiempo	Número de estudiantes
15 minutos	I
30 minutos	ℍℍ
45 minutos	III
1 hora	III
$1\frac{1}{2}$ horas	II
2 horas	I

19. ¿Cuál es la mediana de tiempo que los niños de 5° grado emplean en hacer sus tareas en esta escuela?

    (1) $1\frac{1}{2}$ horas

    (2) 1 hora

    (3) 50 minutos

    (4) 45 minutos

    (5) 30 minutos

La pregunta 20 se refiere a la siguiente gráfica.

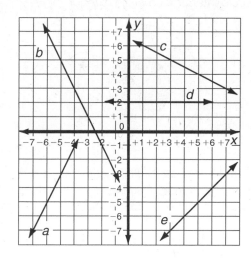

20. ¿Cuál de las líneas dibujadas sobre el plano de las coordenadas tiene una pendiente de −2?

    (1) a

    (2) b

    (3) c

    (4) d

    (5) e

21. Amelia obtuvo las seis puntuaciones siguientes en inglés:

    92   84   81   78   80   89

    ¿Cuál es su puntuación promedio (media aritmética)?

    Marque su respuesta en los círculos de la cuadrícula de su hoja de respuestas.

22. Una diana de tiro al blanco tiene dos partes: un círculo interior y un anillo exterior.

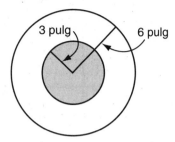

¿Qué fracción de la diana completa representa el círculo interior? Escriba su respuesta como fracción o como número decimal.

Marque su respuesta en los círculos de la cuadrícula de su hoja de respuestas.

Las preguntas 23 y 24 se refieren a la siguiente figura.

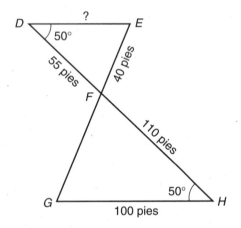

23. Si los triángulos *DEF* y *FGH* son similares, ¿cuál de entre los siguientes pares de lados son lados correspondientes?

(1) lados *DF* y *FG*

(2) lados *EF* y *FH*

(3) lados *DE* y *DF*

(4) lados *DF* y *GH*

(5) lados *DF* y *FH*

24. ¿Cuál es la longitud en pies del lado *DE* de la figura?

(1) 20

(2) 33

(3) 40

(4) 50

(5) 55

25. Un radar antiguo (modelo A) funciona con una frecuencia de 3×10^3 megahercios. Uno nuevo (modelo B) opera a 3×10^5 megahercios. ¿Cuál de las siguientes afirmaciones es verdadera?

(1) La frecuencia del modelo B es menor que la del modelo A.

(2) La frecuencia del modelo B es dos veces mayor que la frecuencia del modelo A.

(3) La frecuencia del modelo B es tres veces mayor que la frecuencia del modelo A.

(4) La frecuencia del modelo B es 10 veces mayor que la frecuencia del modelo A.

(5) La frecuencia del modelo B es 100 veces mayor que la frecuencia del modelo A.

MATEMÁTICAS
Parte II

Instrucciones

La Prueba final de Matemáticas consta de una serie de preguntas de selección múltiple y de formato alternativo, destinadas a medir las aptitudes matemáticas generales y la capacidad de resolver problemas. Las preguntas se basan en lecturas breves que con frecuencia incluyen una gráfica, un cuadro o un diagrama.

Se le darán 45 minutos para contestar las 25 preguntas de la Parte II. Trabaje con cuidado, pero no dedique demasiado tiempo a una sola pregunta. Asegúrese de haber contestado todas las preguntas. No se descontarán puntos por respuestas incorrectas. Cuando se agote el tiempo, ponga una marca en la última pregunta que haya contestado. Esto le servirá de guía para calcular si podrá terminar la verdadera Prueba de GED dentro del tiempo permitido. A continuación, termine la prueba.

En la página 343 se proporcionan las fórmulas que podría necesitar. Solamente algunas de las preguntas necesitarán que utilice una fórmula. No todas las fórmulas que se dan serán necesarias.

Algunas preguntas contienen más información de la que usted necesita para resolver el problema; otras preguntas no dan suficiente información. Si la pregunta no da suficiente información para resolver el problema, la respuesta correcta es "No se cuenta con suficiente información".

En la Parte II no se permite el uso de la calculadora.

Registre sus respuestas en la hoja de respuestas separada en la página 474. Asegúrese de incluir toda la información requerida en la hoja de respuestas.

Para marcar sus respuestas, en la hoja de respuestas rellene el círculo con el número de la respuesta que considere correcta para cada una de las preguntas de la prueba.

Ejemplo: Si una cuenta de mercado por un valor total de $15.75 se paga con un billete de $20.00, ¿cuánto cambio debe recibirse?

(1) $5.25
(2) $4.75
(3) $4.25
(4) $3.75
(5) $3.25

La respuesta correcta es $4.25; por lo tanto, en la hoja de respuestas debería haber rellenado el círculo con el número 3.

No apoye la punta del lápiz en la hoja de respuestas mientras piensa en la respuesta. No haga marcas innecesarias en la hoja. Si decide cambiar una respuesta, borre completamente la primera marca. Rellene un solo círculo por cada respuesta: si señala más de un círculo, la respuesta se considerará incorrecta. No doble ni arrugue la hoja de respuestas.

Una vez terminada esta prueba, utilice la Tabla de análisis del desempeño en la página 349 para determinar si está listo para tomar la verdadera Prueba de GED. Si no lo está, use la tabla para identificar las destrezas que debe repasar de nuevo.

Adaptado con el permiso del *American Council on Education*.

MATEMÁTICAS

Los números mixtos, como $3\frac{1}{2}$, no pueden anotarse en la cuadrícula del formato alterno. En lugar de ello, represéntelos como números decimales (en este caso, 3.5) o en fracciones (en este caso 7/2). Ninguna respuesta podrá ser un número negativo, como -8.

Para registrar su respuesta a una pregunta en el formato alternativo:
- empiece en cualquier columna que le permita anotar su respuesta;
- escriba su respuesta en los recuadros en la fila superior;
- en la columna que esté debajo de una barra de fracción o de un punto decimal (si la hubiere) y cada número de su respuesta, rellene el círculo que representa ese signo o número;
- deje en blanco las columnas no utilizadas.

Ejemplo:

En un mapa, la escala indica que $\frac{1}{2}$ pulgada representa una distancia real de 120 millas, ¿a qué distancia en el mapa están las dos ciudades si la distancia real entre ellas es 180 millas?

La respuesta al ejemplo anterior es de 3/4 ó 0.75 pulgadas. A continuación se presentan algunos ejemplos de cómo podría anotarse la respuesta en la cuadrícula.

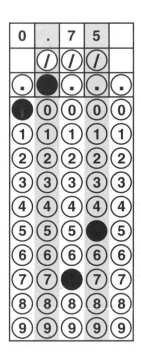

Puntos que es preciso recordar:

- La hoja de respuestas será calificada a máquina. **Los círculos deben rellenarse correctamente.**
- No marque más de un círculo en una columna.
- Anote una sola respuesta en la cuadrícula aunque haya más de una respuesta correcta.
- Los números mixtos como $3\frac{1}{2}$ deben escribirse en la cuadrícula como 3.5 ó 7/2.
- Ninguna respuesta podrá ser un número negativo.

FÓRMULAS

ÁREA de un:

cuadrado	Área = lado^2
rectángulo	Área = largo × ancho
paralelogramo	Área = base × altura
triángulo	Área = $\frac{1}{2}$ × base × altura
trapecio	Área = $\frac{1}{2}$ × (base mayor + base menor) × altura
círculo	Área = π × radio^2; donde π equivale aproximadamente a 3.14

PERÍMETRO de un:

cuadrado	Perímetro = 4 × lado
rectángulo	Perímetro = 2 × largo + 2 × ancho
triángulo	Perímetro = lado$_1$ + lado$_2$ + lado$_3$
PERÍMETRO DE LA CIRCUNFERENCIA	Circunferencia = π × diámetro; donde π equivale aproximadamente a 3.14

VOLUMEN de:

un cubo	Volumen = arista^3
un objeto rectangular	Volumen = largo × ancho × altura
una pirámide cuadrangular	Volumen = $\frac{1}{3}$ × (arista de la base)^2 × altura
un cilindro	Volumen = π × radio^2 × altura; donde π equivale aproximadamente a 3.14
un cono	Volumen = $\frac{1}{3}$ × π × radio^2 × altura; donde π equivale aproximadamente a 3.14

GEOMETRÍA ANALÍTICA

Distancia entre dos puntos = $\sqrt{(x_2 - x_1)^2 + (y_2 - y_1)^2}$; donde (x_1, y_1) y (x_2, y_2) son dos puntos en un plano.

Pendiente de una recta = $\frac{y_2 - y_1}{x_2 - x_1}$; donde (x_1, y_1) y (x_2, y_2) son dos puntos en una recta.

TEOREMA DE PITÁGORAS

$a^2 + b^2 = c^2$, donde a y b son los catetos y c la hipotenusa de un triángulo rectángulo.

MEDIDAS DE TENDENCIA CENTRAL

Media aritmética = $\frac{x_1 + x_2 + \ldots + x_n}{n}$; donde las x son los valores para los cuales se desea encontrar la media y n es el número total de valores de x.

Mediana = Es el valor situado en el centro en un número impar de datos _ordenados_ y la media aritmética de los dos valores más cercanos al centro en un número par de datos _ordenados_.

INTERÉS SIMPLE

interés = capital × tasa × tiempo

DISTANCIA

distancia = velocidad × tiempo

COSTO TOTAL

costo total = (número de unidades) × (precio de cada unidad)

Adaptado con el permiso del _American Council on Education._

Parte II

Instrucciones: Dispone de 45 minutos para responder las preguntas 26 a 50. Elija la respuesta <u>que mejor responda</u> a cada pregunta. **NO** puede usar la calculadora.

26. Para tapizar uno de los almohadones de su sofá Lidia necesita $4\frac{2}{3}$ yardas de tela. ¿Cuántas yardas de tela necesitará si quiere tapizar cuatro almohadones?

    (1) $18\frac{2}{3}$

    (2) $16\frac{2}{3}$

    (3) $16\frac{1}{3}$

    (4) $13\frac{1}{3}$

    (5) $8\frac{2}{3}$

27. ¿Cuál será el perímetro de la figura si todos los lados adyacentes son perpendiculares?

    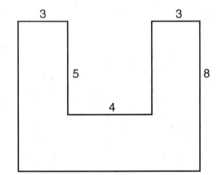

    (1) 18

    (2) 23

    (3) 36

    (4) 41

    (5) 46

28. Un monitor de computadora nuevo tiene un precio un 5% más alto que el modelo del año anterior. Si el modelo del año pasado costaba $300, ¿cuál de las siguientes expresiones podría usarse para calcular el precio del modelo nuevo?

    (1) $0.05(\$300)$

    (2) $\frac{\$300}{0.05}$

    (3) $0.05(\$300) + 0.05$

    (4) $0.05(\$300) + \$300$

    (5) $\frac{\$300}{0.05} + \$300$

29. ¿Cuál de los puntos de la recta numérica que se indica abajo representa la raíz cuadrada de 14?

    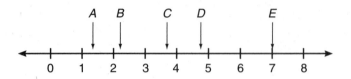

    (1) A

    (2) B

    (3) C

    (4) D

    (5) E

Las preguntas 30 y 31 se refieren a la siguiente figura.

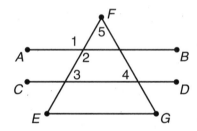

Dado: $\overline{AB} \parallel \overline{CD}$ y $m\angle 3 = m\angle 4$

30. ¿Cuál de las siguientes afirmaciones es verdadera?

    (1) $m\angle 1 = m\angle 4$

    (2) $\angle 1$ y $\angle 2$ son congruentes.

    (3) $\angle 3$ y $\angle 4$ son ángulos suplementarios.

    (4) $m\angle 2 = m\angle 3$

    (5) $\angle 1$ y $\angle 3$ son ángulos verticales.

31. ¿Cuál es la medida en grados de $\angle 5$ si $m\angle 3 = 60°$?

    Marque su respuesta en los círculos de la cuadrícula de la hoja de respuestas.

Las preguntas 32 y 33 se basan en la siguiente información.

La Ciudad del Lago ha comenzado una liga de sóftbol femenino de lanzamiento rápido. La gráfica circular siguiente indica cómo se presupuestaron los fondos disponibles para este programa.

**PRESUPUESTO DE SÓFTBOL
DE LOS PARQUES DE LA CIUDAD**

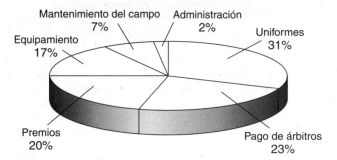

32. Si el presupuesto total de la Ciudad del Lago es de $2400, ¿cuánto dinero se gastará aproximadamente en uniformes y en premios?

    (1) $ 50
    (2) $ 500
    (3) $ 800
    (4) $1000
    (5) $1200

33. ¿Qué fracción del total del presupuesto se gasta en el equipamiento y en el pago de los árbitros?

    (1) $\frac{3}{4}$

    (2) $\frac{1}{2}$

    (3) $\frac{2}{5}$

    (4) $\frac{3}{8}$

    (5) No se cuenta con suficiente información.

34. ¿A cuál de las siguientes expresiones equivale $(2x + 5)(x - 4)$?

    (1) $2x^2 + 3x - 20$
    (2) $2x^2 - 3x - 20$
    (3) $2x^2 - x - 20$
    (4) $2x^2 + 9x - 20$
    (5) $2x^2 + 13x - 20$

35. Las paredes de la sala de estar de forma rectangular que se indica en la figura de abajo tienen una altura de 8 pies. ¿Cuántos pies cuadrados de alfombra se necesitan para cubrir el suelo de la sala de estar?

    (1)   96
    (2) 128
    (3) 192
    (4) 256
    (5) 448

36. Roberto es capaz de correr 5 millas en $1\frac{1}{4}$ horas. ¿Cuál de las siguientes ecuaciones puede utilizarse para calcular la cantidad de millas (x) que Roberto puede correr durante 5 horas?

(1) $1\frac{1}{4}x = 25$

(2) $5x = 6\frac{1}{4}$

(3) $6\frac{1}{4}x = 5$

(4) $5x = 25$

(5) $25x = 5$

37. Se ha dibujado un rectángulo sobre las coordenadas de una cuadrícula de tal manera que tres de sus vértices se ubican en los puntos $(-3,2)$, $(4,2)$ y $(-3,-1)$. ¿Cuáles son las coordenadas del cuarto vértice del rectángulo?

Marque su respuesta sobre la cuadrícula de coordenadas de la hoja de respuestas.

38. Un tanque de agua está lleno hasta $\frac{1}{2}$ de su capacidad de almacenamiento. Después de haber extraído 15 galones el tanque contiene $\frac{1}{4}$ de su capacidad. ¿Cuántos galones de agua tiene el tanque cuando está lleno?

(1) 120

(2) 90

(3) 60

(4) 45

(5) 30

Las preguntas 39 y 40 se refieren a la siguiente gráfica.

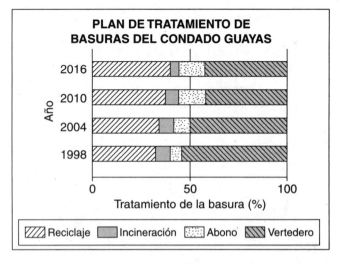

39. La gráfica anterior indica cómo trata la basura el condado de Bell durante un período de 18 años. ¿Qué porcentaje del total de la basura será utilizado para obtener abono en el año 2004?

(1) 35%

(2) 30%

(3) 25%

(4) 10%

(5) No se cuenta con suficiente información.

40. ¿A cuál de estas conclusiones se puede llegar a partir de la información de la gráfica?

(1) El porcentaje de basura depositado en vertederos incrementará de forma regular hasta el año 2016.

(2) El porcentaje de basura depositado en vertederos decrecerá de forma regular hasta el año 2016.

(3) El porcentaje de basura reciclada subirá de forma regular hasta el año 2016.

(4) El porcentaje de basura incinerada subirá de forma regular hasta el año 2016.

(5) La cantidad total de basura será aproximadamente la misma hasta el año 2016.

41. Si los valores de capital, interés o tasa y tiempo son conocidos, ¿cuál de las siguientes expresiones puede usarse para resolver la tasa?

(1) $\dfrac{\text{capital} \times \text{tiempo}}{\text{interés}}$

(2) interés $\times$ capital $\times$ tiempo

(3) $\dfrac{\text{interés} \times \text{capital}}{\text{tiempo}}$

(4) $\dfrac{\text{interés}}{\text{capital} \times \text{tiempo}}$

(5) $\dfrac{\text{capital}}{\text{interés} \times \text{tiempo}}$

42. En una tienda de muebles el precio de una mesa de comedor tiene un descuento del 50%. A la semana siguiente el precio de la mesa tiene un descuento adicional del 10%. ¿Qué porcentaje del precio original es el nuevo precio de oferta de la mesa?

(1) 40%

(2) 45%

(3) 55%

(4) 60%

(5) No se cuenta con suficiente información.

43. La suma de tres números consecutivos impares es 75. ¿Cuál es el mayor de los tres números?

Marque su respuesta en los círculos de la cuadrícula de su hoja de respuesta.

44. Cuatro reducido por un número es igual al producto del número por -2. Supongamos que $x =$ número desconocido. ¿Cuál de las siguientes ecuaciones se puede utilizar para encontrar el valor de x?

(1) $4x = -2x$

(2) $x - 4 = x + (-2)$

(3) $4 - x = x^2 + (-2)$

(4) $x - 4 = -2x$

(5) $4 - x = -2x$

45. Alicia termina una carrera en $5\frac{1}{4}$ minutos. Ricardo termina la misma carrera en $6\frac{2}{3}$ minutos. ¿Cuántos segundos después de que Alicia cruce la línea de llegada termina Ricardo su carrera? (Use el factor de conversión: 60 minutos = 1 minuto).

(1) 25

(2) 35

(3) 60

(4) 85

(5) 140

46. Un equipo profesional de balonconcesto tiene 13 jugadores. La mediana de estatura para los jugadores es de 80 pulgadas. Si el jugador más bajo del equipo mide 73 pulgadas, ¿cuál es la altura en pulgadas del jugador más alto del equipo?

(1) 78

(2) 80

(3) 84

(4) 87

(5) No se cuenta con suficiente información.

47. La recta que aparece en el plano de coordenadas pasa por el punto *M.* ¿Cuál de las siguientes es la ecuación de la recta?

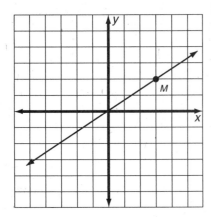

(1) $y = \frac{2}{3}x$

(2) $y = \frac{3}{2}x$

(3) $y = 2x + 3$

(4) $y = 3x + 2$

(5) $y = x + 6$

48. Jacinta trabaja en una agencia para el cobro de deudas pendientes. Le pagan 5% de comisión sobre las cantidades que consigue recuperar. La semana pasada recuperó las cantidades siguientes: $1800, $2400 y $4800. ¿Cuál es la comisión total que obtuvo?

(1) $ 45

(2) $ 95

(3) $380

(4) $450

(5) $900

49. En un juego de cartas hay 20 cartas numeradas como se indica abajo. Un jugador elige una carta al azar, la reemplaza y luego saca otra carta al azar. ¿Cuál es la probabilidad de que las dos cartas sacadas sean el número 5?

1	1	2	3	4
1	2	3	4	6
2	3	5	6	7
4	5	7	8	8

(1) $\frac{1}{5}$

(2) $\frac{1}{10}$

(3) $\frac{1}{20}$

(4) $\frac{1}{95}$

(5) $\frac{1}{100}$

---

50. Un puesto de productos agrícolas vende jugo natural. Juana quiere comprar 48 onzas de jugo de toronja. ¿Qué combinación de medidas le costará la menor cantidad de dinero?

Jugo de toronja natural		
Pequeño	8 oz	$0.80
Mediano	12 oz	$1.10
Grande	16 oz	$1.50
Extra grande	20 oz	$2.20
Tamaño gigante	32 oz	$3.00

(1) 6 botellas pequeñas

(2) 4 botellas medianas

(3) 3 botellas grandes

(4) 1 botella extra grande, 1 botella grande, y 1 botella mediana

(5) 1 botella de tamaño gigante y 1 botella grande

Las respuestas comienzan en la página 450.

Tabla de análisis del desempeño en la prueba final
Matemáticas

Las siguientes tablas le servirán para determinar cuáles son sus puntos fuertes y débiles en las áreas temáticas y destrezas necesarias para aprobar la Prueba de Matemáticas de GED. Consulte la sección Respuestas y explicaciones que empieza en la página 450 para verificar las respuestas que haya dado en la Prueba preliminar. Luego, en las tablas para la Parte I y la Parte II, encierre en un círculo los números correspondientes a las preguntas de la prueba que haya contestado correctamente. Anote el número total de aciertos por área temática y por destreza al final de cada hilera y columna. Vea el número total de aciertos de cada columna e hilera para determinar cuáles son las áreas y destrezas que más se le dificultan. Use como referencia las páginas señaladas en la tabla para estudiar esas áreas y destrezas. Utilice una copia del Plan de estudio de la página 31 como guía de estudio.

Parte I

Área temática	Concepto	Procedimiento	Aplicación	Número de aciertos
Operaciones numéricas y sentido numérico *(Páginas 32 a 161)*	5	3, 14	**6**, 10	_____/5
Medidas *(Páginas 162 a 183)*			8	_____/1
Análisis de datos *(Páginas 184 a 207)*	**2**, 21	**1**, 19	**7**	_____/5
Álgebra *(Páginas 208 a 271)*	17, 18, 25	**9**, 11	12, **20**	_____/7
Geometría *(Páginas 272 a 331)*	**15**, **23**	**16**	**4**, **13**, **22**, **24**	_____/7
Número de aciertos	_____/8	_____/7	_____/10	_____/25

Parte II

Área temática	Concepto	Procedimiento	Aplicación	Número de aciertos
Operaciones numéricas y sentido numérico *(Páginas 32 a 161)*	42	28	26, 48, **50**	_____/5
Medidas *(Páginas 162 a 183)*		**27**	**35**, 45	_____/3
Análisis de datos *(Páginas 184 a 207)*	**39**, 46		**32**, **33**, **40**, **49**	_____/6
Álgebra *(Páginas 208 a 271)*	**29**, 44	34, 36, 41	37, 38, 43, **47**	_____/9
Geometría *(Páginas 272 a 331)*	**30**, **31**			_____/2
Número de aciertos	_____/7	_____/5	_____/13	_____/25

Los números en **negritas** corresponden a preguntas que contienen gráficas.

MATEMÁTICAS
Parte I

Instrucciones

La Prueba simulada de Matemáticas consta de una serie de preguntas de selección múltiple y de formato alternativo, destinadas a medir las aptitudes matemáticas generales y la capacidad de resolver problemas. Las preguntas se basan en lecturas breves que con frecuencia incluyen una gráfica, un cuadro o un diagrama.

Se le darán 45 minutos para contestar las 25 preguntas de la Parte I. Trabaje con cuidado, pero no dedique demasiado tiempo a una sola pregunta. Asegúrese de haber contestado todas las preguntas. No se descontarán puntos por respuestas incorrectas. Cuando se agote el tiempo, ponga una marca en la última pregunta que haya contestado. Esto le servirá de guía para calcular si podrá terminar la verdadera Prueba de GED dentro del tiempo permitido. A continuación, termine la prueba.

En la página 353 se proporcionan las fórmulas que podría necesitar. Solamente algunas de las preguntas necesitarán que utilice una fórmula. No todas las fórmulas que se dan serán necesarias.

Algunas preguntas contienen más información de la que usted necesita para resolver el problema; otras preguntas no dan suficiente información. Si la pregunta no da suficiente información para resolver el problema, la respuesta correcta es "No se cuenta con suficiente información".

En la Parte I se le permitirá el uso de la calculadora. En la página 352 encontrará las instrucciones necesarias para utilizar la calculadora científica CASIO modelo *fx-260SOLAR*.

Registre sus respuestas en la hoja de respuestas separada en la página 473. Asegúrese de incluir toda la información requerida en la hoja de respuestas.

Para marcar sus respuestas, en la hoja de respuestas rellene el círculo con el número de la respuesta que considere correcta para cada una de las preguntas de la prueba.

Ejemplo: Si una una cuenta de mercado por un valor total de $15.75 se paga con un billete de $20.00, ¿cuánto cambio debe recibirse?

(1) $5.25
(2) $4.75
(3) $4.25
(4) $3.75
(5) $3.25

La respuesta correcta es $4.25; por lo tanto, en la hoja de respuestas debería haber rellenado el círculo con el número 3.

No apoye la punta del lápiz en la hoja de respuestas mientras piensa en la respuesta. No haga marcas innecesarias en la hoja. Si decide cambiar una respuesta, borre completamente la primera marca. Rellene un solo círculo por cada respuesta: si señala más de un círculo, la respuesta se considerará incorrecta. No doble ni arrugue la hoja de respuestas.

Una vez terminada esta prueba, utilice la Tabla de análisis del desempeño en la página 367 para determinar si está listo para tomar la verdadera Prueba de GED. Si no lo está, use la tabla para identificar las destrezas que debe repasar de nuevo.

Adaptado con el permiso del *American Council on Education.*

MATEMÁTICAS

Los números mixtos, como $3\frac{1}{2}$, no pueden anotarse en la cuadrícula del formato alterno. En lugar de ello, represéntelos como números decimales (en este caso, 3.5) o en fracciones (en este caso 7/2). Ninguna respuesta podrá ser un número negativo, como -8.

Para registrar su respuesta a una pregunta en el formato alternativo:

- empiece en cualquier columna que le permita anotar su respuesta;
- escriba su respuesta en los recuadros en la fila superior;
- en la columna que esté debajo de una barra de fracción o de un punto decimal (si la hubiere) y cada número de su respuesta, rellene el círculo que representa ese signo o número;
- deje en blanco las columnas no utilizadas.

Ejemplo:

En un mapa, la escala indica que $\frac{1}{2}$ pulgada representa una distancia real de 120 millas, ¿a qué distancia en el mapa están las dos ciudades si la distancia real entre ellas es 180 millas?

La respuesta al ejemplo anterior es de 3/4 ó 0.75 pulgadas. A continuación se presentan algunos ejemplos de cómo podría anotarse la respuesta en la cuadrícula.

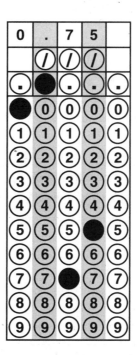

Puntos que es preciso recordar:

- La hoja de respuestas será calificada a máquina. **Los círculos deben rellenarse correctamente.**
- No marque más de un círculo en una columna.
- Anote una sola respuesta en la cuadrícula aunque haya más de una respuesta correcta.
- Los números mixtos como $3\frac{1}{2}$ deben escribirse en la cuadrícula como 3.5 ó 7/2.
- Ninguna respuesta podrá ser un número negativo.

Adaptado con el permiso del *American Council on Education*.

Presione la tecla (ON) (situada en la esquina superior derecha) cuando utilice la calculadora por **primera** vez. En la parte superior central de la pantalla aparecerán las letras "DEG" y a la derecha el número "0". Esto indica que la calculadora se encuentra en el formato adecuado para que usted pueda realizar sus cálculos.

Para utilizar la calculadora con **otra** pregunta nueva, presione la tecla (ON) o la tecla roja (AC). De esta forma se borrará cualquier número previamente registrado.

Introduzca la expresión tal como está escrita para realizar cualquier operación. Presione (=) (el signo de "es igual a") cuando termine de introducir los datos.

EJEMPLO A: $8 - 3 + 9$

Presione primero (ON) o (AC).
Introduzca lo siguiente:

8 (−) 3 (+) 9 (=)

La respuesta correcta es 14.

Si tiene que multiplicar una expresión entre paréntesis por cierto número, presione (X) (el signo de multiplicación) entre el número y el signo de paréntesis.

EJEMPLO B: $6(8 + 5)$

Presione primero (ON) o (AC).
Introduzca lo siguiente:

6 (X) ([(---) 8 (+) 5 (---)]) (=)

La respuesta correcta es 78.

Para calcular la raíz cuadrada de un número:

- Introduzca el número,
- Presione la tecla (SHIFT) (situada en la esquina superior izquierda). (En la parte superior izquierda de la pantalla, aparecerá la palabra "SHIFT"),
- Presione (x^2) (la tercera tecla empezando por la izquierda en la fila superior) para poder utilizar la segunda función de la tecla: la raíz cuadrada. **NO** presione (SHIFT) y (x^2) a la vez.

EJEMPLO C: $\sqrt{64}$

Presione primero (ON) o (AC).
Introduzca lo siguiente:

64 (SHIFT) (x^2)

La respuesta correcta es 8.

Para introducir un número negativo, como por ejemplo -8:

- Introduzca el número sin el signo negativo (introduzca 8),
- Presione la tecla de cambio de signo ((+/−)) que se ubica justo encima de la tecla del número 7.

Puede realizar cualquier operación con números negativos y/o positivos.

EJEMPLO D: $-8 - -5$

Presione primero (ON) o (AC).
Introduzca lo siguiente:

8 (+/−) (−) 5 (+/−) (=)

La respuesta correcta es -3.

Adaptado con el permiso del *American Council on Education*.

FÓRMULAS

ÁREA de un:

cuadrado	Área = lado^2
rectángulo	Área = largo $\times$ ancho
paralelogramo	Área = base $\times$ altura
triángulo	Área = $\frac{1}{2} \times$ base $\times$ altura
trapecio	Área = $\frac{1}{2} \times$ (base mayor + base menor) $\times$ altura
círculo	Área = $\pi \times$ radio^2; donde π equivale aproximadamente a 3.14

PERÍMETRO de un:

cuadrado	Perímetro = 4 $\times$ lado
rectángulo	Perímetro = 2 $\times$ largo + 2 $\times$ ancho
triángulo	Perímetro = lado$_1$ + lado$_2$ + lado$_3$

PERÍMETRO DE LA CIRCUNFERENCIA Circunferencia = $\pi \times$ diámetro; donde π equivale aproximadamente a 3.14

VOLUMEN de:

un cubo	Volumen = arista^3
un objeto rectangular	Volumen = largo $\times$ ancho $\times$ altura
una pirámide cuadrangular	Volumen = $\frac{1}{3} \times$ (arista de la base)^2 $\times$ altura
un cilindro	Volumen = $\pi \times$ radio^2 $\times$ altura; donde π equivale aproximadamente a 3.14
un cono	Volumen = $\frac{1}{3} \times \pi \times$ radio^2 $\times$ altura; donde π equivale aproximadamente a 3.14

GEOMETRÍA ANALÍTICA

Distancia entre dos puntos = $\sqrt{(x_2 - x_1)^2 + (y_2 - y_1)^2}$; donde (x_1, y_1) y (x_2, y_2) son dos puntos en un plano.

Pendiente de una recta = $\dfrac{y_2 - y_1}{x_2 - x_1}$; donde (x_1, y_1) y (x_2, y_2) son dos puntos en un recta.

TEOREMA DE PITÁGORAS

$a^2 + b^2 = c^2$, donde a y b son los catetos y c la hipotenusa de un triángulo rectángulo.

MEDIDAS DE TENDENCIA CENTRAL

Media aritmética = $\dfrac{x_1 + x_2 + \ldots + x_n}{n}$; donde las x son los valores para los cuales se desea encontrar la media y n es el número total de valores de x.

Mediana = Es el valor situado en el centro en un número impar de datos _ordenados_ y la media aritmética de los dos valores más próximos al centro en un número par de datos _ordenados_.

INTERÉS SIMPLE

interés = capital $\times$ tasa $\times$ tiempo

DISTANCIA

distancia = velocidad $\times$ tiempo

COSTO TOTAL

costo total = (número de unidades) $\times$ (precio de cada unidad)

Adaptado con el permiso del _American Council on Education._

Parte I

Instrucciones: Dispone de 45 minutos para responder las preguntas 1 a 25. Elija la respuesta que mejor responda a cada pregunta. PUEDE usar la calculadora.

Las preguntas 1 y 2 se refieren a la siguiente información.

Raquel y Luis son propietarios del negocio "El emparedado". Recientemente han realizado una gráfica de los emparedados vendidos en un período de dos días.

EMPAREDADOS VENDIDOS EL 6 Y EL 7 DE JULIO

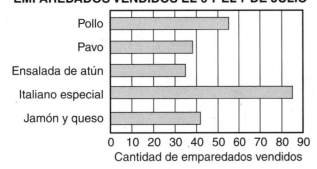

Cantidad de emparedados vendidos

1. ¿Aproximadamente en cuánto superó el número de italianos especiales vendidos al número de emparedados de pollo?

    (1) 20

    (2) 30

    (3) 35

    (4) 40

    (5) 45

2. ¿Aproximadamente qué fracción del total de emparedados vendidos fueron italianos especiales?

    (1) $\frac{2}{3}$

    (2) $\frac{1}{2}$

    (3) $\frac{1}{3}$

    (4) $\frac{1}{4}$

    (5) $\frac{1}{5}$

3. En la vitrina de una ferretería hay un cartel que dice: "Todas las herramientas: 20% de descuento". Un cliente compra dos herramientas que normalmente tienen un precio de $24.50 y $14.95. ¿Cuál es el total de la venta antes de impuestos?

    (1) $ 7.89

    (2) $29.59

    (3) $31.56

    (4) $36.63

    (5) $39.45

La pregunta 4 se refiere al siguiente diagrama.

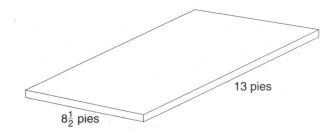

13 pies

$8\frac{1}{2}$ pies

4. Gregorio necesita aplicar una capa de cemento con las dimensiones del diagrama. Si la capa tiene $\frac{1}{2}$ pie de grosor, ¿cuántos pies cúbicos de cemento necesitará Gregorio para hacer el trabajo?

    Marque su respuesta en los círculos de la cuadrícula de su hoja de respuestas.

5. ¿Cuál es el valor de la siguiente expresión?

    $25 - (7 - 3)^2 \div 2$

    Marque su respuesta en los círculos de la cuadrícula de su hoja de respuestas.

6. En un partido de fútbol americano dos equipos obtuvieron un total de 41 puntos. El equipo ganador obtuvo 13 puntos más que el perdedor. ¿Cuántos puntos tuvo el equipo ganador?

(1) 14

(2) 20

(3) 27

(4) 28

(5) 38

Las preguntas 7 y 8 se refieren a la siguiente información.

REVISTA PROPULSIÓN A DISCO	
Precio unitario	$ 3.50
Suscripción por un año (12 ejemplares)	$27.00
Suscripción por dos años (24 ejemplares)	$42.00
Suscripción por tres años (36 ejemplares)	$50.40

7. Adán vende subscripciones de la revista "Propulsión á disco". ¿Cuál de las siguientes expresiones muestra cuánto dinero conseguirá Adán si vende 15 subscripciones de un año y 12 de dos años?

(1) 15($27.00) + 12($42.00)

(2) 15($42.00) + 12($27.00)

(3) 27($42.00 + $27.00)

(4) 15(24) + 12(12)

(5) 12(24) + 15(12)

8. Ana está pensando en subscribirse a la revista "Propulsión a disco" ¿Cuánto dinero ahorrará por ejemplar si paga una suscripción de tres años en lugar de comprar 36 revistas al precio unitario?

(1) $0.70

(2) $1.25

(3) $1.40

(4) $1.75

(5) $2.10

9. Carla trabaja en una zapatería cinco días a la semana. Gana un salario básico más comisiones. Para poder cubrir los gastos de su familia, Carla necesita un promedio diario de $75 al día en comisiones. Ha conseguido las siguientes comisiones en los primeros cuatro días de la semana.

Día 1–$94
Día 2–$58
Día 3–$70
Día 4–$82

¿Cuál es la cantidad mínima que tiene que ganar Carla en comisiones el día 5 para lograr su propósito?

(1) $60.80

(2) $71.00

(3) $75.00

(4) $76.00

(5) No se cuenta con suficiente información.

La pregunta 10 se refiere a la siguiente figura.

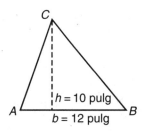

10. El triángulo (indicado arriba) y un rectángulo que no se indica tienen el mismo área. Si el largo del rectángulo mide lo mismo que la base del triángulo ¿Cuál es el ancho del rectángulo en pulgadas?

(1) 5

(2) 10

(3) 12

(4) 15

(5) No se cuenta con suficiente información.

11. Un médico receta una medicina reducir la hinchazón muscular. Cada pastilla contiene 500 miligramos de medicina. Si el frasco de medicamento recetado tiene un total de 10 gramos de medicina, ¿cuántas pastillas contiene el frasco?

(1)   5

(2)   10

(3)   20

(4)   50

(5)   100

12. Un mapa tiene una escala de 1 pulgada = 60 millas. ¿Cuál es la distancia real en millas que hay entre dos ciudades que están separadas a $2\frac{1}{4}$ pulgadas en el mapa?

Marque su respuesta en los círculos de la cuadrícula de su hoja de respuestas.

La pregunta 13 se refiere al siguiente dibujo.

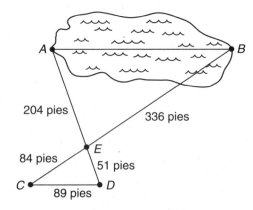

13. Para calcular el ancho de un lago un agrimensor marcó dos triángulos similares a los que muestra en el dibujo. Si ∠A es congruente con ∠D. ¿Cuál es el ancho en pies de $\overline{AB}$, la recta que atraviesa el lago?

Marque su respuesta en los círculos de la cuadrícula de su hoja de respuestas.

14. El triángulo XYZ es un isósceles. El ángulo X mide 90°. ¿Cuáles son las medidas, en grados, de los ángulos restantes?

(1)   30 y 30

(2)   30 y 60

(3)   45 y 45

(4)   60 y 60

(5)   No se cuenta con suficiente información.

15. ¿Cuál es el punto dentro de la recta numérica siguiente que representa el valor $\frac{-14}{5}$?

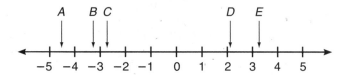

(1)   A

(2)   B

(3)   C

(4)   D

(5)   E

16. Elena puede inspeccionar 18 impresoras para computadoras si trabaja cuatro horas al día. ¿Cuál de las siguientes ecuaciones representa el número de impresoras (N) que podría inspeccionar si trabajara 7 horas por día con esa misma velocidad?

(1) $N = \dfrac{4(18)}{7}$

(2) $N = \dfrac{18(7)}{4}$

(3) $N = 18(7 + 4)$

(4) $N = 7(18)$

(5) $N = 7(4)(18)$

17. Dos líneas cruzan en un punto cuyas coordenadas son $(-3, -5)$. Señale la ubicación del punto.

Marque su respuesta en los círculos de la cuadrícula de su hoja de respuestas.

Las preguntas 18 y 19 se refieren a la siguiente información.

El gráfico de abajo muestra qué porcentaje de los ingresos de la familia Rodríguez se gastan en distintos gastos fijos cada mes.

GASTOS DE LA FAMILIA RODRÍGUEZ

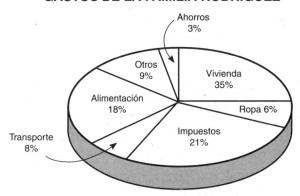

18. ¿Aproximadamente cuántas veces más gasta en vivienda la familia Rodríguez que en ropa?

(1) 3

(2) 5

(3) 6

(4) 8

(5) No se cuenta con suficiente información.

19. ¿Cuál de las siguientes conclusiones puede sacar a partir de la información anterior?

(1) Por cada dólar gastado en ropa, la familia gasta $4 en alimentación.

(2) La familia gasta más de $\frac{1}{4}$ de sus ingresos en impuestos.

(3) El gasto de la familia seguirá incrementándose cada año.

(4) La familia ahorra aproximadamente $300 todos los meses.

(5) La familia gasta más de la mitad de sus ingresos en la vivienda y en alimentación.

20. Los empleados de las industrias Walker recibirán una compensación por la subida del costo de la vida y un pago adicional en enero. El departamento de personal utiliza la fórmula siguiente para determinar cuál es la cantidad que se paga al año a cada empleado:

$n = p + 0.04p + \$250$

dónde n = nuevo pago y p = pago actual.

Si a Sandra le pagan ahora $19,800 al año, ¿cuánto le pagarán el año que viene?

(1) $ 1,042

(2) $20,050

(3) $20,842

(4) $40,392

(5) $40,642

21. Un estacionamiento tiene $41\frac{1}{2}$ yardas de ancho. ¿Cuál es el ancho del aparcamiento en <u>pies</u>?

Marque su respuesta en los círculos de la cuadrícula de su hoja de respuestas.

22. Alicia está conduciendo desde Phoenix a Houston, una distancia de 1,185 millas. Después de conducir durante 4 horas, calcula que ha avanzado 237 millas. ¿Qué fracción de la distancia le queda aún por recorrer?

Marque su respuesta en los círculos de la cuadrícula de su hoja de respuestas.

23. Cuando un número (*x*) se divide por 3, el residuo es 2. Cuando el mismo número se divide por cinco, el residuo es 2. ¿Cuál de los siguientes números podría ser el valor de *x?*

(1) 11
(2) 15
(3) 22
(4) 26
(5) 32

La pregunta 24 se refiere a la siguiente figura.

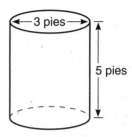

24. Un contenedor cilíndrico de aceite tiene 3 pies de ancho y 5 pies de alto. ¿Cuál de las siguientes expresiones representa el volumen aproximado del tambor en pies cúbicos?

(1) $(3.14)(1.5)^2(5)$
(2) $(3.14)(1.5)(5)^2$
(3) $(3.14)(3)(5)$
(4) $(3.14)(3)^2(5)$
(5) $(3.14)(6)^2(5)$

25. En una construcción se usa un equipo sonar terrestre para medir las distancias y determinar los tipos de suelo. El sonar tipo A tiene un rango de 3.2×10^3 millas. El sonar tipo B tiene un rango de 4.8×10^4 millas. ¿Cuál de las siguientes afirmaciones es verdadera?

(1) El rango del sonar tipo A es 15 veces mayor que el rango del sonar tipo B.
(2) El rango del sonar tipo B es 15 veces mayor que el rango del sonar tipo A.
(3) El rango del sonar tipo A es 1.6 veces mayor que el rango del sonar tipo B.
(4) El rango del sonar tipo B es 1.6 veces mayor que el rango del sonar tipo A.
(5) El rango del sonar tipo A es 10 veces mayor que el rango del sonar tipo B.

MATEMÁTICAS
Parte II

Instrucciones

La Prueba simulada de Matemáticas consta de una serie de preguntas de selección múltiple y de formato alternativo, destinadas a medir las aptitudes matemáticas generales y la capacidad de resolver problemas. Las preguntas se basan en lecturas breves que con frecuencia incluyen una gráfica, un cuadro o un diagrama.

Se le darán 45 minutos para contestar las 25 preguntas de la Parte II. Trabaje con cuidado, pero no dedique demasiado tiempo a una sola pregunta. Asegúrese de haber contestado todas las preguntas. No se descontarán puntos por respuestas incorrectas. Cuando se agote el tiempo, ponga una marca en la última pregunta que haya contestado. Esto le servirá de guía para calcular si podrá terminar la verdadera Prueba de GED dentro del tiempo permitido. A continuación, termine la prueba.

En la página 361 se proporcionan las fórmulas que podría necesitar. Solamente algunas de las preguntas necesitarán que utilice una fórmula. No todas las fórmulas que se dan serán necesarias.

Algunas preguntas contienen más información de la que usted necesita para resolver el problema; otras preguntas no dan suficiente información. Si la pregunta no da suficiente información para resolver el problema, la respuesta correcta es "No se cuenta con suficiente información".

En la Parte II no se permite el uso de calculadora.

Registre sus respuestas en la hoja de respuestas separada en la página 474. Asegúrese de incluir toda la información requerida en la hoja de respuestas.

Para marcar sus respuestas, en la hoja de respuestas rellene el círculo con el número de la respuesta que considere correcta para cada una de las preguntas de la prueba.

Ejemplo: Si una una cuenta de mercado por un valor total de $15.75 se paga con un billete de $20.00, ¿cuánto cambio debe recibirse?

(1) $5.25
(2) $4.75
(3) $4.25
(4) $3.75
(5) $3.25

La respuesta correcta es $4.25; por lo tanto, en la hoja de respuestas debería haber rellenado el círculo con el número 3.

No apoye la punta del lápiz en la hoja de respuestas mientras piensa en la respuesta. No haga marcas innecesarias en la hoja. Si decide cambiar una respuesta, borre completamente la primera marca. Rellene un solo círculo por cada respuesta: si señala más de un círculo, la respuesta se considerará incorrecta. No doble ni arrugue la hoja de respuestas.

Una vez terminada esta prueba, utilice la Tabla de análisis del desempeño en la página 367 para determinar si está listo para tomar la verdadera Prueba de GED. Si no lo está, use la tabla para identificar las destrezas que debe repasar de nuevo.

Adaptado con el permiso del *American Council on Education*.

MATEMÁTICAS

Los números mixtos, como $3\frac{1}{2}$, no pueden anotarse en la cuadrícula del formato alterno. En lugar de ello, represéntelos como números decimales (en este caso, 3.5) o en fracciones (en este caso 7/2). Ninguna respuesta podrá ser un número negativo, como -8.

Para registrar su respuesta a una pregunta en el formato alternativo:

- empiece en cualquier columna que le permita anotar su respuesta;
- escriba su respuesta en los recuadros en la fila superior;
- en la columna que esté debajo de una barra de fracción o de un punto decimal (si la hubiere) y cada número de su respuesta, rellene el círculo que representa ese signo o número;
- deje en blanco las columnas no utilizadas.

Ejemplo:

En un mapa, la escala indica que $\frac{1}{2}$ pulgada representa una distancia real de 120 millas, ¿a qué distancia en el mapa están las dos ciudades si la distancia real entre ellas es 180 millas?

La respuesta al ejemplo anterior es de 3/4 ó 0.75 pulgadas. A continuación se presentan algunos ejemplos de cómo podría anotarse la respuesta en la cuadrícula.

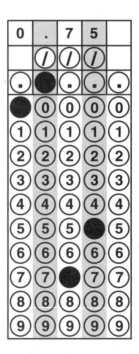

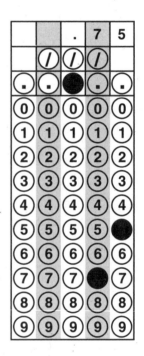

Puntos que es preciso recordar:

- La hoja de respuestas será calificada a máquina. **Los círculos deben rellenarse correctamente.**
- No marque más de un círculo en una columna.
- Anote una sola respuesta en la cuadrícula aunque haya más de una respuesta correcta.
- Los números mixtos como $3\frac{1}{2}$ deben escribirse en la cuadrícula como 3.5 ó 7/2.
- Ninguna respuesta podrá ser un número negativo.

Adaptado con el permiso del *American Council on Education*.

FÓRMULAS

ÁREA de un:

cuadrado	Área = lado^2
rectángulo	Área = largo × ancho
paralelogramo	Área = base × altura
triángulo	Área = $\frac{1}{2}$ × base × altura
trapecio	Área = $\frac{1}{2}$ × (base mayor + base menor) × altura
círculo	Área = π × radio^2; donde π equivale aproximadamente a 3.14

PERÍMETRO de un:

cuadrado	Perímetro = 4 × lado
rectángulo	Perímetro = 2 × largo + 2 × ancho
triángulo	Perímetro = lado$_1$ + lado$_2$ + lado$_3$

PERÍMETRO DE LA CIRCUNFERENCIA   Circunferencia = π × diámetro; donde π equivale aproximadamente a 3.14

VOLUMEN de:

un cubo	Volumen = arista^3
un objeto rectangular	Volumen = largo × ancho × altura
una pirámide cuadrangular	Volumen = $\frac{1}{3}$ × (arista de la base)^2 × altura
un cilindro	Volumen = π × radio^2 × altura; donde π equivale aproximadamente a 3.14
un cono	Volumen = $\frac{1}{3}$ × π × radio^2 × altura; donde π equivale aproximadamente a 3.14

GEOMETRÍA ANALÍTICA

Distancia entre dos puntos = $\sqrt{(x_2 - x_1)^2 + (y_2 - y_1)^2}$; donde (x_1, y_1) y (x_2, y_2) son dos puntos en un plano.

Pendiente de una recta = $\frac{y_2 - y_1}{x_2 - x_1}$; donde (x_1, y_1) y (x_2, y_2) son dos puntos en un recta.

TEOREMA DE PITÁGORAS

$a^2 + b^2 = c^2$, donde a y b son los catetos y c la hipotenusa de un triángulo rectángulo.

MEDIDAS DE TENDENCIA CENTRAL

Media aritmética = $\frac{x_1 + x_2 + \ldots + x_n}{n}$; donde las x son los valores para los cuales se desea encontrar la media y n es el número total de valores de x.

Mediana = Es el valor situado en el centro en un número impar de datos _ordenados_ y la media aritmética de los dos valores más próximos al centro en un número par de datos _ordenados._

INTERÉS SIMPLE   interés = capital × tasa o rédito × tiempo

DISTANCIA   distancia = velocidad × tiempo

COSTO TOTAL   costo total = (número de unidades) × (precio de cada unidad)

Adaptado con el permiso del *American Council on Education*.

Parte II

Instrucciones: Dispone de 45 minutos para responder las preguntas 26 a 50. Escoja la respuesta que mejor responda a cada pregunta. **NO** puede usar su calculadora.

26. ¿Por cuál número son también divisibles aquellos números que son divisibles por 36 y 48?

   (1)   9
   (2)   12
   (3)   18
   (4)   36
   (5)   40

La pregunta 27 se refiere a la siguiente figura.

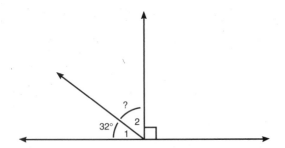

27. Si ∠1 mide 32°, ¿cuál será la medida de ∠2?

   (1)   32°
   (2)   45°
   (3)   58°
   (4)   90°
   (5)   148°

28. El treinta por ciento de los empleados que trabajan en Wells utiliza el transporte público para ir a su trabajo. ¿Cuántas personas trabajan en Wells si hay 60 empleados que utilizan el transporte público?

   (1)   100
   (2)   120
   (3)   180
   (4)   200
   (5)   300

29. Si todos los lados adyacentes de una figura son perpendiculares unos con otros, ¿cuál es el área de la figura en unidades cuadradas?

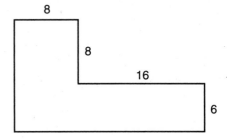

   (1)   64
   (2)   96
   (3)   112
   (4)   176
   (5)   208

30. En la ecuación $(x + 5)(x - 2) = 0$ hay dos valores distintos para resolver la x. ¿Cuáles son estos valores?

   (1)   5 o 2
   (2)   5 o −2
   (3)   −5 o 2
   (4)   7 o 3
   (5)   −7 o 3

31. Macarena, Ernesto y Roberto trabajan en la compañía de seguros Lincoln. Macarena ha trabajado en la compañía 4 años más que Ernesto. Ernesto ha trabajado $3\frac{1}{2}$ menos que Roberto. Si Roberto ha trabajado en la empresa 8 años, ¿cuánto tiempo ha trabajado Macarena en la compañía?

   Marque su respuesta en los círculos de la cuadrícula de su hoja de respuestas.

Las preguntas 32 y 33 se basan en la siguiente información.

CALIDAD DEL AIRE DE CIERTAS CIUDADES

Los datos indican el número de días al año que estuvieron debajo de los requisitos mínimos aceptables.

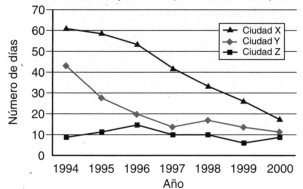

32. De acuerdo con la información de la gráfica, ¿en qué año la ciudad Z tiene la mayor cantidad de días por debajo de los requisitos mínimos de calidad de aire?

(1) 1994

(2) 1995

(3) 1996

(4) 1997

(5) 1998

33. ¿A cuál de las siguientes conclusiones se puede llegar aplicando la información de la gráfica?

(1) La ciudad X es la que ha gastado la mayor cantidad de dinero en mejorar la calidad de su aire.

(2) La calidad del aire de la ciudad X ha mejorado entre los años 1995 y 2000.

(3) La calidad del aire de la ciudad Y ha empeorado en el período de tiempo que indica el gráfico.

(4) La calidad del aire de la ciudad Z será siempre mejor que la calidad del aire de la ciudad X.

(5) En los próximos cinco años, la ciudad X tendrá la mejor calidad de aire de las tres ciudades.

34. Un camión de reparto se carga con cajas de camisas. De las 200 cajas de camión, 150 son de camisas grandes y 50 son de camisas extra grandes. Si se elige una caja al azar, ¿cuál es la probabilidad de que la caja contenga camisas grandes?

(1) $\dfrac{1}{200}$

(2) $\dfrac{1}{150}$

(3) $\dfrac{1}{4}$

(4) $\dfrac{2}{3}$

(5) $\dfrac{3}{4}$

La pregunta 35 se refiere al siguiente diagrama.

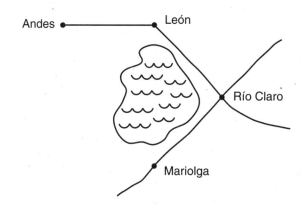

35. En el mapa de arriba, la ciudad de Andes se encuentra 12 millas al oeste de León. Mariolga está a 16 millas al sur de León ¿Cuál de las siguientes ecuaciones podría utilizarse para calcular la distancia en línea recta en millas (x) desde Andes a Mariolga?

(1) $12^2 + x^2 = 16^2$

(2) $16^2 - 12^2 = x^2$

(3) $x^2 + 16^2 = 12^2$

(4) $16^2 - x^2 = 12^2$

(5) $12^2 + 16^2 = x^2$

36. ¿A cuál de las siguientes expresiones es igual la expresión $-3a(b - 8)$?

(1) $-3ab + 24a$

(2) $-3ab + 24$

(3) $-3ab - 24a$

(4) $3ab + 24$

(5) $3ab + 24a$

La pregunta 37 se refiere a la siguiente gráfica de coordenadas.

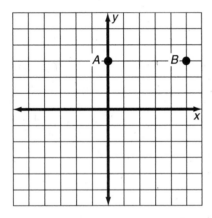

37. Los puntos A y B son dos vértices de un rectángulo. Si un tercer vértice está situado en el punto $(0, -1)$, ¿cuáles son las coordenadas del cuarto vértice?

Marque su respuesta en los círculos de la cuadrícula de su hoja de respuestas.

_____

38. En un torneo de golf hay el doble de golfistas aficionados que de golfistas profesionales. En el torneo participan un total de 96 golfistas. ¿Cuántos son aficionados?

(1) 24

(2) 32

(3) 43

(4) 60

(5) 64

La pregunta 39 se refiere a la siguiente información.

El gerente del Mundo Deportivo quiere saber cuánto tiempo pasan sus clientes dentro de la tienda. Observa a 10 clientes y registra el número de minutos que cada uno usa para comprar. El resultado se indica en la tabla siguiente.

75	40	32	25	30
18	25	15	45	55

39. Según la muestra del gerente, ¿cuál es la mediana de la cantidad de tiempo utilizada para comprar?

(1) 25

(2) 30

(3) 31

(4) 32

(5) No se cuenta con suficiente información.

_____

40. La fórmula para calcular la circunferencia C de un círculo puede escribirse $C = 2\pi r$, dónde $r = $ radio. Si la circunferencia del círculo se conoce, ¿cuál de las siguientes expresiones puede utilizarse para encontrar el valor del radio?

(1) $\dfrac{2C}{\pi}$

(2) $\dfrac{2\pi}{C}$

(3) $\dfrac{2}{\pi C}$

(4) $\dfrac{C}{2\pi}$

(5) $2\pi C$

41. A menudo, en su trabajo a Néstor le asignan en más de un proyecto a la vez. Él utiliza una hoja doble para determinar qué fracción de su tiempo dedicará a cada proyecto durante la semana. La semana pasada Néstor utilizó el 0.885 de su tiempo en el proyecto A. ¿Cuál de las siguientes fracciones es la mejor estimación del tiempo que Néstor empleará en el proyecto?

(1) $\dfrac{9}{10}$

(2) $\dfrac{4}{5}$

(3) $\dfrac{3}{4}$

(4) $\dfrac{2}{3}$

(5) $\dfrac{1}{2}$

42. El precio de una acción de la bolsa cerró a $75 el lunes. El precio cayó $3 el martes. ¿Cuál de las siguientes expresiones podría utilizarse para calcular el porcentaje de baja en el precio de la acción en los dos días?

(1) $\dfrac{3(100)}{72}$

(2) $\dfrac{3(100)}{75}$

(3) $\dfrac{72(100)}{75}$

(4) $\dfrac{75(100)}{72}$

(5) $\dfrac{72(100)}{75 - 3}$

43. Zacarías vendió $\dfrac{1}{2}$ de un terreno de 40 acres. Luego vendió $\dfrac{3}{5}$ del terreno restante. ¿Qué fracción de la tierra vendió en total? (Simplifique la fracción).

Marque su respuesta en los círculos de la cuadrícula de su hoja de respuestas.

44. Una parte de una escultura metálica incluye un triángulo isósceles. Los lados iguales miden 15 pulgadas cada uno. ¿Cuál es el perímetro del triángulo en pulgadas, si los ángulos son agudos?

(1) 15

(2) 30

(3) 45

(4) 60

(5) No se cuenta con suficiente información.

45. La siguiente gráfica muestra de qué forma utiliza los fondos en un año determinado un programa de padres adoptivos.

PRESUPUESTO ANUAL DEL PROGRAMA DE PADRES ADOPTIVOS

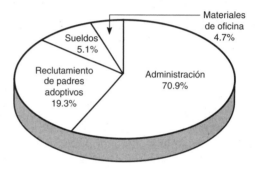

Según la gráfica, ¿cuál es el porcentaje del dinero que queda después de los gastos por reclutamiento?

(1)   9.8%

(2)   70.9%

(3)   80.7%

(4)   90.2%

(5)   119.3%

46. La diferencia entre el doble de un número y 15 es igual al producto de ese número por −3. Supongamos que x = número desconocido. ¿Cuál de las siguientes ecuaciones podría utilizarse para hallar el valor de x?

(1) $2x - 15 = -3 + x$

(2) $2 - 15x = -3x$

(3) $2 - 15x = -\dfrac{3}{x}$

(4) $2x - 15 = -3x$

(5) $2x - 15 = -\dfrac{3}{x}$

47. En la figura siguiente △ABD ≅ △BAC.

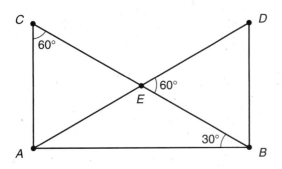

¿Cuál de las siguientes afirmaciones sobre la figura tiene que ser cierta?

(1) $m\angle BDE = 30°$

(2) $\angle AEB$ y $\angle AEC$ son ángulos complementarios.

(3) $\angle ACB$ y $\angle ABD$ son ángulos correspondientes.

(4) $\angle ABD$ es un ángulo recto.

(5) $m\angle BDA = 150°$

48. Toni y Daniel necesitan comprar una registradora de gastos, 50 archivadores, 3 cuadernos y 6 cintas de máquinas sumadoras. Los precios de estos elementos son los siguientes:

cuadernos	$4 cada uno ó 3 por $10
cinta de máquina sumadora	$1 cada una ó 3 por $2
archivadores	10 por $5
registradora de gastos	$15

¿Cuál es la menor cantidad que pueden gastar para comprar todos los materiales que necesitan?

(1) $58

(2) $54

(3) $48

(4) $42

(5) $34

Las preguntas 49 y 50 se refieren a la siguiente información.

La gráfica de barras muestra el número de personas que visitó el "Primer Banco Central" durante la semana pasada. El gerente del banco utilizará la información para tomar decisiones sobre el número de cajeros que necesita cada día.

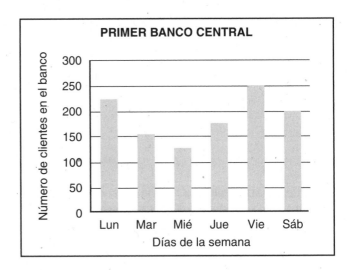

49. ¿Cuál es la razón entre el número de clientes del miércoles y el número de clientes del sábado?

(1) 1:2

(2) 2:5

(3) 3:5

(4) 5:8

(5) 9:10

50. El viernes, el banco estuvo abierto desde las 10 a.m. hasta las 6 p.m. ¿Cuántos clientes aproximadamente visitaron el banco por hora el viernes?

(1) 20

(2) 25

(3) 30

(4) 35

(5) 40

Las respuestas comienzan en la página 455.

Tabla de análisis del desempeño en la prueba simulada
Matemáticas

Las siguientes tablas le servirán para determinar cuáles son sus puntos fuertes y débiles en las áreas temáticas y destrezas necesarias para aprobar la Prueba de Matemáticas de GED. Consulte la sección Respuestas y explicaciones que empieza en la página 455 para verificar las respuestas que haya dado en la Prueba preliminar. Luego, en las tablas para la parte I y la parte II, encierre en un círculo los números correspondientes a las preguntas de la prueba que haya contestado correctamente. Anote el número total de aciertos por área temática y por destreza al final de cada hilera y columna. Vea el número total de aciertos de cada columna e hilera para determinar cuáles son las áreas y destrezas que más se le dificultan. Use como referencia las páginas señaladas en la tabla para estudiar esas áreas y destrezas. Utilice una copia del Plan de estudio de la página 31 como guía de estudio.

Parte I

Área temática	Concepto	Procedimiento	Aplicación	Número de aciertos
Operaciones numéricas y sentido numérico *(Páginas 32 a 161)*	5	**7**	3, **8**, 12, 22	____/6
Medidas *(Páginas 162 a 183)*		**24**	**4**, 11, 21	____/4
Análisis de datos *(Páginas 184 a 207)*	**18**	**1**	**2**, 9, **19**	____/5
Álgebra *(Páginas 208 a 271)*	**15**, 17, 23	**10**, 16, 20	6, 25	____/8
Geometría *(Páginas 272 a 331)*	14		**13**	____/2
Número de aciertos	____/6	____/6	____/13	____/25

Parte II

Área temática	Concepto	Procedimiento	Aplicación	Número de aciertos
Operaciones numéricas y sentido numérico *(Páginas 32 a 161)*	26, 41	42	28, 43, 48	____/6
Medidas *(Páginas 162 a 183)*			**29**	____/1
Análisis de datos *(Páginas 184 a 207)*	**32, 45**	**39**	**33**, 34, **49, 50**	____/7
Álgebra *(Páginas 208 a 271)*	30, **37**, 46	36, 40	31, 38	____/7
Geometría *(Páginas 272 a 331)*	44, **47**	**35**	**27**	____/4
Número de aciertos	____/9	____/5	____/11	____/25

Los números en **negritas** corresponden a preguntas que contienen gráficas.

Respuestas y explicaciones

PRUEBA PRELIMINAR (Páginas 13–29)

Parte I

1. **(2) 320** El promedio de asistencia es de 300 personas los lunes y de aproximadamente 620 personas los sábados. Haga la resta.
$620 - 300 = 320$

2. **(2) 11** El promedio de asistencia los viernes es de 550 personas. Para calcular la cantidad de guardias que se necesitan, debe plantear una proporción de la siguiente manera: "¿Un guardia es a 50 personas como cuántos guardias son a 550?" $\frac{1}{50} = \frac{x}{550}$;
$550 \div 50 = 11$

3. **(3) entre 420 kw/h y 480 kw/h** 9.4 centavos = \$0.094 Divida. \$42.30 ÷ \$0.094 = 450 kilovatio-hora. Nota: De hecho, aquí se usa la fórmula para calcular un costo: $c = nt$, donde \$0.094 es la tasa y \$42.30 es el costo. Debe hallar el número de unidades.

4. **780** Calcule el volumen total del vagón de carga. Volumen = largo × ancho × alto.
$42 \times 9 \times 10 = 3780$ pies^3
Reste el volumen del vagón para calcular el volumen del espacio desocupado.
$3780 - 3000 = 780$ pies^3

5. **15** Tenga en cuenta el orden de las operaciones: realice primero las operaciones entre paréntesis; después × y ÷, y por último + y −.
$6 + 27 \div (5 - 2)$
$6 + 27 \div \quad 3$
$6 + \qquad 9$
$\qquad 15$

6. **(2) B** Para calcular el porcentaje de incremento de cada estilo, haga lo siguiente: reste para calcular la diferencia entre los dos precios y luego divida entre la cantidad original (el precio de venta al por mayor). Puede usar la calculadora para operar con rapidez. Por ejemplo, para calcular el porcentaje de incremento para el estilo B, introduzca los siguientes valores:
24.90 `−` 16.80 `=` 8.1 `÷` 16.80 `SHIFT`
`=` 48.21428571, que redondeado es 48%.
Los porcentajes de incremento para las otras opciones son:
A: \$45.00 − \$32.00 = \$13.00 ÷ \$32.00 = 0.406 = 41%
C: \$41.80 − \$34.00 = \$7.80 ÷ \$34.00 = 0.229 = 23%
D: \$28.90 − \$23.00 = \$5.90 ÷ \$23.00 = 0.256 = 26%
E: \$74.50 − \$56.50 = \$18.00 ÷ \$56.50 = 0.318 = 32%

7. **(4) \$47.20** Sustituya en la ecuación dada los valores conocidos que aparecen en el cuadro para el estilo D ($n = 8$). $B = n(pm - pM) = 8(\$28.90 - \$23.00) = 8(\$5.90) = \$47.20$

8. **(3) 19** Si José necesita hacer un promedio diario de 20 ventas, esto significa que para un período de 5 días necesita hacer un total de 100 ventas ($20 \times 5 = 100$). En un período de 4 días ha realizado $15 + 22 + 18 + 26$, lo cual es igual a 81 ventas. Reste. $100 - 81 = 19$ ventas. José debe hacer un mínimo de 19 ventas el quinto día.

9. **(4) 89** Plantee una proporción, aplique el método de productos cruzados y resuelva.
$$\frac{\text{partidos ganados}}{\text{primeros 40}} = \frac{\text{total de partidos ganados}}{\text{total de partidos}}$$
$$\frac{22}{40} = \frac{x}{162}$$
$$22(162) = 40x$$
$$3564 = 40x$$
$$89.1 = x$$
Ignore el residuo decimal: un equipo no puede ganar una fracción de un partido.

10. **(2) 5** Divida $17\frac{1}{2}$ by $3\frac{3}{8}$. Convierta los números mixtos en fracciones impropias, invierta la segunda fracción y multiplique.
$$17\frac{1}{2} \div 3\frac{3}{8} = \frac{35}{2} \div \frac{27}{8} = \frac{35}{\underset{1}{2}} \times \frac{\overset{4}{8}}{27} = \frac{140}{27} = 5\frac{5}{27}$$
Haga caso omiso del residuo (la parte fraccionaria del numero mixto). Vanesa puede hacer 5 blusas.

11. **(3) 24** Calcule el área del cuarto A.
$A = l \times a = 16 \times 36 = 576$ pies^2. Ésta es también el área del cuarto B, ya que el cuarto B es cuadrado, por lo que $A = l^2 = 576$ pies^2. La longitud del lado del cuarto B es igual a la raíz cuadrada de 576. Usando su calculadora:
576 `SHIFT` `x²` 24

12. **$1,435** (Nota: Introduzca solamente los números en la cuadrícula. En ella no hay ningún espacio para el signo del dólar). Puesto que las piezas usadas cuestan un 60% menos que $1,400, su precio real es el 40% de $1,400.

$1400 × 0.4 = $560 Sume el costo de la mano de obra. $560 + $875 = $1435

13. **56** Los dos triángulos son semejantes. El lado *AC* corresponde al lado *CE* y el lado *AB* corresponde al lado *DE*. Plantee una proporción y resuelva.

$$\frac{AC}{CE} = \frac{AB}{DE}$$

$$\frac{28}{2} = \frac{x}{4}$$

$$4(28) = 2x$$
$$112 = 2x$$
$$56 = x$$

14. **(5) No se cuenta con suficiente información.** No se sabe cuántos empleados eligieron el tercer plan ni cómo se relaciona la cantidad de empleados que eligieron el tercer plan con la cantidad de empleados que eligieron los otros dos planes.

15. **(1)** $\frac{5(18)}{3} = d$ Escriba una proporción, calcule los productos cruzados y resuelva. Luego, compare su ecuación con las que se muestran en las opciones de respuesta.

$$\frac{3}{5} = \frac{18}{d}$$
$$3d = 5(18)$$
$$d = \frac{5(18)}{3}$$

Esta respuesta equivale a la ecuación que se da en la opción (1).

16. **(3)** $\frac{3}{5}$ Reste. Tome prestados 60 minutos.

11:26 = 10: 60 + 26	10:86
−10:50 =	−10:50
	36

Rafael trabajó 36 minutos ó $\frac{36}{60}$ de una hora.

Simplifique. $\frac{36}{60} = \frac{3}{5}$ de hora

17.

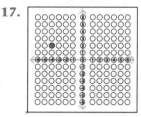

Partiendo del origen, (0,0), avance cuatro espacios a la izquierda (−4) sobre el eje de las *x* y dos espacios hacia arriba (+2) sobre el eje de las *y*. La respuesta se ubica en el cuadrante II.

18. **(5) El volumen de la caja B es ocho veces mayor que el de la caja A.** Calcule el volumen de la caja A (lado = 2 pies).
$V = l^3 = 2 × 2 × 2 = 8$ pie². Cada uno de los lados de la caja B mide el doble de longitud de cada uno de los lados de la caja A, es decir, cada lado de la caja B mide $2 × 2 = 4$ pies. Volumen de la caja B = $V = l^3 = 4 × 4 × 4 = 64$ pies³. Así, el volumen de la caja B es 8 veces mayor que el volumen de la caja A. $64 ÷ 8 = 8$ ó bien, el lado de A = l, por lo que $V = l^3$. El lado de B = $2l$, y por tanto el volumen de la caja B = $V = (2l)^3 = 2l × 2l × 2l = 8l^3$.

19. **(3) 372** Divida la cantidad total de millas entre el número de días. $1860 ÷ 5 = 372$ millas

20. **(3) −4 < *x* < 2** Piense en el signo de desigualdad como si fuera una flecha que apunta hacia el número más pequeño. En la gráfica, la porción sombreada es *x*, −4 es menor que *x* y *x* es menor que 2. (Los círculos están abiertos, lo cual indica que el −4 y el 2 no están incluidos, es decir, que *x* no es igual a −4 ni a 2.)

21. **71** La escala correspondiente al número de días indica cuántas veces se registró cada temperatura durante el período de 14 días. Puede hacer una lista de los registros de temperatura en orden creciente a partir de la gráfica: 67, 68, 68, 69, 69, 70, 71, 71, 71, 71, 71, 72, 72, 73. Puesto que hay un número par de registros, la mediana es igual a la media de los dos registros centrales. Puesto que los dos registros son iguales a 71, el valor de la mediana es de 71 grados.

22. $\frac{1}{2}$ **ó 0.5 o .5** Cuatro de 8, ó $\frac{1}{2}$, de las secciones están marcadas con el número 2. Puede registrar su respuesta como número fraccionario $\frac{1}{2}$ ó como número decimal (.5 ó 0.5).

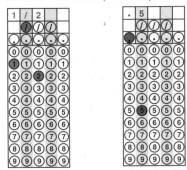

23. **(1) 53°** El $\angle QCD$ mide 118° y es suplementario del $\angle QCB$.
Por tanto, $m\angle QCB = 180° - 118° = 62°$.
Puesto que la suma de los ángulos interiores de un triángulo es igual a 180°, tenemos que $m\angle QBC = 180° - 65° - 62° = 53°$.

24. **(3)** $\angle DCG$ $\angle QGH$ y $\angle QCD$ (opción 2) son ángulos correspondientes sobre la transversal QR. Como los ángulos correspondientes son congruentes, entonces $m\angle QGH = m\angle QCD = 118°$. El $\angle DCG$ es suplementario del $\angle QCD$, ya que su suma da como resultado una recta o 180°, por lo que el $\angle DCG$ también es suplementario del $\angle QGH$. Observe que en la opción (1), el $\angle GRP$ no está sobre las mismas rectas paralelas que el $\angle QGH$ y que, en las opciones (4) y (5), los ángulos $\angle BFG$ y $\angle QAB$ están sobre una transversal diferente, por lo que no existe ninguna relación entre éstos y el $\angle QGH$.

25. **(2) 2.94 × 10⁶** El primer factor debe ser un número igual o mayor que 1, pero menor que 10 (lo cual significa que las opciones (4) y (5) son incorrectas). Tiene que desplazar el punto decimal, por tanto, 6 posiciones hacia la izquierda para obtener 2.94. Escriba el número que obtuvo y después la multiplicación por 10 a la sexta potencia, que es el número de posiciones que desplazó el punto decimal.

Parte II

26. **(5) 60** Los factores tienen un cociente exacto. Seis es factor de 24 y de 60, mientras que 15 es factor de 15, de 45 y de 60. Tanto 6 como 15 son factores de 60. Otra manera de resolver esta pregunta es haciendo una lista de múltiplos de 6 y de 15 hasta encontrar un múltiplo común.
6: 6, 12, 18, 24, 30, 36, 42, 48, 54, 60
15: 15, 30, 45, 60

27. **(1) 10** Puesto que hay dos ángulos iguales, deben haber lados iguales que sean opuestos a los ángulos iguales. Es decir, el lado BC, que es opuesto al $\angle D$, uno de los dos ángulos que miden 25°, debe ser igual al lado CD, que es opuesto al $\angle B$, el otro ángulo que mide 25°. Así, $\overline{BC} = \overline{CD} = 10$ pies³

28. **(3) 160** Hay varias formas de resolver este problema. Una, es plantear una proporción.
$\frac{75}{100} = \frac{120}{x}$ $\left(\frac{75}{100} = 75\%\right)$
$75x = 12,000$
$x = 160$

Otra forma de resolverlo es usar la fórmula de cantidad-tasa-porcentaje, en la que 120 sería el porcentaje y 75% la tasa. Tendría que calcular el valor de la cantidad. cantidad $= \frac{\text{porcentaje}}{\text{tasa}} = \frac{120}{.75}$.

Otra forma de resolverlo es utilizar una ecuación. Sea $x =$ la cantidad total de empleados. Entonces, $0.75x = 120$.

29. **(4) 24** La figura tiene una altura de 4 pies (4×1) y una base de 8 unidades (4×2). El perímetro es igual a la suma de todas las medidas.
$2 + 1 + 2 + 1 + 2 + 1 + 2 + 1 + 8 + 4 = 24$ pies

30. **(3) C** Convierta $\frac{19}{8}$ en una fracción propia.
$\frac{19}{8} = 2\frac{3}{8}$, que es un poco menor que $2\frac{1}{2}$. La mejor opción es el punto C.

31. **24** Plantee una proporción, calcule los productos cruzados y resuelva.
$\frac{a \text{ pies}}{l \text{ pies}} = \frac{a \text{ pulgadas}}{l \text{ pulgadas}}$ o bien, $\frac{a \text{ pies}}{a \text{ pulgadas}} = \frac{l \text{ pies}}{l \text{ pulgadas}}$
$\frac{2}{3} = \frac{16}{x}$ $\qquad$ $\frac{2}{16} = \frac{3}{x}$
$2x = 3(16) = 48$
$x = 24$

32. **(2) 1996** El número de aves en cautiverio correspondiente a cada año se indica por la altura de la parte más baja de cada barra. Busque el valor correspondiente a cada una de esas partes más bajas en la escala que se encuentra a la izquierda. La barra de 1996 es la única que cae dentro del rango de 90 a 100.

33. **(2) La cantidad de cóndores salvajes aumentó entre 1994 y 2000.** La cantidad de cóndores salvajes correspondiente a cada año se indica por la parte más alta de cada barra. El tamaño de la parte más alta de las barras aumentó entre 1994 y 2000.

34. **(3)** $\frac{1}{50}$ Escriba la probabilidad en forma de fracción y simplifique. P $= \frac{\text{resultados "deseados"}}{\text{resultados totales}} = \frac{8}{400} = \frac{1}{50}$
(Observe que, en este caso, el resultado "deseado" es un aparato de radio defectuoso).

35. **(1) 3.14 × 5² × 12** La fórmula para calcular el volumen de un cilindro es $V = \pi \times radio^2 \times altura$. En el diagrama se indica cuánto mide el diámetro. Divida el diámetro por 2 para calcular el radio. $\frac{10}{2} = 5$ Sustituya después los valores conocidos (usando 3.14 como valor de pi) y compare la expresión obtenida con las opciones de respuesta.

36. **(2) $x - 2y + 3z$** La expresión $x - (2y - 3z)$ equivale a la expresión $x - 1(2y - 3z)$ Si multiplica los dos valores que están entre paréntesis por -1, el resultado será $x - 2y + 3z$.

37.

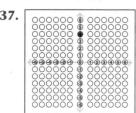

La coordenada en el eje de las x para el punto en el que la recta cruza el eje de las y es igual a 0. Por tanto, para encontrar los valores de y, debe sustituir la x por un 0.
$y = 3x + 4 = 3(0) + 4 = 0 + 4 = 4$
Las coordenadas para el punto en el que la recta cruza el eje de las y son (0,4).

38. **(5) comida y renta** Como puede observar, los sectores correspondientes a comida y renta forman, en conjunto, un sector que ocupa más de $\frac{1}{2}$ del círculo, por lo que la comida y la renta suman un total de más del 50%. O bien, $28\% + 25\% = 53\%$

39. **(3) \$672** El porcentaje (porción) de comida y ropa es igual a $25\% + 15\% = 40\%$. Calcule el cuarenta por ciento (razón) de \$1,680 (total). $0.4 \times \$1680 = \$672$. (Nota: Una forma rápida de calcular el 40% es calculando el 10% y multiplicando el resultado por 4. El 10% de \$1,680 es \$168; $\$168 \times 4 = \$672$)

40. **(1) $\frac{2A}{b}$** La fórmula para calcular el área de un triángulo es $A = \frac{1}{2} bh$. Para calcular el valor de h, siga las reglas algebraicas para despejar una ecuación y en este caso la letra h. Multiplique ambos lados de la ecuación por 2 y divídalos entre b.
$A = \frac{1}{2} bh$
$2A = 2 \left(\frac{1}{2} bh \right)$
$2A = bh$
$\frac{2A}{b} = h$

41. **(4) 660** Entre las 10 a.m. y las 3:30 p.m. hay $5\frac{1}{2}$ horas. Multiplique la cantidad de clientes por hora por la cantidad de horas.
$120 \times 5\frac{1}{2} = 120 \times 5.5 = 660$ clientes
O bien, $120 \times 5\frac{1}{2} = \overset{60}{\cancel{120}} \times \frac{11}{\underset{1}{\cancel{2}}} = 660$

42. **(2) $\frac{252}{900(2)}$** Use la fórmula para calcular el interés simple. Interés = principal × tasa × tiempo.

Sustituya los valores conocidos. Despeje la fórmula para calcular la tasa.
$$I = PTt$$
$$252 = 900 \times T \times 2$$
$$\frac{252}{900(2)} = T$$

43. **\$11.90** (Nota: En la cuadrícula no hay ningún espacio para el signo \$. Rellene los círculos correspondientes a 11.90). Calcule el costo total de la compra. $\$12.98 + \$12.98 + \$2.14 = \$28.10$ Reste el total obtenido a la cantidad que pagó Samuel.
$2(\$20.00) - \$28.10 = \$40.00 - \$28.10 = \$11.90$

44. **(4) entre 11 y 12 pies** Aplique el teorema de Pitágoras. $a^2 + b^2 = c^2$ La longitud de la escalera constituye la hipotenusa, c, mientras que la distancia de la pared a la base de la escalera forma uno de los catetos. Calcule el valor del otro cateto, es decir, de la altura de la pared en el punto en el que está apoyada la escalera.
$4^2 + b^2 = 12^2$
$b^2 = 12^2 - 4^2 = 12(12) - 4(4) = 144 - 16 = 128$
Para calcular el valor de b, halle la raíz cuadrada de 128. Puesto que $11 \times 11 = 121$ y $12 \times 12 = 144$, la raíz cuadrada de 128 debe estar entre 11 y 12.

45. **(5) $2x + 3 = -x$** La palabra *suma* significa la adición de 3 al doble de un número. Dicha suma es igual al valor negativo de x, es decir, igual a $-x$. Por lo que, $2x + 3 = -x$.

46. **(3) $m\angle 2 + m\angle 5 = 180°$** Los ángulos 2 y 6 son ángulos correspondientes y tienen la misma medida. Puesto que el $\angle 6$ y el $\angle 5$ son ángulos suplementarios, el $\angle 2$ y el $\angle 5$ también lo son. Por definición, la suma de dos ángulos suplementarios es igual a 180°. La opción (1) es incorrecta porque el $\angle 6$ y el $\angle 7$ son ángulos opuestos por el vértice y, en consecuencia, congruentes (iguales) y no suplementarios. La opción (2) es incorrecta porque el $\angle 1$ y el $\angle 2$ son suplementarios (= 180°), y no complementarios (= 90°). La opción (4) es incorrecta porque los ángulos verticales se ubican sobre dos rectas perpendiculares, lo cual no ocurre en el caso de los ángulos $\angle 2$ y $\angle 6$ (éstos son ángulos correspondientes). La opción (5) es incorrecta porque los ángulos $\angle 1$ y $\angle 6$ no están del mismo lado de la transversal (como sería el caso de dos ángulos correspondientes).

47. (2) $3x - 2y = -5$ Sustituya la x con –1 y la y con 1 en cada ecuación hasta encontrar la opción correcta.

$$3x - 2y = -5$$
$$3(-1) - 2(1) = -5$$
$$-3 - 2 = -5$$
$$-5 = -5$$

48. (2) 6 Sea: ancho = a y largo = $3a$. Aplique la fórmula para calcular el perímetro de un rectángulo. Perímetro = $2 \times$ largo $+ 2 \times$ ancho

$$48 = 2(3a) + 2a$$
$$48 = 6a + 2a$$
$$48 = 8a$$
$$6 = a$$

49. (5) 10:9 La cantidad de ventas de la tienda 1 fue de 400, mientras que la cantidad de ventas de la tienda 2 fue de 360, por lo que la razón de ventas de la tienda 1 con respecto a la de la tienda 2 fue de 400 a 360. Simplificando, $\frac{400}{360} = \frac{10}{9}$, o bien, 10:9.

50. (3) Las ventas están aumentando a un ritmo más rápido en la tienda 2 que en la 1. Trace una recta que vaya de las ventas de la semana 5 a las ventas de la semana 8 para ambas tiendas. La pendiente de la recta correspondiente a la tienda 2 es más pronunciada, es decir, está creciendo a un ritmo más rápido.

UNIDAD 1: NÚMEROS Y OPERACIONES

Lección 1

Enfoque en las destrezas de GED (Página 35)

1. **quinientos**

2. **tres millones**

3. **seis mil**

4. **setecientos mil**

5. **cincuenta**

6. **cero unidades de millar**

7. **e. ocho mil cuatrocientos dieciséis**

8. **d. ocho millones cuatrocientos veinte mil ciento seis**

9. **a. ochenta y cuatro millones doscientos mil ciento sesenta**

10. **c. ochocientos cuarenta y dos mil dieciséis**

11. **b. ochenta y cuatro mil doscientos dieciséis**

12. **8,600**

13. **5,000,000**

14. **50,000**

15. **11,000**

Enfoque en las destrezas de GED (Página 37)

1. **1,305 < 1,503**

2. **34,000 > 29,989**

3. **102,667 > 102,657**

4. **5,690,185 < 5,690,185,100**

5. **875,438 = 875,438**

6. **75,390,000 < 75,391,540**

7. **9,500,000 < 9,500,000,000**

8. **45,100 > 45,099**

9. **7,456,795 < 7,500,000**

10. **319,002,110 > 319,002,011**

11. **Miércoles** $13,940 es mayor que $13,772.

12. **Martes** $12,316 es menor que todas las demás cifras.

13. **Sábado** $28,795 es mayor que todas las demás cifras.

14. **$12,316; $13,772; $13,940; $18,756; $21,592; $28,795; ó, por días: martes, jueves, miércoles, lunes, viernes, sábado.**

15. **Cajón C** 1,750 es mayor que 1,721 y menor que 2,050.

16. **Cajón A** para la refacción 1,488 y **cajón B** para la refacción 1,491

17. **Cajón D,** el cual contiene las refacciones con números 2,051 o mayores

Práctica de GED (Página 39)

1. **(3) $269 × 12** Necesita combinar la misma cantidad ($269) 12 veces. Multiplique.

2. **(1) $137 + $124** Debe calcular el total de dos costos. Sume.

3. **(5) $50 − $28** Debe calcular cuánto queda. Reste. Asegúrese de colocar la cantidad total antes de la cantidad que vaya a restar.

4. **(4) 348 ÷ 3** Debe separar 348 páginas en tres partes iguales. Divida. Asegúrese de escribir primero la cantidad que va a dividir.

5. **(2) $327 − $189** Debe calcular cuánto queda. Reste. Asegúrese de colocar la cantidad total antes de la cantidad que vaya a restar.

6. **(5) $62 ÷ 4** Debe repartir una cantidad en partes iguales. Divida. Asegúrese de escribir primero la cantidad que va a dividir.

Enfoque en las destrezas de GED (Página 41)

1. **4**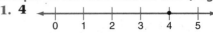

2. **38**

3. **0, 1, y 2**

4. **18**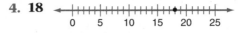

5. 2

6. 22

7. 17

8. 43

Lección 2
Enfoque en las destrezas de GED
(Página 43)

1. 768

$$
\begin{array}{r}
305 \\
+463 \\
\hline
768
\end{array}
$$

2. 8682

$$
\begin{array}{r}
4172 \\
+4510 \\
\hline
8682
\end{array}
$$

3. 6927

$$
\begin{array}{r}
1 \\
6795 \\
+\ 132 \\
\hline
6927
\end{array}
$$

4. 822

$$
\begin{array}{r}
1\ 1 \\
193 \\
+629 \\
\hline
822
\end{array}
$$

5. 35

$$
\begin{array}{r}
86 \\
-51 \\
\hline
35
\end{array}
$$

6. 327

$$
\begin{array}{r}
{}^{8\ 14} \\
49\cancel{4} \\
-167 \\
\hline
327
\end{array}
$$

7. 412

$$
\begin{array}{r}
{}^{7\ 10} \\
6\cancel{8}\cancel{0} \\
-268 \\
\hline
412
\end{array}
$$

8. 1272

$$
\begin{array}{r}
{}^{9\ 16} \\
4\cancel{10} \\
5\cancel{0}6\cancel{7} \\
-3795 \\
\hline
1272
\end{array}
$$

9. 109,593

$$
\begin{array}{r}
1\ \ \ 1 \\
81,427 \\
3,541 \\
+24,625 \\
\hline
109,593
\end{array}
$$

10. 134

$$
\begin{array}{r}
1 \\
76 \\
+58 \\
\hline
134
\end{array}
$$

11. 6,829

$$
\begin{array}{r}
{}^{9\ \ 14\ \ 9\ 18} \\
\cancel{1}\cancel{0}\cancel{5}\cancel{0}\cancel{8} \\
-\ 3,679 \\
\hline
6,829
\end{array}
$$

12. 54,271

$$
\begin{array}{r}
1\ \ 1 \\
176 \\
+54,095 \\
\hline
54,271
\end{array}
$$

13. 3,433

$$
\begin{array}{r}
{}^{1\ 9\ \ 9\ 9\ 10} \\
\cancel{2}\cancel{0}\cancel{0}\cancel{0}\cancel{0} \\
-16,567 \\
\hline
3,433
\end{array}
$$

14. 1385

$$
\begin{array}{r}
1\ 1 \\
950 \\
308 \\
77 \\
+\ 50 \\
\hline
1385
\end{array}
$$

15. 61,235

$$
\begin{array}{r}
1\ 1\ \ 1\ 1 \\
56,439 \\
+\ 4,796 \\
\hline
61,235
\end{array}
$$

16. 54,961

$$
\begin{array}{r}
1\ 1\ \ 1\ 1 \\
35,075 \\
1,936 \\
+17,950 \\
\hline
54,961
\end{array}
$$

17. 54,263

$$
\begin{array}{r}
1\ \ \ 1\ 1 \\
19,067 \\
+35,196 \\
\hline
54,263
\end{array}
$$

18. 99,639

$$
\begin{array}{r}
1\ 1\ \ 1\ 1 \\
65,196 \\
6,725 \\
+27,718 \\
\hline
99,639
\end{array}
$$

19. 581

$$
\begin{array}{r}
{}^{9\ 10} \\
7\cancel{10} \\
\cancel{8}\cancel{0}\cancel{0} \\
-219 \\
\hline
581
\end{array}
$$

20. 963

$$
\begin{array}{r}
{}^{11} \\
\cancel{1}\ 15 \\
12\cancel{5}\cancel{8} \\
-\ 295 \\
\hline
963
\end{array}
$$

21. 31,313

$$
\begin{array}{r}
51,964 \\
-20,651 \\
\hline
31,313
\end{array}
$$

22. 929

$$
\begin{array}{r}
{}^{2\ 11\ \ 9\ 15} \\
\cancel{1}\cancel{10} \\
3\cancel{2}\cancel{0}\cancel{5} \\
-2276 \\
\hline
929
\end{array}
$$

23. 188

$$
\begin{array}{r}
{}^{3} \\
36 \\
9 \\
74 \\
48 \\
6 \\
+15 \\
\hline
188
\end{array}
$$

24. 406,985

$$
\begin{array}{r}
{}^{8\ 9\ 9\ 13} \\
41\cancel{9},\cancel{0}\cancel{0}\cancel{3} \\
-\ 12,018 \\
\hline
406,985
\end{array}
$$

25. 18,858

$$
\begin{array}{r}
{}^{2\ 16\ 14\ 9\ 10} \\
3\cancel{7},\cancel{5}\cancel{0}\cancel{0} \\
-18,642 \\
\hline
18,858
\end{array}
$$

26. 24,490

$$
\begin{array}{r}
{}^{9\ 9\ 9\ 10} \\
\cancel{1}\cancel{0}\cancel{0},\cancel{0}\cancel{0}\cancel{0} \\
-\ 75,510 \\
\hline
24,490
\end{array}
$$

**Enfoque en las destrezas de GED
(Página 45)**

1. 3730

$$\overset{2\ 3}{746}$$
$$\underline{\times\quad 5}$$
$$3730$$

2. 43,758

$$\overset{7\ 5\ 1}{4,862}$$
$$\underline{\times\quad 9}$$
$$43,758$$

3. 828

$$36$$
$$\underline{\times 23}$$
$$108$$
$$\underline{+720}$$
$$828$$

4. 386,384

$$5,084$$
$$\underline{\times\quad 76}$$
$$30\ 504$$
$$\underline{+355\ 880}$$
$$386,384$$

5. 458

$$\begin{array}{r} 458 \\ 7\overline{)3206} \\ \underline{-28} \\ 40 \\ \underline{-35} \\ 56 \\ \underline{-56} \\ 0 \end{array}$$

6. 5,996

$$\begin{array}{r} 5,996 \\ 4\overline{)23,984} \\ \underline{-20} \\ 3\ 9 \\ \underline{-3\ 6} \\ 38 \\ \underline{-36} \\ 24 \\ \underline{-24} \\ 0 \end{array}$$

7. 6,366 r10

$$\begin{array}{r} 6,366\ r10 \\ 12\overline{)76,402} \\ \underline{-72} \\ 4\ 4 \\ \underline{-3\ 6} \\ 80 \\ \underline{-72} \\ 82 \\ \underline{-72} \\ 10 \end{array}$$

8. 9,138 r3

$$\begin{array}{r} 9,138\ r3 \\ 24\overline{)219,315} \\ \underline{-216} \\ 3\ 3 \\ \underline{-2\ 4} \\ 91 \\ \underline{-72} \\ 195 \\ \underline{-192} \\ 3 \end{array}$$

9. 6,976,800

$$2,584$$
$$\underline{\times 2,700}$$
$$0\ 000$$
$$00\ 000$$
$$1\ 808\ 800$$
$$\underline{+5\ 168\ 000}$$
$$6,976,800$$

Agregue ceros como valores
nulos.

10. 627,425

$$25,097$$
$$\underline{\times\qquad 25}$$
$$125\ 485$$
$$\underline{501\ 940}$$
$$627,425$$

11. 659 r7

$$\begin{array}{r} 659\,r7 \\ 46\overline{)30,321} \\ \underline{27\ 6} \\ 2\ 72 \\ \underline{2\ 30} \\ 421 \\ \underline{414} \\ 7 \end{array}$$

12. 40,430

$$\begin{array}{r} 40,430 \\ 15\overline{)606,450} \\ \underline{60} \\ 06 \\ \underline{0} \\ 6\ 4 \\ \underline{6\ 0} \\ 45 \\ \underline{45} \\ 0 \end{array}$$

13. 415,340

$$2,186$$
$$\underline{\times\quad 190}$$
$$0\ 000$$
$$196\ 740$$
$$\underline{218\ 600}$$
$$415,340$$

14. 680

$$\begin{array}{r} 680 \\ 205\overline{)139,400} \\ \underline{123\ 0} \\ 16\ 40 \\ \underline{16\ 40} \\ 00 \end{array}$$

15. 8,132

$$\begin{array}{r} 8,132 \\ 16\overline{)130,112} \\ \underline{128} \\ 2\ 1 \\ \underline{1\ 6} \\ 51 \\ \underline{48} \\ 32 \\ \underline{32} \end{array}$$

16. 4,097,450

$$8,050$$
$$\underline{\times\quad 509}$$
$$72\ 450$$
$$00\ 000$$
$$\underline{4\ 025\ 000}$$
$$4,097,450$$

17. 600,625

18. 7,640,000

19. 54,870

20. 3,758,458

21. 584

22. 14,121

23. 7,692

24. 1,099

25. 125,304

26. 53,685

27. 4,236

28. 28,480

29. 363,681

30. 2573

Práctica de GED (Página 47)

1. (5) $261

$$\overset{1}{\$137}$$
$$\underline{+124}$$
$$\$261$$

2. (5) $638

$$\overset{7\ 11\ 17}{\$827}$$
$$\underline{-189}$$
$$\$638$$

3. (1) 322

$$\begin{array}{r}{}^{1\,1}\\168\\+154\\\hline322\end{array}$$

4. (5) $3468 1 año = 12 meses; Multiplique el pago mensual por 12 para calcular la cantidad correspondiente a 1 año. $289 × 12 = $3468

5. (3) $19   114 ÷ 6 = 19.

6. (4) $476   68 × 7 = 476.

Práctica de GED (Página 49)

1. (3) 3,577 Reste la lectura menor del odómetro de la lectura mayor. 38,874 − 35,297 = 3,577

2. (4) $14,280 Multiplique la renta mensual por el número de meses que hay en dos años. $595 × 24 = $14,280

3. (2) 32 Divida las ventas totales de los nuevos equipos estereofónicos por el precio de cada equipo. $14,688 ÷ $459 = 32

4. (5) $1143 Sume los tres depósitos al saldo inicial. $76 + $96 + $873 + $98 = $1143

Prueba corta de GED • Lecciones 1 y 2
(Páginas 50 y 51)

1. (5) 3216

2. (2) 504

3. (4) 14 Divida la cantidad total que Karina necesita entre la cantidad que ahorra al mes. $3220 ÷ $230 = 14

4. (2) $5,760 Multiplique la renta mensual por 12, el número de meses que tiene un año. $480 × 12 = $5760

5. (3) 10,967 Sume el número de videos rentados en febrero y en marzo. 5,980 + 4,987 = 10,967

6. (3) 1,978 Reste el número de videos rentados en abril del número rentado en mayo. 7,985 − 6,007 = 1,978

7. (4) 8,640 Multiplique la cantidad de videos rentados en enero por 2. 4,320 × 2 = 8,640

8. (2) 203,049 Recuerde que, en este caso, las centenas no se expresan con palabras.

9. (1) 39,000 El dígito a la derecha de las unidades de millar es 4. Como 4 es menor que 5, deje el 9 en la posición de las unidades de millar y sustituya con ceros los dígitos que están a la derecha de las unidades de millar.

10. (3) $387 × 12 Multiplique el pago mensual por el número de meses. $387 × 12

11. (4) $972 ÷ 3 Divida el total de renta mensual entre el número de amigos que compartirán el pago de la renta. $972 ÷ 3

12. (2) $420 Multiplique el costo de la alimentación por persona por el número de empleados. $12 × 35 = $420

13. (5) 72 Multiplique el número de horas que trabaja Cintia al día por el número de días que trabaja a la semana. 4 × 6 = 24 Multiplique el resultado por el número de semanas que trabaja. 24 × 3 = 72

14. (4) $1060 Reste la cantidad que Alfredo retiró de la cuenta al monto inicial que tenía en ella. $1200 − $140 = $1060

15. (1) $65 Reste la cantidad que Roberto ahorró al costo del equipo de cómputo. $1,050 − $985 = $65

Lección 3
Enfoque en las destrezas de GED (Página 53)
NOTA: Sus estimaciones pueden variar dependiendo del redondeo que haya utilizado.

1. Estimación: 1400 − 1000 = **400**
Resultado exacto: 1424 − 989 = **435**

2. Estimación: 20 × 30 = **600**
Resultado exacto: 18 × 29 = **522**

3. Estimación: 1800 ÷ 60 = **30**
Resultado exacto: 1798 ÷ 62 = **29**

4. Estimación: 40 × $10 = **$400**
Resultado exacto: 39 × $9 = **$351**

5. Estimación: $40 + $200 + $150 = **$390**
Resultado exacto: $38 + $196 + $145 = **$379**

6. Estimación: $1000 × 15 = **$15,000**
Resultado exacto: $1137 × 15 = **$17,055**

7. Estimación: 1200 − 300 = **900**
Resultado exacto: 1192 − 315 = **877**

8. Estimación: $1200 ÷ 12 = **$100**
Resultado exacto: $1152 ÷ 12 = **$96**

9. Estimación: 200 × 3 = **600**
Resultado exacto: 177 × 3 = **531**

10. Estimación: $400 − $100 = **$300**
Resultado exacto: $396 − $104 = **$292**

11. Estimación: 2400 − 700 = **1700**
Resultado exacto: 2400 − 685 = **1715**

12. Estimación: $225,000 + $20,000 = **$245,000**
Resultado exacto:
$225,125 + $18,725 = **$243,850**

Enfoque en las destrezas de GED (Página 55)

1. Número de boletos vendidos: **26,500**
Precio por boleto: **$6**

2. Precio de oferta: **$59**
Monto del cupón de descuento: **$10**

3. Nadia ganó esta semana: **$456**
Salario por hora de Nadia: **$12**

4. Meta de recaudación de fondos: **$25,000**
Cantidad donada: **$11,450**

5. **$288** Multiplique el número de pantalones vendidos por el precio de oferta. 24 × $12

6. **No se cuenta con suficiente información.** El problema pide la cantidad de camisetas que había cuando empezó la oferta, pero sólo se sabe cuántas camisetas se vendieron antes de la oferta. No se sabe la cantidad original en existencia antes de que se vendieran las 25. Necesita saber esta cantidad para poder calcular la cantidad con la que la tienda lanzó la oferta: cantidad original − 25 = cantidad al empezar la oferta.

7. **$720** No necesita saber el costo de las alacenas ni el de los trabajos de plomería. Multiplique el número de losetas necesarias por el precio de cada loseta. 240 × $3 = $720

8. **112** No necesita saber las edades de los jóvenes ni los datos según su sexo. Reste el número total de jóvenes que se registraron para jugar baloncesto del número total que se registró para jugar béisbol. 432 − 320 = 112

Práctica de GED (Página 57)
NOTA: Su respuesta puede quedar ubicada del lado izquierdo, derecho o central de la cuadrícula. Sólo recuerde que debe dejar en blanco las columnas que no use.

1. **408** $615 − $172 − $35 = $408

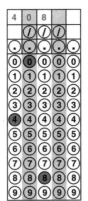

2. **1872** $78 × 24 = $1872

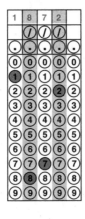

3. **120** $720 ÷ 6 = $120

4. **566** $620 − $54 = $566

Lección 4
Enfoque en las destrezas de GED (Página 59)

1. **20** $25 − 20 ÷ 4 =$
$25 − 5 = 20$

2. **42** $(9 + 5) × (6 − 3) =$
$14 × 3 = 42$

3. **0** $18 − 6 × 3 =$
$18 − 18 = 0$

4. **3** $60 ÷ (30 − 10) =$
$60 ÷ 20 = 3$

5. **23** $20 + 12 ÷ 4 =$
$20 + 3 = 23$

6. **37** $13 + 7 × 2 + 10 =$
$13 + 14 + 10 = 37$

7. **18** $24 ÷ 6 × 4 + 2 =$
$4 × 4 + 2 =$
$16 + 2 = 18$

8. **12** $12 ÷ 2 × (8 − 6) =$
$12 ÷ 2 × 2 =$
$6 × 2 = 12$

9. **132** $11 × (4 + 2) × 2 =$
$11 × 6 × 2 =$
$66 × 2 = 132$

10. **63** $7 × (3 + 6) =$
$7 × 9 = 63$

11. 7 $15 + 10 - 9 \times 2 =$
            $15 + 10 - \quad 18 \quad =$
            $\quad 25 \quad - \quad 18 \quad = 7$

12. 6 $54 \div (4 + 5) =$
            $54 \div \quad 9 \quad = 6$

13. 361 $(7 + 12) \times (16 + 3) =$
            $\quad 19 \quad \times \quad 19 \quad = 361$

14. 9 $(20 + 25) \div 5 =$
            $\quad 45 \quad \div 5 = 9$

15. 42 $4 \times 5 + 10 + 12 =$
            $\quad 20 \quad + 10 + 12 = 42$

16. (28 + 2) + (15 + 5)
$(28 + 2) = 30$ y $(15 + 5) = 20$
Combine. $30 + 20 = 50$

17. (25 × 4) × 7
$(25 \times 4) = 100$; luego $(7 \times 100) = 700$

Enfoque en las destrezas de GED (Página 61)

1. a. Multiplique la cantidad de cajas medianas (15) por la cantidad de pañales por caja (66).
   b. Multiplique la cantidad de cajas de tamaño extra grande (24) por la cantidad de pañales por caja (24).
   c. Resta.
   d. 414 pañales $(15 \times 66) - (24 \times 24) =$
                        $\quad 990 \quad - \quad 576 \quad = 414$

2. a. 15 + 18 + 24 = 57 cajas
   b. multiplicación
   c. 57 × \$13 = \$741
   d. Podría multiplicar la cantidad de cajas de cada tamaño por \$13 y sumar.
   $(15 \times \$13) + (18 \times \$13) + (24 \times \$13) = \$741$

3. a. multiplicación y resta
   b. \$46 $(\$58 \times 12) - \$650 = ?$
                $\$696 \quad - \$650 = \$46$

4. a. multiplicación y suma
   b. \$1,082 $(\$115 \times 8) + \$162 = ?$
                    $\$920 \quad + \$162 = \$1,082$

Práctica de GED (Página 63)

1. (4) (65 × \$9) + \$350 Calcule la cantidad que se pagó en comida multiplicando la cantidad de empleados por el costo de la comida por persona $(65 \times \$9)$. Luego, sume el costo de renta del salón de banquetes (\$350).

2. (5) $\frac{1200}{300}$ Para calcular la cantidad de tanques de gasolina que se necesitan para manejar 1200 millas, divida esta cantidad entre la cantidad de millas que David puede manejar con un tanque de gasolina (300 millas).

3. (3) 70 × (\$8 − \$6) Para calcular cuanto más ganaría el propietario del estacionamiento si elevara sus tarifas, primero calcule la diferencia entre las dos tarifas (\$8 − \$6). Luego, multiplique el resultado por la cantidad de lugares de estacionamiento que hay (70).

4. (1) $\frac{(\$1800 - \$300)}{\$150}$ Primero, reste el pago de \$300 de la deuda de \$1,800 (\$1800 − \$300). Luego, divida lo que queda de la deuda entre la cantidad que va a pagar mensualmente (\$150).

5. (2) \$150 − (2 × \$35) − (3 × \$18) Primero, calcule los costos de los libros de texto. 2 a \$35 $(2 \times \$35)$ y 3 a \$18 $(3 \times \$18)$. Luego, reste ambas cantidades de \$150.

6. (4) (2 + 3) × \$35 Primero, calcule el total de cámaras vendidas (2 + 3). Luego, multiplique esa cantidad por la comisión que ella recibe. El precio de cada cámara no es necesario.

Práctica de GED (Página 65)

1. (2) suma y división Sume para calcular el número total de apartamentos. Luego, divida el costo del servicio entre el número de apartamentos.

2. (3) \$72 Hay 43 apartamentos (18 + 25). Divida el costo anual entre el número de apartamentos $(\$3096 \div 43 = \$72)$.

3. (4) 604,392 Primero, multiplique; después, sume.
$2,184 + (1,476 \times 408)$
$\quad\quad 1,476 \times 408 = 602,208$
$2,184 + \quad 602,208 \quad = 604,392$

4. (2) 1,693 Haga primero las operaciones que están entre paréntesis, empezando por la multiplicación y, luego, la suma. Después, divida y sume.
$(908 + 23 \times 48) \div 2 + 687$
$\quad\quad 23 \times 48 \quad\quad\quad = 1,104$
$\quad 908 + 1,104 \quad\quad\quad = 2,012$
$\quad\quad 2,012 \quad\quad \div 2 \quad\quad = 1,006$
$\quad\quad\quad 1,006 \quad + 687 = 1,693$

5. (5) \$14,684 Para las acciones de cada compañía, multiplique el costo por acción por la cantidad de acciones compradas y, luego, sume los dos productos.
$(112 \times 58) + (89 \times 92) = 6,496 + 8,188 = 14,684$

6. (1) \$84 Multiplique el costo por acción por la cantidad de acciones. $68 \times 87 = 5,916$ Luego, reste el resultado de la cantidad inicial.
$6,000 - 5,916 = 84$

Prueba corta de GED • Lecciones 3 y 4
(Páginas 66 a 69)
Parte 1

1. (4) 345 Divida el total de ventas netas entre el costo de cada computadora portátil.
$\$685,170 \div \$1,986$

2. (1) \$924,160 Multiplique el número total de empleados por el monto del bono de fin de año.
$1,216 \times \$760$

3. (1) 650 Siga el orden de las operaciones. Primero, divida; luego, sume.
$50 + 15,000 \div 25$
$\quad\quad 15,000 \div 25 \quad\quad = 600$
$50 + \quad 600 \quad\quad = 650$

4. (2) 1,194,036 Sume la cantidad de libros vendidos en cada una de las tres categorías. 569,346 + 234,908 + 389,782

5. (3) 1600 Siga el orden de las operaciones. Primero, resuelva las operaciones entre paréntesis; luego, multiplique.

$40 (50 - 5 \times 2)$
$(50 - 10) = 40$
$40 \quad (40) \quad = 1600$

6. (5) 3,607,829 Reste la diferencia en votos del número de votos a favor que recibió el vencedor. 3,898,705 − 290,876 = 3,607,829

7. (4) $157,717 Sume las ventas netas de los cinco departamentos indicados en la tabla. $20,897 + $57,941 + $31,009 + $28,987 + $18,883

8. (2) $6,035 Sume las ventas netas de calzado y accesorios deportivos. $20,897 + $31,009 = $51,906 Reste el resultado de las ventas netas de ropa deportiva. $57,941 − $51,906 = $6,035

9. (3) $39,058 Reste las ventas netas de equipo de esquí de las ventas netas de ropa deportiva. $57,941 − $18,883 = $39,058

10. (3) $22,183 Reste los gastos por anuncios en revistas en febrero de los de enero. $420,885 − $398,702 = $22,183

11. (5) No se da suficiente información. El problema pide información acerca de los tres primeros meses del año, pero los datos contenidos en la tabla corresponden únicamente a los primeros dos meses. No se dispone de información suficiente para resolver este problema.

12. (4) $554,987 Reste los gastos correspondientes a redes televisivas en enero de los de febrero. $540,987 − $526,987 = $14,000 Sume el resultado a los gastos por anuncios en redes televisivas en febrero. $540,987 + $14,000 = $554,987

Parte 2

13. (3) 2300 Sume el número de nuevos empleados contratados a la cantidad original de empleados. 2100 + 200

14. (4) 250 × $3 Esta expresión muestra que se debe multiplicar el número de bloques de adoquín (250) por el costo de cada bloque ($3).

15. (5) No se cuenta con suficiente información. Se desconoce el número de meses que Narciso va a hacer pagos por la computadora.

16. (2) 8 Siga el orden de las operaciones. Primero, realice todas las multiplicaciones y divisiones. Luego, haga todas las sumas y restas en la expresión.

$3 + 4 \times 2 - 6 \div 2$
$3 + \quad 8 \quad - \quad 3 \quad = 8$

17. (3) multiplicación Tendría que multiplicar el monto de cada pago mensual ($75) por el número de pagos (12).

18. (2) $140 Multiplique el monto de cada pago mensual por el número de pagos. $75 × 12 = $900 Reste el monto que pagaría al contado. $900 − $760

19. (5) 500 Hay varias formas de hacer una estimación redondeando y multiplicando la cantidad de cajas por la cantidad de camisetas medianas por caja. 10 × 48 = 480 o 10 × 50 = 500 o 12 × 50 = 600

20. (4) 200 Multiplique la cantidad de camisetas chicas que hay por caja por la cantidad de cajas. 60 × 10 = 600. Éste es el número de camisetas chicas que se pidieron. Multiplique la cantidad de camisetas grandes que hay por caja por la cantidad de cajas. 20 × 20 = 400 Éste es el número de camisetas grandes que se pidieron. Reste la cantidad de camisetas chicas que se pidieron a la cantidad de camisetas grandes que se pidieron. 600 − 400

21. (5) 25(3 + 2) Multiplique el monto de la comisión ($25) por la cantidad de productos vendidos (3 + 2).

22. (2) $30 Reste el costo diario de un compresor de aire del costo de una astilladora/trituradora. $75 − $45

23. (1) $10 Combine el costo de renta de una aspiradora seca/al agua con el de un compresor de aire ($40 + $45 = $85). Reste a esta cantidad el costo de renta de una astilladora/trituradora. $85 − $75

24. (4) $225 Multiplique la tarifa diaria de renta de una astilladora/trituradora por 3. $75 × 3

Lección 5
Enfoque en las destrezas de GED (Página 71)

1. $\frac{5}{8}$ La figura está dividida en 8 partes iguales y 5 de ellas están sombreadas.

2. $\frac{2}{3}$ Hay 3 círculos y 2 están sombreados.

3. $\frac{9}{10}$ La figura está dividida en 10 partes iguales y 9 de ellas están sombreadas.

4. $\frac{5}{2}$ Hay 3 rectángulos, cada uno dividido en 2 partes iguales. En total, hay 5 partes sombreadas.

5. $\frac{1}{6}$ Hay 6 figuras en el grupo y 1 está sombreada.

6. $\frac{5}{9}$ La figura está dividida en 9 partes iguales y 5 de ellas están sombreadas.

7. $\frac{7}{6}$ Hay 2 figuras, cada una dividida en 6 partes iguales y 7 de ellas están sombreadas.

8. $\frac{15}{4}$ Hay 4 círculos, cada uno dividido en 4 partes iguales y, en total, 15 de ellas están sombreadas.

9. $\frac{9}{16}$

10. $\frac{7}{10}$

11. $\frac{19}{45}$

12. $\frac{47}{50}$

13. $\frac{9}{70}$

14. $\frac{43}{500}$

Enfoque en las destrezas de GED (Página 73)

1. $\frac{8}{5}$, $1\frac{3}{5}$ Cada figura está dividida en 5 partes iguales. Hay 8 partes sombreadas en todas las figuras. Una figura está totalmente sombreada, y 3 de las 5 partes de la figura restante están sombreadas.

2. $\frac{7}{2}$, $3\frac{1}{2}$ Cada figura está dividida en 2 partes iguales. Hay 7 partes sombreadas en todas las figuras. Tres figuras están totalmente sombreadas, y 1 de las 2 partes de la figura restante está sombreada.

3. $\frac{8}{3}$, $2\frac{2}{3}$ Cada figura está dividida en 3 partes iguales. Hay 8 partes sombreadas en todas las figuras. Dos figuras están totalmente sombreadas, y 2 de las 3 partes de la figura restante están sombreadas.

4. $\frac{17}{6}$, $2\frac{5}{6}$ Cada figura está dividida en 6 partes iguales. Hay 17 partes sombreadas en todas las figuras. Dos figuras están totalmente sombreadas, y 5 de las 6 partes de la figura restante están sombreadas.

5. $\frac{11}{8}$, $1\frac{3}{8}$ Cada figura está dividida en 8 partes iguales. Hay 11 partes sombreadas en todas las figuras. Una figura está totalmente sombreada, y 3 de las 8 partes de la figura restante están sombreadas.

6. $\frac{13}{4}$, $3\frac{1}{4}$ Cada figura está dividida en 4 partes iguales. Hay 13 partes sombreadas en todas las figuras. Tres figuras están totalmente sombreadas, y 1 de las 4 partes de la figura restante está sombreada.

7. $3\frac{1}{2}$ $7 \div 2 = 3$ r1 $= 3\frac{1}{2}$

8. $2\frac{2}{3}$ $8 \div 3 = 2$ r2 $= 2\frac{2}{3}$

9. $5\frac{7}{10}$ $57 \div 10 = 5$ r7 $= 5\frac{7}{10}$

10. 5 $15 \div 3 = 5$

11. $3\frac{1}{3}$ $10 \div 3 = 3$ r1 $= 3\frac{1}{3}$

12. $8\frac{5}{9}$ $77 \div 9 = 8$ r5 $= 8\frac{5}{9}$

13. $4\frac{3}{4}$ $19 \div 4 = 4$ r3 $= 4\frac{3}{4}$

14. $3\frac{7}{8}$ $31 \div 8 = 3$ r7 $= 3\frac{7}{8}$

15. 7 $42 \div 6 = 7$

16. $4\frac{1}{2}$ $9 \div 2 = 4$ r1 $= 4\frac{1}{2}$

17. $2\frac{5}{6}$ $17 \div 6 = 2$ r5 $= 2\frac{5}{6}$

18. $3\frac{5}{12}$ $41 \div 12 = 3$ r5 $= 3\frac{5}{12}$

19. $\frac{13}{2}$ $2 \times 6 = 12$, $12 + 1 = 13$

20. $\frac{17}{2}$ $2 \times 8 = 16$, $16 + 1 = 17$

21. $\frac{43}{8}$ $8 \times 5 = 40$, $40 + 3 = 43$

22. $\frac{23}{6}$ $6 \times 3 = 18$, $18 + 5 = 23$

23. $\frac{11}{5}$ $5 \times 2 = 10$, $10 + 1 = 11$

24. $\frac{46}{7}$ $7 \times 6 = 42$, $42 + 4 = 46$

25. $\frac{13}{8}$ $8 \times 1 = 8$, $8 + 5 = 13$

26. $\frac{47}{4}$ $4 \times 11 = 44$, $44 + 3 = 47$

27. $\frac{21}{2}$ $2 \times 10 = 20$, $20 + 1 = 21$

28. $\frac{38}{9}$ $9 \times 4 = 36$, $36 + 2 = 38$

29. $\frac{61}{12}$ $12 \times 5 = 60$, $60 + 1 = 61$

30. $\frac{47}{5}$ $5 \times 9 = 45$, $45 + 2 = 47$

Práctica de GED (Página 75)

1. **(2) $5\frac{3}{4} - 2\frac{3}{8}$** Debe comparar dos cantidades y calcular la diferencia ("cuánto más").

2. **(4) $6\frac{1}{4} \div 2\frac{1}{2}$** Debe calcular cuántas partes iguales $\left(2\frac{1}{2}\right)$ hay en el todo $\left(6\frac{1}{4}\right)$.

3. **(3) $15\frac{3}{4} \times \frac{1}{2}$** Debe calcular una parte fraccionaria de una cantidad total.

4. **(4) $4\frac{1}{2} \div \frac{3}{4}$** Debe calcular cuántas partes iguales $\left(\frac{3}{4}\right)$ hay en el todo $\left(4\frac{1}{2}\right)$.

5. **(1) $18\frac{1}{2} + 12\frac{2}{5}$** Debe calcular un total.

6. **(3) $\frac{2}{5} \times \frac{5}{8}$** Debe calcular la parte fraccionaria de un todo. En este caso, el todo ya es una fracción $\left(\frac{5}{8}\right.$ de los empleados$\left.\right)$. Necesita calcular $\frac{2}{5}$ (la fracción de los empleados que toman el autobús expreso) de $\frac{5}{8}$ (el segmento total, o el "todo", de los empleados que van al trabajo en autobús).

Enfoque en las destrezas de GED (Página 77)

1. $3\frac{3}{4}$ Debió colocar un punto sobre **la tercera línea corta entre 3 y 4.**

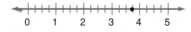

2. $1\frac{3}{5}$ Debió colocar un punto sobre **la tercera línea corta entre 1 y 2.**

3. $4\frac{1}{3}$ Debió colocar un punto sobre **la primera línea corta entre 4 y 5.**

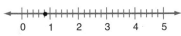

4. $\frac{4}{5}$ Debió colocar un punto sobre **la cuarta línea corta entre 0 y 1.**

5. $\frac{2}{3}$ Debió colocar un punto sobre **la segunda línea corta entre 0 y 1.**

6. $4\frac{1}{4}$ Debió colocar un punto sobre **la primera línea corta entre 4 y 5.**

4:15 p.m. $= 4\frac{15}{60} = 4\frac{1}{4}$

7. $3\frac{3}{4}$ Debió colocar un punto sobre **la tercera línea corta después de 3.**

Lección 6
Enfoque en las destrezas de GED (Página 79)

1. $\frac{1}{2}$ Divida el numerador (2) y el denominador (4) entre 2.

2. $\frac{2}{3}$ Divida el numerador (6) y el denominador (9) entre 3.

3. $\frac{2}{5}$ Divida el numerador (10) y el denominador (25) entre 5.

4. $\frac{3}{4}$ Divida el numerador (6) y el denominador (8) entre 2.

5. $\frac{2}{5}$ Divida el numerador (6) y el denominador (15) entre 3.

6. $\frac{2}{3}$ Divida el numerador (18) y el denominador (27) entre 9.

7. $\frac{1}{4}$ Divida el numerador (5) y el denominador (20) entre 5.

8. $\frac{1}{4}$ Divida el numerador (12) y el denominador (48) entre 12.

9. $\frac{4}{5}$ Divida el numerador (16) y el denominador (20) entre 4.

10. $\frac{2}{5}$ Divida el numerador (12) y el denominador (30) entre 6.

11. $\frac{1}{6}$ Divida el numerador (7) y el denominador (42) entre 7.

12. $\frac{2}{3}$ Divida el numerador (24) y el denominador (36) entre 12.

13. $\frac{4}{6}$ y $\frac{8}{12}$ son igual a $\frac{2}{3}$. Las demás fracciones se simplifican a $\frac{3}{5}$, $\frac{1}{2}$, y $\frac{5}{6}$.

14. $\frac{8}{16}$ y $\frac{3}{6}$ son igual a $\frac{1}{2}$. Las demás fracciones son irreducibles y ninguna de ellas es igual a $\frac{1}{2}$.

15. $\frac{3}{12}$ y $\frac{2}{8}$ son igual a $\frac{1}{4}$. Las demás fracciones se simplifican a $\frac{1}{2}$, $\frac{1}{5}$, y $\frac{1}{3}$.

16. $\frac{6}{10}$ y $\frac{3}{5}$ La fracción $\frac{6}{10}$ se simplifica a $\frac{3}{5}$. Las demás fracciones son igual a o se simplifican a $\frac{5}{8}$, $\frac{3}{4}$, y $\frac{1}{4}$.

17. $\frac{1}{5}$ $\frac{8 \div 8}{40 \div 8} = \frac{1}{5}$

18. $\frac{3}{10}$ $\frac{15 \div 5}{50 \div 5} = \frac{3}{10}$

19. $\frac{1}{20}$ $\frac{50 \div 50}{1,000 \div 50} = \frac{1}{20}$

20. $\frac{3}{5}$ $\frac{\$24 \div 8}{\$40 \div 8} = \frac{3}{5}$

Enfoque en las destrezas de GED (Página 81)

1. $\frac{8}{12}$ Multiplique el numerador de la primera fracción por el mismo número que multiplicó al denominador para obtener el nuevo denominador. $3 \times 4 = 12$; por lo tanto, $2 \times 4 = 8$

2. $\frac{6}{21}$ $7 \times 3 = 21$; por lo tanto, $2 \times 3 = 6$

3. $\frac{20}{25}$ $5 \times 5 = 25$; por lo tanto, $4 \times 5 = 20$

4. $\frac{20}{32}$ $8 \times 4 = 32$; por lo tanto, $5 \times 4 = 20$

5. $\frac{49}{63}$ $9 \times 7 = 63$; por lo tanto, $7 \times 7 = 49$

6. $\frac{36}{120}$ $10 \times 12 = 120$; por lo tanto, $3 \times 12 = 36$

7. $\frac{27}{36}$ $4 \times 9 = 36$; por lo tanto, $3 \times 9 = 27$

8. $\frac{36}{81}$ $9 \times 9 = 81$; por lo tanto, $4 \times 9 = 36$

9. $\frac{27}{150}$ $50 \times 3 = 150$; por lo tanto, $9 \times 3 = 27$

10. $\frac{1}{3} > \frac{1}{4}$ Convierta las fracciones a fracciones con igual denominador. $\frac{1}{3} \times \frac{4}{4} = \frac{4}{12}$; $\frac{1}{4} \times \frac{3}{3} = \frac{3}{12}$ $\frac{4}{12} > \frac{3}{12}$; por lo tanto, $\frac{1}{3} > \frac{1}{4}$

11. $\frac{3}{4} < \frac{7}{8}$ puesto que $\frac{6}{8} < \frac{7}{8}$

12. $\frac{3}{9} = \frac{1}{3}$ puesto que $\frac{3}{9}$ se simplifica a $\frac{1}{3}$

13. $\frac{2}{3} > \frac{1}{2}$ puesto que $\frac{4}{6} > \frac{3}{6}$

Respuestas y explicaciones

14. $\frac{5}{6} = \frac{15}{18}$ puesto que $\frac{15}{18}$ se simplifica a $\frac{5}{6}$

15. $\frac{9}{12} = \frac{3}{4}$ puesto que $\frac{9}{12}$ se simplifica a $\frac{3}{4}$

16. $\frac{7}{10} > \frac{2}{3}$ puesto que $\frac{21}{30} > \frac{20}{30}$

17. $\frac{7}{15} > \frac{2}{5}$ puesto que $\frac{7}{15} > \frac{6}{15}$

18. $\frac{9}{10} > \frac{3}{4}$ puesto que $\frac{18}{20} > \frac{15}{20}$

19. Equipo C El denominador común mínimo de las 5 fracciones es 20 puesto que 2, 4 y 5 dividen exactamente al 20. Convierta cada fracción de la tabla en una fracción equivalente con este denominador común.

Equipo A: $\frac{8}{20}$

Equipo B: $\frac{10}{20}$

Equipo C: $\frac{5}{20}$

Equipo D: $\frac{12}{20}$

Equipo E: $\frac{15}{20}$

El equipo C es el que ha cumplido con la menor parte de su meta, puesto que 5 es el numerador menor.

20. Equipo E El equipo E es el que ha cumplido la mayor parte de su meta, puesto que 15 es mayor que cualquiera de los demás numeradores. Vea la explicación a la pregunta 19.

21. Equipos D y E La fracción $\frac{10}{20}$ es equivalente a $\frac{1}{2}$ de la meta. Sólo los equipos D y E han cumplido más de $\frac{10}{20}$ ó $\frac{1}{2}$.

22. Equipos A, B y D Compare las fracciones originales con $\frac{3}{8}$ y $\frac{5}{8}$. El denominador común mínimo de las fracciones es 40.

$\frac{3}{8} = \frac{15}{40}$ y $\frac{5}{8} = \frac{25}{40}$

Equipo A: $\frac{16}{40}$

Equipo B: $\frac{20}{40}$

Equipo C: $\frac{10}{40}$

Equipo D: $\frac{24}{40}$

Equipo E: $\frac{30}{40}$

Compare los numeradores. Sólo 16 (equipo A), 20 (equipo B) y 24 (equipo D) están entre 15 y 25.

Enfoque en las destrezas de GED (Página 83)

1. $\frac{3}{1}$ Divida el numerador y denominador entre el mismo número. $\frac{18 \div 6}{6 \div 6} = \frac{3}{1}$

2. $\frac{4}{5}$ $\frac{80 \div 20}{100 \div 20} = \frac{4}{5}$

3. $\frac{4}{3}$ $\frac{16 \div 4}{12 \div 4} = \frac{4}{3}$

4. $\frac{7}{3}$ $\frac{21 \div 3}{9 \div 3} = \frac{7}{3}$

5. $\frac{23}{30}$ $\frac{69 \div 3}{90 \div 3} = \frac{23}{30}$

6. $\frac{8}{15}$ $\frac{16 \div 2}{30 \div 2} = \frac{8}{15}$

7. $\frac{17}{20}$ $\frac{85 \div 5}{100 \div 5} = \frac{17}{20}$

8. $\frac{5}{1}$ $\frac{35 \div 7}{7 \div 7} = \frac{5}{1}$

9. $\frac{1}{12}$ $\frac{10 \div 10}{120 \div 10} = \frac{1}{12}$

10. $\frac{3}{4}$ $\frac{15 \div 5}{20 \div 5} = \frac{3}{4}$

11. 80 millas por hora Una tasa generalmente tiene 1 como denominador. Divida el numerador entre el denominador. $400 \div 5 = 80$ millas por hora

12. $12 por hora Divida $216 entre 18.

13. 9 calorías por gramo de grasa Divida 54 entre 6.

14. 12 personas por equipo Divida 432 entre 36.

15. $1 por libra de semilla de hierba Divida $10 entre 10.

16. 90 naranjas por bolsa Divida 5400 entre 60.

17. 64 pies por segundo Divida 1024 entre 16.

18. $6 por yarda de tela Divida $150 entre 25.

19. 45 páginas por hora Divida 135 entre 3.

20. 230 calorías por persona Divida 460 entre 2.

21. a. $\frac{5}{1}$ $\frac{\text{juegos ganados}}{\text{juegos perdidos}} = \frac{30}{6} = \frac{5}{1}$

b. $\frac{1}{6}$ $\frac{\text{juegos perdidos}}{\text{juegos realizados}} = \frac{6}{(6 + 30)} = \frac{6}{36} = \frac{1}{6}$

c. $\frac{5}{6}$ $\frac{\text{juegos ganados}}{\text{juegos realizados}} = \frac{30}{(6 + 30)} = \frac{30}{36} = \frac{5}{6}$

d. $\frac{1}{5}$ $\frac{6 \div 6}{30 \div 6} = \frac{1}{5}$

22. a. $\frac{2}{5}$ $\frac{14 \text{ no sindicalizados}}{35 \text{ sindicalizados}} = \frac{2}{5}$

b. $\frac{5}{7}$ $\frac{35 \text{ sindicalizados}}{(14 + 35) \text{ total}} = \frac{35}{49} = \frac{5}{7}$

c. $\frac{2}{7}$ $\frac{14 \text{ no sindicalizados}}{(14 + 35) \text{ total}} = \frac{14}{49} = \frac{2}{7}$

d. $\frac{5}{2}$ $\frac{35 \text{ sindicalizados}}{14 \text{ no sindicalizados}} = \frac{5}{2}$

23. a. $\frac{4}{1}$ $\frac{16 \text{ correctas}}{4 \text{ incorrectas}} = \frac{4}{1}$

b. $\frac{4}{5}$ $\frac{16 \text{ correctas}}{(16 + 4) \text{ total}} = \frac{16}{20} = \frac{4}{5}$

c. $\frac{1}{5}$ $\frac{4 \text{ incorrectas}}{(16 + 4) \text{ total}} = \frac{4}{20} = \frac{1}{5}$

24. a. $\frac{1}{20}$ $\frac{50 \text{ defectuosos}}{1000 \text{ total}} = \frac{1}{20}$

b. $\frac{1}{19}$ $\frac{50 \text{ defectuosos}}{(1000 - 50) \text{ en buen estado}} = \frac{50}{950} = \frac{1}{19}$

c. $\frac{19}{20}$ $\frac{(1000 - 50) \text{ en buen estado}}{1000 \text{ total}} = \frac{19}{20}$

Enfoque en las destrezas de GED (Página 85)

1. **10** Calcule los productos vectoriales y resuelva.
   $2 \times 15 \div 3 = 10$

2. **6** $12 \times 14 \div 28 = 6$

3. **18** $9 \times 20 \div 10 = 18$

4. **15** $5 \times 18 \div 6 = 15$

5. **12** $4 \times 9 \div 3 = 12$

6. **8** $24 \times 5 \div 15 = 8$

7. **30** $15 \times 24 \div 12 = 30$

8. **3** $6 \times 7 \div 14 = 3$

9. **23** $115 \times 6 \div 30 = 23$

10. **32** $20 \times 8 \div 5 = 32$

11. **70** $49 \times 10 \div 7 = 70$

12. **60** $32 \times 15 \div 8 = 60$

13. **1** $6 \times 3 \div 18 = 1$

14. **100** $120 \times 5 \div 6 = 100$

15. **40** $64 \times 5 \div 8 = 40$

16. **9 tazas** Escriba una proporción; calcule los productos vectoriales y resuelva. $\frac{8}{2} = \frac{36}{?}$
    $2 \times 36 \div 8 = 9$

17. **208 millas** $\frac{32}{2} = \frac{?}{13}$
    $32 \times 13 \div 2 = 208$

18. **1050 calorías** $\frac{315}{3} = \frac{?}{10}$
    $315 \times 10 \div 3 = 1050$

19. **55 plazas** $\frac{12}{5} = \frac{132}{?}$
    $5 \times 132 \div 12 = 55$

20. **10 pulgadas** $\frac{\text{pulgadas}}{\text{millas}} \; \frac{2}{150} = \frac{?}{750}$
    $2 \times 750 \div 150 = 10$

21. **80 empleados de tiempo completo**
    $\frac{\text{tiempo completo}}{\text{medio tiempo}} \; \frac{5}{3} = \frac{?}{48}$
    $5 \times 48 \div 3 = 80$

22. **\$135** $\frac{\text{galones}}{\text{dólares}} \; \frac{2}{\$27} = \frac{10}{\$?}$
    $27 \times 10 \div 2 = 135$

23. **6 derrotas** $\frac{\text{victorias}}{\text{derrotas}} \; \frac{7}{2} = \frac{21}{?}$
    $2 \times 21 \div 7 = 6$

Práctica de GED (Página 87)

1. $\frac{23}{47}$ 2. $\frac{15}{32}$

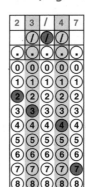

3. $\frac{6}{3}$ 4. $\frac{3}{1}$
   $\frac{21}{7} = \frac{3}{1}$

Lección 7
Enfoque en las destrezas de GED (Página 89)

1. **1**
   $\frac{2}{3}$
   $+\frac{1}{3}$
   $\overline{\frac{3}{3}} = 1$

2. $\frac{2}{3}$
   $\frac{1}{9}$
   $+\frac{5}{9}$
   $\overline{\frac{6}{9}} = \frac{6 \div 3}{9 \div 3} = \frac{2}{3}$

3. $\frac{2}{3}$
   $\frac{1}{6}$
   $+\frac{3}{6}$
   $\overline{\frac{4}{6}} = \frac{4 \div 2}{6 \div 2} = \frac{2}{3}$

4. $1\frac{1}{5}$
   $\frac{3}{10}$
   $+\frac{9}{10}$
   $\overline{\frac{12}{10}} = 1\frac{2}{10} = 1\frac{1}{5}$

UNIDAD 1

5. $\dfrac{7}{8}$
$$\begin{array}{r}\dfrac{3}{4} = \dfrac{6}{8}\\[4pt]+\dfrac{1}{8} = +\dfrac{1}{8}\\[2pt]\hline \dfrac{7}{8}\end{array}$$

6. $1\dfrac{1}{12}$
$$\begin{array}{r}\dfrac{1}{3} = \dfrac{4}{12}\\[4pt]+\dfrac{3}{4} = +\dfrac{9}{12}\\[2pt]\hline \dfrac{13}{12} = 1\dfrac{1}{12}\end{array}$$

7. $\dfrac{2}{3}$
$$\begin{array}{r}\dfrac{1}{6} = \dfrac{1}{6}\\[4pt]+\dfrac{1}{2} = +\dfrac{3}{6}\\[2pt]\hline \dfrac{4}{6} = \dfrac{4 \div 2}{6 \div 2} = \dfrac{2}{3}\end{array}$$

8. $\dfrac{7}{8}$
$$\begin{array}{r}\dfrac{5}{8} = \dfrac{5}{8}\\[4pt]+\dfrac{1}{4} = +\dfrac{2}{8}\\[2pt]\hline \dfrac{7}{8}\end{array}$$

9. $\dfrac{1}{2}$
$$\begin{array}{r}\dfrac{3}{4}\\[4pt]-\dfrac{1}{4}\\[2pt]\hline \dfrac{2 \div 2}{4 \div 2} = \dfrac{1}{2}\end{array}$$

10. $\dfrac{1}{2}$
$$\begin{array}{r}\dfrac{7}{8}\\[4pt]-\dfrac{3}{8}\\[2pt]\hline \dfrac{4 \div 4}{8 \div 4} = \dfrac{1}{2}\end{array}$$

11. $\dfrac{4}{15}$
$$\begin{array}{r}\dfrac{13}{15}\\[4pt]-\dfrac{9}{15}\\[2pt]\hline \dfrac{4}{15}\end{array}$$

12. $\dfrac{1}{6}$
$$\begin{array}{r}\dfrac{7}{12}\\[4pt]-\dfrac{5}{12}\\[2pt]\hline \dfrac{2}{12} = \dfrac{2 \div 2}{12 \div 2} = \dfrac{1}{6}\end{array}$$

13. $\dfrac{1}{4}$
$$\begin{array}{r}\dfrac{3}{4} = \dfrac{3}{4}\\[4pt]-\dfrac{1}{2} = -\dfrac{2}{4}\\[2pt]\hline \dfrac{1}{4}\end{array}$$

14. $\dfrac{1}{2}$
$$\begin{array}{r}\dfrac{2}{3} = \dfrac{4}{6}\\[4pt]-\dfrac{1}{6} = -\dfrac{1}{6}\\[2pt]\hline \dfrac{3}{6} = \dfrac{3 \div 3}{6 \div 3} = \dfrac{1}{2}\end{array}$$

15. $\dfrac{1}{3}$
$$\begin{array}{r}\dfrac{5}{6} = \dfrac{5}{6}\\[4pt]-\dfrac{1}{2} = -\dfrac{3}{6}\\[2pt]\hline \dfrac{2}{6} = \dfrac{2 \div 2}{6 \div 2} = \dfrac{1}{3}\end{array}$$

16. $\dfrac{7}{12}$
$$\begin{array}{r}\dfrac{6}{9} = \dfrac{24}{36}\\[4pt]-\dfrac{1}{12} = -\dfrac{3}{36}\\[2pt]\hline \dfrac{21}{36} = \dfrac{21 \div 3}{36 \div 3} = \dfrac{7}{12}\end{array}$$

17. $\dfrac{11}{15}$
$$\begin{array}{r}\dfrac{2}{5} = \dfrac{6}{15}\\[4pt]+\dfrac{1}{3} = +\dfrac{5}{15}\\[2pt]\hline \dfrac{11}{15}\end{array}$$

18. $\dfrac{5}{12}$
$$\begin{array}{r}\dfrac{3}{4} = \dfrac{9}{12}\\[4pt]-\dfrac{1}{3} = -\dfrac{4}{12}\\[2pt]\hline \dfrac{5}{12}\end{array}$$

19. $\dfrac{2}{5}$
$$\begin{array}{r}\dfrac{9}{10} = \dfrac{9}{10}\\[4pt]-\dfrac{1}{2} = -\dfrac{5}{10}\\[2pt]\hline \dfrac{4}{10} = \dfrac{4 \div 2}{10 \div 2} = \dfrac{2}{5}\end{array}$$

20. $\dfrac{9}{20}$
$$\begin{array}{r}\dfrac{2}{8} = \dfrac{10}{40}\\[4pt]+\dfrac{1}{5} = +\dfrac{8}{40}\\[2pt]\hline \dfrac{18}{40} = \dfrac{18 \div 2}{40 \div 2} = \dfrac{9}{20}\end{array}$$

21. 1
$$\begin{array}{r}\dfrac{1}{2} = \dfrac{5}{10}\\[4pt]\dfrac{3}{10} = \dfrac{3}{10}\\[4pt]+\dfrac{1}{5} = +\dfrac{2}{10}\\[2pt]\hline \dfrac{10}{10} = 1\end{array}$$

22. $\dfrac{3}{16}$
$$\begin{array}{r}\dfrac{7}{16} = \dfrac{7}{16}\\[4pt]-\dfrac{1}{4} = -\dfrac{4}{16}\\[2pt]\hline \dfrac{3}{16}\end{array}$$

23. $1\dfrac{1}{24}$
$$\begin{array}{r}\dfrac{5}{8} = \dfrac{15}{24}\\[4pt]\dfrac{1}{6} = \dfrac{4}{24}\\[4pt]+\dfrac{1}{4} = +\dfrac{6}{24}\\[2pt]\hline \dfrac{25}{24} = 1\dfrac{1}{24}\end{array}$$

24. $\dfrac{1}{12}$

$$\begin{array}{r} \dfrac{5}{6} = \dfrac{10}{12} \\[6pt] -\dfrac{3}{4} = -\dfrac{9}{12} \\[4pt] \hline \dfrac{1}{12} \end{array}$$

25. $1\dfrac{3}{8}$

$$\begin{array}{r} \dfrac{1}{2} = \dfrac{4}{8} \\[6pt] \dfrac{5}{8} = \dfrac{5}{8} \\[6pt] +\dfrac{1}{4} = +\dfrac{2}{8} \\[4pt] \hline \dfrac{11}{8} = 1\dfrac{3}{8} \end{array}$$

26. $\dfrac{5}{12}$ Sume $\dfrac{1}{4}$ y $\dfrac{1}{6}$ para calcular la fracción total que se gastó en renta y transporte.

$$\begin{array}{r} \dfrac{1}{4} = \dfrac{3}{12} \\[6pt] +\dfrac{1}{6} = +\dfrac{2}{12} \\[4pt] \hline \dfrac{5}{12} \end{array}$$

27. $\dfrac{3}{8}$ **de yarda** Reste $\dfrac{3}{8}$ de $\dfrac{3}{4}$ para calcular la diferencia.

$$\begin{array}{r} \dfrac{3}{4} = \dfrac{6}{8} \\[6pt] -\dfrac{3}{8} = -\dfrac{3}{8} \\[4pt] \hline \dfrac{3}{8} \end{array}$$

28. $\dfrac{2}{9}$ **de yarda cúbica** Reste $\dfrac{4}{9}$ de $\dfrac{2}{3}$ para calcular cuántas yardas cúbicas más de concreto se necesitarán.

$$\begin{array}{r} \dfrac{2}{3} = \dfrac{6}{9} \\[6pt] -\dfrac{4}{9} = -\dfrac{4}{9} \\[4pt] \hline \dfrac{2}{9} \end{array}$$

29. $1\dfrac{1}{20}$ **milla** Sume las fracciones para calcular la distancia total caminada.

$$\begin{array}{r} \dfrac{3}{10} = \dfrac{6}{20} \\[6pt] \dfrac{1}{2} = \dfrac{10}{20} \\[6pt] +\dfrac{1}{4} = +\dfrac{5}{20} \\[4pt] \hline \dfrac{21}{20} = 1\dfrac{1}{20} \end{array}$$

Enfoque en las destrezas de GED (Página 91)

1. $8\dfrac{1}{12}$

$$\begin{array}{r} 3\dfrac{3}{4} = 3\dfrac{9}{12} \\[6pt] +4\dfrac{1}{3} = +4\dfrac{4}{12} \\[4pt] \hline 7\dfrac{13}{12} \end{array}$$

Simplifique. $7\dfrac{13}{12} = 7 + 1\dfrac{1}{12} = 8\dfrac{1}{12}$

2. $7\dfrac{1}{8}$

$$\begin{array}{r} 1\dfrac{1}{2} = 1\dfrac{4}{8} \\[6pt] +5\dfrac{5}{8} = +5\dfrac{5}{8} \\[4pt] \hline 6\dfrac{9}{8} \end{array}$$

Simplifique. $6\dfrac{9}{8} = 6 + 1\dfrac{1}{8} = 7\dfrac{1}{8}$

3. $21\dfrac{14}{15}$

$$\begin{array}{r} 12\dfrac{3}{5} = 12\dfrac{9}{15} \\[6pt] + 9\dfrac{1}{3} = + 9\dfrac{5}{15} \\[4pt] \hline 21\dfrac{14}{15} \end{array}$$

4. $15\dfrac{13}{24}$

$$\begin{array}{r} 6\dfrac{7}{8} = 6\dfrac{21}{24} \\[6pt] +8\dfrac{2}{3} = +8\dfrac{16}{24} \\[4pt] \hline 14\dfrac{37}{24} \end{array}$$

Simplifique. $14\dfrac{37}{24} = 14 + 1\dfrac{13}{24} = 15\dfrac{13}{24}$

5. $12\dfrac{1}{10}$

$$\begin{array}{r} 2\dfrac{3}{10} = 2\dfrac{3}{10} \\[6pt] +9\dfrac{4}{5} = +9\dfrac{8}{10} \\[4pt] \hline 11\dfrac{11}{10} \end{array}$$

Simplifique. $11\dfrac{11}{10} = 11 + 1\dfrac{1}{10} = 12\dfrac{1}{10}$

6. $43\dfrac{7}{9}$

$$\begin{array}{r} 22\dfrac{1}{9} = 22\dfrac{1}{9} \\[6pt] +21\dfrac{2}{3} = +21\dfrac{6}{9} \\[4pt] \hline 43\dfrac{7}{9} \end{array}$$

7. $9\dfrac{1}{2}$

$$\begin{array}{r} 7\dfrac{3}{10} = 7\dfrac{3}{10} \\[6pt] +2\dfrac{1}{5} = +2\dfrac{2}{10} \\[4pt] \hline 9\dfrac{5}{10} = 9\dfrac{1}{2} \end{array}$$

8. $17\dfrac{14}{15}$

$$\begin{array}{r} 5\dfrac{3}{5} = 5\dfrac{9}{15} \\[6pt] +12\dfrac{1}{3} = +12\dfrac{5}{15} \\[4pt] \hline 17\dfrac{14}{15} \end{array}$$

9. $3\dfrac{1}{6}$

$$\begin{array}{r} 6\dfrac{1}{2} = 6\dfrac{3}{6} \\[6pt] -3\dfrac{1}{3} = -3\dfrac{2}{6} \\[4pt] \hline 3\dfrac{1}{6} \end{array}$$

10. $6\dfrac{7}{12}$

$$\begin{array}{r} 8\dfrac{5}{6} = 8\dfrac{10}{12} \\[6pt] -2\dfrac{1}{4} = -2\dfrac{3}{12} \\[4pt] \hline 6\dfrac{7}{12} \end{array}$$

11. $7\frac{17}{20}$

$$11\frac{1}{4} = \quad 11\frac{5}{20} = \quad 10\frac{25}{20}$$
$$-3\frac{2}{5} = -\ 3\frac{8}{20} = -\ 3\frac{8}{20}$$
$$\rule{3cm}{0.4pt}$$
$$7\frac{17}{20}$$

12. $4\frac{1}{12}$

$$16\frac{1}{4} = \quad 16\frac{3}{12}$$
$$-12\frac{1}{6} = -12\frac{2}{12}$$
$$\rule{3cm}{0.4pt}$$
$$4\frac{1}{12}$$

13. $11\frac{2}{3}$

$$20\frac{1}{3} = \quad 19\frac{4}{3}$$
$$-\ 8\frac{2}{3} = -\ 8\frac{2}{3}$$
$$\rule{3cm}{0.4pt}$$
$$11\frac{2}{3}$$

14. $1\frac{11}{12}$

$$5\frac{2}{3} = \quad 5\frac{8}{12} = \quad 4\frac{20}{12}$$
$$-3\frac{3}{4} = -3\frac{9}{12} = -3\frac{9}{12}$$
$$\rule{3cm}{0.4pt}$$
$$1\frac{11}{12}$$

15. $7\frac{16}{21}$

$$25\frac{1}{3} = \quad 25\frac{7}{21} = \quad 24\frac{28}{21}$$
$$-17\frac{4}{7} = -17\frac{12}{21} = -17\frac{12}{21}$$
$$\rule{3cm}{0.4pt}$$
$$7\frac{16}{21}$$

16. $24\frac{7}{8}$

$$40\frac{3}{4} = \quad 40\frac{6}{8} = \quad 39\frac{14}{8}$$
$$-15\frac{7}{8} = -15\frac{7}{8} = -15\ \frac{7}{8}$$
$$\rule{3cm}{0.4pt}$$
$$24\ \frac{7}{8}$$

17. $26\frac{1}{2}$ **galones** Sume las cantidades de gasolina para calcular el total de galones comprados durante el mes.

$$8\frac{1}{2} = \quad 8\frac{5}{10}$$
$$9\frac{3}{10} = \quad 9\frac{3}{10}$$
$$+8\frac{7}{10} = +8\frac{7}{10}$$
$$\rule{3cm}{0.4pt}$$
$$25\frac{15}{10}$$

Simplifique. $25\frac{15}{10} = 25 + 1\frac{5}{10} = 26\frac{5}{10} = 26\frac{1}{2}$

18. $5\frac{1}{2}$ **días** Reste $4\frac{1}{2}$ de 10 para calcular el número de días de vacaciones que le quedan a Pablo.

$$10 \ = \quad 9\frac{2}{2}$$
$$-\ 4\frac{1}{2} = -4\frac{1}{2}$$
$$\rule{3cm}{0.4pt}$$
$$5\frac{1}{2}$$

19. $1\frac{3}{4}$ **hora** Reste para calcular la diferencia entre el número de horas que María piensa trabajar y el número de horas que ya ha trabajado.

$$3\frac{1}{2} = \quad 3\frac{2}{4} = \quad 2\frac{6}{4}$$
$$-1\frac{3}{4} = -1\frac{3}{4} = -1\frac{3}{4}$$
$$\rule{3cm}{0.4pt}$$
$$1\frac{3}{4}$$

20. $2\frac{7}{12}$ **pies** Reste la longitud que necesita Iván, $5\frac{3}{4}$ pies, del largo que mide el pedazo de madera, $8\frac{1}{3}$ pies.

$$8\frac{1}{3} = \quad 8\frac{4}{12} = \quad 7\frac{16}{12}$$
$$-5\frac{3}{4} = -5\frac{9}{12} = -5\frac{9}{12}$$
$$\rule{3cm}{0.4pt}$$
$$2\frac{7}{12}$$

21. $2\frac{11}{12}$ **tazas** Sume las cantidades de cada ingrediente líquido para calcular el total de ingredientes líquidos que requiere la receta.

$$1\frac{2}{3} = \quad 1\frac{8}{12}$$
$$\frac{1}{2} = \quad \frac{6}{12}$$
$$+\ \frac{3}{4} = +\ \frac{9}{12}$$
$$\rule{3cm}{0.4pt}$$
$$1\frac{23}{12}$$

Simplifique. $1\frac{23}{12} = 1 + 1\frac{11}{12} = 2\frac{11}{12}$

22. $4\frac{1}{4}$ **yardas cuadradas** Reste para calcular la diferencia entre la aproximación y la cantidad exacta.

$$35 \ = \quad 34\frac{4}{4}$$
$$-30\frac{3}{4} = -30\frac{3}{4}$$
$$\rule{3cm}{0.4pt}$$
$$4\frac{1}{4}$$

23. $9\frac{5}{8}$ **millas** Sume las distancias para calcular el número total de millas que Juan caminó.

$$2\frac{1}{2} = \quad 2\frac{4}{8}$$
$$1\frac{3}{4} = \quad 1\frac{6}{8}$$
$$2\frac{5}{8} = \quad 2\frac{5}{8}$$
$$+2\frac{3}{4} = +2\frac{6}{8}$$
$$\rule{3cm}{0.4pt}$$
$$7\frac{21}{8}$$

Simplifique. $7\frac{21}{8} = 7 + 2\frac{5}{8} = 9\frac{5}{8}$

24. **$3\frac{3}{4}$ horas** Reste para calcular la diferencia entre el número de horas que Graciela puede trabajar, 20 horas, y el número de horas que ya ha trabajado.

$$20 = 19\frac{4}{4}$$
$$-16\frac{1}{4} = -16\frac{1}{4}$$
$$\overline{3\frac{3}{4}}$$

Enfoque en las destrezas de GED (Página 93)

1. **$\frac{7}{10}$** $\quad \frac{7}{8} \times \frac{1}{5} = \frac{7}{10}$

2. **$\frac{9}{28}$** $\quad \frac{3}{4} \times \frac{3}{7} = \frac{9}{28}$

3. **$5\frac{1}{2}$**
$$11 \times \frac{1}{2} = \frac{11}{1} \times \frac{1}{2} = \frac{11}{2} = 5\frac{1}{2}$$

4. **$\frac{20}{27}$** $\quad \frac{5}{6} \times \frac{8}{9} = \frac{20}{27}$

5. **$\frac{1}{20}$** $\quad \frac{3}{8} \times \frac{2}{15} = \frac{1}{20}$

6. **48** $\quad 9 \times 5\frac{1}{3} = \frac{9}{1} \times \frac{16}{3} = 48$

7. **6** $\quad 2\frac{2}{5} \times 2\frac{1}{2} = \frac{12}{5} \times \frac{5}{2} = \frac{6}{1} = 6$

8. **$13\frac{3}{4}$** $\quad 3\frac{1}{3} \times 4\frac{1}{8} = \frac{10}{3} \times \frac{33}{8} =$
$$\frac{55}{4} = 13\frac{3}{4}$$

9. **$3\frac{3}{4}$**
$$4\frac{1}{2} \times \frac{5}{6} = \frac{9}{2} \times \frac{5}{6} = \frac{15}{4} = 3\frac{3}{4}$$

10. **$1\frac{1}{3}$** $\quad \frac{4}{5} \times 1\frac{2}{3} = \frac{4}{5} \times \frac{5}{3} = \frac{4}{3} = 1\frac{1}{3}$

11. **$16\frac{1}{2}$**
$$2\frac{3}{4} \times 6 = \frac{11}{4} \times \frac{6}{1} = \frac{33}{2} = 16\frac{1}{2}$$

12. **$\frac{4}{5}$** $\quad 1\frac{2}{5} \times \frac{4}{7} = \frac{7}{5} \times \frac{4}{7} = \frac{4}{5}$

13. **$7\frac{1}{2}$**
$$4 \times 1\frac{7}{8} = \frac{4}{1} \times \frac{15}{8} = \frac{15}{2} = 7\frac{1}{2}$$

14. **7** $\quad 3\frac{1}{9} \times 2\frac{1}{4} = \frac{28}{9} \times \frac{9}{4} = \frac{7}{1} = 7$

15. **$5\frac{1}{3}$**
$$24 \times \frac{2}{9} = \frac{24}{1} \times \frac{2}{9} = \frac{16}{3} = 5\frac{1}{3}$$

16. **$27\frac{7}{8}$ libras** Multiplique para calcular $\frac{1}{2}$ de $55\frac{3}{4}$.
$$55\frac{3}{4} \times \frac{1}{2} = \frac{223}{4} \times \frac{1}{2} =$$
$$\frac{223}{8} = 27\frac{7}{8}$$

17. **$140\frac{5}{8}$ pies cuadrados** Multiplique las dimensiones de la sala.
$$11\frac{1}{4} \times 12\frac{1}{2} = \frac{45}{4} \times \frac{25}{2} =$$
$$\frac{1125}{8} = 140\frac{5}{8}$$

18. **\$1,560** Multiplique para calcular $\frac{1}{12}$ de \$18,720.
$$18,720 \times \frac{1}{12} = \frac{18,720}{1} \times \frac{1}{12} =$$
$$\frac{18,720}{12} = \frac{1,560}{1} = 1,560$$

19. **70 pulgadas** Multiplique $1\frac{3}{4}$ pulgada, la altura de un tope de mesa, por 40, el número de topes de mesa que hay en la pila.
$$40 \times 1\frac{3}{4} = \frac{40}{1} \times \frac{7}{4} = \frac{70}{1} = 70$$

20. **$\frac{7}{16}$** Multiplique para calcular $\frac{1}{2}$ de $\frac{7}{8}$. $\quad \frac{7}{8} \times \frac{1}{2} = \frac{7}{16}$

Enfoque en las destrezas de GED (Página 95)

1. **$\frac{2}{5}$** $\quad \frac{1}{3} \div \frac{5}{6} = \frac{1}{3} \times \frac{6}{5} = \frac{2}{5}$

2. **$1\frac{2}{3}$** $\quad \frac{2}{3} \div \frac{2}{5} = \frac{2}{3} \times \frac{5}{2} = \frac{5}{3} = 1\frac{2}{3}$

3. **$\frac{7}{20}$** $\quad \frac{7}{10} \div 2 = \frac{7}{10} \div \frac{2}{1} = \frac{7}{10} \times \frac{1}{2}$
$$= \frac{7}{20}$$

4. **4** $\quad \frac{5}{6} \div \frac{5}{24} = \frac{5}{6} \times \frac{24}{5} = \frac{4}{1} = 4$

5. **$\frac{2}{7}$** $\quad \frac{6}{7} \div 3 = \frac{6}{7} \div \frac{3}{1} = \frac{6}{7} \times \frac{1}{3} = \frac{2}{7}$

6. **$\frac{2}{3}$** $\quad \frac{4}{9} \div \frac{2}{3} = \frac{4}{9} \times \frac{3}{2} = \frac{2}{3}$

7. **$3\frac{1}{2}$** $\quad \frac{7}{8} \div \frac{1}{4} = \frac{7}{8} \times \frac{4}{1} = \frac{7}{2} = 3\frac{1}{2}$

8. **36** $\quad 4\frac{1}{2} \div \frac{1}{8} = \frac{9}{2} \div \frac{1}{8} =$
$$\frac{9}{2} \times \frac{8}{1} = \frac{36}{1} = 36$$

9. **8** $\quad 12 \div 1\frac{1}{2} = \frac{12}{1} \div \frac{3}{2} =$
$$\frac{12}{1} \times \frac{2}{3} = \frac{8}{1} = 8$$

10. **$2\frac{1}{4}$** $\quad 3\frac{3}{4} \div 1\frac{2}{3} = \frac{15}{4} \div \frac{5}{3} =$
$$\frac{15}{4} \times \frac{3}{5} = \frac{9}{4} = 2\frac{1}{4}$$

11. **26** $\quad 6\frac{1}{2} \div \frac{1}{4} = \frac{13}{2} \div \frac{1}{4} =$
$$\frac{13}{2} \times \frac{4}{1} = \frac{26}{1} = 26$$

12. **$1\frac{1}{2}$** $\quad 2\frac{1}{4} \div 1\frac{1}{2} = \frac{9}{4} \div \frac{3}{2} =$
$$\frac{9}{4} \times \frac{2}{3} = \frac{3}{2} = 1\frac{1}{2}$$

13. **27** $\quad 18 \div \frac{2}{3} = \frac{18}{1} \div \frac{2}{3} =$
$$\frac{18}{1} \times \frac{3}{2} = \frac{27}{1} = 27$$

14. **10** $\quad 2\frac{2}{5} \div \frac{6}{25} = \frac{12}{5} \div \frac{6}{25} =$
$$\frac{12}{5} \times \frac{25}{6} = \frac{10}{1} = 10$$

15. **$4\frac{1}{5}$** $\quad 4\frac{9}{10} \div 1\frac{1}{6} = \frac{49}{10} \div \frac{7}{6} =$
$$\frac{49}{10} \times \frac{6}{7} = \frac{21}{5} = 4\frac{1}{5}$$

16. **$3\frac{1}{3}$** $\quad 6\frac{1}{9} \div 1\frac{5}{6} = \frac{55}{9} \div \frac{11}{6} =$
$$\frac{55}{9} \times \frac{6}{11} = \frac{10}{3} = 3\frac{1}{3}$$

17. **8** $\quad 2\frac{2}{3} \div \frac{1}{3} = \frac{8}{3} \times \frac{3}{1} = \frac{8}{1} = 8$

18. **$3\frac{1}{5}$** $\quad 4 \div 1\frac{1}{4} = \frac{4}{1} \div \frac{5}{4} = \frac{4}{1} \times \frac{4}{5} =$
$$\frac{16}{5} = 3\frac{1}{5}$$

19. **$5\frac{19}{40}$** $\quad 9\frac{1}{8} \div 1\frac{2}{3} = \frac{73}{8} \div \frac{5}{3} =$
$$\frac{73}{8} \times \frac{3}{5} = \frac{219}{40} = 5\frac{19}{40}$$

20. **$8\frac{1}{3}$** $\quad 10 \div 1\frac{1}{5} = \frac{10}{1} \div \frac{6}{5} =$
$$\frac{10}{1} \times \frac{5}{6} = \frac{25}{3} = 8\frac{1}{3}$$

21. **35** $\quad 8\frac{3}{4} \div \frac{1}{4} = \frac{35}{4} \div \frac{1}{4} =$
$$\frac{35}{4} \times \frac{4}{1} = \frac{35}{1} = 35$$

22. **27** $\quad 12 \div \frac{4}{9} = \frac{12}{1} \div \frac{4}{9} =$
$$\frac{12}{1} \times \frac{9}{4} = \frac{27}{1} = 27$$

23. **20** $\quad 16 \div \frac{4}{5} = \frac{16}{1} \div \frac{4}{5} =$
$$\frac{16}{1} \times \frac{5}{4} = \frac{20}{1} = 20$$

24. $1\frac{9}{11}$ $4 \div 2\frac{1}{5} = \frac{4}{1} \div \frac{11}{5} =$

$\frac{4}{1} \times \frac{5}{11} = \frac{20}{11} = 1\frac{9}{11}$

25. 16 piezas Divida la longitud de la tabla, 12 pies, por la longitud de los pedazos, $\frac{3}{4}$ de pie.

$12 \div \frac{3}{4} = \frac{12}{1} \div \frac{3}{4} = \frac{\overset{4}{\cancel{12}}}{1} \times \frac{4}{\underset{1}{\cancel{3}}} =$

$\frac{16}{1} = 16$

26. 45 platos del día Divida el número total de libras, 15, por la cantidad utilizada en cada plato del día, $\frac{1}{3}$ de libra.

$15 \div \frac{1}{3} = \frac{15}{1} \div \frac{1}{3} = \frac{15}{1} \times \frac{3}{1} = \frac{45}{1} = 45$

27. 32 libros Divida la altura de la pila, 24 pulgadas, entre el grosor de un libro, $\frac{3}{4}$ de pulgada.

$24 \div \frac{3}{4} = \frac{24}{1} \div \frac{3}{4} = \frac{\overset{8}{\cancel{24}}}{1} \times \frac{4}{\underset{1}{\cancel{3}}} = \frac{32}{1} = 32$

28. 10 bicicletas Divida el número de horas, 25, entre el tiempo que se tarda Karina en armar una bicicleta, $2\frac{1}{2}$ horas.

$25 \div 2\frac{1}{2} = \frac{25}{1} \div \frac{5}{2} = \frac{\overset{5}{\cancel{25}}}{1} \times \frac{2}{\underset{1}{\cancel{5}}} = \frac{10}{1} = 10$

29. 8 porciones Divida la cantidad de azúcar que hay, 10 tazas, entre la cantidad necesaria para hacer 1 porción, $1\frac{1}{4}$ tazas.

$10 \div 1\frac{1}{4} = \frac{10}{1} \div \frac{5}{4} = \frac{\overset{2}{\cancel{10}}}{1} \times \frac{4}{\underset{1}{\cancel{5}}} = \frac{8}{1} = 8$

Práctica de GED (Página 97)

1. (3) 30 Redondee las cantidades

$14\frac{1}{3}$ redondeado es 14

$6\frac{3}{4}$ redondeado es 7

$9\frac{1}{4}$ redondeado es 9

Sume las cantidades redondeadas.
$14 + 7 + 9 = 30$

2. (4) 78 Redondee las cantidades

$9\frac{5}{8}$ redondeado es 10

$27\frac{1}{4}$ redondeado es 27

$4\frac{2}{3}$ redondeado es 5

$36\frac{3}{8}$ redondeado es 36

Sume las cantidades redondeadas.
$10 + 27 + 5 + 36 = 78$

3. (2) 22 Redondee las cantidades

$10\frac{2}{5}$ redondeado es 10

$12\frac{1}{6}$ redondeado es 12

Sume las cantidades redondeadas. $10 + 12 = 22$

4. (1) 2 Redondee las cantidades.
cacahuates en el Surtido B: $4\frac{1}{5}$ redondeado es 4

cacahuates en el Surtido A: $2\frac{3}{8}$ redondeado es 2
Reste las cantidades. $4 - 2 = 2$

5. (4) 5 Redondee las cantidades.
Nueces de la India: $2\frac{2}{3}$ redondeado es 3
Nueces de Brasil: $2\frac{1}{8}$ redondeado es 2
Sume las cantidades redondeadas. $3 + 2 = 5$

6. (4) 4 Redondee las cantidades en el Surtido A.

$2\frac{2}{3}$ redondeado es 3

$2\frac{3}{8}$ redondeado es 2

$3\frac{1}{2}$ redondeado es 4

$2\frac{1}{8}$ redondeado es 2

Sume las cantidades redondeadas.
$3 + 2 + 4 + 2 = 11$
Redondee las cantidades en el Surtido B.

$6\frac{1}{2}$ redondeado es 7

$3\frac{7}{8}$ redondeado es 4

$4\frac{1}{5}$ redondeado es 4

Sume las cantidades redondeadas. $7 + 4 + 4 = 15$
Reste para calcular la diferencia. $15 - 11 = 4$

Práctica de GED (Página 99)

1. $\frac{9}{8}$ $\quad \begin{array}{r} 2\frac{7}{8} = 2\frac{7}{8} \\ -1\frac{3}{4} = -1\frac{6}{8} \\ \hline 1\frac{1}{8} = \frac{9}{8} \end{array}$

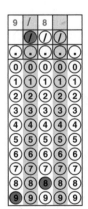

2. $\frac{11}{12}$ $2\frac{3}{4} \div 3 = \frac{11}{4} \div \frac{3}{1} = \frac{11}{4} \times \frac{1}{3} = \frac{11}{12}$

3. $\frac{4}{3}$ Si Raquel usa $\frac{2}{3}$ de la harina, queda $\frac{1}{3}$. Calcule $\frac{1}{3}$ de 4 tazas. $\frac{1}{3} \times 4 = \frac{1}{3} \times \frac{4}{1} = \frac{4}{3}$

4. $\frac{27}{4}$ Plantee una proporción y resuelva el problema.

$$\frac{\text{pulgadas}}{\text{millas}} \quad \frac{\frac{1}{3}}{3} \quad \frac{\frac{3}{4}}{x}$$

$$\left(3 \times \frac{3}{4}\right) \div \frac{1}{3} = \left(\frac{3}{1} \times \frac{3}{4}\right) \times \frac{3}{1} = \frac{9}{4} \times \frac{3}{1} = \frac{27}{4}$$

Prueba corta de GED • Lecciones 5 a 7
(Páginas 100 a 103)
Parte 1

1. **(3)** $\frac{1}{480}$ Forme una fracción colocando 50 en el numerador y 24,000 en el denominador. $\frac{50}{24,000}$ Reduzca la fracción a sus términos mínimos dividiendo el numerador y denominador entre el divisor común, 50.

2. **(1) 472** Plantee una proporción utilizando la razón del número de millas recorridas a la cantidad de galones de gasolina utilizados. Calcule el valor del número desconocido de millas. $\frac{354}{15} = \frac{?}{20}$

$$354 \times 20 \div 15 = 7080 \div 15 = 472$$

3. **(4)** $9\frac{5}{8}$ Vuelva a escribir las fracciones con un denominador común y sume los números mixtos. $7\frac{3}{4} + 1\frac{7}{8} = 7\frac{6}{8} + 1\frac{7}{8} = 8\frac{13}{8} = 9\frac{5}{8}$

4. **(1)** $\frac{2}{5}$ **de milla** El viaje de la casa de Ramón a la casa de José es de $\frac{3}{5}$ de milla $+ \frac{4}{5}$ de milla $= 1\frac{2}{5}$ milla. La ruta directa es de 1 milla y la diferencia es de $\frac{2}{5}$ milla.

5. **(2) 74 × 60 × 7** Esta expresión representa 74 palabras multiplicadas por 60 minutos (1 hora) multiplicada por 7 horas.

6. **(2) 812** Divida el volumen total del tanque entre el volumen de cada recipiente. $5,075 \div 6\frac{1}{4} = \frac{5,075}{1} \times \frac{4}{25} = 812$

7. **(3) 5280 ×** $\frac{1}{4}$ Esta expresión representa una multiplicación para calcular "$\frac{1}{4}$ de" una milla.

8. **(3) \$2,000** Redondee \$39,000 a \$40,000, y, luego, multiplique $40,000 \times \frac{1}{20} = \$2,000$.

9. **(3)** $14\frac{4}{15}$ Vuelva a escribir las fracciones con un denominador común y, luego, sume los números mixtos. $7\frac{2}{3} + 6\frac{3}{5} = 7\frac{10}{15} + 6\frac{9}{15} = 13\frac{19}{15} = 14\frac{4}{15}$

10. **(3)** $6\frac{1}{4}$ Plantee una proporción usando la razón del número de pulgadas en el mapa al número real de pies en la autopista. Calcule el valor del número desconocido de pulgadas en el mapa.

$$\frac{2\frac{1}{2}}{2200} = \frac{?}{5500}$$

$$2\frac{1}{2} \times 5500 \div 2200 = \frac{5}{2} \times 5500 \div 2200 =$$

$$13,750 \div 2,200 = 6\frac{1}{4}$$

11. **(5) Centro** Convierta las fracciones en fracciones homogéneas. Noreste: $\frac{1}{8} = \frac{5}{40}$

Sureste: $\frac{1}{4} = \frac{10}{40}$

Noroeste: $\frac{1}{8} = \frac{5}{40}$

Suroeste: $\frac{1}{5} = \frac{8}{40}$

Centro: $\frac{3}{10} = \frac{12}{40}$

La fracción $\frac{3}{10}$ es la mayor.

12. **(1)** $\frac{1}{20}$ Sume las fracciones que representan las ganancias de las regiones Noreste y Noroeste y, luego, reste la fracción resultante de la región Suroeste. $\frac{5}{40} + \frac{5}{40} - \frac{8}{40} = \frac{10}{40} - \frac{8}{40} = \frac{2}{40} = \frac{1}{20}$

13. **(2) \$397,573** Multiplique las ganancias totales de la compañía por la fracción que generó la región Suroeste. $\$1,987,865 \times \frac{1}{5} = \$397,573$

Parte 2

14. **(2)** $\frac{1}{8}$ Forme una fracción colocando 4 como numerador y 32 como denominador. $\frac{4}{32}$ Simplifique la fracción a sus términos mínimos dividiendo el numerador y el denominador entre 4.

15. **(2)** $3\frac{1}{8} - 2\frac{4}{5}$ Reste el número de horas que tarda el vuelo de Nueva York a Chicago $\left(2\frac{4}{5}\right)$ del número de horas que tarda el vuelo de regreso $\left(3\frac{1}{8}\right)$.

16. **(4)** $14\frac{13}{16}$ Debe restar.

$$
\begin{array}{rcrcr}
18\frac{1}{4} & = & 18\frac{4}{16} & = & 17\frac{20}{16} \\
- 3\frac{7}{16} & = & - 3\frac{7}{16} & = & - 3\frac{7}{16} \\
\hline
& & & & 14\frac{13}{16}
\end{array}
$$

17. **(1) 3** Redondee los números mixtos al número entero más cercano. $6\frac{1}{3}$ redondeado es 6 y $2\frac{7}{8}$ redondeado es 3. Reste. $6 - 3 = 3$

18. **(3)** $2\frac{1}{2} \times 5\frac{1}{2}$ Multiplique el número de pulgadas por semana por el número de semanas.

19. **(5) No se cuenta con suficiente información.** Se desconoce cuánto gana Clara por hora.

20. **(2)** $15 - 6\frac{1}{4}$ Esta expresión muestra un total de 15 días menos $6\frac{1}{4}$ días.

21. **(4)** $\frac{1}{4}$ Puesto que 75 de 100 inquilinos no tienen seguro de bienes personales, 25 sí lo tienen $(100 - 75)$. Por lo que la razón es $\frac{25}{100}$, que se simplifica a $\frac{1}{4}$.

22. **(5) 36** Divida la cantidad total de salsa de carne entre la cantidad que se sirve con cada porción.
$12 \div \frac{1}{3} = \frac{12}{1} \times \frac{3}{1} = \frac{36}{1} = 36$

23. **(2) 4** Multiplique la fracción de una milla corrida por minuto por el número total de minutos.
$$\frac{2}{15} \times 30 = \frac{2}{15} \times \frac{30}{1} = \frac{2}{15} \times \frac{\overset{2}{\cancel{30}}}{1} = 4$$

24. **(1)** $6\frac{3}{4}$ Plantee una proporción utilizando la razón del número de pulgadas en el mapa al número de millas. Calcule el valor del número desconocido de pulgadas. $\dfrac{\frac{3}{4}}{5} = \dfrac{?}{45}$

$$\frac{3}{4} \times 45 \div 5 = \frac{3}{4} \times \frac{45}{1} \div \frac{5}{1} =$$
$$\frac{3}{4} \times \frac{\overset{9}{\cancel{45}}}{1} \times \frac{1}{\underset{1}{\cancel{5}}} = \frac{27}{4} = 6\frac{3}{4}$$

25. **(1) Renta** Para comparar las fracciones, debe convertirlas en fracciones homogéneas.

Renta: $\frac{3}{8} = \frac{15}{40}$

Salarios: $\frac{1}{4} = \frac{10}{40}$

Publicidad: $\frac{1}{5} = \frac{8}{40}$

Suministros: $\frac{1}{8} = \frac{5}{40}$

Gastos diversos: $\frac{1}{20} = \frac{2}{40}$

La fracción $\frac{3}{8}$ es la mayor de las fracciones.

26. **(3) $6,000** Sume las fracciones correspondientes a salarios y suministros y multiplique el resultado por la cantidad total del presupuesto para marzo.
$$\left(\frac{1}{4} + \frac{1}{8}\right) \times \$16,000 =$$
$$\left(\frac{10}{40} + \frac{5}{40}\right) \times \$16,000 =$$
$$\frac{15}{40} \times \$16,000 =$$
$$\frac{3}{8} \times \$16,000 = \$6,000$$

Lección 8
Enfoque en las destrezas de GED (Página 105)

1. **cinco milésimos** El 5 está en la posición de los milésimos.

2. **ocho décimos** El 8 está en la posición de los décimos.

3. **siete centésimos** El 7 está en la posición de los centésimos.

4. **nueve diezmilésimos** El 9 está en la posición de los diezmilésimos.

5. **un décimo** El 1 está en la posición de los décimos.

6. **nueve centésimos** El 9 está en la posición de los centésimos.

7. **c. uno con treinta y cinco centésimos**

8. **b. uno con treinta y cinco milésimos**

9. **a. uno con trescientos cinco milésimos**

10. **d. uno con trescientos cinco diezmilésimos**

11. **d. uno con dos décimos**

12. **a. doce centésimos**

13. **c. doce diezmilésimos**

14. **b. doce milésimos**

15. **cinco con veinticinco centésimos**

16. **seis con ocho milésimos**

17. **treinta y siete centésimos**

18. **uno con un centésimo**

19. **dos con cinco milésimos**

20. **cuatro con cinco centésimos**

21. **tres con nueve décimos**

22. **ocho centésimos**

23. **tres con cuatro milésimos**

24. **doce con seis décimos**.

Enfoque en las destrezas de GED (Página 107)

1. **3.6** El número a la derecha de la posición de los décimos es igual a o mayor que 5. 3.5719 Sume 1 a la posición de los décimos y elimine los dígitos restantes de la derecha.

2. **5.13** El número a la derecha de la posición de los centésimos es menor que 5. 5.13̄2 Elimine los dígitos restantes de la derecha.

3. **1** El número a la derecha de la posición de las unidades es igual a o mayor que 5. 0.54̄3 Sume 1 a la posición de las unidades y elimine los dígitos restantes de la derecha.

4. **7.1** El número a la derecha de la posición de los décimos es igual a o mayor que 5. 7.08̄13 Sume 1 a la posición de los décimos y elimine los dígitos restantes de la derecha.

5. **1.070** ó **1.07** El número a la derecha de la posición de los milésimos es igual a o mayor que 5. 1.069̄9 Sume 1 a la posición de los milésimos. Esto afecta la posición de los centésimos (69 + 1 = 70). Elimine los dígitos restantes de la derecha.

6. **0.32 > 0.3109** Agregue ceros; luego, compare. Puesto que 3200 es mayor que 3109, entonces 0.3200 > 0.3109.

7. **0.98 < 1.9** El primer número, 0.98, no tiene una parte de número entero; el segundo número, 1.9, sí tiene una parte de número entero igual a 1, por lo tanto es mayor.

8. **0.5 = 0.50** El 0 después de 5 en 0.50 no altera el valor del número. Ambos tienen el mismo valor: 5 décimos.

9. **0.006 < 0.06** Agregue un cero al segundo número, 0.060. El primer número, 0.006, es menor porque 6 es menor que 60.

10. **1.075 < 1.57** Ambos tienen el mismo valor en la parte de los números enteros. Agregue un cero al segundo número. 1.570. El primer número, 1.075, es menor porque 75 es menor que 570.

11. **0.18 > 0.108** Agregue un cero al primer número, 0.180. El primer número, 0.18, es mayor porque 180 es mayor que 108.

12. **2.38 < 2.83** Ambos tienen el mismo número entero. El primer número es menor porque 38 es menor que 83.

13. **3.60 = 3.600** Ambos tienen el mismo número entero. Los ceros después del 6 en ambos números no alteran el valor. Ambos tienen el mismo valor.

14. Transistor A. 0.3619 redondeado es **0.4 g.**
    Transistor B. 0.7082 redondeado es **0.7 g.**
    Transistor C. 0.0561 redondeado es **0.1 g.**
    Transistor D. 0.9357 redondeado es **0.9 g.**

15. **4, 1, 3, 2** Sólo el peso del Paquete 4 tiene un número entero, por lo cual es el mayor. Para comparar el resto de los paquetes, coloque los pesos en una columna, alineando sus puntos decimales. Agregue un cero al peso del Paquete 1, de manera que todos los decimales tengan el mismo número de posiciones y se puedan comparar. Paquete 1: 0.50; Paquete 2: 0.05; Paquete 3: 0.15. De mayor a menor, los pesos son 0.50, 0.15 y 0.05, ya que 50 es mayor que 15 que, a su vez, es mayor que 5.

16. **Pesa más.** Compare 0.55 y 0.50. El decimal 0.55 es mayor que 0.5 porque 55 es mayor que 50.

Práctica de GED (Página 109)

1. **(4) entre $25 y $35** Haga una estimación del costo de los tres juegos a precio de oferta.

	Precio de oferta	estimación
Lanzamientos veloces	$8.99	$9
La corona del poder	10.09	10
El gran derby	12.78	13
Aproximación total		32

2. **(5) Par 4** Haga una estimación del precio de oferta de El gran derby. $12.78 redondeado es $13. Reste el valor estimado de la cantidad que tiene Ana para gastar. $20 − $13 = $7. Puesto que a Ana le quedarían aproximadamente $7 para gastar, Par 4 es el único juego que puede comprar.

3. **(2) $8** Se puede utilizar diferentes métodos para resolver este problema. Haga una estimación de la diferencia entre el precios regular y el de oferta.

	Exacto	Redondeado
El gran derby	$17.25 − $12.78	$17 − $13 = $4
La corona del poder	$13.72 − $10.09	$14 − $10 = $4
		$8

4. **(4) $48** Haga una estimación del costo de un detector de humo. $12.39 redondeado es $12. Multiplique la estimación por 4. $12 × 4 = $48

5. **(1) $3** Haga una estimación del costo del paquete de clavos. $17.85 redondeado es $18. Divida entre 6 para calcular el costo estimado por caja. $18 ÷ 6 = $3

6. **(5) $700** Haga una estimación de la cantidad deducida de cada cheque por concepto de seguro médico. $27.50 redondeado es $30. Puesto que la cantidad se deduce dos veces al mes, la estimación se multiplica por 2 para calcular la deducción mensual. 2 × $30 = $60. Multiplique el resultado por 12 para calcular la cantidad anual estimada. $60 × 12 = $720. La estimación más acertada en la lista de opciones es $700.

Enfoque en las destrezas de GED (Página 111)

Las rectas numéricas siguientes dan muestran respuestas posibles. Observe que debido a que la recta numérica está dividida en 10 partes iguales entre el 0 y el 1, cada línea corta en la recta numérica representa un incremento de 0.1.

1. **0.5** $\frac{5}{10} = \frac{1}{2} = 0.5$

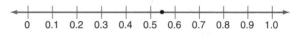

2. **0.55** Cinco décimos = .5; seis décimos = .6 Justo en medio, entre 0.50 y 0.60 está 0.55

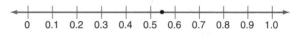

3. 0.8 0.825 redondeado es 0.8

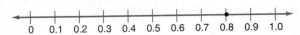

4. 0.25 0.245 redondeado es 0.25

5. 1.3 Uno con tres décimos = $1\frac{3}{10}$ = 1.3

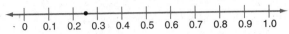

6. 1.6 1.625 redondeado es 1.6

7. 1.3 $1\frac{1}{4}$ = 1.25 redondeado es 1.3

8. 1.0 1.025 redondeado es 1.0

Lección 9
Enfoque en las destrezas de GED (Página 113)

1. 2.63

$$\begin{array}{r} 0.03 \\ +2.60 \\ \hline 2.63 \end{array}$$

2. 5.4

$$\begin{array}{r} 1 \\ 1.35 \\ +4.05 \\ \hline 5.40 \end{array}$$

3. 5.547

$$\begin{array}{r} {}^{9\ 10} \\ {}^{8\ \cancel{10}} \\ 6.\cancel{9}\cancel{0}\cancel{0} \\ -1.353 \\ \hline 5.547 \end{array}$$

4. 2.925

$$\begin{array}{r} {}^{4\ 10} \\ \cancel{5}.\cancel{0}75 \\ -2.150 \\ \hline 2.925 \end{array}$$

5. 15.103

$$\begin{array}{r} 7.100 \\ +8.003 \\ \hline 15.103 \end{array}$$

6. 4.175

$$\begin{array}{r} {}^{9\ 10} \\ {}^{2\ \cancel{10}} \\ 10.\cancel{3}\cancel{0}\cancel{0} \\ -6.125 \\ \hline 4.175 \end{array}$$

7. 4.81

$$\begin{array}{r} 3.61 \\ +1.20 \\ \hline 4.81 \end{array}$$

8. 11.78

$$\begin{array}{r} {}^{9\ 15} \\ {}^{5\ \cancel{10}} \\ 1\cancel{6}.\cancel{0}\cancel{5} \\ -\ 4.27 \\ \hline 11.78 \end{array}$$

9. 82.887

$$\begin{array}{r} 1.850 \\ {}_{1}0.030 \\ 19.007 \\ +62.000 \\ \hline 82.887 \end{array}$$

10. 44.155

$$\begin{array}{r} {}^{1\ 1\ \ 1} \\ 12.400 \\ 11.080 \\ 16.100 \\ +\ 4.575 \\ \hline 44.155 \end{array}$$

11. 9,032

$$\begin{array}{r} {}^{9\ 10} \\ {}^{15\ \cancel{10}} \\ \cancel{16,00}4.1 \\ -\ 6,972.1 \\ \hline 9,032.0 \end{array}$$

12. 2.794

$$\begin{array}{r} {}^{9\ 10} \\ 7.\cancel{10} \\ 3.\cancel{8}\cancel{0}\cancel{0} \\ -1.006 \\ \hline 2.794 \end{array}$$

13. 2.947

$$\begin{array}{r} {}^{11\ 18} \\ {}^{6\ 10} \\ \cancel{12}.\cancel{8}\cancel{7}\cancel{0} \\ -\ 9.923 \\ \hline 2.947 \end{array}$$

14. 17.105

$$\begin{array}{r} {}^{1\ 12\ 10} \\ {}^{6\ 10} \\ \cancel{23}.\cancel{0}\cancel{7}\cancel{0} \\ -\ 5.965 \\ \hline 17.105 \end{array}$$

15. 22.668

$$\begin{array}{r} {}^{1} \\ 14.010 \\ 8.600 \\ +\ 0.058 \\ \hline 22.668 \end{array}$$

16. 31.85

$$\begin{array}{r} {}^{5\ 17} \\ {}^{7\ 10} \\ 5\cancel{6}.\cancel{8}\cancel{0} \\ -24.95 \\ \hline 31.85 \end{array}$$

17. 6.701

18. 0.2593

19. 10.316

20. 23.35

21. 5.295

22. 12.75

Enfoque en las destrezas de GED (Página 115)

1. 3.40 ó 3.4 $8.5 \times 0.4 = 3.40$ Hay 2 posiciones decimales en el problema. Una vez que coloque el punto decimal, puede eliminar el cero de la posición de los centésimos.

2. 0.024 $0.04 \times 0.6 = 0.024$ Hay 3 posiciones decimales en el problema. Debe escribir un cero como valor nulo en la posición de los décimos.

3. 0.0112 $5.6 \times 0.002 = 0.0112$ Hay 4 posiciones decimales en el problema. Debe escribir un cero como valor nulo en la posición de los décimos.

4. 36.72 $12 \times 3.06 = 36.72$ Hay 2 posiciones decimales en el problema.

5. 310.17 $21.1 \times 14.7 = 310.17$ Hay 2 posiciones decimales en el problema.

6. 0.096 $0.008 \times 12 = 0.096$ Hay 3 posiciones decimales en el problema. Debe escribir un cero como valor nulo en la posición de los décimos.

7. 12.84

$$\begin{array}{r} 1.07 \\ \times\ \ 12 \\ \hline 214 \\ 1070 \\ \hline 12.84 \end{array}$$

Hay 2 posiciones decimales en el problema.

8. 0.549

$$\begin{array}{r} 0.09 \\ \times\ 6.1 \\ \hline 009 \\ 540 \\ \hline 0.549 \end{array}$$

Hay 3 posiciones decimales en el problema.

9. 2.56

$$\begin{array}{r} 2.56 \\ 8)\overline{20.48} \\ \underline{16} \\ 4\ 4 \\ \underline{4\ 0} \\ 48 \\ \underline{48} \end{array}$$

10. 1.0972

$$\begin{array}{r} 1.0972 \\ 3)\overline{3.2916} \\ \underline{3} \\ 2 \\ \underline{0} \\ 29 \\ \underline{27} \\ 21 \\ \underline{21} \\ 06 \\ \underline{6} \end{array}$$

UNIDAD 1

11. 4.086

$$
\begin{array}{r}
2.27 \\
\times\ 1.8 \\
\hline
1\,816 \\
2\,270 \\
\hline
4.086
\end{array}
$$
Hay 3 posiciones decimales en el problema.

12. 75.6

$$
\begin{array}{r}
5.04 \\
\times\ 15 \\
\hline
25\,20 \\
50\,40 \\
\hline
75.60
\end{array}
$$
Hay 2 posiciones decimales en el problema.

13. 2.14

$$
\begin{array}{r}
2.14 \\
3.6.)\overline{7.7.04} \\
7\,2 \\
\hline
5\,0 \\
3\,6 \\
\hline
1\,44 \\
1\,44
\end{array}
$$

14. 6.094

$$
\begin{array}{r}
6.094 \\
1.05.)\overline{6.39.870} \\
6\,30 \\
\hline
9\,8 \\
0 \\
\hline
9\,87 \\
9\,45 \\
\hline
420 \\
420
\end{array}
$$

15. 0.02

$$
\begin{array}{r}
0.008 \\
\times\ 2.5 \\
\hline
0040 \\
0\,0160 \\
\hline
0.0200
\end{array}
$$
Hay 4 posiciones decimales en el problema.

16. 0.1155

$$
\begin{array}{r}
1.05 \\
\times 0.11 \\
\hline
105 \\
1050 \\
00000 \\
\hline
0.1155
\end{array}
$$
Hay 4 posiciones decimales en el problema.

17. 0.0035

$$
\begin{array}{r}
0.0035 \\
6)\overline{0.0210} \\
18 \\
\hline
30 \\
30
\end{array}
$$

18. 62

$$
\begin{array}{r}
62. \\
0.07.)\overline{4.34.} \\
4\,2 \\
\hline
14 \\
14
\end{array}
$$

19. **0.14** 0.144 redondeado es 0.14

20. **0.29** 0.285 redondeado es 0.29

21. **0.21** 0.2145 redondeado es 0.21

22. **0.27** 0.272 redondeado es 0.27

23. **18.38** 18.375 redondeado es 18.38

24. **0.83** 0.8333 redondeado es 0.83

Práctica de GED (Página 117)

1. **(2) $35 − ($12.98 + $10.67 + $5.98)** Debe sumar los precios de los tres artículos y restar el total de $35. Los tres precios entre paréntesis en la opción (2) le indican que debe hacer ese paso primero y, luego, restar.

2. **(1) $3.00** Realice las operaciones:
$35 − ($12.98 + $10.67 + $5.98 + $2.37) =
$35 − $32.00 = $3.00

3. **(1) 25 ($1.05 − $0.89)** Una manera de resolver el problema es calcular las diferencias entre los dos precios de discos compactos en blanco. Luego, multiplique la diferencia por 25 para calcular el ahorro total. (También puede llegar al mismo resultado multiplicando cada precio por 25 y, luego, calculando la diferencia [25($1.05) − 25($0.89)], pero este procedimiento no es una de las opciones de respuesta).

4. **(3) 2($45.79) + $18.25** Multiplique el costo de una llanta por 2 y sume el costo de un cambio de aceite.

5. **(2) $8.42** Calcule la diferencia entre el costo de las llantas en cada taller y, luego, multiplique por 2, es decir, el número de llantas.
$50 − $45.79 = $4.21
$4.21 × 2 = $8.42

6. **(5) $202** Reste para calcular el incremento anual. Divida el incremento anual entre 12, el número de meses del año.
$21,000 − $18,575 = $2,425
$2,425 ÷ 12 = $202.083, redondeado es $202.

Práctica de GED (Página 119)

1. **15.75** Sume para calcular el total de millas.
4.5 + 5.25 + 6 = 15.75

2. **0.065** Reste para calcular la diferencia.
.340 − .275 = .065

3. **50** Divida para calcular el número de pedazos del mismo tamaño.
60 ÷ 1.2 = 50

4. **$41.86** Multiplique el número de repuestos por el costo de cada uno.
$2.99 × 14 = $41.86

Lección 10
Enfoque en las destrezas de GED (Página 121)

1. $\frac{1}{4}$ Escriba 25 sobre 100 y simplifique a sus términos mínimos.
$$\frac{25 \div 25 = 1}{100 \div 25 = 4}$$

2. $\frac{2}{5}$ Escriba 4 sobre 10 y simplifique a sus términos mínimos.
$$\frac{4 \div 2 = 2}{10 \div 2 = 5}$$

3. $\frac{7}{20}$ Escriba 35 sobre 100 y simplifique a sus términos mínimos.
$$\frac{35 \div 5 = 7}{100 \div 5 = 20}$$

4. $\frac{7}{8}$ Escriba 875 sobre 1000 y simplifique a sus términos mínimos.
$$\frac{875 \div 125 = 7}{1000 \div 125 = 8}$$

5. $\frac{4}{5}$ Escriba 8 sobre 10 y simplifique a sus términos mínimos.
$$\frac{8 \div 2 = 4}{10 \div 2 = 5}$$

6. $\frac{19}{25}$ Escriba 76 sobre 100 y simplifique a sus términos mínimos.
$$\frac{76 \div 4 = 19}{100 \div 4 = 25}$$

7. $\frac{16}{125}$ Escriba 128 sobre 1000 y simplifique a sus términos mínimos.
$$\frac{128 \div 8 = 16}{1000 \div 8 = 125}$$

8. $\frac{1}{20}$ Escriba 5 sobre 100 y simplifique a sus términos mínimos.
$$\frac{5 \div 5 = 1}{100 \div 5 = 20}$$

9. $\frac{5}{16}$ $\quad \frac{31\frac{1}{4}}{100} = 31\frac{1}{4} \div 100 = \frac{\cancel{125}^{5}}{4} \times \frac{1}{\cancel{100}_{4}} = \frac{5}{16}$

10. $\frac{1}{12}$ $\quad \frac{8\frac{1}{3}}{100} = 8\frac{1}{3} \div 100 = \frac{\cancel{25}^{1}}{3} \times \frac{1}{\cancel{100}_{4}} = \frac{1}{12}$

11. $\frac{7}{15}$ $\quad \frac{46\frac{2}{3}}{100} = 46\frac{2}{3} \div 100 = \frac{\cancel{140}^{7}}{3} \times \frac{1}{\cancel{100}_{5}} = \frac{7}{15}$

12. $\frac{15}{16}$ $\quad \frac{93\frac{3}{4}}{100} = 93\frac{3}{4} \div 100 = \frac{\cancel{375}^{15}}{4} \times \frac{1}{\cancel{100}_{4}} = \frac{15}{16}$

13. $\frac{4}{15}$ $\quad \frac{26\frac{2}{3}}{100} = 26\frac{2}{3} \div 100 = \frac{\cancel{80}^{4}}{3} \times \frac{1}{\cancel{100}_{5}} = \frac{4}{15}$

14. $\frac{1}{15}$ $\quad \frac{6\frac{2}{3}}{100} = 6\frac{2}{3} \div 100 = \frac{\cancel{20}^{1}}{3} \times \frac{1}{\cancel{100}_{5}} = \frac{1}{15}$

15. $\frac{19}{80}$ $\quad \frac{23\frac{3}{4}}{100} = 23\frac{3}{4} \div 100 = \frac{\cancel{95}^{19}}{4} \times \frac{1}{\cancel{100}_{20}} = \frac{19}{80}$

16. $\frac{49}{600}$ $\quad \frac{8\frac{1}{6}}{100} = 8\frac{1}{6} \div 100 = \frac{49}{6} \times \frac{1}{100} = \frac{49}{600}$

17. $\frac{13}{120}$ $\quad \frac{10\frac{5}{6}}{100} = 10\frac{5}{6} \div 100 = \frac{\cancel{65}^{13}}{6} \times \frac{1}{\cancel{100}_{20}} = \frac{13}{120}$

18. $\frac{51}{400}$ $\quad \frac{12\frac{3}{4}}{100} = 12\frac{3}{4} \div 100 = \frac{51}{4} \times \frac{1}{100} = \frac{51}{400}$

19. $\frac{9}{10}$ Escriba 9 sobre 10. La fracción ya está simplificada a sus términos mínimos.

20. $\frac{5}{8}$ Escriba 625 sobre 1000 y simplifique a sus términos mínimos.
$$\frac{625 \div 125}{1000 \div 125} = \frac{5}{8}$$

21. $\frac{7}{25}$ Escriba 28 sobre 100 y simplifique a sus términos mínimos.

$$\frac{28 \div 4}{100 \div 4} = \frac{7}{25}$$

22. $\frac{1}{8}$ Escriba 125 sobre 1000 y simplifique a sus términos mínimos.

$$\frac{125 \div 125}{1000 \div 125} = \frac{1}{8}$$

23. $\frac{11}{20}$ Escriba 55 sobre 100 y simplifique a sus términos mínimos.

$$\frac{55 \div 5}{100 \div 5} = \frac{11}{20}$$

24. $\frac{5}{16}$ Escriba 3,125 sobre 10,000 y simplifique a sus términos mínimos.

$$\frac{3,125 \div 625}{10,000 \div 625} = \frac{5}{16}$$

25. $\frac{7}{16}$ $43\frac{3}{4} \div 100 = \frac{175}{4} \div \frac{100}{1} = \frac{\overset{7}{\cancel{175}}}{4} \times \frac{1}{\underset{4}{\cancel{100}}} = \frac{7}{16}$

26. $\frac{1}{6}$ $16\frac{2}{3} \div 100 = \frac{50}{3} \div \frac{100}{1} = \frac{\overset{1}{\cancel{50}}}{3} \times \frac{1}{\underset{2}{\cancel{100}}} = \frac{1}{6}$

27. $\frac{3}{8}$ $37\frac{1}{2} \div 100 = \frac{75}{2} \div \frac{100}{1} = \frac{\overset{3}{\cancel{75}}}{2} \times \frac{1}{\underset{4}{\cancel{100}}} = \frac{3}{8}$

28. $\frac{1}{40}$ $2\frac{1}{2} \div 100 = \frac{5}{2} \div \frac{100}{1} = \frac{\overset{1}{\cancel{5}}}{2} \times \frac{1}{\underset{20}{\cancel{100}}} = \frac{1}{40}$

Enfoque en las destrezas de GED (Página 123)

1. **0.8** Divida 4 entre 5.

```
   0.8
5)4.0
   4 0
```

2. **0.375** Divida 3 entre 8.

```
   0.375
8)3.000
   2 4
     60
     56
     40
     40
```

3. **0.667** Divida 2 entre 3. Divida hasta la cuarta posición decimal y redondee el resultado a la posición de los milésimos.

```
   0.6666
3)2.0000
   1 8
     20
     18
     20
     18
     20
```

4. **0.417** Divida 5 entre 12 hasta la cuarta posición decimal y redondee el resultado a la posición de los milésimos.

```
    0.4166
12)5.0000
    4 8
      20
      12
      80
      72
      80
```

5. **0.55** Divida 11 entre 20.

```
    0.55
20)11.00
    10 0
     1 00
     1 00
```

6. **0.625** Divida 5 entre 8.

```
   0.625
8)5.000
   4 8
     20
     16
     40
     40
```

7. **0.425** Divida 17 entre 40.

```
    0.425
40)17.000
    16 0
     1 00
       80
      200
      200
```

8. **0.75** Divida 3 entre 4.

```
   0.75
4)3.00
   2 8
     20
     20
```

9. **0.6** Divida 3 entre 5.

```
   0.6
5)3.0
   3 0
```

10. **0.28** Divida 7 entre 25.

```
    0.28
25)7.00
    5 0
    2 00
    2 00
```

11. **0.7** Divida 7 entre 10.

```
    0.7
10)7.0
    7 0
```

12. 0.125 Divida 1 entre 8.

$$\begin{array}{r} 0.125 \\ 8\overline{)1.000} \\ \underline{8} \\ 20 \\ \underline{16} \\ 40 \\ \underline{40} \end{array}$$

13. $0.83\frac{1}{3}$

$$\begin{array}{r} 0.83\frac{2}{6} = 0.83\frac{1}{3} \\ 6\overline{)5.00} \\ \underline{4\,8} \\ 20 \\ \underline{18} \\ 2 \end{array}$$

14. $0.88\frac{8}{9}$

$$\begin{array}{r} 0.88\frac{8}{9} \\ 9\overline{)8.00} \\ \underline{7\,2} \\ 80 \\ \underline{72} \\ 8 \end{array}$$

15. $0.46\frac{2}{3}$

$$\begin{array}{r} 0.46\frac{10}{15} = 0.46\frac{2}{3} \\ 15\overline{)7.00} \\ \underline{6\,0} \\ 1\,00 \\ \underline{90} \\ 10 \end{array}$$

16. $0.06\frac{1}{4}$

$$\begin{array}{r} 0.06\frac{4}{16} = 0.06\frac{1}{4} \\ 16\overline{)1.00} \\ \underline{96} \\ 4 \end{array}$$

17. $0.27\frac{3}{11}$

$$\begin{array}{r} 0.27\frac{3}{11} \\ 11\overline{)3.00} \\ \underline{2\,2} \\ 80 \\ \underline{77} \\ 3 \end{array}$$

18. $0.33\frac{1}{3}$

$$\begin{array}{r} 0.33\frac{1}{3} \\ 3\overline{)1.00} \\ \underline{9} \\ 10 \\ \underline{9} \\ 1 \end{array}$$

19. $3.44 Multiplique $10\frac{3}{4}$ centavos (o $0.1075) por 32.

20. $0.23\frac{1}{2}$ Divida $4.23 entre 18 hasta la segunda posición decimal y escriba el residuo en forma de fracción.

21. La Marca B Calcule el precio unitario de ambas marcas dividiendo el precio entre el número de yardas. Convierta los resultados en fracciones homogéneas.

Marca A: $2.70 \div 50 = 5\frac{2}{5}$ centavos

$\qquad\qquad = 5\frac{4}{10}$ centavos

Marca B: $3.18 \div 60 = 5\frac{3}{10}$ centavos

El precio unitario de la Marca B es menor que el de la Marca A. La Marca B es la mejor compra.

$5\frac{3}{10} < 5\frac{4}{10}$ entonces $5\frac{3}{10} < 5\frac{2}{5}$

22. $1.56 Multiplique $6\frac{1}{2}$ centavos (ó $0.065) por 24.

23. La Suculenta Calcule el precio unitario de ambas marcas dividiendo el precio entre el número de onzas. Convierta los resultados en fracciones homogéneas.

La Suculenta: $2.59 \div 28 = 9\frac{1}{4}$ centavos

Marca propia: $2.47 \div 26 = 9\frac{1}{2}$ centavos =

$\qquad\qquad\qquad 9\frac{2}{4}$ centavos

El precio unitario de la salsa La Suculenta es menor que el precio unitario de la marca propia. La Suculenta es la mejor compra.

$9\frac{1}{4} < 9\frac{2}{4}$ entonces $9\frac{1}{4} < 9\frac{1}{2}$

24. $2.12 Multiplique $13\frac{1}{4}$ (ó $0.1325) por 16.

Práctica de GED (Página 125)
NOTA: Las respuestas siguientes fueron escritas como decimales, pero también podrían haber sido escritas como fracciones impropias. No puede marcar números mixtos en la cuadrícula.

1. **7.5** Convierta todas las fracciones en decimales y sume las millas.
$2.25 + 1.5 + 3.75 = 7.5$
(Fracción $= \frac{15}{2}$)

2. **$4.50** Multiplique el costo de cada galón de gasolina por el número de galones de gasolina.
$1.25 \times 3.6 = 4.50

3. **10.8** Divida el peso total de la lata de habichuelas tiernas entre el peso por porción.
$40.5 \div 3.75 = 10.8$

4. **6.25** Reste la longitud del pedazo de la tabla.
$9.375 - 3.125 = 6.25$

Práctica de GED (Página 127)
1. **(4) 68.925** Convierta las fracciones en decimales y sume las millas recorridas.
$26.8 + 14.375 + 27.75$

2. **(5) $7\frac{3}{4}$** Multiplique la razón de nieve caída por el número de horas. $1.24 \times 6.25 = 7.75$, or $7\frac{3}{4}$

3. **(3) $554.56** Multiplique la tarifa regular por hora por 40 horas. $9.50 × 40 = $380. Reste 40 del tiempo trabajado para calcular el número de horas extra. 52.25 − 40 = 12.25. Multiplique las horas extra por la tarifa por hora por 1.5. 12.25 × $9.50 × 1.5 = $174.5625 ó $174.56 redondeado al centavo más cercano. Sume las dos cantidades ganadas. $380 + $174.56

4. **(3) $22.41** Multiplique el precio por galón por el número de galones.

   $1.39 × 16\frac{1}{8}$ = $1.39 × 16.125 = $22.41375, ó $22.41 redondeado al centavo más cercano.

5. **(1) 1.275** Reste el número de millas que corrió Ramón del número de millas que corrió Alicia.
   $4.875 − 3\frac{3}{5} = 4.875 − 3.6$

6. **(4) 13.225** Sume el número de millas que corrieron las tres personas.
   $4.875 + 3\frac{3}{5} + 4\frac{3}{4} = 4.875 + 3.6 + 4.75$

Prueba corta de GED • Lecciones 8 a 10
(Páginas 128 a 131)
Parte 1

1. **(3) 0.43** Divida 3 entre 7. 3 ÷ 7 = 0.428 ó 0.43 redondeado al centésimo más cercano.

2. **(4) $300.06** Sume los montos de las cinco cuentas de luz. $64.16 + $78.92 + $63.94 + $50.17 + $42.87 = $300.06

3. **(1) $17.07** Sume el costo de los tres artículos y el impuesto total.
   $17.60 + $9.25 + $3.68 + $2.40 = $32.93
   Reste el resultado de la cantidad entregada para el pago. $50 − $32.93 = $17.07

4. **(2) $192.88** Sume los tres depósitos al saldo inicial.
   $528.60 + $45.24 + $17.50 + $67.45 = $658.79
   Reste los montos de los dos cheques del resultado. $658.79 − $412.72 − $53.19 = $192.88

5. **(3) 18.6** Divida el número de millas recorridas entre el número de galones de gasolina utilizados. 28,606.8 ÷ 1,538 = 18.6

6. **(2) $115** Utilice una proporción y calcule los productos vectoriales. $\frac{6.87}{1,500} = \frac{?}{25,000}$. Otra manera de resolver este problema es dividiendo el monto de la póliza entre la cantidad en que podría aumentar la póliza. $25,000 ÷ $1,500 = 16.67. Multiplique por $6.87, el costo por cada incremento de $1,500. 16.67 × $6.87 = $114.52, que redondeado es $115.

7. **(2) $93.75** Multiplique el número de paquetes de papel por el precio por paquete.
   25 × $3.75 = $93.75

8. **(5) $71.25** Multiplique el número de cajas de discos por el precio por caja. 65 × $7.95 = $516.75 Ésta es la cantidad pagada por los discos.

Multiplique el número de cartuchos de tinta por el precio por cartucho. 30 × $14.85 = $445.50. Ésta es la cantidad pagada por los cartuchos de tinta. Resta. $516.75 − $445.50 = $71.25

9. **(1) 10.025** Convierta todas las fracciones en números decimales. Sume las millas que caminó Katia en los dos primeros días. 10.6 + 11.875 = 22.475. Reste el resultado del total de millas recorridas durante toda la caminata. 32.5 − 22.475 = 10.025

10. **(2) 5.0** Divida la cantidad de crecimiento entre el número de pulgadas por semana. 16.25 ÷ 3.25

11. **(3) $4,250** Convierta $\frac{3}{8}$ en el decimal 0.375 Reste la fracción presupuestada para comida a la fracción presupuestada para contribuciones. 0.375 − 0.25 = 0.125. Multiplique el resultado por el salario bruto anual. 0.125 × $34,000 = $4,250

12. **(2) $\frac{3}{8}$** Sume las fracciones presupuestadas para contribuciones y comida. $\frac{3}{8} + \frac{1}{4} = \frac{3}{8} + \frac{2}{8} = \frac{5}{8}$ Reste el resultado de 1 para calcular la fracción restante del salario bruto anual de Guillermo. $1 − \frac{5}{8} = \frac{3}{8}$

Parte 2

13. **(2) 23.037** Puesto que el decimal tiene "milésimos", debe tener tres dígitos a la derecha del punto decimal.

14. **(3) 2.14** Dado que 7 en la posición de los milésimos es mayor que 5, sume 1 al dígito en la posición de los centésimos y elimine el resto de los dígitos a su derecha.

15. **(4) $100** Redondee la cantidad pagada a $1200, un número fácilmente divisible entre 12. $1200 ÷ 12 = $100

16. **(2) $175 − ($54.25 + $30.50)** Tendría que sumar los montos de las compras y restar el total de $175.

17. **(3) 5** Divida $10 entre el precio de una planta de 3 pulgadas. $10 ÷ $1.79 = 5.59. Por lo tanto, el mayor número de plantas que puede comprar Manuel es 5.

18. **(2) 3** Multiplique el precio de una planta de 5 pulgadas por 2 y sume el precio de la regadera. 2 × $3.69 + $1.89 = $9.27. Reste el resultado de $20. $20 − $9.27 = $10.73. Divida el resultado entre el costo de una planta de 4 pulgadas. $10.73 ÷ $2.89 = 3.7. Por lo tanto, el mayor número de plantas que puede comprar Ana es 3.

19. **(3) $5** Redondee los precios al dólar más cercano. Multiplique el precio de una bolsa de tierra para sembrar por 2 y sume el precio de una planta de 5 pulgadas. 2 × $3 + $4 = $10. Reste el resultado de $15. $15 − $10 = $5

Respuestas y explicaciones

20. **(4) 14 ($1.29 − $1.25)** Tendría que restar el precio por galón de gasolina en la Gasolinera Atlas del precio por galón de gasolina en la Gasolinera Beto para obtener la diferencia en precio por galón. Luego, multiplique el resultado por 14 galones.

21. **(3) $12.61** Multiplique el precio por libra por el número de libras. $4.85 × 2.6 = $12.61

22. **(2) 2.4** Divida el costo total de carne molida entre el precio por libra. $8.24 ÷ $3.45 = 2.38 ó 2.4 redondeado al décimo más cercano.

23. **(4) $480** Redondee el salario bruto mensual a un número cercano divisible entre 5. $2,400 ÷ 5. Dividir entre 5 es igual que multiplicar por $\frac{1}{5}$.

24. **(5) No se cuenta con suficiente información.** El problema no indica cuántas horas trabaja Federico a la semana.

25. **(2) $4\frac{1}{8}$** Reste el valor a la baja del valor a la alta. $28\frac{3}{8} - 24\frac{2}{8} = 4\frac{1}{8}$

26. **(3) $30\left(24\frac{1}{4}\right) + 40\left(36\frac{1}{2}\right)$** Multiplique el número de acciones de cada compañía por el precio de las acciones a la alta y, luego, sume los dos productos.

Lección 11
Enfoque en las destrezas de GED (Página 133)
1. **0.6** 60% = .60. = 0.6

2. **0.38** 38% = .38. = 0.38

3. **0.108** 10.8% = .10.8 = 0.108

4. **0.04** 4% = .04. = 0.04

5. **2** 200% = 2.00. = 2

6. **$0.05\frac{1}{2}$ or 0.055** $5\frac{1}{2}\%$ = $.05.\frac{1}{2}$ = $0.05\frac{1}{2}$

7. **1.3** 130% = 1.30. = 1.3

8. **$0.09\frac{1}{4}$ or 0.0925** $9\frac{1}{4}\%$ = $.09.\frac{1}{4}$ = $0.09\frac{1}{4}$

9. **3.25** 325% = 3.25. = 3.25

10. **85%** 0.85 = 0.85. = 85%

11. **36%** 0.36 = 0.36. = 36%

12. **14.4%** 0.144 = 0.14.4 = 14.4%

13. **40%** 0.4 = 0.40. = 40%

14. **450%** 4.5 = 4.50. = 450%

15. **$16\frac{2}{3}\%$** $0.16\frac{2}{3}$ = $0.16.\frac{2}{3}$ = $16\frac{2}{3}\%$

16. **875%** 8.75 = 8.75. = 875%

17. **37.5%** 0.375 = 0.37.5 = 37.5%

18. **$7\frac{1}{3}\%$** $0.07\frac{1}{3}$ = $0.07.\frac{1}{3}$ = $7\frac{1}{3}\%$

19. **2.25** Divida. 225 ÷ 100 = 2.25

20. **150%** Multiplique. 1.5 × 100 = 150%

21. **0.8** Divida. 80 ÷ 100 = 0.8

22. **24%** Multiplique. 0.24 × 100 = 24%

23. **60%** Multiplique. 0.6 × 100 = 60%

24. **0.03** Divida. 3 ÷ 100 = 0.03

25. **12.5% or $12\frac{1}{2}\%$** Multiplique. 0.125 × 100 = 12.5%

26. **5.5** Divida. 550 ÷ 100 = 5.5

Enfoque en las destrezas de GED (Página 135)
1. **$\frac{13}{20}$** $\frac{65 \div 5}{100 \div 5} = \frac{13}{20}$

2. **$\frac{21}{25}$** $\frac{84 \div 4}{100 \div 4} = \frac{21}{25}$

3. **$1\frac{2}{5}$** $\frac{140 \div 20}{100 \div 20} = \frac{7}{5} = 1\frac{2}{5}$

4. **$2\frac{3}{4}$** $\frac{275 \div 25}{100 \div 25} = \frac{11}{4} = 2\frac{3}{4}$

5. **$\frac{39}{100}$** $\frac{39}{100}$ Esta fracción es irreducible.

6. **$4\frac{1}{2}$** $\frac{450 \div 50}{100 \div 50} = \frac{9}{2} = 4\frac{1}{2}$

7. **37.5%** Calculadora.
3 ÷ 8 **SHIFT** = 37.5

8. **93.75%** Calculadora.
15 ÷ 16 **SHIFT** = 93.75

9. **1.25** Calculadora.
125 ÷ 100 = 1.25

10. **0.875** Calculadora.
87.5 ÷ 100 = 0.875

11.	**0.2**	$\frac{1}{5}$	**20%**
12.	**0.25**	$\frac{1}{4}$	**25%**
13.	0.3	$\frac{3}{10}$	**30%**
14.	**$0.33\frac{1}{3}$**	$\frac{1}{3}$	**$33\frac{1}{3}\%$**
15.	**0.4**	$\frac{2}{5}$	40%
16.	**0.6**	$\frac{3}{5}$	60%
17.	$0.66\frac{2}{3}$	$\frac{2}{3}$	**$66\frac{2}{3}\%$**
18.	**0.75**	$\frac{3}{4}$	**75%**
19.	**0.8**	$\frac{4}{5}$	80%
20.	0.9	$\frac{9}{10}$	**90%**

Práctica de GED (Página 137)
1. **(1) $7** Escriba una proporción. $\frac{?}{\$35} = \frac{20}{100}$ Calcule el producto vectorial y resuelva. $35 × 20 ÷ 100 = $7

2. **(4) $562.50** $\frac{?}{\$625} = \frac{90}{100}$
$625 × 90 ÷ 100 = $562.50

3. **(3) $33.60** $\frac{?}{\$1,344} = \frac{2.5}{100}$
$1,344 × 2.5 ÷ 100 = $33.60

4. **(2) 70** $\frac{56}{?} = \frac{80}{100}$

   $56 \times 100 \div 80 = 70$

5. **(1) 40%** $\frac{18}{45} = \frac{?}{100}$

   $18 \times 100 \div 45 = 40$

6. **(5) 375** $\frac{300}{?} = \frac{80}{100}$

   $300 \times 100 \div 80 = 375$

Lección 12
Enfoque en las destrezas de GED (Página 139)

1. **15** $0.03 \times 500 = 15$

2. **$142.50** $0.15 \times \$950 = \$142.50$

3. **64.8** $0.90 \times 72 = 64.8$

4. **119** $0.85 \times 140 = 119$

5. **$275** $1.25 \times \$220 = \$275$

6. **276** $1.50 \times 184 = 276$

7. **60** $0.75 \times 80 = 60$

8. **$10** $0.05 \times \$200 = \$10$

9. **$128** $0.08 \times \$1600 = \$128$

10. **$11** $0.55 \times \$20 = \$11$

11. **16.5** $0.055 \times 300 = 16.5$

12. **$200** $33\frac{1}{3}\% = \frac{1}{3}$ Multiplique. $\frac{1}{3} \times \$600 = \$200$

13. **$5.07** $0.06 \times \$84.50 = \$5.07$

14. **51.12** $0.04 \times 1278 = 51.12$

15. **$333.38** $2.10 \times \$158.75 = \$333.375$, que redondeado es $333.38

16. **$4.86** $0.45 \times \$10.80 = \$4.86$

17. **$50.31** $0.0875 \times \$575.00 = \$50.3125$, que redondeado es $50.31

18. **$0.75** $0.015 \times \$50.00 = \$0.75$

19. **3.47** $0.07 \times 49.5 = 3.465$, que redondeado es 3.47

20. **$23.63** $1.35 \times \$17.50 = \$23.625$, que redondeado es $23.63

21. **180** Calcule 15% de 1200.
    $0.15 \times 1200 = 180$

22. **$457.60** Calcule 22% de 2080.
    $0.22 \times \$2080 = \$457.60$

23. **$1622.40** Calcule 78% de $2080 o reste la cantidad deducida, $457.60, de $2080.
    $0.78 \times \$2080 = \$1622.40$ Ó
    $\$2080 - \$457.60 = \$1622.40$

24. **$745.20** Determine el impuesto de ventas calculando 8% de $690. $0.08 \times \$690 = \$55.20$ Sume el impuesto de ventas al costo del sofá.
    $\$55.20 + \$690 = \$745.20$

25. **$27.95** Calcule 15% de $186.35.
    $0.15 \times \$186.35 = \$27.9525$, que redondeado es $27.95

26. **$111.33** Calcule 150% de $74.22.
    $1.50 \times \$74.22 = \$111.33$

Nota: El resultado debe ser mayor que $74.22, puesto que el porcentaje es mayor que 100%.

Enfoque en las destrezas de GED (Página 141)

1. **15%** $123 \div 820 = 0.15 = 15\%$

2. **75%** $\$4.50 \div \$6.00 = 0.75 = 75\%$

3. **80%** $\$18.00 \div \$22.50 = 0.8 = 80\%$

4. **17.5% ó** $17\frac{1}{2}\%$ $350 \div 2,000 = 0.175 = 17.5\%$

5. **400%** El total es 60. La palabra *de* generalmente precede la cifra correspondiente al total.
   $240 \div 60 = 4 = 400\%$

6. **3%** $120 \div 4,000 = 0.03 = 3\%$

7. **3.125% ó** $3\frac{1}{8}\%$
   $\$5 \div \$160 = 0.03125 = 3.125\%$

8. **180%** Puesto que la porción ($72.00) es mayor que el total ($40.00), usted sabe que la razón (porcentaje) será mayor que 100%.
   $\$72.00 \div \$40.00 = 1.8 = 180\%$

9. **2%** $\$3.50 \div \$175.00 = 0.02 = 2\%$

10. **25%** $326 \div 1304 = 0.25 = 25\%$

11. **4.5% ó** $4\frac{1}{2}\%$ $225 \div 5000 = 0.045 = 4.5\%$

12. **96%** $\$144 \div \$150 = 0.96 = 96\%$

13. **75%** $\$82.50 \div \$110.00 = 0.75 = 75\%$

14. **250%** Puesto que la porción (40) es mayor que el total (16), usted sabe que la razón será mayor que 100%. $40 \div 16 = 2.5 = 250\%$

15. **15%** Reste. $1725 - 1500 = 225$ Divida entre la cantidad original. $225 \div 1500 = 0.15 = 15\%$

16. **12%** Reste. $\$582.40 - \$520.00 = \$62.40$ Divida entre la cantidad original.
    $\$62.40 \div \$520.00 = 0.12 = 12\%$

17. **75%** Reste. $280 - 70 = 210$ Divida entre la cantidad original. $210 \div 280 = 0.75 = 75\%$

18. **5%** Reste. $\$1,200 - \$1,140 = \$60$ Divida entre la cantidad original. $\$60 \div \$1,200 = 0.05 = 5\%$

19. **85%** Debe calcular qué porcentaje de 140 es 119. Divida. $119 \div 140 = 0.85 = 85\%$

20. **40%** Debe calcular qué porcentaje de 25 es 10. Divida. $10 \div 25 = 0.4 = 40\%$

21. **4%** Debe calcular el porcentaje de aumento. Reste. $\$1508 - \$1450 = \$58$ Divida entre la cantidad original. $\$58 \div \$1450 = 0.04 = 4\%$

22. **88%** Debe calcular qué porcentaje de 50 es 44. Divida. $44 \div 50 = 0.88 = 88\%$

23. **30%** Debe calcular el porcentaje de disminución. Reste. $\$790.00 - \$550.00 = \$240.00$ Divida entre la cantidad original. $\$240.00 \div \$790.00$ es aproximadamente 0.303, que redondeado es 30%

24. 8% Debe calcular qué porcentaje de $550 representa $44. Divida. $44 ÷ $550 = 0.08 = 8%

Práctica de GED (Página 143)

1. (3) 852 Calcule 10% de 8520 moviendo el punto decimal un lugar hacia la izquierda. 8520. → 852. Esto es lo mismo que dividir entre 10 o multiplicar por 0.1.

2. (4) $3.90 Calcule el 10% moviendo el punto decimal un lugar hacia la izquierda. $26.00 → $2.60 Divida $2.60 entre 2 para calcular el 5%. $2.60 ÷ 2 = $1.30 Sume para calcular el 15%. $2.60 + $1.30 = $3.90 Esto es lo mismo que multiplicar por 0.15. 0.15 × $26 = $3.90

3. (5) $7.50 Calcule el 10% moviendo el punto decimal un lugar hacia la izquierda. $150.00 → $15 Divida entre 2 para calcular el 5%. $15.00 ÷ 2 = $7.50 O bien, multiplique. 0.05 × $150 = $7.50

4. (2) $14.00 Calcule el 10% moviendo el punto decimal un lugar hacia la izquierda. $70.00 → $7 Multiplique por 2 para calcular el 20%. $7.00 × 2 = $14.00

5. (4) $375 Calcule el 10% moviendo el punto decimal un lugar hacia la izquierda. $1,500. = $150 Multiplique $150 por 2 para calcular el 20%. $150 × 2 = $300. Divida $150 entre 2 para calcular el 5%. $150 ÷ 2 = $75 Sume 20% + 5% = 25%. $300 + $75 = $375

6. (2) 540 Calcule el 10% moviendo el punto decimal un lugar hacia la izquierda. 1800. = 180. Multiplique 180 por 3 para calcular el 30%. 180 × 3 = 540

Lección 13

Enfoque en las destrezas de GED (Página 145)

1. $90 $54 ÷ 0.6 = $90

2. 8000 720 ÷ 0.09 = 8000

3. $32 $1.92 ÷ 0.06 = $32

4. 500 85 ÷ 0.17 = 500

5. $550 $495 ÷ 0.90 = $550

6. 300 810 ÷ 2.7 = 300

7. $180 $207 ÷ 1.15 = $180

8. $1200 $1020 ÷ 0.85 = $1200

9. $3.00 $0.21 ÷ 0.07 = $3.00

10. 528 660 ÷ 1.25 = 528

11. $42 $6.30 ÷ 0.15 = $42

12. 9000 $66\frac{2}{3}\% = \frac{2}{3}$ Es más fácil utilizar la fracción.

$6000 ÷ \frac{2}{3} = 6000 × \frac{3}{2} = 9000$

13. $5.00 $3.75 ÷ 0.75 = $5.00

14. 64 9.6 ÷ 0.15 = 64

15. $450.00 $157.50 ÷ 0.35 = $450.00

16. $112.00 $26.88 ÷ 0.24 = $112.00

17. $60.00 $62.40 ÷ 1.04 = $60.00

18. $20.00 $0.76 ÷ 0.038 = $20.00

19. $12,940 $679.35 ÷ 0.0525 = $12,940

20. $36.00 $1.26 ÷ 0.035 = $36.00

21. $9375 Divida la porción ($7,500) entre la razón (80%) para calcular el total. $7500 ÷ 0.8 = $9375

22. $23,700 Divida la porción ($3,555) entre la razón (15%) para calcular el total. $3,555 ÷ 0.15 = $23,700

23. 22 Divida la porción (178) entre la razón (89%) para calcular el total. 178 ÷ 0.89 = 200 Luego, reste para calcular el número de miembros que no votaron por Elena. 200 − 178 = 22 Otra forma de resolver este problema es: Si el 89% votó por Elena, entonces el 11% de todos los miembros no votaron por ella (100% − 89%). Calcule el 11% (.11) de 200. 200 × .11 = 22

24. 828 Divida la porción (207) entre la razón (25%) para calcular el total. 207 ÷ 0.25 = 828

25. $140 Divida la porción ($98) entre la razón (70%) para calcular el total. $98 ÷ 0.7 = $140

26. 15 El número de devoluciones de mesas de cristal, 3, representa el 20% de las ventas totales. Para calcular el total de las ventas, divida la porción (3) entre la razón (20%). 3 ÷ 0.20 = 15

27. 105 Este problema consta de dos pasos. Primero, calcule el número total de mesas plegables que se vendieron, dividiendo el número de devoluciones entre la razón. 15 ÷ 0.125 = 120 Luego, reste el número de mesas devueltas para calcular el número de las que no se devolvieron. 120 − 15 = 105

28. 96% Lea atentamente. El problema pregunta simplemente qué porcentaje de las sillas plegables no se devolvieron. Usted sabe que se devolvió el 4%. Reste para calcular el porcentaje que no se devolvió. 100% − 4% = 96%

Enfoque en las destrezas de GED (Página 147)

1. $300 $1250 × 0.12 × 2 = $300

2. $228 $2400 × 0.095 × 1 = $228

3. $36 $900 × 0.08 × 0.5 = $36 (6 meses = $\frac{6}{12} = \frac{1}{2}$ o 0.5 años)

4. $50 $4000 × 0.05 × 0.25 = $50 (3 meses = $\frac{3}{12} = \frac{1}{4}$ o 0.25 años)

5. $113.40 $840 × 0.09 × 1.5 = $113.40 (18 meses = $\frac{18}{12}$ = 1.5 años)

6. **$330** $1100 \times 0.075 \times 4 = 330

7. **$176** $5\frac{1}{2}\% = 5.5\% = 0.055$
$3200 \times 0.055 \times 1 = 176

8. **$260** $500 \times 0.08 \times 6.5 = 260

9. **$46** $2300 \times 0.04 \times 0.5 = 46
(6 meses $= \frac{6}{12} = \frac{1}{2}$ o 0.5 años)

10. **$15** $800 \times 0.075 \times 0.25 = 15
(3 meses $= \frac{3}{12} = \frac{1}{4}$ o 0.25 años)

11. **$45** $600 \times 0.0375 \times 2 = 45
($3\frac{3}{4}\% = 3.75\% = 0.0375$)

12. **$630** Primero, calcule el interés. (6 meses $= \frac{6}{12} = \frac{1}{2}$ o 0.5 años) $600 \times 0.1 \times 0.5 = 30 Luego, sume el principal y el interés. $600 + $30 = 630

13. **$5724** Primero, calcule el interés. (9 meses $= \frac{9}{12} = \frac{3}{4}$ o 0.75 años) $5400 \times 0.08 \times 0.75 = 324 Luego, sume el principal y el interés. $5400 + $324 = 5724

14. **$12,800** Primero, calcule el interés. $8,000 \times 0.12 \times 5 = $4,800$ Luego, sume el principal y el interés. $8,000 + $4,800 = $12,800$

15. **$306** Primero, calcule el interés. (4 meses $= \frac{4}{12} = \frac{1}{3}$ años) $300 \times 0.06 \times \frac{1}{3} = 6 Luego, sume el principal y el interés. $300 + $6 = 306

16. **$6,600** $20,000 \times 0.0825 \times 4 = $6,600$
$\left(8\frac{1}{4}\% = 8.25\% = 0.0825\right)$

17. **$1567.50** Primero, calcule el interés. (18 meses $= \frac{18}{12} = 1\frac{6}{12} = 1\frac{1}{2}$ o 1.5 años) $1500 \times 0.03 \times 1.5 = 67.50 Luego, sume el principal y el interés. $1500 + $67.50 = 1567.50

18. **$936** Primero, calcule el interés. (12 meses $= \frac{12}{12} = 1$ años) $900 \times 0.04 \times 1 = 36 Luego, sume el principal y el interés. $900 + $36 = 936

19. **$1805** $9500 \times 0.095 \times 2 = 1805
$\left(9\frac{1}{2}\% = 9.5\% = 0.095\right)$

20. **$5512.50** Primero, calcule el interés. $4500 \times 0.075 \times 3 = 1012.50 Luego, sume el principal y el interés. $4500 + $1012.50 = 5512.50

21. **$125** $2500 \times 0.05 \times 1 = 125

22. **$112.50** (9 meses $= \frac{9}{12} = \frac{3}{4}$ or 0.75 años) $2500 \times 0.06 \times 0.75 = 112.50

Práctica de GED (Página 149)

1. **(4) $17.00** Calcule el monto del descuento. $20 \times 0.15 = 3 Reste para calcular el precio de liquidación. $20 - $3 = 17

2. **(2) $9 + 0.06 × $9** Calcule el aumento (0.06 $\times$ $9), y, después, sume la cantidad a su salario actual para calcular su nuevo salario por hora. $9 + 0.06 \times 9

3. **(3) 200%** Calcule la diferencia en las dos cantidades. $4500 - $1500 = 3000 Divida entre la cantidad original. $3000 \div $1500 = 2.00 = 200\%$

4. **(2) 0.4(30) + 30** Debe calcular el aumento multiplicando 0.4 por 30. Luego, sume el aumento a la cantidad original.

5. **(1)** $\frac{$160 - ($160 \times 0.1)}{6}$ Reste el monto del anticipo del costo del abrigo. $160 - ($160 \times 0.1)$ Luego, divida esa cantidad entre el número de mensualidades, 6.

6. **(2) 336** Primero, calcule el número de trabajadores que van a despedir. $1400 \times 0.05 = 70$ Reste el resultado del número original. $1400 - 70 = 1330$ Calcule el número de trabajadores del segundo despido. $1330 \times 0.20 = 266$ Sume el número de trabajadores de ambos despidos. $70 + 266 = 336$

Práctica de GED (Página 151)

1. **(3) 414** Multiplique el número total de empleados al final del primer trimestre por el porcentaje de aumento del segundo trimestre. $3450 \times 0.12 = 414$

2. **(4) 18%** Divida la cantidad de la propina entre el total de la cuenta. $21.60 \div $120 = 0.18 = 18\%$

3. **(4) $50,000** Divida la cantidad de la contribución entre el porcentaje del salario. $4,375 \div 0.0875 = $50,000$

4. **(2) 12.5%** Reste los gastos de oficina de este mes de los gastos de oficina del mes pasado. $1400 - $1225 = 175 Divida el resultado entre la cantidad de gastos del último mes. $175 \div $1400 = 0.125 = 12.5\%$

5. **(3) $236.40** Multiplique el precio regular del horno de microondas por el porcentaje de descuento. $394 \times 0.4 = 157.60 Reste el resultado del precio regular. $394 - $157.60 = 236.40 Otro método: Puesto que el descuento es del 40%, el precio de oferta es 60% del precio original. $0.6 \times $394 = 236.40

6. **(4) 18%** Reste las ventas de pasta de dientes en abril de las ventas de pasta de dientes en mayo. $4,956 - $4,200 = 756 Divida el resultado entre las ventas de pasta de dientes en abril. $756 \div $4,200 = 0.18$, or 18%

Respuestas y explicaciones

Parte 1

1. **(5) $42,500** Divida la cantidad que se pagó por impuestos entre el porcentaje que se pagó por impuestos. $13,600 ÷ 0.32 = $42,500

2. **(4) $45.47** Multiplique el precio de lista de la grapadora por el porcentaje de descuento. $69.95 × 0.35 = $24.48, redondeado al centavo más cercano. Reste el resultado del precio de lista. $69.95 − $24.48 = $45.47

3. **(3) 12.5%** Para calcular el aumento, reste el valor original del inventario de su valor al final del primer trimestre.
$52,200 − $46,400 = $5,800
Divida el resultado entre el valor original.
$5,800 ÷ $46,400 = 0.125 = 12.5% de aumento

4. **(4) $68** La disminución en el precio fue del 23%. De manera que el precio de cierre de las acciones el viernes fue el 77% del precio de cierre del jueves. Divida el precio de cierre del viernes entre este porcentaje. $52.36 ÷ 0.77 = $68
Otra manera de resolver este problema es utilizar la ecuación $\frac{\text{(cantidad original − nueva cantidad)}}{\text{cantidad original}} =$ porcentaje de cambio. $\frac{(x − \$52.36)}{x} = 0.23$

5. **(3) 22%** Divida la cantidad del anticipo entre el precio de lista. $209 ÷ $950 = 0.22 = 22%

6. **(5) No se cuenta con suficiente información.** Debe conocer el monto de las ventas brutas para calcular cuánto ganó en comisiones.

7. **(2) 11%** Sume las ventas de los 6 meses que aparecen en la lista.
$2 + $6 + $8 + $8 + $14 + $18 = $56
Divida las ventas de febrero entre este total.
$6 ÷ $56 = 0.107 = 11%, redondeado al porcentaje entero más cercano.

8. **(1) De enero a febrero** El porcentaje de aumento para cada par de meses consecutivos es igual al aumento en las ventas de un mes al otro dividido entre las ventas registradas en el primer mes del par. De enero a febrero, el porcentaje de aumento fue de ($6 − $2) ÷ $2 = $4 ÷ $2 = 200%. Para cada uno de los demás pares de meses consecutivos, el porcentaje de aumento fue menor que 100%.

9. **(5) $7,000** Multiplique el monto que se pidió prestado por la tasa de interés anual por el número de años del préstamo. $12,500 × 0.16 × 3.5

10. **(3) 8%** Divida el monto del aumento entre el salario anual actual.
$3,280 ÷ $38,650 = 0.084 = 8%, redondeado al porcentaje entero más cercano.

11. **(3) ($136 × 0.0825) + $136** Multiplique el precio del abrigo por el porcentaje del impuesto de ventas y sume el resultado (el monto del impuesto de ventas) al precio del abrigo.
($136 × .0825) + $136

12. **(1) 15%** Reste la asistencia de este año de la asistencia del año pasado. 1420 − 1209 = 211 Divida el resultado entre la asistencia del año pasado. 211 ÷ 1420 = 0.148 = 15%, redondeado al porcentaje entero más cercano.

13. **(3) aumento del 4%** Reste la circulación de septiembre ("original") de la circulación de octubre ("nueva"). 247,624 − 238,100 = 9,524 Luego, divida la diferencia entre la circulación de septiembre. 9,524 ÷ 238,100 = 0.04 = 4% Debido a que la circulación de octubre es mayor que la de septiembre, el cambio es un aumento.
$\frac{247,624 − 238,100}{238,100} × 100\% = 4\%$

Parte 2

14. **(5) (180 − 150) ÷ 150** Reste las ventas de julio de las ventas de agosto y divida el resultado entre las ventas de julio.

15. **(4) 2470** Debido a que el 5% de los teléfonos que se inspeccionaron estaban defectuosos, el 95% de estos no estaban defectuosos. Multiplique el número de teléfonos que se inspeccionaron por este porcentaje. 2600 × 0.95

16. **(4) 8%** Divida la cantidad del aumento entre el salario anual actual.
$2,080 ÷ $26,000 = 0.08 = 8%

17. **(2) $20,400** Divida la cantidad de comisión entre el porcentaje de la comisión. $1,020 ÷ 0.05

18. **(3) $400** El precio del reproductor de discos compactos/discos de video después del impuesto de ventas es 105% del precio antes del impuesto de ventas. Divida el precio después del impuesto de ventas entre este porcentaje. $420 ÷ 1.05
Otra manera de resolver este problema:
105% = razón y $420 = porción.
$\text{total} = \frac{\text{porción}}{\text{razón}} = \frac{\$420}{1.05}$

19. **(1) $2625** Utilice la formula. $I = PTt$.
Calcule el interés. $2500 × 0.025 × 2 = $125
Sume el interés al principal.
$125 + $2500 = $2625

20. **(4) $16,782** Multiplique las ventas netas de febrero por 120%. $13,985 × 1.2

21. **(3) $126** Multiplique el precio regular de la silla por el porcentaje de descuento. $180 × 0.3 = $54 Reste el resultado del precio regular de la silla. $180 − $54

22. **(2) $5400** Reste el porcentaje presupuestado para publicidad del porcentaje presupuestado para suministros. 25% − 16% = 9% Multiplique la cantidad total del presupuesto por el porcentaje resultante. $60,000 × 0.09

UNIDAD 1

23. (5) $6200 Multiplique el monto de la inversión por la tasa de interés anual por el número de años. $5000 × 0.08 × 3 = $1200 Sume el interés resultante al monto original invertido. $5000 + $1,200

24. (2) 200% Calcule el cambio de precio. $3 − $1 = $2 Calcule el porcentaje del aumento. $2 ÷ $1 = 2 = 200%

25. (2) $44 Después de pagar el 20% como anticipo, queda el 80%. Multiplique el precio original del televisor por 80%. $440 × 0.8 = $352 Divida el resultado entre 8. $352 ÷ 8

Repaso acumulativo de la Unidad 1
(Páginas 156 a 160)
Parte 1

1. (4) $89.16 Plantee una proporción utilizando la razón del costo del seguro al monto del seguro. Calcule el producto vectorial y resuelva.

$$\frac{\$7.43}{\$2,500} = \frac{?}{\$30,000}$$

$7.43 × $30,000 ÷ $2,500 = $89.16

2. (3) $14,000 × 0.0975 × 3.5 Convierta la tasa de interés en decimal. $9\frac{3}{4}\% = 0.0975$ Convierta la cantidad de tiempo en decimal. $3\frac{1}{2} = 3.5$ Utilice la fórmula de intereses. $i = prt = \$14,000 × .0975 × 3.5$

3. (1) $980 Calcule la porción (7% de $14,000) multiplicando el total × razón = $14,000 × 0.07 = $980

4. (3) $14,300 Sume todos los depósitos al saldo actual; después, reste ambos cheques del resultado. $15,000 + $1,800 + $3,000 + $900 = $20,700 $20,700 − $3,600 − $2,800 = $14,300

5. (5) $98.50 Calcule la diferencia entre el precio regular y con descuento de los pantalones. $87.50 − $62.00 = $25.50 Multiplique para calcular el ahorro en 3 pares de pantalones. $25.50 × 3 = $76.50 Calcule la diferencia entre el precio regular y con descuento de las camisas. $38.95 − $27.95 = $11 Multiplique para calcular el ahorro de 2 camisas. $11 × 2 = $22 Sume para calcular el ahorro total. $76.50 + $22 = $98.50 ó 3($87.50 − $62) + 2($38.95 − $27.95) = 3 × $25.50 + 2 × $11 = $76.50 + $22 = $98.50

6. (3) 28% Reste el precio de oferta de las camisas del precio regular de las camisas. $38.95 − $27.95 = $11 Divida el resultado entre el precio regular de las camisas. $11 ÷ $38.95 = 0.282, o 28%, redondeado al porcentaje más cercano.

7. (1) $\frac{16}{\$15.92} = \frac{20}{?}$ Elija la proporción con las razones que comparan el número de libras de pavo con el costo. $\frac{\text{libras}}{\$\text{costo}} = \frac{\text{libras}}{\$\text{costo}}$

8. (3) $38.25 Multiplique el precio de la lámpara por el porcentaje de descuento. $45 × 0.15 = $6.75 Reste el resultado del precio original. $45 − $6.75 = $38.25

9. (3) $10\frac{1}{2}$ Sume las tres cantidades de pintura.

$$
\begin{array}{rl}
4\frac{1}{2} = & 4\frac{4}{8} \\
2\frac{7}{8} = & 2\frac{7}{8} \\
+3\frac{1}{8} = & +3\frac{1}{8} \\
\hline
& 9\frac{12}{8} = 10\frac{4}{8} = 10\frac{1}{2}
\end{array}
$$

10. (4) 300% Reste la cantidad original de la cantidad nueva y divida entre la cantidad original. ($8 − $2) ÷ $2 = 3 Convierta el resultado en porcentaje multiplicándolo por 100. 3 × 100 = 300%

11. (4) $320.00 El precio del equipo de sonido después de aplicar el descuento fue del 85% del precio original (100% − 15%). Divida el precio con descuento del equipo de sonido entre este porcentaje. $272 ÷ .85 = $320

12. (5) No se cuenta con suficiente información. El problema menciona el número de millas que Mateo corrió esta semana, pero no el número de millas que corrió la semana pasada. Usted no cuenta con la suficiente información para resolver este problema.

13. (1) 749.8 Reste el número de millas que manejó Ana del número de millas que manejó Bárbara. 2,098.4 − 1,348.6 = 749.8

14. 3.4 Divida el precio del trozo de salmón entre el costo por libra. $31.28 ÷ $9.20 = 3.4

15. 6 Sume las cantidades. 3 + 2 + 4 + 2 + 3 = 14 Reste la suma del total usual. 20 − 14 = 6

16. 226.1 Multiplique el peso original de Pedro por el porcentaje de pérdida de peso. 238 × 0.05 = 11.9 Reste el resultado de su peso original. 238 − 11.9 = 226.1

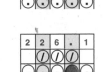

17. $80.43 Sume las dos cantidades que pidió prestadas Araceli. $42.48 + $64.76 = $107.24 Después de pagar $\frac{1}{4}$ de esta cantidad, todavía debía $\frac{3}{4}$ de esta cantidad. Convierta $\frac{3}{4}$ en decimal y multiplique por la cantidad total. $107.24 × .75 = $80.43

UNIDAD 1

Parte 2

18. (1) 3 Reste la cantidad que Alberto tiene ahorrada del costo de sus vacaciones. $720 − $480 = $240 Divida el resultado entre la cantidad que ahorra cada mes. $240 ÷ $80 = 3

19. (3) $13\frac{1}{8}$ Convierta las fracciones en fracciones con común denominador. Luego, sume las horas que trabajó en los tres días.
$2\frac{3}{4} + 4\frac{1}{2} + 5\frac{7}{8} = 2\frac{6}{8} + 4\frac{4}{8} + 5\frac{7}{8} = 11\frac{17}{8} = 13\frac{1}{8}$

20. (5) 150 La pregunta le pide una respuesta aproximada. Redondee 14.82 a 15. Multiplique por 2 para calcular el millaje de ida y vuelta al trabajo. 15 × 2 = 30 Multiplique el millaje por 5 días por semana. 30 × 5 = 150

21. (4) $7100 Multiplique la cantidad que pidió prestada por la tasa de interés y, luego, multiplique el resultado por el número de años. $5000 × 0.14 × 3 = $2100 Sume el interés a la cantidad que se pidió prestada. $5000 + $2100 = $7100

22. (3) 1,132.7 Reste la lectura inicial del odómetro de 10,000. 10,000 − 8,867.3 = 1,132.7

23. (5) $44.52 Multiplique el número de cajas que hay en un paquete por el número de paquetes. 8 × 3.5 = 28 Multiplique el resultado por el precio de cada caja. $1.59 × 28 = $44.52

24. (3) $79\frac{3}{4}$ Convierta $5\frac{1}{2}$ en 5.5. Multiplique el número de canastos que Sonia recoge por hora por el número de horas. 14.5 × 5.5 = 79.75 Puesto que las opciones de la respuesta son fracciones, convierta 79.75 a $79\frac{3}{4}$.

25. $\frac{9}{20}$ Calcule la fracción de una fracción. Multiplique la fracción de empleados que van en auto al trabajo por la fracción de empleados que comparten auto.
$\frac{3}{4} \times \frac{3}{5} = \frac{9}{20}$

26. 4.9 Divida la longitud total de la tabla entre 4.
19.6 ÷ 4 = 4.9

27. 130 Convierta el número mixto en decimal. $1\frac{1}{2} = 1.5$ Plantee una proporción utilizando la razón del número de millas al número de horas. Calcule el número desconocido de millas.
$\frac{78}{1.5} = \frac{?}{2.5}$; 78 × 2.5 ÷ 1.5 = 130

28. $96 Calcule el precio del seguro por dos meses. $33 × 2 = $66 Calcule la cantidad pagada por consultas con el doctor.
$5 × 6 = $30 Sume las dos cantidades.
$66 + $30 = $96

UNIDAD 2: MEDIDAS Y ANÁLISIS DE DATOS
Lección 14
Enfoque en las destrezas de GED (Página 165)

1. 240 segundos $\frac{\text{segundos}}{\text{minutos}}$ $\frac{60}{1} = \frac{x}{4}$
60 × 4 ÷ 1 = 240 sec

2. 9 pintas $\frac{\text{pintas}}{\text{tazas}}$ $\frac{1}{2} = \frac{x}{18}$; 1 × 18 ÷ 2 = 9 pintas

3. 10 pies y 6 pulgadas $\frac{\text{yardas}}{\text{pies}}$ $\frac{1}{3} = \frac{3\frac{1}{2}}{x}$
$3 \times 3\frac{1}{2} ÷ 1 = \frac{3}{1} \times \frac{7}{2} ÷ 1 = \frac{21}{2} = 10\frac{1}{2}$ ó 10.5 pies
1 pie = 12 pulgadas, por lo que $\frac{1}{2}$ pie = 6 pulg; en consecuencia, 10.5 pies = 10 pies y 6 pulg

4. 140 minutos $\frac{\text{horas}}{\text{minutos}}$ $\frac{1}{60} = \frac{2\frac{1}{3}}{x}$
$60 \times 2\frac{1}{3} ÷ 1 = \frac{60}{1} \times \frac{7}{3} ÷ 1 = \frac{140}{1} = 140$ minutos

5. 9 tazas $\frac{\text{tazas}}{\text{onzas líquidas}}$ $\frac{1}{8} = \frac{x}{72}$
1 × 72 ÷ 8 = 9 tazas

6. 54 pulgadas Use los factores de conversión que conoce para hallar cuántas pulgadas hay en una yarda. 1 pie = 12 pulg. y 1 yd = 3 pies; por lo tanto, 1 yd = 3 pies = 36 pulgadas $\frac{\text{yardas}}{\text{pulgadas}}$ $\frac{1}{36} = \frac{1\frac{1}{2}}{x}$; $36 \times 1\frac{1}{2} ÷ 1 = 54$ pulg

7. 68 onzas $\frac{\text{libras}}{\text{onzas}}$ $\frac{1}{16} = \frac{4\frac{1}{4}}{x}$
$16 \times 4\frac{1}{4} ÷ 1 = 68$ onzas

8. 23 cuartos $\frac{\text{galones}}{\text{cuartos}}$ $\frac{1}{4} = \frac{5\frac{3}{4}}{x}$
$4 \times 5\frac{3}{4} ÷ 1 = 23$ cuartos

9. $2\frac{1}{4}$ yardas 1 pie = 12 pulgadas;
6 pies y 9 pulg = $6\frac{9}{12}$ pies, ó $6\frac{3}{4}$ pies
$\frac{\text{yardas}}{\text{pies}}$ $\frac{1}{3} = \frac{x}{6\frac{3}{4}}$
$1 \times 6\frac{3}{4} ÷ 3 = 2\frac{1}{4}$ yardas

10. $4\frac{5}{8}$ libras $\frac{\text{libras}}{\text{onzas}}$ $\frac{1}{16} = \frac{x}{74}$
$1 \times 74 ÷ 16 = 4\frac{5}{8}$ libras

11. 26,400 pies $\frac{\text{millas}}{\text{pies}}$ $\frac{1}{5,280} = \frac{5}{x}$
5,280 × 5 ÷ 1 = 26,400 pies

12. 32 tazas Halle un factor de conversión que relacione tazas con galones. 1 gal = 4 cuartos; 1 cuarto = 2 pintas; de modo que 1 gal = 8 pintas Como 1 pinta = 2 tazas y 8 pintas = 1 gal, 1 gal = 16 tazas $\frac{\text{galones}}{\text{tazas}}$ $\frac{1}{16} = \frac{2}{x}$;
16 × 2 ÷ 1 = 32 tazas

13. $3\frac{1}{4}$ **horas** Pase $3\frac{1}{4}$ horas a minutos y

compare. $\frac{\text{horas}}{\text{minutos}}$ $\quad \frac{1}{60} = \frac{3\frac{1}{4}}{x}$

$60 \times 3\frac{1}{4} \div 1 = 195$ minutos

195 minutos $<$ 200 minutos

14. $4\frac{1}{2}$ **libras** Pase $4\frac{1}{2}$ libras a onzas y

compare. $\frac{\text{libras}}{\text{onzas}}$ $\quad \frac{1}{16} = \frac{4\frac{1}{2}}{x}$

$16 \times 4\frac{1}{2} \div 1 = 72$ onzas

72 onzas $<$ 75 onzas

15. **No, 3 pies es mayor que 30 pulgadas.**

$\frac{\text{pies}}{\text{pulgadas}}$ $\quad \frac{1}{12} = \frac{3}{x}$

$12 \times 3 \div 1 = 36$ pulgadas

16. **Sí** Necesita saber a cuántas pintas equivalen $1\frac{1}{2}$ galones. 1 galón = 4 cuartos y 1 cuarto = 2 pintas, de modo que 1 galón = 8 pintas.

$\frac{\text{galón}}{\text{pintas}}$ $\quad \frac{1}{8} = \frac{1\frac{1}{2}}{x}$

$8 \times 1\frac{1}{2} \div 1 = 12$ pintas

17. **77 onzas** Halle la cantidad de onzas en 4 libras. $\frac{\text{libras}}{\text{onzas}}$ $\quad \frac{1}{16} = \frac{4}{x}$

$16 \times 4 \div 1 = 64$ oz

Sume 13 onzas a esta cantidad. $64 + 13 = 77$ oz

18. **Paquete A** Halle el peso de cada paquete en onzas, usando el factor de conversión de 1 lb = 16 oz. El Paquete A pesa 75 oz, el paquete B pesa 76 oz y el paquete C pesa 77 onzas. El Paquete A es el que pesa menos.

Enfoque en las destrezas de GED (Página 167)

1. **16 pies y 10 pulgadas**

$\begin{array}{r} 8 \text{ pies} \quad 8 \text{ pulg} \\ 3 \text{ pies} \quad 5 \text{ pulg} \\ + \ 4 \text{ pies} \quad 9 \text{ pulg} \\ \hline 15 \text{ pies } 22 \text{ pulg} \end{array}$ = 15 pies + 12 pulg + 10 pulg

$\qquad\qquad\qquad\quad$ = 15 pies + 1 pie + 10 pulg

$\qquad\qquad\qquad\quad$ = 16 pies 10 pulg

2. **9 minutos 15 segundos** Como 1 h = 60 min, entonces $\frac{1}{2}$ h = 30 min. Reagrupe 1 min en 60 seg y reste.

$\begin{array}{rcr} 30 \text{ min} & = & 29 \text{ min } 60 \text{ seg} \\ -20 \text{ min } 45 \text{ seg} & = & -20 \text{ min } 45 \text{ seg} \\ \hline & & 9 \text{ min } 15 \text{ seg} \end{array}$

3. **7 pulgadas** $\begin{array}{rcr} 2 \text{ pies } 2 \text{ pulg} & = & 1 \text{ pie } 14 \text{ pulg} \\ -1 \text{ pie } \ 7 \text{ pulg} & = & -1 \text{ pie } \ \ 7 \text{ pulg} \\ \hline & & 7 \text{ pulg} \end{array}$

4. **17 cuartos** Use el factor de conversión 1 gal = 4 ct para hallar la cantidad de cuartos que hay en 3 galones.

$\frac{\text{galones}}{\text{cuartos}}$ $\quad \frac{1}{4} = \frac{3}{x}$

$4 \times 3 \div 1 = 12$ cuartos

Sume. 12 ct + 5 ct = 17 cuartos

5. **11 libras 14 onzas**

$\begin{array}{r} 3 \text{ lb} \quad 8 \text{ oz} \\ 5 \text{ lb } 13 \text{ oz} \\ + \ 2 \text{ lb} \quad 9 \text{ oz} \\ \hline 10 \text{ lb } 30 \text{ oz} \end{array}$ = 10 lb + 16 oz + 14 oz

$\qquad\qquad\qquad\ \ $ = 10 lb + 1 lb + 14 oz

$\qquad\qquad\qquad\ \ $ = 11 lb 14 oz

6. **1 pie** 18 pulgadas = 1 pie y 6 pulg Reste.

$\begin{array}{r} 2 \text{ pies } 6 \text{ pulg} \\ -1 \text{ pie } \ 6 \text{ pulg} \\ \hline 1 \text{ pie } \ 0 \text{ pulg} \end{array}$ = 1 pie

7. **16 libras 4 onzas**

$\begin{array}{r} 3 \text{ lb } 4 \text{ oz} \\ \times \qquad\quad 5 \\ \hline 15 \text{ lb } 20 \text{ oz} \end{array}$ = 15 lb + 16 oz + 4 oz

$\qquad\qquad\qquad$ = 15 lb + 1 lb + 4 oz = 16 lb 4 oz

8. **8 pulgadas** Como 1 yd = 3 pies y 1 pie = 12 pulg, entonces 1 yd = 3 pies = 36 pulg Convierta 1 yd 4 pulg a pulgadas. 1 yd 4 pulg = 36 pulg + 4 pulg = 40 pulg; 40 pulg $\div$ 5 = 8 pulg

9. **18 yardas 2 pies**

$\begin{array}{r} 2 \text{ yd } 1 \text{ pie} \\ \times \qquad\quad 8 \\ \hline 16 \text{ yd } 8 \text{ pies} \end{array}$ $\quad$ 1 yd = 3 pies, por lo tanto

16 yd + 2 yd + 2 pies = 18 yd 2 pies

10. **3 cuartos** Convierta 3 galones a cuartos. Utilice el factor de conversión: 1 gal = 4 ct 3 gal = 12 ct; 12 ct $\div$ 4 = 3 ct

11. **6 piezas** Puede resolver el problema usando tanto pies como pulgadas.

1 pies 9 pulg = $1\frac{3}{4}$ pies

$12 \div 1\frac{3}{4} = 12 \div \frac{7}{4} = 12 \times \frac{4}{7} = \frac{48}{7} = 6\frac{6}{7}$

O, 12 pies = 144 pulg y 1 pie 9 pulg = 21 pulg $144 \div 21 = 6$ r18

Usando cualquiera de los métodos usted puede cortar 6 piezas enteras de la longitud del tubo, y le queda un sobrante (como resto o fracción de una pieza).

12. **10 pintas** Use los factores de conversión: 1 gal = 4 ct y 1 ct = 2 pt Por lo tanto, 2 gal = 8 ct = 16 pt; 16 − 6 = 10 pt

13. **12 pulgadas** Dado que la respuesta debe estar en pulgadas, resuelva el problema en pulgadas. Use los factores de conversión: 1 yd = 3 pies = 36 pulg y 1 pie = 12 pulg

Planteo:

$\begin{array}{r} 3\frac{1}{4} \text{ yd} \\ -2 \text{ yd } 2 \text{ pies } 9 \text{ pulg} \\ \hline \end{array}$

Conversión:

$\begin{array}{r} 3\frac{1}{4} \times 36 \text{ pulg} = \frac{13}{4} \times \frac{36}{1} = \quad 117 \text{ pulg} \\ (2 \times 36) + (2 \times 12) + 9 = \quad -105 \text{ pulg} \\ \hline 12 \text{ pulg} \end{array}$

14. **$41\frac{1}{4}$ pies** Multiplique 15 por 2 pies y 9 pulg
Como su respuesta debe estar en pies, trabaje con pies: exprese 2 pies y 9 pulg como
2 pies 9 pulg as $2\frac{9}{12}$, o $2\frac{3}{4}$ pies

$2\frac{3}{4}$ pies $\times 15 = \frac{11}{4} \times \frac{15}{1} = \frac{165}{4} = 41\frac{1}{4}$ pies

Si usted trabaja con pies y pulgadas, necesitará convertir las pulgadas a pies después de multiplicar.
2 pies 9 pulg $\times 15 = 30$ pies 135 pulg =
30 pies + 11 pies 3 pulg = 41 pies 3 pulg =
$41\frac{3}{12}$ pies $= 41\frac{1}{4}$ pies

15. **9 gabinetes** Divida $3\frac{3}{4}$ horas por 25 minutos.
Primero, convierta $3\frac{3}{4}$ horas a minutos usando el factor de conversión: 1 h = 60 min.
$3\frac{3}{4}$ h $\times \frac{60}{1} = \frac{15}{4} \times \frac{60}{1} = 225$ minutos
225 min $\div$ 25 min por gabinete = 9 gabinetes

16. **3 tazas** Use el factor de conversión 8 oz = 1 taza. Divida. 24 oz $\div$ 8 oz por taza = 3 tazas

17. **12 oz** Cada porción $= 1\frac{1}{2}$ tazas. Use el factor de conversión 8 oz = 1 taza.
$1\frac{1}{2}$ tazas $\times$ 8 oz por taza = 12 oz

18. **10** Cada paquete rinde 24 onzas líquidas.
Primero, halle la cantidad de onzas líquidas.
5 paquetes rendirán 24 oz líq $\times 5 = 120$ oz líq
Convierta el tamaño de la porción de $1\frac{1}{2}$ tazas a onzas líquidas. Use el factor de conversión:
1 taza = 8 oz líq. Entonces, $1\frac{1}{2}$ tazas = 12 oz líq
Divida. 120 oz líq $\div \frac{12 \text{ oz líq}}{\text{porción}} = 10$ porciones

Enfoque en las destrezas de GED (Página 169)
1. **5 metros** Desplace el punto decimal 3 lugares hacia la izquierda. 5000 mm = 5.000 m

2. **3400 miligramos** Desplace el punto decimal 3 lugares hacia la derecha. 3.400 g = 3400. mg

3. **3000 gramos** Desplace el punto decimal 3 lugares hacia la derecha. 3.000 kg = 3000. g

4. **29.5 metros** Desplace el punto decimal 2 lugares hacia la izquierda. 2950. cm = 29.5 m

5. **3 litros** Desplace el punto decimal 3 lugares hacia la izquierda. 3000 ml = 3.000 L

6. **240 centímetros** Desplace el punto decimal 2 lugares hacia la derecha. 2.40 m = 240. cm

7. **661** Convierta 4.6 m a 460 cm
Sume. 75 cm + 126 cm + 460 cm = 661 cm

8. **16.8** 1,200 g $\times$ 14 = 16,800 g Para convertir a kilogramos, desplace el punto decimal 3 lugares hacia la izquierda. 16,800 g = 16.800 kg

9. **5,700** 3.8 km + 1.9 km = 5.7 km Para convertir a metros, desplace el punto decimal 3 lugares hacia la derecha. 5.700 km = 5700. m

Leccion 15
Enfoque en las destrezas de GED (Página 171)
1. **34.8 cm** $(11.6 \times 2) + (5.8 \times 2) = 34.8$ cm

2. **60 pulg** $15 \times 4 = 60$ pulg

3. **39 m** $16 + 13 + 10 = 39$ m

4. **5 pulg** Reste para hallar la longitud del lado sin rótulo. $1 - 0.25 = 0.75$ pulg
Luego, sume para hallar el perímetro.
$1 + 1 + 0.75 + 0.5 + 0.25 + 1.5 = 5$ pulg

5. **52 pies** $(14 \times 2) + (12 \times 2) = 52$ pies

6. **68.0 cm**
$(14.3 \times 2) + (13.5 \times 2) + 12.4 = 68.0$ cm

7. **154 pies** $33 + 60.5 + 33 + 27.5 = 154$ pies

8. **66 pies** $16.5 \times 4 = 66$ pies

Enfoque en las destrezas de GED (Página 173)
1. **54 metros²** $4.5 \times 12 = 54$ m²

2. **576 pulg²** $24 \times 24 = 576$ pulg²

3. **630 pies²** $35 \times 18 = 630$ pies²

4. **21 cm²** $4.6 \times 4.6 = 21.16$, que se redondea a 21 cm²

5. **168 pies²** $28 \times 6 = 168$ pies²

6. **5 cuartos** $32 \times 15 = 480$ pies² Divida para hallar la cantidad de cuartos necesarios.
$480 \div 100 = 4.8$ ct La ciudad necesitaría comprar cuartos enteros de recubrimiento protector, de modo que redondee hacia arriba.
4.8 redondea a 5.

7. **7020 pies²** $78 \times 90 = 7020$ pies²

8. **3600 pies²** Piense en la nueva ala como dos rectángulos: uno superior y otro inferior. Superficie el rectángulo inferior: $28 \times 36 = 1008$ pies²
Reste para hallar las medidas faltantes del rectángulo superior. $162 - 90 = 72$ pies;
$64 - 28 = 36$ pies Superficie del rectángulo superior: $72 \times 36 = 2592$ pies² Sume para hallar la superficie total. $1008 + 2592 = 3600$ pies²
$(162 - 90) \times (64 - 28) + (28 \times 36) = 3600$ pies²

9. **9600 pies²** $120 \times 80 = 9600$ pies²

10. **27,900 pies²** $(250 \times 150) - (120 \times 80) =$
$37,500 - 9,600 = 27,900$ pies²

Enfoque en las destrezas de GED (Página 175)
1. **720 pulg³** $15 \times 8 \times 6 = 720$ pulg³

2. **132.651 pulg³** $5.1 \times 5.1 \times 5.1 = 132.651$ pulg³

3. **21 pulg³** $4.2 \times 2 \times 2.5 = 21$ pulg³

4. **96 cm³** $8 \times 6 \times 2 = 96$ cm³

5. **1440 pulg³** $15 \times 24 \times 4 = 1440$ pulg³

6. **27 yd³** $3 \times 3 \times 3 = 27$ yd³

7. **576 pies³** $12 \times 8 \times 6 = 576$ pies³

8. **6 yd³** $(6 \times 3 \times 9) \div 27 = 6$ yd³
   O convierta pies a yardas.
   $2 \times 1 \times 3 = 6$ yd³

9. **157.5 pies³** $7.5 \times 6 \times 3.5 = 157.5$ pies³

10. **1728 pulg³** $12 \times 12 \times 12 = 12^3 = 1728$ pulg³

Práctica de GED (Página 177)

1. **(4) 7** Convierta el ancho a pies.
   1 pie = 12 pulg entonces 1 pie 6 pulg = $1\frac{1}{2}$ pies
   $P = l + l + w + w = 2 + 2 + 1\frac{1}{2} + 1\frac{1}{2} = 7$ pies

2. **(3) 432** Trabaje con pulgadas. 1 pie = 12 pulg;
   1 pie 6 pulg = 18 pulg and 2 pies = 24 pulg Halle
   la superficie para encontrar la cantidad de pulg²
   de cristal necesarias para cubrir la pintura.
   $S = L \times A = 18 \times 24 = 432$ pulg² o
   $1.5 \times 2 = 3$ pies²; 1 pie² = $12 \times 12 = 144$ pulg²
   $3 \times 144 = 432$ pulg²

3. **(5) 10 × 8 × 7** El espacio interior de la
   habitación es el volumen.
   Volumen = largo × ancho × alto

4. **(2) 37** Halle el perímetro de la parte superior del
   envase de cartón. Las medidas de esa parte son
   las mismas que las de la parte inferior, por lo
   tanto, la parte superior tiene 8.5 cm por 10 cm.
   Sume los lados. $8.5 + 8.5 + 10 + 10 = 37$ cm

5. **(4) 8.5 × 12** Para hallar la superficie del frente
   rectangular del envase, multiplique el largo por el
   ancho del rectángulo.

6. **(5) 1020** El volumen es la medida de la
   capacidad de un recipiente.
   Volumen = largo × ancho × alto
   $V = 8.5 \times 12 \times 10 = 1020$ cm³

Práctica de GED (Página 179)

1. **(4) 5900** La superficie del
   patio rectangular es
   $100 \times 75 = 7500$ m².
   La superficie del cuadrado
   con cubierta negra es
   $40 \times 40 = 1600$ m².
   Reste la superficie de este cuadrado de la del patio
   para hallar la superficie de la parte con hierba.
   $7500 - 1600 = 5900$ m²

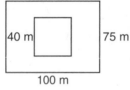

2. **(2) 128** Como la base es
   cuadrada, tiene 4 pulg tanto de
   largo como de ancho. La altura
   es 8 pulgadas. Volumen =
   largo × ancho × alto
   $V = 4 \times 4 \times 8 = 128$ pulg²

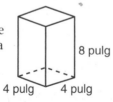

3. **(2) 15** Haga un dibujo
   del acolchado y cuente
   los puntos donde se
   encuentran cuatro
   cuadrados.

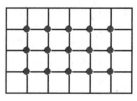

4. **(5) 2.2** Haga un dibujo y rotule la distancia
   desde la salida hasta el punto de control 1
   (1.8 km) y la distancia desde el punto de control
   3 hasta la meta (1.2 km). Reste las distancias que
   conoce $(1.8 + 1.2 = 3$ km) de la longitud total de
   la carrera para hallar la distancia desde el punto
   de control 1 al punto de control 3 (5 km –
   3 km = 2 km). Como el punto de control 2 se
   encuentra en el punto medio de esta distancia, el
   punto de control 2 está a 1 km del punto de
   control 1 y a 1 km del punto de control 3. Sume
   para hallar la distancia desde el punto de control
   2 hasta la línea final. $1.0 + 1.2 = 2.2$

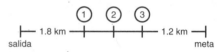

5. **(3) 3** Silvia fue 4 cuadras
   al norte y 4 cuadras al sur
   de modo que está de
   vuelta en el lugar de
   partida. Caminó 5 cuadras
   al este y sólo 2 cuadras al
   oeste, de modo que está 3
   cuadras al este del lugar
   desde donde partió.

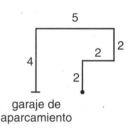

6. **(5) 404** La línea de tiza forma un rectángulo de
   dos pies dentro de otro rectángulo en todas las
   direcciones. En consecuencia, las medidas del
   nuevo rectángulo son 146 pies por 56 pies. (Reste
   2 pies de ambos extremos de cada lado, o 4 pies
   de cada medida.) El perímetro del rectángulo de
   tiza es la suma de los lados.
   $146 + 146 + 56 + 56 = 404$ ft

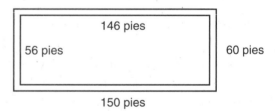

Prueba corta de GED • Lecciónes 14 y 15
(Páginas 180 a 183)

Parte 1

1. **(5) No se cuenta con suficiente información.** Sin conocer el ancho del rectángulo no se puede calcular su superficie.

2. **(5) 1130** Sume las longitudes de todos los lados. $278 + 234 + 301 + 174 + 143 = 1130$ cm

3. **(3) 2 libras y 13 onzas** Reste el peso de la perrita en enero del peso en abril. Reagrupe 1 libra desde las 11 libras, convierta a onzas (1 lb = 16 oz), y sume a 12 onzas. Finalmente, reste la cantidad menor.

$$\begin{array}{rcl} 11 \text{ lb } 12 \text{ oz} & = & 10 \text{ lb } 28 \text{ oz} \\ -\ 8 \text{ lb } 15 \text{ oz} & & -\ 8 \text{ lb } 15 \text{ oz} \\ \hline & & 2 \text{ lb } 13 \text{ oz} \end{array}$$

4. **(2) 200** Halle la superficie del rectángulo mayor. Superficie = largo × ancho $S = 32 \times 22 = 704$ pies^2 Halle la superficie del rectángulo menor. $S = 28 \times 18 = 504$ pies^2. Reste la superficie del rectángulo menor de la del rectángulo mayor. $704 - 504 = 200$ pies^2

5. **(2) 16** El perímetro es la suma de los largos de los cuatro lados. Rectángulo mayor: $S = 32 + 32 + 22 + 22 = 108$ pies. Rectángulo menor: $S = 28 + 28 + 18 + 18 = 92$ pies Reste el perímetro del rectángulo menor del perímetro del rectángulo mayor. $108 - 92 = 16$ pies

6. **(1) 12** Superficie del suelo = largo × ancho $S = 60 \times 40 = 2400$ pies^2. Divida la superficie del suelo por la superficie cubierta por un galón de pintura. $2400 \div 200 = 12$ galones

7. **(3) 14 yardas y 2 pies** Multiplique la longitud de una tabla por la cantidad de tablas. 3 yd 2 pies × 4 = 12 yd 8 pies Reduzca la respuesta. 1 yd = 3 pies 12 yd 8 pies = 12 yd + 2 yd + 2 pies = 14 yd 2 pies

8. **(5) 55.95** Sume los tres lados de la figura para hallar el perímetro. $16.52 + 17.24 + 22.19 = 55.95$

9. **(3) 54 pies** Sume todos los lados de la figura. 12 pies 2 pulg + 11 pies 8 pulg + 12 pies 4 pulg + 8 pies 7 pulg + 9 pies 2 pulg = 52 pies 23 pulg Reducir; redondear al pie más próximo. 52 pies 23 pulg = 52 pies + 1 pie + 11 pulg = 53 pies 11 pulg, que redondea a 54 pies.

10. **(5) 42.875** Todos los lados de un cubo son iguales. Volumen = largo × ancho × alto $V = 3.5 \times 3.5 \times 3.5 = 42.875$ pies^3

11. **(4) 19,200** Volumen = largo × ancho × alto $V = 100 \times 32 \times 8 = 25,600$ pies^3 Multiplique el volumen por $\frac{3}{4}$, o 0.75. $25,600 \times 0.75 = 19,200$ pies^3

12. **(5) 1458** Multiplique el largo de la mesa de café por su ancho para hallar la superficie de la tapa. $54 \times 27 = 1458$ pulg^3

Parte 2

13. **(2) 21 + 21 + 18 + 18** Sume los cuatro lados de la figura para hallar el perímetro: $21 + 21 + 18 + 18$

14. **(1) 56** Sume los dos largos y los dos anchos. $25 + 25 + 3 + 3 = 56$ pies

15. **(4) 108** Para hallar la superficie, multiplique el largo por el ancho. $18 \times 6 = 108$ m^2

16. **(4) 36** Sume los tres lados del triángulo para hallar el perímetro. $10 + 12 + 14 = 36$

17. **(4) 11 pies 3 pulgadas** Sume las longitudes de las dos piezas. 6 pies 8 pulg + 4 pies 7 pulg = 10 pies 15 pulg. Reduzca. 10 pies 15 pulg = 10 pies + 1 pies + 3 pulg = 11 pies 3 pulg

18. **(5) 2 pies 7 pulgadas** Cambie la longitud del trozo de cuerda pasándola de pies a pulgadas. 1 pie = 12 pulg $7 \text{ pies} \times \frac{12 \text{ pulg}}{\text{pies}} + 9 \text{ pulg} = 93 \text{ pulg}$ Divida el resultado por 3 para hallar la longitud de cada trozo. $93 \div 3 = 31$ pulg. Vuelva a convertir a pies y pulgadas. $31 \div 12 = 2$ pies 7 pulg

19. **(1) 4** Halle la superficie del cuadrado multiplicando el lado por sí mismo. $8 \times 8 = 64$ cm^2 Divida la superficie resultante por el largo del rectángulo para hallar el ancho. $64 \div 16 = 4$ cm

20. **(2) 8** Halle el volumen del cubo mayor: eleve al cubo la longitud de su arista. $4 \times 4 \times 4 = 64$ pulg^3 Halle el volumen del cubo menor elevando al cubo la longitud de su arista. $2 \times 2 \times 2 = 8$ pulg^3 Divida el volumen del cubo mayor por el del cubo menor. $64 \div 8 = 8$ cubos

21. **(2) 105** Sume las longitudes de los lados para hallar el perímetro. $10 + 12 + 13 = 35$ yd La respuesta debe estar en pies. Como 1 yd = 3 pies, multiplique el perímetro medido en yardas por 3. $35 \times 3 = 105$ pies

22. **(4) 28** Halle el ancho del rectángulo tomando la mitad de su altura y sumándole 2. $\frac{1}{2} \times 8 + 2 = 6$ pies Sume los dos largos y los dos anchos. $8 + 8 + 6 + 6 = 28$ pies

23. **(2) 70** Faltan dos medidas en la figura. Para hallar el lado izquierdo, sume las dos longitudes opuestas. $5 + 12 = 17$ pies Para hallar el lado corto que falta, reste las dos longitudes en los extremos opuestos de la figura. $18 - 12 = 6$ pies Complete los lados que faltan de la figura y sume para hallar el perímetro. $18 + 5 + 6 + 12 + 12 + 17 = 70$ pies

24. **(3) 234** Divida la figura en dos rectángulos. Halle la superficie del rectángulo superior multiplicando su largo por su ancho. $18 \times 5 = 90$ pies² Halle la superficie del rectángulo inferior multiplicando su largo por su ancho. $12 \times 12 = 144$ pies² Sume las dos superficies. $90 + 144 = 234$ pies²

25. **(4) 1680** Multiplique la cantidad de semanas por el número de días en una semana, 7, y por la cantidad de horas en un día, 24.
$10 \times 7 \times 24 = 1680$ h

Leccion 16

Enfoque en las destrezas de GED (Página 185)

1. **media: 88** $\frac{85 + 100 + 65 + 100 + 94 + 80 + 92}{7} = 88$
mediana:
92 Ordene los datos.
65, 80, 85, 92, 94, 100, 100
El valor que se encuentra en el centro es 92
moda: 100 El valor 100 aparece dos veces.
rango: 35 alto − bajo = $100 - 65 = 35$

2. **media: 163** $\frac{135 + 174 + 128 + 215}{4} = 163$

3. **media: 72** $\frac{57 + 24 + 28 + 57 + 136 + 164 + 38}{7} = 72$
mediana: 57 24, 28, 38, 57, 57, 136, 164
moda: 57 El valor 57 aparece dos veces.
rango: 140 alto − bajo = $164 - 24 = 140$

4. **$311.25** $311.252, que redondea a $311.25
$\frac{\$315.35 + \$369.82 + \$275.58 + \$305.83 + \$289.68}{5} =$
311.252

5. **media: 64.4°**
$\frac{61.5° + 65.6° + 64.8° + 60.8° + 69.0° + 61.1° + 67.3° + 65.4°}{8}$
$= \frac{515.5°}{8} = 64.4375$, que redondea a 64.4°
mediana: 65.1°
60.8°, 61.1°, 61.5°, 64.8°, 65.4°, 65.6°, 67.3°, 69.0°
Promedie los dos valores más cercanos al centro.
$(64.8 + 65.4) \div 2 = 65.1$
rango: 8.2° alto − bajo = $69.0° - 60.8° = 8.2°$

6. **media: $51** Sume los montos y divida por 12.
$606 \div 12 = \$50.50$
mediana: $49 ($51 + $46) ÷ 2 = $48.50
moda: $42 Este valor aparece dos veces.
rango: $38 alto − bajo = $74 − $36 = $38

Enfoque en las destrezas de GED (Página 187)

1. $\frac{1}{2}$, **0.5, 50%** Existen 4 números pares del total de 8 números. $P = \frac{\text{resultados favorables}}{\text{resultados totales}} = \frac{4}{8} = \frac{1}{2}$

2. $\frac{5}{8}$, **0.625, $62\frac{1}{2}$% o 62.5%** Cinco números son 3 o más altos de un total de 8 números. $\frac{5}{8} = 0.625$

3. $\frac{3}{8}$, **0.375, $37\frac{1}{2}$% o 37.5%** Hay 3 sectores marcados 1 ó 2 de un total de 8. $\frac{3}{8} = 0.375$

4. $\frac{3}{4}$, **0.75, 75%** 6 sectores están marcados con un número distinto de 4, de un total de 8 secciones $\frac{6}{8} = \frac{3}{4}$

5. $\frac{2}{5}$, **0.4, 40%** De 20 pruebas totales 8 resultaron de color blanco. $\frac{8}{20} = \frac{2}{5}$

6. $\frac{3}{4}$, **0.75, 75%** De 20 pruebas totales 15 <u>no</u> fueron de color verde. $\frac{15}{20} = \frac{3}{4}$

7. $\frac{1}{5}$, **0.2, 20%** Hay 25 batidoras en el estante del depósito (5 + 8 + 10 + 2 = 25).
De éstas, 5 son Modelo A. $\frac{5}{25} = \frac{1}{5} = 0.2$

8. $\frac{3}{5}$, **0.6, 60%** De las 25, 5 son del Modelo A y 10 son del Modelo C. $5 + 10 = 15$ y $\frac{15}{25} = \frac{3}{5} = 0.6$

Enfoque en las destrezas de GED (Página 189)

1. **25%** Probabilidad de que salga rojo $= \frac{2}{4} = \frac{1}{2}$
Probabilidad de que salga 4 o un número mayor $= \frac{3}{6} = \frac{1}{2}$
Probabilidad de ambos $= \frac{1}{2} \times \frac{1}{2} = \frac{1}{4} = 25\%$

2. **17%** Hay 4 sectores y los cuatro son rojos o azules. Hay un 5 en siete cartas.
Probabilidad de que salga rojo o azul $= \frac{4}{4}$
Probabilidad de sacar un 5 $= \frac{1}{6}$
Probabilidad de ambos $= \frac{4}{4} \times \frac{1}{6} = \frac{4}{24} = \frac{1}{6} =$
$0.166 = 16.6\%$, que se redondea a 17%

3. $\frac{1}{36}$ Los sucesos son independientes. Probabilidad de que Mario saque un 6 en el primer dado $= \frac{1}{6}$
Probabilidad de que saque un 6 en el segundo dado $= \frac{1}{6}$ Probabilidad de que en ambos salga $= \frac{1}{6} \times \frac{1}{6} = \frac{1}{36}$

4. $\frac{2}{3}$ La segunda opción es dependiente de la primera. Probabilidad de que Juan escoja un soporte blanco primero $= \frac{5}{6}$ Probabilidad de que Juan escoja un segundo soporte blanco (advierta que: solamente quedan 5 soportes, 4 de los cuales son blancos) $= \frac{4}{5}$ de probabilidad de ambos $=$
$\frac{5}{6} \times \frac{4}{5} = \frac{20}{30} = \frac{2}{3}$

5. **0.2** Dos de cada diez nombres son resultados favorables. $P = \frac{2}{10} = 0.2$

6. $\frac{1}{9}$ Los sucesos son dependientes. Después de sacar el primer nombre, sólo quedan nueve nombres en la caja. Probabilidad = 1 de 9 $= \frac{1}{9}$

7. **16%** Los dos sucesos son independientes. Probabilidad de sacar el número 20 en una sola vuelta $= \frac{2}{5}$
Probabilidad de sacar el 20 dos veces $= \frac{2}{5} \times \frac{2}{5} = \frac{4}{25} = 0.16 = 16\%$

8. $\frac{9}{25}$ Los acontecimientos son independientes. Probabilidad de sacar un número que no sea 10 = 3 de 5 $= \frac{3}{5}$. Probabilidad de que salga dos veces un número que no sea 10 $= \frac{3}{5} \times \frac{3}{5} = \frac{9}{25}$

9. **0.04** El segundo suceso es dependiente del primero. Probabilidad de que la 1ª unidad sea defectuosa = $\frac{20}{100}$, o $\frac{1}{5}$ Probabilidad de que la 2ª unidad sea defectuosa = $\frac{19}{99}$ Probabilidad de que las dos sean defectuosas = $\frac{1}{5} \times \frac{19}{99} = \frac{19}{495} = 0.038$, que se redondea a 0.04.

10. $\frac{2}{9}$ Estos sucesos son dependientes. Probabilidad de que Sara saque una carta de corazones la primera vez = $\frac{5}{10} = \frac{1}{2}$ Probabilidad de que saque un corazón la segunda vez = $\frac{4}{9}$ Probabilidad de ambas = $\frac{1}{2} \times \frac{4}{9} = \frac{4}{18} = \frac{2}{9}$

Práctica de GED (Página 191)

1. **(3) 87.0** Con la calculadora:
   94 $+$ 73 $+$ 86 $+$ 102 $+$ 96 $+$ 71 $=$ 522 $\div$ 6 $=$ 87

2. **(2) 90.0** Escriba los 6 puntos en orden creciente o decreciente. 71, 73, 86, 94, 96, 102 Como hay un número par de datos, no hay un número colocado en el centro. Halle el promedio (media) de los dos números más cercanos al centro, 86 y 94. (86 + 94) ÷ 2 = 90

3. **(1) 58.8°** Sume las temperaturas y divida por cinco. $\frac{64.4° + 59.3° + 68.0° + 48.8° + 53.6°}{5} = \frac{294.1°}{5} = 58.82°$, o 58.8°, redondeado a la décima más próxima.

4. **(3) 6** Sume las precipitaciones de los cuatro meses. Divida el resultado por la cantidad de meses. Con la calculadora: 6.3 $+$ 4.5 $+$ 3.8 $+$ 10.2 $=$ 24.8 $\div$ 4 $=$ 6.2, ó 6 redondeado a la pulgada más próxima.

5. **(2) 5** Escrba los valores en orden. 3.8, 4.5, 6.3, 10.2 Halle la media de los dos valores más cercanos al centro. (4.5 + 6.3) ÷ 2 = 10.8 ÷ 2 = 5.4, ó 5 redondeado a la pulgada más próxima.

6. **(4) $20.38** Escriba los valores en orden. $16.22, $17.98, $18.96, $21.80, $28.84, $29.32 Halle la media de los dos valores más cercanos al centro ($18.96 + $21.80) ÷ 2 = $40.76 ÷ 2 = $20.38

Leccion 17
Enfoque en las destrezas de GED (Página 193)

1. a. **$699**
   b. **895 kilovatios-hora**
   c. **16.8 pies³**

Mundo de Electrodomésticos—Refrigeradores

Modelo	Tamaño	Precio	Consumo anual de energía*
TR8	15.5 pies³	$459	624 kwh
AD7	18.5 pies³	$599	895 kwh 1b.
KT6	16.8 pies³	$479	922 kwh
CV9	20.4 pies³	$699 1a.	1108 kwh 3.
GC2	21.6 pies³	$699	1484 kwh

*el consumo de energía se indica en kilovatios-hora.

2. **5.6** Reste la capacidad actual de la del CV9.
   20.4 − 14.8 = 5.6 pies³

3. **$33.84** Hay dos maneras de resolver el problema. Método 1: Halle el costo anual de cada uno de los dos modelos. Luego reste.

   GC2: 1484 × $0.09 = $133.56
   CV9: 1108 × $0.09 = $99.72
   $133.56 − $99.72 = $33.84

   Método 2: Halle la diferencia en kilovatios-hora y multiplique por $0.09. 1484 − 1108 = 376
   376 × $0.09 = $33.84

4. **KT6** Para cada modelo, divida el precio por la cantidad de pies³.

   TR8: $459 ÷ 15.5 es aproximadamente $29.61
   KT6: $479 ÷ 16.8 es aproximadamente $28.51

5. **3 a 8** La cantidad de clientes que devuelven un producto para que se les reembolse el dinero es 12 y la cantidad que hace un pedido es 32. Escriba la razón y reduzca. $\frac{12}{32} = \frac{3}{8}$

6. $\frac{1}{3}$ 26 de 78 llamadas fueron para servicio técnico. $\frac{26}{78} = \frac{1}{3}$

7. **51%** 38 de las personas que llamaron hicieron un pedido y 8 cambiaron de producto, de un total de 40. Establezca una proporción para saber qué porcentaje de 78 es 40. $\frac{40}{78} = \frac{x}{100}$
   40 × 100 ÷ 78 = 51.2, se redondea a 51%

8. **.353** Halle las estadísticas de Katrina en la tabla. Divida. 6 ÷ 17 = 0.3529, que redondea a 0.353

9. **Ruvy** Para cada jugador, sume las bases logradas por golpes y por carreras. Ruvy, con un total de 10, hizo la primera base más veces que cualquier otro jugador.

10. **37** Sume los números. 15 + 12 + 10 = 37

11. **25%** 15 de 60 = $\frac{1}{4}$, o 25%.

12. **1:1 o $\frac{1}{1}$** Los números en cada categoría son los mismos. $\frac{15}{15}$ se reduce a $\frac{1}{1}$

Enfoque en las destrezas de GED (Página 195)

1. **$260,000** Lea el rótulo en la escala vertical correspondiente a la barra media. Su respuesta debería estar entre $200,000 y $300,000. Las marcas de la escala están en miles de dólares.

2. **Año 4** Compare cada barra con la anterior. Solamente la barra del Año 4 es menor que la del año previo.

3. **entre $230,000 y $260,000**
   Una buena estimación para el Año 5 es $490,000
   Una buena estimación para el Año 4 es −$250,000
   Reste para hallar la diferencia. $240,000

4. **4:1, o $\frac{4}{1}$** Compare la barra del Año 5 (aproximadamente $490,000) con la del Año 1 (aproximadamente $125,000) $\frac{\$490,000}{\$125,000}$ es alrededor de 4.

5. **entre $250,000 y $270,000** Sume las estimaciones de las ventas (altura de las barras) y divida por 5, el número total de años (cantidad de barras). Una estimación posible es: $120,000 + $170,000 + $260,000 + $250,000 + $490,000 = $1,290,000; $1,290,000 ÷ 5 = $258,000

6. **entre 300 y 325** Busque hasta dónde llega la altura de la parte sombreada de la primera barra en la escala del eje vertical. El número 310 es una estimación cercana.

7. **entre 200 y 250** El primer turno tiene aproximadamente 375 empleados y el tercero tiene cerca de 150 empleados. Reste para hallar la diferencia. 375 − 150 = 225 Aunque haya usado estimaciones diferentes, la diferencia entre las barras debe estar entre 200 y 250.

8. **2:1, o $\frac{2}{1}$** La parte sombreada de la barra correspondiente al segundo turno (aproximadamente 220) es casi el doble del tamaño de la parte no sombreada de la barra (aproximadamente 100).

9. **entre 30 y 40 empleados** Calcule la cantidad de empleados que trabajan medio tiempo en el 1º turno. 375 − 310 = 65
Calcule la cantidad en el 2º. 320 − 220 = 100
Reste para hallar la diferencia. 100 − 65 = 35

10. **entre 825 y 875** Calcule la cantidad de obreros empleados en cada turno y sume.
375 + 320 + 145 = 840

11. **entre 6° y 8°** Las horas entre el mediodía y la medianoche son por la tarde. Calcule la temperatura a las 4 p.m. y a las 6 p.m. y reste para hallar la diferencia. Fue de aproximadamente 68° a las 4 p.m. y de unos 62° a las 6 p.m. 68° − 62° = 6°

12. **10 a.m. a del 12 mediodía** La temperatura aumentó desde las 8 a.m. hasta las 4 p.m. Cada segmento de línea representa el cambio en un período de dos horas. La línea con mayor inclinación representa el cambio mayor. La temperatura aumentó 10° desde las 10.a.m. hasta el mediodía, que es el mayor incremento que muestra el gráfico.

13. **Octubre** La cantidad de pedidos en octubre es menor, o inferior a la de septiembre. Todos los demás meses muestran un incremento respecto al mes anterior.

14. **aproximadamente 2000** La cantidad de pedidos en diciembre fue de aproximadamente 6200; en septiembre fue de unas 4200. Reste. 6200 − 4200 = 2000

15. **aproximadamente 7130** Su respuesta es correcta si está entre 6900 y 7500. Reste para hallar la diferencia de ventas correspondiente a octubre y noviembre. 4600 − 4000 = 600 Luego, calcule la tasa del aumento. $\frac{600}{4000}$ = 0.15 = 15%
En consecuencia, la tasa de aumento de

diciembre a enero también es del 15%, y el 15% de 6200 (órdenes de diciembre) es 930. Sume 930 a 6200 para predecir las órdenes de enero. 6200 + 930 = 7130

16. **septiembre y noviembre** Localice un punto en la escala para 4400. Luego, mentalmente trace una línea horizontal a través del gráfico. Los puntos correspondientes a septiembre y noviembre son los más cercanos a la línea.

17. **entre $150,000 y $166,000** Noviembre tuvo aproximadamente 4,600 pedidos.
4,600 × $35 = $161,000

Enfoque en las destrezas de GED (Página 197)

1. **25%** Sume los porcentajes correspondientes a construcción y mejora de la instalación eléctrica. 21% + 4% = 25%

2. **$24,080** Halle el 43% de $56,000. $\frac{x}{\$56,000} = \frac{43}{100}$
$56,000 × 43 ÷ 100 = $24,080

3. **$7,840** Halle el 14% de $56,000. $\frac{x}{\$56,000} = \frac{14}{100}$
$56,000 × 14 ÷ 100 = $7,840

4. **39%** Sume los porcentajes a gastar en computadoras y software y reste de 100%. Computadoras 43% + software 18% = 61%
100% − 61% = 39%

5. **muebles y software** Recuerde. $\frac{1}{3} = 33\frac{1}{3}$%.
Sume para hallar las dos cantidades con una suma que resulte la más próxima al $33\frac{1}{3}$%.
Muebles 14% + Software 18% = 32%, lo que es casi $\frac{1}{3}$ del presupuesto total.
(Nota: Muebles y construcción totalizan 35%, lo cual también representa aproximadamente $\frac{1}{3}$ del presupuesto total.)

6. **software** Halle qué porcentaje de $56,000 es $10,000. Luego compare el porcentaje con la gráfica. $\frac{\$10,000}{\$56,000} = \frac{x}{100}$ $10,000 × 100 ÷ $56,000 es aproximadamente 17.9%. El elemento más próximo a 17.9% es software con un presupuesto del 18%.

7. **$14,000** Sabe que 21% y 4% se gastarán en construcción y mejora de la red eléctrica.
21% + 4% = 25%, ó $\frac{1}{4}$
25% de $56,000, o $\frac{1}{4}$ de $56,000, es $14,000

8. **$76** Combine los porcentajes de los dos elementos. 13% + 6% = 19% Halle el 19% de $400. $\frac{19}{100} = \frac{x}{\$400}$ 19 × $400 ÷ 100 = $76

9. **almuerzos** El porcentaje correspondiente a premios es 6%, y 5 × 6% = 30%. El elemento en la gráfica más próximo a 30% es almuerzos con 34%.

10. **$\frac{1}{2}$** Observe que las secciones de vestimenta, alimentos y transporte juntos representan medio círculo, lo que equivale a 50%, ó $\frac{1}{2}$. También puede

Respuestas y explicaciones

resolver el problema sumando todas las cantidades para hallar el valor total del círculo, $2000. Luego sume las cantidades de vestimenta, alimentos y transporte.

$200 + $500 + $300 = $1000 Por último, escriba una fracción y reduzca. $\frac{\$1000}{\$2000} = \frac{1}{2}$

11. **30%** Sume todas las cantidades para hallar el presupuesto total. La suma da $2000. La cantidad gastada en vivienda y servicios es $600. Halle qué porcentaje de $2000 es $600. $2000. $\frac{\$600}{\$2000} = \frac{x}{100}$; $600 \times 100 \div $2000 = 30\%$

12. **atención al cliente** Como $\frac{1}{4}$ equivale a 25%, busque este porcentaje en la gráfica.

13. **53%** Sume los porcentajes correspondientes a la entrada de datos y a los envíos postales. 44% + 9% = 53%

14. **2:1** Use los porcentajes para escribir una razón. 44%:22% = 2:1

15. **entre 17 y 18 horas** Halle el 44% de 40. $\frac{x}{40} = \frac{44}{100}$; $40 \times 44 \div 100 = 17.6$ h

16. **17 horas** Sume los porcentajes de atención al cliente y teléfono. 25% + 22% = 47%. Halle el 47% de 36 $\frac{x}{36} = \frac{47}{100}$; $36 \times 47 \div 100 = 16.92$, redondeado 17

Prueba corta de GED • Lecciónes 16 y 17
(Páginas 198 a 201)
Parte 1

1. **(5) $30,412** Sume los cinco salarios anuales. Divida el resultado por la cantidad de salarios. $27,560 + $30,050 + $22,750 + $42,800 + $28,900 = $152,060 ÷ 5 = $30,412

2. **(3) $28,900** Liste los salarios en orden $22,750, $27,560, $28,900, $30,050, $42,800 La mediana es el número en el centro de la lista.

3. **(2) $\frac{3}{7}$** Halle el número total de posibilidades que no son un calcetín negro sumando la cantidad de calcetines rojos y la de azules. 2 + 4 = 6 Escriba una fracción colocando el resultado sobre el número total de resultados, 14. Reduzca la fracción a su mínima expresión. $\frac{6}{14} = \frac{3}{7}$

4. **(3) $400** Reste el precio del oro en julio del precio en septiembre. $600 − $200 = $400

5. **(4) 3:1** Forme una razón entre el precio del oro en septiembre y el precio del oro en julio. Reduzca. $600:$200 = 3:1

6. **(1) octubre, noviembre y diciembre** En octubre, noviembre y diciembre, las barras sombreadas, que representan cantidad de precipitaciones reales, son menores que las de las barras sin sombrear que representan la cantidad de precipitaciones normales.

7. **(2) 3** Las barras sombreadas que representan diciembre, enero y febrero están todas por encima de 5.0 pulgadas.

8. **(4) 4.6** Reste la precipitación real de marzo de la real de enero, 6.8 − 2.2 = 4.6 pulg

9. **(4) 6.0** Sume las precipitaciones normales de noviembre, diciembre y enero. 5.8 + 6.5 + 6.0 = 18.3 Divida el resultado por la cantidad de meses, 3. 18.3 ÷ 3 = 6.1, que da aproximadamente 6.0 pulgadas

10. **(5) 25** Reste la cantidad de millones de participantes en campamentos de la cantidad de participantes en natación. 70 − 45 = 25

11. **(4) 57** Sume la cantidad de millones de participantes en los cinco deportes. Divida por la cantidad de deportes, $\frac{58 + 45 + 45 + 70 + 65}{5} = \frac{283}{5} = 56.6$, un resultado que redondeado es 57 (millones)

Parte 2

12. **(5) 49** Sume la cantidad de minutos correspondientes a todos los días. Divida el resultado por la cantidad de días: 7. $\frac{42 + 54 + 62 + 40 + 57 + 50 + 38}{7} = 343 \div 7 = 49$

13. **(2) 50** Liste los números en orden. 38, 40, 42, 50, 54, 57, 62. La mediana es el número en el centro de la lista.

14. **(3) $\frac{1}{4}$** El número total de posibles resultados es 20. El total de resultados favorables (los números 16, 17, 18, 19 o 20) es 5. Escriba una fracción con la cantidad total de resultados favorables sobre el total de resultados. $\frac{5}{20}$. Reduzca la fracción a su mínima expresión. $\frac{5}{20} = \frac{1}{4}$

15. **(4) 80** Multiplique el número total de cursos ofrecidos por el porcentaje de cursos de desarrollo personal. 500 × 0.16 = 80

16. **(5) 11:5** Compare el porcentaje de cursos de Administración ofrecidos con el de cursos de salud: 22%:10%. Reduzca. 22%:10% = 11:5

17. **(2) 5** Reste el porcentaje de cursos de entretenimiento del de cursos de administración. 22% − 21% = 1% Multiplique el resultado por la cantidad total de cursos. 500 × 0.01 = 5

18. **(3) 8,700 to 10,000** El valor mínimo se registra en noviembre (8,700) y el máximo en febrero (10,000).

19. **(3) cuatro** La gráfica registra cambios en febrero, mayo, septiembre y noviembre.

20. **(5) noviembre a diciembre** De los meses consecutivos listados, sólo de noviembre a diciembre hubo un aumento de nuevos suscriptores.

21. **(4) $4000** Reste las ventas netas de la tienda de Detroit de las ventas netas de la de Boston. $11.0 − $7.0 = $4.0 La escala describe ventas en miles de dólares, de modo que $4.0 representa $4000.

22. (2) 2:3 Escriba una razón entre las ventas netas de la tienda de Los Ángeles y las ventas netas de la tienda de San Francisco. 6:9 Reduzca la relación. 6:9 = 2:3

23. (3) $8.2 Sume las cinco ventas netas de la gráfica. $11 + $6 + $7 + $9 + $8 = $41 Divida el resultado por la cantidad de tiendas: 5. $41 ÷ 5 = $8.2

Unidad 2 Repaso acumulativo
(Páginas 202 a 206)
Parte 1

1. (5) 8000 Sume el porcentaje empleado en una ocupación mayorista y el porcentaje empleado en una ocupación de salud o de educación. 20% + 12% = 32% Multiplique el resultado por la cantidad total de personas. 25,000 × 0.32 = 8000

2. (4) 5250 Reste el porcentaje empleado en una ocupación de entretenimiento del empleado en una ocupación de administración, jurídica o profesional. 22% − 1% = 21% Multiplique el resultado por el número total de personas. 25,000 × 21% = 25,000 × 0.21 = 5250

3. (1) 64 Cambie la longitud de un lado del cuadrado por pulgadas. 1 pie 4 pulg = 12 pulg + 4 pulg = 16 pulg. Como un cuadrado tiene cuatro lados iguales, multiplique la longitud de un lado por 4. 16 pulg × 4 = 64 pulgadas

4. (4) 860 Halle el perímetro de la figura. Sume los dos largos y los dos anchos.
310 + 310 + 120 + 120 = 860 yd

5. (3) 496 Halle la superficie. Multiplique el largo del campo de práctica por su ancho.
310 × 120 = 37,200 Divida la superficie resultante por la superficie que cubre con una bolsa de semilla de césped. 37,200 ÷ 75 = 496

6. (4) 0.24 Sume para hallar la cantidad total de resultados posibles. 12 + 10 + 28 = 50 La cantidad total de resultados favorables es 12. Escriba una fracción con la cantidad total de resultados favorables sobre la de resultados posibles. $\frac{12}{50} = \frac{24}{100} = 0.24$

7. (3) 17 + 35 + 45 Para hallar el perímetro de una figura, sume las longitudes de los lados.

8. (5) 2 Convierta la longitud del tubo más largo a pies. 1 yarda = 3 pies; 2 yd = 6 pies. Reste la longitud del tubo más corto de la del más largo. 6 pies – 4 pies = 2 pies

9. (4) $\frac{1}{50}$ Escriba una fracción con el número total de resultados favorables sobre el de resultados posibles. Reduzca la fracción. $\frac{4}{200} = \frac{1}{50}$

10. (2) $79.39 Haga una lista con las cantidades de la tabla en orden creciente o decreciente. $59.76, $63.15, $74.47, $84.31, $89.36, $90.12. Dado que hay 6 cantidades, halle el promedio (media) de los dos números más cercanos al centro.
($74.47 + $84.31) ÷ 2 = $158.78 ÷ 2 = $79.39

11. (1) $76.86 Sume las cantidades de la tabla.
$89.36 + $90.12 + $74.47 + $63.15 + $59.76 + $84.31 = $461.17
Divida el resultado por el número de cantidades 6.
$461.17 ÷ 6 = $76.861 = $76.86, redondeado al centavo más próximo.

12. (2) 186.0 Sume las cinco puntuaciones. Divida el resultado por la cantidad de puntuaciones: 5.
184 + 176 + 202 + 178 + 190 = 930 ÷ 5 = 186

Parte 2
13. (3) 85 Sume todas las calificaciones. Divida el resultado por la cantidad de calificaciones.
$\frac{60 + 85 + 95 + 80 + 95 + 95}{6} = 510 ÷ 6 = 85$

14. (2) 90 Haga un listado de las calificaciones en orden creciente o decreciente: 95, 95, 95, 85, 80, 60. Como hay seis calificaciones, promedie las dos calificaciones del medio.
(95 + 85) ÷ 2 = 180 ÷ 2 = 90

15. (2) 10:50 a.m. Sume los tiempos de los tres proyectos. 20 + 20 + 30 = 70 min, o 1 h 10 min Reste el resultado desde las 12 del mediodía, o 12 h.

12 h	=	11 h 60 min
− 1 h 10 min	=	− 1 h 10 min
		10 h 50 min

16. (5) 10 a 12 meses La línea con la mayor inclinación (la que más aumenta) se registra entre 10 y 12 meses.

17. (5) 2.5 El peso de Matías después del año, o 12 meses, es aproximadamente 13 kg. Reste el peso promedio de 10.5 kg de esta cantidad.
13 − 10.5 = 2.5

18. (4) 8 a 10 meses La línea parece ser muy aplanada (la que menos aumenta) desde los 8 a los 10 meses.

19. (4) $7\frac{1}{2}$ Un método es cambiar la fracción a un decimal. $3\frac{3}{4} = 3.75$ Para duplicar el ancho, multiplique por 2. 3.75 × 2 = 7.5 Cambie el decimal por una fracción. $7.5 = 7\frac{5}{10} = 7\frac{1}{2}$ pulgadas

20. (4) Sobrarán cuatro pulgadas. Cambie la longitud de la pared a pulgadas multiplicando por la cantidad de pulgadas en un pie. 12. 12 × 12 = 144 pulg. Halle la longitud de las cuatro estanterías para libros en pulgadas. 35 pulg × 4 = 140 pulg. Reste para comparar. 144 pulg − 140 pulg = 4 pulg

21. (1) 40 Use los siguientes factores de conversión. 1 gal = 4 ct; 1 ct = 2 pt; en consecuencia, 1 gal = 8 pt 5 × 8 = 40 pintas

22. (5) 1080 Cambie cada medida por pies.
5 yardas = 15 pies; 4 yd = 12 pies; 2 yd = 6 pies
Volumen = largo × ancho × alto
V = 15 × 12 × 6 = 1080 pies³

23. (3) 50 El volumen del cubo es la longitud del lado elevada al cubo. V = 5 × 5 × 5 = 125 pies³

Multiplique el resultado por $\frac{2}{5}$ o por su equivalente decimal: 0.4. $125 \times 0.4 = 50$ pies^3

24. **(1) 30** Sume los tres bordes exteriores que no se unen a la casa. $10 + 12 + 8 = 30$ pies

25. **(4) $(12 \times 8) + \frac{1}{4}(12 \times 8)$** Para hallar la superficie del rectángulo, multiplique largo por ancho (12×8). Como la superficie del rectángulo es cuatro veces la del triángulo, el triángulo es $\frac{1}{4}$ la superficie del rectángulo: $\frac{1}{4}$ (12×8). Sume las dos superficies.

26. **(2) $\frac{1}{5}$** Tres de las 15 cartas son menores que 4: 3, 2, 1. La probabilidad de sacar una de esas tres cartas es $\frac{3}{15}$. Reduzca. $\frac{3}{15} = \frac{1}{5}$

27. **(2) $\frac{7}{15}$** Hay 7 cartas con número par: 2, 4, 6, 8, 10, 12 y 14. Escriba una fracción con el número total de resultados favorables, 7, sobre el número total de resultados posibles, 15. $\frac{7}{15}$

28. **(2) 7:8** Hay siete cartas con número par: 2, 3, 6, 8, 10, 12 y 14. Hay ocho cartas con número impar: 1, 3, 5, 7, 9, 11, 13 y 15. La razón debiera comparar pares con impares. Recuerde que el orden en que se escribe la razón es importante. La cantidad de cartas pares debe escribirse primero.

29. **(5) $\frac{1}{225}$** La probabilidad de escoger cualquiera de las cartas es $\frac{1}{15}$. Al volver a colocar la carta, la probabilidad de sacar la misma carta la vez siguiente también es $\frac{1}{15}$. La probabilidad de sacar la misma carta dos veces seguidas es el producto de las dos probabilidades independientes.
$\frac{1}{15} \times \frac{1}{15} = \frac{1}{225}$

30. **(5) \$4.08** Multiplique el porcentaje gastado en palomitas de maíz por la cantidad total gastada. $0.34 \times \$12 = \$4.08$ millones

31. **(3) \$5.04** Sume los tres porcentajes gastados en nueces, pretzels y nachos. $13\% + 12\% + 17\% = 42\%$ Multiplique el porcentaje resultante por el total gastado. $0.42 \times \$12$ millones $= \$5.04$ millones

32. **(2) 2:1** Escriba una razón entre el porcentaje gastado en palomitas de maíz y el gastado en nachos. 34:17. Reduzca la razón. $34:17 = 2:1$

UNIDAD 3: ÁLGEBRA
Leccion 18
Enfoque en las destrezas de GED (Página 211)
1. **12** $\quad (+7) + (+5) = +12$
2. **−16** $\quad (-10) + (-6) = -16$
3. **−1** $\quad (-6) + (+5) = -1$
4. **3** $\quad (+10) - (+7) = +3$

5. **−10** $\quad (-3) - (+7) = -10$
6. **−6** $\quad (-1) - (+5) = -6$
7. **−2** $\quad (+6) + (-8) = -2$
8. **20** $\quad (+15) - (-5) = +20$
9. **−14** $\quad (+10) + (-24) = -14$
10. **48** $\quad (-12) - (-60) = +48$
11. **510** $\quad (-118) - (-628) = +510$
12. **−141** $\quad (+315) - (+456) = -141$
13. **−430** $\quad (-1028) + (+598) = -430$
14. **−1541** $\quad (-1482) + (-59) = -1541$
15. **669** $\quad (+824) + (-155) = +669$
16. **7**
$$(+7) + (-5) + (-4) + (+9) =$$
$$(+7) + (+9) + (-5) + (-4) =$$
$$(+16) \quad + \quad (-9) \quad = 7$$
17. **−6**
$$(-6) - (+9) + (+10) - (+1) =$$
$$(-6) + (-9) + (-1) + (+10) =$$
$$(-15) \quad\quad + \quad (+9) = -6$$
18. **7**
$$(-5) - (-4) - (-8) =$$
$$(-5) + (+4) + (+8) =$$
$$(-5) + \quad (+12) \quad = 7$$
19. **−33**
$$(+13) - (+34) + (-12) =$$
$$(+13) + (-34) + (-12) =$$
$$(+13) + \quad (-46) \quad = -33$$
20. **−27**
$$(-12) + (-38) + (+75) - (+52) =$$
$$(-12) + (-38) + (+75) + (-52) =$$
$$(-12) + (-38) + (-52) + (+75) =$$
$$(-102) \quad\quad + (+75) = -27$$
21. **1250 pies** $\quad (+1000) - (-250) =$
$$(+1000) + (+250) = 1250$$
22. **\$497**
$$(+\$318) + (-\$60) + (+\$289) + (-\$50) =$$
$$(+\$318) + (+\$289) + (-\$60) + (-\$50) =$$
$$(+\$607) \quad\quad + (-\$110) \quad = \$497$$

Enfoque en las destrezas de GED (Página 213)
1. **−6** $\quad (-2)(+3) = -6$
2. **28** $\quad (-4)(-7) = +28$
3. **−30** $\quad (+6)(-5) = -30$
4. **36** $\quad (+12)(+3) = +36$
5. **12** $\quad (-6)(-1)(+2) = (+6)(+2) = +12$
6. **54** $\quad (+9)(-2)(-3) = (-18)(-3) = +54$
7. **−16** $\quad (-64) \div (+4) = -16$
8. **−5** $\quad (+15) \div (-3) = -5$
9. **4** $\quad (+20) \div (+5) = +4$
10. **3** $\quad (-36) \div (-12) = +3$

11. **−12** $\frac{-132}{11} = -12$

12. **4** $\frac{-4}{-1} = +4$

13. **96** $(12)(-4)(-2) = (-48)(-2) = +96$

14. **−2** $\frac{54}{-27} = -2$

15. **−224** $(2)(-112) = -224$

16. **125** $\frac{-1000}{-8} = 125$

17. **−72** $(-8)(-9)(-1) = (+72)(-1) = -72$

18. **−14** $\frac{126}{-9} = -14$

19. **24,500** $(7)(350)(-5)(-2) = (2450)(-5)(-2) =$
$(-12,250)(-2) = 24,500$

20. **2** $\frac{-42}{-21} = +2$

21. **38** $6 + 8 \times 2^2 = 6 + 8 \times 4 = 6 + 32 = 38$

22. **10** $\frac{-2 - (+8)}{(6) \div (-6)} = \frac{-10}{-1} = 10$

23. **−30** $(-9 \times 4) - (-3 \times 2) =$
$-36 \quad - \quad (-6) \quad = -36 + 6 = -30$

24. **−1** $10 + (-3 + 4 \times (-2)) =$
$10 + (-3 + \quad (-8)) \quad =$
$10 + \quad (-11) \qquad = -1$

25. **−61** $(-25) - 4 \times 3^2 =$
$(-25) - 4 \times 9 =$
$(-25) \quad - 36 \quad = -61$

26. **−25** $6 - (4 \times 8 + (-1)) =$
$6 - (\quad 32 \quad + (-1)) =$
$6 - \qquad 31 \qquad = -25$

27. **−2** $\frac{(-4) + (-6)}{(+4) - (-1)} = \frac{-10}{5} = -2$

28. **82** $(-2 \times 5)^2 + (-3 \times 6) =$
$(-10)^2 + \quad (-18) =$
$100 \quad + \quad (-18) = 82$

29. **3** $\frac{-2 - 19}{-3 + -4} = \frac{-21}{-7} = 3$

30. **−1** $2^2 + \frac{-25}{-4 + 9} = 4 + \frac{-25}{5} = 4 + (-5) = -1$

31. **−2** $(2)(-7) - (3)(-4) =$
$-14 \quad - \quad (-12) = -14 + 12 = -2$

Enfoque en las destrezas de GED (Página 215)

1. $x - 2$

2. $2x + 4$

3. $3x - 9$

4. $5(x + (-3))$

5. $11x$

6. $4x - 10$

7. $\frac{x}{3}$

8. $5 - 2x$

9. $2x + (3)(8)$

10. $\frac{3 - x}{6}$

11. $8 - (15 + x)$

12. $\frac{5}{xy}$

13. $\frac{3x}{x + y}$

14. $x^2 + 12y$

15. $2(x - y)$

16. **a.** **−19** $3(-7 - 6) + 2(10) =$
$3 \quad (-13) + \quad 20 =$
$-39 + \quad 20 = -19$

b. **−7** $3(5 - 6) + 2(-2) =$
$3 \quad (-1) + \quad (-4) =$
$-3 \quad + \quad (-4) = -7$

c. **−6** $3(0 - 6) + 2(6) =$
$3 \quad (-6) + \quad 12 =$
$-18 \quad + \quad 12 = -6$

d. **−3** $3(3 - 6) + 2(3) =$
$3 \quad (-3) + \quad 6 =$
$-9 \quad + \quad 6 = -3$

17. **a.** **−4** $0^2 - 2^2 = 0 - 4 = -4$
b. **3** $(-2)^2 - 1^2 = 4 - 1 = 3$
c. **0** $5^2 - (-5)^2 = 25 - 25 = 0$
d. **−3** $(-1)^2 - (-2)^2 =$
$1 - 4 = -3$

18. **a.** **−5** $\frac{(0 + 5)^2}{0 - 5} =$
$\frac{5^2}{-5} \quad =$
$\frac{25}{-5} \quad = -5$

b. **−9** $\frac{(1 + 5)^2}{1 - 5} =$
$\frac{6^2}{-4} \quad =$
$\frac{36}{-4} \quad = -9$

c. **−32** $\frac{(3 + 5)^2}{3 - 5} =$
$\frac{8^2}{-2} \quad =$
$\frac{64}{-2} \quad = -32$

d. **−81** $\frac{(4 + 5)^2}{4 - 5} =$
$\frac{9^2}{-1} \quad =$
$\frac{81}{-1} \quad = -81$

19. a. 36 $\quad 8(4) + \frac{-2(2)}{-1} =$

$\qquad 32 + \frac{-4}{-1} =$

$\qquad 32 + 4 = 36$

b. 64 $\quad 8(9) + \frac{-2(-4)}{-1} =$

$\qquad 72 + \frac{8}{-1} =$

$\qquad 72 + (-8) = 64$

c. −8 $\quad 8(-1) + \frac{-2(0)}{-1} =$

$\qquad -8 + \frac{0}{-1} =$

$\qquad -8 + 0 = -8$

d. 30 $\quad 8(5) + \frac{-2(-5)}{-1} =$

$\qquad 40 + \frac{10}{-1} =$

$\qquad 40 + (-10) = 30$

20. a. −100 $\quad \frac{(6+4)^2}{-1} =$

$\qquad \frac{10^2}{-1} =$

$\qquad \frac{100}{-1} = -100$

b. 6 $\quad \frac{(6+0)^2}{6} =$

$\qquad \frac{6^2}{6} =$

$\qquad \frac{36}{6} = 6$

c. −6 $\quad \frac{(6+0)^2}{-6} =$

$\qquad \frac{6^2}{-6} =$

$\qquad \frac{36}{-6} = -6$

d. 32 $\quad \frac{(6+2)^2}{2} =$

$\qquad \frac{8^2}{2} =$

$\qquad \frac{64}{2} = 32$

21. a. −3 $\quad (-3)^2 + 2(-3) - 6 =$

$\qquad 9 + (-6) - 6 =$

$\qquad 3 \qquad -6 = -3$

b. 2 $\quad 2^2 + 2(2) - 6 =$

$\qquad 4 + 4 - 6 =$

$\qquad 8 \quad -6 = 2$

c. 18 $\quad 4^2 + 2(4) - 6 =$

$\qquad 16 + 8 - 6 =$

$\qquad 24 \quad -6 = 18$

d. 74 $\quad 8^2 + 2(8) - 6 =$

$\qquad 64 + 16 - 6 =$

$\qquad 80 \quad -6 = 74$

22. a. −36 $\quad -3(2)(2^2 + 2) =$

$\qquad -6 (4 + 2) =$

$\qquad -6 \quad (6) = -36$

b. −3060 $\quad -3(10)(10^2 + 2) =$

$\qquad -30 (100 + 2) =$

$\qquad -30 \quad (102) = -3060$

c. 2241 $\quad -3(-9)(-9^2 + 2) =$

$\qquad 27 \quad (81 + 2) =$

$\qquad 27 \qquad (83) = 2241$

d. 0 $\quad -3(0)(0^2 + 2) =$

$\qquad 0 \quad (0 + 2) =$

$\qquad 0 \quad (2) = 0$

23. a. 4 $\quad \frac{2(4^2 + (-2))}{7} =$

$\qquad \frac{2(16 + (-2))}{7} =$

$\qquad \frac{2 (14)}{7} =$

$\qquad \frac{28}{7} = 4$

b. 3 $\quad \frac{2(3^2 + 0)}{6} =$

$\qquad \frac{2(9 + 0)}{6} =$

$\qquad \frac{2 (9)}{6} =$

$\qquad \frac{18}{6} = 3$

c. 16 $\quad \frac{2(-1^2 + (-9))}{-1} =$

$\qquad \frac{2(1 + (-9))}{-1} =$

$\qquad \frac{2 (-8)}{-1} =$

$\qquad \frac{-16}{-1} = 16$

d. −8 $\quad \frac{2(-5^2 + (-5))}{-5} =$

$\qquad \frac{2(25 + (-5))}{-5} =$

$\qquad \frac{2 (20)}{-5} =$

$\qquad \frac{40}{-5} = -8$

Enfoque en las destrezas de GED (Página 217)

NOTA: Es posible que haya escrito los términos en un orden diferente. Su respuesta es correcta si ha incluido todos los términos y todos ellos llevan el signo correcto. Recuerde que a cada término le pertenece el signo que lleva delante.

1. $16x - 8y$ $\qquad 7x - 8y + 9x$

$\qquad\qquad\qquad 16x - 8y$

2. $3y^2 - 4y$ $\qquad 5y^2 - 4y - 2y^2$

$\qquad\qquad\qquad 3y^2 - 4y$

3. $4m - 3n - 3$ $\qquad 4m - 9n - 3 + 6n$

$\qquad\qquad\qquad 4m - 3n - 3$

4. −3x + 2

$-5x + 16 - 8x - 14 + 10x$
$-13x + 2 + 10x$
$-3x + 2$

5. $8x^2 + 9x + 7$

$9x - 6 + 8x^2 + 13$
$8x^2 + 9x + 7$

6. 13n + 25

$25 - 3n + 16n$
$13n + 25$

7. 12x + 36y

$12(x + 3y)$
$12x + 36y$

8. −5xy + 45x

$5x(-y + 9)$
$-5xy + 45x$

9. 5x + 4y + 15

$4(2x + y) - 3(x - 5)$
$8x + 4y - 3x + 15$
$5x + 4y + 15$

10. 14x − 9

$15 + 6(x - 4) + 8x$
$15 + 6x - 24 + 8x$
$14x - 9$

11. −7n

$3m + 2(m - n) - 5(m + n)$
$3m + 2m - 2n - 5m - 5n$
$-7n$

12. −2x + xy + 2y

$x - 2(xy - y) + 4xy - x(3 + y)$
$x - 2xy + 2y + 4xy - 3x - xy$
$-2x + xy + 2y$

13. 25

$3x + 5(x + 9) - 4x$
$3x + 5x + 45 - 4x$
$4x + 45$
$4(-5) + 45 = -20 + 45 = 25$

14. −40

$2m - 3(m + 5) - 15$
$2m - 3m - 15 - 15$
$-m - 30$
$-10 - 30 = -40$

15. 9

$xy + 4x(1 - y) + 2x$
$xy + 4x - 4xy + 2x$
$6x - 3xy$
$6(-1) - 3(-1)(5) = -6 + 15 = 9$

16. −18

$3y(2xz + 2) - 6xyz$
$6xyz + 6y - 6xyz$
$6y$
$6(-3) = -18$

17. 4

$4(2x - y) - 3x + 2y$
$8x - 4y - 3x + 2y$
$5x - 2y$
$5(0) - 2(-2) = 0 + 4 = 4$

18. −68

$9a - 8b(2 + a) + 16b$
$9a - 16b - 8ab + 16b$
$9a - 8ab$
$9(-4) - 8(-4)(-1) =$
$-36 - 32 = -68$

19. (4) 3x + 7y

$4(x + 2y) - (x + y)$
$4x + 8y - x - y$
$3x + 7y$

20. (4) $-2n^2 + 6n + 12$ $8n - 2(n^2 + n) + 12$
$8n - 2n^2 - 2n + 12$
$-2n^2 + 6n + 12$

21. (1) mn $-m(2m + 2n) + 3mn + 2m^2$
$-2m^2 - 2mn + 3mn + 2m^2$
mn

22. (2) −2a − 10b + 2c $3(-4b) - 2(a - b - c)$
$-12b - 2a + 2b + 2c$
$-2a - 10b + 2c$

Práctica de GED (Página 219)

1. (4) 10 Comience en cero, sume −1, sume 5 y sume −8. $0 + (-1) + 5 + (-8) = -4$ Rita tiene −4 puntos, es decir, 10 puntos menos que la puntuación de Javier, que es de +6 puntos.

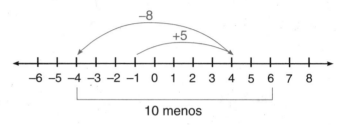

2. (5) −4 El punto que se encuentra a medio camino entre 1 y −3 es −1. Contar 3 unidades hacia la izquierda es lo mismo que sumar −3. $-1 + (-3) = -4$.

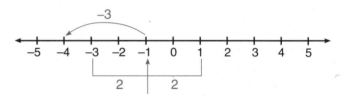

3. (2) −2°F Comience en −5. Luego desplácese 6 lugares hacia arriba y 3 hacia abajo. La temperatura a la 1 p.m. es de −2°F.

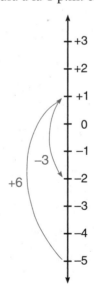

Respuestas y explicaciones

4. **(5) 5** Para resolver el problema en una recta numérica, comience en +4. Desplácese a la derecha para marcar la puntuación del dado rojo y hacia la izquierda para marcar la puntuación del dado verde.

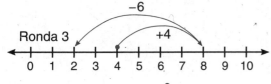

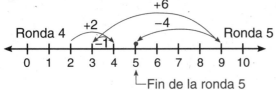

También puede sumar los números enteros para encontrar la respuesta. $(+4) + (+4) + (+2) + (+6) + (-6) + (-1) + (-4) = +5$

5. **(4) −4 y 0** Busque cada par de puntos en una recta numérica y localice el punto medio.

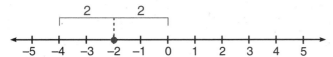

Leccion 19
Enfoque en las destrezas de GED (Página 221)

1. **19**
$$x - 15 = 4$$
$$x - 15 + 15 = 4 + 15$$
$$x = 19$$

2. **10**
$$x - 7 = 3$$
$$x - 7 + 7 = 3 + 7$$
$$x = 10$$

3. **24**
$$\frac{x}{2} = 12$$
$$\frac{2x}{2} = 12(2)$$
$$x = 24$$

4. **7**
$$-6x = -42$$
$$\frac{-6x}{-6} = \frac{-42}{-6}$$
$$x = 7$$

5. **13**
$$x + 9 = 22$$
$$x + 9 - 9 = 22 - 9$$
$$x = 13$$

6. **−5**
$$-12x = 60$$
$$\frac{-12x}{-12} = \frac{60}{-12}$$
$$x = -5$$

7. **−2**
$$x - 8 = -10$$
$$x - 8 + 8 = -10 + 8$$
$$x = -2$$

8. **−54**
$$\frac{x}{-3} = 18$$
$$\frac{-3x}{-3} = 18(-3)$$
$$x = -54$$

9. **−9**
$$5x = -45$$
$$\frac{5x}{5} = \frac{-45}{5}$$
$$x = -9$$

10. **−27**
$$9 + x = -18$$
$$9 - 9 + x = -18 - 9$$
$$x = -27$$

11. **12**
$$-11x = -132$$
$$\frac{-11x}{-11} = \frac{-132}{-11}$$
$$x = 12$$

12. **9**
$$7x = 63$$
$$\frac{7x}{7} = \frac{63}{7}$$
$$x = 9$$

13. **146**
$$x - 94 = 52$$
$$x - 94 + 94 = 52 + 94$$
$$x = 146$$

14. **5.75**
$$6.5 + x = 12.25$$
$$6.5 - 6.5 + x = 12.25 - 6.5$$
$$x = 5.75$$

15. **48**
$$0.25x = 12$$
$$\frac{0.25x}{0.25} = \frac{12}{0.25}$$
$$x = 48$$

16. **$\frac{1}{8}$ ó 0.125**
$$200x = 25$$
$$\frac{200x}{200} = \frac{25}{200}$$
$$x = \frac{1}{8} \text{ or } 0.125$$

17. **193**
$$-69 + x = 124$$
$$-69 + 69 + x = 124 + 69$$
$$x = 193$$

18. **4.8**
$$-3.6x = -17.28$$
$$\frac{-3.6x}{-3.6} = \frac{-17.28}{-3.6}$$
$$x = 4.8$$

19. **2.12**
$$0.38 + x = 2.5$$
$$0.38 - 0.38 + x = 2.5 - 0.38$$
$$x = 2.12$$

20. **0.55**
$$6x = 3.3$$
$$\frac{6x}{6} = \frac{3.3}{6}$$
$$x = 0.55$$

21. **33**
$$-13 + x = 20$$
$$-13 + 13 + x = 20 + 13$$
$$x = 33$$

22. **90**
$$10x = 900$$
$$\frac{10x}{10} = \frac{900}{10}$$
$$x = 90$$

23. 240
$$\frac{x}{4} = 60$$
$$\frac{4x}{4} = 60(4)$$
$$x = 240$$

24. −9
$$x - 5 = -14$$
$$x - 5 + 5 = -14 + 5$$
$$x = -9$$

25. 128
$$\frac{x}{4} = 32$$
$$\frac{4x}{4} = 32(4)$$
$$x = 128$$

26. −8
$$-6x = 48$$
$$\frac{-6x}{-6} = \frac{48}{-6}$$
$$x = -8$$

27. 48
$$52 + x = 100$$
$$52 - 52 + x = 100 - 52$$
$$x = 48$$

28. −13
$$x - 4 = -17$$
$$x - 4 + 4 = -17 + 4$$
$$x = -13$$

Enfoque en las destrezas de GED (Página 223)

1. 5
$$6x + 7 = 37$$
$$6x = 30$$
$$x = 5$$

2. 5
$$4x + 5x - 10 = 35$$
$$9x - 10 = 35$$
$$9x = 45$$
$$x = 5$$

3. −2
$$3x - 6x + 2 = -4x$$
$$-3x + 2 = -4x$$
$$2 = -x$$
$$-2 = x$$

4. 1
$$6 - x + 12 = 10x + 7$$
$$18 - x = 10x + 7$$
$$18 = 11x + 7$$
$$11 = 11x$$
$$1 = x$$

5. −1
$$5x + 7 - 4x = 6$$
$$x + 7 = 6$$
$$x = -1$$

6. −4
$$9x + 6x - 12x = -7x + 2x - 12 + 5x$$
$$3x = -12$$
$$x = -4$$

7. 4
$$7x + 3 = 31$$
$$7x = 28$$
$$x = 4$$

8. 12
$$3x - 8 = 28$$
$$3x = 36$$
$$x = 12$$

9. 1
$$8x + 6 = 5x + 9$$
$$3x + 6 = 9$$
$$3x = 3$$
$$x = 1$$

10. 5
$$11x - 10 = 8x + 5$$
$$3x - 10 = 5$$
$$3x = 15$$
$$x = 5$$

11. 1
$$-2x - 4 = 4x - 10$$
$$-2x = 4x - 6$$
$$-6x = -6$$
$$x = 1$$

12. −4
$$5x + 8 = x - 8$$
$$4x + 8 = -8$$
$$4x = -16$$
$$x = -4$$

13. 7
$$11x - 12 = 9x + 2$$
$$2x - 12 = 2$$
$$2x = 14$$
$$x = 7$$

14. 14
$$5(x + 1) = 75$$
$$5x + 5 = 75$$
$$5x = 70$$
$$x = 14$$

15. 8
$$5(x - 7) = 5$$
$$5x - 35 = 5$$
$$5x = 40$$
$$x = 8$$

16. 3
$$6(2 + x) = 5x + 15$$
$$12 + 6x = 5x + 15$$
$$12 + x = 15$$
$$x = 3$$

17. 4
$$4x + 5 = 21$$
$$4x = 16$$
$$x = 4$$

18. −9
$$2x - 5x + 11 = 38$$
$$-3x + 11 = 38$$
$$-3x = 27$$
$$x = -9$$

19. 6
$$3x - 8 = x + 4$$
$$2x - 8 = 4$$
$$2x = 12$$
$$x = 6$$

20. 5
$$7(x - 2) = 21$$
$$7x - 14 = 21$$
$$7x = 35$$
$$x = 5$$

21. 10
$$5x - 13x + 2x = -70 + x$$
$$-6x = -70 + x$$
$$-7x = -70$$
$$x = 10$$

UNIDAD 3

22. 8
$$8x + 12 = 44 + 4x$$
$$4x + 12 = 44$$
$$4x = 32$$
$$x = 8$$

23. 6
$$2(x + 4) = 14 + x$$
$$2x + 8 = 14 + x$$
$$x + 8 = 14$$
$$x = 6$$

24. 9
$$5x + 3 = 8(x - 3)$$
$$5x + 3 = 8x - 24$$
$$3 = 3x - 24$$
$$27 = 3x$$
$$9 = x$$

25. 6
$$2(x + 2x) - 6 = 30$$
$$2x + 4x - 6 = 30$$
$$6x - 6 = 30$$
$$6x = 36$$
$$x = 6$$

26. −22
$$11x + 12 = 9x - 32$$
$$2x + 12 = -32$$
$$2x = -44$$
$$x = -22$$

27. −2
$$3(x - 9) - 2 = -35$$
$$3x - 27 - 2 = -35$$
$$3x - 29 = -35$$
$$3x = -6$$
$$x = -2$$

28. −9
$$3(4x + 3) = -9(-x + 2)$$
$$12x + 9 = 9x - 18$$
$$3x + 9 = -18$$
$$3x = -27$$
$$x = -9$$

29. −3
$$x + 11 + 3x = 20 + 7x$$
$$4x + 11 = 20 + 7x$$
$$-3x + 11 = 20$$
$$-3x = 9$$
$$x = -3$$

30. 6
$$4(2x + 5) + 4 = 3(5x - 6)$$
$$8x + 20 + 4 = 15x - 18$$
$$8x + 24 = 15x - 18$$
$$-7x + 24 = -18$$
$$-7x = -42$$
$$x = 6$$

Práctica de GED (Página 225)

1. (5) $x + (3x + 12) = 360$ Supongamos que $x =$ el número de empleados de la gerencia. Supongamos que $3x + 12 =$ el número de empleados de producción. La suma de estas expresiones es igual al número total de empleados, entonces $x + (3x + 12) = 360$.

2. (3) $2x + 12 = 66$ Supongamos que x es igual al número de flexiones de pecho que hizo Francisco y $x + 12$ es igual al número de flexiones de pecho que hizo Tomás. La suma de estas expresiones es igual a 66. Por lo tanto, $x + (x + 12) = 66$ ó $2x + 12 = 66$.

3. (4) $x + (2x - 4) = 65$ Supongamos que $x =$ la primera multa de estacionamiento. La segunda multa de estacionamiento es de \$4 menos que el doble de la primera: $2x - 4$. La suma de las multas de estacionamiento es igual a 65 dólares, es decir, $x + (2x - 4) = 65$.

4. (1) $\frac{8y}{4} = 2y$ Se multiplica un número y por 8 y se divide entre 4. Esta expresión es igual al doble de ese número y, es decir, a $2y$. Sólo la opción (1) indica que estas expresiones son equivalentes.

5. (5) $3x = 60 + 12$ Supongamos que $x =$ el número de niños. Supongamos que $2x - 12 =$ el número de niñas. Sume las expresiones e iguálelas a 60.

Combine los términos semejantes. $\quad x + (2x - 12) = 60$
$\qquad\qquad\qquad\qquad\qquad 3x - 12 = 60$
Simplifique. $\qquad\qquad\qquad 3x \quad = 60 + 12$

6. (2) $3x + 2(2x) = 28$ Supongamos que $x =$ el precio de una entrada para niño. Sea $2x =$ el precio de una entrada para adulto. Ángela compró 2 entradas para adulto y 3 entradas para niño: $2(2x)$ y $3x$. El costo total (la suma de las expresiones) es \$28; la ecuación es $3x + 2(2x) = 28$

Enfoque en las destrezas de GED (Página 227)

1. 5
$$x + 2x = 15$$
$$3x = 15$$
$$x = 5$$

2. 3
$$7 + 2x = x + 10$$
$$7 + x = 10$$
$$x = 3$$

3. 93 y 88 Los números están representados por x y $x - 5$.
$$x + (x - 5) = 181$$
$$2x - 5 = 181$$
$$2x = 186$$
$$x = 93 \text{ and } x - 5 = 88$$

4. 10
$$8 + x + 12 = 3x$$
$$x + 20 = 3x$$
$$20 = 2x$$
$$10 = x$$

5. 24 Los números consecutivos están representados por x y $x + 1$.
$$x + (x + 1) = 49$$
$$2x = 48$$
$$x = 24$$

6. 20 Supongamos que $x =$ la edad actual del hijo de Jorge. Supongamos que $5x =$ la edad actual de Jorge. Dentro de 15 años, el hijo de Jorge tendrá $x + 15$ años y Jorge tendrá $5x + 15$ años, que será el doble de la edad de su hijo.
$$5x + 15 = 2(x + 15)$$
$$5x + 15 = 2x + 30$$
$$3x = 15$$
$$x = 5$$
El hijo tiene ahora 5 años, así que dentro de 15 años, tendrá 20.

7. **12** Los números consecutivos pares son x, $x + 2$, y $x + 4$.

$$x + (x + 2) + (x + 4) = 30$$
$$3x + 6 = 30$$
$$3x = 24$$
$$x = 8$$

Los números son 8, 10, y 12.

8. **2** Supongamos que x es la edad actual de Diana y $x + 4$ es la edad actual de Nora. Dentro de 2 años, Diana tendrá $x + 2$ años y Nora tendrá $(x + 4) + 2$ años, que será el doble de la edad de Diana.

$$2(x + 2) = (x + 4) + 2$$
$$2x + 4 = x + 6$$
$$x + 4 = 6$$
$$x = 2$$

9. **50** Supongamos que x = número de billetes
El valor de los billetes de \$5 = $5x$.
El valor de los billetes de \$10 = $[10(125 - x)]$.
Suma = valor total de \$1000

$$5x + 10(125 - x) = 1000$$
$$5x + 1250 - 10x = 1000$$
$$-5x + 1250 = 1000$$
$$-5x = -250$$
$$x = 50$$

Hay 50 billetes de \$5 y 75 billetes de \$10.

10. **32**
$$\frac{2x}{4} = 16$$
$$2x = 64$$
$$x = 32$$

11. **103, 105, y 107**
$$x + (x + 2) + (x + 4) = 315$$
$$3x + 6 = 315$$
$$3x = 309$$
$$x = 103$$

La variable x es el número más pequeño. Los otros números son 105 y 107.

12. **6** Supongamos que x = el primer número. El segundo número es igual a $2 + 3x$.

$$x + (2 + 3x) = 26$$
$$4x + 2 = 26$$
$$4x = 24$$
$$x = 6$$

El primer número es 6; el segundo número es $2 + 3(6)$, es decir, 20. Por lo tanto, el menor de los dos números es 6.

13. **\$206** Supongamos que x = los ingresos de la semana pasada. Supongamos que $4x - 18$ = los ingresos de esta semana.

$$x + (4x - 18) = 262$$
$$5x - 18 = 262$$
$$5x = 280$$
$$x = 56$$

Armando ganó \$56 la semana pasada; esta semana ganó $4(\$56) - \$18 = \$206$

14. **25 y 26** Supongamos que x y $x + 1$ representan los dos números.

$$x + 3(x + 1) = 103$$
$$x + 3x + 3 = 103$$
$$4x + 3 = 103$$
$$4x = 100$$
$$x = 25 \text{ y } x + 1 = 26$$

15. **228 pares** Supongamos que x = el número de pares de zapatos de vestir. Supongamos que $2x + 4$ = el número de pares de zapatos deportivos.

$$x + (2x + 4) = 340$$
$$3x + 4 = 340$$
$$3x = 336$$
$$x = 112$$

Sustituya x con 112 en la expresión sobre los zapatos deportivos. $2(112) + 4 = 228$

16. **62** Multiplique el número de entradas de adulto, x, por el precio de cada entrada, \$8. Multiplique el número de entradas de niño, $200 - x$, por el precio de cada entrada, \$5. Iguale la suma de estos dos términos con las ventas totales, \$1414.

$$8x + 5(200 - x) = 1414$$
$$8x + 1000 - 5x = 1414$$
$$3x + 1000 = 1414$$
$$3x = 414$$
$$x = 138$$

Se vendieron 138 entradas de adulto y $200 - 138$ o 62 entradas de niño.

17. **12** Supongamos que x es la edad actual de Érica. Supongamos que $3x$ es la edad actual de su tío. Supongamos que $x - 4$ es la edad de Érica hace cuatro años. Supongamos que $3x - 4$ es la edad de su tío hace cuatro años, que era cuatro veces la edad de Érica en ese tiempo.

$$4(x - 4) = 3x - 4$$
$$4x - 16 = 3x - 4$$
$$x - 16 = -4$$
$$x = 12$$

Práctica de GED (Página 229)

1. **(4) \$57.60** Use la fórmula del precio.
$$c = nr$$
$$\$345.60 = 6r$$
$$\frac{\$345.60}{6} = \frac{6r}{6}$$
$$\$57.60 = r$$

2. **(3) 3(\$6.98) + 4(\$4.50)** Se puede calcular el precio total de cada tipo de tela utilizando $c = nr$. El precio total de la primera tela es de $3(\$6.98)$. El precio total de la segunda tela es de $4(\$4.50$ dólares). Sólo la opción (3) muestra la suma de estas dos expresiones.

3. **(2) $\frac{312}{6}$** Sustituya las variables con las cantidades de distancia y tiempo y despeje la variable de velocidad, v.
$$d = vt$$
$$312 = 6v$$
$$\frac{312}{6} = v$$

UNIDAD 3

4. **(3) \$3.48** Recuerde que 14.5 centavos = \$0.145.
$$c = nr$$
$$c = 24(0.145)$$
$$c = 3.48$$

5. **(2) 235** Encuentre la distancia para cada parte del viaje y súmelas. $d = vt$
Primera parte: $d = 55(2.5) = 137.5$ millas
Segunda parte: $d = 65(1.5) = 97.5$ millas
$137.5 + 97.5 = 235$ millas

6. **(4) \$84.94** Utilice $c = nr$ para cada artículo. El número de artículos multiplicado por el precio unitario (r) es el precio total de ese artículo. Sume los precios.
$3(\$9.99) + 2(\$13.99) + \$26.99 =$
$\$29.97 + \$27.98 + \$26.99 = \$84.94$

Prueba corta de GED • Lecciónes 18 y 19
(Páginas 230 a 233)

Parte 1

1. **(1)** $\frac{2}{x} - 9x$ El producto de 9 y x es 9 por x o $9x$. El cociente de 2 y x es $2 \div x$ ó $\frac{2}{x}$.
Sólo la opción (1) muestra $9x$ restado de $\frac{2}{x}$.

2. **(2) (−6) + (+8)** Evalúe cada expresión.
$(−2) + (−7) = −9$
$(−6) + (+8) = +2$
$(−3) − (−4) = −3 + 4 = +1$
$(14) − (+10) = −6$
$(−8) + (+9) = +1$
De todos los resultados, $+2$ es el mayor.

3. **(4) 15 y 16** Supongamos que x y $x + 1$ son los números consecutivos. Escriba una ecuación y resuélvala.
$$x + (x + 1) − 13 = 18$$
$$2x − 12 = 18$$
$$2x = 30$$
$$x = 15 \text{ and } x + 1 = 16$$

4. **(4) 20** Escriba una ecuación y resuélvala.
$$x − 10 = \frac{x}{2}$$
$$2(x − 10) = \frac{2x}{2}$$
$$2x − 20 = x$$
$$− 20 = −x$$
$$(−1)(−20) = (−1)(−x)$$
$$20 = x$$

5. **(3) 17** Supongamos que x es la edad de Carolina. La edad de Guillermo es $2x − 1$. Escriba una ecuación y resuélvala.
$$x + (2x − 1) = 26$$
$$3x − 1 = 26$$
$$3x = 27$$
$$x = 9$$
La edad de Carolina es 9 años y la de Guillermo, $2(9) − 1$, es decir, 17 años.

6. **(4) 279** Utilice la fórmula
$distancia = velocidad \times tiempo.$
$$d = vt$$
$$d = 62 \times 4.5$$
$$d = 279 \text{ millas}$$

7. **(3) (−6) + (+13)** La suma comienza en 0 y se desplaza 6 espacios hacia la izquierda hasta −6. Después, la flecha se desplaza 13 espacios hacia la derecha, en la dirección positiva.

8. **(5) 19** Sustituya x y y con los valores y resuelva la ecuación.
$$−4(−4) − \frac{3(8)}{2(−4)} =$$
$$16 − \frac{24}{−8} = 16 − (−3) = 16 + 3 = 19$$

9. **(1) (x − 4) − 3** El cuadro 1 es x, la edad actual de Jasón. El cuadro 2 es $x − 4$, ya que Begoña es 4 meses menor que Jasón. Para determinar sus edades hace 3 meses, reste 3 de cada una de las expresiones. Por lo tanto, la edad de Begoña hace 3 meses era $(x − 4) − 3$.

10. **(4) 7** Utilice la fórmula
$distancia = velocidad \times tiempo.$
$$d = vt$$
$$406 = 58t$$
$$\frac{406}{58} = t$$
$$7 \text{ horas} = t$$

11. **(5) $5x$ + \$2.06 = \$31.51** Usando la fórmula *precio total = número de unidades × precio por unidad*, ó $c = nr$, usted sabe que 5 veces el precio de cada caja de plástico es el precio total de las cajas de plástico antes de aplicarles el impuesto. El problema dice que se han añadido \$2.06 de impuesto sobre la venta hasta alcanzar un total de \$31.51. Si x representa el precio de una caja de plástico, sólo la opción (5) muestra la secuencia correcta de operaciones.

12. **(4) −7x + 14** Simplifique la expresión.
$$−5(x − 6) − 2(x + 8)$$
$$−5x + 30 − 2x − 16$$
$$−7x + 14$$

13. **(3) 4** Escriba números enteros y calcule su suma.
$(+8) + (−6) + (−7) + (+11) + (−2) = +4$

Parte 2

14. **(1)** $\frac{5 − (−2)}{x^2}$ La diferencia entre 5 y −2 es $5 − (−2)$. Un número multiplicado por sí mismo es x^2. Sólo la opción (1) muestra la diferencia correcta dividida entre x^2.

15. **(3) 48** Supongamos que x, $x + 2$, y $x + 4$ son los números pares consecutivos. Escriba una ecuación y resuélvala.
$$x + (x + 2) + (x + 4) = 138$$
$$3x + 6 = 138$$
$$3x = 132$$
$$x = 44$$
Los números son 44, 46, y 48.

16. **(2) La suma de 4 y x es lo mismo que 6 menos que el cociente de x entre 5.** La ecuación muestra la suma de 4 y x (o 4 sumado a x) igualada a 6 restado del cociente de x entre 5 (o 6 menos que el cociente de x entre 5). Recuerde que cuando se expresa una división en forma de fracción, el numerador queda dividido entre el denominador. Sólo la opción (2) expresa todas las operaciones tal y como aparecen en la ecuación.

17. **(1) −2** Resuelva la ecuación.
$$-2(x + 4) = 5x + 6$$
$$-2x - 8 = 5x + 6$$
$$-7x - 8 = 6$$
$$-7x = 14$$
$$x = -2$$

18. **(3) $4.00** Supongamos que x es igual al precio de una entrada para niños y $x + 2$ es igual al precio de una entrada para adultos. Escriba una ecuación y resuélvala.
$$5(x + 2) + 12x = 78$$
$$5x + 10 + 12x = 78$$
$$17x + 10 = 78$$
$$17x = 68$$
$$x = 4$$

19. **(2) −4 + 7 + (−2)** La serie de operaciones comienza en 0 y se desplaza 4 lugares en una dirección negativa. Después, la flecha se desplaza 7 lugares en una dirección positiva, seguida de 2 lugares en una dirección negativa. Sólo la opción (2) muestra esta serie de cambios.

20. **(5) $21** Supongamos que x es igual a la cantidad que gastó Andrés y $4x - 15$ es igual a la cantidad que gastó Linda. Escriba una ecuación y resuélvala. $x + (4x - 15) = 30$
$$5x - 15 = 30$$
$$5x = 45$$
$$x = 9$$
Si Andrés gastó $9, Linda gastó $4(9) - 15$, es decir, $21.

21. **(1) 54** La edad actual de Lorena es x y la edad actual de Marco es $4x$. Dentro de seis años, Lorena tendrá $x + 6$ y Marco tendrá $4x + 6$ años. La edad de Marco dentro de 6 años será 3 veces la edad de Lorena dentro de 6 años. Escriba una ecuación y resuélvala.
$$4x + 6 = 3(x + 6)$$
$$4x + 6 = 3x + 18$$
$$x + 6 = 18$$
$$x = 12$$
Lorena tiene 12 años actualmente; en seis años, tendrá 18. Marco tiene 4(12) años ahora; dentro de seis años, tendrá 54.

22. **(4) 5x + 20** Simplifique la expresión.
$$6(x + 5) - (x + 10)$$
$$6x + 30 - x - 10$$
$$5x + 20$$

23. **(4) $230** Supongamos que x es igual al precio de la marca A. El precio de la marca B es de $2x + 40. Si se resta el precio de la marca A del precio de la marca B, la diferencia es $135. Escriba una ecuación y resuélvala.
$$(2x + \$40) - x = \$135$$
$$x + \$40 = \$135$$
$$x = \$95$$
Si la marca A cuesta $95, entonces la marca B cuesta 2($95) + $40, es decir, $230.

24. **(2) 88t = 2(192 + 130)** Utilice la fórmula *distancia = velocidad × tiempo*. La distancia es el doble del número de kilómetros desde Harper hasta Fuller pasando por Lakeside: 2(192 + 130). La velocidad es de 88 kilómetros por hora. Multiplique la velocidad por el tiempo *(t)* e iguálelo a la distancia. Sólo la opción (2) muestra esta relación.

25. **(4) 65** Supongamos que x y $\frac{1}{5}x$ representan los dos números. La suma de los números es 78. Escriba una ecuación y resuélvala.
$$x + \frac{1}{5}x = 78$$
$$1\frac{1}{5}x = 78$$
$$x = 78 \div 1\frac{1}{5}$$
$$x = 78 \div \frac{6}{5}$$
$$x = 78 \times \frac{5}{6} = 65$$

26. **(4) $575** Supongamos que x es el pago mensual del carro de Lucía y $3x - 100$ dólares el alquiler de su apartamento. Escriba una ecuación y resuélvala.
$$(3x - \$100) + x = \$800$$
$$4x - \$100 = \$800$$
$$4x = \$900$$
$$x = \$225$$
Si el pago mensual del carro es de $225, entonces $800 − $225, o $575, es el alquiler de su apartamento.

Lección 20
Enfoque en las destrezas de GED (Página 235)

1. **16** $2^4 = 2 \times 2 \times 2 \times 2 = 16$

2. **64** $4^3 = 4 \times 4 \times 4 = 64$

3. **16** Un número a la primera potencia es igual a sí mismo.

4. **1** $1^6 = 1 \times 1 \times 1 \times 1 \times 1 \times 1 = 1$

5. **1** Cualquier número (excepto el 0) elevado a la cero potencia es igual a 1.

6. **81** $3^4 = 3 \times 3 \times 3 \times 3 = 81$

7. **27** $3^3 = 3 \times 3 \times 3 = 27$

8. **49** $7^2 = 7 \times 7 = 49$

9. **$\frac{1}{9}$** $3^{-2} = \frac{1}{3 \times 3} = \frac{1}{9}$

10. **64** $8^2 = 8 \times 8 = 64$

11. **$\frac{1}{125}$ ó 0.008** $5^{-3} = \frac{1}{5 \times 5 \times 5} = \frac{1}{125}$

12. **1** Cualquier número (excepto el 0) elevado a la cero potencia es igual a 1.

13. **1296**

14. **59,049**

15. **729**

16. **0.015625 ó $\frac{1}{64}$**

17. **248,832**

18. **78,125**

19. **0.03125 ó $\frac{1}{32}$**

Respuestas y explicaciones

20. **2401**

21. **865,000 millas** Desplace el punto decimal 5 lugares hacia la derecha y añada los ceros que sean necesarios. 8.65000

22. **1.9 × 10⁻² millas** Desplace el punto decimal 2 lugares hacia la derecha, de manera que sólo haya un dígito en el lugar de las unidades. 0.019

   Como usted desplazó el punto decimal 2 lugares hacia la derecha, multiplique por 10^{-2}.

23. **3.02 × 10³** Una manera de resolver el problema es cambiar cada cifra a notación estándar y comparar los resultados.
$$5.4 \times 10^2 = 540.$$
$$3.02 \times 10^3 = 3020.$$
$$9.55 \times 10^{-1} = 0.955$$

24. **0.0028 pulgadas** Desplace el punto decimal 3 lugares hacia la izquierda, y añada tantos ceros de valor nulo como sea necesario. 0002.8

25. **4.2 × 10³** $4.2 \times 10^3 = 4.200 = 4200$
   4,200 es menor que 42,000.

Enfoque en las destrezas de GED (Página 237)

1. **4** $4 \times 4 = 16$

2. **0** $0 \times 0 = 0$

3. **10** $10 \times 10 = 100$

4. **3** $3 \times 3 = 9$

5. **7** $7 \times 7 = 49$

6. **11** $11 \times 11 = 121$

7. **5** $5 \times 5 = 25$

8. **1** $1 \times 1 = 1$

9. **12** $12 \times 12 = 144$

10. **6 cm** Como $6^2 = 36$, la longitud de cada lado es de 6 cm.

11. **10 pies** Como $10^2 = 100$, la longitud de cada lado es de 10 pies.

12. **4 yd** Como $4^2 = 16$, la longitud de cada lado es de 4 yd.

13. **7 pulg** Como $7^2 = 49$, la longitud de cada lado es de 7 pulg.

14. **9 m** Como $9^2 = 81$, la longitud de cada lado es de 9 m.

15. **8 cm** Como $8^2 = 64$, la longitud de cada lado es de 8 cm.

16. **5.29**

17. **9.75**

18. **5.66**

19. **2.45**

20. **18**

21. **6.63**

22. **11.40** Como debe redondear al lugar de las centésimas, indique el 0 en la columna de las centésimas.

23. **13**

24. **15.10**

25. **(3) 4 y 5** $4^2 = 16$ and $5^2 = 25$. Como 22 cae entre 16 y 25, la raíz cuadrada de 22 cae entre 4 y 5.

26. **(5) 8 y 9** $8^2 = 64$ and $9^2 = 81$. Como 72 cae entre 64 y 81, la raíz cuadrada de 72 cae entre 8 y 9.

Práctica de GED (Página 239)

1. **(4) 14, 15, y 16** Sume rápidamente los números de cada opción. Sólo la opción (4) suma un total de 45.

2. **(3) 300** Usted sabe que José manejó 200 millas más que David. Sume 200 a cada opción de respuesta (para hallar las millas que manejó José) y después sume la opción de respuesta a esa suma (para hallar el número total de millas). Busque una suma total de 800 millas. Si David manejó 300 millas, José manejó 500. 300 + 500 = 800 millas o reste 200 de 800 y divídalo entre 2.
$$\frac{(800 - 200)}{2} = 300$$

3. **(3) 47 y 48** Sume los números de cada opción de respuesta. 47 + 48 = 95

4. **(2) 8, 9, 10, y 11** Sume los números de cada opción de respuesta. Puede que le resulte más rápido sumar si suma los números de dos en dos. 8 + 10 = 18 y 9 + 11 = 20; 18 + 20 = 38

5. **(3) 14 y 16** Todas las opciones de respuesta tienen una diferencia de 2 horas. Sume los números de cada opción para encontrar una suma de 30 horas. 14 + 16 = 30 horas.

6. **(2) 44 y 49** Todas las opciones de respuesta tienen una diferencia de 5 puntos. Sume los números de cada opción para encontrar una suma de 93 puntos. 44 + 49 = 93

7. **(3) 142 y 192** Todas las opciones de respuesta tienen una diferencia de 50 millas. Sume los números de cada opción para encontrar una suma de 334 millas. 142 + 192 = 334

Práctica de GED (Página 241)

1. **(5) Sumar 4** Cada número de la secuencia es 4 más que el número anterior.

2. **(2) 4** Cada término de la secuencia se obtiene al dividir el término anterior entre −2. $-8 \div -2 = 4$

3. **(3) 15 y 35** Sustituya las variables con 2 y 4 en la función para hallar los dos valores de y.
$$y = 10(2) - 5 \qquad y = 10(4) - 5$$
$$y = 20 - 5 = 15 \qquad y = 40 - 5 = 35$$

4. **(2) 15** Cada figura nueva añade una fila que consiste del número de círculos de la fila inferior de la figura anterior más 1. Hay 4 círculos en la fila inferior de la figura D y 10 círculos en total. La figura E debería ser como la D con una fila inferior adicional de 5 círculos, con un total de 15 círculos.

5. **(5) 384** Cada término es el doble del número anterior. Éste es un buen problema para resolver con una calculadora.

    El 6º término es $48 \times 2 = 96$.
    El 7º término es $96 \times 2 = 192$.
    El 8º término es $192 \times 2 = 384$.

6. **(1) 42** Para que y sea un número entero, x debe ser divisible entre 4. Los números 8, 12, 28 y 32 son múltiplos de 4. Si 42 es igual a x, y no será un número entero. Por lo tanto, la opción (1) es la opción correcta.

Lección 21
Enfoque en las destrezas de GED (Página 243)

1. $x^2 + 5x + 4$ $x^2 + 4x + x + 4 = x^2 + 5x + 4$

2. $x^2 + 9x + 18$
$x^2 + 3x + 6x + 18 = x^2 + 9x + 18$

3. $2x^2 - 17x + 35$
$2x^2 - 7x - 10x + 35 = 2x^2 - 17x + 35$

4. $x^2 - 4$ $x^2 - 2x + 2x - 4 = x^2 - 4$

5. $xy + 6x - 4y - 24$ No es posible simplificar esta expresión. Nota: los términos de las expresiones generalmente se escriben de tal forma que las variables queden en orden alfabético. Su respuesta también será correcta si los términos están en orden diferente. Sin embargo, debe asegurarse de que todos los términos lleven el signo correcto.

6. $6x^2 + 42x + 72$
$6x^2 + 18x + 24x + 72 = 6x^2 + 42x + 72$

7. $x^2 - 3x - 4$ $x^2 + x - 4x - 4 = x^2 - 3x - 4$

8. $4x^2 - 23x + 15$
$4x^2 - 3x - 20x + 15 = 4x^2 - 23x + 15$

9. $x^2 + 4x - 5$ $x^2 + 5x - x - 5 = x^2 + 4x - 5$

10. $2x^2 - 12xy - 10x + 60y$ No es posible simplificar esta expresión.

11. $x^2 - 13x + 40$
$x^2 - 5x - 8x + 40 = x^2 - 13x + 40$

12. $x^2 - 36$ $x^2 + 6x - 6x - 36 = x^2 - 36$

13. $x^2 + 5x + 6$ $x^2 + 3x + 2x + 6 = x^2 + 5x + 6$

14. $9x^2 - 64$
$9x^2 - 24x + 24x - 64 = 9x^2 - 64$

15. $xy + 9x - 6y - 54$ No es posible simplificar esta expresión.

16. $4x^2 - 21x + 5$
$4x^2 - 20x - x + 5 = 4x^2 - 21x + 5$

17. $x^2 + 5x - 14$
$x^2 - 2x + 7x - 14 = x^2 + 5x - 14$

18. $6x^2 + 32x + 40$
$6x^2 + 20x + 12x + 40 = 6x^2 + 32x + 40$

19. $x^2 - 9$ $x^2 + 3x - 3x - 9 = x^2 - 9$

20. $x^2 - 2x - 120$
$x^2 - 12x + 10x - 120 = x^2 - 2x - 120$

21. **(4)** $(x - 6)(x - 8)$ Multiplique. $x^2 - 8x - 6x + 48$
$x^2 - 14x + 48$

Tal vez se dio cuenta de que los dos números enteros que son términos del factor deben llevar el mismo signo para que 48 pueda ser positivo. Además, la suma de los dos números enteros debe ser -14. Por lo tanto, los dos números deben ser negativos.

22. **(2)** $x + 3$ Si $3x - 1$ es un factor de $3x^2 + 8x - 3$, el primer término del segundo factor debe ser x, ya que $3x(x) = 3x^2$. Para obtener -3 como tercer término de la expresión final, el segundo término del segundo factor debe ser 3, ya que $-1(3) = -3$. También es posible multiplicar $3x - 1$ por cada factor de las opciones de respuesta para averiguar la respuesta correcta.

23. **(2)** $x^2 - 18x + 81$ $(x - 9)^2$ significa $(x - 9)(x - 9)$, que es igual a $x^2 - 9x - 9x + 81 = x^2 - 18x + 81$.

24. **(4)** $3x - 2$ Utilice el razonamiento lógico. Para llegar a un resultado de $6x^2 - x - 2$, usted sabe que el primer término del segundo factor debe ser $3x$, ya que $3x(2x) = 6x^2$. El segundo término del segundo factor debe ser -2, ya que $1(-2) = -2$.

Enfoque en las destrezas de GED (Página 245)

1. $5(x + 6)$ Divida ambos términos entre 5, que es el primer término. El resultado es el segundo término. $\frac{5x}{5} + \frac{30}{5} = x + 6$

2. $3(2y + 5)$ Divida ambos términos entre 3.

3. $2(4x - 1)$ Divida ambos términos entre 2.

4. $2(2z - 7)$ Divida ambos términos entre 2.

5. $b(b + 9)$ Divida ambos términos entre b.

6. $y(y + 3)$ Divida ambos términos entre y.

7. $2x(x + 2)$ Divida ambos términos entre $2x$.

8. $3x(x + 3)$ Divida ambos términos entre $3x$.

9. $y(7y - 1)$ Divida ambos términos entre y.

10. $2x(2x + 1)$ Divida ambos términos entre $2x$.

11. $(x + 4)(x + 5)$ Verifique: $(x + 4)(x + 5)$
         $= x^2 + 5x + 4x + 20$
         $= x^2 + 9x + 20$

12. $(x - 2)(x - 3)$ Verifique: $(x - 2)(x - 3)$
         $= x^2 - 3x - 2x + 6$
         $= x^2 - 5x + 6$

13. $(x + 6)(x - 1)$ Verifique: $(x + 6)(x - 1)$
         $= x^2 - x + 6x - 6$
         $= x^2 + 5x - 6$

14. $(x + 4)(x - 7)$ Verifique: $(x + 4)(x - 7)$
         $= x^2 - 7x + 4x - 28$
         $= x^2 - 3x - 28$

15. $(x + 2)(x + 6)$ Verifique: $(x + 2)(x + 6)$
         $= x^2 + 6x + 2x + 12$
         $= x^2 + 8x + 12$

Respuestas y explicaciones

16. **$(x + 3)(x − 1)$** Verifique: $(x + 3)(x − 1)$
$$= x^2 − x + 3x − 3$$
$$= x^2 + 2x − 3$$

17. **$(x − 3)(x − 4)$** Verifique: $(x − 3)(x − 4)$
$$= x^2 − 4x − 3x + 12$$
$$= x^2 − 7x + 12$$

18. **$(x + 8)(x − 1)$** Verifique: $(x + 8)(x − 1)$
$$= x^2 − x + 8x − 8$$
$$= x^2 + 7x − 8$$

19. **$(x − 2)(x + 5)$** Verifique: $(x − 2)(x + 5)$
$$= x^2 + 5x − 2x − 10$$
$$= x^2 + 3x − 10$$

20. **$(x + 3)(x + 7)$** Verifique: $(x + 3)(x + 7)$
$$= x^2 + 7x + 3x + 21$$
$$= x^2 + 10x + 21$$

21. **$(x − 5)(x − 8)$** Verifique: $(x − 5)(x − 8)$
$$= x^2 − 8x − 5x + 40$$
$$= x^2 − 13x + 40$$

22. **$(x + 3)(x − 4)$** Verifique: $(x + 3)(x − 4)$
$$= x^2 − 4x + 3x − 12$$
$$= x^2 − x − 12$$

23. **$(x + 2)(x − 10)$** Verifique: $(x + 2)(x − 10)$
$$= x^2 − 10x + 2x − 20$$
$$= x^2 − 8x − 20$$

24. **$(x − 2)(x − 9)$** Verifique: $(x − 2)(x − 9)$
$$= x^2 − 9x − 2x + 18$$
$$= x^2 − 11x + 18$$

25. **$(x + 5)(x − 11)$** Verifique: $(x + 5)(x − 11)$
$$= x^2 − 11x + 5x − 55$$
$$= x^2 − 6x − 55$$

26. **$(x + 4)(x + 12)$** Verifique: $(x + 4)(x + 12)$
$$= x^2 + 12x + 4x + 48$$
$$= x^2 + 16x + 48$$

27. **$(x + 9)(x − 2)$** Verifique: $(x + 9)(x − 2)$
$$= x^2 − 2x + 9x − 18$$
$$= x^2 + 7x − 18$$

28. **$(x + 5)^2$ o $(x + 5)(x + 5)$** Verifique: $(x + 5)(x + 5)$
$$= x^2 + 5x + 5x + 25$$
$$= x^2 + 10x + 25$$

29. **$(x − 4)(x − 6)$** Verifique: $(x − 4)(x − 6)$
$$= x^2 − 6x − 4x + 24$$
$$= x^2 − 10x + 24$$

30. **$(x + 1)(x − 7)$** Verifique: $(x + 1)(x − 7)$
$$= x^2 − 7x + x − 7$$
$$= x^2 − 6x − 7$$

31. **(3) $(x − 2)(x − 8)$** Verifique: $(x − 2)(x − 8)$
$$= x^2 − 8x − 2x + 16$$
$$= x^2 − 10x + 16$$

32. **(4) $x + 3$ y $x − 8$** Verifique: $(x + 3)(x − 8)$
$$= x^2 − 8x + 3x − 24$$
$$= x^2 − 5x − 24$$

Práctica de GED (Página 247)

1. **(5) 12 y 6** Vuelva a escribir la ecuación en forma cuadrática estándar de manera que la expresión cuadrática sea igual a 0. $\quad x^2 − 18x + 72 = 0$
Factorice la ecuación. $\quad (x − 12)(x − 6) = 0$
Determine el valor de x en cada factor que hará que el factor sea igual a 0.

$$x − 12 = 0 \qquad x − 6 = 0$$
$$x = 12 \qquad x = 6$$

Compruebe:
$$x^2 + 72 = 18x \qquad x^2 + 72 = 18x$$
$$12^2 + 72 = 18(12) \qquad 6^2 + 72 = 18(6)$$
$$144 + 72 = 216 \qquad 36 + 72 = 108$$
$$216 = 216 \qquad 108 = 108$$

2. **(3) 3** Cuando se multiplica una variable al cuadrado por un número (por ejemplo, $2x^2$), a menudo es más rápido y fácil probar las opciones de respuesta que factorizar la ecuación. Sólo la opción (3) hace que la ecuación sea verdadera.
$$2x^2 − 10x + 12 = 0$$
$$2(3^2) − 10(3) + 12 = 0$$
$$2(9) − 30 + 12 = 0$$
$$18 − 30 + 12 = 0$$
$$0 = 0$$

3. **(2) 4 y −3** Vuelva a escribir la ecuación:
$$x^2 − x − 12 = 0$$
Factorícela: $(x − 4)(x + 3) = 0$
Los valores de x deben ser 4 y −3.

4. **(4) −5 y −8** Vuelva a escribir la ecuación:
$$x^2 + 13x + 40 = 0$$
Factorícela: $(x + 5)(x + 8) = 0$
Los valores de x deben ser −5 y −8.

5. **(5) 2 y −2** Sustituya las variables con los números de cada opción de respuesta. Para ahorrar tiempo, comience con el primer número de cada par. Sólo la opción (5) hace que la ecuación sea verdadera.
$$x = 2 \qquad\qquad x = −2$$
$$9x^2 − 36 = 0 \qquad 9x^2 − 36 = 0$$
$$9(2^2) − 36 = 0 \qquad 9(−2^2) − 36 = 0$$
$$9(4) − 36 = 0 \qquad 9(4) − 36 = 0$$
$$36 − 36 = 0 \qquad 36 − 36 = 0$$
$$0 = 0 \qquad\qquad 0 = 0$$

6. **(2) 5** Sustituya la variable con las opciones de respuesta. Sólo la opción (2) hace que la ecuación sea verdadera.
$$2x^2 − x = 45$$
$$2(5^2) − 5 = 45$$
$$2(25) − 5 = 45$$
$$50 − 5 = 45$$
$$45 = 45$$

Enfoque en las destrezas de GED (Página 249)

1. $x < 1$

2. $x \leq −2$

3. $x \geq 0$

4. $x > 1$

5. $x < 3$ $2x < 6$, por lo tanto, $x < 3$

```
←+——+——+——+——+——+——+——⊕→
 -3   -2   -1   0   1   2   3
```

6. $x > -1$ $x + 1 > 0$, por lo tanto, $x > -1$

```
←+——⊕——+——+——+——+——+→
 -3   -2   -1   0   1   2   3
```

7. $x \le -2$ $5x \le 3x - 4$
                $2x \le -4$
                $x \le -2$

```
←+——+——●——+——+——+——+——+→
 -3   -2   -1   0   1   2   3
```

8. $x < 0$ $8x < 7x$, por lo tanto, $x < 0$

```
←+——+——+——⊕——+——+——+→
 -3   -2   -1   0   1   2   3
```

9. $x < 2$ $4x - 2 < 3x$
              $4x < 3x + 2$
                $x < 2$

```
←+——+——+——+——+——⊕——+→
 -3   -2   -1   0   1   2   3
```

10. $x \ge 1$ $3x - 1 \ge 2$
                $3x \ge 3$
                 $x \ge 1$

```
←+——+——+——+——●——+——+→
 -3   -2   -1   0   1   2   3
```

11. $x < 8$ $3x - 7 < 2x + 1$
              $x - 7 < 1$
                $x < 8$

12. $x > -1$ $5x + 2 > 4x + 1$
              $x + 2 > 1$
                $x > -1$

13. $x \le 2$ $6x - 4 \le 3x + 2$
           $3x - 4 \le 2$
              $3x \le 6$
                $x \le 2$

14. $x \le 4$ $3(x + 1) \ge x + 4x - 5$
           $3x + 3 \ge 5x - 5$
        $-2x + 3 \ge -5$
            $-2x \ge -8$
                $x \le 4$

Observe que el signo de desigualdad se invierte cuando se dividen los dos lados entre -2.

15. $x < 2$ $5 + 8(x - 2) < x + 3$
        $5 + 8x - 16 < x + 3$
          $8x - 11 < x + 3$
            $7x - 11 < 3$
              $7x < 14$
                $x < 2$

16. $x > -7$ $x + 12 < 5(x + 8)$
          $x + 12 < 5x + 40$
       $-4x + 12 < 40$
          $-4x < 28$
            $x > -7$

Observe que el signo de desigualdad se invierte cuando se dividen los dos lados entre -4.

17. $x \ge -17$ $2x + (4 - 3x) \le 21$
           $2x + 4 - 3x \le 21$
              $-x + 4 \le 21$
                 $-x \le 17$

Divida ambos lados entre -1 e invierta el signo de desigualdad $x \ge -17$.

18. $x > -5$ $7x - 3x - x < 3x + 2x + 10$
              $3x < 5x + 10$
           $-2x < 10$
             $x > -5$

Observe que el signo de desigualdad se invierte cuando se dividen los dos lados entre -2.

19. $x < 4$ Escriba una desigualdad y resuélvala.
           $5x + 6 < 4x + 10$
            $x + 6 < 10$
              $x < 4$

20. $x \le 26$ Escriba una desigualdad y resuélvala.
         $21 + 18 + x \le 65$
            $39 + x \le 65$
               $x \le 26$

Leccion 22

Enfoque en las destrezas de GED (Página 251)

1. **$(-5, 0)$**
Recuerde que el eje de las x se lee primero.

2. **El punto E**

3. **El punto C**

4. **$(5, 1)$**

5. **El punto B**

6. **D (5,1), F (−2,−4), G (1,−2), y H (3,−5)**

7. **G y H**

8.

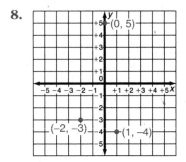

9.

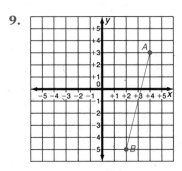

10.

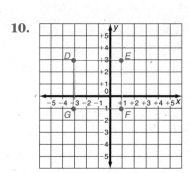

11.

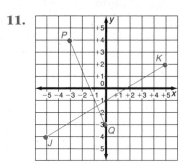

Práctica de GED (Página 253)

1. Cuente 4 unidades hacia la derecha en el eje de las *x* (recta horizontal) y 1 unidad hacia abajo en el eje de las *y* (recta vertical).

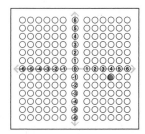

2. Un cuadrado tiene 4 lados de igual longitud. A partir de la gráfica del problema, usted puede observar que cada lado del cuadrado tiene una longitud de 4 unidades. Contando, puede comprobar que la esquina que falta debe estar situada en $(3,-3)$.

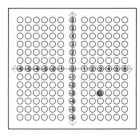

3. Cuente 5 unidades hacia la izquierda a lo largo del eje de las *x* y 3 unidades hacia arriba a lo largo del eje de las *y*.

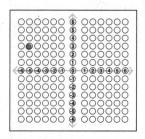

4. Un rectángulo tiene cuatro lados y los lados opuestos tienen la misma longitud. A partir de la gráfica del problema, puede comprobar que la esquina que falta debe situarse en $(-5,-3)$.

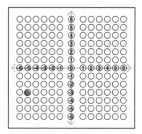

Enfoque en las destrezas de GED (Página 255)

Para las preguntas 1 a 6, hay dos pares ordenados en la recta. Puede ser que usted haya encontrado otros pares ordenados para dibujar la recta. Su respuesta es correcta si pasa por los puntos que se indican aquí.

1. $(0,-4)$, $(1,-1)$

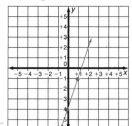

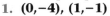

2. $(1,3)$, $(2,1)$

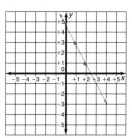

3. $(1,0)$, $(3,1)$

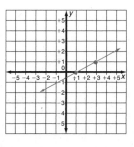

4. (0,0), (1,−2)

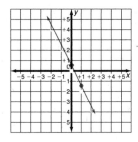

5. (2,−4), (1,−3)

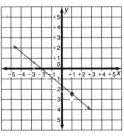

6. (1,3), (2,0)

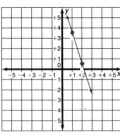

7. **(2)** $x − y = −1$ Elija un par ordenado de la gráfica y sustituya los valores de x y y en cada ecuación de las opciones de respuesta. Si el par ordenado hace que más de una ecuación sea verdadera, utilice otro par ordenado de la gráfica. Recuerde que cada punto de la recta es una solución para la ecuación de la recta.

8. **(1)** **(−3,−4)** Sustituya las variables de la ecuación con los pares ordenados de las opciones de respuesta. Sólo la opción (1) hace que la ecuación sea cierta.

$$x − y = −1$$
$$−3 − (−4) = 1$$
$$−3 + 4 = 1$$
$$1 = 1$$

9. **(4)** $x + y = 2$ Encuentre el par ordenado a partir de un punto de la gráfica: (2,0) o (0,2). Pruebe los valores de uno de los puntos de cada ecuación. Si el punto está en la recta, hará que la ecuación sea cierta.

10. **(2)** **−2** Aunque la ecuación se podría representar gráficamente para resolver el problema, la manera más sencilla es sustituir y con 1 en la ecuación y despejar x.

$$−4x + 7y = 15$$
$$−4x + 7(1) = 15$$
$$−4x + 7 = 15$$
$$−4x = 8$$
$$x = 22$$

Enfoque en las destrezas de GED (Página 257)

1. **−1** La recta baja 1 unidad cuando se desplaza 1 unidad hacia la derecha. $\frac{−1}{1} = −1$

2. $\frac{3}{2}$ La recta sube 3 unidades cuando se desplaza 2 unidades hacia la derecha. $\frac{3}{2}$

3. **1** La recta sube 3 unidades cuando se desplaza 2 unidades hacia la derecha. $\frac{2}{2} = 1$

4. $\frac{−1}{2}$ La recta baja 2 unidades cuando se desplaza 4 unidades hacia la derecha. $\frac{−2}{4} = \frac{−1}{2}$

5. **0** Una recta horizontal tiene una pendiente de 0.

6. $\frac{1}{2}$ La recta sube 2 unidades cuando se desplaza 4 unidades hacia la derecha. $\frac{2}{4} = \frac{1}{2}$

Para las preguntas 7 a 12, utilice la fórmula de la pendiente: $m = \frac{y_2 − y_1}{x_2 − x_1}$

7. **−4** $m = \frac{1 − (−3)}{0 − 1} = \frac{4}{−1} = −4$

8. $\frac{1}{2}$ $m = \frac{2 − 1}{4 − 2} = \frac{1}{2}$

9. **9** $m = \frac{−4 − 5}{3 − 4} = \frac{−9}{−1} = 9$

10. $\frac{1}{9}$ $m = \frac{3 − 2}{5 − (−4)} = \frac{1}{9}$

11. **3** $m = \frac{0 − (−3)}{−2 − (−3)} = \frac{3}{1} = 3$

12. $\frac{2}{3}$ $m = \frac{4 − (−2)}{3 − (−6)} = \frac{6}{9} = \frac{2}{3}$

13. $\frac{1}{2}$ La recta sube 3 unidades por cada 6 unidades que se desplaza hacia la derecha. $\frac{3}{6} = \frac{1}{2}$.

14. **0** Puede utilizar la fórmula de la pendiente para calcular la respuesta. Sin embargo, puede que haya observado que las coordenadas y en los pares ordenados son el mismo número. Eso significa que la recta debe ser paralela al eje de las x y debe tener una pendiente de 0.

15. **(0,5)** Sustituya las variables con los valores en la fórmula de la pendiente.

$$3 = \frac{−1 − y}{−2 − 0} = \frac{−1 − y}{−2}$$
$$−2(3) = −1 − y$$
$$−6 = −1 − y$$
$$−5 = −y$$
$$5 = y$$

16. $\frac{5}{8}$ Sustituya las variables con los pares ordenados en la fórmula de la pendiente.

$$\frac{2 − (−3)}{5 − (−3)} = \frac{2 + 3}{5 + 3} = \frac{5}{8}$$

Enfoque en las destrezas de GED (Página 259)

1. **8** Como los puntos están situados sobre una recta vertical, cuente los espacios para encontrar la distancia. El punto C está 8 espacios por encima del punto A.

2. **6.3** El punto B está en $(−4, 1)$ y el punto D en $(2, 3)$. Use la fórmula para hallar la distancia.

$$\text{distancia} = \sqrt{(x_2 − x_1)^2 + (y_2 − y_1)^2}$$
$$= \sqrt{(2 − (−4))^2 + (3 − 1)^2}$$
$$= \sqrt{6^2 + 2^2}$$
$$= \sqrt{36 + 4}$$
$$= \sqrt{40} \approx 6.32, \text{ lo cual se redondea a } 6.3$$

(Si no pudiera utilizar una calculadora, sabría que $\sqrt{40}$ está entre 6 ($\sqrt{36}$) y 7 ($\sqrt{49}$).)

3. **6** Como los puntos están situados sobre una recta horizontal, cuente los espacios para hallar la distancia. El punto E está 6 espacios a la derecha del punto A.

4. **7.6** El punto A está en $(-1, -4)$ y el punto D en $(2, 3)$. Use la fórmula para hallar la distancia.

$$\text{distancia} = \sqrt{(x_2 - x_{+1})^2 + (y_2 - y_1)^2}$$
$$= \sqrt{(2 - (-1))^2 + (3 - (-4))^2}$$
$$= \sqrt{3^2 + 7^2}$$
$$= \sqrt{9 + 49}$$
$$= \sqrt{58} \approx 7.61, \text{ lo cual se redondea a } 7.6$$

(Si no pudiera utilizar una calculadora, sabría que $\sqrt{58}$ está entre 7 ($\sqrt{49}$) y 8 ($\sqrt{64}$).)

5. **10** El punto C está en $(-1,4)$ y el punto E en $(5,-4)$. Use la fórmula para hallar la distancia.

$$\text{distancia} = \sqrt{(x_2 - x_1)^2 + (y_2 - y_1)^2}$$
$$= \sqrt{(5 - (-1))^2 + (-4 - 4)^2}$$
$$= \sqrt{6^2 + (-8)^2}$$
$$= \sqrt{36 + 64}$$
$$= \sqrt{100} = 10$$

6. **8.5** El punto J está en $(-2,4)$ y el punto L en $(1,-4)$. Use la fórmula para hallar la distancia.

$$\text{distancia} = \sqrt{(x_2 - x_1)^2 + (y_2 - y_1)^2}$$
$$= \sqrt{(1 - (-2))^2 + (-4 - 4)^2}$$
$$= \sqrt{3^2 + (-8)^2}$$
$$= \sqrt{9 + 64}$$
$$= \sqrt{73} \approx 8.54, \text{ lo cual se redondea a } 8.5$$

(Si no pudiera utilizar una calculadora, sabría que $\sqrt{73}$ está entre 8 ($\sqrt{64}$) y 9 ($\sqrt{81}$).)

7. **8.9** El punto K está en $(5,4)$ y el punto L en $(1,-4)$. Utilice la fórmula para hallar la distancia.

$$\text{distancia} = \sqrt{(x_2 - x_1)^2 + (y_2 - y_1)^2}$$
$$= \sqrt{(1 - 5)^2 + (-4 - 4)^2}$$
$$= \sqrt{(-4)^2 + (-8)^2}$$
$$= \sqrt{16 + 64}$$
$$= \sqrt{80} \approx 8.94, \text{ lo cual se redondea a } 8.9$$

(Si no pudiera utilizar una calculadora, sabría que $\sqrt{80}$ está entre 8 ($\sqrt{64}$) y 9 ($\sqrt{81}$).)

8. **7** Como los puntos están situados sobre una recta horizontal, cuente los espacios para hallar la distancia. El punto K está 7 espacios a la derecha del punto J.

9. **9.5** El punto X está en $(9,3)$ y el origen en $(0,0)$. Use la fórmula para hallar la distancia.

$$\text{distancia} = \sqrt{(x_2 - x_1)^2 + (y_2 - y_1)^2}$$
$$= \sqrt{(0 - 9)^2 + (0 - 3)^2}$$
$$= \sqrt{(-9)^2 + (-3)^2}$$
$$= \sqrt{81 + 9}$$
$$= \sqrt{90} \approx 9.48, \text{ lo cual se redondea a } 9.5$$

(Si no pudiera utilizar una calculadora, sabría que $\sqrt{90}$ está entre ($\sqrt{81}$) y 10 ($\sqrt{100}$).)

10. **6** Los puntos tienen la misma coordenada y, lo que significa que están situados sobre la misma recta horizontal de la cuadrícula. Podría resolver el problema marcando los puntos y contando los espacios. También puede usar la fórmula.

$$\text{distancia} = \sqrt{(x_2 - x_1)^2 + (y_2 - y_1)^2}$$
$$= \sqrt{(-4 - 2)^2 + (5 - 5)^2}$$
$$= \sqrt{(-6)^2 + 0^2}$$
$$= \sqrt{36 + 0}$$
$$= \sqrt{36} = 6$$

11. **10** Use la fórmula para hallar la distancia.

$$\text{distancia} = \sqrt{(x_2 - x_1)^2 + (y_2 - y_1)^2}$$
$$= \sqrt{(8 - 0)^2 + (0 - 6)^2}$$
$$= \sqrt{8^2 + (-6)^2}$$
$$= \sqrt{64 + 36}$$
$$= \sqrt{100} = 10$$

12. **5** Los puntos tienen la misma coordenada x, lo que significa que están situados sobre la misma recta vertical de la cuadrícula. Podría resolver el problema marcando los puntos y contando los espacios. También puede utilizar la fórmula.

$$\text{distancia} = \sqrt{(x_2 - x_1)^2 + (y_2 - y_1)^2}$$
$$= \sqrt{(2 - 2)^2 + (4 - (-1))^2}$$
$$= \sqrt{0^2 + 5^2}$$
$$= \sqrt{0 + 25}$$
$$= \sqrt{25} = 5$$

Práctica de GED (Página 261)

1. **(3) $(0,-2)$** En la forma pendiente-intercepto de una recta, el intercepto en y se suma o se resta del producto de la pendiente (m) por x. La coordenada x del intercepto en y siempre es 0.

2. **(5) $y + \frac{1}{4}x = 3$** La recta A sube 1 unidad por cada 4 unidades que se desplaza hacia la izquierda (una dirección negativa), de manera que la pendiente es $-\frac{1}{4}$. El intercepto en y es 3. En la forma pendiente-intercepto, la ecuación de la recta A es $y = -\frac{1}{4}x + 3$. Sólo la opción (5) es igual a esta ecuación.

3. **(2) $y = x$** La recta B sube 2 unidades por cada 2 unidades que se desplaza hacia la derecha, de manera que la pendiente es $\frac{2}{2} = 1$. La recta cruza el eje de las y en el origen $(0,0)$, por lo que su intercepto en y es 0. En la forma pendiente-intercepto, la ecuación es $y = 1x + 0$, que es igual a y 5 x.

4. **(3) $y = 3x - 5$** Sólo la opción (3) le resta 5 al producto de x y un número.

5. **(1) $y = -x + 3$** Encuentre la pendiente utilizando las coordenadas de los puntos P y Q. La recta debe subir 2 unidades por cada 2 unidades que se desplace hacia la izquierda: $\frac{2}{-2} = -1$. Si continúa la recta con una pendiente de -1, cruzará el eje de las y en el punto $(0,3)$. Utilizando la forma pendiente-intercepto, la ecuación debe ser $y = x + 3$.

6. **(2) (0,−2)** La recta descrita debe tener una pendiente de $\frac{2}{3}$, lo que significa que sube 2 unidades por cada 3 unidades que se desplaza hacia la derecha. A partir del punto R, cuente 2 unidades hacia arriba y 3 unidades hacia la derecha. Estará en las coordenadas $(0, -2)$, es decir, en el intercepto en y de la recta.

Prueba corta de GED • Lecciones 20 a 22
(Páginas 262 a 265)
Parte 1

1. **(3) El punto E** Para hallar $(4, -2)$, cuente 4 unidades hacia la derecha del origen y después 2 unidades hacia abajo.

2. **(3) $\frac{1}{2}$** La recta sube a medida que va de izquierda a derecha, de manera que la pendiente es positiva. La recta sube 3 unidades por cada 6 unidades que se desplaza hacia la derecha. Escriba la proporción y simplifíquela. $\frac{3}{6} = \frac{1}{2}$

3. **(1) $x > -2$** Resuelva la desigualdad.
$$5x + 2 < 6x + 3x + 10$$
$$5x + 2 < 9x + 10$$
$$-4x + 2 < 10$$
$$-4x < 8$$
$$x > -2$$
Debe invertir el signo de desigualdad cuando divida ambos lados de la ecuación entre -4.

4. **(2) 43, 45, y 47** Puede eliminar las opciones (3) y (4), ya que no contienen números consecutivos impares. Use la calculadora para sumar los números de las opciones restantes. Sólo los números de la opción (2) suman un total de 135.

5. **(4) 31** Encuentre la diferencia entre los términos de la secuencia.

0	1	aumento de 1
1	3	aumento de 2
3	7	aumento de 4
7	15	aumento de 8

Observe esta lista de aumentos. Cada aumento es el doble del anterior. El siguiente aumento debe ser $2 \times 8 = 16$. Sume 16 al último término de la secuencia. $15 + 16 = 31$.

6. **(3)**
Resuelva la desigualdad.
$$x - 3 < -1$$
$$x < 2$$
En la opción (3), la porción de la recta numérica hacia la derecha del 2 está sombreada para mostrar que todos los valores menores de 2 son soluciones a la desigualdad. El número 2 tiene un círculo blanco para mostrar que 2 no es una solución.

7. **(4) 4.7×10^{-1}, 2.34×10^2, 5.2×10^2** Encuentre el valor de cada expresión.

$4.7 \times 10^{-1} = 0.47$ Desplace el decimal 1 lugar hacia la izquierda.

$2.34 \times 10^2 = 234$ Desplace el decimal 2 lugares hacia la derecha.

$5.2 \times 10^2 = 520$ Desplace el decimal 2 lugares hacia la derecha.

Compare los valores resultantes y ordene las expresiones originales de menor a mayor.

8. **(2) $(x - 6)(x - 6)$** Use el método PEIU para multiplicar cada par de factores. Sólo la opción (2) es igual a la expresión original.
$$(x - 6)(x - 6) = x^2 - 6x - 6x + 36 =$$
$$x^2 - 12x + 36$$

9. **(4) $(-2,-11)$** Sustituya las variables con las opciones de respuesta en la ecuación. Sólo la opción (4) hace que la ecuación sea verdadera.
$$5x - y = 1$$
$$5(-2) - (-11) = 1$$
$$-10 + 11 = 1$$
$$1 = 1$$

10. **(3) A, D, y F** Una manera de solucionar el problema es hallar las coordenadas de algunos de los puntos de la gráfica y ponerlos en el lugar de las variables en la ecuación. Si escoge este método, recuerde que no es necesario probar todos los puntos. Escoja puntos que aparezcan sólo en una o dos opciones para eliminar tantas opciones de respuesta como sea posible.

Otra manera de resolver el problema es representar gráficamente la ecuación en la cuadrícula. Observe que la ecuación está escrita en forma pendiente-intercepto, o $y = mx + b$, donde m = pendiente y b = intercepto en y. El intercepto en y es $(0,3)$, la ubicación del punto D. La pendiente es $\frac{-3}{2}$. Para hallar otro punto en la recta, comience en el punto D y cuente 3 hacia abajo y 2 hacia la derecha. Ahora estará en el punto A. La opción correcta pasa por los puntos A, D y F.

11. **(2) 8** Use la fórmula de la distancia.
$$\text{distancia} = \sqrt{(x_2 - x_1)^2 + (y_2 - y_1)^2}$$
Recuerde que no importa qué punto escoja para que sea $(x_1 y_1)$ y $(x_2 y_2)$. La siguiente solución utiliza $A(2,0)$ como $(x_1 y_1)$ y $C(-5, -4)$ como $(x_2 y_2)$.

$$\text{distancia} = \sqrt{(x_2 - x_1)^2 + (y_2 - y_1)^2}$$
$$= \sqrt{(-5 - 2)^2 + (-4 - 0)^2}$$
$$= \sqrt{(-7)^2 + (-4)^2}$$
$$= \sqrt{49 + 16}$$
$$= \sqrt{65} \approx 8$$
(Si no pudiera utilizar una calculadora, sabría que está entre $\sqrt{65}$ y 8 ($\sqrt{64}$).)

12. **(4) 1.14×10^5** Para escribir un número en notación científica, desplace el punto decimal hasta que sólo haya un dígito a la izquierda del punto decimal. En este caso, debe desplazar el punto decimal 5 lugares hacia la izquierda, de manera que la potencia de 10 sea 10^5.

Parte 2

13. **(1) −5 y 4** Ésta es una ecuación cuadrática. Factorícela o simplemente sustituya las variables con cada opción de respuesta en la ecuación hasta encontrar la que sea correcta.

Para utilizar el método de la factorización, vuelva a escribir la ecuación, de manera que la expresión cuadrática sea igual a 0. Después, factorícela.

$$x^2 + x = 20$$
$$x^2 + x - 20 = 0$$
$$(x + 5)(x - 4) = 0$$

A continuación, encuentre el valor de x para cada factor que haga que ese factor sea igual a 0.

$$x + 5 = 0 \qquad x - 4 = 0$$
$$x = -5 \qquad x = 4$$

14. **(5) $392** Sustituya s con 32 en la función y despeje p.

$$p = \$200 + \$6(32)$$
$$p = \$200 + \$192$$
$$p = \$392$$

15. **(5) (2, 5)** Sustituya las variables con las opciones de respuesta en la ecuación. Sólo la opción (5) hace que la ecuación sea cierta.

$$4x - y = 3$$
$$4(2) - 5 = 3$$
$$8 - 5 = 3$$
$$3 = 3$$

16. **(4) entre 15 y 16 pies**

Como el área de un cuadrado es igual al lado al cuadrado, el lado de un cuadrado es igual a la raíz cuadrada del área. Pruebe elevando al cuadrado los números de las opciones de respuesta para hallar la raíz cuadrada aproximada de 240.

Usted sabe que $12 \times 12 = 144$ y que $20 \times 20 = 400$, de manera que empiece con valores entre estas dos cifras.

$14 \times 14 = 196 \quad 15 \times 15 = 225 \quad 16 \times 16 = 256$
$\sqrt{240}$ está entre 15 y 16.

17. **(2) B** Una recta con una pendiente negativa se desplaza hacia abajo a medida que se desplaza de izquierda a derecha. La pendiente de la recta A no está definida. Las rectas C y D tienen pendientes positivas y la pendiente de la recta E es 0.

18. **(2)** $\dfrac{5}{x - 2}$ Factorice cada expresión. Después, simplifíquelas.

$$\frac{x + 4x}{x^2 - 2x} = \frac{x(1 + 4)}{x(x - 2)} = \frac{5}{x - 2}$$

Nota: puede cancelar x del numerador y el denominador en el segundo paso, ya que $\frac{x}{x} = 1$.

19. **(5) (3,6)** Sustituya las variables con los pares ordenados de las opciones de respuesta hasta que encuentre el que no hace que la ecuación sea verdadera.

$$2x - y = -1$$
$$2(3) - 6 \neq -1$$

20. **(1) $y = 2x + 2$** Las opciones de respuesta están escritas en la forma pendiente-intercepto $y = mx + b$, donde m = pendiente y b = intercepto en y. Recuerde que la pendiente es la proporción del *cambio vertical sobre el cambio*

horizontal. Observe que la recta se desplaza 4 unidades verticales y 2 unidades horizontales a medida que avanza desde el punto A al B. Por tanto, la pendiente es de $\frac{4}{2} = +2$. El intercepto en y de la recta, que es el punto en el que la recta cruza el eje de las y, es +2. Por tanto, la ecuación correcta de la recta es $y = 2x + 2$.

También puede resolver el problema hallando las coordenadas de dos puntos sobre la recta y poniéndolos en lugar de las variables en las ecuaciones para encontrar la ecuación correcta. Siempre debe utilizar dos puntos, ya que más de una recta podría pasar por un mismo punto.

21. **(3) $c = \$40 + \$30h$** El costo de una llamada de servicio es la suma de $40 (la tarifa fija) y el número de horas multiplicado por $30. Sólo la opción (3) muestra esta secuencia de operaciones.

22. **(1) −3** Use la fórmula de la pendiente. Supongamos que $(-2,-2) = (x_1, y_1)$ y $(-4, 4) = (x_2, y_2)$

$$m = \frac{y_2 - y_1}{x_2 - x_1}$$
$$m = \frac{4 - (-2)}{-4 - (-2)}$$
$$m = \frac{6}{-2} = -3$$

23. **(4) $152** Cada mes se deposita una cantidad adicional de $12. Continúe sumando $12 hasta que llegue a diciembre, el duodécimo mes. También puede solucionar el problema multiplicando $12 por 11, el número de aumentos, sumando después $20, el depósito inicial. $11(\$12) + \$20 = \$152$

24. **(4) $y = -x + 3$** La recta se desplaza 1 unidad hacia abajo cada vez que se desplaza 1 unidad hacia la derecha con una pendiente de $\frac{-1}{1} = -1$. El intercepto en y es +3. Utilice la forma pendiente-intercepto para escribir la ecuación de la recta. $y = mx + b$, donde m = pendiente y b = intercepto en y.

$$y = -1x + 3, \text{ ó } y = x + 3$$

25. **(3) 5** Use la fórmula para hallar la distancia entre dos puntos. Supongamos que $D\,(1,3) = (x_1, y_1)$ y $F\,(4,-1) = (x_2, y_2)$.

$$\text{distancia} = \sqrt{(x_2 - x_1)^2 + (y_2 - y_1)^2}$$
$$= \sqrt{(4 - 1)^2 + (-1 - 3)^2}$$
$$= \sqrt{3^2 + (-4)^2}$$
$$= \sqrt{9 + 16}$$
$$= \sqrt{25} = 5$$

Unidad 3 Repaso acumulativo
(Páginas 266 a 270)

Parte 1

1. **(2) −19** Sustituya x y y con los valores y resuelva la ecuación.

$$4x - 2y + xy$$
$$4(-1) - 2(5) + (-1)(5)$$
$$-4 \quad - \quad 10 \quad - 5 = -19$$

2. **(2) $-x - 5$** Piense en la operación de resta como una multiplicación del contenido de los paréntesis por −1. $2 - (x + 7) = 2 + (-1)(x + 7) = 2 - x - 7 = -x - 5$

3. **(1)** $\frac{1}{2}$ Despeje x como se indica.

$$-6(x + 1) + 4 = 8x - 9$$

Elimine los paréntesis.	$-6x - 6 + 4 = 8x - 9$
Combine los términos semejantes.	$-6x - 2 = 8x - 9$
Reste $8x$ en ambos lados.	$-14x - 2 = -9$
Sume 2 a ambos lados.	$-14x = -7$
Divida ambos lados entre -14.	$x = \frac{-7}{-14} = \frac{1}{2}$

4. **(5) 12** Escriba una ecuación y resuélvala.

$$x - 2 = 7 + \frac{x}{4}$$

Multiplique ambos lados por 4.	$4(x - 2) = 4(7 + \frac{x}{4})$
	$4x - 8 = 28 + x$
Reste x en ambos lados.	$3x - 8 = 28$
Sume 8 a ambos lados.	$3x = 36$
Divida ambos lados entre 3.	$x = 12$

5. **(5)**

Resuelva la desigualdad para despejar x. $6 - 5x < 7x - 6$

Sume 6 a ambos lados.	$12 - 5x < 7x$
Sume $5x$ a ambos lados.	$12 < 12x$
Divida ambos lados entre 12.	$1 < x$ o $x > 1$

Sólo la opción (5) muestra el número entero 1 en un círculo blanco y todos los valores mayores de 1 sombreados.

6. **(3) $-4x = -5x + 2 + 8$** El producto de un número por -4 se puede escribir como $-4x$. Dos más -5 veces ese número es $2 + (-5x)$. El problema dice que $-4x$ es 8 más que $2 + (-5x)$. Para crear una ecuación con dos expresiones iguales, se debe restar 8 a $-4x$ o se debe sumar a $2 + (-5x)$. La única ecuación correcta es la opción (3).

7. **(4) $\frac{-2}{3}$** La recta sube 2 unidades a medida que se desplaza 3 unidades hacia la izquierda (una dirección negativa). La pendiente es $\frac{-2}{3}$.

8. **(3) $-2x + 3y = 26$** Sustituya x y y con el par ordenado en cada ecuación. Sólo se posible resolver la opción (3) con el par $(0,-2)$.

$$-2x + 3y = -6$$
$$-2(0) + 3(-2) = -6$$
$$-6 = -6$$

9. **(3) \$4.90** Sustituya n con 24 y despeje C.

$$C = \$2.50 + \$0.10(24)$$
$$C = \$2.50 + \$2.40$$
$$C = \$4.90$$

10. **(2) 8.4×10^7** Puede utilizar la calculadora para hacer la multiplicación.

$$6{,}000 \times 14{,}000 = 84{,}000{,}000$$

Para escribir el número en notación científica, debe situar el punto decimal después del primer dígito. Para hacerlo, debe desplazar el punto decimal 7 lugares hacia la izquierda. El producto es 8.4×10^7.

11. **(2) 7^3** Use la calculadora para evaluar las expresiones.

$$8^3 = 512 \qquad 7^3 = 343$$
$$6^4 = 1296 \qquad 5^4 = 625 \qquad 4^6 = 4096$$

De estas expresiones, sólo 7^3 tiene un valor menor que 500.

12. **(3) C, G** Los pares ordenados con valores positivos de x y valores negativos de y se encuentran en el cuadrante IV, el cuadrante inferior derecho.

13. **(5) L** Puede probar los pares ordenados de los puntos en las opciones de respuesta poniéndolos en lugar de los valores de x y y en la ecuación, o puede volver a escribir la ecuación en forma pendiente-intercepto para representarla gráficamente en la cuadrícula de coordenadas. Es posible volver a escribir la ecuación $x + 2y = -4$ como $y = \frac{-1}{2}x - 2$; Por lo tanto, $(0, -2)$ debe ser el intercepto en y. Como $(0, -2)$ son las coordenadas del punto L, usted sabe que la opción (5) es la correcta.

14. **(2) $-\frac{1}{2}$** En el desplazamiento desde el punto K hasta el punto J, la recta sube 2 unidades a medida que se desplaza 4 unidades hacia la izquierda (una dirección negativa): $\frac{2}{-4} = \frac{-1}{2}$.
También puede usar la fórmula de la pendiente y las coordenadas de J y K: $(0,2)$ y $(4,0)$.

$$m = \frac{y_2 - y_1}{x_2 - x_1} \qquad m = \frac{0 - 2}{4 - 0} = \frac{-2}{4} = -\frac{1}{2}$$

15. **364** Continúe aplicando la regla hasta que encuentre el sexto término. Puede usar la calculadora.

$$40 \times 3 + 1 = 121$$
$$121 \times 3 + 1 = 364$$

16. **37** Use la calculadora.

$$\sqrt{81} = 9 \qquad 2^4 = 16 \qquad \sqrt{169} = 13 \qquad 5^2 = 25$$
$$9 + 16 - 13 + 25 = 37$$

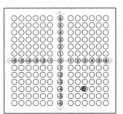

17. **$(3, -4)$** Comience en el origen $(0, 0)$. Desplácese 3 unidades hacia la derecha y 4 unidades hacia abajo. El punto se encuentra en el cuadrante IV.

18. (−3, 0) Sustituya $y = 0$ con el intercepto en x. Resuelva.

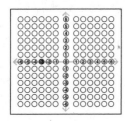

$$-2x + 3y = 6$$
$$-2x + 3(0) = 6$$
$$-2x + 0 = 6$$
$$-2x = 6$$
$$x = \frac{6}{-2} = -3$$

Parte 2

19. (5) $x + 6x + x + 6x > 110$ Dibuje un rectángulo. Supongamos que $x = $ la anchura y $6x = $ la longitud. El perímetro es igual a la suma de la longitud de los cuatro lados: $x + 6x + x + 6x$. Sólo la opción (5) da como resultado una suma mayor de 110.

20. (4) $x \geq 2$ Resuelva la desigualdad.
$$-5x + (-3) \leq 2x - 17$$
Reste $2x$ en ambos lados. $\quad -7x + (-3) \leq -17$
Sume 3 a ambos lados. $\quad -7x \leq -14$
Divida ambos lados entre -7. $\quad x \geq 2$
Recuerde invertir el signo de la desigualdad.

21. (1) $-6x - (-6 + y)$ El producto de -6 y x se puede expresar como $-6x$. La suma de -6 y y se puede escribir como $(-6 + y)$. Sólo la opción (1) le resta la suma al producto.

22. (2) -1 Escriba una ecuación y resuélvala.
$$2x + 3 = -x$$
Sume x a ambos lados. $\quad 3x + 3 = 0$
Reste 3 en ambos lados. $\quad 3x = -3$
Divida ambos lados entre 3. $\quad x = -1$

23. (4) $x \leq -2$ El punto negro sobre -2 indica que -2 es parte del conjunto de soluciones. La recta está sombreada hacia la izquierda de -2 para indicar que todos los valores menores de -2 se incluyen en el conjunto de soluciones.

24. (4) 9 y −2 Puede probar los valores de las opciones de respuesta en la ecuación, o resolver la ecuación cuadrática factorizándola.
$$x^2 - 7x = 18$$
$$x^2 - 7x - 18 = 0$$
$$(x - 9)(x + 2) = 0$$
$$x = 9 \text{ o } x = -2$$

25. (1) $y = \frac{1}{2}x + 4$ Las opciones de respuesta están escritas en forma pendiente-intercepto ($y = mx + b$). Quizá haya observado que el punto $(0,4)$ es el intercepto en y. Por lo tanto, b es igual a 4. Sólo las opciones (1) y (4) son opciones posibles. Ahora, use la fórmula de la pendiente para hallar m.

$$m = \frac{y_2 - y_1}{x_2 - x_2} \qquad m = \frac{2 - 4}{-4 - 0} = \frac{-2}{-4} = \frac{1}{2}$$
La pendiente es $\frac{1}{2}$, y la ecuación debe ser $y = \frac{1}{2}x + 4$.

26. 28 Sustituya las variables con los valores que se dan y evalúe la expresión.

$$6x^2 \quad - \quad 5xy \quad - \quad 4y^2$$
$$6(2)(2) - 5(2)(-2) - 4(-2)(-2)$$
$$24 \quad + \quad 20 \quad - \quad 16 \quad = 28$$

27. 20 Supongamos que la edad actual de Timoteo $= x$ y la edad actual de Alberto $= 5x$. Dentro de 5 años, Timoteo tendrá $x + 5$ años y Alberto tendrá $5x + 5$. Para entonces, la edad de Alberto será 4 veces la de Timoteo. Escriba una ecuación y resuélvala.

$$4(x + 5) = 5x + 5$$
$$4x + 20 = 5x + 5$$
$$-x + 20 = 5$$
$$-x = -15$$
$$x = 15$$

La edad actual de Timoteo es de 15 años. Dentro de cinco años, tendrá 20 años.

28. (−3,2) Comience en el origen $(0, 0)$. Desplácese 3 unidades hacia la izquierda y 2 unidades hacia arriba. El punto se encuentra en el cuadrante II.

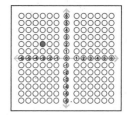

29. (0,−4) Sustituya el intercepto en y con $x = 0$. Resuelva.
$$2x - y = 4$$
$$2(0) - y = 4$$
$$-y = 4$$
$$y = -4$$

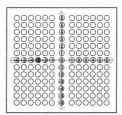

UNIDAD 3

UNIDAD 4: GEOMETRÍA
Lección 23
Enfoque en las destrezas de GED (Página 275)

1. **$P = 49.2$ cm; $A = 69$ cm²** Para encontrar el perímetro sume la longitud de los lados.
$$10 + 23 + 16.2 = 49.2 \text{ cm}$$
Para encontrar el área use la fórmula del área de un triángulo. $A = \frac{1}{2}bh$
$$A = \frac{1}{2}(23)(6) = 69 \text{ cm}^2$$

2. **$P = 30$ pulg; $A = 43.5$ pulg² o $43\frac{1}{2}$ pulg²**

La base es el lado que forma un ángulo de 90° con la línea punteada que indica la altura. En este caso la base mide 10 pulgadas dado que todos los lados tienen la misma medida. Para encontrar el perímetro sume la longitud de todos los lados. $10 + 10 + 10 = 30$ pulg
Para encontrar el área use la fórmula del área de un triángulo. $\qquad A = \frac{1}{2}bh$
$$A = \frac{1}{2}(10)(8.7) = 43.5 \text{ pulg}^2$$

3. **$P = 33$ pies; $A = 48$ pies²** Los lados opuestos de un paralelogramo son iguales. Como consecuencia, tanto el lado superior como el inferior miden 12 pies y cada uno de los lados izquierdo y derecho miden 4.5 pies. La altura mide 4 pies. Para encontrar el perímetro sume la longitud de los lados.
$12 + 12 + 4.5 + 4.5 = 33$ pies
Para encontrar el área use la fórmula del área de un paralelogramo. $\qquad A = bh$
$$A = 12(4) = 48 \text{ pies}^2$$

4. **$P = 24.4$ pulg $A = 24$ pulg²** Recuerde que los lados opuestos de un paralelogramo son iguales. Por lo tanto los lados superior e inferior miden 8 pulgadas y los de la izquierda y derecha miden 4.2 pulgadas cada uno. La altura es de 3 pulgadas. Para encontrar el perímetro sume la longitud de los lados.
$$8 + 8 + 4.2 + 4.2 = 24.4 \text{ pulg}$$
Luego use la fórmula del área.
$$A = bh$$
$$A = 8(3) = 24 \text{ pulg}^2$$

5. **$P = 18.7$ cm; $A = 14$ cm²** Para encontrar el perímetro sume la longitud de los lados.
$$7.1 + 7.6 + 4 = 18.7 \text{ cm}$$
Luego use la fórmula del área.
$$A = \frac{1}{2}bh$$
$$A = \frac{1}{2}(4)(7) = 14 \text{ cm}^2$$

6. **$P = 30$ pulg; $A = 40$ pulg²** Para encontrar el perímetro sume la longitud de los lados.
$$10 + 10 + 5 + 5 = 30 \text{ pulg}$$
Luego use la fórmula del área.
$$A = bh$$
$$A = 10(4) = 40 \text{ pulg}^2$$

7. **(4)** $\frac{1}{2}$**(16)(10)** El segmento de línea que divide al paralelogramo forma dos triángulos. Use la fórmula del área de un triángulo.
Área $= \frac{1}{2} \times$ base $\times$ altura, o $A = \frac{1}{2}bh$
$$A = \frac{1}{2}(16)(10)$$

Enfoque en las destrezas de GED (Página 277)

1. **10 metros** El diámetro es el doble del radio.
$d = 2r$
$d = 2(5)$
$d = 10$ m

2. **31.4 metros** $C = \pi d$
$\qquad C = 3.14(10)$
$\qquad C = 31.4$ m

3. **16 centímetros** $d = 2r$
$\qquad d = 2(8)$
$\qquad d = 16$ cm

4. **4 centímetros** El radio es la mitad del diámetro. divida el diámetro entre 2. $8 \div 2 = 4$ cm

5. **22 pulgadas** $C = \pi d = 3.14(7) = 21.98$, se redondea a 22 pulg

6. **12.56 pies cuadrados** $A = \pi r^2$
$\qquad A = 3.14(2^2)$
$\qquad A = 3.14(4)$
$\qquad A = 12.56$ pies²

7. **50 pulgadas** Recuerde que $d = 2r$ por lo que $8 \times 2 = 16$ pulgadas $C = \pi d = 3.14(16) = 50.24$, se redondea a 50 pulgadas.

8. **pulgadas cuadradas** Encuentre el área del círculo más pequeño y el área del círculo más grande. Luego reste el área del círculo pequeño del área del más grande. Finalmente redondee su respuesta a la siguiente pulgada cuadrada.

Círculo pequeño: $A = \pi r^2$
$\qquad\qquad\qquad A = 3.14(5^2)$
$\qquad\qquad\qquad A = 3.14(25)$
$\qquad\qquad\qquad A = 78.5$ pulgadas cuadradas

Círculo grande: $\quad A = \pi r^2$
$\qquad\qquad\qquad A = 3.14(8^2)$
$\qquad\qquad\qquad A = 3.14(64)$
$\qquad\qquad\qquad A = 200.96$ pulgadas cuadradas

Encuentre la diferencia. $200.96 - 78.5 = 122.46$, redondee a 122 pulg²

9. **154 pies cuadrados** Pies cuadrado es una medida de área. El radio es $\frac{1}{2}$ del diámetro, o $14 \div 2 = 7$.
$$A = \pi r^2$$
$$A = 3.14(7^2)$$
$$A = 3.14(49)$$
$$A = 153.86 \text{ pies}^2$$

10. 28 yardas² $A = \pi r^2$
$A = 3.14(3^2)$
$A = 3.14(9)$
$A = 28.26$, se redondea a yd²

11. 44 centímetros El radio de un círculo es 7 cm; el diámetro es el doble del radio ó $7 \times 2 = 14$ cm.
$C = \pi d$
$C = 3.14(14)$
$C = 43.96$, se redondea a 44 cm

Enfoque en las destrezas de GED (Página 279)

1. 864 pulgadas cuadradas Use la fórmula. $V = lwh$. *Nota:* A lo mejor usted no sabrá decir qué medida es la longitud, cuál el ancho y cuál la altura. Esto no importa ya que el orden en el cual multiplica los números no afecta el resultado.
$V = 16(9)(6) = 864$ pulg²

2. 133 centímetros cúbicos La figura es un cubo.
$V = s^3 = 5.1^3 = 5.1(5.1)(5.1) = 132.651$ centímetros cúbicos, se redondea a 133 cm³

3. 198 pies cúbicos La figura es un cilindro.
$V = \pi r^2 h$
$V = 3.14(3^2)(7) = 3.14(9)(7) = 197.82$ pies cúbicos, se redondea a 198 pies³

4. 14 centímetros cúbicos La figura es un sólido rectangular. $V = lwh$
$V = 2(2)(3.5) = 14$ cm³

5. 942 pies cúbicos La figura es un cilindro.
$V = \pi r^2 h$
$V = 3.14(5^2)(12) = 3.14(25)(12) = 942$ pies³

6. 120 pies cúbicos La figura es un sólido rectangular. $V = lwh = 4(5)(6) = 120$ pies³

7. 300 pies cúbicos La figura es un sólido rectangular.
$V = lwh = 10(6)(5) = 300$ pies³

8. 12,500 pies cúbicos La figura es un sólido rectangular.
$V = lwh = 100(25)(5) = 12,500$ pies³

9. 3.375 yardas cúbicas Si utiliza la calculadora use 1.5 en vez de $1\frac{1}{2}$. La figura es un cubo.
$V = s^3 = 1.5^3 = 1.5(1.5)(1.5) = 3.375$ yd³

10. (1) (8.4)(9) El volumen de un cilindro es el área de la base por la altura. El problema proporciona el área de la base. Por lo tanto usted ya sabe que $\pi \times$ radio² = 8.4 pulg². Escoja la expresión que multiplica esta área por la altura. (8.4)(9)

Enfoque en las destrezas de GED (Página 281)

1. 75 yardas cúbicas
Área de la base = $5^2 = 25$ yd²
Volumen de la pirámide = $\frac{1}{3}(25)(9) = 75$ yd³

2. 25 pulgadas cúbicas El problema proporciona el área de la base circular. Despeje el volumen.
$V = \frac{1}{3}Ah$
$V = \frac{1}{3}(12.5)(6)$
$V = 25$ pulg³

3. 90 yardas cúbicas
Área de la base = $6^2 = 36$ yd²
Volumen de la pirámide = $\frac{1}{3}(36)\left(7\frac{1}{2}\right) = 90$ yd³

4. 377 pulgadas cúbicas
Área de la base circular. $A = \pi r^2$
$A = (3.14)(6^2)$
$A = 3.14(36)$
$A = 113.04$ pulg²
Volumen del cono. $V = \frac{1}{3}(113.04)(10)$
$V = 376.8$ pulg³, se redondea a 377 pulg³

5. 45 yardas cúbicas El problema proporciona el área de la base. Despeje el volumen.
$V = \frac{1}{3}Ah$
$V = \frac{1}{3}\left(22\frac{1}{2}\right)(6)$
$V = 45$ yd³

6. 1256 centímetros cúbicos
Área de la base circular. $A = \pi r^2$
$A = (3.14)(10^2)$
$A = 3.14(100)$
$A = 314$ cm²
Volumen del cono. $V = \frac{1}{3}(314)(12)$
$V = 1256$ cm³

7. 33.6 centímetros cúbicos Despeje el volumen.
$V = \frac{1}{3}Ah$
$V = \frac{1}{3}(12.6)(8)$
$V = 33.6$ cm³

8. 28 metros cúbicos Use la fórmula $V = \frac{1}{3}Ah$ para ambas pirámides.
pirámide A $V = \frac{1}{3}Ah = \frac{1}{3}(25)(12) = 100$ m³
pirámide B $V = \frac{1}{3}Ah = \frac{1}{3}(64)(6) = 128$ m³
Encuentre la diferencia entre los volúmenes restando. $128 - 100 = 28$ m³

9. (4) $\frac{1}{3}$(9²)(18.25) Para encontrar el volumen de una pirámide cuadrada multiplique el área de la base por la altura por $\frac{1}{3}$. Dado que la base de la pirámide es un cuadrado, el área de la base es el cuadrado de la altura de uno de los lados (9²). $\frac{1}{3}(9^2)(18.25)$

UNIDAD 4

Práctica de GED (Página 283)

1. **(2) $7\frac{1}{2}$** Convierta pulgadas a pies. Encuentre la longitud.

$$\frac{\text{pulgadas}}{\text{pie}} \qquad \frac{12}{1} = \frac{33}{l}$$

$$12l = 33$$

$$l = \frac{33}{12} = 2\frac{9}{12} = 2\frac{3}{4} \text{ pies}$$

$$P = 2l + 2w$$

$$P = 2\left(2\frac{3}{4}\right) + 2(1)$$

$$P = 5\frac{1}{2} + 2$$

$$P = 7\frac{1}{2} \text{ pies}$$

2. **(3) 396** Convierta 1 pie a pulgadas.
$1 \times 12 = 12$ pulg Use la fórmula para encontrar el área de un rectángulo.

$$A = lw$$
$$A = 33(12)$$
$$A = 396 \text{ pulg}^2$$

3. **(4) $(3.14)(6^2)(42)$** Convierta $3\frac{1}{2}$ pies a pulgadas.

$$\frac{\text{pie}}{\text{pulgadas}} \qquad \frac{1}{12} = \frac{3.5}{x}$$

$$x = 12(3.5) = 42 \text{ pulgadas}$$

Para encontrar el volumen el primer paso es encontrar el área de la base. Recuerde que el radio es la mitad del diámetro. Sustituya los valores conocidos en la fórmula para encontrar el volumen de un cilindro.

$$A = \pi r^2 \qquad\qquad V = Ah$$
$$A = 3.14\left(\frac{12^2}{2}\right) \qquad V = 3.14(6^2)(42)$$
$$A = 3.14(6^2)$$

4. **(4) entre 6 y 7** Convierta el ancho y la altura a pies. 1 pies 6 pulg $= 1\frac{6}{12} = 1\frac{1}{2}$ pies

1 pies 9 pulg $= 1\frac{9}{12} = 1\frac{3}{4}$ pies

Encuentre el volumen de la caja.

$$V = lwh$$
$$V = 2\frac{1}{2}\left(1\frac{1}{2}\right)\left(1\frac{3}{4}\right)$$
$$V = \frac{5}{2} \times \frac{3}{2} \times \frac{7}{4}$$
$$V = \frac{105}{16}$$
$$V = 6\frac{9}{16} \text{ pies}^3, \text{ está entre 6 y 7 pies}^3$$

5. **(3) 15,000** Convierta la medida de la base a centímetros. $\frac{\text{metro}}{\text{centímetro}}$ $\frac{1}{100} = \frac{2}{x}$

$$x = 100(2) = 200 \text{ centímetros}$$
$$A = \frac{1}{2}bh$$
$$A = \frac{1}{2}(200)(150)$$
$$A = 15,000 \text{ cm}^2$$

6. **(2) 96** Convierta la altura a pulgadas. Use el siguiente factor de conversión. 1 pie = 12 pulg

1 pie 4 pulg = 12 pulg + 4 pulg = 16 pulg

Encuentre el volumen del cono.

$$V = \frac{1}{3}Ah$$
$$V = \frac{1}{3}(18)(16)$$
$$V = 96 \text{ pulg}^3$$

Práctica de GED (Página 285)

1. **(2) 12** Use la fórmula. $A = lw$
Sustituya. $180 = 15w$
Resuelva. $\frac{180}{15} = \frac{15w}{15}$
$$12 = w$$

2. **(1) $\frac{81.64}{3.14(2^2)}$** Use la fórmula. $V = \pi r^2 h$, donde $r =$ el radio de la base del cilindro y $h =$ altura. Rescriba la fórmula para encontrar la altura. Divida ambos lados de la fórmula entre πr^2 y sustituya las medidas conocidas dentro de la ecuación.

$$\frac{V}{\pi r^2} = h$$
$$\frac{81.64}{3.14(2^2)} = h$$

Sólo la opción 1 coincide con este arreglo.

3. **(2) 6** Use la fórmula. $A = \frac{1}{2}bh$, donde $b =$ base

y $h =$ altura. $A = \frac{1}{2}bh$

Sustituya. $10.5 = \frac{1}{2}(b)(3.5)$

Multiplique ambos lados por 2. $21 = 3.5b$

Divida ambos lados por 3.5. $\frac{21}{3.5} = \frac{3.5b}{3.5}$
$$6 = b$$

4. **(4) $\frac{64 - 2(14)}{2}$** Use la fórmula. $P = 2l + 2w$, donde $l =$ longitud y $w =$ ancho. Vuelva a escribir la fórmula para encontrar la longitud. Empiece restando $2w$ de ambos lados. Luego divida ambos lados entre 2. Sustituya las medidas conocidas.

$$P = 2l + 2w$$
$$P - 2w = 2l$$
$$\frac{P - 2w}{2} = l$$
$$\frac{64 - 2(14)}{2} = l$$

5. **(1) 2** Use la fórmula. $V = lwh$, donde $l =$ longitud, $w =$ ancho y $h =$ altura. Sustituya, cambiando las fracciones a decimales.

$$V = lwh$$
$$17.5 = 5(1.75)h$$
Resuelva. $17.5 = 8.75h$
$$\frac{17.5}{8.75} = \frac{8.75h}{8.75}$$
$$2 = h$$

Lección 24

1. **obtuso** los ángulos que miden entre 90° y 180° son ángulos obtusos, por lo tanto un ángulo que mide 150° es obtuso.

2. **recto** Un ángulo que mide exactamente 90° es un ángulo recto.

3. **agudo** Un ángulo que mide entre 0° y 90° es un ángulo agudo, por lo tanto un ángulo que mide 45° es agudo.

4. **llano** Un ángulo que mide exactamente 180° es un ángulo llano.

5. **42°** $\angle BXC$ y $\angle AXB$ son complementarios. Es decir, suman 90°. $90° - 48° = 42° = m\angle BXC$

6. **90°** $\angle AXB$ y $\angle BXC$ son complementarios. Estos dos ángulos forman a $\angle AXC$. Por lo tanto $m\angle AXC$ es 90°. $\angle AXD$ es un ángulo llano de 180° Dado que $m\angle AXC + m\angle DXC = m\angle AXD$, entonces $90° + m\angle DXC = 180°$ y $m\angle DXC = 90°$

7. **132°** $m\angle BXD = m\angle BXC + m\angle DXC$; por lo tanto. $m\angle BXD = 42° + 90° = 132°$

8. $\angle AXB$ o $\angle BXA$ Los ángulos suplementarios suman 180°, que es un ángulo llano. Por lo tanto $\angle DXB$ y $\angle AXB$ son suplementarios.

9. **35°** $m\angle ZXY + m\angle YXQ = 90°$ Dado que $m\angle YXQ = 55°$, $m\angle ZXY = 90° - 55° = 35°$

10. **145°** $\angle ZXR$ y $\angle ZXY$ son suplementarios. En la pregunta 9 usted encontró que la medida de $\angle ZXY$ es 35°. Por lo tanto $m\angle ZXR = 180° - 35° = 145°$

11. **125°** $\angle QXR$ y $\angle QXY$ son suplementarios. Dado que $m\angle QXY = 55°$, $m\angle QXR = 180° - 55° = 125°$

12. **270°** La suma del ángulo cóncavo y $\angle QXZ$ es 360°. Dado que $m\angle QXZ = 90°$, la medida del ángulo cóncavo es $360° - 90° = 270°$.

13. **(1)** $\angle A$ **es complementario a** $\angle B$. La suma de las medidas de $\angle A$ y $\angle B$ es $28° + 62°$, o 90°. Los ángulos que suman 90° son complementarios.

14. **(4) 140°** Cuando dos ángulos son suplementarios sus medidas suman 180°. $m\angle M = 40°$; por lo tanto $m\angle R = 180° - 40° = 140°$

1. $\angle 2$ **ó** $\angle 4$ Los ángulos adyacentes comparten un vértice común y un rayo común. Hay dos ángulos adyacentes a $\angle 3$ o que tocan a $\angle 3$. Son los ángulos $\angle 2$ y $\angle 4$.

2. $\angle 5$ Los ángulos verticales son dos ángulos formados por líneas que se intersectan y se encuentran en posiciones opuestas. Aunque hay tres líneas que se intersectan en este diagrama seleccione las dos líneas que forman a $\angle 2$ (las líneas b y c) para encontrar el ángulo que está al otro lado del vértice. El ángulo 5 es el ángulo vertical a $\angle 2$.

3. $\angle 3$ Sobre las líneas a y c, $\angle 3$ es el ángulo vertical a $\angle 6$.

4. $\angle 4$ Sobre las líneas a y b, $\angle 4$ es el ángulo vertical a $\angle 1$.

5. $\angle 6$ **y** $\angle 2$ Ambos comparten un vértice común y un rayo común con $\angle 1$.

6. $\angle 6$ **y** $\angle 4$ Ambos comparten un vértice común y un rayo común con $\angle 5$.

7. $\angle 2$ Los ángulos verticales son congruentes.

8. $\angle 1$ Los ángulos verticales son congruentes.

9. $\angle 6$ Los ángulos verticales son congruentes.

10. $\angle BOC$ $m\angle EOF = 50°$. Dado que $\angle BOC$ es un ángulo vertical a $\angle EOF$, también mide 50°.

11. **100°** Los ángulos EOF y BOC son ángulos verticales, por lo tanto $m\angle BOC = 50°$.
Hecho: $\quad m\angle AOB + m\angle BOC + m\angle COD = 180°$
Sustituya: $\quad\quad 30° + 50° + m\angle COD = 180°$
Despeje la parte desconocida: $\quad m\angle COD = 180° - (30° + 50°)$
Resuelva: $\quad m\angle COD = 180° - 80° = 100°$

12. **100°** Este problema tiene varios pasos en el proceso de razonamiento para llegar a la respuesta:
Identifique la información dada: $m\angle AOB = 30°$; $\angle BOC$ y $\angle EOF$ son ángulos verticales, entonces $m\angle EOF = m\angle BOC = 50°$
Identifique el hecho acerca de $m\angle AOF$: $\angle AOF$ y $\angle COD$ son ángulos verticales por lo tanto son congruentes.
Encuentre: $\quad m\angle COD$ (calculado en #11) $= 100°$
Encuentre $m\angle AOF$: $\quad m\angle AOF = m\angle COD = 100°$

13. **80°** Los ángulos AOB y DOE son ángulos verticales; por lo tanto, $m\angle AOB = m\angle DOE = 30°$ $m\angle DOE + m\angle EOF = 30° + 50° = 80°$

14. **310°** El ángulo cóncavo mide el ángulo exterior. Dado que la suma de todos los ángulos es igual a 360° y que la medida de $\angle EOF$ es igual a 50°, reste para encontrar la medida del ángulo cóncavo. $360° - 50° = 310°$

15. $\angle COD$ **y** $\angle FOA$ Los ángulos suplementarios suman 180°, o forman una línea recta. $\angle COD$ y $\angle FOA$ son suplementarios respecto de $\angle DOF$.

16. **(5)** $\angle Q$ **y** $\angle R$ **tienen la misma medida.** Los ángulos verticales son congruentes. Cuando los ángulos son congruentes sus medidas son iguales. No hay información sobre las medidas específicas de $\angle Q$ y $\angle R$, por lo que es imposible saber si las opciones (1), (2), (3) y (4) son verdaderas

17. **(2)** $m\angle 2 = 100°$ Dado que $\angle 4$ y $\angle 2$ son ángulos verticales, son congruentes y tienen igual medida. Dado que tanto $\angle 4$ como $\angle 2$ miden 100° no pueden ser complementarios (sumar 90°) ni sumar 180°, por lo que las opciones (1) y (5) son incorrectas. Dado que $\angle 4$ y $\angle 1$ son

UNIDAD 4

complementarios (suman 180°) de la misma manera que ∠4 y ∠3 y $m∠4 = 100°$, entonces $m∠1$ y $m∠3$ son ambos iguales a 80°, de manera que las opciones (3) y (4) son incorrectas.

Enfoque en las destrezas de GED (Página 291)

1. ∠2, ∠3, ∠6, ∠7

2. ∠7

3. ∠1, ∠4, ∠5, ∠8

4. ∠1

5. ∠3

6. ∠5

7. ∠6

8. ∠4

9. ∠7

10. ∠4

11. **(5) $m∠1 + ∠7 = 180°$** ∠1 y ∠8 son ángulos alternos externos; por lo tanto $m∠1 = m∠8$. ∠8 y ∠7 son ángulos suplementarios; por lo tanto $m∠8 + m∠7 = 180°$ $m∠1 = m∠8$ y por consiguiente $m∠1 + m∠7 = 180°$

12. **(2) ∠3, ∠6, y ∠7** Los ángulos 2 y 3 son ángulos verticales y tienen la misma medida. Los ángulos 2 y 6 son ángulos correspondientes y los ángulos 3 y 7 son también correspondientes. Por lo tanto cada uno de estos cuatro ángulos mide 60°.

13. **(1) $m∠2 + m∠5 = 180°$** Los ángulos 2 y 6 son ángulos correspondientes; por lo tanto $m∠2 = m∠6$. Los ángulos 6 y 5 son ángulos suplementarios; por lo tanto, $m∠6 + m∠5 = 180°$ $m∠2 = m∠6$ y por consiguiente $m∠2 + m∠5 = 180°$

14. **(3) ∠3 y ∠7** Los ángulos 3 y 7 son ángulos correspondientes y tienen la misma medida. No son ángulos rectos por lo que la suma de sus medidas no es 180°.

Práctica de GED (Página 293)

1. **(2) ∠ABD y ∠DBC son suplementarios.** $m∠ABD + m∠DBC = m∠ABC$; ∠ABC es un ángulo llano que mide 180°. Cuando la suma de las medidas de dos ángulos es 180° son suplementarios.

2. **(3) ∠3 y ∠7** Dado que ∠1 es congruente a ∠5, la figura muestra dos líneas paralelas atravesadas por una transversal. Los ángulos 3 y 7 son congruentes porque son ángulos correspondientes. En otras palabras ambos están en la misma posición respecto de la transversal.

3. **(2) $x + (x − 12°) = 90°$** El ángulo más grande se representa con x. La medida del ángulo menor debe ser 12° menos que x o $x − 12°$. Dado que son complementarios suman 90°. Sólo la opción

(2) establece de manera correcta que la suma de las expresiones es igual a 90°.

4. **(4) Las líneas p y q no son paralelas.** Aunque las líneas parecen paralelas ni la figura ni el texto dan esta información. Si las líneas fueran paralelas la medida de ∠7 sería igual a 118° porque ∠7 corresponde a ∠3, el cual es vertical respecto al ángulo que mide 118°.

5. **(1) $m∠1 = 50°$** El ángulo 1 corresponde al ángulo que mide 50°. Dado que los ángulos correspondientes son congruentes el ángulo 1 también mide 50°.

6. **(5) 144°** Considere que la medida de ∠BXC = x y la medida de ∠AXB = 4x. Dado que los ángulos son suplementarios su suma es igual a 180°. Escriba la ecuación y resuelva.
$$x + 4x = 180°$$
$$5x = 180°$$
$$x = 36°$$
La medida de ∠BXC es 36° y la medida de ∠AXB es 4(36) = 144°.

Prueba corta de GED • Lecciones 23 y 24
(Páginas 294 a 297)
Parte 1

1. **(4) ∠5** ∠1 es un ángulo recto y es suplementario tanto a ∠2 como a ∠5. ∠1 es suplementario pero también adyacente a ∠2. Sólo ∠5 es suplementario a ∠2 pero no es adyacente.

2. **(4) 155°** ∠WOY y ∠3 son suplementarios. $m∠3 = 25°$, entonces $m∠WOY = 180° − 25° = 155°$

3. **(2) un ángulo recto** ∠XOZ es vertical al ángulo ∠1 que es un ángulo recto. Por lo tanto ∠XOZ debe ser un ángulo recto. Dado que la suma de dos ángulos suplementarios es 180° cualquier ángulo suplementario a ∠XOZ debe medir 180° − 90° = 90°, un ángulo recto.

4. **(2) $\frac{40}{\pi}$** Use la fórmula para hallar la circunferencia de un círculo: $C = \pi d$
Sustituya el valor conocido de C: $40 = \pi d$
Despeje d: $\frac{40}{\pi} = d$

5. **(5) 64** El contenedor tiene una base cuadrada, cuyos lados miden 4 pulgadas. Si se llena el contenedor hasta una profundidad de 4 pulgadas el líquido llena una figura cúbica cuyos lados miden cuatro pulgadas. Use la fórmula para encontrar el volumen de un cubo.
$$V = s^3 = 4^3 = 64 \text{ pulg}^3$$

6. **(3) 8** Como necesita expresar la respuesta en pies, convierta 18 pulgadas a pies. Use el factor de conversión 12 pulgadas = 1 pie.
$\frac{1}{12} = \frac{x}{18}$ $x = 1\frac{1}{2}$ pies. Para hallar el perímetro de un rectángulo puede sumar las medidas de los cuatro lados o usar la fórmula.

$$P = 2l + 2w$$
$$= 2\left(2\tfrac{1}{2}\right) + 2\left(1\tfrac{1}{2}\right)$$
$$= 2\left(\tfrac{5}{2}\right) + 2\left(\tfrac{3}{2}\right) \text{ o } = 2(2.5) + 2(1.5)$$
$$= 5 + 3 = 8 \text{ pies}$$

7. **(5) No se cuenta con suficiente información.** Si se desconoce la suma de las medidas de ∠A y ∠B o alguna otra relación entre los ángulos no hay manera de determinar la medida de ∠B.

8. **(3) El cajón C tiene el mayor volumen.** Para hallar el volumen de cada cajón multiplique la longitud × el ancho × la altura. Sin embargo, usted debe de haber notado que la altura de cada cajón es la misma, por lo que puede ahorrar tiempo multiplicando solo la longitud por el ancho. No necesita conocer el volumen para resolver el problema. Simplemente necesita comparar las áreas de las bases. $A = lw$
A: 7.6(5) = 38   B: 8(4.5) = 36   C: 7(5.5) = 38.5

9. **(4) 226** Para usar la fórmula para encontrar el volumen de un cilindro, $V = \pi r^2 h$, necesita conocer el radio de la base. Dado que el diámetro de la base es 6 pies, el radio es la mitad del diámetro o 3 pies.
$V = \pi r^2 h = 3.14(3^2)(8) = 3.14(9)(8) = 226.08$. Se redondea a 226 pies^3

10. **(3) 7** El radio del círculo más grande es igual al diámetro del círculo más pequeño. Dado que el diámetro del círculo más grande es 28 pulgadas su radio es 14 pulgadas. El radio del círculo más pequeño es la mitad de su diámetro. Dado que el diámetro del círculo más pequeño es 14 pulgadas, su radio es 7 pulgadas.

11. **(3) $12\tfrac{1}{4}$** Como debe expresar su respuesta en pies, empiece convirtiendo todas las medidas a pies. Use el hecho de que 12 pulgadas = 1 pie. Las dimensiones del cajón son $3\tfrac{1}{2}$ pies, $1\tfrac{3}{4}$ pies y 2 pies. Use la fórmula del volumen de un sólido rectangular. $V = lwh$
$$= \left(3\tfrac{1}{2}\right)\left(1\tfrac{3}{4}\right)(2) \quad \text{o} \quad = (3.5)(1.75)(2)$$
$$= \left(\tfrac{3}{1}\right)\left(\tfrac{7}{4}\right)(2)$$
$$= 12\tfrac{1}{4} \text{ pies}^3 \quad \text{o} \quad = 12.25 = 12\tfrac{1}{4}$$

Aunque las opciones de respuesta se expresan con números mixtos, a veces resulta más fácil hacer los cálculos con decimales y convertir las respuestas al número mixto.

12. **(1) 37°** La suma de las medidas de los ángulos TRS, TRU, y URV es 180°. $m\angle TRU = 90°$ Como $m\angle URV = 53°$, encuentre la medida del ángulo que falta restando. $180° - 90° - 53° = 37°$

Parte 2

13. **(3) 120°** ∠UZX es suplementario a ∠4. Reste para encontrar su medida. $m\angle UZX$ $180° - 60° = 120°$

14. **(1) 30°** El símbolo que se encuentra dentro de ∠2 indica que ∠2 es un ángulo recto y que las líneas UW y VY son perpendiculares. Entonces, $m\angle WZY$ también es 90° ya que es un ángulo vertical respecto de ∠2. Por lo tanto ∠4 y ∠5 son complementarios y sus medidas suman 90°. Encuentre la medida de ∠5 restando la medida dada de ∠4. $90° - 60° = 30°$

15. **(4) 120** El gabinete es un sólido rectangular. $V = lwh = 4(3)(10) = 120$ pies^3

16. **(5) ∠5 es suplementario de ∠1.** La figura muestra dos conjuntos de ángulos formados por líneas paralelas y una transversal. Cada conjunto debe tomarse de manera independiente, no están relacionados. Use el razonamiento lógico para eliminar las opciones de respuesta incorrectas. La opción (1) es falsa. Los ángulos 3 y 4 son suplementarios, no complementarios. La opción (2) es falsa porque los ángulos 12 y 13 son ángulos verticales y cada uno mide 125°. No son suplementarios porque la suma de sus medidas no es igual a 180°. La opción (3) es falsa porque ∠4 y ∠10 no son ángulos correspondientes. No están en la misma posición con relación a la *misma* transversal. La opción (4) es falsa porque ∠1 corresponde a un ángulo de 100°; por lo tanto su medida es también 100° y no 90°. La opción (5) es verdadera porque ∠5 es suplementario a un ángulo que mide 100°. Por lo tanto su medida es $180° - 100° = 80°$. Dado que ∠1 mide 100° la suma de las medidas de ∠5 y ∠1 es 180° y los ángulos son suplementarios.

17. **(2) ∠1 y ∠7** Los ángulos 1 y 4 son verticales y congruentes. Los ángulos 4 y 7 son ángulos correspondientes y congruentes. Los ángulos 2 y 3 son suplementarios al ángulo 4. Los ángulos suplementarios no son congruentes a menos que sean ángulos rectos, por lo que las opciones (1) y (4) son incorrectas. Los ángulos 8, 10 y 14 están sobre una transversal distinta a la del ángulo 4 y por lo tanto no se pueden comparar. Así se pueden eliminar las opciones (3) y (5) por ser incorrectas.

18. **(5) 125°** El ángulo 12 y el ángulo cuya medida se indica como 125° son correspondientes. Ambos se encuentran en la misma posición con relación a la transversal d. Por lo tanto sus medidas son iguales.

19. **(4) 21(12)** La figura tiene dos conjuntos de líneas paralelas al igual que el paralelogramo. Para encontrar el área de un paralelogramo multiplique la base (21cm) por la altura (12 cm). No necesita las demás medidas. $V = bh = 21(12)$

20. **(1) ∠5** Tres ángulos de la figura son iguales a ∠4: ∠7 (ángulo vertical), ∠2 (ángulo correspondiente), y ∠5 (ángulo alterno externo). Sólo ∠5 es una opción de respuesta.

21. **(1)** $m\angle 8 = m\angle 1$ Los ángulos 1 y 8 son ángulos alternos externos (en la parte de afuera de las líneas paralelas y sobre lados opuestos de la transversal). Los ángulos alternos externos tienen la misma medida. Las opciones (2) y (3) son incorrectas porque la figura no da información acerca de las medidas específicas de los ángulos. La opción (4) es incorrecta porque las medidas de los ángulos 4 y 8 suman 180°, por lo que estos ángulos son suplementarios, no complementarios (suman 90°). La opción (5) es incorrecta porque la medida de los ángulos 3 y 4 suman 180°, por lo que dichos ángulos son suplementarios, no congruentes, como lo indica el símbolo ≅. (Dos ángulos rectos serían suplementarios y congruentes, pero esto no se indica en la figura).

22. **(4)** 10π La circunferencia de un círculo es igual a pi (π) $\times$ el diámetro. El radio del círculo es 5 cm por lo que el diámetro debe de ser 2(5) o 10 cm. Si sustituye 10 por el diámetro se obtiene $C = \pi(10)$, o 10π. Recuerde que el orden de los factores de la multiplicación no afecta el producto.

23. **(3)** $\angle FGC$ **y** $\angle DGE$ **son ángulos verticales.** La opción (1) es verdadera pero no sirve para conocer la medida de $\angle FGC$. La opción (2) no es verdadera. Usted sabe que la suma de los ángulos mencionados no es 180° porque $\angle FGA$ no es un ángulo llano. La opción (4) no es verdadera porque los ángulos no están ubicados con relación a la transversal. La opción (5) no es verdadera porque este hecho no incide en la medida de $\angle FGC$. Sólo la opción (3) demuestra que $\angle FGC$ mide 75°. Como $\angle DGE$ mide 75° y los ángulos verticales son iguales, $m\angle FGC = 75°$.

24. **(1)** **9** Encuentre la altura de un triángulo cuya área es 90 y cuya base es 20. Use la fórmula del área.

Formula: $\qquad\qquad A = \frac{1}{2} \times \text{base} \times \text{altura}$

Sustituya los valores: $\quad 90 = \frac{1}{2}(20)h$

Despeje h: $\qquad\qquad 90 = 10h$
$\qquad\qquad\qquad\qquad\quad 9 = h$

Lección 25

Enfoque en las destrezas de GED (Página 299)

1. $\triangle ABC$ (o $\triangle ACB$ o $\triangle CBA$) Cada lados tiene la misma longitud, 10. Nota: El orden de las letras que dan nombre al triángulo no importa.

2. $\triangle ABD$ Dos de sus lados tienen la misma longitud, 13. (El triángulo equilátero, $\triangle ABC$, es un caso especial de triángulo isósceles.)

3. $\triangle ACD$ **y** $\triangle BCD$ En los dos triángulos hay un ángulo obtuso, es decir, uno que mide más de 90°.

4. $\triangle ABE$, $\triangle ABC$, **y** $\triangle ABD$ Todos los ángulos son agudos, es decir, miden menos de 90°.

5. $\triangle ABE$, $\triangle ACD$, **y** $\triangle BCD$ Ninguno de sus lados son iguales.

6. $\triangle ABE$

7. $\triangle BDC$ **y** $\triangle CDE$

8. $\triangle ACB$ **y** $\triangle BCE$

9. **35°** La suma de las medidas de los ángulos del $\triangle ABE$ debe ser igual a 180°.
$$m\angle A + m\angle ABE + m\angle E = 180°$$
Puesto que $m\angle A = 55°$ y $m\angle ABE = 90°$, entonces
$$m\angle E = 180° - 55° - 90° = 35°$$

10. **35°** En $\triangle ABC$ sabemos que $m\angle ACB = 90°$ y $m\angle A = 55°$. Las medidas suman 145°. Por lo tanto, $m\angle ABC = 180° - 145° = 35°$

11. **55°** En $\triangle DCE$, $m\angle CDE = 90°$ y $m\angle E = 35°$ (ver la pregunta 9), dando un total de 125°. Por lo tanto, $m\angle DCE = 180° - 125° = 55°$

12. **55°** En $\triangle BCE$, $m\angle BCE = 90°$ y $m\angle E = 35°$ (ver la pregunta 9), dando un total de 125°. Por lo tanto, $m\angle CBD = 180° - 125° = 55°$. Además, como $m\angle ABE = 90°$ y $m\angle ABC = 35°$ (de la pregunta 10), entonces, $m\angle CBD = 90° - 35° = 55°$

13. **35°** En $\triangle BCD$, $m\angle BDC = 90°$ y $m\angle CBD = 55°$ (ver la pregunta 12), dando un total de 145°. Por lo tanto, $m\angle BCD = 180° - 145° = 35°$. Además, como $m\angle BCE = 90°$ y $m\angle DCE = 55°$ (ver la pregunta 11) $m\angle BCD = 90° - 55° = 35°$

14. Los cinco triángulos son rectángulos. Además, todos sus ángulos tienen la misma medida: 35°, 55° y 90°.

15. **4** Un triángulo que tiene dos lados iguales es isósceles.   Dos lados en el $\triangle AEB$ miden 6.
Dos lados en el $\triangle CED$ miden 3.
Dos lados en el $\triangle ACD$ miden 5.
Dos lados en el $\triangle CDB$ miden 5.

16. **18°** Puesto que el triángulo es rectángulo, uno de sus ángulos mide 90°. Las medidas de los otros dos ángulos pueden ser representadas por x y $4x$. Escriba una ecuación y resuelva.
$$x + 4x + 90° = 180°$$
$$5x + 90° = 180°$$
$$5x = 90°$$
$$x = 18°$$

17. **41°, 57°, y 82°** Sea x = la medida del ángulo menor. Las medidas de los otros ángulos pueden ser representadas por $x + 16°$ y $2x$. Escriba una ecuación y resuelva. $x + x + 16° + 2x = 180°$
$$16° + 4x = 180°$$
$$4x = 164°$$
$$x = 41°$$
Substituya para calcular las otras medidas.
$$x + 16° = 41° + 16° = 57°$$
$$2x = 2(41°) = 82°$$

18. **Falso** En un triángulo equilátero todos sus ángulos miden 60°. Puesto que el $\angle B$ es un ángulo recto, debe medir 90°.

19. Falso En un triángulo obtusángulo, uno de sus ángulos debe medir más de 90°. En este triángulo, el ángulo mayor es $\angle B$, el cual mide 90°.

20. Verdadero Los triángulos ABC y BCD tienen un ángulo recto y un ángulo de 21°. En ambos triángulos, la medida del tercer ángulo debe ser $180° - 90° - 21° = 69°$.

21. Falso $\triangle ABD$ es menor que los otros triángulos de la figura, pero las medidas de sus ángulos son iguales. $\angle BDA$ debe medir 90°, porque es un ángulo suplementario del $\angle BDC$, el cual mide 90°. Puesto que $m\angle ABC = 90°$ y $m\angle C = 21°$ y la suma de los tres ángulos en $\triangle ABC = 180°$, entonces $180° - 90° - 21° = 69° = m\angle A$. Si $m\angle BDA = 90°$ y $m\angle BAD = 69°$, entonces $m\angle DBA = 21°$

22. Falso Los tres ángulos de un triángulo acutángulo miden menos de 90°. $\triangle ABC$ tiene un ángulo recto, por lo tanto, es un triángulo rectángulo y no un triángulo acutángulo.

23. Verdadero Los ángulos ABC y BDC son ángulos rectos, señalado por el signo de ángulo recto (el cuadrado pequeño en el ángulo) en la figura. Como $\angle BDC$ es un ángulo recto y es suplementario de $\angle BDC$ (es decir, sus medidas suman 180°), $\angle BDC$ también debe ser un ángulo recto.

Enfoque en las destrezas de GED (Página 301)

1. rombo, cuadrado, paralelogramo o rectángulo Recuerde que un rombo es un paralelogramo especial y un cuadrado es un rectángulo especial.

2. cuadrado rectángulo, rombo o paralelogramo Recuerde que un cuadrado es un tipo de rombo y un rectángulo cuadrado es un tipo de paralelogramo.

3. paralelogramo, cuadrado, rectángulo o rombo Un trapecio tiene un solo par de lados paralelos opuestos.

4. trapecio

5. paralelogramo, rombo o trapezoide

6. trapecio

7. trapecio

8. 360° La suma de los ángulos interiores de un cuadrilátero es 360°.

9. 55° Los ángulos K y L miden 125° respectivamente y suman 250°. Los ángulos restantes deben medir $360° - 250° = 110°$. Sea x la medida del ángulo J. Como los ángulos restantes son iguales $2x = 110°$ y $x = 55°$; por lo tanto $m\angle J = 55°$.

10. paralelogramo

11. 65° En un paralelogramo, los ángulos opuestos son iguales; por lo tanto la medida de $\angle A$ es 65°, igual que la medida del $\angle C$.

12. 115° Si los ángulos A y C miden 65° respectivamente, la suma es $2(65°) = 130°$. La suma de los ángulos restantes debe ser $360° - 130° = 230°$. Como los ángulos restantes tienen la misma medida, su medida será la mitad de 230°, es decir 115°, $m\angle D = 115°$.

13. cuadrado, rectángulo, rombo, paralelogramo La figura es un cuadrado o un rectángulo, pero recuerde que un cuadrado es un tipo de rombo y un rectángulo es un tipo de paralelogramo.

14. 90°, 90°, 100°, y 80° Usted sabe que la suma de los cuatro ángulos es 360°. Dos de esos ángulos son rectos y miden 90° cada uno. Sea $x = $ medida del ángulo mayor desconocido y $x - 20° = $ la medida del ángulo menor desconocido. Escriba una ecuación y resuelva.

$$x + (x - 20°) + 90° + 90° = 360°$$
$$2x - 20° = 180°$$
$$2x = 200°$$
$$x = 100°$$
$$x - 20° = 100° - 20° = 80°$$

Los ángulos son 90°, 90°, 100°, y 80°.

15. paralelogramo La figura no puede ser un rectángulo, porque no hay ángulos rectos. No puede ser un rombo o cuadrado, porque todos sus lados no tienen el mismo largo. No puede ser un trapecio, porque hay dos pares de lados opuestos paralelos.

16. Son paralelos y tienen la misma longitud. En un paralelogramo, los lados opuestos son siempre paralelos. (Fíjese que la definición de paralelogramo no da información acerca de las medidas de los ángulos. Sin embargo, se puede decir que un paralelogramo está formado por rectas paralelas intersecada por una transversal, por lo tanto, si sabemos la medida de uno de los ángulos, podremos determinar la medida de los otros.)

17. 130° El ángulo AEB del triángulo y $\angle DEB$ del paralelogramo son suplementarios, es decir que su suma es 180°. Puesto que $m\angle AEB = 50°$, $m\angle DEB = 180° - 50° = 130°$. Los ángulos opuestos de un paralelogramo miden lo mismo, por lo tanto, $m\angle C = 130°$.

18. 90° Dado que las rectas $\overline{AD}$ y $\overline{BC}$ son paralelas y la transversal $\overline{AB}$, es perpendicular a $\overline{AB}$ (porque $m\angle A = 90°$), $\overline{AB}$ es también perpendicular a $\overline{BC}$. Entonces, $m\angle ABE = 90°$.

Enfoque en las destrezas de GED (Página 303)

1. sí Los triángulos son equiláteros y congruentes. Como $\angle D$ y $\angle E$ miden 60° respectivamente, $\angle F$ también debe medir 60°, determinando que $\triangle DEF$ es equilátero. Usted sabe que los tres lados de $\triangle ABC$ son iguales y que los lados tienen la misma longitud. Si un triángulo tiene tres lados iguales, es equilátero. Por lo tanto, ambos son equiláteros y congruentes

2. **no** Los triángulos tienen ángulos de la misma medida, pero eso no prueba que sean congruentes. Como $\overline{MO}$ no es *igual a* su lado correspondiente $\overline{PR}$, los triángulos no pueden ser congruentes. Tienen la misma *forma*, pero no el mismo tamaño.

3. **sí** Las longitudes de los lados correspondientes son iguales, por lo tanto, los triángulos son congruentes, según la regla LLL.

4. **sí** Las longitudes de los dos lados del triángulo y la medida del ángulo que se forma entre ellos son iguales en ambos triángulos; por lo tanto, los triángulos son congruentes de acuerdo a la regla LAL.

5. **sí** $\overline{TV}$ y $\overline{TS}$ tienen la misma medida, $\overline{TR}$ y $\overline{TU}$, y los ángulos que se forman entre cada par de lados miden 90°. Por lo tanto, los triángulos son congruentes de acuerdo a la regla LAL.

6. **30°** $\angle V$ es correspondiente al $\angle S$

7. **60°** Si $m\angle V = 30°$ y $m\angle T = 90°$, entonces $m\angle U = 180° - 30° - 90° = 60°$

8. **sí** $\overline{BD}$ es un lado de dos triángulos. $\overline{AB}$ y $\overline{BC}$ tienen la misma medida. En los dos triángulos, los lados mencionados tiene un ángulo recto entre ellos. Por lo tanto, los triángulos son congruentes de acuerdo a la regla LAL.

9. **37°** $m\angle BDC = 53°$, entonces $m\angle C = 180° - 90° - 53° = 37°$ $\angle A$ y $\angle C$ son correspondientes y los triángulos son congruentes., por lo tanto $m\angle A = 37°$

10. **No se cuenta con suficiente información** Los triángulos pueden ser congruentes o no. Necesita saber las medidas de $\angle A$ y $\angle D$ o las medidas de los lados $\overline{CB}$ y $\overline{FE}$ para determinar si los triángulos son congruentes.

11. **36°** La suma de los ángulos de un triángulo es igual a 180°. $180° - 110° - 34° = 36°$

12. **4.5** Los triángulos son congruentes, porque $m\angle A = 36°$. (Ver la pregunta 11.) Puesto que los triángulos son congruentes, el lado $\overline{EF}$ debe ser igual a 4.5.

Enfoque en las destrezas de GED (Página 305)

1. $\overline{BC}$

2. **7** Escriba una proporción y resuelva. Observe que la longitud del lado $\overline{BC} = 12 + 9 = 21$
$$\frac{12}{21} = \frac{4}{x}$$
$$12x = 4(21)$$
$$12x = 84$$
$$x = 7$$

3. **71°** Dos de los ángulos de un triángulo isósceles tienen la misma medida (x). Escriba una ecuación.
$$38° + 2x = 180°$$
$$2x = 142°$$
$$x = 71°$$

4. **100** Escriba una ecuación y resuelva.
$$\frac{150}{90} = \frac{x}{60}$$
$$90x = 150(60)$$
$$90x = 9000$$
$$x = 100$$

5. **20** Escriba una proporción y resuelva.
$$\frac{6}{12} = \frac{10}{x}$$
$$6x = 12(10)$$
$$6x = 120$$
$$x = 20$$

6. **$\angle GKJ$** El lado GI es correspondiente con $\overline{GK}$, y $\overline{IH}$ es correspondiente con $\overline{KJ}$. Los ángulos que se forman entre estos lados son congruentes.

7. **$\angle O$**

8. **16** Escriba una proporción y resuelva.
$$\frac{7}{14} = \frac{8}{x}$$
$$7x = 14(8)$$
$$7x = 112$$
$$x = 16$$

9. **35 pies** Escriba una proporción y resuelva.
$$\frac{\text{altura del poste}}{\text{altura del árbol}} = \frac{\text{sombra del poste}}{\text{sombra del árbol}}$$
$$\frac{5}{x} = \frac{3}{21}$$
$$21(5) = 3x$$
$$105 = 3x$$
$$35 = x$$

10. **24 pies** Escriba una proporción y resuelva.
$$\frac{\text{altura del cartel}}{\text{altura del lámpara}} = \frac{\text{sombra del cartel}}{\text{sombra de la lámpara}}$$
$$\frac{6}{x} = \frac{4}{16}$$
$$96 = 4x$$
$$24 = x$$

11. **57°** El suelo, la torre y el tensor forman un triángulo. El soporte nuevo creará un triángulo semejante dentro del más grande. El ángulo que va desde el soporte nuevo al tensor es correspondiente con el ángulo que va desde la torre al tensor.

12. **28 pies** El soporte está a 20 pies de la torre. Por lo tanto, la base del triángulo menor es $60 - 20 = 40$. Escriba una proporción y resuelva.
$$\frac{42}{x} = \frac{60}{40}$$
$$42(40) = 60x$$
$$1680 = 60x$$
$$28 = x$$

NOTA: En esta sección, se han usado valores decimales en lugar de fracciones. Sin embargo, puede resolver las mismas proporciones con fracciones. Cuando resuelva problemas con una calculadora, use decimales en lugar de fracciones.

$$\frac{1}{4} = 0.25 \qquad \frac{1}{2} = 0.5 \qquad \frac{3}{4} = 0.75$$

1. **(2) 150** Escriba una proporción y resuelva.

$$\frac{1 \text{ pulg}}{40 \text{ mi}} = \frac{3.75 \text{ pulg}}{x \text{ mi}}$$
$$1x = 40(3.75)$$
$$x = 150 \text{ mi}$$

2. **(4) 580** Sume las distancias entre las dos ciudades en el mapa. 7 pulg + 2.5 pulg + 5 pulg = 14.5 pulg. Escriba una proporción y resuelva.

$$\frac{1 \text{ pulg}}{40 \text{ mi}} = \frac{14.5 \text{ pulg}}{x \text{ mi}}$$
$$1x = 40(14.5)$$
$$x = 580 \text{ mi}$$

3. **(4) 1 pulg = 20 mi** Escriba una proporción y resuelva.

$$\frac{2.5 \text{ pulg}}{50 \text{ mi}} = \frac{1 \text{ pulg}}{x \text{ mi}}$$
$$2.5x = 50(1)$$
$$x = 20 \text{ mi}$$

4. **(1) 10 pies por 20 pies** Escriba una proporción para calcular las dos.

$$\frac{0.75 \text{ pulg}}{15 \text{ pies}} = \frac{0.5 \text{ pulg}}{x \text{ pies}}$$
$$0.75x = 15(0.5)$$
$$0.75x = 7.5$$
$$x = 10 \text{ pies}$$

$$\frac{0.75 \text{ pulg}}{15 \text{ pies}} = \frac{1 \text{ pulg}}{x \text{ pies}}$$
$$0.75x = 15(1)$$
$$0.75x = 15$$
$$x = 20 \text{ pies}$$

5. **(3) Sí. El anaquel cabe exactamente.** Escriba las razones en pulgadas a pies y resuelva la proporción.

$$\frac{1 \text{ pulg}}{8 \text{ pies}} = \frac{1.75 \text{ pulg}}{x \text{ pies}}$$
$$1x = 8(1.75)$$
$$x = 14 \text{ pies}$$

6. **(4) 6.3** Escriba las razones en pulgadas a millas y resuelva la proporción.

$$\frac{1 \text{ pulg}}{1.8 \text{ mi}} = \frac{3.5 \text{ pulg}}{x \text{ mi}}$$
$$1x = 1.8(3.5)$$
$$x = 6.3 \text{ mi}$$

Lección 26
Enfoque en las destrezas de GED (Página 309)

1. **132 pies cuadradas** Considere la figura como un rectángulo y un triángulo. Calcule el área de cada uno.

Rectángulo: $A = lw$
$$= 8(4)$$
$$= 32 \text{ pies}^2$$

Triángulo: $A = \frac{1}{2}bh$
$$= \frac{1}{2}(10)(20)$$
$$= 100 \text{ pies}^2$$

Sume las dos áreas. $32 + 100 = 132 \text{ pies}^2$

2. **304.5 pulgadas cuadradas** Considere la figura como dos triángulos y un rectángulo. Calcule el área de cada elemento y sume las áreas.

Triángulo izquierdo: $A = \frac{1}{2}bh$
$$= \frac{1}{2}(14)(18) = 126 \text{ pulg}^2$$

Rectángulo: $A = lw$
$$= 14(9) = 126 \text{ pulg}^2$$

Triángulo derecho: $A = \frac{1}{2}bh$
$$= \frac{1}{2}(14)(7.5) = 52.5 \text{ pulg}^2$$

Sume. $126 + 126 + 52.5 = 304.5 \text{ pulg}^2$

3. **168.5 pulgadas cuadradas** Considere la figura como un círculo y un rectángulo, ya que dos semicírculos pueden combinarse para formar un círculo. Calcule el área de cada elemento y súmelas.

Círculo: El diámetro = 10 pulg; por lo tanto, el radio = 5 pulg
$$A = \pi r^2 = 3.14(5^2) = 3.14(25) = 78.5 \text{ pulg}^2$$
Rectángulo: $A = lw = 10(9) = 90 \text{ pulg}^2$
Sume. $78.5 + 90 = 168.5 \text{ pulg}^2$

4. **164 pies cuadrados** Considere la figura como dos paralelogramos iguales y un cuadrado.
Paralelogramos: $A = bh = 16(4) = 64 \text{ pies}^2$
Cuadrado: $A = s^2 = 6^2 = 36 \text{ pies}^2$
Sume. $64 + 64 + 36 = 164 \text{ pies}^2$

5. **1242 pulgadas cuadradas** Considere la figura como dos rectángulos. Calcule el área de cada uno y sume.
Rectángulo superior: $A = lw = 54(15) = 810 \text{ pulg}^2$
Rectángulo inferior: $A = lw = 24(18) = 432 \text{ pulg}^2$
Sume. $810 + 432 = 1242 \text{ pulg}^2$

6. **208 pulgadas cuadradas** Considere la figura como tres rectángulos. Calcule el área de cada elemento y sume los resultados. Observe que debe restar el ancho del rectángulo derecho e izquierdo del ancho total de la figura para calcular la dimensión desconocida del rectángulo central.
$$20 - 3 - 5 = 12 \text{ pulg}$$
Rectángulo izquierdo: $A = lw = 14(3) = 42 \text{ pulg}^2$
Rectángulo central: $A = lw = 12(8) = 96 \text{ pulg}^2$
Rectángulo derecho: $A = lw = 14(5) = 70 \text{ pulg}^2$
Sume. $42 + 96 + 70 = 208 \text{ pulg}^2$

7. **288 pulgadas cúbicas** Considere la figura como un prisma rectangular y una pirámide de base cuadrada. Calcule el volumen de cada elemento y sume para calcular el volumen total.
Prisma rectangular: $V = lwh = 6(6)(5) = 180 \text{ pies}^3$
Pirámide cuadrada: $V = \frac{1}{3}Ah = \frac{1}{3}s^2h$
$$= \frac{1}{3}(6^2)(9) = 108 \text{ pulg}^3$$
Sume. $180 + 108 = 288 \text{ pulg}^3$

UNIDAD 4

8. **51 centímetros cúbicos** Considere la figura como dos pirámides de base cuadrada.

Pirámide izquierda: $V = \frac{1}{3}s^2h$

$= \frac{1}{3}(3^2)(12) = 36$ cm³

Pirámide derecha: $V = \frac{1}{3}s^2h$

$= \frac{1}{3}(3^2)(5) = 15$ cm³

Sume. $36 + 15 = 51$ cm³

9. **273.18 pies cúbicos** Considere la figura como un cilindro y un cono. Sume los volúmenes para calcular el volumen total.

Cilindro:

$V = Ah = \pi r^2 h = 3.14(3^2)(8) = 226.08$ pies³

Cono: $V = \frac{1}{3}\pi r^2 h = \frac{1}{3}(3.14)(3^2)(5) = 47.1$ pies³

Sume. $226.08 + 47.1 = 273.18$ pies³

10. **84.5 pies cúbicos** Considere la figura como un cilindro y un cono. Calcule el volumen de cada uno y sume para calcular el volumen total.
Cilindro: La figura muestra el área de la base en lugar del radio. Recuerde que para cilindros, cubos y prismas rectangulares, el volumen es igual al área de la base × altura.
$V = Ah = (6.5)(9) = 58.5$ pies³

Cono:
volumen es igual a $\frac{1}{3}$ × área de la base × altura

$V = \frac{1}{3}Ah = \frac{1}{3}(6.5)(12) = 26$ pies³

Sume. $58.5 + 26 = 84.5$ pies³

11. **414 pies cúbicos** Considere la figura como dos prismas rectangulares. Calcule el volumen de cada uno y sume sus resultados. La altura desconocida del sólido inferior es $18 - 6$, ó 12 pies. La longitud desconocida del sólido superior es $9 - 4$ ó 5 pies.
Sólido inferior: $V = lwh = 9(3)(12) = 324$ pies³
Sólido superior: $V = lwh = 6(5)(3) = 90$ pies³
Sume. $324 + 90 = 414$ pies³

12. **1260 pulgadas cúbicas** Considere la figura como tres prismas rectangulares. El inferior tiene una altura de $18 - 6 - 6$, o 6 pulgadas. El sólido central tiene una longitud de $15 - 5$, o 10 pulg. El superior tiene una longitud de $15 - 5 - 5$, o 5 pulg
Sólido inferior: $V = lwh = 15(7)(6) = 630$ pulg³
Sólido central: $V = lwh = 10(7)(6) = 420$ pulg³
Sólido superior: $V = lwh = 5(7)(6) = 210$ pulg³
Sume. $630 + 420 + 210 = 1260$ pulg³

Enfoque en las destrezas de GED (Página 311)
1. **107 losetas** Como cada loseta es igual a 1 pie cuadrado, el área, en pies cuadrados, es igual al número de losetas que se necesitan. Calcule el área del cuarto completa y réstele el área ocupada por la lavadora y secadora.

Área del cuarto: $A = lw = 15(9) = 135$ pies²
Área de la lavadora
y secadora: $A = lw = 7(4) = 28$ pies²
Reste. $135 - 28 = 107$ pies² o losetas

2. **816 pies cuadrados** El área del sendero es la diferencia entre el área del rectángulo mayor y el área del jardín.
Rectángulo mayor: $A = lw = 48(32) = 1536$ pies²
Jardín: $A = lw = 36(20) = 720$ pies²
Reste. $1536 - 720 = 816$ pies²

3. **408 losetas** Primero, calcule las medidas que faltan. El lado izquierdo de la piscina mide 42 pies. La dimensión inferior desconocida es de 42 pies. Sume las longitudes de los lados para calcular el perímetro.
$60 + 30 + 42 + 12 + 18 + 42 = 204$ pies.
Convierta los pies en pulgadas.
$204 \times 12 = 2448$ pulg. Divida el número de pulgadas del perímetro por 6, el número de pulgadas de cada loseta. $2448 \div 6 = 408$

4. **505.36 pulgadas cúbicas**. Calcule el volumen, en pulgadas cúbicas, de cada figura. Luego, reste el volumen del juguete del volumen del cilindro para calcular el volumen del material protector.
Cilindro: $V = \pi r^2 h = 3.14(6^2)(9) = 1017.36$ pulg³
Juguete cúbico: $V = s^2 = (8^2) = 512$ pulg³
Reste. $1017.36 - 512 = 505.36$ pulg³

5. **254.34 pies cuadrados** Calcule el área del círculo mayor (sendero más fuente) y reste el área de la fuente. La diferencia es el área del sendero.
Círculo mayor: Diámetro de la fuente más sendero es $24 + 3 + 3 = 30$ pies, por lo tanto el radio es $\frac{30}{2} = 15$ pies.
$A = \pi r^2 = 3.14(15^2) = 3.14(225) = 706.5$ pies³
Fuente: El radio de la fuente es $\frac{24}{2} = 12$ pies.
$A = \pi r^2 = 3.14(12^2) = 3.14(144) = 452.16$ pies³
Reste. $706.5 - 452.16 = 254.34$ pies²

6. **32 cajas** Calcule el área, en yardas cuadradas, del techo. Divida entre 3 para calcular el número de cajas que se necesitan.
Área de medio techo: $A = lw = 8(6) = 48$ yd²
Área del techo completo: $2 \times 48 = 96$ yd²
Números de cajas: $96 \div 3 = 32$ cajas

Lección 27
Enfoque en las destrezas de GED (Página 313)
En las preguntas 1 a 12, resuelva la relación pitagórica usando a y b. Después compare su respuesta con el valor dado para c en el problema.

1. **no** $c^2 = a^2 + b^2$
$c^2 = 2^2 + 3^2$
$c^2 = 4 + 9$
$c^2 = 13$
$c = \sqrt{13} \approx 3.6$

2. no $c^2 = a^2 + b^2$
$c^2 = 2^2 + 6^2$
$c^2 = 4 + 36$
$c^2 = 40$
$c = \sqrt{40} \approx 6.3$

3. no $c^2 = a^2 + b^2$
$c^2 = 2^2 + 2^2$
$c^2 = 4 + 4$
$c^2 = 8$
$c = \sqrt{8} \approx 2.8$

4. no $c^2 = a^2 + b^2$
$c^2 = 3^2 + 3^2$
$c^2 = 9 + 9$
$c^2 = 18$
$c = \sqrt{18} \approx 4.2$

5. sí $c^2 = a^2 + b^2$
$c^2 = 11^2 + 60^2$
$c^2 = 121 + 3600$
$c^2 = 3721$
$c = 3721 \approx 61$

6. sí $c^2 = a^2 + b^2$
$c^2 = 5^2 + 12^2$
$c^2 = 25 + 141$
$c^2 = 169$
$c = \sqrt{169} = 13$

7. sí Una manera fácil de resolver este problema es tener en cuenta la longitud de los lados: $18 - 24 - 30$. Estos valores se simplifican a $3 - 4 - 5$. Un triángulo cuyos lados tienen esta relación, es siempre un triángulo rectángulo. Esto se puede probar mediante la relación de Pitágoras.
$c^2 = a^2 + b^2$
$c^2 = 18^2 + 24^2$
$c^2 = 324 + 576$
$c^2 = 900$
$c = \sqrt{900} = 30$

8. sí $c^2 = a^2 + b^2$
$c^2 = 1^2 + \left(1\frac{1}{3}\right)^2$
$c^2 = 1^2 + \left(\frac{4}{3}\right)^2$
$c^2 = 1 + \frac{16}{9}$
$c^2 = \frac{25}{9}$
$c = \sqrt{\frac{25}{9}} = \frac{5}{3} = 1\frac{2}{3}$

9. sí $c^2 = a^2 + b^2$
$c^2 = 7^2 + 24^2$
$c^2 = 49 + 576$
$c^2 = 625$
$c = \sqrt{625} = 25$

10. sí $c^2 = a^2 + b^2$
$c^2 = 25^2 + 60^2$
$c^2 = 625 + 3600$
$c^2 = 4225$
$c = \sqrt{4225} = 65$

11. sí $c^2 = a^2 + b^2$
$c^2 = 6.5^2 + 42^2$
$c^2 = 42.25 + 1764$
$c^2 = 1806.25$
$c = \sqrt{1806.25} = 42.5$

12. no $c^2 = a^2 + b^2$
$c^2 = 8^2 + 50^2$
$c^2 = 64 + 2500$
$c^2 = 2564$
$c = \sqrt{2564} \approx 50.6$

13. 26 pies El cable, el suelo y el poste forman un triángulo rectángulo. Sea $a = 10$ pies y $b = 24$ pies. Calcule la hipotenusa, es decir, el largo del cable.
$c^2 = a^2 + b^2$
$c^2 = 10^2 + 24^2$
$c^2 = 100 + 576$
$c^2 = 676$
$c = \sqrt{676} = 26$

14. 4 pies Al alejar el punto A del poste, el largo de a cambia. Sea $a = 10$ pies $+ 8$ pies, o 18 pies y $b = 24$ pies. Calcule la hipotenusa, es decir, el largo del cable. Luego, calcule la diferencia entre el nuevo largo del cable y el largo del cable antes de mover el punto A.
$c^2 = a^2 + b^2$
$c^2 = 18^2 + 24^2$
$c^2 = 324 + 576$
$c^2 = 900$
$c = \sqrt{900} = 30$
30 pies $-$ 26 pies (ver la pregunta 13) $= 4$ pies

15. 65 millas Los puntos A, B y C forman un triángulo rectángulo. Sea $a = 39$ mi y $b = 52$ mi.
$c^2 = a^2 + b^2$
$c^2 = 39^2 + 52^2$
$c^2 = 1521 + 2704$
$c^2 = 4225$
$c = \sqrt{4225} = 65$

16. 72 millas La distancia entre el punto A y el punto D es igual a la suma de la distancia entre el punto A y el punto C más la distancia entre el punto C y el punto D. Sea $a = 39$ mi $+ 11$ mi $+ 50$ mi y $b = 52$ mi. Calcule la hipotenusa, es decir, la distancia entre el punto D y el punto B.
$c^2 = a^2 + b^2$
$c^2 = 50^2 + 52^2$
$c^2 = 2500 + 2704$
$c^2 = 5204$
$c = \sqrt{5204} \approx 72$

1. **(2) 13** La escalera es la hipotenusa. Sea la distancia desde la pared (8 pies) igual a a. Calcule b.

$$a^2 + b^2 = c^2$$
$$8^2 + b^2 = 15^2$$
$$64 + b^2 = 225$$
$$b^2 = 161$$
$$b = \sqrt{161} \approx 12.7, \text{ redondeado a 13}$$

2. **(3) 8.1** Trace un triángulo rectángulo de manera que la distancia entre J y K forme la hipotenusa. Los catetos del triángulo miden 7 y 4 unidades respectivamente. Calcule la hipotenusa.

$$c^2 = a^2 + b^2$$
$$c^2 = 7^2 + 4^2$$
$$c^2 = 49 + 16$$
$$c^2 = 65$$
$$c = 65 \approx 8.1$$

3. **(3) entre 95 y 105 pies** La distancia entre A y B es la hipotenusa de un triángulo rectángulo. Calcule la hipotenusa.

$$a^2 + b^2 = c^2$$
$$60^2 + 80^2 = c^2$$
$$3,600 + 6,400 = c^2$$
$$10,000 = c^2$$
$$c = \sqrt{10,000} = 100$$

También: Éste es un múltiplo del triángulo rectángulo 3-4-5. Dado que $3 \times 20 = 60$ y $4 \times 20 = 80$, entonces, la hipotenusa debe ser $5 \times 20 = 100$.

4. **(3) 96** El tensor es uno de los catetos de un triángulo rectángulo. El lado que mide 104 pulgadas es la hipotenusa. No se distraiga por la orientación del triángulo. Siempre busque el ángulo recto, localice la hipotenusa y, luego, determine qué lados son los catetos. Calcule b, el segundo cateto.

$$a^2 + b^2 = c^2$$
$$40^2 + b^2 = 104^2$$
$$1,600 + b^2 = 10,816$$
$$b^2 = 9,216$$
$$b = \sqrt{9,216} = 96$$

Enfoque en las destrezas de GED (Página 317)

1. **$6300** Multiplique la renta mensual por 12: $525 \times 12 = \$6300$ No tenga en cuenta la información sobre depósitos y pagos para esta pregunta.

2. **$7440** Multiplique la renta mensual por 12 para calcular la renta anual. Luego, sume el pago de estacionamiento ($30), el depósito ($580) y el pago por verificar antecedentes de crédito ($50). $(\$565 \times 12) + \$30 + \$580 + \$50 = \$7440$

3. **$900** La renta más cara es la de $600 por mes y la menos cara es la de $525 por mes. Multiplique cada renta por 12 para calcular el costo de la renta anual. Luego, reste para calcular la diferencia.
$$(\$600 \times 12) - (\$525 \times 12) = \$7200 - \$6300$$
$$= \$900$$

4. **a. $1130** El derecho a llaves del apartamento A se calcula sumando la renta, el depósito y el pago por las copias de las llaves.
$545 + $545 + $40 = $1130

   b. $1110 El derecho a llaves del apartamento C incluye un pago por contrato equivalente al 10% de $600 ó $60. Sume.
$600 + $450 + $60 = $1110

5. **17** Haga una tabla y sume las oficinas orientadas hacia el este o sur. sur (8) + este (9) = 17

Torre	N	S	E	O
1		4	3	
2	5			3
3	2	4	6	

6. **5** Hay 12 oficinas en la torre 3 y 7 en la torre 1 Reste. $12 - 7 = 5$

7. **3** Sume el número de oficinas que están orientadas hacia el norte o sur: $7 + 8 = 15$. Sume el número de oficinas orientadas hacia el este u oeste $9 + 3 = 12$. Calcule la diferencia: $15 - 12 = 3$

Práctica de GED (Página 319)

1. **(2) entre 70 y 85 mph.** El eje horizontal tiene una línea cada 25 pies que indican incrementos de 50 pies. Localice el punto que mejor represente a 310 pies. Desplácese hacia arriba hasta la línea de la gráfica y fíjese en el valor correspondiente en la escala de velocidad del eje vertical. Una marca de freno de 310 pies podría ocurrir a un poco menos de 80 mph.

2. **(5) $P = \$5.50h + 0.08s$** para calcular el salario de un vendedor, necesita multiplicar sus horas de trabajo (h) por $5.50 (puede escribirse 5.50h$) y multiplicar sus ventas por 8% (puede escribirse $0.08v$). Sume los dos productos. Sólo la opción (5) se realizan correctamente las tres operaciones.

3. **(3) Plan C** Dado que tanto el plan A como el plan D cobran 7 centavos por minuto, el plan D debe ser más barato, porque su pago mensual es menor. Elimine el plan A. Dado que tanto el plan C como el plan E cobran 6 centavos por minuto, el plan C debe ser más barato, porque su pago mensual es menor. Elimine el plan E. Use la fórmula y su calculadora para calcular el costo de los planes B, C y D.
Plan B: $(\$0.09 \times 300) + \$0 = \$27.00$
Plan C: $(\$0.06 \times 300) + \$6.50 = \$24.50$
Plan D: $(\$0.07 \times 300) + \$4.95 = \$25.95$
El plan C es el más barato.

4. **(3) 59° F** Reemplace 15 por C en la fórmula y use su calculadora para resolver.
$$F = \left(\frac{9}{5}\right)(15) + 32$$
$$F = 27 + 32$$
$$F = 59$$
15° C equivalen a 59° F

(Páginas 320 a 323)

Parte 1

1. **(3) 188** Escriba una proporción y resuélvala.

$$\frac{1.5 \text{ cm}}{60 \text{ km}} = \frac{4.7 \text{ cm}}{x \text{ km}}$$
$$1.5x = 4.7(60)$$
$$1.5x = 282$$
$$x = 188 \text{ km}$$

2. **(2) 38°** La suma de los ángulos de un triángulo es igual a 180°. Para calcular la medida que falta, reste. $180° - 90° - 52° = 38°$

3. **(5) $\sqrt{(6) + (7.7)}$** Puesto que las longitudes de los dos catetos de un triángulo rectángulo están dados, use la relación de Pitágoras. $a^2 + b^2 = c^2$, por lo tanto, $c^2 = \sqrt{a^2 + b^2} = \sqrt{(6)^2 + (7.7)^2}$

4. **(5) un triángulo cuyos lados son 7, 24, y 25** Utilice la relación de Pitágoras para evaluar cada una de las opciones de respuesta. Sólo los lados que aparecen en la opción (5) hacen verdadera la ecuación.

$$c^2 = a^2 + b^2$$
$$c^2 = 7^2 + 24^2$$
$$c^2 = 49 + 576$$
$$c^2 = 625$$
$$c = \sqrt{625} = 25$$

5. **(4) 23** Calcule la hipotenusa.

$$c^2 = a^2 + b^2$$
$$c^2 = 7^2 + 22^2$$
$$c^2 = 49 + 484$$
$$c^2 = 533$$
$$c = \sqrt{533} \approx 23.08, \text{ redondeado a 23 pies}$$

6. **(2) 138** Primera, determine el área de la piscina. El diametro de la piscina es 20 pies, por lo tanto, el radio es la mitad de 20, o 10 pies.

$$A = \pi r^2$$
$$= 3.14(10^2)$$
$$= 3.14(100)$$
$$= 314 \text{ pies}^2$$

Luego, calcule el área de la piscina, incluyendo el borde. El borde agrega 4 pies al diámetro, o 2 pies al radio. $10 + 2 = 12$ pies

$$A = \pi r^2$$
$$= 3.14(12^2)$$
$$= 3.14(144)$$
$$= 452.16 \text{ pies}^2$$

Finalmente, reste el área de la piscina del área de la piscina más el borde. $452.16 - 314 = 138.16$ redondeado a 138 pies²

7. **(5) 550** Esta figura irregular se compone de un cilindro y un cono. Calcule los volúmenes por separados y súmelos.

Cilindro: $V = \pi r^2 h = 3.14(5^2)(5) = 392.5 \text{ cm}^3$

Cono: $V = \frac{1}{3}\pi r^2 h = \frac{1}{3}(3.14)(5^2)(6) = 157 \text{ cm}^3$

Sume. $392.5 + 157 = 549.5$, redondeado a 550 cm³

8. **(3) 6** Calcule el área del rectángulo.
$A = lw = 6(3.5) = 21 \text{ pulg}^2$
Use la fórmula para el área del triángulo y calcule h (la altura).

$$A = \frac{1}{2}bh$$
$$21 = \frac{1}{2}(7)h; \quad h = 6 \text{ pulg}$$

9. **(2) 22** $\quad \frac{3 \text{ pies}}{x} = \frac{4.5 \text{ pies}}{33 \text{ pies}}$
$$4.5x = 3(33)$$
$$4.5x = 99$$
$$x = 22 \text{ pies}$$

10. **(3) 33** Calcule el área del rectángulo y de los triángulos por separado. Luego, sume para calcular el área total. Nota: Los triángulos son congruentes. Calcule el área de uno y multiplique por dos.

Triángulo: $\qquad A = \frac{1}{2}bh$
$$= \frac{1}{2} \times 4.5 \times 2$$
$$= 4.5 \text{ cm}^2$$

Multiplique por 2. $4.5 \times 2 = 9 \text{ cm}^2$

Rectángulo: $\qquad A = lw$
$$= 8 \times 3$$
$$= 24 \text{ cm}^2$$

Sume. $\qquad 24 + 9 = 33 \text{ cm}^2$

11. **(4) 8** $\quad a^2 + b^2 = c^2$
$$10^2 + b^2 = 12.8^2$$
$$100 + b^2 = 163.84$$
$$b^2 = 63.84$$
$$b = \sqrt{63.84} \approx 7.9,$$
redondeado a 8 unidades.

12. **(3) 55°** Dado que la suma de los ángulos de un triángulo es igual a 180°, sume los dos ángulos conocidos y réstelos de 180°.
$35° + 90° = 125°$ y $180° - 125° = 55°$

Parte 2

13. **(5) Paralelogramo** Aunque el problema no señala que los lados opuestos son paralelos, deben serlo para que las medidas de los lados aparezcan en el orden dado. No hay otra opción posible.

14. **(2) 70°** Los triángulos son congruentes, por lo tanto, los ángulos A y D deben ser congruentes. Puede calcular la medida $\angle A$ restando $180° - 60° - 50° = 70°$. El ángulo D debe tener la misma medida.

15. **(5) 20 y 25** Existen varias formas de resolver este problema. Una forma es escribir proporciones para resolver los lados que faltan. Otra, es darse cuenta que el triángulo 12-16-20 es un múltiplo del triángulo común 3-4-5. Por lo tanto, el $\triangle DEF$ debe ser semejante al triángulo 3-4-5, lo que significa que los lados restantes deben medir 20 y 25 pies.

UNIDAD 4

16. (3) 55° Puesto que sus lados correspondientes son iguales, entonces, estos triángulos son congruentes. Vire mentalmente el segundo triángulo para que los lados correspondientes tengan la misma orientación. Tal vez, le sea útil trazar nuevamente el segundo triángulo. Puesto que $\angle L$ es congruente con $\angle I$, la medida del $\angle L$ es 55°.

17. (3) 10 Debido a que $\angle A$ y $\angle B$ miden 60° cada uno, el $\angle C$ también debe medir 60°. Por lo tanto, el triángulo es equilátero. Por definición, un triángulo equilátero tiene tres lados del mismo largo; entonces, el lado AC debe medir 10 pulgadas.

18. (2) $\overline{AE} \cong \overline{BD}$ Ya sabe que los lados AC y CB son congruentes; también sabe que los lados CE y CD son congruentes. Para saber que los triángulos tienen tres pares de lados congruentes, necesita saber que la medida del lado AE es igual a la medida del lado BD.

19. (4) 10
$$c^2 = a^2 + b^2$$
$$c^2 = 6^2 + 8^2$$
$$c^2 = 36 + 64$$
$$c^2 = 100$$
$$c = \sqrt{100} = 10 \text{ pies}$$

20. (3) 40 La fórmula para calcular la circunferencia de un círculo es $C = \pi d$, donde d = diámetro. El diámetro mide el doble del largo del radio. $2(7) = 14$ pulg. Para calcular la circunferencia, use 3 para el valor de pi. $C = 3(14) = 42$ pulg. La mejor aproximación es la opción (3).

21. (4) escaleno y acutángulo. Un triángulo con tres lados de diferentes largos es un triángulo escaleno. Un triángulo con tres ángulos agudos es un triángulo acutángulo.

22. (1) $x + 5x + 90° = 180°$ La suma de las medidas de los tres ángulos es 180°. Si x es igual a la medida del ángulo agudo menor, entonces $5x$ es la medida del ángulo mayor. El tercer ángulo es el ángulo recto que mide 90°. Para escribir la ecuación, escriba la suma de los tres ángulos que es igual a 180°.

23. (3) $180° - (90° + 38°)$ Dado que la suma de los ángulos en un triángulo es igual a 180°, sume los dos ángulos conocidos y reste el resultado de 180°. La opción (2) es incorrecta, porque ambos valores conocidos deben restarse.

24. (2) $\overline{AB}/\overline{AC} = \overline{FB}/\overline{GC}$ Dos pares de lados correspondientes en estos triángulos son $\overline{AB}$ y $\overline{AC}$ y $\overline{FB}$ y $\overline{GC}$. Dado que los lados correspondientes de triángulos semejantes tienen razones iguales, esta es una proporción verdadera.

Unidad 4 Repaso acumulativo
(Páginas 324 a 330)
Parte 1

1. (4) 120 $\triangle MON$ y $\triangle POQ$ son triángulos isósceles semejantes. Por lo tanto, los lados correspondientes son proporcionales.
$$\frac{x}{24} = \frac{150}{30}$$
$$30x = 3600$$
$$x = 120$$

2. (1) 50
$$A = \pi r^2$$
$$A = 3.14(4^2)$$
$$A = 50.24 \text{ pies}^2$$

3. (5) 140 Calcule las dimensiones del cuarto usando la escala del mapa de 1 pulgada = 2 pies.
$$\frac{1 \text{ pulg}}{2 \text{ pies}} = \frac{5 \text{ pulg}}{a} \qquad a = 10 \text{ pies}$$
$$\frac{1 \text{ pulg}}{2 \text{ pies}} = \frac{7 \text{ pulg}}{l} \qquad l = 14 \text{ pies}$$
El área es 10×14, o 140 pies cuadrados.

4. (1) $\frac{2}{3}$ Calcule el volumen de cada cono usando la fórmula $V = \frac{1}{3} \times$ área de la base $\times$ altura. La Muestra B mide 24 pulgadas cúbicas y la Muestra A mide $23\frac{1}{3}$ pulgadas cúbicas. (La información acerca del largo del lado no es necesaria). Reste para calcular la diferencia. $24 - 23\frac{1}{3} = \frac{2}{3}$ pulg^3. El volumen de la Muestra B contiene $\frac{2}{3}$ de pulgada cúbica más que la Muestra A.

5. (4) 18.8 La fórmula para calcular la circunferencia de un círculo es $C = \pi d$. Recuerde; diámetro $(d) = 2 \times$ radio (r). Dado que el radio del círculo mide 3 metros, el diámetro mide 6 metros. La circunferencia es 3.14×6, lo que equivale a 18.84 metros. 18.84 se redondea a 18.8 metros.

6. (1) 2.5 Use la fórmula del volumen $V = lwh$ y calcule w.
$$19.5 = 5.2 \times w \times 1.5$$
$$19.5 = 7.8 \times w$$
$$2.5 \text{ pies} = w$$

7. (3) 13 Use la relación de Pitágoras dos veces. Primero, calcule la medida de $\overline{BD}$; luego, calcule la medida de $\overline{AB}$.

$c^2 = a^2 + b^2$	$c^2 = a^2 + b^2$
$c^2 = 3^2 + 4^2$	$c^2 = 12^2 + 5^2$
$c^2 = 9 + 16$	$c^2 = 144 + 25$
$c^2 = 25$	$c^2 = 169$
$c = \sqrt{25} = 5$ pies	$c = \sqrt{169} = 13$ pies

Respuestas y explicaciones

8. (4) 12 Utilice el factor de conversión 1 pie = 12 pulg para convertir el perímetro de pies en pulgadas. $5 \times 12 = 60$ pulgadas. Sea w el ancho. El largo es $w + 6$. Use la fórmula del perímetro de un rectángulo para escribir una ecuación.

$$P = 2l + 2w$$
$$60 = 2(w + 6) + 2w$$
$$60 = 2w + 12 + 2w$$
$$60 = 4w + 12$$
$$48 = 4w$$
$$12 \text{ pulg} = w$$

9. (4) 92 Calcule la suma de todos los lados.
$12 + 18 + 1.5 + 12 + 17 + 12 + 1.5 + 18 = 92$

10. (2) 50° La suma de los ángulos en un triángulo es 180°, por lo tanto,
$m\angle RPQ = 180° - 90° - 40° = 50°$

11. (4) La longitud de $\overline{QR}$ es mayor que la longitud $\overline{PR}$. Dado que el ángulo P es mayor que el ángulo Q, el lado opuesto al ángulo P es mayor que lado opuesto al ángulo Q.

12. (1) 10 Calcule el área de un triángulo.
$A = \frac{1}{2}bh = \frac{1}{2}(5.2)(4) = 10.4$, redondeado a 10 cm²

13. (2) 15° La suma de los ángulos en un triángulo es 180°, y uno de los ángulos en un triángulo rectángulo debe medir 90°. Los ángulos restantes son los ángulos agudos descritos en el problema. Sea x = la medida del ángulo menor y $5x$ = la medida del ángulo mayor.

$$x + 5x + 90° = 180°$$
$$6x = 90°$$
$$x = 15°$$

14. (3) 50 Considere la figura como un rectángulo y dos semicírculos. Los dos semicírculos forman un círculo completo. Calcule el área del rectángulo y el área del círculo. Sume los resultados.

rectángulo:
$A = lw$
$A = 6 \times 5$
$A = 30$ pies²

círculo:
$A = \pi r^2$
$A = 3.14 \times 2.5^2$
$A = 19.625$ pies²

Sume.
$30 + 19.625 = 49.625$, redondeado a 50 pies²

15. (4) 12,000 La fórmula para calcular el valor de un cilindro es $V = \pi r^2 h$. Sin embargo, en este problema está dada el área de la base. Sólo necesita multiplicar el área de la base por la altura para calcular el volumen. Luego multiplique el volumen por 200.
$12 \times 5 = 60$ pulg³ y $60 \times 200 = 12,000$ pulg³

16. (2) 25 En cualquier momento dado, la razón de todos los objetos a sus sombras es la misma. Escriba las razones en el mismo orden y resuelva la proporción.

$$\frac{5}{x} = \frac{8}{40}$$
$$8x = 200$$
$$x = 25 \text{ pies}$$

17. (3) $2\frac{2}{3}$ Utilice la proporción.
$$\frac{1}{1.5} = \frac{x}{4}$$
$$1.5x = 4$$
$$x = 2\frac{2}{3} \text{ pulg}$$

18. (2) 64° La suma de los ángulos complementarios es 90°, por lo tanto, $m\angle N = 90° - 26° = 64°$

19. 16 El área de un paralelogramo es igual a la base × altura, por lo tanto, $A = 32 \times 8$, o 256 yd². yardas cuadradas. El área de un cuadrado es igual a un lado elevado al cuadrado. Si el área del cuadrado es 256 yardas cuadradas, puede hallar la medida del lado calculando la raíz cuadrada de 256, que es 16 yardas.

20. 4275 Considere la figura como un cubo y una pirámide. Calcule los volúmenes por separado y, luego, sume los resultados.

cubo:
$V = l^3$
$V = 15^3 = 3375$ pulg³

pirámide cuadrada:
$V = \frac{1}{3} \times$ (arista de la base)² × altura
$V = \frac{1}{3} \times 15^2 \times 12 = 900$ pulg³

Sume.
$3375 + 900 = 4275$ pulg³

21. 9 Trace un triángulo rectángulo de modo que el lado AB sea la hipotenusa. Los catetos del triángulo miden 8 y 4 unidades.
$$c^2 = a^2 + b^2$$
$$c^2 = 8^2 + 4^2$$
$$c^2 = 64 + 16$$
$$c^2 = 80$$
$$c = \sqrt{80} \approx 8.9, \text{ redondeado a 9 unidades}$$

22. 12 Use la relación pitagórica para calcular b.
$$a^2 + b^2 = c^2$$
$$9^2 + b^2 = 15^2$$
$$81 + b^2 = 225$$
$$b^2 = 144$$
$$b = \sqrt{144} = 12$$

Tal vez haya reconocido que 9 y 15 son múltiplos de 3 y 5. Este triángulo se relaciona con el triángulo común 3-4-5. Debido a que $3 \times 3 = 9$ y $3 \times 5 = 15$, el cateto que falta es $3 \times 4 = 12$.

Parte 2

23. (4) $m\angle D + m\angle BAC = 180°$ $\overline{AB}$ es paralela a $\overline{DE}$. $\overline{AD}$ es una transversal de $\overline{AB}$ y $\overline{DE}$. Los ángulos interiores en el mismo lado de una transversal son suplementarios y la suma de los ángulos suplementarios es 180°.

24. (1) 105° La suma de los ángulos en un triángulo es 180°, por lo tanto, $\angle ACB$ debe ser igual a $180° - 80° - 25° = 75°$. $\angle ACB$ y $\angle BCD$ son suplementarios y la suma de ángulos suplementarios es 180°; por lo tanto, $\angle BCD = 180° - 75° = 105°$.

25. (5) $\pi = C/r$ Esta fórmula da por resultado $C = \pi r$ lo que es falso. La fórmula correcta es $C = \pi d$.

26. **(2) ∠2 y ∠6** Si $m\angle 8 = 50°$, entonces $m\angle 6 = 130°$ porque ∠6 y ∠8 son ángulos suplementarios. La medida de ∠7 también es 130°, porque ∠6 y ∠7 son ángulos opuestos por el vértice. Puesto que el ∠2 es correspondiente con el ∠6 y ∠3 es correspondiente con ∠7, estos deben medir 130°. Sólo la opción (1) menciona dos ángulos de aquellos que miden 130°.

27. **(3) $m\angle 2 = 180° - m\angle 3$** Dado que las rectas a y b son paralelas, el ∠3 y el ángulo suplementario del ∠2 son congruentes. Por lo tanto, los ángulos 2 y 3 son suplementarios. Para calcular $m\angle 2$ reste $m\angle 3$ de 180°.

28. **(4) $m\angle 5 = 60°$** El problema informa que $m\angle 3 = m\angle 4$. Si $m\angle 3 = 60°$, entonces $m\angle 4 = 60°$. Dado que la suma de los ángulos de un triángulo es 180°, $m\angle 5$ también es igual a 60°. $180° - 60° - 60° = 60°$

29. **(1) $16 + 2\pi$** La suma de los tres lados rectos es $6 + 4 + 6 = 16$. La circunferencia de un semicírculo es $\frac{1}{2}\pi(4)$, lo que es igual a 2π. El perímetro de la figura completa es $16 + 2\pi$.

30. **(2) $\overline{AC} \cong \overline{AE}$** Los lados $\overline{AC}$ y $\overline{AE}$ son los lados congruentes de un triángulo isósceles. Sin embargo, la figura no da información para que las opciones (1) y (5) fueran correctas. La opción (3) es incorrecta, porque los lados correspondientes de triángulos semejantes son proporcionales, pero no congruentes. La opción (4) es incorrecta porque ∠D parece ser un ángulo recto y ∠E es claramente menor de 90°.

31. **(4) $\sqrt{12^2 - 7^2}$**
    Puesto que $c^2 - a^2 = b^2$, then $12^2 - 7^2 = b^2$. Para hacer que el lado izquierdo de la ecuación sea igual a b, calcule la raíz cuadrada en ambos lados de la ecuación. $\sqrt{12^2 - 7^2} = b$

32. **(1) ∠ABE** Si ∠ECD es un ángulo recto, entonces su suplementario, ∠ECB debe ser también un ángulo recto. Si ∠ECB mide 90°, entonces ∠ECB es un triángulo rectángulo y ∠CBE y ∠BEC deben ser ángulos agudos. Si ∠EBC es agudo (menos de 90°), entonces su suplementario, ∠ABE debe ser obtuso (mayor de 90°).

33. **(3) ∠AHG** Los segmentos *CF* y *BG* son paralelos y el segmento *AE* es una transversal. Por lo tanto, ∠CDE y ∠AHG son ángulos alternos externos y deben ser congruentes.

34. **(3) 1356** Calcule el área del rectángulo y el área del cuadrado. Luego, reste el área del cuadrado.
    Rectángulo: $A = lw$
    $A = 50 \times 30$
    $A = 1500$ pies²
    Cuadrado: $A = s^2$
    $A = 12^2$
    $A = 144$ pies²
    Reste. $1500 - 144 = 1356$ pies²

35. **30** No necesita saber que los ángulos 2 y 4 son ángulos opuestos por el vértice. Usted sabe que la suma de dos ángulos que miden 75° y ∠4 debe ser igual a 180°, porque la suma de estos tres ángulos es una línea recta. $180° - 75° - 75° = 30°$

36. **10** Use la fórmula para calcular el área de un triángulo.
    $A = \frac{1}{2}bh$, donde $b = $ base y $h = $ altura.
    $200 = \frac{1}{2} \times b \times 40$
    $200 = 20 \times b$
    $\frac{200}{20} = b$
    $10 = b$

37. **40** Si suma las longitudes de $\overline{AC}$ y $\overline{CD}$, verá que $\triangle ABD$ es un triángulo isósceles. Por definición, un triángulo isósceles tiene dos lados y dos ángulos iguales. Los ángulos iguales son opuestos a los lados iguales. Puesto que ∠DAB mide 70°, ∠ABD debe tener la misma medida. Dado que la suma de los ángulos de un triángulo debe ser 180°, $m\angle D = 180° - 70° - 70° = 40°$

38. **24** En un momento dado, la razón de todos los objetos a su sombra es la misma. Escriba razones en el mismo orden y resuelva la proporción.
    $\frac{4}{5} = \frac{x}{30}$
    $5x = 120$
    $x = 24$ metros

PRUEBA FINAL (Páginas 332 a 348)
Parte I

1. **(4) $210,000** La escala sobre el eje vertical representa miles de dólares. La barra del año 5 es aproximadamente $340,000 y la barra del año 2 es aproximadamente $130,000. Reste para calcular el incremento en las ventas. $340,000 - $130,000 = $210,000

2. **(1) Año 2** Un incremento de 50% significa una mitad más. Sume mentalmente la mitad de la longitud de una barra al final de una barra completa. El año 1 alcanza una altura de 80 en el lado izquierdo de la escala. La mitad de 80 es 40 y $80 + 40 = 120$, un dato aproximadamente igual a la altura de la barra del año 2. La barra del año 3 muestra casi un 100% de incremento en relación con el año anterior (desde 120 en el año 2 hasta casi 250). El año 4 muestra sólo un pequeño incremento en relación con el año 3. Los años 4 y 5 muestran un incremento menor al 50% y el año 6 muestra una disminución.

3. **(2) entre $50 y $100** Redondee y calcule la respuesta. Redondee los 9.5 centavos que cuesta cada cinta a 10 centavos o $.10. Multiplique para calcular el costo total: $650 \times $.10 = 65. Las cintas cuestan $65. También puede usar la calculadora: $650 \times $0.095 = 61.75, un valor que se encuentra entre $50 y $100.

4. $\frac{15}{2}$ ó **7.5** Los dos triángulos que se muestran son similares porque ambos son triángulos rectángulos y porque comparten el ángulo de la zona más baja de la rampa. Similitud significa que sus lados correspondientes son proporcionales.

La hipotenusa del triángulo pequeño (p) mide 8 pies y corresponde a la hipotenusa del triángulo grande (L) que mide 8 + 12 = 20 pies. La altura (cateto) del triángulo más pequeño mide 3 pies y corresponde a la altura del triángulo desconocido de mayor tamaño. Establezca una proporción.

$$\frac{\text{hipotenusa p}}{\text{hipotenusa L}} = \frac{\text{cateto p}}{\text{cateto L}}$$

Sustituya. $\quad \frac{8}{20} = \frac{3}{x}$

Resuelva. $\quad 8x = 3(20)$

$$8x = 60$$
$$x = \frac{60}{8} = \frac{15}{2} = 7.5 \text{ pies}$$

5. **260** Siga el orden de las operaciones.

$15 + 5 \ (3 + 4)^2$
$15 + 5 \quad\ (7)^2$
$15 + 5 \ \ (7)(7)$
$15 + 5 \quad (49)$
$15 + 245$
$\quad 260$

6. **(3) 25%** Utilice la fórmula de porcentaje.
total × razón = porción
Sume para calcular el total de empleados (total).
$16 + 3 + 8 + 12 + 57 = 96$
Sume para calcular el total de gerentes y compradores (la porción). $16 + 8 = 24$
Calcule (la razón): ¿Qué porcentaje de 96 es 24?.

$\text{Razón} = \frac{\text{porción}}{\text{total}}$

$\text{Razón} = \frac{24}{96} = .25 = 25\%$

También puede reducir la razón $\frac{24}{96} = \frac{1}{4} = 25\%$

7. **(2) $\frac{1}{8}$**

$\text{Probabilidad} = \frac{\text{resultado deseado (contabilidad)}}{\text{total de resultados (todos los empleados)}}$

Hay 96 empleados y 12 trabajan en el

departamento de contabilidad, por lo tanto la probabilidad de que alguien del departamento de contabilidad gane es del $\frac{12}{96}$, simplificada $\frac{1}{8}$.

8. **(4) $\frac{2}{3}$** Hay varias formas de resolver este problema. Escriba $\frac{1}{2}$ como 30 minutos. Calcule luego qué fracción de 45 es 30 minutos. $\frac{30}{45} = \frac{2}{3}$. Wayne puede cortar $\frac{2}{3}$ del césped de su jardín en 30 minutos.
También puede escribir una proporción.

$$\frac{1 \text{ parte de jardín}}{\frac{3}{4} \text{ hour}} = \frac{x \text{ parte del jardín}}{\frac{1}{2} \text{ hora}}$$

$1 \times \frac{1}{2} \div \frac{3}{4} = 1 \times \frac{1}{\underset{1}{2}} \times \frac{\overset{2}{4}}{3} = \frac{2}{3}$ del jardín

9. **(4) 60** Utilice la fórmula de la superficie.
Superficie = largo × ancho.
Calcule la superficie del terreno B.
$S = \text{largo} \times \text{ancho} = 90(40) = 3600 \text{ yd}^2$
La superficie del terreno A (un cuadrado):
$S = \text{largo} \times \text{ancho} = \text{lado}^2 = s^2 = 3600 \text{ yd}^2$
Para calcular la longitud de un lado del terreno A calcule la raíz cuadrada de 3,600.
$\sqrt{3600} = \sqrt{36(100)}$
$\sqrt{36} = 6$ y $\sqrt{100} = 10$, entonces
$\sqrt{3600} = 6(10) = 60$ También puede usar la calculadora. 3,600 **SHIFT** **x^2** 60

10. **(3) $157.50** Calcule el 175% de 90. Use la fórmula de porcentaje, total × razón = porción: la razón es 175% ó 1.75 y el total es $90. Utilice la calculadora para multiplicar.
90 **×** 1.75 **=** 157.5

11. **(4) $265** Sustituya $26,000 en Ingreso y resuelva siguiendo el orden de las operaciones.
Impuesto = $105 + 0.01 × ($26,000 − $10,000)
$\quad$ = $105 + 0.01 × $\quad$ $16,000
$\quad$ = $105 + $\quad$ $160
$\quad$ = $265

12. **230** Utilice la fórmula de distancia para cada una de las partes del viaje. Velocidad (millas por hora) × tiempo (horas) = distancia (millas) Para las primeras dos horas: 70 × 2 = 140
Para el resto del tiempo:
60 × 1.5 = 90
Sume. 140 + 90 = 230 millas

13. 20 El poste perpendicular forma un ángulo recto con el suelo. Utilice la relación de Pitágoras.

$$a^2 + b^2 = c^2$$
$$12^2 + 16^2 = c^2$$
$$144 + 256 = c^2$$
$$400 = c^2$$
$$\sqrt{400} = c = 20 \text{ pies}$$

14. (5) 12(6 × $0.50 + $1.25) Para calcular el gasto total que supone comprar el diario durante una semana sume 6 días a $0.50 y 1 día a $1.25, lo cual se puede representar con la expresión (6 × $0.50 + $ 1.25). Para calcular el costo de 12 semanas multiplique la expresión completa por 12. Sólo la opción (5) muestra la combinación de operaciones correcta.

15. (3) 124° Los lados *AB* y *BD* son perpendiculares, por lo tanto ∠*B* es un ángulo recto; $m\angle B = 90°$. Los lados *CD* y *AB* son paralelos, entonces $\overline{BD}$ es también perpendicular a $\overline{CD}$. Esto significa que ∠*D* también mide 90°. La suma de los cuatro ángulos interiores de un cuadrilátero es 360° y $m\angle C = 124°$

16. (4) (4 × 3) + $\frac{1}{2}$ (2 × 3) Divida el cuadrilátero en un triángulo y un rectángulo dibujando una línea vertical paralela al lado *BD* desde el punto *C*. Compruebe que la altura del triángulo es 3 cm, la longitud del lado *BD*. La base del triángulo mide 2cm. (la diferencia en longitud entre $\overline{AB}$ y $\overline{CD}$.) Calcule las dos superficies y sume.

Superficie del rectángulo = largo × ancho
$$= 4 × 3$$

Superficie del triángulo $= \frac{1}{2}$ base × altura
$$= \frac{1}{2} (2 × 3)$$

Superficie total $= (4 × 3) + \frac{1}{2} (2 × 3)$

17.

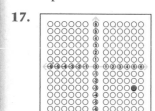

Comience a contar desde el origen (0, 0) 5 unidades hacia la derecha sobre el eje de las *x* y luego 3 unidades sobre el eje de *y*. El punto está en el cuadrante IV.

18. (2) $9(15) ≤ x ≤ $9(25) Supongamos que *x* = sueldo de Juan. Él trabaja 15 horas como mínimo, y por tanto su sueldo tiene que ser mayor o igual que $9(15) ≤ x. Juan trabaja 25 horas como máximo, lo cual significa que su sueldo tiene que ser menor o igual que x ≤ $9(25). La única opción que muestra esta relación es la opción (2).

19. (4) 45 minutos Para calcular la mediana coloque los valores en orden y busque el valor que se encuentra en el centro. Busque el tiempo para cada estudiante en la tabla. Por ejemplo, 5

estudiantes necesitaron 30 minutos: escriba el número 30 cinco veces. Como hay 15 valores, el valor medio es el octavo. 15 min, 30, 30, 30, 30, 30, 45, **45**, 45, 1 h, 1, 1, $1\frac{1}{2}$, $1\frac{1}{2}$, 2

20. (2) *b* La línea A tiene una pendiente negativa hacia la izquierda (va hacia abajo y de izquierda a derecha). Sólo las líneas *b* y *c* tienen una pendiente negativa. La pendiente es el aumento que se produce en la ordenada, *y*, cuando la abscisa, *x*, aumenta. La línea *b* se desplaza hacia abajo 10 unidades y 5 unidades hacia la derecha.

Pendiente de la línea $b = \frac{-10}{5} = \frac{-2}{1} = -2$

(La pendiente de la línea *c* es $\frac{-3}{6} = \frac{-1}{2}$.)

21. 84 Para calcular la media aritmética sume los valores y divida por el número total de 92 + 84 + 81 + 78 + 80 + 89 = 504   504 ÷ 6 = 84.

22. $\frac{1}{4}$ o 0.25 Utilice la fórmula de la superficie de un círculo. $A = \pi × r^2$

$$\frac{\text{superficie del círculo interior}}{\text{superficie del disco completo}} = \frac{\pi r^2}{\pi r^2} = \frac{\pi(3^2)}{\pi(6^2)} = \frac{9}{36} = \frac{1}{4}$$
$$= 0.25$$

(Fíjese en que canceló π porque $\frac{\pi}{\pi} = 1$.)

Otra forma de resolver el problema es calcular la superficie de ambos círculos.

$$\frac{3.14(3^2)}{3.14(6^2)} = \frac{28.26}{113.04} = 0.25$$

23. (5) lados *DF* y *FH* Gire mentalmente △*DEF* para que los ángulos *D* y *H* estén en la misma posición (inferior derecha). Los lados correspondientes son $\overline{DF}$ y $\overline{FH}$, $\overline{DE}$ y $\overline{GH}$, y $\overline{EF}$ y $\overline{FG}$.

24. (4) 50 Escriba una proporción usando los dos lados correspondientes conocidos, *DF* y *FH*.

$$\frac{\overline{DF}}{\overline{FH}} = \frac{\overline{DE}}{\overline{GH}}$$

$$\frac{55}{110} = \frac{x}{100}$$

$$x = 50 \text{ pies}$$

25. (5) La frecuencia del Modelo B es 100 veces más alta que la frecuencia del Modelo A. Modelo A: $10^3 = 1,000$ y el Modelo B: $10^5 = 100,000$. Debido a que 100,000 es 100 veces 1,000, sabe que 3×10^5 es 100 veces 3×10^3. O reste los exponentes. $10^5 - 10^3 = 10^2 = 100$

Parte II

26. (1) $18\frac{2}{3}$ Multiplique.

$4\frac{2}{3} \times 4 = \frac{14}{3} \times 4 = \frac{56}{3} = 18\frac{2}{3}$ yardas

27. (5) 46 Primero calcule los lados desconocidos. La base de la figura mide $3 + 4 + 3 = 10$ unidades. El lado exterior izquierdo mide 8 unidades. El lado interior derecho mide 5 unidades. Sume todos los lados para obtener el perímetro. $3 + 5 + 4 + 5 + 3 + 8 + 10 + 8 = 46$ unidades.

28. (4) 0.05($300) + $300 Para calcular el 5% (razón) de $300 (total), multiplique $300 por 0.05. De esta forma obtendrá el aumento del precio (porción). El nuevo precio es la suma del aumento más el precio del año anterior ó 5% de $300 más $300. Sólo en la opción (4) se muestra esta suma.

29. (3) C Puesto que $3^2 = 9$ y $4^2 = 16$, la raíz cuadrada de 14 debe encontrarse entre 3 y 4: solamente el punto C se encuentra entre 3 y 4 en la recta numérica.

30. (2) ∠1 y ∠2 son congruentes. Los ángulos 1 y 2 son ángulos verticales, y por definición los ángulos verticales son congruentes. La opción (1) es incorrecta porque los ángulos 1 y 4 se encuentran en transversales diferentes y no se pueden comparar. La opción (3) es incorrecta porque los ángulos 3 y 4 son ángulos agudos (menores de 90°), por lo que no pueden ser suplementarios (total 180°). La opción (4) es incorrecta porque los ángulos 2 y 3 son suplementarios, no congruentes (iguales). La opción (5) es incorrecta porque los ángulos 1 y 3 no se encuentran en el mismo par de líneas que se interceptan (como los ángulos verticales). Además, en los dos pares de ángulos de las opciones (4) y (5) uno de los ángulos es agudo y el otro obtuso, por lo que no pueden ser iguales dentro del mismo par.

31. 60 Empiece con los datos que aparecen en el problema. Dado que: $m\angle 3$ es 60° y $m\angle 3 = m\angle 4$, entonces $m\angle 4 = 60°$

La suma de las medidas de los ángulos de todo triángulo es igual a 180°. Observe el triángulo formado por los ángulos 3, 4 y F: $m\angle 3 = m\angle 4 = 60°$, por lo que $180° - 60° - 60° = 60°$
Así, $\angle F$, o $\angle EFG$ también deben medir 60°.

32. (5) $1200 El porcentaje total gastado en uniformes (31%) y en premios (20%) es 51%, aproximadamente $\frac{1}{2}$ del presupuesto. La mitad del presupuesto total de $2400 es $1200.

33. (3) $\frac{2}{5}$ Sume los porcentajes dedicados al equipamiento y sueldo de los árbitros. $17\% + 23\% = 40\%$. Convierta 40% a una fracción. $40\% = \frac{40}{100}$, que se reduce a $\frac{2}{5}$.

34. (2) $2x^2 - 3x - 20$ Utilice el método PEIU. Multiplique el primer elemento del primer paréntesis por el primero del segundo, por el segundo del segundo, y luego multiplique el segundo del primer paréntesis por el primero y por el segundo del segundo paréntesis. Sume todos los productos.

$(2x + 5)(x - 4) = 2x(x) + 2x(-4) + 5(x) + 5(-4) = 2x^2 - 8x + 5x - 20 = 2x^2 - 3x - 20$

35. (3) 192 La pregunta pide los pies cuadrados o superficie del suelo. La fórmula para calcular la superficie de un rectángulo es Superficie = largo × ancho. La altura de las paredes es información adicional y no es necesaria. A = largo × ancho = $16 \times 12 = 192$ pies^2.

36. (1) $1\frac{1}{4}x = 25$ Escriba una proporción y resuélvala. Compare cada uno de los paso que vaya realizando para obtener su solución con las ecuaciones de las elecciones de respuesta.

$\dfrac{5 \text{ mi}}{1\frac{1}{4} \text{ h}} = \dfrac{x \text{ mi}}{5 \text{ h}}$

$5(5) = 1\frac{1}{4}(x)$

$25 = 1\frac{1}{4}x$

37. (4, −1) Haga un dibujo rápido de una cuadrícula de coordenadas y ubique los tres vértices dados. Utilice el dibujo para determinar las coordenadas del cuarto vértice.

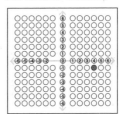

38. (3) 60 Existen varias formas de distintas de enfocar este problema. Cuando se sacan del estanque los 15 galones, el estanque queda a $\frac{1}{4}$ de su capacidad. Puesto que $\frac{1}{2} - \frac{1}{4} = \frac{1}{4}$, 15 galones es $\frac{1}{4}$ del estanque. El volumen del estanque lleno $\left(\frac{4}{4}\right) = 15 \times 4 = 60$ galones

También puede escribir una ecuación. x es igual al volumen del estanque lleno.

$$\frac{1}{2}x - 15 = \frac{1}{4}x$$
$$\frac{1}{4}x - 15 = 0$$
$$\frac{1}{4}x = 15$$
$$x = 60 \text{ galones}$$

39. (4) 10% De acuerdo con la leyenda, el abono está representado por puntos negros sobre fondo blanco. Para el año 2004, esta área será algo más de un quinto del largo entre 0 y 50 ó un 10%.

40. (3) El porcentaje de basura reciclada subirá de forma regular hasta el año 2016. La barra completa de cada año representa la cantidad total de basura que se procesará durante ese año. Compare los totales para los cuatro años que aparecen. Las cuatro barras son casi iguales en tamaño. Ninguna de las otras cuatro opciones es verdadera.

41. (4) $\frac{\text{interés}}{\text{capital} \times \text{tiempo}}$ Utilice las reglas del álgebra para despejar la tasa en un lado de la ecuación de interés interés = capital × tasa × tiempo. Divida ambos lados por capital y tiempo.

$$\text{interés} = \text{capital} \times \text{tasa} \times \text{tiempo.}$$

$$\frac{\text{interés}}{\text{capital} \times \text{tiempo}} = \frac{\text{capital} \times \text{tasa} \times \text{tiempo}}{\text{capital} \times \text{tiempo}}$$

$$\frac{\text{interés}}{\text{capital} \times \text{tiempo}} = \text{tasa}$$

42. (2) 45% Suponga que el precio original de la mesa era de $100. Con un 50% de rebaja, el primer precio de venta sería $50. El monto del segundo descuento es del 10% de $50 ó $5. Después del segundo descuento, la mesa cuesta $50 − $5 = $45. Calcule qué porcentaje del precio de venta original es este último precio. $\frac{\$45}{\$100} = 0.45 = 45\%$

43. 27 Supongamos que $x =$ al número más pequeño, $x + 2 =$ el número medio y $x + 4 =$ el número mayor. Escriba una ecuación.
$$x + (x + 2) + (x + 4) = 75$$
Resuelva.
$$3x + 6 = 75$$
$$3x = 69$$
$$x = 23$$

Los números son 23, 25 y 27. Ya que el problema le pide el número más grande, introduzca 27 en la cuadrícula.

44. (5) 4 − x = −2x "Cuatro reducido por un número" (el número se designa x) se escribe $4 - x$. Un producto es la respuesta a un problema de multiplicación, por ello "el producto de un número por −2" es $-2x$. La ecuación correcta iguala estas dos expresiones.

45. (4) 85 Pase las fracciones de minutos a segundos.
$\frac{1}{4}$ minutos $= \frac{1}{4} \times 60$ segundos = 15 segundos
$\frac{2}{3}$ minutos $= \frac{2}{3} \times 60$ segundos = 40 segundos

Reste.
$$6\frac{2}{3} \text{ min} = 6 \text{ min } 40 \text{ seg}$$
$$-5\frac{1}{4} \text{ min} = -5 \text{ min } 15 \text{ seg}$$
$$\overline{\phantom{-5\frac{1}{4} \text{ min} =}\ 1 \text{ min } 25 \text{ seg}}$$

Pase la respuesta a segundos.
1 min 25 seg = 60 seg + 25 seg = 85 seg

46. (5) No se cuenta con suficiente información. La mediana de la altura es la altura que se encuentra en el centro de la lista. No hay información acerca de los extremos superiores e inferiores de los datos. Se sabe que la mitad de los valores son iguales o mayores que 73 pulgadas, pero no cuáles son estos valores exactamente.

47. (1) $y = \frac{2}{3}x$ Calcule la forma pendiente-intercepto de una recta: $y = mx + b$, donde $m =$ pendiente y $b =$ el intercepto en y, o el punto en el que la recta cruza el eje y $(0,b)$. Utilice el punto M $(3,2)$, para calcular que la línea se eleva dos unidades por cada 3 unidades que se mueve hacia la izquierda. Por ello la pendiente de la línea es $\frac{2}{3}$. La línea pasa por el origen $(0,0)$, por lo tanto $b = 0$. La ecuación de la línea es $y = \frac{2}{3}x + 0$ ó $y = \frac{2}{3}x$.

Otro forma de encontrar la solución es sustituir las coordenadas del punto M $(3,2)$ para los valores x e y en cada ecuación y comprobar cuál de las ecuaciones es la correcta.

48. (4) $450 Comisión = 5% × total de cobros. Sume las cantidades para el total de los cobros recuperados. $1800 + $2400 + $4800 = $9000 Luego calcule el 5% de $9000. 0.05 × $9000 = $450 O bien, halle el 5% calculando el 10%: para ello desplace el punto decimal un lugar hacia la izquierda. Luego divida por 2. 10% de $9000 es $900, por tanto el 5% es $450.

49. (5) $\frac{1}{100}$ Existen dos cartas con el número 5. La probabilidad de sacar un 5 es $\frac{2}{20} = \frac{1}{10}$. Repita el experimento y la probabilidad es $\frac{1}{10}$. Multiplique estas fracciones. $\frac{1}{10} \times \frac{1}{10} = \frac{1}{100}$

50. (2) 4 botellas medianas Utilice la suma y la multiplicación para valorar las respuestas.

   (1) 6 botellas pequeñas $0.80 × 6 = $4.80
   (2) 4 botellas medianas $1.10 × 4 = $4.40
   (3) 3 botellas grandes $1.50 × 3 = $4.50
   (4) 1 extra grande, 1 grande y 1 mediana
                  $2.20 + $1.50 + $1.10 = $4.80
   (5) 1 botella de tamaño gigante y 1 grande
                  $3.00 + $1.50 = $4.50

Compare los cinco precios. El más bajo es $4.40 por 4 botellas medianas.

PRUEBA SIMULADA (Páginas 350 a 366)
Parte I

1. 2 (30) Utilice la escala de la parte inferior de la gráfica para comparar las barras de los dos tipos de emparedados. La tienda vendió aproximadamente 85 especiales italianos y 55 emparedados de pollo. Reste 85 − 55 = 30 emparedados.

2. (3) $\frac{1}{3}$ Calcule el número total de emparedados vendidos: calcule el valor de cada barra y sume. 55 + 38 + 35 + 85 + 42 = 255 Puesto que se vendieron 85 especiales italianos, la fracción que representa a los especiales italianos es $\frac{85}{255}$ = aproximadamente 0.33 ó $\frac{1}{3}$.

3. (3) $31.56 Sume los precios que normalmente tienen los artículos comprados. $24.50 + $14.95 = $39.45. Calcule el 20% de esta cantidad (multiplique por 0.2): $39.45 × 0.2 = $7.89. Reste el descuento al total del precio: $39.45 − $7.89 = $31.56. O bien calcule el 80% del precio total regular. Puesto que el 20% es el porcentaje de descuento, el precio de venta es un 80% del precio original. $39.45 × 0.8 = $31.56

4. 55.25 Utilice la fórmula para calcular el volumen de un recipiente rectangular (el "grosor" es la altura).

V = largo × ancho × alto
$= 13 \times 8\frac{1}{2} \times \frac{1}{2} = 55.25$ pies^2

5. 17 Siga el orden de operaciones.

$$25 - (7 - 3)^2 \div 2$$
$$25 - \quad (4)^2 \quad \div 2$$
$$25 - \quad 16 \quad \div 2$$
$$25 - \qquad 8$$
$$\qquad 17$$

6. (3) 27 Supongamos que x = los puntos anotados por el equipo perdedor y $x + 13$ = los puntos anotados por el equipo ganador. Escriba y resuelva una ecuación.

$$x + (x + 13) = 41$$
$$2x + 13 = 41$$
$$2x = 28$$
$$x = 14$$

El equipo perdedor anotó 14 puntos y el equipo ganador anotó 14 + 13 puntos = 27 puntos.

7. (1) 15($27.00) + 12($42.00) El dinero total recaudado es la suma de las 15 veces el precio de una suscripción de un año y las 12 veces del precio de una suscripción de dos años.

8. (5) $2.10 Calcule el precio de cada ejemplar para la suscripción de tres años: divida el costo de tres años de suscripción por las 36 ediciones: $50.40 ÷ 36 = $1.40. Reste este precio del precio de venta normal: $3.50 − $1.40 = $2.10

9. (2) $71.00 Si Kira recibe un promedio de $75 por 5 días, ella ganará $75 × 5 = $375 durante el período de cinco días. Para calcular sus comisiones sume por los primeros 4 días. $94 + $58 + $70 + $82 = $304. Reste para calcular el monto que ella debe ganar el día 5. $375 − $304 = $71

10. (1) 5 Calcule el área del triángulo.

$$A = \frac{1}{2} \times base \times altura = \frac{1}{2}(12)(10) = 60 \text{ pulg}^2$$

El área del rectángulo es también de 60 pulgadas cuadradas y su largo es 12 pulgadas. Utilice la fórmula del área de un rectángulo para calcular el ancho.

Área = largo × ancho
60 = 12 × ancho
ancho = 5 pulgadas

11. (3) 20 En el ejercicio se ofrecen los siguientes datos: 500 mg/pastilla y 10 gr/frasco, y se le pide que calcule las pastillas/frasco. Primero pasar al mismo tipo de unidades.
1 gr = 1000 mg, por ello 10 gr = 10,000 mg.
Divida. 10,000 mg/frasco ÷ 500 mg/pastilla = 10,000 mg/frasco × pastilla/500 mg = 20 pastillas/frasco

12. 135 Escriba una proporción, multiplique en cruz y resuelva.

$$\frac{1 \text{ pulgada}}{60 \text{ millas}} = \frac{2.25 \text{ pulgadas}}{x \text{ millas}}$$

$$1x = 60(2.25)$$
$$x = 135 \text{ millas}$$

13. 356 El lado AB corresponde al lado CD. Utilice cualquiera de los otros lados correspondientes para escribir una proporción. Luego resuelva la longitud del lado AB usando los lados correspondientes DE y AE.

$$\frac{DE}{AE} = \frac{CD}{AB}$$
$$\frac{51}{204} = \frac{89}{x}$$
$$51x = 204(89)$$
$$51x = 18,156$$
$$x = 356 \text{ pies}$$

14. (3) 45 y 45 Dado que $\triangle XYZ$ es un triángulo isósceles, sabiendo que un triángulo isósceles tiene dos ángulos con medidas iguales y que $m\angle X = 90°$, puesto que un triángulo no puede tener dos ángulos rectos, $m\angle Y = m\angle Z$.
Llamemos $x = m\angle Y = m\angle Z$

Hecho: $m\angle X + m\angle Y + m\angle Z = 180°$
Sustituya: $90° + x + x = 180°$
Resuelva: $2x = 90°$
             $x = 45° = m\angle Y = m\angle Z$

15. (3) C $\frac{-14}{5} = -2\frac{4}{5}$, que está entre -3 y -2 recta numérica. Solamente el punto C se encuentra dentro de este rango.

16. (2) N $= \frac{18(7)}{4}$ Escriba la proporción. Luego utilice las reglas del álgebra para despejar la variable.

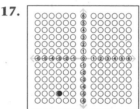

$$\frac{18 \text{ impresoras}}{4 \text{ horas}} = \frac{N \text{ impresoras}}{7 \text{ horas}}$$
$$4N = 18(7)$$
$$N = \frac{18(7)}{4}$$

17.

Desplácese 3 unidades a la izquierda por el eje x y 5 hacia abajo por el eje y; $(-3, -5)$ se encuentra en el cuadrante III.

18. (3) 6 Compare los porcentajes de las secciones: vivienda es 35% y ropa es 6%. 35% es aproximadamente 36% ó 6 veces más que 6%.

19. (5) La familia gasta más de la mitad de sus ingresos en la vivienda y en alimentación. Lea las afirmaciones y compárelas con la información de la gráfica. La opción (1) es falsa: se gastan $3 en alimento por cada $1 gastado en ropa $(\frac{\$18}{\$6})$. La opción (2) es falsa: impuestos = 21%, un porcentaje menor que $\frac{1}{4}$ (25%). Las opciones (3) y (4) pueden ser verdaderas, pero no se pueden demostrar a partir de la información de la gráfica. Sólo la opción (5) es verdadera; la familia gasta un 35% en casa y un 18% en alimentos. 35% + 18% = 53%, más del 50%, o la mitad, de los ingresos de la familia.

20. (3) $20,842 Utilice la fórmula que aparece en el problema.

$$n = \quad p \quad + 0.04 \, (p) \quad + \$250$$
Sustituya. $n = \$19,800 + 0.04(\$19,800) + \$250$
Resuelva. $n = \$19,800 + \quad 792 \quad + \$250$
        $n = \$20,842$

21. **124.5 o $\frac{249}{2}$** 1 yarda = 3 pies. Por ello, 3 × el número de yardas = pies.

$$41\tfrac{1}{2} = \tfrac{83}{2} \times 3 = \tfrac{249}{2} = 124\tfrac{1}{2} = 124.5 \text{ pies}$$

22. **0.80** La distancia es de 1,185 millas (total). De esta distancia ella ha recorrido 437 millas (porción). Calcule la proporción (porcentaje o razón). total × razón = porción 237 ÷ 1185 = .20 ya se han recorrido. Reste para hallar la parte que falta (100% − 20%) = 80% = 0.80

23. **(5) 32** divida cada una de las opciones de la respuesta por 3 y por 5. Sólo la opción (5) sigue el criterio expresado por el problema. 32 ÷ 3 = 10 r2 y 32 ÷ 5 = 6 r2

24. **(1) $(3.14)(1.5)^2(5)$** Utilice la fórmula para calcular el volumen de un cilindro. $V = \pi \times \text{radio}^2 \times \text{altura}$. En la ilustración el diámetro mide 3 pies; el radio es la mitad del diámetro ó $V = \pi r^2 h = (3.14)(1.5)^2(5)$

25. **(2) El rango del sonar tipo B es 15 veces mayor que el rango del sonar tipo A.** El rango del sonar tipo A es $3.2 \times 10^3 = 3,200$ millas, y el del sonar tipo B es $4.8 \times 10^4 = 48,000$ millas. Divida 48,000 ÷ 3,200 = 15

Parte II

26. **(2) 12** Busque un número divisible por 3 y 20, como el 60. Para ello haga dos listas de los múltiplos de 3 y 20:

    3: 30, <u>60</u>, 90;   20: 40, <u>60</u>, 80, 100

Divida 60 por cada una de las opciones dadas en la respuesta. Sólo la opción (2) proporciona un número, 60, que se divide exactamente por 3 y 20.

27. **(3) 58°** La suma de las medidas de los ángulos 1 y 2 es 90°. Reste para calcular la medida de $\angle 2$. 90° − 32° = 58°

28. **(4) 200** Plantee y resuelva la proporción.

$$\frac{30\%}{60 \text{ trabajadores}} = \frac{100\%}{x \text{ trabajadores}}$$

$$30x = 60(100)$$
$$30x = 6000$$
$$x = 200$$

Puede utilizar también la fórmula del porcentaje, total × razón = porción, y sustituir 30% como la razón y 60 como la porción para resolver el total.

$$\text{total} = \frac{\text{porción}}{\text{razón}} = \frac{60}{.3} = 200$$

29. **(5) 208** Imagine que la figura tiene dos rectángulos y calcule la superficie de cada uno de ellos. Superficie = longitud × ancho. <u>Rectángulo derecho.</u> A = largo × ancho = 16(6) = 96 unidades cuadradas <u>Rectángulo izquierdo.</u> Sume para calcular el largo del lado izquierdo del otro rectángulo 8 +6 = 14. Calcule después la superficie A = largo × ancho = 14(8) = 112 unidades cuadradas. Sume las dos superficies, 96 + 112 = 208 unidades cuadradas. La figura es también un cuadrado cuyo lado mide 8 unidades. ($A = s^2 = 8^2 = 64$) y para un rectángulo de 8 + 16 = 24 unidades de longitud y 16 unidades de ancho ($A = 24\,(6) = 144$) Superficie total = 64 + 144 = 208 unidades cuadradas.

30. **(3) − 5 o 2** En la ecuación el producto de los dos factores es 0. Para que esto sea verdadero uno de los factores tiene que ser igual a 0. Si $x + 5 = 0$, entonces, $x = -5$. Si $x - 2 = 0$, entonces $x = 2$. Por lo tanto, x debe ser igual a -5 ó a 2.

31. **8.5 o $\frac{17}{2}$** Puede trabajar en sentido inverso para resolver este problema. Sabe que Roberto ha trabajado en la compañía durante 8 años. Se deduce que Ernesto ha trabajado $8 - 3\tfrac{1}{2} = 7\tfrac{2}{2} - 3\tfrac{1}{2} = 4\tfrac{1}{2}$ años y que Macarena ha trabajado allí $4\tfrac{1}{2} + 4 = 8\tfrac{1}{2}$ años. Introduzca en la cuadrícula 8.5 ó $\frac{17}{2}$.

32. **(3) 1996** La ciudad Z está representada por la línea inferior de la gráfica. El punto más alto de línea está encima del año 1996.

33. **(2) La calidad del aire de la ciudad X ha mejorado entre los años 1995 y 2000.** Esta gráfica muestra el número de días al año que no cumplen con los requisitos mínimos de calidad del aire. Por eso, un movimiento descendente de la línea significa una mejora. Puesto que la línea de la ciudad X ha descendido constantemente, la opción 2 es verdadera. Las opciones (1), (4) y (5) pueden ser verdaderas, pero no se pueden probar con la información que ofrece la gráfica. La opción (3) es falsa; la calidad del aire en ciudad Y ha mejorado.

34. **(5)** $\frac{3}{4}$ La probabilidad de que una caja con una camisa grande sea elegida es de $\frac{150}{200}$, ó $\frac{3}{4}$.

35. **(5)** $12^2 + 16^2 = x^2$ Como Lyndate está al este y al norte de las otras dos ciudades, el ángulo que se s forma entre Lyndate y las otras dos es un ángulo recto. Utilice el teorema de Pitágoras $a^2 + b^2 = c^2$. La distancia entre Hardling y Medford forma la hipotenusa del triángulo rectángulo. Las distancias proporcionadas por el problema son las longitudes de los catetos del triángulo.

36. **(1)** $-3ab + 24a$ Utilice la propiedad distributiva para multiplicar los factores.
$-3a(b - 8) = -3a(b) + (-3a)(-8) = -3ab + 24a$

37.

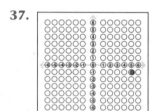

(5, −1) El Punto A está a 5 unidades del Punto B. Ubique el tercer vértice en (0, −1). Debido a que la figura es un rectángulo, el restante vértice se debe ubicar 5 unidades a la derecha de (0, −1) en (5, −1) (en el cuadrante IV).

38. **(5) 64** Supongamos que x = número de golfistas profesionales y $2x$ = número de aficionados. El total es 96.
Plantee una ecuación. $\qquad x + 2x = 96$
Resuelva. $\qquad\qquad\qquad 3x = 96$
$\qquad\qquad\qquad\qquad\qquad x = 32$

El número de amateurs es 2(32) = 64.

39. **(3) 31** Coloque los números en orden 15, 18, 25, 25, 30, 32, 40, 45, 55, 75. Los dos valores más próximos al centro son 30 y 32. Calcule la media aritmética de esos valores para calcular la mediana.
$30 + 32 = 62$ y $\frac{62}{2} = 31$ minutos

40. **(4)** $\frac{C}{2\pi}$ Comience con la fórmula para el perímetro de la circunferencia. $C = 2\pi r$ Divida ambos lados de la fórmula por 2π para despejar la variable desconocida r.

41. **(1)** $\frac{9}{10}$ El porcentaje 88.5% = 0.885 que se redondea en 0.9. El número decimal equivale a la fracción $\frac{9}{10}$. Los equivalentes decimales de los otros factores en las opciones no eran cercanos a 0.885: $\frac{4}{5} = 0.8$, $\frac{3}{4} = 0.75$, $\frac{2}{3} \approx 0.667$, y $\frac{1}{2} = 0.5$

42. **(2)** $\frac{3(100)}{75}$ Escriba una proporción para calcular el porcentaje de bajada x. La cantidad que bajó es \$3 y el valor original es \$75. Sustituya y resuelva x.

% de cambio = $\frac{\text{cantidad que bajó}}{\text{valor original}}$ $\quad \frac{3}{75} = \frac{x}{100}$

$$75x = 3(100)$$
$$x = \frac{3(100)}{75}$$

43. $\frac{4}{5}$ **o 0.8** En la primera venta, Zacarías vendió $\frac{1}{2}$ de la tierra. En la segunda venta vendió $\frac{3}{5}$ de $\frac{1}{2}$ ó $\frac{3}{5} \times \frac{1}{2} = \frac{3}{10}$. Sume para calcular el total. $\frac{1}{2} + \frac{3}{10} = \frac{5}{10} + \frac{3}{10} = \frac{8}{10} = \frac{4}{5} = 0.8$

44. **(5) No se cuenta con suficiente información.** El perímetro de un triángulo es la suma del largo de los tres lados. Aún conociendo 2 lados no hay suficiente información. Debe conocer la longitud del tercer lado o la medida de al menos uno de los ángulos.

45. **(3) 80.7%** Reste el porcentaje de reclutamiento (19.3%) del presupuesto total (100%).
100% − 19.3% = 80.7%

46. **(4)** $2x − 15 = −3x$ Llamemos x al número desconocido. "Dos veces un número" se expresa $2x$. "La diferencia" significa restar y la "diferencia entre el doble de un número y 15" se escribe $2x − 15$. La palabra producto indica multiplicación: el producto de −3 y el número se escribe $−3x$. Estas dos expresiones son iguales.

47. (4) ∠ABD es un ángulo recto. Los triángulos *ABD* y *BAC* son congruentes (≅) y por tanto las medidas de sus ángulos y de los lados correspondientes son iguales. Los triángulos comparten la misma base (*AB*), por lo que los ángulos opuestos a la base, ∠*C* y ∠*D* son ángulos correspondientes (son iguales) (y la opción 3 es incorrecta).

Dado que: $m\angle C = 60°$, $m\angle D = 60°$ (y las opciones (1) y (5), que se referían al ∠*D* son incorrectas).

Dado que: $m\angle DEB = 60°$. Mire el triángulo *DEB*. La suma de las medidas de los ángulos de un triángulo es 180°, por lo que $180° - m\angle D - m\angle DEB = 180° - 60° - 60° = 60°$. Por tanto, $m\angle DBE$ (el tercer ángulo de △*DBE*) = 60°.

Dado que: $m\angle ABE = 30°$. Mire el ∠*DBA*. Debido a que $m\angle DBE = 60°$, la medida de ∠*ABD* es 60° + 30° = 90°; en consecuencia, ∠*ABD* es un ángulo recto, y por tanto la opción (4) sea verdadera. La opción (2) es incorrecta porque los dos ángulos son suplementarios (totalizan 180°) y no complementarios (totalizan 90°).

48. (2) $54 Busque el mejor precio para cada uno de los artículos y sume.

La registradora $15
50 carpetas en paquetes de 10 a $5 = $25
Tres cuadernos $10
(que son más baratos que $4 × 3 = $12).
Seis cintas para sumadoras en 3 por $2 $ 4
(más barato que $1 × 6 = $6).

Costo total = $54

49. (4) 5:8 Para calcular los valores del miércoles y del sábado al compare los valores las barras en la escala en la parte izquierda de la gráfica. Había aproximadamente 125 clientes el miércoles y aproximadamente 200 el sábado. Escriba una razón y simplifíquela. $\frac{125}{200} = \frac{5}{8} = 5:8$

50. (3) 30 Para calcular el número promedio de clientes por hora, divida la cantidad total de clientes entre el número de horas. Hay 8 horas entre las 10 am hasta las 6 pm. El número total de clientes, según el gráfico, fue de 250. Divida. $250 \div 8 = 31\frac{1}{4}$, o aproximadamente 30 clientes por hora.

aleatorio seleccionado al azar, sin que un resultado sea más probable que otro

altura medida de la distancia vertical de una figura plana (bidimensional) o sólida (tridimensional) desde la base hasta el lado opuesto (paralelogramo) o hasta la cara opuesta (contenedor rectangular o cilindro) o hasta el vértice (triángulo, pirámide o cono) opuesto; línea imaginaria perpendicular a la base

ángulo par de rayos que se extienden desde un punto común

ángulo agudo el ángulo que mide menos de 90°

ángulo cóncavo ángulo que mide más de 180° pero menos de 360

ángulo llano ángulo que mide exactamente 180°

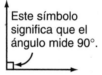

ángulo obtuso un ángulo que mide más de 90° pero menos de 180

ángulo recto ángulo que forma una "esquina cuadrada" que mide exactamente 90°

Este símbolo significa que el ángulo mide 90°.

ángulos adyacentes ángulos que tienen un vértice común y un rayo común

ángulos alternos externos par de ángulos congruentes formados por dos líneas paralelas cortadas por una transversal, localizados dentro de las líneas paralelas y sobre lados opuestos de la transversal

ángulos alternos internos un par de ángulos congruentes formados por dos líneas paralelas cortadas por una transversal, localizados entre las líneas paralelas y sobre lados opuestos de la transversal

ángulos complementarios dos ángulos cuyas medidas suman 90°

ángulos congruentes ángulos que tienen las mismas medidas

ángulos correspondientes ángulos que se encuentran en la misma posición en relación a una transversal que corta a dos líneas paralelas; ambos ángulos están encima o debajo de las dos líneas paralelas y en el mismo lado de la transversal; siempre tienen la misma medida

ángulos no adyacentes ángulos que no comparten el mismo rayo; pueden o no compartir el mismo vértice

ángulos opuestos ángulos que se encuentran en extremos opuestos cuando dos líneas se intersectan o cruzan; en una figura geométrica los ángulos opuestos se encuentran enfrente uno del otro; en los ejemplos siguientes $\angle 1$ y $\angle 3$ son opuestos y $\angle 3$ y $\angle 4$ son ángulos opuestos; se denominan también ángulos verticales

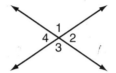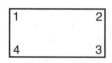

ángulos suplementarios dos ángulos cuyas medidas suman 180°

ángulos verticales ángulos que se encuentran en puntos opuestos cuando dos líneas se intersectan o cruzan; también llamados ángulos opuestos

área medida de la superficie dentro de una figura plana o bidimensional expresada en unidades cuadradas

base en geometría, el lado (cara) sobre el que descansa una figura

cancelación proceso de reducir para multiplicar o dividir fracciones; dividir factores comunes del numerador y denominador de una fracción antes de realizar una multiplicación o división

cara superficie plana bidimensional de una figura sólida

cateto en un triángulo rectángulo, uno de los dos lados que forman el ángulo recto

cilindro figura sólida (tridimensional) con dos bases congruentes circulares y lados rectos

círculo el área inscrita por la curva formada por todos los puntos de un plano que tienen la misma distancia (radio) respecto a un punto dado (centro)

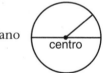

circunferencia la distancia que rodea a un círculo; perímetro de un círculo

clave o leyenda parte de una gráfica que indica cómo interpretar los símbolos o colores

cociente la respuesta a un problema de división, la cantidad que representa cada una de las partes de un entero

comparar determinar qué número es el mayor; colocar los números en orden; utilizar símbolos de igualdad o desigualdad ($=$, $>$, $<$, $\geq$, $\leq$)

común denominador número por el cual se pueden dividir dos o más denominadores de manera exacta, sin residuo; cualquier múltiplo común de los denominadores de dos o más fracciones

cono figura sólida (tridimensional) con base circular y lados que se juntan en un punto

coordenada x el primer número de un par ordenado; la distancia desde el origen sobre el eje de las *x*

coordenada y el segundo número de un par ordenado, la distancia desde el origen sobre el eje de las *y*

cuadrado figura con 4 ángulos rectos (un tipo de rectángulo) y 4 lados de la misma longitud (un rombo especial); operación numérica en la cual un número se multiplica por sí mismo, se representa con el exponente 2: x^2

cuadrante una cuarta parte de la cuadrícula de coordenadas formado por los ejes que se cruzan

cuadrícula estándar nuevo formato de respuestas de GED en el cual la respuesta se escribe en la fila superior, un dígito por columna, y se rellena el círculo correspondiente (en la misma columna que contiene el dígito)

cuadrilátero cualquier figura plana (plano) con cuatro lados

cubo sólido rectangular con seis lados cuadrados (caras; todas las aristas tienen la misma longitud); elevado a la tercera potencia (exponente de 3): multiplicar un número por sí mismo tres veces: $x \times x \times x = x^3$

datos grupo de números e informaciones

decimal fracción expresada en el sistema de valor posicional situado a la derecha del punto decimal

decimal periódico un número decimal que continua infinitamente porque repite un patrón de dígitos

denominador el número inferior de una fracción que indica el número total de partes iguales del objeto total o grupo

dependiente en probabilidad, suceso cuyo resultado (el futuro) es afectado por el resultado de un suceso anterior

desigualdad enunciado matemático que indica que dos expresiones no son siempre iguales; una expresión puede ser *mayor que (>), mayor o igual a (≥), menor que (<) o menor o igual a (≤)* otra expresión

despejar una variable realizar operaciones para dejar la variable sola en uno de los lados de la ecuación

diagonal segmento de línea trazado entre los vértices de dos lados no adyacentes de una figura que tiene cuatro o más lados

diámetro segmento de línea trazado a través del centro de un círculo que conecta dos puntos del círculo; el doble de la longitud del radio

dibujo a escala diagrama de un objeto en el que las distancias son proporcionales a las distancias correspondientes del objeto real; un dibujo de la misma forma pero de menor tamaño que el real

diferencia la respuesta de una resta

dígito uno de los números 0, 1, 2, 3, 4, 5, 6, 7, 8 y 9 que se usa para representar números en el sistema de valor posicional

dividendo el número (entero) dividido por el divisor

dividir/división operación numérica que sirve para repartir la cantidad (dividendo) en partes iguales (divisor); hallar un cociente

divisor el número por el que se divide el dividendo; número de partes

ecuación enunciado matemático que establece que dos expresiones son equivalentes

ecuación cuadrática expresión algebraica que contiene una variable elevada al cuadrado

ecuación lineal ecuación en la que las variables no están elevadas a ninguna potencia (exponente) mayor que 1; una ecuación cuya gráfica es una línea recta

eje escalas horizontales y verticales dentro de una gráfica o de un plano de coordenadas, referido como eje de las *x* y eje de las *y*, o eje de abscisas y eje de ordenadas

eje de las x el eje horizontal de una gráfica coordinada

eje de las y el eje vertical de una gráfica coordinada

eje horizontal escala que discurre en la parte inferior o de izquierda a derecha en una gráfica o cuadrícula de coordenadas; el eje de las *x*

eje vertical escala que corre sobre el lado, o de arriba hacia abajo, en una gráfica o cuadrícula de coordenadas, el eje de las *y*

enteros todos los números enteros, los positivos y negativos y el cero

escala unidades sobre el eje de una gráfica; equivalencia (razón) de medidas dibujadas respecto de las medidas reales (p.e. sobre un mapa o dibujo a escala)

estimación encontrar una solución aproximada cuando no es necesaria una respuesta exacta

evaluar una expresión sustituir la variable en una expresión algebraica con valores conocidos o dados y operar (siguiendo el orden de las operaciones) para obtener una solución

exponente número elevado a la derecha de otro que indica cuántas veces se usa el número como factor o se multiplica por sí mismo, p.e., en un número elevado al cubo = x^3, el 3 es el exponente o "potencia" (ej. $4^3 = 4 \times 4 \times 4 = 64$)

expresión algebraica expresión matemática que contiene una o más variables; un grupo de números, variables y signos de operación

factor de conversión equivalencia que se usa para cambiar desde una unidad de medida a otra (p.e. 1hr–60 min)

factores números o expresiones algebraicas que se multiplican (p.e. 3 y 4 son factores de 12; 2 y *x* son factores de 2*x*)

factorizar una expresión hallar los términos algebraicos o expresiones (llamados factores) que al multiplicarse resultan en un cierto producto (ej. los factores de $2x$ son 2 y x; los factores de $x^2 + 6x + 8$ son $(x + 2)$ y $(x + 4)$)

figura irregular figura compuesta por varias figuras comunes

figuras congruentes figuras que tienen la misma forma y tamaño

figuras similares figuras cuyos ángulos correspondientes tienen la misma medida y los lados correspondientes son proporcionales; figuras que tienen la misma forma pero distintos tamaños

forma pendiente-intercepto de una recta la ecuación de una línea que toma la siguiente forma: $y = mx + b$, donde m es la pendiente y b el intercepto en y

fórmula ecuación en la que se muestra una relación matemática en la cual las letras representan tipos de cantidades específicos

fracción manera de mostrar las partes totales en que se divide el entero (denominador o número colocado abajo) y las que se utilizan o escogen (numerador o número colocado arriba); dígitos agrupados encima y debajo de una barra de división; una razón

fracción impropia fracción que muestra una cantidad igual o mayor que 1; fracción en la cual el numerador es igual o mayor que el denominador

fracción propia cantidad menor que 1; el numerador siempre es menor que el denominador

fracciones equivalentes (o iguales) fracciones que tienen el mismo valor

fracciones heterogéneas fracciones con denominadores diferentes

fracciones homogéneas fracciones que tienen el mismo denominador

función regla algebraica que implica el uso de dos variables y según la cual para cada uno de los valores de la primera variable (x) hay un valor único en la segunda variable (y)

gráfica representación visual que compara datos de diferentes fuentes o a lo largo del tiempo

gráfica circular representación visual de datos en la que se muestran las partes de un todo (el círculo) mediante porcentajes, decimales o fracciones

gráfica de barras representación visual de datos procedentes de diferentes fuentes en la que los valores dependen de la longitud de las barras según una escala común

gráfica de coordenadas conjunto de puntos formado por una cuadrícula con un eje horizontal (x) y otro vertical (y); a veces se llama cuadrícula o plano de coordenadas

gráfica lineal representación visual de datos en forma de línea sobre una cuadrícula; con frecuencia muestra el cambio en el tiempo (la tendencia)

hipotenusa lado opuesto al ángulo recto en un triángulo rectángulo; el lado más largo de un triángulo rectángulo

independiente en probabilidad, suceso cuyo resultado (que ocurre posteriormente) no se ve afectado por el resultado de un suceso previo

intercepto en x el punto en el cual una línea cruza el eje de las x en una gráfica coordenada; el par ordenado $(x,0)$

intercepto en y el punto en el cual un línea cruza el eje de las y en una gráfica coordenada; el par ordenado $(0,y)$

interés cargo que se cobra por usar el dinero de otra persona; se expresa comúnmente como una tasa; un porcentaje del monto usado, el principal, durante una unidad de tiempo

interés simple cargo cobrado por pedir prestado dinero (o ganado por invertir dinero) durante un período de tiempo específico; interés simple = principal × tasa × tiempo

intervalos segmentos iguales en una recta numérica

inverso opuesto; la suma y resta son operaciones inversas. La resta y la división no tienen esta propiedad.

líneas paralelas dos líneas que se encuentran en el mismo plano y que nunca se cruzan

líneas perpendiculares dos líneas que se cruzan formando ángulos rectos adyacentes

llevar reagrupar desde un lugar de menor valor hacia un lugar de mayor valor (ej. diez unidades a una decena) con el fin de sumar

media aritmética suma de los datos de una lista dividida entre el número de elementos que tiene la lista; el promedio

mediana el número medio de una lista ordenada; para un número par de artículos es la media de los dos números medios

medida indirecta método utilizado para hallar las medidas cuando se puede realizar la medición de manera concreta

Método PEIU sistema para multiplicar factores algebraicos con más de un término; PEIU comprueba cómo se multiplica en la siguiente ecuación (**P**rimero, **E**xterior, **I**nterior, **U**ltimo)

$$(a + b)(c + d) = ac + ad + bc + bd$$

mínima expresión se usa para describir una fracción en la que sólo el número 1 es un divisor exacto exactamente del numerador y del denominador

mínimo común denominador el menor número que es múltiplo común de los denominadores de dos o más fracciones

moda el número que se repite con más frecuencia en una lista de datos

multiplicar/multiplicación operación numérica usada para combinar la misma cantidad muchas veces; hallar el producto

múltiplo el resultado de multiplicar un número dado por los números naturales (0, 1, 2, 3...)

notación científica manera de escribir números muy grandes y decimales muy pequeños en los que los números están expresados como el producto de un número entre 1 y 10 y una potencia de 10

numerador el número colocado en la parte superior de una fracción; indica el número de partes iguales que usted utiliza

número mixto cantidad expresada como número entero y fracción propia

número negativo número a la derecha del cero sobre la recta numérica; número con valor menor que cero; se usa para señalar una reducción, pérdida o inclinación hacia abajo; siempre va precedido del signo menos

número positivo número a la derecha del cero en la recta numérica; un número con valor mayor que cero; se utiliza para indicar un incremento, ganancia o inclinación hacia arriba; puede estar precedido por el signo de la suma

números compatibles números con los que es fácil resolver problemas; números que forman un hecho básico de división

números con signo números positivos y negativos; se usan con frecuencia para mostrar cantidad, distancia o dirección

números consecutivos números que se siguen el uno al otro al contar

operación lo que se hace a uno o más números para producir una respuesta: suma, resta, multiplicación, división, exponentes, raíces

orden de las operaciones secuencia acordada por matemáticos para realizar operaciones matemáticas: 1. operaciones dentro de los símbolos de agrupamiento, 2. exponenciales y raíces, 3. multiplicación y división de izquierda a derecha, 4. suma y resta de izquierda a derecha

origen punto en el cual se cruzan los ejes de la x y la y; punto representado por el par ordenado (0,0) palabra "a" o usando dos puntos; ejemplos: $\frac{3}{4}$, 3 a 4, 3:4

par ordenado par de números que indica un punto en una gráfica de coordenadas; se presenta entre paréntesis de la siguiente manera (coordenada x, coordenada y)

paralelogramo cuadrilátero que tiene dos pares de lados opuestos paralelos; los lados opuestos tienen la misma longitud y los ángulos opuestos tienen la misma medida

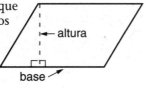
altura
base

parte porción de un entero

patrón lista de números que se ordena de acuerdo con una regla especial o con una combinación de reglas

pedir prestado reagrupar desde un lugar de mayor valor hacia un lugar de menor valor (ej. una decena a diez unidades) con el fin de restar

pendiente la razón entre el aumento y el desplazamiento que resulta en un número que mide la inclinación de una línea

perímetro la distancia de la línea que rodea una figura plana (bidimensional); la suma de las longitudes de todos los lados de una figura plana perímetro o circunferencia; la $\frac{1}{2}$ de la longitud del diámetro

periodo cada uno de los grupos de 1 a 3 dígitos dentro de un número que va separado de otros dígitos mediante un arco

pi (π) la razón constante de la circunferencia con respecto al diámetro; aproximadamente 3.14

pirámide figura sólida con base cuadrada y cuatro caras triangulares iguales que se juntan en un punto

plano conjunto de puntos que forman una superficie plana

porcentaje manera de mostrar una parte de un entero estableciendo que el entero equivale a 100; un número por cien seguido de un signo de porcentaje: 5% es 5 de 100

porción la base en un problema de porcentajes

precio unitario el costo de un artículo

principal cantidad de dinero que se pide prestado o que se invierte

probabilidad número (entero, fracción, decimal o razón) que muestra la posibilidad de que un evento ocurra; oportunidad

probabilidad experimental posibilidad de que ocurra un suceso específico que se determina realizando un número de pruebas; razón del número de sucesos favorables con respecto al número total de pruebas

producto respuesta a un problema de multiplicación

producto parcial resultado de multiplicar el número situado arriba por uno de los dígitos situado abajo, al multiplicar números con más de un dígito

producto vectorial el producto del numerador de una fracción por el denominador de la otra, en un par de fracciones equivalentes; los resultados de la multiplicación en cruz; cuando dos fracciones son iguales, los productos vectoriales son equivalentes

promedio suma de los datos de una lista dividida entre el número de elementos que tiene la lista; la media aritmética del conjunto de datos

propiedad asociativa (o de agrupamiento) regla matemática que establece que al sumar o multiplicar más de dos números el resultado no variará independientemente de cómo se agrupen: $(a + b) + c = a + (b + c)$; $(a \times b) \times c = a \times (b \times c)$
La diferencia o resta y la división no tienen esta propiedad.

propiedad conmutativa (o de orden) regla matemática que establece que el orden en el cual se suman (multiplican) los números no altera la suma (o producto): $a + b = b + a$; $a \times b = b \times a$
La resta y la división no tienen esta propiedad.

propiedad distributiva regla matemática que establece que el producto (o cociente) de un número y de una suma (o diferencia) es igual a la suma (o diferencia) de los productos (o cocientes) del número por cada uno de los términos que se encuentran dentro del paréntesis

$$a(b + c) = ab + ac; \quad a(b - c) = ab - ac;$$
$$\frac{(b + c)}{a} = \frac{b}{a} + \frac{c}{a} \quad \frac{(b - c)}{a} = \frac{b}{a} - \frac{c}{a}$$

proporción ecuación que indica que dos razones (fracciones) son iguales

punto ubicación única y exacta comúnmente representada como un punto

radio segmento de línea que conecta el centro del círculo a un punto de su perímetro o circunferencia; la $\frac{1}{2}$ de la longitud del diámetro

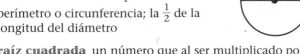

raíz cuadrada un número que al ser multiplicado por sí mismo equivale a un número dado

rango en una lista de datos es la diferencia entre el número más alto y el más bajo

rayo parte de una línea con un sólo extremo final; un lado de un ángulo

razón manera de comparar dos números mediante una división; se puede redactar como una fracción usando la palabra "a" o usando dos puntos; ejemplos: $\frac{3}{4}$, 3 a 4, 3:4

reagrupar mover una cantidad de una columna con un valor posicional a otra; el proceso común de llevar y pedir prestado son ejemplos de reagrupamiento

recta numérica línea dividida en segmentos iguales (intervalos) por puntos que corresponden a los números enteros, fracciones o decimales; los puntos a la derecha del 0 son positivos y los de la izquierda son negativos

rectángulo un paralelogramo con cuatro ángulos rectos

redondear aproximar a un número

residuo la cantidad que resta en un problema de división

resolver hallar el número que hace verdadero a un enunciado, expresión algebraica o ecuación

restar/resta operación numérica que sirve para quitarle una cantidad de otra; hallar la diferencia, hallar "cuánto(s) queda(n)"

rombo paralelogramo con cuatro lados de la misma longitud

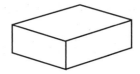

simplificar hallar una fracción igual con menor numerador y denominador.

simplificar una expresión realizar todas las operaciones posibles dentro de una expresión algebraica

sistema de medidas tradicional (E.U.A.) el sistema de medidas comúnmente utilizado en los Estados Unidos; algunos ejemplos de unidades estándar son pies, millas, libras y onzas

sistema métrico decimal sistema de medición usado en casi todo el mundo basado en las potencias de diez; unidades comunes son los metros, gramos, litros

sólido rectangular una figura tridimensional en la que las caras son rectángulos y que tiene todas las esquinas cuadradas

suma respuesta a un problema de adición; total

sumar/suma operación numérica usada para combinar cantidades; hallar el total (suma)

suposición enunciado que se considera cierto hasta que no se demuestra lo contrario

tabla organización y representación visual de datos en filas y en columnas

tabla de frecuencias tabla utilizada para resumir datos que muestra el número de veces que ocurren ciertos sucesos

tasa razón entre dos tipos distintos de unidades que sirve para mostrar una relación: $\frac{millas}{galón}$ millas por hora

tasa unitaria razón de denominador 1

tendencia patrón de cambio; usado para hacer predicciones basadas en datos actuales

Teorema de Pitágoras en un triángulo rectángulo el cuadrado de la hipotenusa es igual a la suma de los cuadrados de los otros dos lados (catetos): $a^2 + b^2 = c^2$

término un número y una o más variables o una variable elevada a una potencia; partes de una fracción (el numerador y denominador) o de una expresión algebraica

términos semejantes términos algebraicos que contienen exactamente las mismas variables y exponentes

total la cantidad total en problemas sobre porcentajes

transversal una línea que cruza a dos o más líneas paralelas

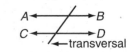

trapecio cuadrilátero con un solo par de lados paralelos

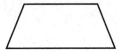

triángulo figura plana cerrada con tres lados y tres ángulos

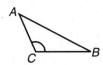

triángulo acutángulo triángulo que tiene tres ángulos agudos

triángulo equilátero triángulo con tres lados congruentes; un triángulo equilátero también tiene tres ángulos congruentes de 60° cada uno

triángulo escaleno triángulo cuyos lados (o ángulos) no son congruentes (de la misma longitud)

triángulo isósceles triángulo que tiene dos lados congruentes (de la misma longitud); los ángulos opuestos a los lados congruentes tienen la misma medida

triángulo obtuso un triángulo con un ángulo obtuso (un triángulo sólo puede tener un ángulo obtuso)

triángulo rectángulo un triángulo que tiene un ángulo recto

unidad cuadrada unidad usada para medir el área de una figura bidimensional; unidades necesarias para cubrir una superficie

unidades cúbicas unidades con forma de cubo en las que la medida de cada uno de los lados es igual a la unidad lineal (p.e. una pulgada cúbica) y que sirven para medir el volumen de figuras tridimensionales; unidades necesarias para llenar el espacio dentro de una figura tridimensional

valor nulo el dígito 0 cuando se usa para llenar una columna de valor posicional

valor posicional el valor de un dígito determinado por su posición dentro de un número, ejemplos: el 5 en 589 tiene un valor de 500; el 5 en 0.05 tiene un valor de $\frac{5}{100}$

variable cualquier letra usada para representar un número

vértice punto en el cual se juntan dos o más segmentos o lados de una figura; el punto en el cual se encuentran los dos rayos que forman un ángulo

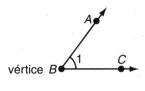

volumen la medida de la cantidad de espacio contenido dentro de una figura tridimensional; se mide en unidades cúbicas

Índice

CASIO *fx-260solar* Manual de referencia de la calculadora

Cuando tome la Prueba de Matemáticas de GED se le permitirá usar una calculadora en la parte I de la prueba. La calculadora que será provista por el centro de pruebas es la CASIO*fx-260solar*. La información de este manual se provee para ayudarlo a usar esta calculadora de manera efectiva.

La CASIO*fx-260solar* es una calculadora científica. Tiene mucho más teclas y funciones de las que se necesitan para la prueba. Las teclas que serán más útiles son las indicadas en el siguiente diagrama. A lo largo de este libro usted ha aprendido operaciones básicas que se pueden hacer con la mayoría de las calculadoras. Este manual se enfoca en características especiales de la calculadora GED.

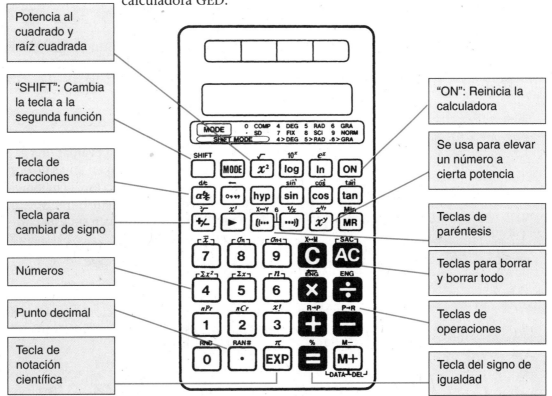

Potencia al cuadrado y raíz cuadrada

"SHIFT": Cambia la tecla a la segunda función

Tecla de fracciones

Tecla para cambiar de signo

Números

Punto decimal

Tecla de notación científica

"ON": Reinicia la calculadora

Se usa para elevar un número a cierta potencia

Teclas de paréntesis

Teclas para borrar y borrar todo

Teclas de operaciones

Tecla del signo de igualdad

Preparación

ON presione la tecla ON para comenzar a usar la calculadora. La tecla ON limpia la memoria y despliega el 0. Verá las letras "DEG" en la parte superior de la pantalla.

AC La tecla para borrar todo borra todos los números y operaciones de la pantalla. Presione siempre AC o ON cuando esté listo para comenzar un nuevo problema.

C La tecla para borrar borra sólo el último número u operación introducida. Use esta tecla cuando sepa que introdujo un número incorrecto. Presione C, luego el número correcto.

Trabajar con números con signos

Use la tecla [+/−] para cambiar el signo de un número. Para introducir un número negativo, introduzca primero los dígitos del número, luego presione [+/−].

Ejemplos

Resuelva: $6 + (-9)$ Introduzca: 6 [+] 9 [+/−] [=] − 3.

Resuelva: $-5 \times 4 \div (-2)$ Introduzca: 5 [+/−] [×] 4 [÷] 2 [+/−] [=] 10.

Trabajar con paréntesis

Use las teclas de paréntesis [(---] y [---)] para introducir los signos de agrupamiento cuando una expresión contiene más de una operación. Ponga los símbolos de agrupamiento alrededor de la operación que debe realizarse primero. Sin los paréntesis la calculadora siempre realizará primero los pasos de multiplicación y división (siguiendo el orden de las operaciones).

Ejemplos

Resuelva: $\dfrac{-4 + 6}{-2}$ Introduzca: [(---] 4 [+/−] [+] 6 [---)] [÷] 2 [+/−] [=] −1.

Resuelva: $5(4 + 7)$ Introduzca: 5 [×] [(---] 4 [+] 7 [---)] [=] 55.

En el último ejemplo la expresión algebraica muestra el número 5 al lado de una operación entre paréntesis. Recuerde que esto significa multiplicar. para evaluar la expresión usando la calculadora debe presionar [×] antes de introducir la operación entre paréntesis.

Otras características

π Use la segunda función de la tecla [EXP] para evaluar una expresión que contiene a π. Note que el símbolo π está impreso en amarillo encima de la tecla [EXP]. Presione la tecla [SHIFT] para tener acceso a cualquiera de las funciones impresas encima de las teclas de la calculadora. Note que al introducir 3.14 en vez de pi también se obtiene la respuesta correcta.

Ejemplo

Resuelva: Halle 4π.   Introduzca: 4 [×] [SHIFT] [EXP] [=] 12.56637061

                    Introduzca: 4 [×] 3.14 [=] 12.56

%   La función de porcentaje es la segunda función de la tecla [=]. Puede introducir un porcentaje tal como está escrito en vez de convertirlo a decimales.

Ejemplo

Resuelva: Halle 45% de 200.   Introduzca: 200 [×] 45 [SHIFT] [=] 90.

Cuadrados y raíces cuadradas

Para hallar el cuadrado de un número se multiplica el número por sí mismo. Por ejemplo, $6^2 = 6 \times 6 = 36$. Puede elevar al cuadrado números rápido usando la tecla x^2 de su calculadora. También puede realizar operaciones usando cuadrados. Hallará útil esta característica al resolver problemas que involucren la relación de Pitágoras.

Ejemplos

Resuelva: $8^2 = ?$ Introduzca: 8 x^2 64.

Resuelva: $12^2 - 7^2 = ?$ Introduzca: 12 x^2 − 7 x^2 = 95.

La función de la raíz cuadrada es la segunda operación asignada a la tecla de cuadrado x^2. Para hallar la raíz cuadrada de un número, introduzca el número, luego presiones SHIFT y la tecla cuadrado.

Ejemplos

Resuelva: ¿Cuál es la raíz cuadrada de 225? Introduzca: 225 SHIFT x^2 15.

Resuelva: $\sqrt{256} + \sqrt{81} = ?$

Introduzca: 256 SHIFT x^2 + 81 SHIFT x^2 = 25.

Exponentes y notación científica

Para elevar un número a una potencia distinta a 2, use la tecla x^y, donde x es la base y y es el exponente. Introduzca la base, presione la tecla x^y e introduzca el exponente.

Ejemplos

Resuelva: $5^4 = ?$ Introduzca: 5 x^y 4 = 625.

Resuelva: $6^3 + 3^5 = ?$ Introduzca: 6 x^y 3 + 3 x^y 5 = 459.

En notación científica, un número mayor o igual a 1 y menor que diez se multiplica por una potencia de diez. Use la tecla EXP para introducir un número escrito en notación científica.

Ejemplos

Resuelva: Exprese 3.2×10^6 en notación estándar

Introduzca: 3.2 EXP 6 = 3200000.

Resuelva: Exprese 4.89×10^5 en notación estándar

Introduzca: 4.89 EXP 5 = 489000.

INSTRUCCIONES PARA EL USO DE CALCULADORAS

Para preparar la calculadora para usar por ***primera*** vez, presione la tecla ⟨ON⟩ (extremo superior derecho). Aparecerá "DEG" en el centro superior de la pantalla y "0." a la derecha. Esto indica que la calculadora está en le formato adecuado para todos los cálculos que usted necesitará hacer.

Para preparar la calculadora para ***otra*** pregunta, presione la tecla ⟨ON⟩ o la tecla roja ⟨AC⟩. Esto borra todo lo que usted haya introducido anteriormente.

Para realizar cualquier cálculo aritmético, introduzca la expresión como está escrita. Presione ⟨=⟩ (signo igual a) cuando termine.

EJEMPLO A: $8 - 3 + 9$

> Primero presione ⟨ON⟩ o ⟨AC⟩.
> Luego introduzca lo siguiente:
>
> 8 ⟨−⟩ 3 ⟨+⟩ 9 ⟨=⟩
>
> La respuesta correcta es: 14.

Si una expresión entre paréntesis se va a multiplicar por un número, presione ⟨×⟩ (signo de multiplicación) entre el número y el signo de paréntesis.

EJEMPLO B: $6(8 + 5)$

> Primero presione ⟨ON⟩ o ⟨AC⟩.
> Luego introduzca lo siguiente:
>
> 6 ⟨×⟩ ⟨(⟩ 8 ⟨+⟩ 5 ⟨)⟩ ⟨=⟩
>
> La respuesta correcta es: 78.

Para hallar la raíz cuadrada de un número

- introduzca el número;
- presione la tecla ⟨SHIFT⟩ (en el extremo superior izquierdo) (**"SHIFT"** aparece en el extremo superior izquierdo de la pantalla);
- presione ⟨x^2⟩ (tercera tecla desde la izquierda en la fila superior) para acceder a su segunda función: raíz cuadrada.
  <u>NO</u> presione ⟨SHIFT⟩ y ⟨x^2⟩ al mismo tiempo.

EJEMPLO C: $\sqrt{64}$

> Primero presione ⟨ON⟩ o ⟨AC⟩.
> Luego introduzca lo siguiente:
>
> 64 ⟨SHIFT⟩ ⟨x^2⟩
>
> La respuesta correcta es: 8.

Para introducir un número negativo como -8

- introduzca el número sin el signo negativo (introduzca 8);
- presione la tecla para cambiar de signo (⟨+/−⟩) que está directamente encima de la tecla 7.

Todos los cálculos aritméticos se pueden hacer con números positivos y/o negativos.

EJEMPLO D: $-8 - -5$

> Primero presione ⟨ON⟩ o ⟨AC⟩.
> Luego introduzca lo siguiente:
>
> 8 ⟨+/−⟩ ⟨−⟩ 5 ⟨+/−⟩ ⟨=⟩
>
> La respuesta correcta es: -3.

Adaptado con permiso del *American Council on Education*.

Prueba de Matemáticas de GED, parte I

Nombre: _____ **Clase:** _____ **Fecha:** _____

○ Prueba preliminar   ○ Prueba final   ○ Prueba simulada

1 ① ② ③ ④ ⑤   **9** ① ② ③ ④ ⑤   **17**

2 ① ② ③ ④ ⑤   **10** ① ② ③ ④ ⑤

3 ① ② ③ ④ ⑤   **11** ① ② ③ ④ ⑤

4   **12**

18 ① ② ③ ④ ⑤   **22**

19 ① ② ③ ④ ⑤

20 ① ② ③ ④ ⑤

5   **13**   **21**

23 ① ② ③ ④ ⑤

24 ① ② ③ ④ ⑤

25 ① ② ③ ④ ⑤

6 ① ② ③ ④ ⑤   **14** ① ② ③ ④ ⑤

7 ① ② ③ ④ ⑤   **15** ① ② ③ ④ ⑤

8 ① ② ③ ④ ⑤   **16** ① ② ③ ④ ⑤

FIN DE LA PARTE I

A partir de este momento debe dejar de usar su calculadora.

Prueba de Matemáticas de GED, parte II

Nombre: _____ **Clase:** _____ **Fecha:** _____

○ Prueba preliminar   ○ Prueba final   ○ Prueba simulada

26 ① ② ③ ④ ⑤

27 ① ② ③ ④ ⑤

28 ① ② ③ ④ ⑤

29 ① ② ③ ④ ⑤

30 ① ② ③ ④ ⑤

31

32 ① ② ③ ④ ⑤

33 ① ② ③ ④ ⑤

34 ① ② ③ ④ ⑤

35 ① ② ③ ④ ⑤

36 ① ② ③ ④ ⑤

37

38 ① ② ③ ④ ⑤

39 ① ② ③ ④ ⑤

40 ① ② ③ ④ ⑤

41 ① ② ③ ④ ⑤

42 ① ② ③ ④ ⑤

43

44 ① ② ③ ④ ⑤

45 ① ② ③ ④ ⑤

46 ① ② ③ ④ ⑤

47 ① ② ③ ④ ⑤

48 ① ② ③ ④ ⑤

49 ① ② ③ ④ ⑤

50 ① ② ③ ④ ⑤